高等学校水利学科专业规范核心课程教材

Gangkou yu Haian Shuigong Jianzhuwu

港口与海岸水工建筑物

（港口航道与海岸工程专业）

主　编　王元战[天津大学]
主　审　卢永昌[中交第四航务工程勘察设计院有限公司]

人民交通出版社

内 容 提 要

本书为高等学校水利学科港口航道与海岸工程专业规范核心课程教材。全书共分为三篇十一章，主要内容包括码头及码头上的作用，重力式码头，板桩码头，高桩码头，斜坡码头和浮码头，码头设施，防波堤，海岸与近海建筑物，修造船水工建筑物概述，机械化滑道，干船坞等。

本书是高等院校港口航道与海岸工程专业本科生必修课教材，也可作为其他土建类、水利类和海洋工程类专业本科生选学港口工程方向的主选教材及从事港口建设的工程技术人员的参考书。

图书在版编目(CIP)数据

港口与海岸水工建筑物／王元战主编. — 北京：人民交通出版社，2013.2

ISBN 978-7-114-10342-1

Ⅰ.①港… Ⅱ.①王… Ⅲ.①港口建筑物－水工建筑物－高等学校－教材②海岸工程－水工建筑物－高等学校－教材 Ⅳ.①U656②P753

中国版本图书馆 CIP 数据核字(2013)第 018226 号

高等学校水利学科专业规范核心课程教材

书　　名：**港口与海岸水工建筑物**
著 作 者：王元战
责任编辑：钱悦良
出版发行：人民交通出版社
地　　址：(100011)北京市朝阳区安定门外外馆斜街 3 号
网　　址：http://www.chinasybook.com
销售电话：(010)64981400,59757915
总 经 销：北京交实文化发展有限公司
印　　刷：北京虎彩文化传播有限公司
开　　本：787×1092　1/16
印　　张：28.125
字　　数：650 千
版　　次：2013 年 2 月　第 1 版
印　　次：2024 年 1 月　第 6 次印刷
书　　号：ISBN 978-7-114-10342-1
定　　价：68.00 元

港口航道与海岸工程专业教材
编审分委员会名单

序

随着我国水利事业与高等教育事业的快速发展以及教育教学改革的不断深入,水利高等教育也得到很大的发展与提高。与20世纪末相比,水利学科专业的办学点增加了将近1倍,每年的招生人数增加了将近2倍。通过专业目录调整与面向新世纪的教育教学改革,在水利学科专业的适应面有很大拓宽的同时,水利学科专业的建设也面临着新形势与新任务。

在教育部高教司的领导与组织下,从2003年到2005年,各学科教学指导委员会开展了本学科专业发展战略研究与制定专业规范的工作。在水利部人教司的支持下,水利学科教学指导委员会也组织课题组于2005年底完成了相关的研究工作,制定了水文与水资源工程,水利水电工程,港口航道与海岸工程以及农业水利工程四个专业规范。这些专业规范较好地总结与体现了近些年来水利学科专业教育教学改革的成果,并能较好地适应不同地区、不同类型高校举办水利学科专业的共性需求与个性特色。为了便于各类港口航道与海岸工程专业学校参照专业规范组织教学,考虑到港口航道与海岸工程专业的特殊性和历史延续性,经水利学科教学指导委员会研究决定,由港口航道与海岸工程专业分委会与人民交通出版社共同策划,组织编写出版港口航道与海岸工程专业"高等学校水利学科专业规范核心课程教材"。

核心课程是指该课程所包括的专业教育知识单元和知识点,是本专业的每个学生都必须学习、掌握的,或在一组课程中必须选择几门课程学习、掌握的,因而,核心课程教材质量对于保证水利学科各专业的教学质量具有重要的意义。为此,我们不仅提出了坚持"质量第一"的原则,还通过专业教学讨论、提出,专家咨询组审议、遴选,相关院、系认定等步骤,对核心课程教材选题及其主编、主审和教材编写大纲进行了严格把关。为了把本套教材组织好、编著好、出版好、使用好,我们还成立了高等学校水利学科专业规范核心课程教材编审委员会以及各专业教材编审分委员会,对教材编纂与使用的全过程进行组织、把关和监督。充分依靠各学科专家发挥咨询、评审、决策等作用。

本套教材第一批共规划港口航道与海岸工程专业11种,计划在2010年年底之前全部出齐。许多人为本套教材建设作出了许多努力,付出了许多心血,特别是上一届港口航道与海岸工程专业教学指导分委员会主任委员严以新教授和其他委员,一直关心教材编写和出版情况。但是,由于专业规范还在修订完善之中,参照专业规范组织教学还需要通过实践不断总结提高,加之,在新形势下如何组织好教材建设还缺乏经验,因此,这套教材一定会有各种不足与缺点,恳请使用这套教材的师生提出宝贵意见。本套教材还将出版配套的立体化教材,以利于教、便于学,更希望师生们对此提出建议。

高等学校水利学科教学指导委员会
港口航道与海岸工程专业教学指导分委员会
人民交通出版社
2012年12月

前　言

本书是高等学校水利学科教学指导委员会港口航道与海岸工程专业教学指导分委员会组织编审的全国港口航道与海岸工程本科专业核心课程教材之一，书名为《港口与海岸水工建筑物》。

本书在现有港口水工建筑物教材的基础上，吸收了近十几年来我国港口与海岸工程建设取得的部分新成果，并根据交通运输部最新颁布的行业规范对部分内容进行较大修改。此外，根据高等学校水利学科教学指导委员会港口航道与海岸工程专业教学指导分委员会的建议，增加了海岸与近海工程结构的相关内容。本书共分为三篇十一章，第一篇　码头，包括六章：码头及码头上的作用（第一章）、重力式码头（第二章）、板桩码头（第三章）、高桩码头（第四章）、斜坡码头和浮码头（第五章）、码头设施（第六章）；第二篇　防波堤与海岸建筑物，包括二章：防波堤（第七章）、海岸与近海建筑物（第八章）；第三篇　修造船水工建筑物，包括三章：修造船建筑物概述（第九章）、机械化滑道（第十章）、干船坞（第十一章）。

本书由天津大学王元战教授担任主编并编写第一、第二（除第九节、第十节）和第七章；天津大学王元战教授和肖忠博士编写第三和第四章（除第七节）；大连理工大学宋向群教授编写第二章第五节部分内容、第九节和第四章第七节；重庆交通大学王多银教授编写第五章；东南大学谢耀峰教授编写第六章和第二章第十节；大连理工大学张日向教授编写第八章；河海大学鲁子爱教授编写第九章和第十章（其中，翟秋协助编写第十章）；长沙理工大学赵利平教授编写第十一章。

本书由中交第四航务工程勘察设计院有限公司卢永昌（教授级高工、设计大师）总工程师主审。卢永昌总工程师对本书进行了认真审查，提出了很多宝贵意见。

巴蕾、杨立红、龙俞辰、刘翰琪、杨攀博、刘旭菲等研究生协助完成本书部分插图的绘制、例题计算等工作。

在此，对参加本书编写工作、审查工作以及为本书编写提供各方面支持和帮助的所有人员，一并表示感谢。

作　者

2013 年 1 月

前 言

目　　录

第一篇　码　　头

第二篇　防波堤与海岸建筑物

第三篇　修造船水工建筑物

附　　表

第一篇

码　头

第一章　码头及码头上的作用

第一节　码头分类与组成

一、码头及其分类

码头是供船舶停靠、装卸货物和上下旅客的水工建筑物。根据目的不同，码头可以按不同方法进行分类。

1. 按用途分类

根据用途不同，码头可分为货运码头、客运码头、客货（运）码头、渔码头、轮渡（滚装）码头、工作船码头、军用码头、修船码头和舾装码头等。货运码头又可分为件杂货码头、散杂货码头、多用途码头、集装箱码头和专业散货码头等。专业散货码头可分为干散货码头和液体散货码头，干散货码头包括煤码头、矿石码头、粮食码头等；液体散货码头包括原油码头、成品油码头、液体化工码头、液化石油气（LPG）码头、液化天然气（LNG）码头等。

2. 按平面布置分类

按平面布置，码头可分为顺岸式、突堤式、墩式和岛式等，如图 1-1 所示。顺岸式码头前沿线顺码头岸线方向布置，根据码头与岸的连接方式，顺岸式码头又可分为满堂式和引桥式两种，如图 1-1a）所示。满堂式码头与陆域沿码头全长连成一片，其前沿与后方的联系方便。引桥式码头用引桥将顺岸码头与陆域连接起来。

突堤式码头的结构纵轴线与岸线成一定的角度，如图 1-1b）所示，分为窄突堤码头和宽突堤码头两种。窄突堤码头（*B*—*B* 断面）沿宽度方向是一个整体结构，宽突堤码头（*C*—*C* 断面）沿宽度方向的两侧为码头岸壁，中间通过填筑构成码头地面。

墩式码头为非连续结构，由靠船墩、系船墩、工作平台墩、引桥、人行桥组成，如图 1-1c）所示。墩台与岸用引桥连接，墩台之间用人行桥连接，船舶的系靠由系船墩和靠船墩承担，装卸作业在另设的工作平台墩上进行。也有墩式码头不设工作平台墩，墩子既是系靠船设施，又在其上设置装卸机械进行装卸作业。

岛式码头是离岸较远的孤立式建筑物，多用作石油码头，一般通过海底管线等与岸上联系。

3. 按断面型式分类

按断面型式，码头可分为直立式、斜坡式、半直立式、半斜坡式和多级式等，如图 1-2 所示。直立式码头适用于水位变化不大的港口，海岸港和河口港多采用直立式断面。由于直立式码头装卸效率高，其应用范围正逐步扩大，在水位差较大的河港，采用多层系缆或浮式系靠船设施的直立式码头日益增多。斜坡式码头适用于水位变化大的情况，如天然河流的中、上游港口多采用斜坡式断面。半斜坡式码头用于枯水期较长、洪水期较短的山区河流。半直立式码头用于高水位时间较长，而低水位时间较短的水库港等。在水位差大且洪水期不长的上游河港也可采用多级式直立码头，上级码头供洪水期使用，下级码头供枯水期或一般水位时使用。

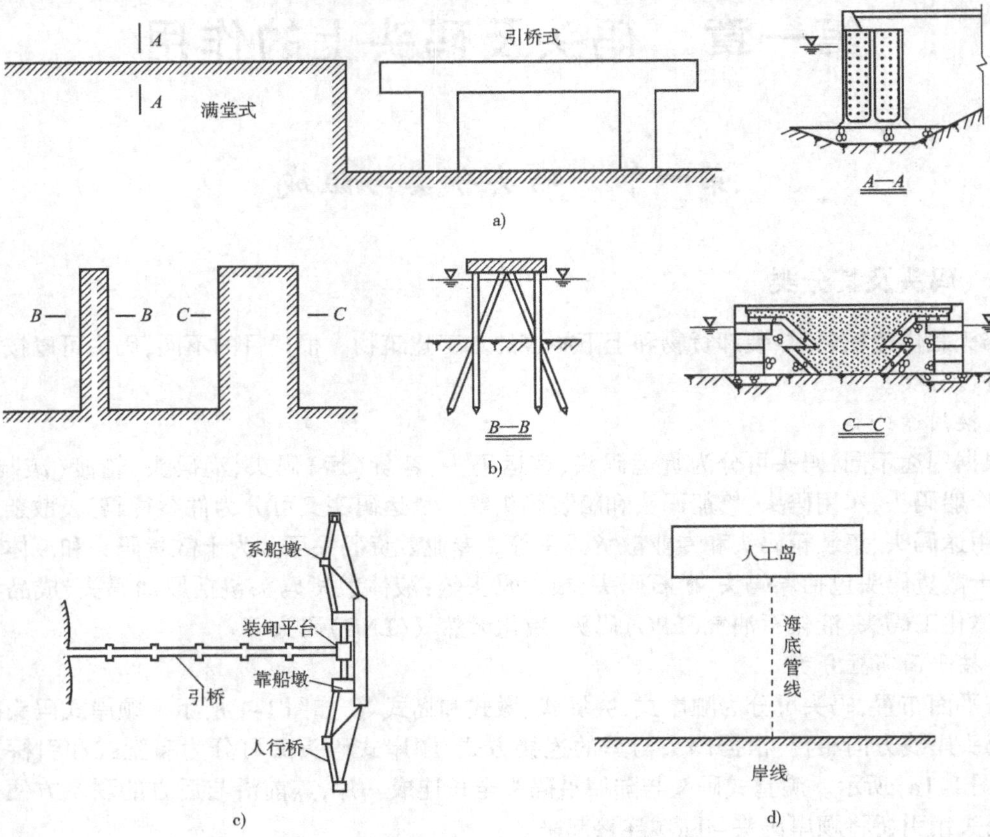

图 1-1　码头平面布置型式

a)顺岸式码头；b)突堤式码头；c)墩式码头；d)岛式码头

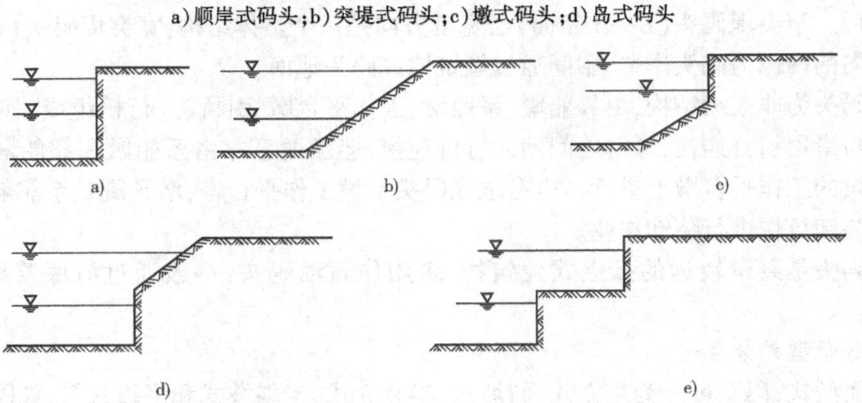

图 1-2　码头按断面型式分类

a)直立式；b)斜坡式；c)半直立式；d)半斜坡式；e)多级式

4. 按结构型式分类

按结构型式，码头可分为重力式码头、板桩码头、高桩码头和其他码头型式（如沉入式大圆筒码头、导管架桩基码头、重力式复合码头等），如图 1-3 所示。

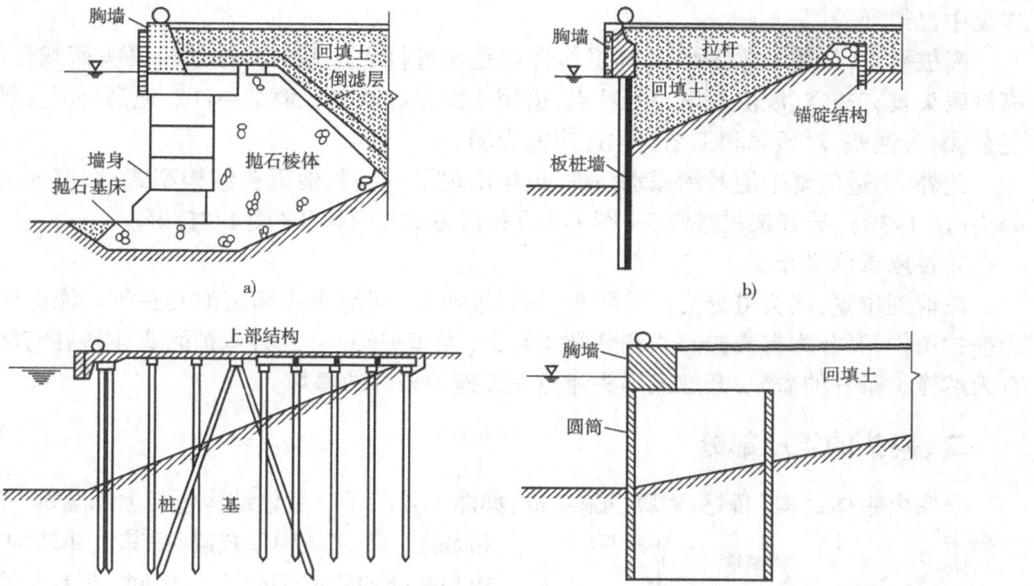

图 1-3　码头按结构型式分类

a) 重力式码头；b) 板桩码头；c) 高桩码头；d) 沉入式大圆筒码头；e) 导管架桩基码头；f) 重力式复合码头

重力式码头，如图 1-3a) 所示，是使用较多的一种结构型式，其工作特点是依靠结构自重来保持抗滑移和抗倾覆稳定。重力式码头耐久性好，对超载和工艺变化适应能力强。但由于自重大，产生的地基应力大，故重力式码头一般适用于承载力较高的地基条件。

板桩码头，如图 1-3b) 所示，其工作特点是依靠土对打入地基中的下部板的嵌固作用和上部锚碇结构来保持结构的稳定性。板桩码头结构简单、施工方便，对复杂地基条件适应性强。但由于板桩墙是薄壁结构，且承受较大的土压力，一般适用于中、小型码头。近年来，开发了遮帘桩板桩码头、T 型地连墙板桩码头、钢管板桩组合板桩码头等新型结构，板桩码头在深水港建设中也得到采用。

高桩码头，如图 1-3c）所示，其工作特点是通过打入地基中的桩基将码头荷载传给地基。高桩码头具有透空、波浪反射小等特点，适用于深水和软弱土地基条件。但高桩码头结构型式复杂，耐久性差，对超载和工艺变化适应能力弱。

此外，为适应复杂地基和深水条件，近年出现了一些其他码头结构型式，如沉入式大圆筒码头（图 1-3d）、导管架桩基码头（图 1-3e）和重力式复合码头（图 1-3f）等。

5. 按地理位置分类

按地理位置，码头可分为海港码头、河口港码头、河港码头和湖泊码头等。海港码头按有无掩护条件，又分为有掩护码头和开敞式码头（无掩护码头）。有掩护码头建造在有防波堤或有天然掩护条件的海域，开敞式码头建造在无掩护条件的海域。

二、码头的组成部分

码头由主体结构和码头附属设施组成，如图 1-4 所示。主体结构包括上部结构、下部结构和基础。不同结构型式码头，其上部结构、下部结构和基础的构成部分不尽相同，表 1-1 给出不同结构型式码头的组成部分。

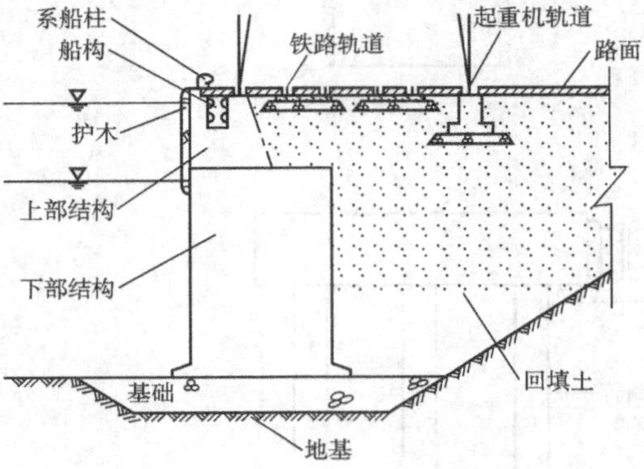

图 1-4　码头的组成部分

上部结构的作用是：将下部结构的构件连成整体；直接承受船舶荷载和地面使用荷载，并将其传给下部结构；供安装码头附属设施之用。

下部结构的作用是：形成满足船舶靠泊、作业和水深要求的直立墙身；支撑上部结构，并将作用在上部结构和自身上的荷载传递给基础。

基础的作用是：承受下部结构传下来的作用力，将其传递给地基。

码头附属设施用于船舶系靠、装卸作业、人员上下和安全保护等设施。

不同结构型式码头组成部分　　表 1-1

组成部分 \ 结构型式		重力式码头	板桩码头	高桩码头
主体结构	上部结构	胸墙	帽梁或胸墙	梁板、靠船构件或承台
	下部结构	墙身	地基以上部分板桩	地基以上部分基桩
	基础	基床	地基以下部分板桩	地基以下部分基桩
码头附属设施		系船设施、防冲设备、工艺设备、爬梯、登船梯、系网环、栏杆和护轮坎等		

第二节 作用与作用效应组合

一、作用

目前,我国港口工程结构设计方法是以结构可靠度理论为基础,采用便于工程技术人员使用的、以分项系数表达的设计表达式。详细内容,请参见有关文献资料。

作用是指施加在结构上的外力以及引起结构外加变形和约束变形的原因。作用分为直接作用和间接作用两种,直接施加在结构上的外力,包括集中力和分布力,属直接作用,工程上习惯称之为荷载;引起结构外加变形和约束变形的原因为间接作用,如地基沉降、混凝土收缩变形和温度变形等。

作用效应是指结构对作用的反应,如在直接作用或间接作用下结构构件的轴力、剪力、弯矩、扭矩,以及结构的应力、变形、位移和裂缝等。

本节所述的作用均为直接作用。

二、作用的分类

码头上的作用可按时间变异、空间变异和结构反应进行分类。

1.按时间变异分类

按时间变异,作用可分为永久作用、可变作用和偶然作用。

永久作用:在设计使用年限内始终存在且量值随时间的变化与其平均值相比可忽略不计的作用,或其变化是单调的并趋于某个限值的作用,如结构自重力、固定机械设备自重力、预加应力、土重力以及土重力和永久作用产生的土压力等。

可变作用:在设计使用年限内其量值随时间变化,且其变化与其平均值相比不可忽略的作用称为可变作用,如堆货荷载、流动起重或运输机械荷载、船舶荷载、水流力、波浪力,以及可变作用产生的土压力等。

偶然作用:在设计使用年限内不一定出现,而一旦出现量值很大,且持续时间很短的事故荷载,如非正常撞击、火灾、爆炸等。

2.按空间变异分类

按空间变异,作用可分为固定作用和自由作用两种。在结构上具有固定分布的作用称为固定作用,如结构自重力和固定设备自重力等。在结构的一定范围内可以任意分布的作用称为自由作用,如堆货荷载、流动起重或运输机械荷载等。

3.按结构反应分类

按结构反应,作用可分为静态作用和动态作用两种。在加载过程中结构产生的加速度可以忽略不计的作用称为静态作用,如自重力、堆货荷载、土压力和预加应力等。在加载过程中使结构产生不可忽略的加速度的作用称为动态作用,如船舶撞击力和地震作用等。

地震作为一种特殊作用,《港口工程结构可靠性设计统一标准》(GB 50158—2010)单独规定了承载能力极限状态设计的地震状况的地震组合。

三、设计极限状态

整个结构或结构的一部分超过某一特定状态就不能满足设计规定的某一功能要求,此特定状态称为该功能的极限状态。港口水工建筑物设计极限状态分为承载能力极限状态和正常使用极限状态两种。

承载能力极限状态是指结构或结构构件达到最大承载能力或达到不适于继续承载的变形的状态,如整个结构或结构的一部分作为刚体失去平衡(如滑移、倾覆等);结构构件或连接件因超过材料强度而破坏,或因过度的塑性变形而不适于继续承载;结构转变为机动体系;结构或结构构件丧失稳定(如压屈等);地基丧失承载能力而失效;结构构件的疲劳破坏等。

正常使用极限状态是指结构或结构构件达到正常使用或耐久性的各项规定限值时的状态。如影响正常使用或外观的变形;影响正常使用或耐久性能的局部损坏(包括裂缝);影响正常使用的振动;影响正常使用的其他特定状态。

四、设计状况与作用效应组合

1. 设计状况

港口水工建筑物在施工、使用和维修时的环境条件和荷载条件不同,设计时应针对不同情况进行设计验算。根据各种情况持续时间的长短和出现概率的高低,分为以下四种设计状况

(1)持久状况:持续时段与建筑物设计使用年限相当的设计状况,如码头面承受堆货荷载和流动与运输机械荷载的状况,防波堤承受波浪力的状况等。

(2)短暂状况:在结构施工和使用过程中一定出现,而与使用年限比持续时间较短的设计状况,如水工建筑物施工、维修和短期特殊使用承受荷载的状况等。

(3)地震状况:建筑物遭受地震作用时的设计状况。

(4)偶然状况:偶发的使结构产生异常状态的设计状况,包括非正常撞击、火灾、爆炸等。

持久状况是最基本的,一般是指贯穿建筑物整个使用期的设计状况,通常要考虑承载能力和正常使用两种极限状态。短暂状况是指施工期间或使用期间可能短暂出现的状况,一般仅考虑承载能力极限状态,必要时两种极限状态都要考虑。地震状况应进行承载能力极限状态设计,主体结构在出现设计的地震状况时不应丧失承载力。偶然状况是在有特殊要求时进行承载能力极限状态设计或进行防护设计。

2. 作用效应组合

根据设计极限状态和设计状况,结构设计要进行以下作用效应组合验算:

(1)承载能力极限状态组合验算,包括:①持久状况的持久组合;②短暂状况的短暂组合;③地震状况的地震组合;④有特殊要求时采用偶然状况的偶然组合。

(2)正常使用极限状态组合验算,包括:①标准组合,用于当超越极限状态时将产生永久性不可逆损坏的情况;②频遇组合,用于短期效应是决定性因素时的情况;③准永久组合,用于长期效应是决定性因素时的情况。

五、作用的代表值

在进行港工建筑物设计时,作用的代表值有标准值、组合值、频遇值和准永久值。

1. 标准值

标准值是作用的主要代表值,是根据对结构的不利状态选取的在建筑物设计基准期内作用最大值或最小值概率分布的某一分位值。当作用增大对结构不利时,取较高的分位值;当作用增大对结构有利时,取较低的分位值。永久作用仅有标准值。

2. 组合值

组合值是建筑物在承载能力极限状态下作用效应持久组合中非主导可变作用的代表值。主要用于考虑在建筑物设计基准期内各可变作用最大值同时出现的概率很低的问题。组合值一般由标准值乘以组合值系数 ψ_c 得到,通常取 $\psi_c=0.7$。

3. 频遇值

频遇值是在设计基准期内被超越的总时间占设计基准期的比率较小的作用值,或被超越的频率限制在规定频率内的作用值。是结构在正常使用极限状态下作用效应短期组合中可变作用的代表值。结构发生局部破坏(如超限值裂缝)或使用功能不良(如超限值变形)与出现作用的较大值有关,故频遇值取作用在结构上时而出现的较大值。频遇值一般由标准值乘以频遇值系数 ψ_f 得到,通常取 $\psi_f=0.7$。

4. 准永久值

准永久值在设计基准期内被超越的总时间占设计基准期的比率较大的作用值,是在结构正常使用极限状态分析中将可变作用"折合"成永久作用的值。一种方法是以平均值作为准永久值;另一种方法是将在设计基准内出现该值的持续期等于或大于总持续期的50%的值作为准永久值。准永久值一般由标准值乘以准永久值系数 ψ_q 得到,通常取 $\psi_q=0.6$。准永久值用于计算地基的最终沉降量和裂缝宽度等。

标准值是永久作用采用的唯一代表值,标准值、组合值、频遇值或准永久值是根据不同的极限状态与作用效应组合情况可变作用采用的代表值。表 1-2 给出不同作用效应组合对应的可变作用代表值的取值。

不同作用效应组合与可变作用代表值的取值　　表 1-2

极限状态	组合情况		可变作用代表值
承载能力极限状态	持久状况持久组合		主导可变作用取标准值,非主导可变作用取组合值:组合值 $=\psi_c\times$ 标准值($\psi_c=0.7$)
	短暂状况短暂组合		取标准值,不考虑非主导可变作用组合系数
	地震状况地震组合		主导可变作用取标准值,非主导可变作用取组合值:组合值 $=\psi_{Qi}\times$ 标准值 地震组合系数 ψ_{Qi} 按表 1-5 取值
正常使用极限状态	持久状况	标准组合	主导可变作用取标准值,非主导可变作用取组合值:组合值 $=\psi_c\times$ 标准值($\psi_c=0.7$)
		频遇组合	主导可变作用取频遇值,频遇值 $=\psi_f\times$ 标准值($\psi_f=0.7$);非主导可变作用取准永久值:准永久值 $=\psi_q\times$ 标准值($\psi_q=0.6$)。
		准永久组合	可变作用取准永久值:准永久值 $=\psi_q\times$ 标准值($\psi_q=0.6$)
	短暂状况		取标准值

六、极限状态设计表达式

结构对所受作用 F 的反应称为作用效应 S_F，它可以是结构构件的轴力、弯矩、剪力、扭矩，也可以是结构的应力、变形、位移、裂缝等。

当施加在建筑物上作用 F 与作用效应 S_F 之间呈线性关系时，作用效应可用下式来表达：

$$S_F = C_F F \tag{1-1}$$

式中：C_F——作用效应系数。

当作用与作用效应之间为非线性关系时，作用效应要采用作用的函数 $S(F)$ 来表达。

在设计基准期内，对实际有可能在结构上同时出现的作用，应按承载能力极限状态、结合相应的设计状况进行作用效应组合；当需要时，还应对正常使用极限状态进行作用效应组合。对实际不可能同时出现的作用，不应考虑其效应组合。

1. 承载能力极限状态设计表达式

结构承载能力极限状态应符合如下设计表达式：

$$\gamma_0 S_d \leqslant R_d \tag{1-2}$$

式中：γ_0——结构重要性系数，按表 1-3 选用；

S_d——作用效应设计值，如应力、剪力和弯矩等的设计值；

R_d——结构抗力设计值，如抗压、抗拉、抗剪和抗弯强度等的设计值。

结构重要性系数 表 1-3

结构安全等级	一　级	二　级	三　级
γ_0	1.1	1.0	0.9

(1)持久状况的持久组合。当作用与作用效应为线性关系或假定为线性关系时，持久组合的效应设计值按下式计算：

$$S_d = \sum_{i\geqslant 1}\gamma_{Gi}S_{Gik} + \gamma_P S_P + \gamma_{Q1}S_{Q1k} + \sum_{j>1}\gamma_{Qj}\psi_{cj}S_{Qjk} \tag{1-3}$$

式中：γ_{Gi} ——第 i 个永久作用的分项系数，按表 1-4 选用；

S_{Gik} ——第 i 个永久作用标准值的效应；

γ_P ——预应力的分项系数；

S_P ——预应力作用有关代表值的效应；

γ_{Q1}、γ_{Qj} ——主导可变作用和第 j 个可变作用的分项系数，按表 1-4 选用；

S_{Q1k}、S_{Qjk} ——主导可变作用和第 j 可变作用标准值的效应；

ψ_{cj} ——可变作用的组合系数，可取 0.7，对经常以界值出现的有界作用可取 1.0。

(2)短暂状况的短暂组合。当作用与作用效应为线性关系或假定为线性关系时，短暂组合的效应设计值按下式计算：

$$S_d = \sum_{i\geqslant 1}\gamma_{Gi}S_{Gik} + \gamma_P S_P + \sum_{j\geqslant 1}\gamma_{Qj}S_{Qjk} \tag{1-4}$$

式中：γ_{Qj}——第 j 个可变作用的分项系数，在此短暂组合中，可按表 1-4 中给出的相应的可变作用分项系数减去 0.1；

其他变量意义同前。

在短暂组合中，不考虑非主导可变作用的组合系数。

作用分项系数　　表1-4

作用名称	分项系数	作用名称	分项系数
永久荷载(不包括土压力、静水压力)	1.2	汽车荷载	1.4
一般件杂货、集装箱荷载	1.4	缆车荷载	1.4
五金钢铁荷载	1.5	船舶系缆力	1.4
散货荷载	1.5	船舶挤靠力	1.4
液体管道荷载	1.4	船舶撞击力	1.5
人群荷载	1.4	风荷载	1.4
起重机械荷载	1.5	水流力	1.5
运输机械荷载	1.4	冰荷载	1.5
铁路荷载	1.4	土压力	1.35
波浪力(构件计算)	1.5	剩余水压力	1.05

注:①当永久作用效应对结构承载能力起有利作用时,永久作用分项系数取值不应大于1.0;②同一来源的作用,当总的作用效应对结构承载能力不利时,分作用均应乘以不利作用的分项系数;③永久作用为主时,其分项系数不应小于1.3;④当两个可变作用完全相关,其中一个为主导可变作用时,与其相关的可变作用的分项系数应取主导可变作用的分项系数;⑤海港结构在极端高水位和极端低水位情况下,承载能力极限状态持久组合的可变作用分项系数应减小0.1;⑥除构件计算外的波浪力分项系数应按国家现行有关标准选取。

(3)地震状况的地震组合。承载能力极限状态下地震组合的效应设计值按下式确定:

$$S_d = \gamma_G C_G G_k + \gamma_{PH} C_{PH} P_H + (\sum_{i=1}^{n} \gamma_{Qi} C_{Qi} \psi_{Qi} Q_{ik}) \tag{1-5}$$

式中:P_H——水平地震惯性力标准值;

C_{PH}——水平地震作用效应系数;

γ_{PH}——水平向地震惯性力分项系数,取$\gamma_{PH}=1.0$;

ψ_{Qi}——地震时各种作用的组合系数,见表1-5;

其他符号的意义同前。

地震时各种作用的组合系数　　表1-5

序号	作用		组合系数ψ_{Qi}
1	结构自重力		1.00
2	固定设备自重力		1.00
3	起重机自重力		1.00
4	起重机吊重		0
5	引桥和栈桥式码头的流动机械荷载	顺桥向	0
		横桥向	0.5
6	堆货荷载		0.70
7	管道、皮带机等固定设备中的液体和散体		1.00
8	船舶系缆力		0.50
9	船舶挤靠力		0.50
10	船舶撞击力		0

续上表

序　号	作　用	组合系数 ψ_{Qi}
11	内河高桩墩式和栈桥式码头的水流力	1.00
12	水压力和剩余水压力	1.00
13	扬压力	1.00
14	波浪力	0

2. 正常使用极限状态设计表达式

在正常使用极限状态下，港工建筑物设计应符合下式：

$$S_d \leqslant R \tag{1-6}$$

式中：S_d——作用组合的效应设计值，如变形、裂缝宽度、沉降量等的设计值；

R——限值，如规定的最大允许变形、裂缝宽度和沉降量等。

(1)持久状况。当作用与作用效应为线性关系或假定为线性关系时，持久状况分别采用作用的标准组合、频遇组合和准永久组合进行设计。

标准组合的效应设计值可按下式计算：

$$S_d = \sum_{i\geqslant 1} S_{Gik} + S_P + S_{Q1k} + \sum_{j>1}\psi_{cj}S_{Qjk} \tag{1-7}$$

频遇组合的效应设计值可按下式计算：

$$S_d = \sum_{i\geqslant 1} S_{Gik} + S_P + \psi_f S_{Q1k} + \sum_{j>1}\psi_{qj}S_{Qjk} \tag{1-8}$$

准永久组合的效应设计值可按下式计算：

$$S_d = \sum_{i\geqslant 1} S_{Gik} + S_P + \sum_{j>1}\psi_{qj}S_{Qjk} \tag{1-9}$$

式中：ψ_f——可变作用的频遇值系数，取 $\psi_f = 0.7$；

ψ_{qj}——可变作用的准永久值系数，取 $\psi_{qj} = 0.6$；

其他符号意义同前。

对经常以界值出现的有界作用，组合系数和准永久值系数可取1.0。

(2)短暂状况。当作用与作用效应为线性关系或假定为线性关系时，短暂状况正常使用极限状态作用组合的效应设计值可按下式计算：

$$S_d = \sum_{i\geqslant 1} S_{Gik} + S_P + \sum_{j\geqslant 1} S_{Qjk} \tag{1-10}$$

各变量意义同前。

第三节　码头地面使用荷载

码头地面使用荷载是指在码头上进行生产活动而产生的荷载，包括：堆货荷载、流动起重运输机械荷载、铁路荷载、汽车荷载和人群荷载等。

一、堆货荷载

1. 影响堆货荷载的因素

确定堆货荷载时要考虑下列影响因素：

(1)装卸工艺。装卸工艺不同，直接影响货物堆高，反映在荷载值上必然不同。例如，用一般皮带机堆散货，一次堆高约5.5m；如用门机配抓斗堆散货，则堆高可达9～10m；用单斗装卸车堆散货只能堆2.5m高。

(2)货种及包装方式。在相同堆存高度条件下，由于不同货种的重度不同，其荷载值也不同。此外，有些货种必须对堆高加以限制，如煤堆太高会引起自燃；袋装水泥堆得太高不仅会压坏纸袋，也会使水泥结块，造成浪费。

(3)货物的批量与堆存期。货物的批量（即一票货物的数量）会影响堆高。从管理上要求，不准混票堆存，一般情况下，批量大的堆成大垛，堆货荷载较大；批量小的无法堆成大垛，荷载较小。

此外，对长期堆存的货物，通常都堆得较高，荷载较大；对临时堆存的货物，一般都不堆太高，相应的荷载也较小。

(4)码头的结构型式。不同结构型式对堆货荷载的敏感程度不同。例如，重力式码头的稳定性及其构件内力对堆货荷载变化的反应不太敏感；对梁板式高桩码头，荷载值增大时，码头结构构件的内力也以相同的比例增加，对堆货荷载变化的反应敏感。

2. 堆货荷载的分区

根据码头的使用要求和使用经验，《港口工程荷载规范》(JTS 144-1—2010)将各类码头地面堆货荷载分区分别用L_1、L_2、L_3、L_4、L_5、L_6表示。

L_1为专业机械化码头通道宽度，一般可取3～4m；对专业化集装箱码头，L_1为码头前沿线至集装箱装卸桥海侧轨中心线距离，可取3～10m；对河港集装箱码头，L_1可减小至2.0～2.5m。

L_2为装船机、卸船机或集装箱装卸桥轨距，按实际机型取值。

L_3为流动机械通道宽度，一般为7～15m。

L_4为集装箱装卸桥陆侧轨中心线距堆场边缘距离，可取25～50m。

L_5为滚装码头、化工（油、液化气、液体）码头和一般装卸工艺条件下码头的前沿区。无门机时L_5可取10m；有门机时，L_5应按货物实际堆存情况确定，无资料时可取码头前沿线至门机陆侧轨中心线外1.5m，一般为14～15.5m，如图1-5所示。

L_6为滚装码头、化工（油、液化气、液体）码头和一般装卸工艺条件下码头的前方堆场宽度。无门机时，L_6应按货物实际可能堆存的范围确定；有门机时，L_6可取自L_5陆侧边线至门机堆货所能到达的位置，一般为18～38m，如图1-5所示。

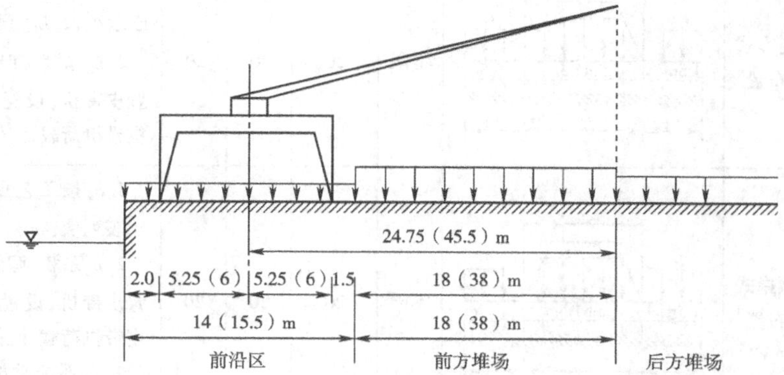

图1-5　堆货荷载分区

除 L_1、L_2、L_3、L_4、L_5、L_6 区域外的码头堆场为后方堆场。后方堆场通常位于港口码头建筑物边缘或以外的区域，其堆货荷载对码头结构设计一般影响很小，主要用于堆场地坪设计。

3. 堆货荷载的标准值

在对我国各主要港口堆货荷载资料进行统计分析的基础上，我国《港口工程荷载规范》(JTS 144-1—2010)给出了各区域堆货荷载标准值。海港或河港各类专业机械化码头的堆货荷载标准值可按表 1-6 选用，海港和河港各类码头在一般装卸工艺条件下的堆货荷载标准值可分别按表 1-7 和表 1-8 选用，后方堆场堆货荷载标准值可按表 1-9 选用。

专业机械化码头堆货荷载标准值 表 1-6

序号	码头类别		荷载图式	结构型式	堆货荷载标准值(kPa)			说明
					前沿 q_1	前方堆场 q_2 构件计算	前方堆场 q_2 整体稳定计算	
1	煤码头	突堤式布置	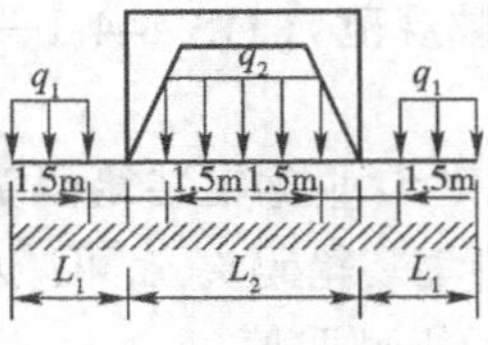	不限	20	20	20	1. q_1 按工艺要求确定，但不小于表列值；L_1 为通道宽；2. L_2 系装、卸船机轨距，其间设置皮带机，设置皮带机范围内按皮带机荷载计，但不小于表列值
		顺岸式布置	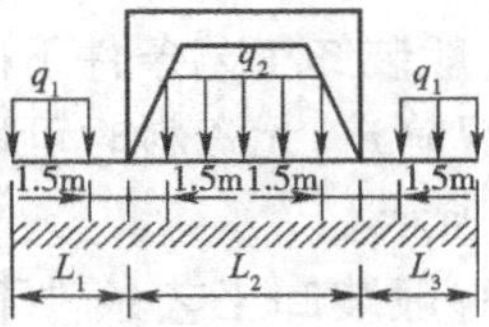	不限	20	20	20	1. q_1 按工艺要求确定，但不小于表列值；2. L_2 系装、卸船机轨距，其间设置皮带机，设置皮带机范围内按皮带机荷载计，但不小于表列值；3. L_3 系流动机械通道宽，按工艺要求确定，但不小于表列值
2	矿石码头	突堤式布置	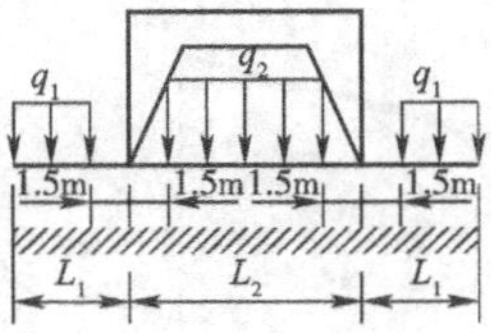	不限	20	20	20	1. q_1 按工艺要求确定，但不小于表列值；L_1 为通道宽；2. L_2 系装、卸船机轨距，其间设置皮带机，设置皮带机范围内按皮带机荷载计，但不小于表列值
		顺岸式布置	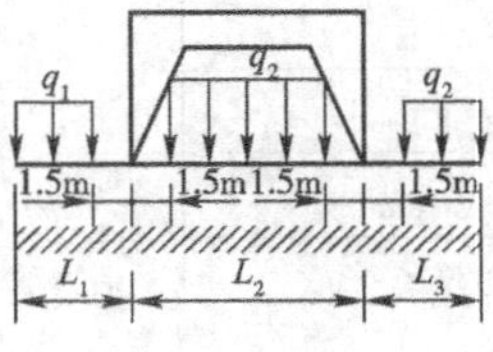	不限	20	20	20	1. q_1 按工艺要求确定，但不小于表列值；2. L_2 系装、卸船机轨距，其间设置皮带机，设置皮带机范围内按皮带机荷载计，但不小于表列值；3. L_3 系流动机械通道宽，按工艺要求确定，但不小于表列值

续上表

序号	码头类别	荷载图式	结构型式	堆货荷载标准值(kPa)			说明
				前沿 q_1	前方堆场 q_2		
					构件计算	整体稳定计算	
3	集装箱码头	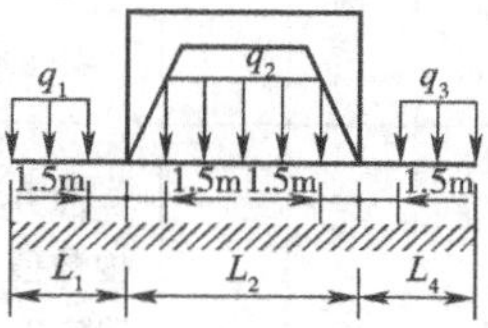	不限	20～30	30～50	30	1. L_1 布置为辅助通道时，q_1 取大值； 2. L_2 系装卸桥轨距，当轨距内堆3层箱时，构件计算 q_2 取大值； 3. L_4 系装卸桥陆侧轨中心线至堆场边缘距离，构件计算 q_3 = 30kPa，整体稳定计算 q_3 = 20kPa
4	货物滚装 客货滚装 码头	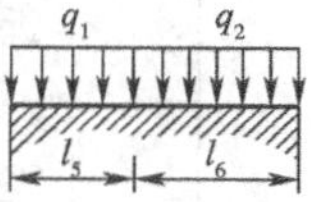	不限	30	30	20	滚装包括40ft集装箱拖挂车或40t平板挂车时，应根据实际情况对构件进行计算
5	汽车滚装码头	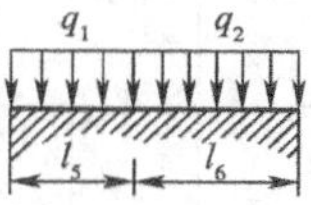	不限	20～30	20～30	15～20	仅轿车滚装用下限值，有重型汽车滚装用上限值
6	油、液化气(LNG、LPG)、液体化工码头	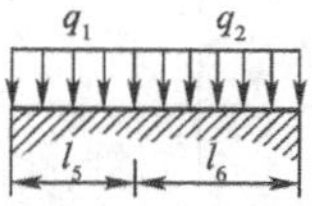	不限	10～15	10～15	10～15	应以施工期荷载对构件进行计算

一般装卸工艺条件下海港码头堆货荷载标准值　　表1-7

序号	码头类别	荷载图式	结构型式	堆货荷载标准值(kPa)			说明
				前沿 q_1	前方堆场 q_2		
					构件计算	整体稳定计算	
1	件杂货码头	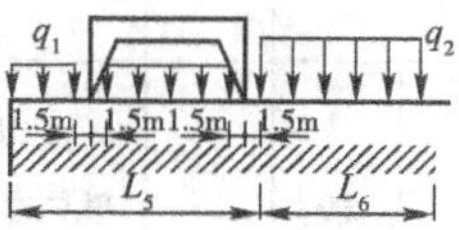	不限	20	40 (60)	30 (40)	前方堆场有少量的钢铁时用括号内数值。码头前沿有重件落地时，q_1 用30kPa；门机下无铁路时 q_1 用25kPa
2	金属矿石码头	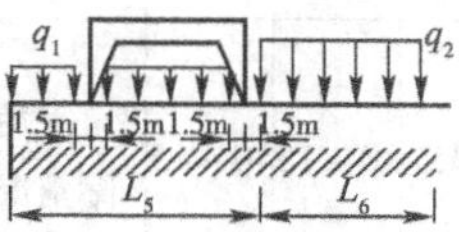	透空式	20	100	80	q_2 对应垛高4m
			实体式	20	150	120	q_2 对应垛高6m

续上表

序号	码头类别	荷载图式	结构型式	堆货荷载标准值(kPa)			说明
				前沿 q_1	前方堆场 q_2		
					构件计算	整体稳定计算	
3	煤码头	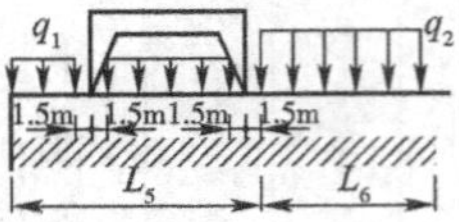	不限	20	100	70	q_2对应垛高10m
4	非金属矿石、砂石料码头	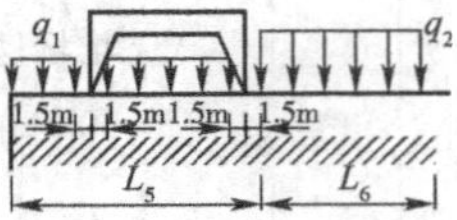	不限	20	80 (100)	60 (80)	前方堆场堆存量较大时用括号内数值。对砂石料码头,在整体稳定性计算时,应根据前方堆场实际堆存面积、堆存量大小,确定对堆货荷载的标准值是否进行折减
		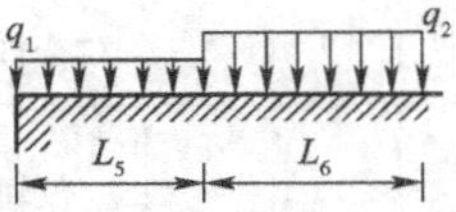	不限	20 (30)	60	60	前沿经常堆货时用括号内数值
5	五金钢铁码头	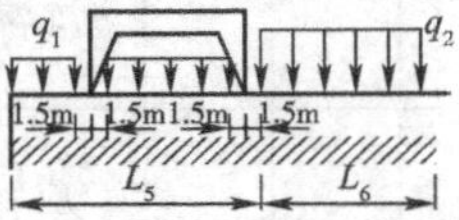	不限	30	80	60	—
6	木材码头	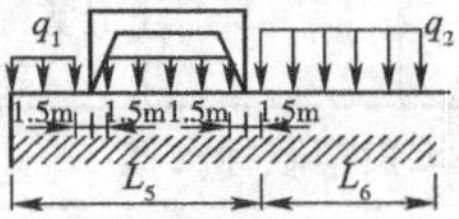	不限	30	60	60	—
7	盐码头	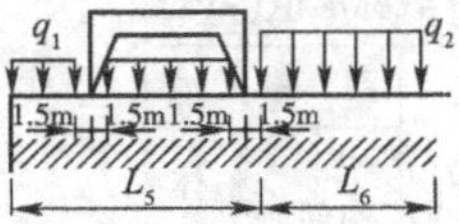	不限	20	90	60	q_2对应垛高10m
		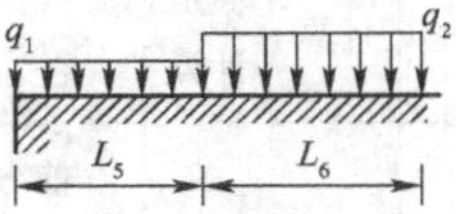			50	50	q_2对应垛高5.5m
8	客货码头	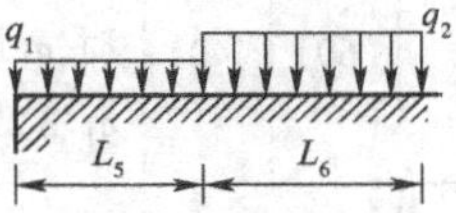	不限	20	30	25	应以装卸、运输货物的起重机械荷载、流动机械荷载对构件进行计算
9	港作船码头	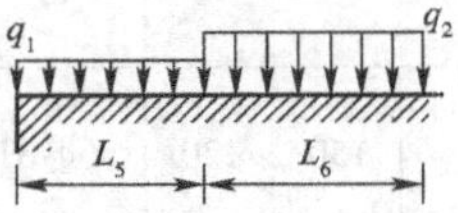	不限	10~15	10~15	10~15	采用油罐车供油时,应根据实际情况对构件进行计算

一般装卸工艺条件下河港码头堆货荷载标准值　　表 1-8

<table>
<tr><th rowspan="3">序号</th><th rowspan="3">码头类别</th><th rowspan="3">码头型式</th><th rowspan="3">荷载图式</th><th rowspan="3">结构型式</th><th colspan="3">堆货荷载标准值(kPa)</th><th rowspan="3">说　明</th></tr>
<tr><th rowspan="2">前沿 q_1</th><th colspan="2">前方堆场 q_2</th></tr>
<tr><th>构件计算</th><th>整体稳定计算</th></tr>
<tr><td rowspan="2">1</td><td rowspan="2">件杂货码头</td><td rowspan="2">直立式</td><td>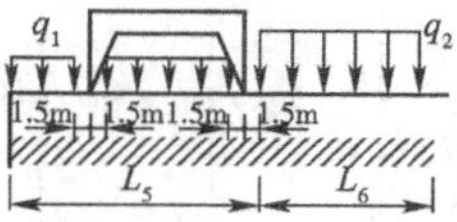</td><td>不限</td><td>20</td><td>40(30)</td><td>30(25)</td><td rowspan="2">1. 门机下有无铁路，q_1 均采用表列值；
2. q_1、q_2 包括装卸、堆存少量钢材；
3. 堆存木材时，q_2 用括号内数值；
4. 对无门机的情况，堆存量大时取上限值</td></tr>
<tr><td>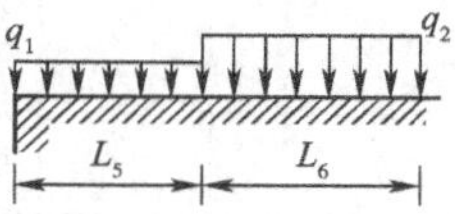</td><td>不限</td><td>15～20</td><td>30～40</td><td>20～30</td></tr>
<tr><td rowspan="3">2</td><td rowspan="3">五金钢铁码头</td><td rowspan="3">直立式</td><td rowspan="2">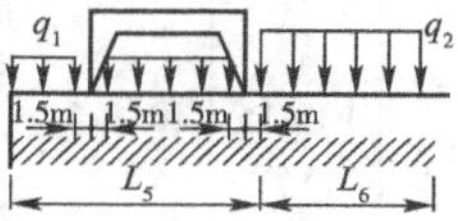</td><td>透空式</td><td rowspan="2">20</td><td>50～80</td><td>35～60</td><td rowspan="3"></td></tr>
<tr><td>实体式</td><td>80</td><td>60</td></tr>
<tr><td>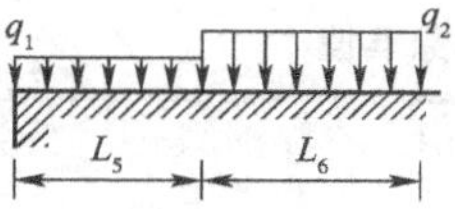</td><td>不限</td><td>20</td><td>50</td><td>35</td></tr>
<tr><td rowspan="2">3</td><td rowspan="2">散货码头</td><td rowspan="2">直立式</td><td rowspan="2">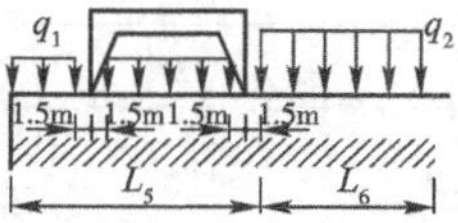</td><td>透空式</td><td rowspan="2">20</td><td>40～50</td><td>30～40</td><td rowspan="2">金属矿石及矿粉取上限值；煤、非金属矿石及矿粉取下限值</td></tr>
<tr><td>实体式</td><td>50～80</td><td>40～60</td></tr>
<tr><td>4</td><td>件杂货码头</td><td>斜坡式或浮码头</td><td>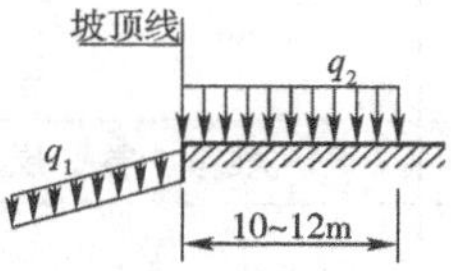</td><td>不限</td><td>5</td><td>20～30</td><td>20</td><td>1. 包括装卸木材、少量钢材；
2. q_1 根据工艺要求确定，但不小于表列值</td></tr>
<tr><td>5</td><td>五金钢铁码头</td><td>斜坡式或浮码头</td><td>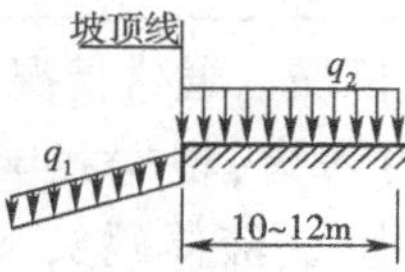</td><td>不限</td><td>5</td><td>40～50</td><td>30～35</td><td>q_1 根据工艺要求确定，但不小于表列值</td></tr>
<tr><td>6</td><td>散货码头</td><td>斜坡式或浮码头</td><td>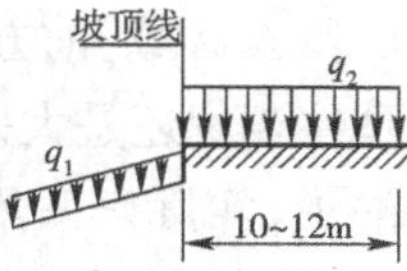</td><td>不限</td><td>5</td><td>30～50</td><td>25～40</td><td>1. 金属矿石及矿粉 q_2 取上限值；煤、非金属矿石及矿粉 q_2 取下限值；
2. q_1 根据工艺要求确定，但不小于表列值</td></tr>
</table>

续上表

序号	码头类别	码头型式	荷载图式	结构型式	堆货荷载标准值(kPa)			说明
					前沿 q_1	前方堆场 q_2		
						构件计算	整体稳定计算	
7	油码头	斜坡式或浮码头	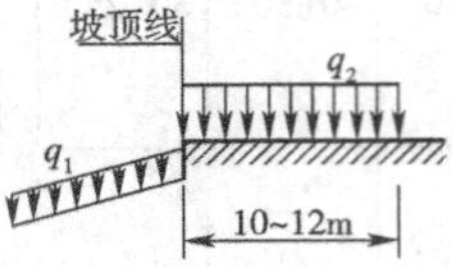	不限	5	5	3~5	1. q_1 根据工艺要求确定，但不小于表列值； 2. 大型中转油港码头 q_2 取上限值，企业专用油码头及地方油码头 q_2 取下限值，图中10~12m范围内设置罐区时，q_2 则应按实际情况确定
8	港作船码头	不限	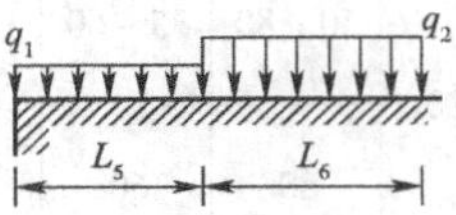	不限	10~15 (5)	10~15	10~15	1. L_5 内为斜坡道或引桥时，q_1 根据工艺要求确定，但不小于表列值括号内数值； 2. 采用油罐车供油时，应根据实际情况对构件进行计算

后方堆场堆货荷载标准值　　表 1-9

堆存货种		堆货荷载标准值 q_4(kPa)	说明
件杂货		30~40	—
五金钢铁		80	堆高较大时，应根据实际堆存高度计算确定
木材		30	—
散货	煤	50~60	移动式皮带机大面积堆高
	金属矿石及矿粉	100~120	
	非金属矿石及矿粉	80	
	砂石料	100	
集装箱	重箱	40~60	堆箱4层、5层、6层分别取40、50、60
	空箱	20	—
	道路	20	主、支干道和作业通道

(1)前沿区堆货荷载 q_1。码头前沿区包括 L_1 和 L_5 区域。通常情况下前沿区不堆货，q_1 值不是按堆货情况制定的，而是从码头结构的安全角度考虑，根据我国多年设计经验确定为20~30kPa。码头前沿没有装卸作业的码头(如油、液化气、液体码头和工作船码头)，规定的 q_1 值均小于20kPa。

(2)前方堆场堆货荷载 q_2。前方堆场包括 L_2、L_3、L_4 和 L_6 区域，前方堆场堆货荷载 q_2 值是总结国内现有港口货物的实际堆存情况给出的。无论是件杂货还是大宗散货，都分垛堆存，垛与垛之间留有一定宽度，作为起重运输机械作业用的通道，实际码头堆货一般不会满布。因此，q_2 有两个荷载标准值：小面积的局部堆货荷载和大面积的平均堆货荷载。计算构件时，计算对象的受荷范围小，采用小面积的 q_2 值；计算整体稳定（包括水平滑动、倾覆和圆弧滑动稳定性的验算）时，取用大面积堆存的 q_2 值，比小面积的 q_2 值小一些。

（3）后方堆场堆货荷载 q_4。除 L_1、L_2、L_3、L_4、L_5、L_6 区域外的码头堆场为后方堆场。后方堆场堆货荷载一般不影响码头建筑物的稳定性，后方堆场堆货荷载 q_4 值，见表 1-9，主要用于堆场地坪设计。

二、门座起重机荷载

港口中使用的门机轨距主要有 10.5m 和 12m 两种，船厂用的门机轨距一般为 10m。门机的支腿压力主要决定于门机的型号、最大起重量、最大跨幅和工作状态，用 M_h-Q-L 作为门机荷载的代号，其中 M_h 表示门机荷载，Q 表示最大起重量（t），L 表示吊臂伸出的最大幅度（m）。例如，M_h-10-25 表示门机最大起重量为 10（t），吊臂伸出的最大幅度为 25（m）。

表 1-10 和表 1-11 给出了几种主要国产门座起重机荷载标准值和支腿轮压力计算图式，表 1-12 给出了几种主要国产门座起重机工作状态下支腿竖向荷载标准值。

门座起重机自身重量大，稳定性好，门座起重机荷载一般不考虑冲击系数。

门座起重机荷载标准值　　表 1-10

荷载代号	M_h-5-30	M_h-10-25	M_h-10-30	M_h-16-30	M_h-25-30	M_h-25-35	M_h-40-35	M_h-40-45
最大起重量（t）	5	10	10	16	25	25	40	40
最大幅度（m）	30	25	30	30	30	35	35	45
自重（t）	115	145	200	240	340	430	530	700
轨距（m）	10.5	10.5	10.5	10.5	10.5	10.5	12	12
基距（m）	10.5	10.5	10.5	10.5	10.5	10.5	12	12
轮数	2×4	3×4	4×4	5×4	6×4	8×4	8×4	8×4
荷载 P（kN）	250	250	250	250	250	250	400	500
两机荷载图式间的最小距离（m）	1.5							

注：垂直和平行于轨道方向水平力标准值可按轮压标准值的 1/10 估算。

门座起重机支腿荷载计算图示　　表 1-11

荷载代号	支腿荷载计算图式（间距单位：m）
M_h-5-30	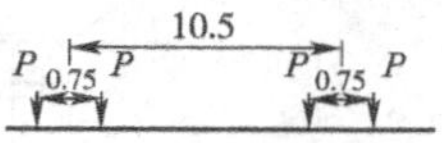
M_h-10-25	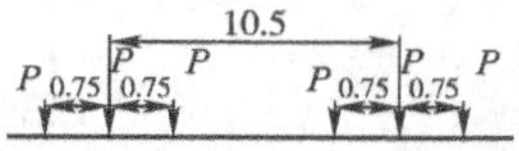
M_h-10-30	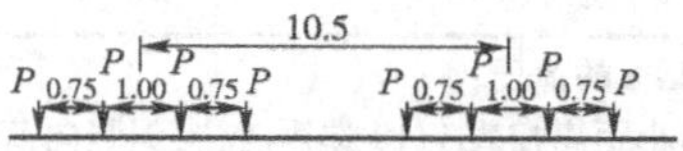
M_h-16-30	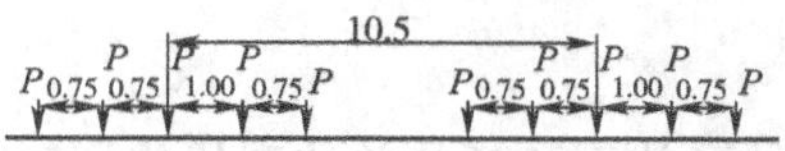

续上表

荷载代号	支腿荷载计算图式(间距单位:m)
M_h-25-30	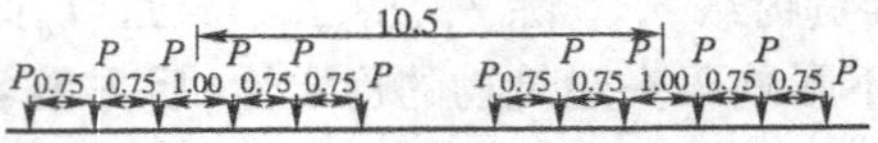
M_h-25-35	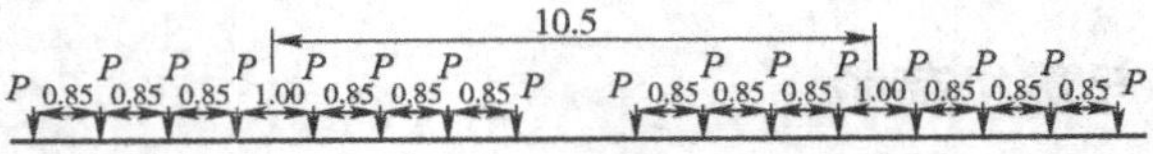
M_h-40-35	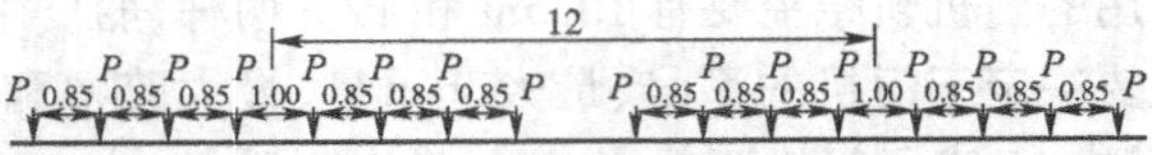
M_h-40-45	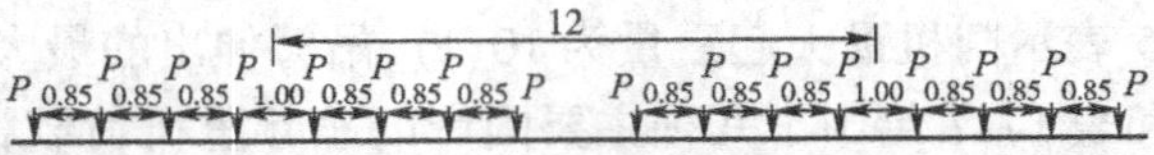

国产门座起重机在工作状态下的支腿竖向荷载标准值(kN) 表 1-12

吊臂位置	支腿编号 \ 荷载代号	M_h-5-30	M_h-10-25	M_h-10-30	M_h-16-30	M_h-25-30	M_h-25-35	M_h-40-35	M_h-40-45
1	A	440	660	880	1100	1320	1760	2800	3500
	B	440	660	880	1100	1320	1760	2800	3500
	C	160	240	320	400	480	640	800	1000
	D	160	240	320	400	480	640	800	1000
2	A	500	750	1000	1250	1500	2000	3200	4000
	B	300	450	600	750	900	1200	1600	2000
	C	100	150	200	250	300	400	500	650
	D	300	450	600	750	900	1200	1600	2000
3	A	440	660	880	1100	1320	1760	2800	3500
	B	160	240	320	400	480	640	800	1000
	C	160	240	320	400	480	640	800	1000
	D	440	660	880	1100	1320	1760	2800	3500
吊臂位置图		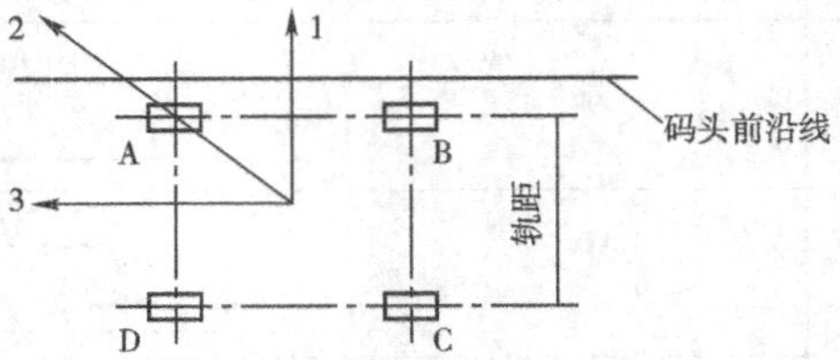							

注:①表列数据已考虑 0.4kPa 的风压;

②两机荷载图式间的最小距离按表 1-10 选用时,支腿竖向荷载可按吊臂位置 1 采用。

三、集装箱荷载

集装箱运输是一种高效率和高效益的现代化运输方式,近年来我国集装箱码头建设得到快速发展。集装箱码头荷载主要包括:集装箱码头堆货荷载、堆场堆箱箱角荷载,以及集装箱装卸桥、集装箱拖挂车、轮胎式集装箱龙门起重机(RTG)、轨道式集装箱龙门起重机(RMG)、集装箱跨运车、集装箱正面吊运车、集装箱叉车和集装箱高架吊等起重运输机械荷载等。

1. 集装箱码头堆货荷载

集装箱码头堆货场地可分为:码头前沿区(L_1)、装卸船作业区(L_2)、泊位间联系通道及舱盖板堆放区(L_3)、集装箱堆场(L_4),如图1-6所示。

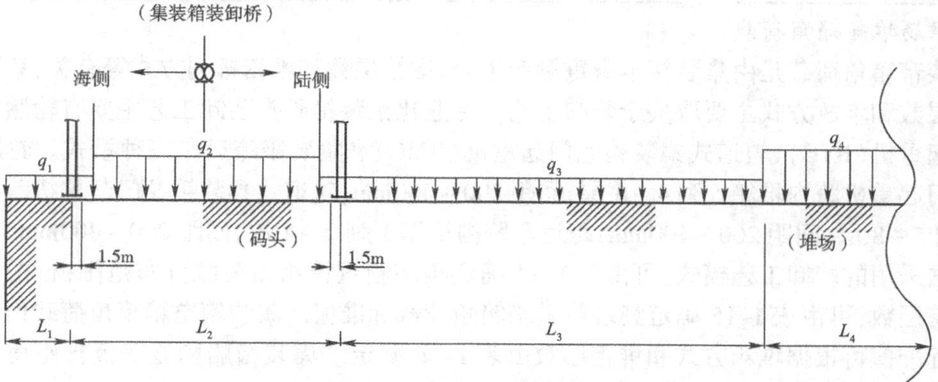

图1-6 集装箱码头堆货荷载图式

L_1-码头前沿线至集装箱装卸桥海侧轨中心线的距离,一般为3~10m,河港集装箱码头可减少至2~2.5m;L_2-集装箱装卸桥大车行走轨轨距,一般为16、24、30、35m;L_3-集装箱装卸桥陆侧轨中心线至场边缘距离,一般为25~50m;L_4-集装箱码头堆场纵深,包括重箱、空箱堆场

码头前沿区宽度有两种布置情况:①一般码头前沿区宽度3~4m,主要设置电缆沟槽和系船柱等设施,不堆货,也无装卸设备作业,只考虑人群荷载;②少数码头前沿区宽度6.5~10m,除设置电缆沟槽和系船柱外,还增加一条辅助通道,要考虑一般车辆荷载和局部大件荷载。

装卸船作业区指集装箱装卸桥跨下两轨之间装卸船作业的区域,宽度为16~35m,主要布置3~7条集装箱拖挂车作业通道也可布置舱盖板堆放位置。该区域内堆货荷载按整体堆箱2层,局部堆箱3层考虑。流动机械主要有重载集装箱拖挂车和跨运车作业。

泊位间联系通道及舱盖板堆放区是指集装箱装卸桥陆侧轨中心线至集装箱堆场边缘的区域,宽度为25~50m,主要布置舱盖板堆放区和泊位间联系通道。该区堆货荷载按整体堆箱1层,局部堆箱2层或堆3~4层舱盖板考虑。流动机械主要有重载集装箱拖挂车和跨运车作业。

集装箱堆场堆货荷载包括:重箱荷载、空箱荷载及主、支干道和作业通道车辆荷载。集装箱堆场还要考虑堆箱箱角荷载。

表1-13给出集装箱码头各区域堆货荷载标准值。

集装箱码头各区域堆货荷载标准值 表1-13

作业区域	荷载代号	堆货荷载标准值(kPa)		说明
		构件计算	整体计算	
码头前方作业区域	q_1	20~30	10~20	码头前沿区 L_1 布置有辅助通道时,q_1 取大值
	q_2	30~50	30	轨距内 L_2 局部堆3层箱时,构件计算 q_2 取大值
	q_3	30	20	—

续上表

作业区域		荷载代号	堆货荷载标准值(kPa)		说明
			构件计算	整体计算	
堆场	重箱	q_4	—	40~60	堆箱4、5、6层时，q_4分别取40、50、60kPa
	空箱		—	20	—
	道路		—	20	包括主、支干道和作业通道

2. 堆场堆箱箱角荷载

集装箱箱角荷载是由集装箱本身重量产生，与堆箱层数和堆箱排列方式等有关，集装箱重箱堆箱层数和堆放方式主要取决于装卸工艺。专业化集装箱码头装卸工艺主要有轮胎式集装箱龙门起重机(RTG)、轨道式集装箱龙门起重机(RMG)和集装箱跨运车三种模式。轮胎式集装箱龙门起重机跨内堆箱6列4~6层，间距200~400mm；轨道式集装箱龙门起重机跨内堆箱6~12列5~8层，间距200~400mm；跨运车跨内堆箱1列2~4层，间距200~400mm。

根据采用的装卸工艺模式，可由表1-14确定集装箱重箱箱角荷载分布范围；根据堆箱方式和堆箱层数，可由表1-15确定集装箱重箱箱角荷载标准值。集装箱空箱箱角荷载作用范围和荷载标准值可根据堆箱方式和堆箱层数由表1-16确定。集装箱船舶舱盖板支座荷载作用范围和荷载标准值可根据堆放层数按表1-17采用。

集装箱重箱箱角荷载分布范围 表1-14

装卸工艺模式		临时堆放	跨运车工艺	RTG、RMG及正面吊工艺
堆箱方式		单箱 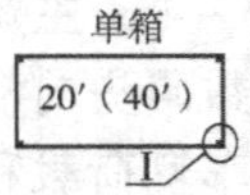	单列箱 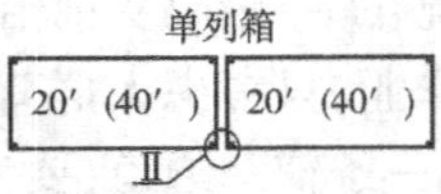	多列箱 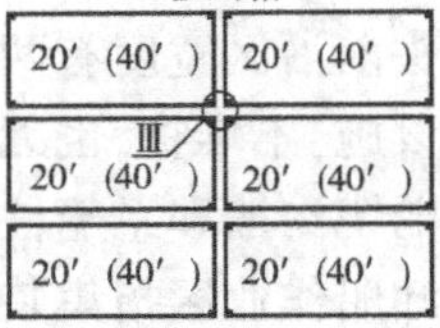
箱角荷载图式		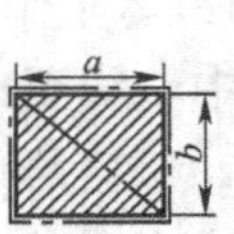(Ⅰ)	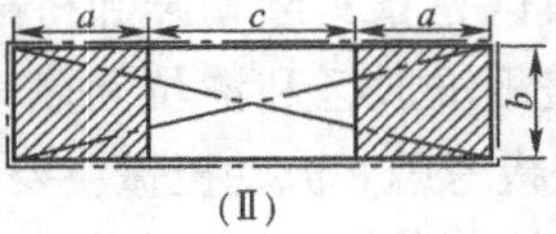(Ⅱ)	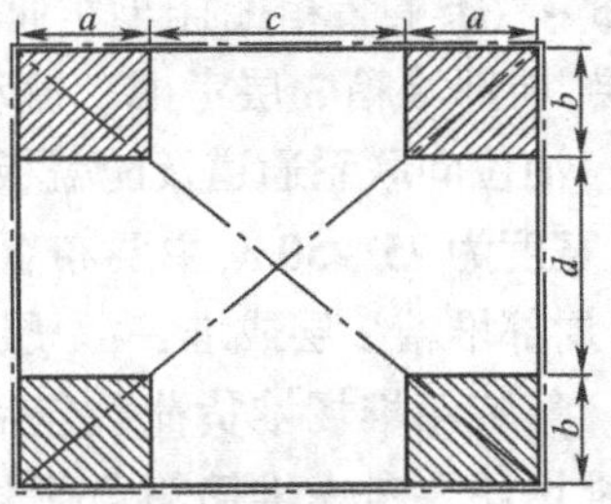(Ⅲ)
箱角及布置尺寸(mm)	a	178	178	178
	b	162	162	162
	c	—	200~400	200~400
	d	—	—	200~400

注：①RTG为轮胎式集装箱龙门起重机；
②RMG为轨道式集装箱龙门起重机；
③表中20′和40′为20ft和40ft集装箱。

集装箱重箱箱角荷载标准值 表 1-15

堆箱层数	重量折减比例（%）	箱角接地应力（N/mm²）	3 种堆箱方式的箱角荷载标准值(kN)		
			单箱	单列箱	多列箱
1	0	2.64	76.2	152.4	304.8
2	10	4.76	137.2	274.3	548.6
3	20	6.34	182.9	365.8	731.5
4	30	7.40	213.4	426.7	853.4
5	40	7.93	228.6	457.2	914.4
6	40	9.51	274.3	548.6	1097.0
7	40	11.10	320.0	640.0	1280.0
8	40	12.68	365.8	731.6	1463.2

空箱箱角荷载图式和标准值 表 1-16

堆箱层数	箱角接地应力	2 种堆箱方式的			
		单箱堆放		多列箱成组堆放	
		图式及尺寸(mm)	标准值(kN)	图式及尺寸(mm)	标准值(kN)
4	1.32	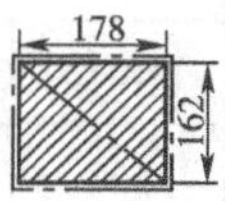	38	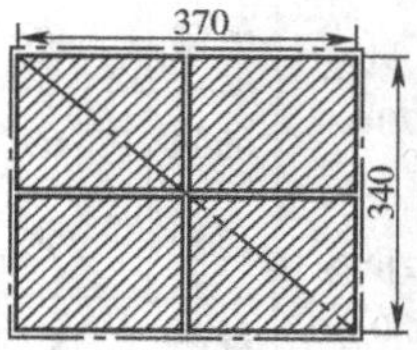	152
5	1.65		47.5		190
6	2.00		57		228
7	2.31		66.5		266
8	2.64		76		304

舱盖板支座荷载图式和标准值 表 1-17

堆放层数	支座接地应力（N/mm²）	支座荷载		说明
		图式及尺寸(mm²)	标准值(kN)	
2	4.51	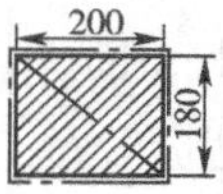	162.5	舱盖板底部支座 4 个
3	6.77		243.8	
4	9.03		325.0	

3. 集装箱装卸桥荷载

集装箱装卸桥荷载主要与设备规格和荷载条件有关，设备规格主要包括集装箱装卸桥外伸距、起重量和行走轨距等；荷载条件主要考虑工作状态（装卸船作业工况）和非工作状态两种。表 1-18 给出了集装箱装卸桥荷载图式和荷载标准值，表 1-19 和表 1-20 分别给出集装箱装卸桥工作状态和非工作状态轮压组合系数。图 1-7 给出集装箱装卸桥荷载图式。

集装箱装卸桥荷载图式和荷载标准值　　表 1-18

荷载标准值 \ 设备规格（外伸距—吊具下额定起重量） \ 荷载条件					巴拿马型		超巴拿马型		苏伊士运河型		
					35m－30.5t（轨距 16m）	38m－41t（轨距 24m）	46m－41t（轨距 30m）	50m－50t（轨距 30m）	61m－61t（4×8 轮）（轨距 30m）	65m－65t（4×8 轮）（轨距 35m）	66m－80t（吊双 40′箱）（4×10 轮）（轨距 35m）
P_W（kN/轮）	轮压标准值	工作状态（风速 20m/s）		海侧	400	430	500	600	850	1100	1100
				陆侧	350	370	380	450	680	900	920
		非工作状态	风速（55m/s）	海侧	320	350	400	500	790	980	980
				陆侧	420	450	530	630	940	1170	1170
			风速（70m/s）	海侧	400	460	650	780	1010	1280	1280
				陆侧	520	570	760	930	1190	1500	1500
F_{hv}（kN/轮）	垂直轨道方向水平力标准值	工作状态（风速 20m/s）		海侧	10	12	14	15	19	20	18
				陆侧	10	12	14	15	19	20	18
		非工作状态	风速（55m/s）	海侧	53	64	79	82	106	115	99
				陆侧	42	52	64	66	85	92	79
			风速（70m/s）	海侧	86	104	129	133	172	186	161
				陆侧	68	83	103	107	138	149	129
F_{hp}（kN/轨）	平行轨道方向水平力标准值	工作状态（风速 20m/s）		海侧	95	115	160	165	225	245	260
				陆侧	80	95	130	135	180	195	210
		非工作状态	风速（55m/s）	海侧	710	870	1190	1230	1700	1840	1985
				陆侧	570	700	950	990	1360	1470	1590
			风速（70m/s）	海侧	1150	1410	1930	2000	2750	2980	3210
				陆侧	920	1130	1540	1600	2200	2390	2570
F_u（kN/角）	上拔力标准值	非工作状态	风速（55m/s）	海侧 / 陆侧	400	500	600	700	1200	1600	2000
			风速（70m/s）	海侧 / 陆侧	800	1000	1200	1600	3000	4000	5000
荷载图式					见图 1-7						

注：本表荷载标准值适用于非载重小车式集装箱装卸桥，对载重小车或其他特殊类型集装箱装卸桥可据实采用。

集装箱装卸桥工作状态轮压组合系数　　表 1-19

工　况	风　向	轮压组合系数				工况及荷载位置示意图
		前轨(海侧)		后轨(陆侧)		
		角①	角②	角③	角④	
吊具在外伸距处以额定起重量工作	+X	0.90	1.00	0.10	0.20	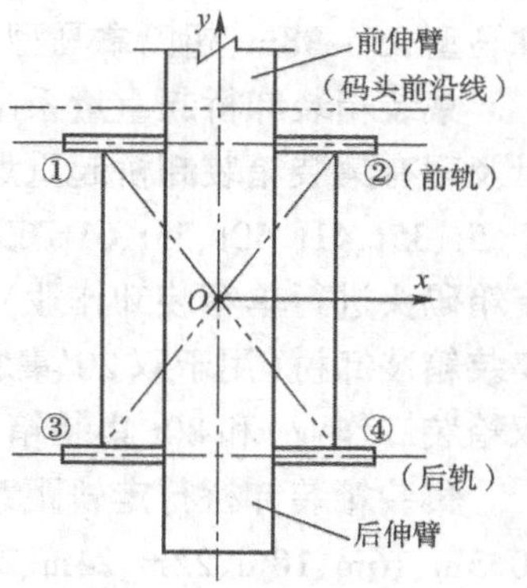
	−X	1.00	0.90	0.20	0.10	
	+Y	0.95	0.95	0.15	0.15	
	−Y	0.90	0.90	0.20	0.20	
吊具在后伸距处以额定起重量工作	+X	0.30	0.40	0.70	0.80	
	−X	0.40	0.30	0.80	0.70	
	+Y	0.37	0.37	0.73	0.73	
	−Y	0.35	0.35	0.75	0.75	

集装箱装卸桥非工作状态轮压组合系数　　表 1-20

工　况	风　向	轮压组合系数				工况及荷载位置示意图
		前轨(海侧)		后轨(陆侧)		
		角①	角②	角③	角④	
外伸臂仰起	+X	0.15 (−0.05)	0.70	0.20(0)	0.95	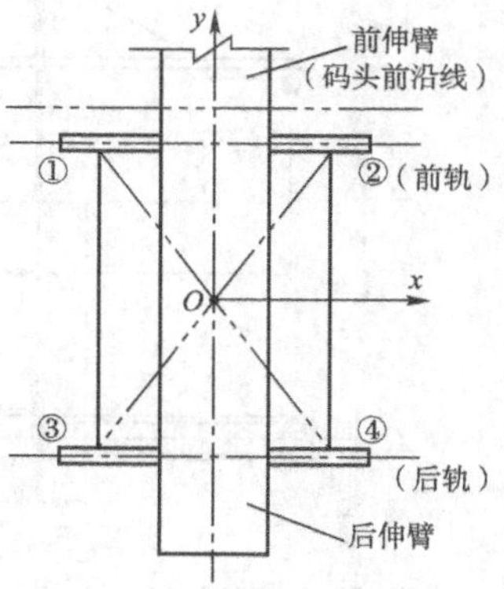
	−X	0.70	0.15 (−0.05)	0.95	0.20(0)	
	+Y	0.75	0.75	0.25 (0.05)	0.25 (0.05)	
	−Y	0.20(0)	0.20(0)	0.80	0.80	
	20°～30°	0.45	0.85	−0.13 (−0.28)	0.83 (0.58)	
	150°～160°	0.85	0.45	0.83 (0.58)	−0.13 (−0.28)	
	200°～210°	0.72 (0.50)	−0.15 (−0.33)	1.00	0.43	
	330°～340°	−0.15 (−0.33)	0.72 (0.50)	0.43	1.00	

注：表中括号内数字为 70m/s 风速时的轮压组合系数。

集装箱装卸桥的外伸距是根据停靠码头进行装卸作业的集装箱船舶的宽度确定的。目前集装箱船舶主要有巴拿马型和超巴拿马型,巴拿马型集装箱船舶宽度不超过32.2m,甲板上集装箱排列不超过13列;超巴拿马型集装箱船舶宽度不超过40～45.6m,甲板上集装箱排列16～18列。正在投入运营和将来可能出现的集装箱船舶有苏伊士运河型和马六甲海峡型,苏伊士运河型集装箱船舶宽度56m,甲板上集装箱排列22列;马六甲海峡型集装箱船舶宽度60m,甲板上集装箱排列24列。根据上述船型确定的集装箱装卸桥的外伸距分三个级别:巴拿马型35～38m、超巴拿马型46～50m、苏伊士运河型以上61～66m。

集装箱装卸桥起重量系吊具下额定起重量,是根据国际标准集装箱的额定重量和实际重量及现有集装箱装卸桥起重量情况确定的。国内外现有集装箱装卸桥吊具下额定起重量有30.5t、35t、41t、50t、55t、61t、65t、80t共八种以上。常用的有30.5t集装箱装卸桥(用于小型集装箱码头进行单箱装卸作业)、41t集装箱装卸桥(用于单箱装卸和大型舱盖板吊装作业)、50t集装箱装卸桥(用于双20′集装箱装卸作业)、61t和65t集装箱装卸桥(用于大型集装箱进行双箱装卸作业)和80t集装箱装卸桥(用于双40′重载集装箱装卸作业的超大型集装箱码头)。

集装箱装卸桥行走轨距系根据现有设备统计分析而定。国内外现有集装箱装卸桥轨距有10.5m、16m、18m、22m、24m、26m、30m、35m八种,常用的有16m、24m、30m、35m四种。16m和24m轨距集装箱装卸桥适用于巴拿马型和河港集装箱码头,30m轨距集装箱装卸桥适用于超巴拿马型集装箱码头,35m轨距集装箱装卸桥适用于苏伊士运河型以上超大型集装箱码头。

集装箱码头荷载条件主要考虑工作状态和非工作状态两种情况。工作状态按大于7级风停止作业考虑,工作状态最大风速20m/s。非工作状态主要考虑台风的影响,根据我国沿海港口区域位置和自然条件,最大风速分两个等级:55m/s和70m/s(3s瞬时风速)。长江口以南(包括长江口)地区沿海港口设计风速按大于或等于55m/s考虑,长江口以北地区沿海港口按55m/s或略低于55m/s的某一适当风速设计。

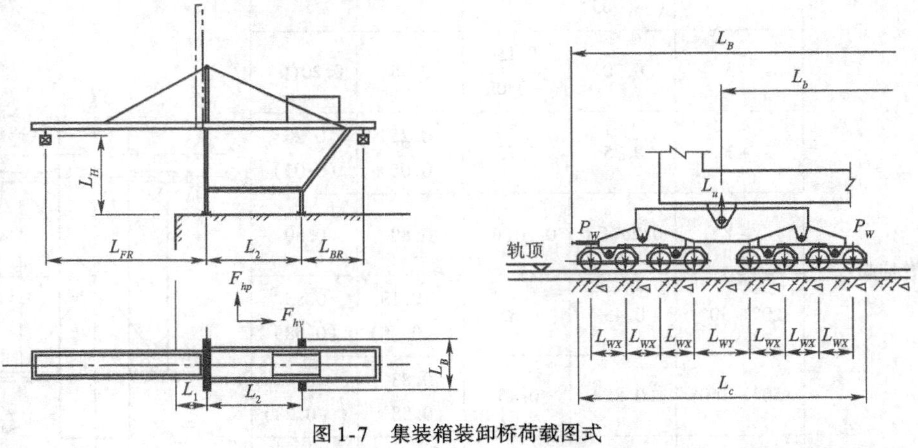

图1-7 集装箱装卸桥荷载图式

L_{FR}-集装箱装卸桥外伸距,一般为35～66m,巴拿马型为35～38m,超巴拿马型为46～50m,苏伊士运河型为61～66m;L_{BR}-集装箱装卸桥后伸距,一般为10～25m;L_H-升起高度,一般为22～45m;L_B-集装箱装卸桥宽度,系指两缓冲器之间距离,一般不大于27m;L_b-基距。一般为14～16m;L_c-荷载作用当量长度,一般为8～12m;L_{WX}-轮距,为0.9～1.5m,一般按1m计算;L_{WY}-轮距,一般为1.2～1.8m;L_1-码头前沿线至集装箱装卸桥海侧轨中心线距离,一般为3～10m,河港集装箱码头可减少至2～2.5m;L_2-集装箱装卸桥大车行走轨轨距,一般为16、24、30、35m

4. 其他起重运输机械荷载

其他起重运输机械荷载包括：集装箱拖挂车荷载、轮胎式集装箱龙门起重机(RTG)荷载、轨道式集装箱龙门起重机(RMG)荷载、集装箱跨运车荷载、集装箱正面吊运车荷载、集装箱叉车荷载和集装箱高架吊荷载等，详见《港口工程荷载规范》(JTS 144-1—2010)。

四、铁路荷载

1. 荷载模式

铁路荷载是由在码头上行驶的机车与车辆产生的。铁路机车与车辆的型号各式各样，它们的自重力、载重量和轴距等各不相同。因此在设计建筑物时，一般不用实际的机车与车辆的轴压力，而采用《中华人民共和国铁路标准活载》，简称《中-活载》，其荷载图式见图1-8。《中-活载》是以一特定图式表示的等代荷载，它概括了我国铁路目前行驶的机车车辆对桥梁结构产生的作用效应，包括特种活载和普通活载两种荷载模式，其中特种活载一般对小跨度(小于3~5m)结构起控制作用，普通活载图式一般对大跨度结构起控制作用。

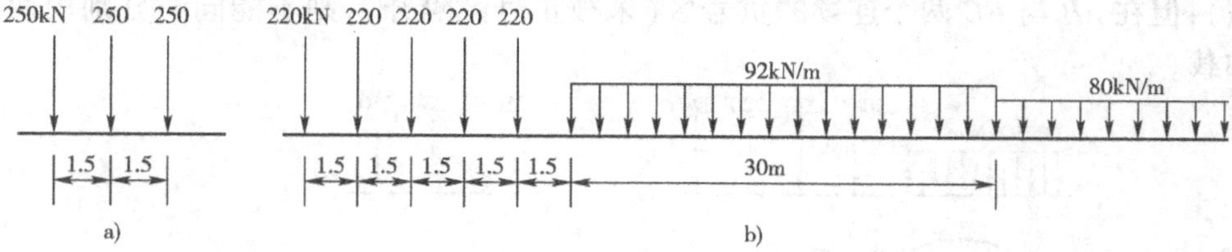

图1-8　《中-活载》荷载图式

a)特种活荷；b)普通活荷

鉴于进港的机车较铁路线上的机车小，所以在设计港工建筑物时，对直接承受铁路荷载的结构、梁板及轨枕等构件，铁路荷载的标准值应根据实际通过的机车与车辆类型，将《中-活载》分别乘以荷载标准值调整系数 K，K 值按表1-21采用。

《中-活载》铁路荷载标准值调整系数与铁路竖向线荷载标准值　　表1-21

机车类型或运输重件重量		荷载标准值调整系数 K		计算土压力的竖向线荷载标准值(kN/m)
		$L≤7.5$m	$7.5m<L≤10$m	
调车机车		0.85		125
干线机车		0.90		140
特种车辆	60~90t 重件	0.85	0.90	125
	91~160t 重件	0.95	1.00	140
	161~250t 重件	1.10	1.15	
	>250t 重件	—	—	

注：①调车机车指轴重力不大于20kN、机车整备重力不大于1520kN的蒸汽机车或轴重力不大于230kN、机车整备重力不大于1400kN的内燃机车；

②干线机车指轴重力不大于210kN、机车整备重力不大于2600kN的蒸汽机车或轴重力不大于230kN、机车整备重力不大于17500kN的内燃机车；

③L为梁的计算跨度。

计算由铁路荷载产生的土压力时，不用《中-活载》荷载图式，而用沿铁路长度的线荷载来计算。作用于两根钢轨上总的竖向线荷载标准值,可根据港口通过的机车类型、运输重件的重量,按表1-21采用。

2.加荷方式

在计算受活荷载作用的连续梁跨结构时,为了求得各断面的最大内力,通常采用"加载影响线"的计算方法。由于《中-活载》是一种假设的等代荷载,不同于一般的真实活载,故在加载时有下列的规定:

(1)应分别用"普通活载"和"特殊活荷"图式加载,取其中最不利者(即可能得到最大内力者),在两荷载图式中均允许取任意长的均布荷载和任意个集中荷载来加载。

(2)在结构内力加载影响线中,当同号加载区不连续时(即被异亏区隔开),对各同号区可以同时按(1)项规定加载,但连续的同号区只能同时用一种荷载图式加载。例如,对图1-9所示五跨连续梁的B支座负弯矩的加载影响线,AC区和DE区为两个不连续的负号区(它们被正号区CD隔开),在这两个区可以分别按(1)项规定加载,如AC区用"普通活载"图式加载(也可用"特种活载"图式加载),而在DE区可用"特种活载"图式加载(也可用"普通活载"图式加载);但在AB与BC两个连续的负号区(未被正号区隔开),则不能同时分别用两种荷载图式加载。

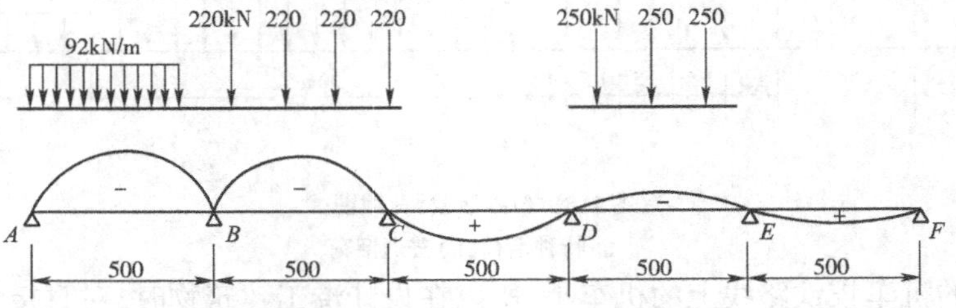

图1-9 五跨连续梁的B支座负弯矩的加载影响线

五、汽车荷载

作用在码头上的汽车荷载,包括各级汽车和平板挂车荷载。汽车荷载按单辆汽车总重量可分为10t、15t、20t、30t和55t五个级别。各级汽车荷载标准值和平面尺寸见表1-22和图1-10。

各级汽车荷载标准值和平面尺寸 表1-22

主要指标	单位	10t汽车	15t汽车	20t汽车	30t汽车	55t汽车
一辆车总重力	kN	100	150	200	300	550
前轴重力标准值	kN	30	50	70	60	30
中轴重力标准值	kN	—	—	—	—	2×120
后轴重力标准值	kN	70	100	130	2×120	2×140
轴距	m	4.0	4.0	4.0	4.0+1.4	3+1.4+7+1.4
轮距	m	1.8	1.8	1.8	1.8	1.8
前轮着地宽度及长度	m	0.25×0.20	0.25×0.20	0.30×0.20	0.30×0.20	0.30×0.20
中、后轮着地宽度及长度	m	0.50×0.20	0.50×0.20	0.60×0.20	0.60×0.20	0.60×0.20
车辆外形尺寸(长×宽)	m	7×2.5	7×2.5	7×2.5	8×2.5	15×2.5

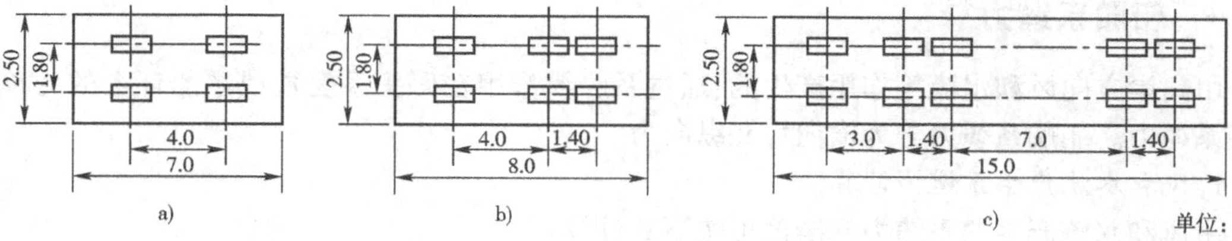

图 1-10　汽车平面尺寸

a）10t、15t、20t 汽车；b）30t 汽车；c）55t 汽车

车辆在码头上的纵横排列，应按其可能出现最不利的荷载组合情况布置。总重量 30t 以下的汽车可按两辆布置，30t 以上的汽车和平板挂车可按单辆布置。按相邻两车箱横向净距不小于 0.4m，纵向前后两车的轴距不小于 4.0m。

对透空式结构，应考虑汽车荷载的冲击系数 K_I，可取 $K_I = 1.1 \sim 1.3$，对装载钢铁重件或用抓斗装卸化肥及用门座起重机、集装箱装卸桥装载的汽车，冲击系数取大值。对实体结构，可不考虑汽车荷载的冲击系数。

六、人群荷载

客运码头的栈桥和引桥，专用码头不考虑堆货、流动起重与运输机械等荷载的部分，应考虑人群荷载。人群荷载标准值见表 1-23。

人群荷载标准值　　表 1-23

建筑物类别	均布荷载 q(kPa)	集中力 P(kN)	说明
客班轮码头或引桥	4～5	—	
人行引桥或浮桥	3	—	人行道宽度≥1.2m
	2	1.6	人行道宽度＜1.2m

大、中型客运码头的 q 值取表中上限值；设计钢引桥主桁时，人群荷载标准值不得折减。

作用于栏杆顶部的水平荷载标准值可采用 1.0kN/m。对于安全要求高的栏杆，应按实际情况确定，但不应低于 1.5kN/m。

七、其他运输机械荷载

除前面介绍的外，码头上还有很多其他流动运输机械荷载，如桥式抓斗卸船机荷载、移动式装船机荷载、斗轮取料机和斗轮堆取料机荷载、叉式装卸车荷载、轮胎式起重机和汽车式起重机荷载、履带式起重机荷载、牵引车荷载、平板车和电瓶车荷载等，详见《港口工程荷载规范》（*JTS* 144-1—2010）。

第四节　船舶荷载

船舶荷载是作用在码头上的主要荷载之一，作用在固定式系、靠船结构上的船舶荷载有：风和流产生的系缆力、风和流产生的挤靠力、船舶靠岸时产生的撞击力和系泊船舶在波浪作用下产生的撞击力等。

一、船舶系缆力

由离岸方向风和水流等作用产生的、通过系船缆作用在码头系船柱或系船环上的力称为船舶系缆力。船舶系缆力分为横向力和纵向力。

1. 风和水流产生系缆力计算

由风和水流产生的系缆力标准值可按下式计算：

$$N = \frac{K}{n}\left(\frac{\Sigma F_x}{\sin\alpha\cos\beta} + \frac{\Sigma F_y}{\cos\alpha\cos\beta}\right) \qquad (1\text{-}11)$$

式中：N——系缆力标准值；

ΣF_x、ΣF_y——可能同时出现的风和水流对船舶作用产生的横向分力总和与纵向分力总和（kN）；

n——计算船舶同时受力的系船柱数目，根据不同船长按表1-24采用；

K——系船柱受力分布不均匀系数，当实际受力的系船柱数目 $n=2$ 时，K取1.2；$n>2$时，K取1.3；

α——系船缆的水平投影与码头前沿线的夹角(°)，见图1-12，可取 $\alpha=30°$；

β——系船缆与水平面的夹角(°)，见图1-12，对于海船码头，可取 $\beta=15°$；对于河船码头，可取 $\beta=0°$；对于孤立系船墩柱，可取 $\beta=30°$。

不同船长受力系船柱数目及间距 表1-24

船舶总长 L(m)	≤100	101~150	151~200	201~250	251~300	>300
受力系船柱数目 n	2	3	4	5~6	7~8	按泊位长度确定
系船柱间距(m)	20	25	30	30	30	30

系缆力 N 垂直于码头前沿线的分力 N_x、平行于码头前沿线的分力 N_y 和垂直于码头面的分力 N_z，见图1-11，可按下式计算：

$$\left.\begin{aligned} N_x &= N\sin\alpha\cos\beta \\ N_y &= N\cos\alpha\cos\beta \\ N_z &= N\sin\beta \end{aligned}\right\} \qquad (1\text{-}12)$$

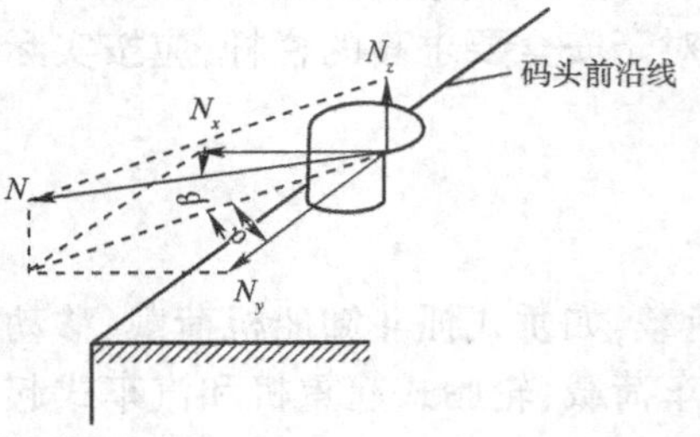

图1-11 船舶系缆力计算图式

关于风和水流产生的作用于船舶上的横向分力和纵向分力，可参照《港口工程荷载规范》(JTS 144-1—2010)提供的方法计算。

2. 系缆力标准值的限值

计算系缆力标准值不应大于缆绳本身的破断力，缆绳破断力应按产品规格确定。当缺乏资料时，对于尼龙缆绳，其破断力可按下式计算：

$$N_P = 0.162D^2 \qquad (1\text{-}13)$$

式中：N_P——聚丙烯尼龙缆绳的破断力(kN)；

D——缆绳直径(mm)。

作用于系船柱(或系船环)上的计算系缆力标准值不应低于表1-25和表1-26所列数值。

海船系缆力标准值 表 1-25

船舶载重量 DW(t)	1000	2000	5000	10000	20000	30000	50000
系缆力下限值(kN)	150	200	300	400	500	550	650
船舶载重量 DW(t)	80000	100000	120000	150000	200000	250000	300000
系缆力下限值(kN)	750	1000	1100	1300	1500	2000	2000

内河货船、驳船系缆力标准值 表 1-26

船舶载重量 DW(t)	$DW \leqslant 100$	$100 < DW \leqslant 500$	$500 < DW \leqslant 1000$	$1000 < DW \leqslant 2000$	$2000 < DW \leqslant 3000$	$3000 < DW \leqslant 5000$
系缆力下限值(kN)	30	50	100	150	200	250

二、船舶挤靠力

船舶停靠在码头时,在吹拢风和水流等作用下,靠泊中的船舶对码头产生的挤压作用称为挤靠力。计算船舶挤靠力时应考虑风和水流同时对船舶作用所产生的总横向分力。通常可按最大吹拢风和可能同时出现的水流两种情况考虑。

船舶挤靠力按防冲设备连续布置和间断布置两种情况考虑。

(1)当防冲设备连续布置时,挤靠力标准值按下式计算:

$$F_j = \frac{K_j \Sigma F_x}{L_n} \tag{1-14}$$

式中:F_j——防冲设备连续布置时,作用于系靠船结构单位长度上的挤靠力标准值(kN/m);

K_j——挤靠力分布不均匀系数,采用 1.1;

ΣF_x——可能同时出现的风和水流对船舶作用产生的横向分力总和(kN);

L_n——船舶直线段与防冲设备接触长度(m)。

(2)当防冲设备间断布置时,挤靠力标准值按下式计算:

$$F_j' = \frac{K_j' \Sigma F_x}{n} \tag{1-15}$$

式中:F_j'——防冲设备间断布置时,作用于一组或一个防冲设备上的挤靠力标准值(kN);

K_j'——挤靠力不均匀系数,采用 1.3;

ΣF_x——可能同时出现的风和水流对船舶作用产生的横向分力总和(kN);

n——与船舶接触的防冲设备组数或个数。

三、船舶撞击力

船舶靠岸时或系泊船舶在波浪作用下对码头产生的撞击作用称为船舶撞击力。船舶撞击力有两种,一是当船舶靠岸时,船舶以靠岸速度碰撞码头时所产生的撞击力,二是系泊的船舶在波浪作用下发生运动时碰撞码头而产生撞击力。

1. 船舶靠岸时的撞击力

船舶靠泊时法向速度产生的动能为

$$E = \frac{1}{2} M V_n^2 \tag{1-16}$$

式中：E——船舶靠泊时法向速度产生的动能；

M——船舶的质量(t)，按满载排水量计算；

V_n——船舶靠岸时的法向速度(m/s)。

船舶靠泊动能转换为防冲设备、码头结构和船体结构的变形能。此外，船舶的转动、横摇以及船体与岸边水体挤升、震动、摩擦、发热等也吸收耗散部分能量。其中转换为防冲设备、码头结构和船体结构变形能的船舶靠泊动能称为有效撞击动能，用 E_0 表示。船舶靠岸时的有效撞击能量 E_0 由下式计算：

$$E_0 = \frac{1}{2}\rho M V_n^2 \tag{1-17}$$

式中：ρ——有效动能系数，对安装橡胶护舷的码头，可取 $\rho = 0.7 \sim 0.8$。

当橡胶缓冲设备的吸能量 $E_S \geqslant 10E_j$（E_j 为码头结构的吸能量）时，可假设船舶的有效撞击能量全部由橡胶缓冲设备吸收，即 $E_S = E_0$。由相应橡胶缓冲设备的性能曲线，即橡胶缓冲设备变形—吸能量—反力关系曲线，查得橡胶缓冲设备反力值，即为船舶撞击力。

当码头结构或靠船结构的吸能量 E_j 较大、甚至由于船舶撞击使码头结构或靠船结构出现明显变形或破坏时，不能采用查橡胶缓冲设备变形—吸能量—反力关系曲线的方法确定船舶撞击力。此种情况下应开展专题研究工作，以确定船舶撞击力。

船舶靠岸时的法向速度 V_n 对撞击能量影响很大，确定其数值时应慎重。V_n 的大小与港口的自然条件（风、浪、流等）、码头的平面布置（与风、浪、流方向的相对关系）、船舶特性（船舶稳性、装载情况、受风流作用的面积）、码头的结构型式（实体式或透空式）、船舶操作方式和操作水平等有关。当无实际资料时，可按《港口工程荷载规范》（JTS 144-1—2010）给出的船舶靠岸时法向速度取值，见表 1-27 和表 1-28。

海船法向靠岸速度　　表 1-27

船舶满载排水量 W(t)	V_n(m/s)	
	有掩护	开敞式
$W \leqslant 1000$	0.20 ~ 0.25	0.25 ~ 0.45
$1000 < W \leqslant 5000$	0.15 ~ 0.20	0.20 ~ 0.40
$5000 < W \leqslant 10000$	0.12 ~ 0.17	0.17 ~ 0.35
$10000 < W \leqslant 30000$	0.10 ~ 0.15	0.15 ~ 0.30
$30000 < W \leqslant 50000$	0.10 ~ 0.12	0.12 ~ 0.25
$50000 < W \leqslant 100000$	0.08 ~ 0.10	0.10 ~ 0.20
$W > 100000$	0.06 ~ 0.08	0.08 ~ 0.15

注：表中较大值适用于靠船条件较为恶劣及海船进入流速较大的河港时的情况。

河船法向靠岸速度　　表 1-28

船舶满载排水量 W(t)	$W \leqslant 1000$	$1000 < W \leqslant 2000$	$2000 < W \leqslant 3000$
V_n(m/s)	0.30 ~ 0.40	0.25 ~ 0.35	0.20 ~ 0.30

注：当河船 $W > 3000$t 时，可按表 1-27 中有掩护栏的较大值采用。

2. 系泊船舶在波浪作用下的撞击力

系泊船舶在横浪作用下对靠船结构产生的撞击力，对结构安全等级为一级的海港码头，应通过数学模型计算或物理模型试验确定；对结构安全等级为二级且停靠船舶为10万吨级及其以上的码头，宜通过数学模型计算确定；对岸壁码头或横浪周期不大于6s的墩式码头，当无试验资料时，可按下述方法计算。

在横浪作用下，系泊船舶对码头的有效撞击能量E_{w0}可按下式计算：

$$E_{w0} = \frac{1}{2}kC_m MV_B^2 \tag{1-18}$$

$$C_m = \alpha_m + \beta_m \frac{D^2}{Bd} \tag{1-19}$$

$$V_B = \alpha \frac{H}{T}\left(\frac{L}{B}\right)^{\beta}\left(\frac{D_0}{D}\right)^{\gamma} \tag{1-20}$$

式中：k——偏心撞击能量折减系数，可按表1-29选用；

C_m——船舶附加水体质量系数；

M——船舶质量(t)，按与船舶装载度相应的排水量计算；

V_B——系泊船舶在横浪作用下的法向撞击速度(m/s)；

α_m、β_m——码头结构型式影响系数，对于墩式码头，$\alpha_m = 1.04$、$\beta_m = 0.90$；对于岸壁式码头，$\alpha_m = 1.00$、$\beta_m = 1.69$；

D——与船舶装载度相对应的平均吃水(m)；

B——船舶吃水(m)；

d——码头前水深(m)；

α、β、γ——码头结构型式影响系数，对于墩式码头，$\alpha = 0.30$、$\beta = 1.32$、$\gamma = 1.00$；对于岸壁式码头，$\alpha = 0.35$、$\beta = 1.02$、$\gamma = 0.80$；

H——计算波高(m)；

T——波浪平均周期(s)；

L——波长(m)；

B——船舶型宽(m)；

D_0——船舶满载吃水(m)。

偏心撞击能量折减系数 k　　表1-29

载　况	设计高水位	设计低水位
压载	0.94	0.90
半载	0.92	0.96
满载	0.90	0.97

对于墩式码头，当系、靠船建筑物由数个靠船墩组成时，分配在每个墩上的有效撞击能量E_w按下式计算：

$$E_w = K_1 \frac{E_{w0}}{n} \tag{1-21}$$

式中：K_1——靠船墩之间有效撞击能量分配不均匀系数，$n=4$时，$K_1=2.0$；$n=2\sim3$时，$K_1=1.6\sim2.0$；

E_{w0}——有效撞击能量；

n——靠船墩数目，当 $n>4$ 时，取 $n=4$。

对于岸壁式码头，分配在每组护舷上的有效撞击能量 E_w 按下式计算：

$$E_w = K_2 E_{w0} \tag{1-22}$$

式中：K_2——岸壁式码头护舷上有效撞击能量分配不均匀系数，可按表 1-30 选用。

岸壁式码头撞击能量分配不均匀系数 K_2

表 1-30

船舶吨级(t)	$DW \leqslant 50000$	$50000 < DW \leqslant 100000$	$DW > 100000$
K_2	0.36	0.25	0.20

有效撞击能 E_w 确定后，即可根据所采用的橡胶护舷的性能曲线查出相应的撞击力法向分力标准值。

3. 船舶撞击力沿码头长度方向的分力标准值

船舶撞击力沿码头长度方向的分力标准值可按下式计算：

$$H = \mu F_x \tag{1-23}$$

式中：H——船舶撞击力沿码头长度方向的分力标准值(kN)；

F_x——船舶撞击力法向分力标准值(kN)；

μ——船舶与橡胶护舷之间的摩擦系数，取 0.3 ~ 0.4；当橡胶护舷设防冲板时可取 0.2。

第五节　波　浪　力

根据波浪力计算的不同，港口与海岸水工建筑物的结构型式可分为直墙面式、连拱形墙面式、桩基式和墩柱式等几种，相应的波浪力计算分为直墙面上的波浪力、连拱形墙面上的波浪力、小尺度桩柱上的波浪力和大尺度墩柱上的波浪力等。

桩基式结构的圆桩或方桩的截面尺度远小于入射波波长，当波浪与这类细长桩体相遇时，由于流体粘性作用，在桩后会形成交替脱落的漩涡。沉箱或圆筒等大型墩柱式结构，墩柱的截面尺度较大，当波浪与这类大尺度物体相遇时，会发生明显的波浪反射和绕射现象，流体的粘性作用影响大大降低。结构尺度大小不同，其周围的流场和受力状态不同，波浪力计算方法也不同。工程上常以桩截面尺度(圆桩取直径 D、方桩取边长 b)与波长 L 的比值作为尺度大小的判定依据，当 D/L 或 $b/L \leqslant 0.2$ 时，波浪力按小尺度柱体受力计算；当 D/L 或 $b/L > 0.2$ 时，波浪力按大尺度柱体受力计算。

计算波浪力时首先应确定设计波高，根据《海港水文规范》(JTJ 213—98)的规定，设计波高可按表 1-31 取值。

设计波高取值标准

表 1-31

建筑物型式	部　位	设计内容	波高累积频率 F(%)	重　现　期
直墙式、墩柱式	上部结构、墙身、墩柱、桩基	强度和稳定性	1	50年(注)
	基床、护底块石	稳定性	5	

注：对于深水的重要建筑物，当重现期 100 年的波高大于或等于重现期 50 年的同一波列累积频率的波高 1.15 倍时，其设计波浪的重现期可采用 100 年，且其极端高水位的重现期可相应调整为 100 年。

一、直墙面上的波浪力

1. 直立堤前波浪形态

受水深、地形、波浪条件及阻挡建筑物等影响，在进行波传播过程中，波浪形态会发生变化。根据入射波的波浪要素、建筑物前水深、海底坡度以及墙前基床顶面水深等条件，如图1-12所示，我国《海港水文规范》(JTJ 213—98)将直立墙前的波浪形态分为立波、远破波和近破波三种。表1-32给出了判断直墙式建筑物前波浪形态的标准。

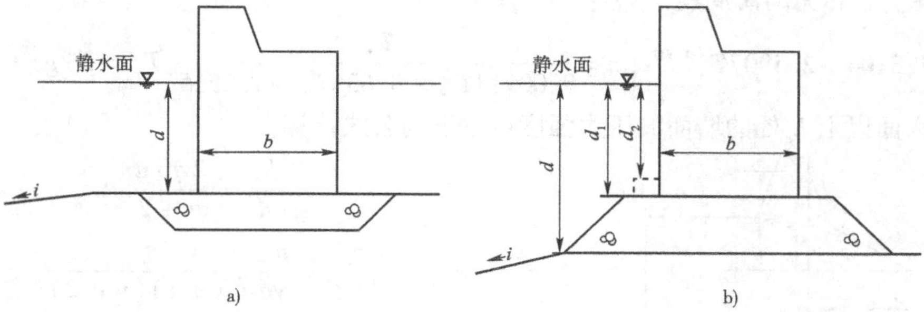

图1-12　直墙式建筑物

a)暗基床直墙式建筑物；b)明基床直墙式建筑物

直墙式建筑物前的波浪形态　　表1-32

基床类型	产生条件	波浪形态
暗基床和低基床 $\left(\frac{d_1}{d}>\frac{2}{3}\right)$	$T\sqrt{g/d}<8, d\geqslant 2H$ 或 $T\sqrt{g/d}\geqslant 8, d\geqslant 1.8H$	立波
	$T\sqrt{\frac{g}{d}}<8, d<2H, i\leqslant\frac{1}{10}$ 或 $T\sqrt{\frac{g}{d}}\geqslant 8, d<1.8H, i\leqslant\frac{1}{10}$	远破波
中基床 $\left(\frac{1}{3}<\frac{d_1}{d}\leqslant\frac{2}{3}\right)$	$d_1\geqslant 1.8H$	立波
	$d_1<1.8H$	近破波
高基床 $\left(\frac{d_1}{d}\leqslant\frac{1}{3}\right)$	$d_1\geqslant 1.5H$	立波
	$d_1<1.5H$	近破波

注：表中 T 为建筑物所在处进行波的平均周期(s)；H 为建筑物所在处进行波的波高(m)，d 为建筑物前水深(m)，d_1 为基床顶面以上水深(m)，i 为建筑物前海底坡度，g 为重力加速度(m/s^2)，d_2 为护肩方块顶面以上水深(m)。

我国《海港水文规范》(JTJ 213—98)针对立波、远破波和近破波三种波浪形态，分别给出了波浪力计算公式。在波浪形态判别和波浪力计算中，需考虑以下三点：

(1)当明基床上有护肩方块，且方块宽度大于1.0倍波高时，宜用方块上水深 d_2 代替基床上水深 d_1 来确定波态和波浪力。

(2)当进行波波陡较大($H/L>1/14$)时，则立波波陡较原始波增加一倍，当到达极限波陡时，立波可能破碎，堤身将受到破碎立波的压力。

(3)对暗基床和低基床的直墙式建筑物，当墙前水深 $d<2H$，且水底坡度 $i>1/10$ 时，墙前可能出现近破波。近破波是否出现和出现后的波浪力，应通过模型实验来确定。

2. 立波波浪力计算

(1)当 $d \geqslant 1.8H, d/L = 0.05 \sim 0.12$ 时

①波峰情况(图 1-13)。波面高程按以下公式计算：

$$\frac{\eta_c}{d} = B_\eta \left(H/d\right)^m \tag{1-24}$$

式中：η_c——波面高程(m)。

系数 B_η、m 和无因次周期 T_* 为：

$$B_\eta = 2.3104 - 2.5907 T_*^{-0.5941}, m = \frac{T_*}{0.00913T_*^2 + 0.636T_* + 1.2515}, T_* = T\sqrt{g/d}$$

在静水面以上 h_c 处的墙面波压力强度可按下列公式计算：

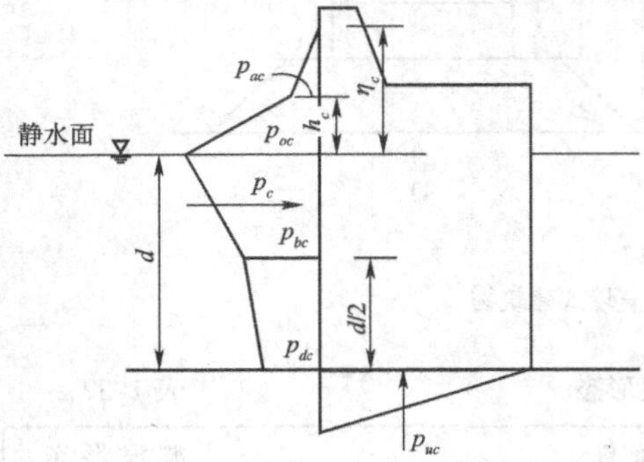

图 1-13　波峰作用时立波波压力分布
($d/L = 0.05 \sim 0.12$)

$$\frac{h_c}{d} = \frac{2\eta_c/d}{n+2} \tag{1-25}$$

$$\frac{p_{ac}}{\gamma d} = \frac{p_{oc}}{\gamma d}\frac{2}{(n+1)(n+2)} \tag{1-26}$$

$$n = \max\left[0.636618 + 4.23264\left(H/d\right)^{1.67}, 1.0\right] \tag{1-27}$$

式中：h_c——波压力强度 p_{ac} 在静水面以上的作用点位置(m)；

p_{ac}——与 h_c 对应的墙面波压力强度(kPa)；

p_{oc}——静水面处的波压力强度(kPa)；

γ——水的重度(kN/m^3)。

静水面处的波压力强度 p_{oc} 及墙面上其他特征点的波压力强度按下式计算：

$$\frac{p}{\gamma d} = A_p + B_p \left(H/d\right)^q \tag{1-28}$$

式中：系数 A_p、B_p、q 按表 1-33 确定。

在按表 1-33 计算时，如 $p_{bc} > p_{oc}$，取 $p_{bc} = p_{oc}$。

波峰作用时系数 A_p、B_p、q　　表 1-33

		计 算 式	A_1、B_1、a	A_2、B_2、b	α、β、c
波峰	$\frac{p_{oc}}{\gamma d}$	$A_p = A_1 + A_2 T_*^{\alpha}$	0.02901	−0.00011	2.14082
	$\frac{p_{bc}}{\gamma d}$		0.14574	−0.02403	0.91976
	$\frac{p_{dc}}{\gamma d}$		−0.18	−0.000153	2.54341
波峰	$\frac{p_{oc}}{\gamma d}$	$B_p = B_1 + B_2 T_*^{\beta}$	1.31427	−1.20064	−0.6736
	$\frac{p_{bc}}{\gamma d}$		−3.07372	2.91585	0.11046
	$\frac{p_{dc}}{\gamma d}$		−0.03291	0.17453	0.65074

续上表

		计　算　式	A_1、B_1、a	A_2、B_2、b	α、β、c
波峰	$\frac{p_{oc}}{\gamma d}$	$q=\frac{T_*}{aT_*^2+bT_*+c}$	0.03765	0.46443	2.91698
	$\frac{p_{bc}}{\gamma d}$		0.06220	1.32641	-2.97557
	$\frac{p_{dc}}{\gamma d}$		0.28649	-3.86766	38.4195

单位长度墙身上的水平总波浪力 P_c 按下式计算：

$$\frac{P_c}{\gamma d^2}=\frac{1}{4}\left[2\frac{p_{ac}}{\gamma d}\frac{\eta_c}{d}+\frac{p_{oc}}{\gamma d}\left(1+\frac{2h_c}{d}\right)+\frac{2p_{bc}}{\gamma d}+\frac{p_{dc}}{\gamma d}\right] \tag{1-29}$$

单位长度墙身上的水平总波浪力矩 M_c 按下式计算：

$$\frac{M_c}{\gamma d^3}=\frac{1}{2}\frac{p_{ac}}{\gamma d}\frac{\eta_c}{d}\left[1+\frac{1}{3}\left(\frac{\eta_c}{d}+\frac{h_c}{d}\right)\right]+\frac{1}{24}\frac{p_{oc}}{\gamma d}\left[5+\frac{12h_c}{d}+4\left(\frac{h_c}{d}\right)^2\right]+\frac{1}{4}\frac{p_{bc}}{\gamma d}+\frac{1}{24}\frac{p_{dc}}{\gamma d} \tag{1-30}$$

单位长度墙底面上的波浪浮托力 P_{uc} 按下式计算：

$$P_{uc}=\frac{p_{dc}b}{2} \tag{1-31}$$

式中：b——直墙的底宽(m)。

②波谷情况(图1-14)。波谷波面高程按下式计算：

$$\frac{\eta_t}{d}=A_p+B_p\,(H/d)^q \tag{1-32}$$

式中：η_t——波谷波面高程(m)。

系数 A_p、B_p、q 按表1-34中的 $p_{ot}/\gamma d$ 项的值确定。

墙面上各特征点的波浪压力强度 p 按下式计算：

$$\frac{p}{\gamma d}=A_p+B_p\,(H/d)^q \tag{1-33}$$

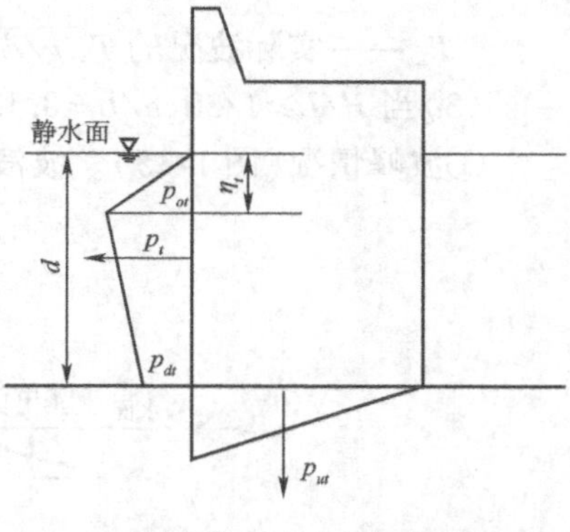

图1-14　波谷作用时立波波压力分布
($d/L=0.05\sim0.12$)

式中：系数 A_p、B_p、q 按表1-34确定。

在按表1-34计算时，如 $p_{dt}>p_{ot}$，取 $p_{dt}=p_{ot}$。

波谷作用时系数 A_p、B_p、q　　表1-34

		计　算　式	A_1、B_1、a	A_2、B_2、b	α、β、c
波谷	$\frac{p_{ot}}{\gamma d}$	$A_p=A_1+A_2T_*^{\alpha}$ $A_p=0.1-A_1T_*^{\alpha}e^{A_2T_*}$	0.0397	-0.00018	1.95
	$\frac{p_{dt}}{\gamma d}$		1.687	0.16894	-2.0195
波谷	$\frac{p_{ot}}{\gamma d}$	$B_p=B_1+B_2T_*^{\beta}$	0.98222	-3.06115	-0.2848
	$\frac{p_{dt}}{\gamma d}$		-2.19707	0.92802	0.2350
波谷	$\frac{p_{ot}}{\gamma d}$	$q=aT_*^{b}e^{cT_*}$	2.599	-0.8679	0.07092
	$\frac{p_{dt}}{\gamma d}$		20.1565	-1.9723	0.13329

单位长度墙身上的水平总波浪力 P_t(kN/m)按下式计算：

$$\frac{P_t}{\gamma d^2}=\frac{1}{2}\left[\frac{p_{ct}}{\gamma d}+\frac{p_{dt}}{\gamma d}\left(1+\frac{\eta_t}{d}\right)\right] \tag{1-34}$$

单位长度墙底面上方向向下的波浪力 P_{ut}(kN/m)按下式计算：

$$P_{ut}=\frac{p_{dt}b}{2} \tag{1-35}$$

(2)当 $d\geqslant1.8H$, $d/L=0.12\sim0.139$ 和 $8<T_*<9$ 时：

此种条件下，波面高程、波浪压强、总波浪力和波浪力矩等各量值按下式计算：

$$X_{T_*}=X_{T_*=8}-(X_{T_*=8}-X_{T_*=9})(T_*-8) \tag{1-36}$$

式中：X_{T_*}——代表波面高程、波浪压强、总波浪力和波浪力矩等各量值；

$X_{T_*=8}$——取 $T_*=8$ 和实际情况的 H/d，按 $H/L\geqslant1/30$ 和 $d/L=0.139\sim0.2$ 条件下各公式计算的波面高程、波浪压强、总波浪力和波浪力矩等各量值；

$X_{T_*=9}$——取 $T_*=9$ 和实际情况的 H/d，按 $d\geqslant1.8H$ 和 $d/L=0.05\sim0.12$ 条件下各公式计算的波面高程、波浪压强、总波浪力和波浪力矩等各量值；

T_*——实际波况的 $\overline{T}\sqrt{g/d}$。

(3)当 $H/L\geqslant1/30$, $d/L=0.139\sim0.2$ 时：

①波峰情况(图1-15)。波浪中线超出静水面的高度，即超高 h_s(m)按下式计算：

$$h_s=\frac{\pi H^2}{L}\coth\left(\frac{2\pi d}{L}\right) \tag{1-37}$$

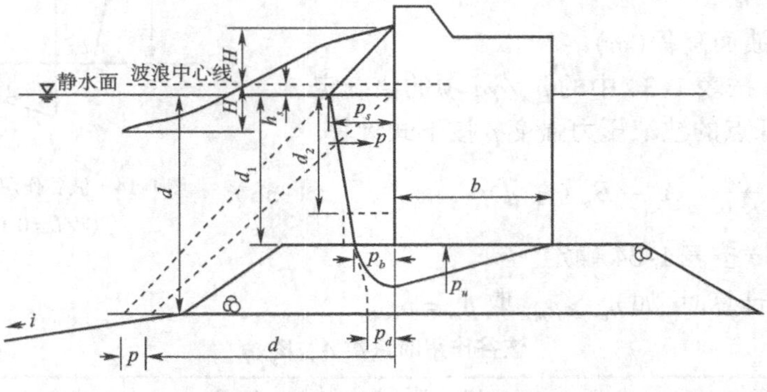

图1-15　波峰作用时立波波压力分布($d/L=0.139\sim0.2$)

静水面以上高度 h_s+H 处的波压力强度为0。

水底处波压力强度 p_d(kPa)按下式计算：

$$p_d=\frac{\gamma H}{\cosh\left(\frac{2\pi d}{L}\right)} \tag{1-38}$$

静水面处波压力强度 p_s(kPa)为：

$$p_s=(p_d+\gamma d)\left(\frac{H+h_s}{d+H+h_s}\right) \tag{1-39}$$

直墙底处波压力强度 p_d(kPa)为：

$$p_b = p_s - (p_s - p_d)\frac{d_1}{d} \tag{1-40}$$

在静水面以上和以下,波压力强度均按直线分布。

单位长度直墙面上总波浪力 P(kN/m)为:

$$P = \frac{(H + h_s + d_1)(p_b + \gamma d_1) - \gamma d^2}{2} \tag{1-41}$$

波浪浮托力强度在防波堤前趾处等于该处波浪侧压力强度值,在防波堤后踵处为零,两点之间按直线变化。墙底面上的总波浪浮托力 P_u(kN/m)为:

$$P_u = \frac{bp_b}{2} \tag{1-42}$$

②波谷情况(图1-16)。波谷时,波浪作用力与入射波方向相反,波压力为负值。

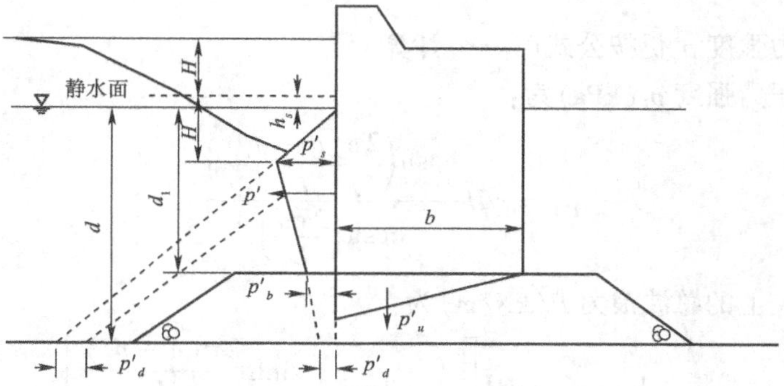

图1-16　波谷作用时立波波压力分布($d/L=0.139\sim0.2$)

水底处的波压力强度 p'_d(kPa)为:

$$p'_d = \frac{\gamma H}{\cosh\left(\frac{2\pi d}{L}\right)} \tag{1-43}$$

静水面处波压力强度为零。

静水面以下深度$(H-h_s)$处的波压力强度 p'_s(kPa)为:

$$p'_s = \gamma(H - h_s) \tag{1-44}$$

墙底处波压力强度 p'_b(kPa)为:

$$p'_b = p'_s - (p'_s - p'_d)\frac{d_1 + h_s - H}{d + h_s - H} \tag{1-45}$$

单位长度墙面上的总波浪力 P'(kN/m)为:

$$P' = \frac{\gamma d_1^2 - (d_1 + h_s - H)(\gamma d_1 - p'_b)}{2} \tag{1-46}$$

墙底面上的波浪浮托力亦为负值(方向向下),前趾处强度等于 p'_b,后踵处强度等于零,总波浪浮托力 P'_u(kN/m)为:

$$P'_u = \frac{bp'_b}{2} \tag{1-47}$$

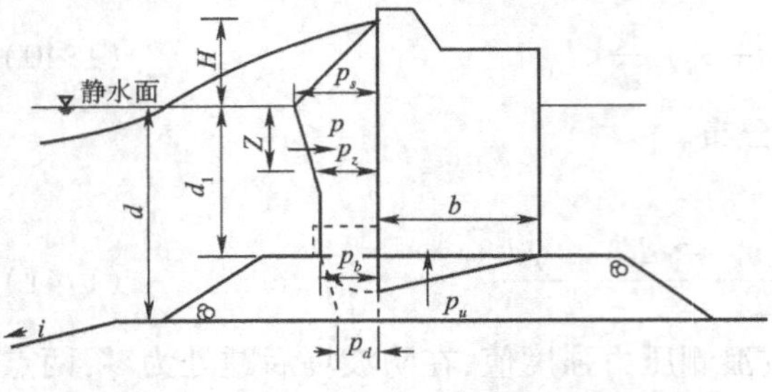

图 1-17　波峰作用时立波波压力分布($d/L=0.2\sim0.5$)

(4)当 $H/L\geqslant1/30$,$d/L=0.2\sim0.5$ 时:

①波峰情况(图 1-17)。静水面以上高度 H 处的波压力强度为零。

静水面处波压力强度 p_s(kPa)为:

$$p_s = \gamma H \tag{1-48}$$

静水面以上的波浪压力强度按直线分布。

静水面以下深度 Z 处的波浪压力强度 p_Z(kPa)为:

$$p_Z = \gamma H \frac{\cosh\left(\frac{2\pi(d-Z)}{L}\right)}{\cosh\left(\frac{2\pi d}{L}\right)} \tag{1-49}$$

水底处波压力强度 p_d 仍按公式(1-38)计算。

墙底处波浪压力强度 p_b(kPa)为:

$$p_b = \gamma H \frac{\cosh\left(\frac{2\pi(d-d_1)}{L}\right)}{\cosh\left(\frac{2\pi d}{L}\right)} \tag{1-50}$$

单位长度直墙上的总波浪力 P(kN/m)为:

$$P = \frac{1}{2}\gamma H^2 + \frac{\gamma HL}{2\pi}\left[\tanh\frac{2\pi d}{L} - \frac{\sinh\frac{2\pi(d-d_1)}{L}}{\cosh\frac{2\pi d}{L}}\right] \tag{1-51}$$

墙底面上的波浪浮托力仍按公式(1-42)计算。

②波谷情况。波谷情况下,立波作用力按 $H/L\geqslant1/30$ 和 $d/L=0.139\sim0.2$ 时的有关公式计算。

(5)当 $d/L\geqslant0.5$ 时:

①波峰情况。

静水面以上高度 H 处的波压力强度为零。

静水面处的波压力强度 p_s 按式(1-48)计算。

静水面以下深度 Z 处的波压力强度 p_z 按公式(1-49)计算,式中 d 取 $L/2$。

静水面以下深度 $Z=L/2$ 处的波压力强度取为零。

②波谷情况。波谷情况下,立波作用力仍按 $H/L\geqslant1/30$ 和 $d/L=0.139\sim0.2$ 时的有关公式计算。只需将式(1-43)中的 d 取为 $L/2$,静水面以下 $Z=L/2$ 处的波压力强度取为零。

(6)当波浪越顶时:

当波浪越顶时,仍可根据 d/L 的不同情况,分别计算立波作用力,但应减去越顶部分的波浪力。

3. *远破波波浪力计算*

远破波的波压力不仅与波浪要素有关,而且还与墙前水深、海底面坡度等有关。按我国

《海港水文规范》(JTJ 213—98)规定，远破波波浪力按以下方法确定：

(1)波峰时。波峰时远破波波压力计算图示如图1-18所示。

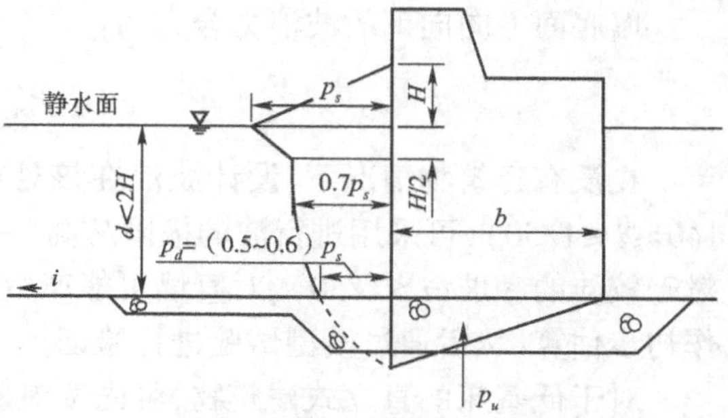

图1-18　波峰时远破波波压力分布

静水面以上高度 H 处的波压力为零。

静水面处的波压力 p_s(kPa)为：

$$p_s = \gamma K_1 K_2 H \tag{1-52}$$

式中：K_1、K_2——系数，分别与水底坡度和波坦有关，按表1-35和表1-36确定。

系　数　K_1　　表1-35

底坡 i	$\frac{1}{10}$	$\frac{1}{25}$	$\frac{1}{40}$	$\frac{1}{50}$	$\frac{1}{60}$	$\frac{1}{80}$	$\leqslant\frac{1}{100}$
K_1	1.89	1.54	1.40	1.37	1.33	1.29	1.25

系　数　K_2　　表1-36

波坦 $\frac{L}{H}$	14	15	16	17	18	19	20	21	22
K_2	1.01	1.06	1.12	1.17	1.21	1.26	1.30	1.34	1.37
波坦 $\frac{L}{H}$	23	24	25	26	27	28	29	30	
K_2	1.41	1.44	1.46	1.49	1.50	1.52	1.54	1.55	

静水面以上的波压力强度按直线变化。

静水面以下深度 $Z = H/2$ 的波压力强度为：

$$p = 0.7p_s \tag{1-53}$$

水底处波压力为：

$$p_d = 0.6p_s，当 d/H \leqslant 1.7 时 \tag{1-54}$$

$$p_d = 0.5p_s，当 d/H > 1.7 时 \tag{1-55}$$

墙底面上的波浪浮托力为：

$$P_u = \frac{1}{2}\mu b p_d \tag{1-56}$$

式中：μ——波浪浮托力分布图的折减系数，取0.7。

(2)波谷时。波谷时远破波波压力分布如图1-19所示。

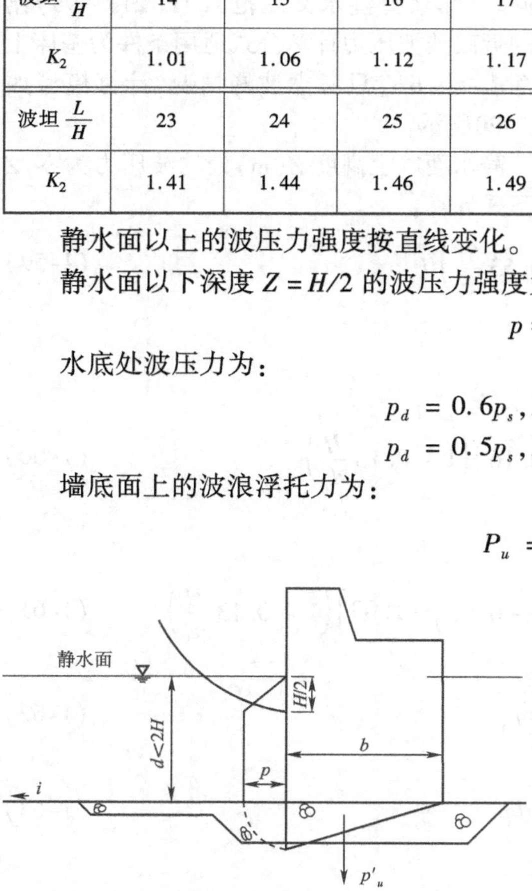

图1-19　波谷时远破波波压力分布

静水面处波压力为零。

静水面以下，从深度 $Z = H/2$ 至水底处的波压力强度按下式计算：

$$p = 0.5\gamma H \tag{1-57}$$

墙底面方向向下的波浪力合力为：

$$P'_u = \frac{1}{2}bp \tag{1-58}$$

在没有建筑物情况下，设计波浪在该处或远处已经破碎（破后波）时，对于平缓底坡（1/140≤i≤1/50），可采用进行波的极限波高（一般取 $H=0.78d$）按上述方法计算远破波波浪力；对于较陡的底坡（$i>1/50$），对直墙可能产生较大的波浪力，此时可先用极限波高按上述方法作初步估算，然后通过模型试验进行验证。

对于低基床的直立式建筑物，可先按堤前水深 d 绘制远破波波压力图，然后减去基床部分的波压力。

4. 近破波波浪力计算

国内外关于近破波的研究成果很多，近破波波压力计算公式也多种多样，但各计算公式给出的近破波波压力值差别很大。如美国海岸防护手册采用的 Minikin 公式和日本港湾设施技术标准采用的 Goda（合田良实）公式计算的近破波波压力值有很大差别，有关参数的影响也不同。我国《海港水文规范》（JTJ 213—98）给出的近破波波压力计算公式适用条件为基床上水深 d_1≥0.6H，只考虑波峰情况，计算模型如图 1-20所示。

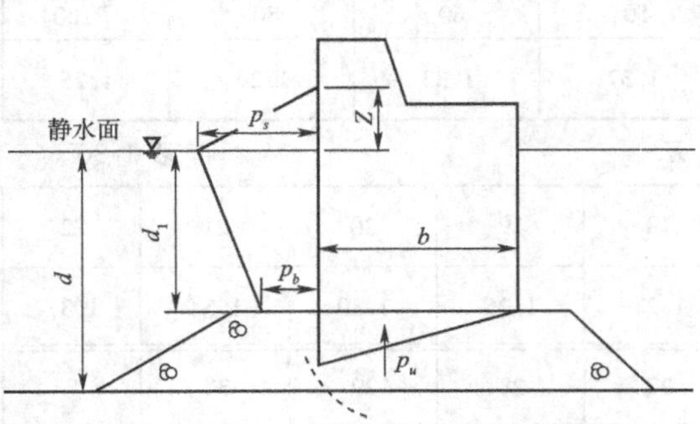

图 1-20　近破波波压力计算模型

静水面以上高度 Z(m) 处的波压力为零，Z 按下式计算：

$$Z = \left(0.27 + 0.53\frac{d_1}{H}\right)H \tag{1-59}$$

静水面以上的波压力按以下两种情况计算：

(1)当 $\frac{1}{3} < \frac{d_1}{d} \leqslant \frac{2}{3}$（中基床）时：

$$p_s = 1.25\gamma H\left(1.8\frac{H}{d_1} - 0.16\right)\left(1 - 0.13\frac{H}{d_1}\right) \tag{1-60}$$

(2)当 $\frac{1}{4} \leqslant \frac{d_1}{d} \leqslant \frac{1}{3}$ 时：

$$p_s = 1.25\gamma H\left[\left(13.9 - 36.4\frac{d_1}{d}\right)\left(\frac{H}{d_1} - 0.67\right) + 1.03\right]\left(1 - 0.13\frac{H}{d_1}\right) \tag{1-61}$$

墙底处波压力强度为：

$$p_b = 0.6p_s \tag{1-62}$$

墙底面上的波浪浮托力合力为：

$$P_u = \frac{1}{2}\mu b p_b \tag{1-63}$$

式中：μ——波浪浮托力分布图的折减系数，取0.7。

5. 合田良实波浪力计算公式

合田良实根据大量模型试验以及对原体防波堤的检验，提出了一个既可计算立波波浪力、又可计算破碎波波浪力的统一公式，并考虑了斜向波的影响。合田良实公式已被日本《港湾构筑物设计标准》采纳，也被许多欧洲国家认同。

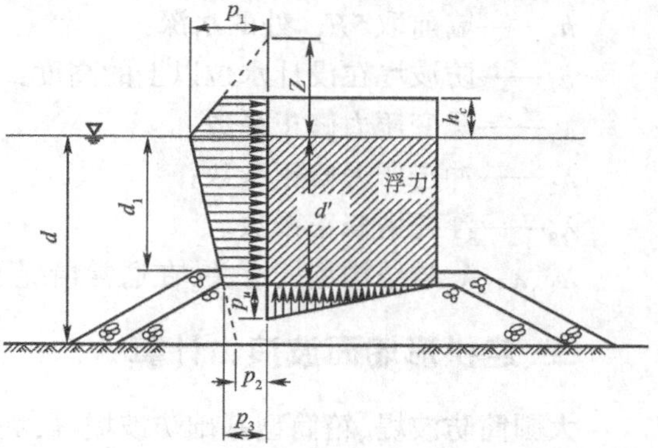

图 1-21　合田良实公式波压力计算模型

合田良实波压力计算模型如图 1-21 所示。假定作用在墙面上的波压力为直线分布，在静水面以上 z 处，波压力为零；静水面处波压力 p_1 最大。

z 值按下式计算：

$$z = 0.75(1+\cos\beta)\lambda_1 H_{max} \qquad (1\text{-}64)$$

静水面波压力为：

$$p_1 = \frac{1}{2}(1+\cos\beta)(\lambda_1\alpha_1 + \lambda_2\alpha^*\cos^2\beta)\gamma H_{max} \qquad (1\text{-}65)$$

海底波压力为：

$$p_2 = \frac{p_1}{\cosh(2\pi d/L)} \qquad (1\text{-}66)$$

墙底波压力为：

$$p_3 = \alpha_3 p_1 \qquad (1\text{-}67)$$

墙顶波压力为：

$$p_4 = \alpha_4 p_1 \qquad (1\text{-}68)$$

堤脚处浮托力为：

$$p_u = \frac{1}{2}(1+\cos\beta)\lambda_3\alpha_1\alpha_3\gamma H_{max} \qquad (1\text{-}69)$$

式中：

$$\alpha_1 = 0.6 + \frac{1}{2}\left[\frac{4\pi d/L}{\sinh(4\pi d/L)}\right]^2 \qquad (1\text{-}70)$$

$$\alpha_2 = \min\left\{\frac{h_b - d_1}{3h_b}\left(\frac{H_{max}}{d_1}\right)^2, \frac{2d_1}{H_{max}}\right\} \qquad (1\text{-}71)$$

$$\alpha_3 = 1 - \frac{d'}{d_1}\left[1 - \frac{1}{\cosh(2\pi d/L)}\right] \qquad (1\text{-}72)$$

$$\alpha_4 = 1 - \frac{h_c^*}{z} \qquad (1\text{-}73)$$

$$\alpha^* = \max\{\alpha_2, \alpha_1\} \qquad (1\text{-}74)$$

$$h_c^* = \min\{z, h_c\} \qquad (1\text{-}75)$$

其中：β——墙法线方向与波浪主波向线间的夹角；

H_{max}——最大波高，在深水区 $H_{max} = H_{1/125} = 1.8H_{1/3}$，在破波区取离墙前 $5H_{1/3}$ 处的 H_{max}；

L——波长；

γ——水重度；

h_b——墙前取$5H_{1/3}$处的水深；

h_c——防波堤在设计水位以上的高度；

λ_1——缓变压力修正系数；

λ_2——冲击压力修正系数；

λ_3——浮托力修正系数。

λ_1、λ_2、λ_3与结构型式有关，在通常情况下可取$\lambda_1=\lambda_2=\lambda_3=1.0$。

二、连拱形墙面波浪力计算

大圆筒防波堤、箱筒型基础防波堤等，堤身是由连续大直径圆筒组成，挡浪墙为连拱形墙面。作用于连拱形墙面上的波浪力与平面直墙上的波浪力存在差异，对此已开展了大量的理论分析、模型实验和数值模拟等研究工作。各种研究成果的综合分析、总结表明，连拱形墙面上的波浪力可以通过平面直墙上的波浪力乘以曲面折减系数得到，即：

$$P_c = C_F P \tag{1-76}$$

式中：P_c——连拱形墙面上的波浪力；

P——平直墙面上的波浪力；

C_F——波浪力曲面折减系数。

文献[10]根据在实验条件$d/L=0.094\sim0.301$、$H/L=0.017\sim0.08$、$D/L=0.082\sim0.214$和$H/D=0.18\sim0.516$（其中：d为水深，L为波长，H为波高，D为圆筒直径）下的测量数据，通过多元线性回归分析，得到波浪力曲面折减系数C_F与相对水深d/L、波陡H/L、相对筒径D/L和相对波高H/D的关系式，即：

$$C_F = 0.9320 + 0.4238\frac{d}{L} + 2.9303\frac{H}{L} - 1.9507\frac{D}{L} - 0.1272\frac{H}{D} \tag{1-77}$$

文献[10]模型实验给出的波浪力曲面折减系数C_F在$0.8\sim0.9$之间，贾影和邱大洪依据线性波绕射理论给出的波浪力曲面折减系数C_F在$0.9\sim0.95$之间变动。文献[11]有限元数值模拟结果表明，在波峰情况下曲面折减系数C_F在0.9左右，在波谷情况下曲面折减系数C_F在0.95左右。在工程设计中，可参照上述研究成果确定连拱形墙面上的波浪力。

三、小尺度桩柱上的波浪力计算

1. 当$H/d\leqslant0.2$和$d/L\geqslant0.2$或$H/d>0.2$和$d/L\geqslant0.35$时

对于小尺度桩柱，可按莫里逊（Morison）方程计算波浪力。莫里逊方程将作用于小尺度桩柱上与波向平行的正向力分为速度分力和惯性分力两部分，如图1-22所示。当相对波高$H/d\leqslant0.2$和相对水深$d/L\geqslant0.2$或$H/d>0.2$和$d/L\geqslant0.35$时（H为波高，L为波长，d为水深），作用于水底面以上高度Z处与波向平行的速度分力和惯性分力按下式计算：

$$p_D = \frac{1}{2}\frac{\gamma}{g}C_D Du|u| \tag{1-78}$$

$$p_I = \frac{\gamma}{g} C_M A \frac{\partial u}{\partial t} \tag{1-79}$$

式中：p_D、p_I——单位桩长上的波浪力的速度分力和惯性分力(kN/m)；

C_D、C_M——速度分力系数和惯性分力系数，取值见表 1-37；

a、b——矩形柱体断面垂直和平行于波向的宽度(m)；

D——柱体的直径(m)，当为矩形断面时，D 改用 b(m)；

A——柱体的断面积(m^2)；

u、$\partial u/\partial t$——水质点轨道运动的水平速度(m/s)和水平加速度(m/s^2)。

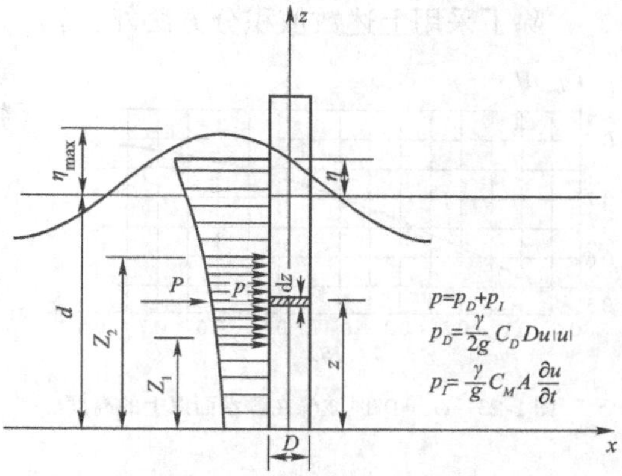

图 1-22　波浪对桩柱作用

速度分力系数和惯性分力系数值　　表 1-37

系　数	断面形状	
	圆形	方形或 $a/b \leqslant 1.5$ 的矩形
速度力系数 C_D	1.2	2.0
惯性力系数 C_M	2.0	2.2

水质点的水平速度 u 和水平加速度 $\partial u/\partial t$ 可用小振幅波理论计算：

$$u = \frac{\pi H}{T} \frac{\cosh \frac{2\pi z}{L}}{\sinh \frac{2\pi d}{L}} \cos\omega t \tag{1-80}$$

$$\frac{\partial u}{\partial t} = -\frac{2\pi^2 H}{T^2} \frac{\cosh \frac{2\pi z}{L}}{\sinh \frac{2\pi d}{L}} \sin\omega t \tag{1-81}$$

式中：ω——圆频率(rad/s)，$\omega = \frac{2\pi}{T}$；

t——时间(s)，当波峰通过柱体中心线时 $t = 0$。

按莫里逊方程，最大速度分力 $p_{D\max}$ 和最大惯性分力 $p_{I\max}$ 分别出现在 $\omega t = 0°$ 和 $\omega t = 270°$ 的相位上。计算波浪力时，沿柱体高度选取不宜少于 5 个点的 z 值作为计算点，其中必须包括海底 $z = 0$、静水位 $z = d$ 和波面处 $z = d + \eta$ 三点。若沿柱体高度断面有变化时，则在交界面上下应分别进行计算。计算各点的波浪力后，由 $p_{D\max}$ 和 $p_{I\max}$ 沿柱高的分布即可算出整根桩的总力 $P_{D\max}$ 和 $P_{I\max}$。

小振幅波理论假定波面形态为余弦曲线，但考虑到浅水时波浪的非线性，会形成波峰窄而高、波谷宽而浅的形态，《海港水文规范》中波峰在静水面以上的高度 $\eta_{\max}$ 采用二阶波理论和椭圆余弦波理论的平均值，工程设计中可按图 1-23 确定；当 $\omega t = 270°$ 时，$\eta = \eta_{\max} - H/2$。

除了采用上述数值积分方法外，当 Z_1 和 Z_2 间柱体断面相同时，可以直接积分得到作用于该段上的总波浪力 $P_{D\max}$ 和 $P_{I\max}$ 及其对 Z_1 断面的力矩 $M_{D\max}$ 和 $M_{I\max}$，公式如下：

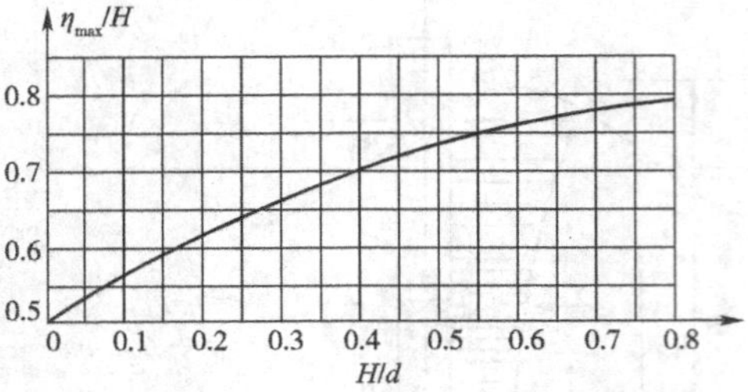

图 1-23　$\omega t = 0°$时波峰在静水面以上的高度

$$P_{D\max} = C_D \frac{\gamma D H^2}{2} K_1 \tag{1-82}$$

$$P_{I\max} = C_M \frac{\gamma A H^2}{2} K_2 \tag{1-83}$$

$$M_{D\max} = C_D \frac{\gamma D H^2 L}{2\pi} K_3 \tag{1-84}$$

$$M_{I\max} = C_M \frac{\gamma A H L}{4\pi} K_4 \tag{1-85}$$

式中：K_1、K_2、K_3、K_4——积分得到的常系数，计算公式如下：

$$K_1 = \frac{\dfrac{4\pi Z_2}{L} - \dfrac{4\pi Z_1}{L} + \sinh\dfrac{4\pi Z_2}{L} - \sinh\dfrac{4\pi Z_1}{L}}{8\sinh\dfrac{4\pi d}{L}} \tag{1-86}$$

$$K_2 = \frac{\sinh\dfrac{2\pi Z_2}{L} - \sinh\dfrac{2\pi Z_1}{L}}{\cosh\dfrac{2\pi d}{L}} \tag{1-87}$$

$$K_3 = \frac{1}{\sinh\dfrac{4\pi d}{L}}\left[\frac{\pi^2 (Z_2 - Z_1)^2}{4L^2} + \frac{\pi(Z_2 - Z_1)}{8L}\sinh\frac{4\pi Z_2}{L} - \frac{1}{32}\left(\cosh\frac{4\pi Z_2}{L} - \cosh\frac{4\pi Z_1}{L}\right)\right] \tag{1-88}$$

$$K_4 = \frac{1}{\cosh\dfrac{2\pi d}{L}}\left[\frac{2\pi(Z_2 - Z_1)}{L}\sinh\frac{2\pi Z_2}{L} - \left(\cosh\frac{2\pi Z_2}{L} - \cosh\frac{2\pi Z_1}{L}\right)\right] \tag{1-89}$$

若沿整个柱体高度断面相同，则在计算整个柱体上的 $P_{D\max}$ 及其对水底面的力矩 $M_{D\max}$ 时，应取 $Z_1 = 0$ 和 $Z_2 = d + \eta_{\max}$；而在计算整个柱体上的 $P_{I\max}$ 及其对水底面的力矩 $M_{I\max}$ 时，应取 $Z_1 = 0$ 和 $Z_2 = d + \eta_{\max} - H/2$。

2. 当 $H/d \leqslant 0.2$ 和 $d/L < 0.2$ 或 $H/d > 0.2$ 和 $d/L < 0.35$ 时

相对波高越大、相对水深越小，非线性效应越显著。按小振幅波理论计算的水质点速度和加速度与实际情况相比误差较大，计算得到的最大波浪力和力矩明显偏小，此时应采用高阶波理论进行计算。但由于高阶波理论公式复杂，工程中可仍按小振幅波理论计算作用于整个柱体上的正向波浪力，但应对结果进行修正。

当 $H/d \leqslant 0.2$ 和 $d/L < 0.2$ 或 $H/d > 0.2$ 和 $d/L < 0.35$ 时，需要对最大速度分力 $P_{D\max}$ 和力矩 $M_{D\max}$ 分别乘以修正系数；当 $0.04 \leqslant d/L \leqslant 0.2$ 时，除修正速度分力和力矩外，还应对最大惯性分力 $P_{I\max}$ 和力矩 $M_{I\max}$ 分别乘以修正系数。上述修正系数取值可参见《海港水文规范》。

3. 作用于整个柱体上的总波浪力

作用于整个柱体高度上任何相位时的正向水平总波浪力 P，可按下式计算：

$$P = P_{D\max}\cos\omega t\,|\cos\omega t| - P_{I\max}\sin\omega t \tag{1-90}$$

当 $P_{D\max} \leqslant 0.5P_{I\max}$ 时，正向水平最大总波浪力只考虑惯性力：$P_{\max} = P_{I\max}$，此时相位为 $\omega t = 270°$，相应的对于水底面的最大总波浪力矩为：$M_{\max} = M_{I\max}$。

当 $P_{D\max} > 0.5P_{I\max}$ 时，正向水平最大总波浪力按式(1-91)计算，此时相位按式(1-92)计算，相应的对水底面的最大总波浪力矩 $M_{\max}$ 按式(1-93)计算：

$$P_{\max} = P_{D\max}\left(1 + 0.25\frac{P_{I\max}^2}{P_{D\max}^2}\right) \tag{1-91}$$

$$\sin\omega t = -0.5\frac{P_{I\max}}{P_{D\max}} \tag{1-92}$$

$$M_{\max} = M_{D\max}\left(1 + 0.25\frac{M_{I\max}^2}{M_{D\max}^2}\right) \tag{1-93}$$

4. 群桩波浪力

高桩码头的桩基础是由数量众多的小尺度群桩构成。当桩之间的距离较近时，波浪水质点通过桩间空隙时遇到的阻力会增大，同时桩可能处于其他桩的尾流漩涡中，使群桩中各桩上的波浪力不同于单桩时的波浪力，这就是群桩效应；另外，波峰通过各桩的时间不同，作用于各桩上的波浪力峰值会有相位差。研究表明，当桩的中心距 l 大于 4 倍桩的直径 D 时，可不考虑群桩效应，应根据设计波浪的计算剖面来确定同一时刻各桩处波浪力的相位，按单桩受力公式计算各桩的正向水平总波浪力 P。当桩的中心距 l 小于 4 倍的桩径 D 时，则应考虑群桩效应，将前述的单桩波浪力乘以群桩系数 K，K 值可按表 1-38 选取。

群桩系数 K 表 1-38

桩的中心距 l 与桩的直径 D 的比值 l/D		2	3	4
桩列方向	垂直于波向	1.5	1.25	1.0
	平行于波向	0.85	0.9	1.0

四、大尺度墩柱上的波浪力计算

1. 深水情况波浪力

大尺度墩柱受波浪作用时，相对于惯性力，粘性效应引起的速度力较小，可以忽略流体的粘性。对于圆柱上的波浪力可采用绕射理论一次近似解的结果。在水深较大时，由小振幅波理论得到墩柱上的最大水平总波浪力为：$P_{\max} = P_{I\max}$，$P_{I\max}$ 及其对水底面的波浪力矩 $M_{I\max}$ 的表达式形式上与小尺度桩柱情况下相同，但惯性力系数 C_M 不同，按图 1-24 确定。

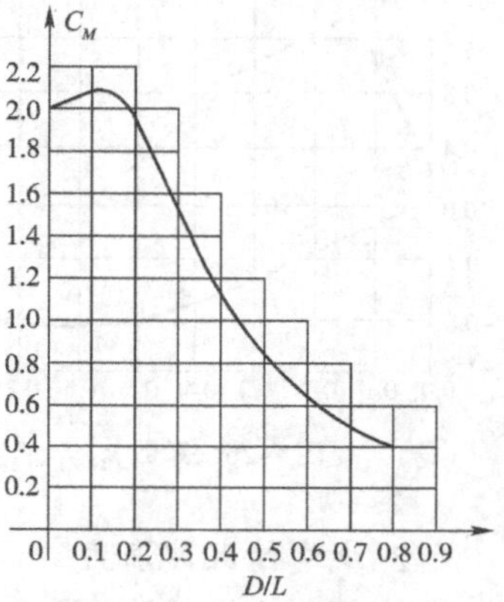

图 1-24 惯性力系数 C_M

对图 1-25 所示有基床的墩柱建筑物，在计算整个墩柱上的 $P_{I\max}$ 及 $M_{I\max}$ 时，沿柱高的积分范围应从基床顶部到波面处，即：

$$Z_1 = d - d_1 \tag{1-94}$$

$$Z_2 = d + \eta_{\max} - H/2 \tag{1-95}$$

式中：d_1——基床上水深(m)。

对于大尺度的墩柱式薄壁结构，设计时应考虑墩柱表面上

环向波浪压强 p 的分布，p 可按下式计算：

$$p=\frac{\gamma H\cosh\dfrac{2\pi z}{L}}{\pi\cosh\dfrac{2\pi d}{L}}(f_3\sin\omega t\cos\theta+f_1\cos\omega t\cos\theta+f_2\sin\omega t-f_0\cos\omega t)\tag{1-96}$$

式中：　　p——环向波浪压强（kPa）；

f_0、f_1、f_2、f_3——与 D/L 有关的系数，按图 1-26 取值；

θ——计算点圆柱体圆心的连线与波向线间的夹角（°）。

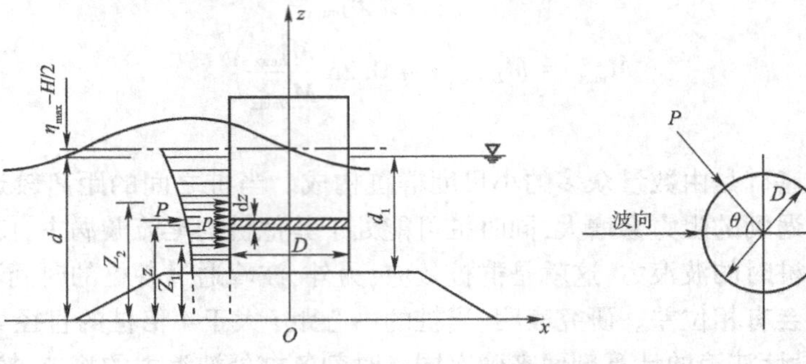

图 1-25　波浪对墩柱的作用

柱体底面周边的浮托力压强可近似地采用相应点的环向波浪压强。当 $D/L\leqslant0.3$ 时，圆柱底面总波浪浮托力 P_u（kN）及其对圆柱中轴线的浮托力矩 M_u（kN·m），可按下列公式计算：

$$P_u=\frac{\gamma HD^2}{4}\frac{\cosh(2\pi z/L)}{\cosh(2\pi d/L)}(f_2\sin\omega t-f_0\cos\omega t)\tag{1-97}$$

$$M_u=\frac{\gamma HD^3}{32}\frac{\cosh(2\pi z/L)}{\cosh(2\pi d/L)}(f_3\sin\omega t+f_1\cos\omega t)\tag{1-98}$$

式中：z 应取墩柱底面处对应高度值，f_0、f_1、f_2 和 f_3 系数同上。

需注意的是，一般来说，最大水平总波浪力对应的时刻是结构最容易失稳的时刻，但此时总波浪浮托力和浮托力矩不一定最大。进行稳定性计算时应首先确定出现最大水平波浪力时的相位，然后求得相应相位的波浪浮托力和浮托力矩。

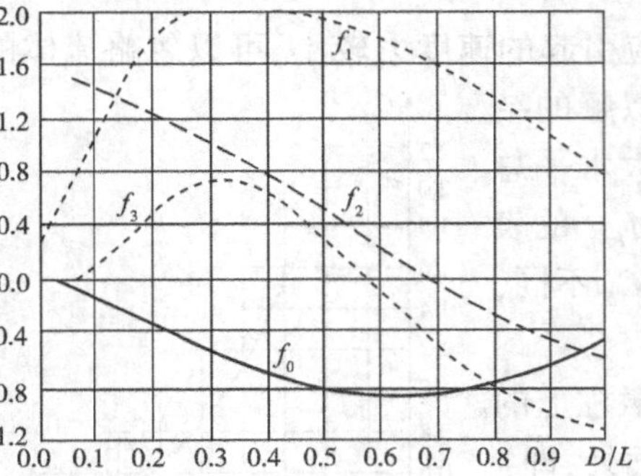

图 1-26　系数 f_0、f_1、f_2 和 f_3

对于方形或矩形柱体上的波浪力，由于不存在理论解，可以把方形或矩形断面换算成相同面积的圆形断面，然后仍按圆形墩柱近似计算波浪力。除此方法以外，对于特定尺度参数范围的方形或矩形柱体上的波浪力，通过实验室模型试验总结了一系列水平波浪力和浮托力的经验公式，可供参考，详见《海港水文规范》。

2. 浅水情况波浪力

当相对水深较浅，即 $H/d\geqslant0.1$ 和 $D/d\geqslant0.4$ 时，波浪的非线性特征变得显著，此时宜采用高阶波理论。

(1)当相对周期 $T\sqrt{g/d} \geqslant 8$ 时。由于大尺度墩柱对波浪的反射作用,使波面在墩柱前面上有显著壅高。当 $T\sqrt{g/d} \geqslant 8$ 时,波面在墩柱前面上的最大壅高 $\eta_{\max}$ 位于墩柱迎浪面的顶点处,$\eta_{\max}/H$ 可按下式计算:

$$\frac{\eta_{\max}}{H} = (C_1 - C_2 e^{-\alpha R/d})\left[1 + C_3\left(\frac{H}{d} - 0.1\right)^{\beta}\right] \tag{1-99}$$

式中:　　R——圆柱墩的半径(m);

C_1、C_2、C_3、α、β——与相对周期有关的系数,按《海港水文规范》方法确定。

圆柱墩上的最大水平总波浪力和最大水平总波浪力矩出现在同一时刻,为便于应用,将高阶波理论的结果写为小振幅波理论结果乘以修正系数的型式:

$$P_{\max} = \alpha_P P_{I\max} \tag{1-100}$$

$$M_{\max} = \alpha_M M_{I\max} \tag{1-101}$$

式中:α_P、α_M 为与相对周期 $T\sqrt{g/d}$、相对波高 H/d 和墩柱相对半径 R/d 有关的系数,按《海港水文规范》方法确定。$P_{I\max}$ 和 $M_{I\max}$ 按深水情况相关公式计算。

(2)当相对周期 $T\sqrt{g/d} < 8$ 时。当相对周期 $T\sqrt{g/d} < 8$ 时,仍按式(1-100)和式(1-101)计算作用于圆墩上的最大水平总波浪力和最大水平总波浪力矩,但式中系数 α_P 和 α_M 按如下规定确定:

当 $L/d \leqslant 6.67$ 时,α_P 和 α_M 均等于1.0;

当 $L/d > 6.67$ 时,α_P 和 α_M 可按下列公式确定:

$$\alpha_P = 1 + \frac{(L/d)_t - 6.67}{(L/d)_8 - 6.67}[(\alpha_P)_8 - 1] \tag{1-102}$$

$$\alpha_M = 1 + \frac{(L/d)_t - 6.67}{(L/d)_8 - 6.67}[(\alpha_M)_8 - 1] \tag{1-103}$$

式中:$(L/d)_8$——由 $T\sqrt{g/d} = 8$ 算得的 L/d 值;

$(L/d)_t$——计算得到的实际的 L/d 值。

$(\alpha_P)_8$、$(\alpha_M)_8$ 为 $T\sqrt{g/d} = 8$ 时对应于实际的 H/d 值的 α_P 和 α_M 值。

大直径墩柱组成的群墩结构,也有群墩效应的问题,如同小直径桩柱的群桩效应一样,通常认为当墩的中心距 $l > 4D$ 时群墩效应可忽略。当 $l \leqslant 4D$ 时,群墩中某个墩柱上的水平总波浪力 P_G 为单墩上的水平总波浪力 P 乘以一个群墩系数 K_X,即 $P_G = K_X P$。

群桩系数的取值较为复杂,它除了受墩的中心距影响外,还与群墩的排列方式,墩柱在群墩阵列中的位置以及波浪参数有关。波浪在群墩阵列中的反射、绕射和叠加使每个墩柱上波浪力的峰值和相位都产生变化。《海港水文规范》中给出了几种群墩典型排列方式时各墩上的群墩系数变化曲线,在工程设计中可以参考。

第六节　水流力、冰荷载和土压力

一、水流力

水流力是以泾流为主的河港透空式建筑物(墩式码头、桩基码头及架空斜坡码头)需考虑的可变作用;对以潮流为主的海港透空式建筑物,也应考虑水流作用的影响。

1. 水流力标准值计算公式

作用于建筑物各构件上的水流力标准值 F_w 可按下式计算:

$$F_w = \frac{1}{2}C_w\rho AV^2 \tag{1-104}$$

式中:F_w——水流力标准值(kN);

ρ——水的密度(t/m^3),淡水取 1.0,海水取 1.025;

A——计算构件在与流向垂直平面上的投影面积(m^2);

V——设计流速(m/s);

C_w——水流阻力系数。

2. 计算参数确定

(1)设计流速 V。由于水流力的大小与流速的平方成正比,故正确地选取流速值至关重要。应根据多年实测流速数据,经数理统计分析,取具有一定保证率的流速值作为设计流速 V。在缺乏实测数据的情况下,《港口工程荷载规范》(JTS 144-1—2010)规定,设计流速可采用建筑物所处范围内可能出现的最大平均流速,亦可根据相应的表面流速推算。

(2)水流阻力系数 C_w。水流力是由水下构件迎水面的阻力和背水面的涡流所组成。构件的断面形状直接影响其周围水流的流态,从而影响对构件产生的水流力。用水流阻力系数 C_w 来表示构件断面形状对水流力的影响,其值可按《港口工程荷载规范》(JTS 144-1—2010)选用。

(3)其他参数。除构件断面形状外,前面构件对后面构件的遮挡作用、相邻墩柱的横向距离、水流方向、构件淹没深度及墩柱相对水深(水深与墩柱直径之比)等,均会对水流力产生影响。这些影响因素分别用遮流影响系数 m_1、横向影响系数 m_2、斜向水流影响系数 m_3、淹没深度影响系数 n_1 和墩柱相对水深影响系数 n_2 来表达,当需考虑这些因素影响时,应将各构件的水流阻力系数 C_w 乘以相应因素的影响系数。各因素影响系数的值可按《港口工程荷载规范》(JTS 144-1—2010)选用。

3. 水流力作用位置

由于水流流速沿水深的分布不均匀,并且还受上下边界层的影响,所以水流力合力作用点的位置很难精确确定。根据《港口工程荷载规范》(JTS 144-1—2010),水流力作用位置可按如下规定确定:

(1)对上部构件(主要指梁),水流力合力作用点取在阻水面积的形心处。

(2)对下部构件(主要是墩柱),当顶面淹没时,水流力合力作用点取在顶面以下 1/3 高度处;当顶面位于水面以上时,水流力合力作用点取在水面以 1/3 水深处。

二、冰荷载

在冰冻水域,冰荷载的作用力很大。对无掩护海域的桩基或墩柱结构,冰荷载往往是设计控制荷载。作用在港工建筑物上的冰荷载有以下几种:

(1)冰排运动中被结构物连续挤碎或滞留在结构前时产生的挤压力;

(2)孤立流冰块产生的撞击力;

(3)冰排在斜面结构物或锥体上因弯曲破坏或碎冰块堆积产生的冰力；

(4)冻结在建筑物上的冰因水位升降产生的竖向力；

(5)冻结在结构内、外的冰因温度变化产生的膨胀力。

冰荷载作用机理十分复杂，对重要工程或难以计算确定的冰荷载应通过冰力物理模型试验确定。在世界范围内冰荷载计算公式有几十种，我国采用的方法主要有：中华人民共和国交通运输部行业标准《港口工程荷载规范》(JTS 144-1—2010)公式、中国海洋石油总公司企业标准《中国海海冰条件及应用规定》公式等。

1. 交通运输部《港口工程荷载规范》公式

根据《港口工程荷载规范》(JTS 144-1—2010)，冰排在直立桩、直立墩前连续挤碎时产生的极限冰压力标准值宜按下式计算：

$$F_I = ImkBH\sigma_c \tag{1-105}$$

式中：F_I——极限冰压力标准值(kN)；

I——冰的局部挤压系数，按表1-39采用；

m——桩、墩柱迎冰面形状系数，按表1-40采用；

k——冰与桩、墩之间的接触条件系数，可取0.32；

B——桩、墩迎冰面投影宽度(m)；

H——单层平整冰计算冰厚(m)；

σ_c——冰单轴抗压强度标准值(kPa)；当缺乏实测资料时，可按《港口工程荷载规范》(JTS 144-1—2010)附录K中表K.0.2采用。

冰的局部挤压系数 I　　表1-39

B/H	局部挤压系数 I
$B/H \leq 0.1$	4.0
$0.1 < B/H < 1.0$	在4.0～2.5之间线性内插
$B/H = 1.0$	2.5
$1.0 < B/H \leq 6.0$	$\sqrt{1 + 5H/B}$

桩、墩柱迎冰面形状系数 m　　表1-40

迎冰面形状	方形	半圆形	尖角形的迎冰面角度				
			45°	60°	75°	90°	120°
形状系数 m	1.00	0.90	0.54	0.59	0.64	0.69	0.77

桩、墩迎冰面投影宽度与单层平整冰计算冰厚的比值 B/H 大于6.0时，冰的局部挤压系数可取1.35，并应考虑冰在结构前的非同时破坏，对冰力进行适当折减。

2. 中海油《中国海海冰条件及应用规定》公式

(1)单桩冰力。按冰的强度限制，单桩冰力计算公式为

$$F = mIf_c\sigma_c Dh \tag{1-106}$$

式中：F——单桩水平冰力；

m——形状系数，圆形截面取0.9；

I——嵌入系数；

f_c——接触系数；

σ_c——冰无侧限压缩强度(MPa)；

D——冰挤压结构的宽度(m)；

h——冰厚(m)。

对圆形截面的墩柱，嵌入系数和接触系数的乘积由下式确定：

$$If_c = 3.57h^{0.1}/D^{0.5} \tag{1-107}$$

(2)群桩冰力。群桩冰力按以下方法确定

①在计算群桩冰力时，应考虑群桩效应。考虑方法为冰力按单桩水平冰力计算，然后乘以0.9的折减系数。

②对于阵列布置的桩群，还应考虑遮蔽系数。根据桩在阵列中的位置，遮蔽系数按图1-27所示两种情况确定。

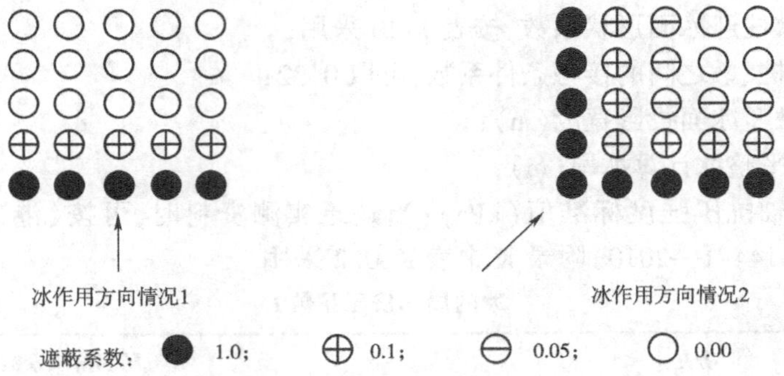

图1-27 阵列布置桩群遮蔽系数

三、土压力

对于墙体后有回填土的港工建筑物，如重力式码头、板桩式码头、干船坞墙和直立式护岸等，作用于墙体上的土压力是一项主要设计荷载。

根据墙体相对于墙后土体的位移状态，土压力分为静止土压力、主动土压力和被动土压力。当墙体相对于墙后土体不发生位移时，土体对挡土墙产生的侧压力称为静止土压力；当墙体背向土体一侧移动到一定程度(一般移动量达到墙高的1/1000)时，墙后土体达到主动极限平衡状态，此时土体对挡土墙产生的侧压力称为主动土压力；当墙体朝向土体一侧移动到一定程度时(一般移动量达到墙高的1/100)，土体达到被动极限平衡状态，此时土体对墙体产生的侧压力称为被动土压力。主动土压力和被动土压力都是土压力的极限值。

主动土压力和被动土压力的计算方法主要有基于库伦理论的计算方法、基于朗金理论的计算方法和索科洛夫斯基方法。库伦理论和朗金理论，虽然它们的假定不够严谨，但是计算方法简单，且得到大量原型观测和模型试验结果的验证，精度能满足工程要求，在实际工程中得到普遍应用。

关于土压力计算的详细内容，请参见有关土力学方面的教材和书籍资料。

第七节　地震作用

一、地震及其危害

地壳运动、岩浆活动、火山喷发、水库蓄水以及爆炸等作用在地层中产生振动波，振动波从波源向四周传播引起地面颤动的现象，称为地震。通常所称的地震，主要指地壳运动产生的地面颤动。

地震活动具有一定的地理分布规律，地震大多分布在地壳不稳定的部位，特别是板块之间的消亡边界，形成地震活动活跃的地震带。全世界主要有两大地震带，一是环太平洋地震带，沿南北美洲太平洋沿岸、阿留申群岛、堪察加半岛，到千岛群岛、日本列岛，经台湾到菲律宾转向东南直至新西兰，是地球上地震最活跃的地区，集中了全世界80%以上的地震。二是欧亚地震带，大致从印度尼西亚西部，缅甸经中国横断山脉，喜马拉雅山脉，越过帕米尔高原，经中亚细亚到达地中海及其沿岸。本带是在亚欧板块和非洲板块、印度洋板块的消亡边界上。中国地震主要分布在五个区域：台湾地区、西南地区、西北地区、华北地区、东南沿海地区。

地震造成的灾害是十分严重的。如1976年7月28日中国唐山地震，震级7.8级，死亡人数24.2万人，重伤16万人，70%～80%的建筑物倒塌。1995年1月17日日本阪神地震，震级7.2级，造成神户港码头发生严重破坏。破坏型式主要是码头岸壁沉降、滑移、倾斜、倒塌及装卸设备损坏。神户某港大量采用的重力式沉箱结构，震后最大水平位移达5m，平均水平位移3.5m，沉降1～2m，向海侧倾斜3°～5°，六甲人工岛所有装卸设备均遭破坏，不能使用。

二、震级与烈度

1. 地震波

地震是从震源处释放的能量以波的型式向四周传播引起地面运动的现象。地震波有纵波和横波两种，二者合称为体波。纵波是由震源向外传递的压缩波，质点振动方向与波的行进方向一致；横波为剪切波，质点振动方向与波的行进方向垂直。体波传到地面后又继续沿着地面传播，这种波动称为面波，面波是体波的次生波。

地震时，在地面上某地点，首先传到的是速度最快的纵波，接着来到的是较快的横波，然后是速度最慢的面波。纵波传播速度快、振动频率高，但衰减得快，因此离震中（震源在地表水平面上的垂直投影称为震中）远的地方，纵波影响小。横波振动频率比纵波低，衰减也慢，但其传播面大。与纵波、横波比较，面波具有不易阻尼的性质。除震中及其附近地区外，一般是当横波与面波到达时地面震动最强烈。

纵波传到地表时，引起地面建筑物的竖向震动，竖向震动的加速度导致产生建筑物的竖向地震力。横波与面波使地面建筑物产生横向震动，地面的横向震动加速度引起建筑物的水平向地震力。

在震中和震中附近地区，纵波的作用强烈，必须考虑竖向地震力。通常，纵波与横波不会同时到达，竖向地震力与水平地震力可以分别考虑。但由于地下的地质构造复杂，或是地震波通过地带及物质的密度不同，地震波传播时会产生波的反射、绕射和干涉等现象，这样有可能产生纵波与横波同时出现的现象，或是纵波在建筑物中的效应尚未消失，而横波又来到，造成两种波动的重叠，此时水平向地震力就与竖向地震力同时出现。这种情况一般只在高烈度地区才加以考虑。

一次地震中，由于离震中的距离不同，地震波传播到不同地区的强度也不同。

2. 震级

震级是衡量地震大小的尺度，是按地震时所释放出的能量大小确定的等级标准。我国目前使用的震级标准，是国际上通用的里氏分级表，在实际测量中，震级则是根据地震仪对地震波所作的记录计算出来的。地震愈大，震级的数字也愈大，震级每增加一级，释放的能量大约增加 32 倍。

3. 烈度

烈度是根据地震对地面造成的破坏程度划分的等级，是指震区内某一地区的地面和各类建筑物遭受一次地震影响的强烈程度。从概念上讲，地震烈度同地震震级有严格的区别，不可互相混淆。震级代表地震本身的大小、强弱，是由震源释放的地震波能量来决定的，一次地震只有一个震级。但烈度在同一次地震中是因地而异的，由于距震中的远近以及当地地质构造不同，震区各地的地震烈度是不同的。一般情况下，距离震中越近，烈度就越大。我国的地震烈度分为 12 度。划分地震烈度的标准，过去是以该地区的宏观破坏现象为依据，中国科学院工程力学研究所根据对大量资料的综合分析，给出用物理量来划分烈度等级的标准。地震烈度在 7 度、8 度和 9 度时的地面加速度当量见表 1-41。所谓加速度当量就是地震时地面最大加速度的统计平均值与重力加速度的比值，也就是以重力加速度为单位的地面最大加速度。不同地震烈度的水平加速度当量也叫水平向地震系数。

水平向地震系数 表 1-41

抗震设防烈度	7 度	8 度	9 度
K_H	0.10(0.15)	0.20(0.30)	0.40

注：括号内数值用于设计基本加速度为 $0.15g$ 和 $0.30g$ 的地区。

4. 基本烈度

根据今后一定期限内发生地震的危险性程度将国地划分为若干区，对不同的区规定不同的抗震设防标准。我国于 1990 年发布的第三代地震区划图《中国地震烈度区划图》是用基本烈度表征地震的危险性，将全国划分为：<6 度、6 度、7 度、8 度、≥9 度五类地区。基本烈度的含义是在 50 年期限内，在一般场地条件下，可能遭遇超越概率 10% 的地震烈度值。以地震烈度作为抗震设防依据的不确定性较大，2001 年编制的第四代地震区划图《中国地震动参数区划图》，原有的地震烈度区划被地震动参数区划所代替，地震动参数包括地震动峰值加速度等指标，与地震烈度有所区别。不过，在地震动峰值加速度分区和地震基本烈度之间也可简单地进行对照。中国第五代地震区划图于 2010 年制定完成，第五代地震区划图编制的基本原则是首先考虑将抗倒塌地震动参数作为编图的基准，保证抗倒塌水准的地震动参数的科学性和合理性。

现行《水运工程抗震设计规范》(JTS 146—2012)是以基本烈度为原则制定的，基本烈度所指地区是一个范围较大的区域，可以是一个城市、一个县、若干个县或是一个地区，而不是指一个具体工程的场地。如果某具体工程场地的地质地貌比较特殊，此处的地震烈度可以不同于该地区的基本烈度，称它为场地烈度或小区烈度。在抗震设计规范中一般采用基本烈度作为工程的设计烈度，对少数特殊重要的建筑物或因地貌与地质构造特殊，其设计烈度可比基本烈度提高一度；反之，对次要的建筑物以及工程的检修情况，有时其设计烈度可比基本烈度降低。在工程抗震设计中采用的地震烈度称为设计烈度。

三、港工建筑物抗震设计要求

港工建筑物抗震设防的标准是：当遭受相当于设计烈度的地震时，允许建筑物出现一些损坏，但这些损坏不致对人的生命和主要生产设备造成危害，且受震建筑物经一般修理或不需修理仍可继续使用。

鉴于我国有多次大地震发生在预期为低烈度地区的实际情况，国家将抗震设防的起点定为基本烈度6度。对设计烈度为6度地区，建筑物可以不进行抗震验算，但应采取必要的抗震措施，以提高其抗震性能。在基本烈度7度、8度和9度地区建造港工建筑物，应进行结构强度和稳定性抗震验算，并采取抗震措施。对地震烈度高于9度（不含9度）的地区，要开展专门建筑物抗震研究。

作用在港工建筑物的地震作用主要包括：地震惯性力、动土压力和动水压力等。地震的出现概率很小，通常只进行结构承载能力极限状态的作用效应组合校核。

对建造在砂质地基上的建筑物，应进行地基沙土液化校核。对重力式码头和主要承受恒载的大跨度及悬臂结构，应考虑竖向地震力的影响。

四、地震惯性力计算

地震惯性力是指建筑物与建筑物上的固定设备、机械和堆货等在地震时产生的惯性力。地震惯性力除与地震烈度有关外，还与结构本身的动力特性（自振周期、阻尼和振型）和地基土质有关。在实际工程设计中，地震惯性力计算一般采用半理论半经验的方法，常用的有动力法和静力法两种。

在进行地震惯性力计算时，根据结构特点及其对地震的反应情况，港口水工建筑物可分为两类。一类是建筑物的上部结构质量较大，下部为弹性结构，例如透空式高桩码头、高桩墩式码头等，可以将它们简化为无质量弹性柱上单质点或多质点的弹性体系，要考虑其自振周期对结构响应的影响，用动力法进行计算。另一类是建筑物重力式结构，例如重力式码头、重力墩、船闸闸墙和船坞坞墙等，由于建筑物本身的刚度很大，结构自振周期短，可忽略结构本身的弹性振动的影响，采用静力法计算地震作用。

1. 弹性结构体系地震惯性力计算

（1）单质点体系地震惯性力计算。梁板式、无梁板式、桁架式和实体墩式高桩码头，桩身的质量较上部结构小很多，可简化为其整体质量集中在上部结构的单质点弹性体系的计算模型，如图1-28所示。

单质点弹性体系的水平向总地震惯性力标准值可按下式计算：

$$P_H = Cm\left|a+a_0\right|_{max} = C\frac{\left|a_0\right|_{max}}{g}\cdot\frac{\left|a+a_0\right|_{max}}{\left|a_0\right|_{max}}mg = CK_H\beta W \tag{1-108}$$

$$W = W_1 + W_2 + \eta W_3 \tag{1-109}$$

式中：P_H——作用在上部结构重心的水平向总地震惯性力标准值(kN)；

C——综合影响系数，一般采用 $C=0.3$，对于直接接岸的窄桩台码头，视岸坡土质可适当提高，但不超过0.5；

K_H——水平地震力系数，$K_H=\frac{\left|a_0\right|_{max}}{g}$（$\left|a_0\right|$ 为地面最大地震加速度），K_H可按表1-41确定；

β——动力放大系数，$\beta=\frac{\left|a+a_0\right|_{max}}{\left|a_0\right|_{max}}$（$\left|a+a_0\right|_{max}$ 为弹性体系在地震作用下的最大加速度），根据建筑物自振周期和场地类别由反应谱曲线(图1-29)确定；

W——无质量弹性杆上的换算质点总重力标准值(kN)，$W=mg$（m 为质点质量，g 为重力加速度）；

W_1——建筑物上部结构和固定设备的重力标准值(kN)；

W_2——建筑物上的荷载重力标准值(kN)；

W_3——嵌固点以上桩身重力标准值(kN)；

η——桩身重力折减系数，当桩顶与上部结构为固接时取0.37，铰接时取0.24。

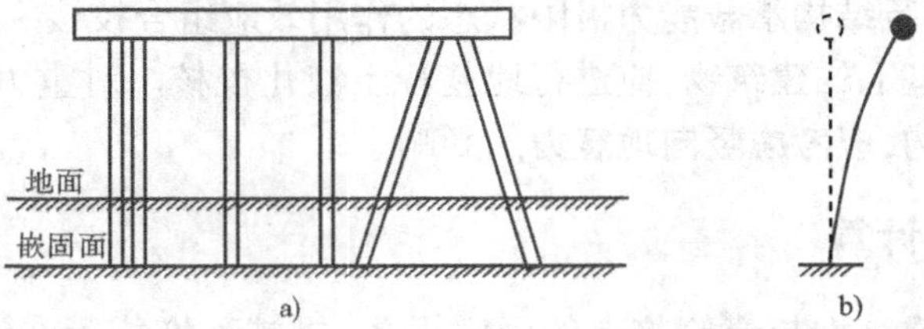

图1-28　单质点体系地震惯性力计算图式

a)桩基码头；b)单质点体系计算模型

抗震设计反应谱曲线中，动力放大系数与结构自振周期 T 和场地土特征周期 T_S 有关。结构自振周期 T 通过计算确定；特征周期 T_S 不仅与场地类别有关，还与设计地震分组有关。场地类别可由表1-42确定，特征周期由表1-43确定。

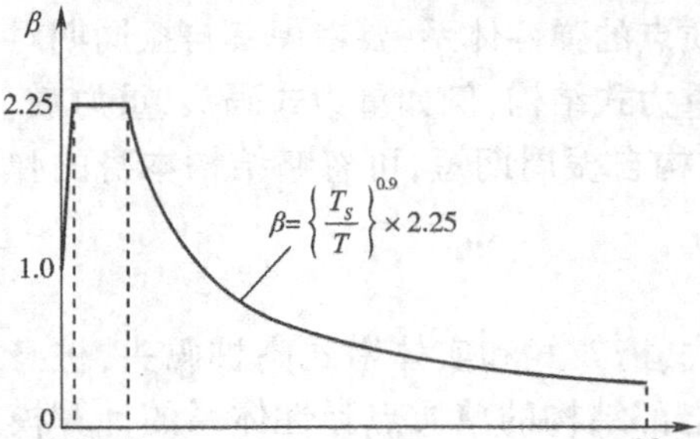

图1-29　设计反应谱曲线($\xi=0.05$)

T-结构自振周期；β-动力放大系数

设计地震分组实际上是用来表征地震震级及震中距影响的一个参量，与场地特征周期与峰值加速度有关。以《中国地震动参数区划图 A1》和《中国地震动反应谱特征周期区划图 B1》为依据，规定：①区划图B1中特征周期为0.35s和0.40s的区域为设计地震第一组；②区划图B1中特征周期为0.45s的区域多数作为设计地震第二组；区划图A1中峰值加速度减至1/3以下的影响区域或位于区划图B1中特征周期为0.45s且区划图A1中大于等于0.40g的峰值加速度减至1/2以下的影响区域作为设计地震第三组。

场　地　类　别　　　　表 1-42

<table>
<tr><th rowspan="2">场地覆盖层厚度
d_{OV}(m)</th><th colspan="5">场地土类型</th></tr>
<tr><th>硬质岩石
$V_S>800$(m/s)</th><th>坚硬场地土
$800\geqslant V_S>500$(m/s)</th><th>中硬场地土
$500\geqslant V_{Se}>250$(m/s)</th><th>中软场地土
$250\geqslant V_{Se}>150$(m/s)</th><th>软弱场地土
$V_{Se}\leqslant150$(m/s)</th></tr>
<tr><td>$d_{OV}=0$</td><td>Ⅰ$_0$</td><td>Ⅰ$_1$</td><td rowspan="3">Ⅰ$_1$</td><td rowspan="2">Ⅰ$_1$</td><td rowspan="2">Ⅰ$_1$</td></tr>
<tr><td>$0<d_{OV}<3$</td><td></td><td></td></tr>
<tr><td>$3\leqslant d_{OV}<5$</td><td></td><td></td><td rowspan="3">Ⅱ</td><td rowspan="2">Ⅱ</td></tr>
<tr><td>$5\leqslant d_{OV}<15$</td><td></td><td></td><td rowspan="4">Ⅱ</td></tr>
<tr><td>$15\leqslant d_{OV}<50$</td><td></td><td></td><td rowspan="2">Ⅲ</td></tr>
<tr><td>$50\leqslant d_{OV}<80$</td><td></td><td></td><td rowspan="2">Ⅲ</td></tr>
<tr><td>$80\leqslant d_{OV}$</td><td></td><td></td><td>Ⅳ</td></tr>
</table>

注:①V_S为土层剪切波速;②V_{Se}为土层等效剪切波速。

特　征　周　期　T_S　　　　表 1-43

设计地震分组	场地类型				
	Ⅰ$_0$	Ⅰ$_1$	Ⅱ	Ⅲ	Ⅳ
第一组	0.20	0.25	0.35	0.45	0.65
第二组	0.25	0.30	0.40	0.55	0.75
第三组	0.30	0.35	0.45	0.65	0.90

(2)多质点体系地震惯性力计算。对空箱式、刚架式和桁架式高桩墩式码头,宜按多质点弹性体系模型计算地震惯性力,如图 1-30 所示。

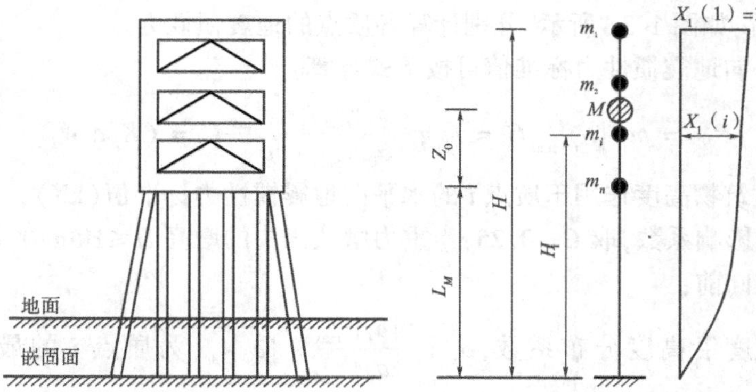

图 1-30　多质点体系地震惯性力计算图式

m_i-集中在质点 i 的质量;M-质点系的总质量

沿建筑物高度作用于质点 i 的水平向总地震惯性力标准值可按下式计算:

$$P_i = CK_H\beta_1\gamma_1X_1(i)W_i \tag{1-110}$$

$$\gamma_1 = \frac{\sum_{i=1}^{n} X_1(i) W_i}{\sum_{i=1}^{n} X_1^2(i) W_i} \tag{1-111}$$

$$X_1(i) = \sqrt{\frac{H_i}{H}} \tag{1-112}$$

式中：P_i——质点 i 的水平向地震惯性力标准值(kN)；

γ_1——第一振型参与系数；

$X_1(i)$——质点 i 的第一振型相对水平位移；

C——综合影响系数，取 $C=0.3$；

K_H——水平地震系数，$K_H=\frac{|a_0|_{\max}}{g}$（$|a_0|$ 为地面最大地震加速度），K_H 可按表 1-41 确定；

β_1——第一振型动力放大系数，根据建筑物第一阶自振周期和场地类别由反应谱曲线（图 1-29）确定；

n——质点总数；

H_i——质点 i 的计算高度(m)；

H——质点系的总计算高度(m)；

W_i——集中在质点 i 的重力标准值(kN)。

对于空箱式、刚架式和桁架式高桩墩式码头，当计算高度大于 30m 时，应考虑高阶振型的影响。具体计算方法可参见《水运工程抗震设计规范》(JTS146—2012)附录 B。

2. 刚性结构地震惯性力计算

刚性结构的刚度大、自振周期短，计算地震惯性力时，可以忽略自身振动的影响。但刚体在振动时，其上部的振动加速度比下部要大，沿结构高度加速度分布是不同的。因此，计算时应根据建筑物的具体情况，将建筑物沿墙高分为若干部分，每一部分为一质点，此部分的重心即此质点所在位置，如图 1-31 所示，分别计算各质点的地震惯性力。

质点 i 的水平向地震惯性力标准值可按下式计算：

$$P_{Hi} = m_i |a_i|_{\max} C = m_i g \frac{|a_i|_{\max}}{|a_0|_{\max}} \frac{|a_0|_{\max}}{g} C = C K_H \alpha_i W_i \tag{1-113}$$

式中：P_{Hi}——沿建筑物高度作用于质点 i 的水平向地震惯性力标准值(kN)；

C——综合影响系数，取 $C=0.25$；当重力墩式码头的墩高 $H \leqslant 10$m 时，取 $C=0.20$；

K_H——意义同前；

α_i——加速度沿高度分布系数，$\alpha_i=\frac{|a_i|_{\max}}{|a_0|_{\max}}$（$|a_i|_{\max}$ 为质点 i 的最大加速度），按图 1-31确定；

W_i——集中在质点 i 的重力标准值(kN)，$W_i=m_i g$（m_i 为质点 i 的质量，g 为重力加速度）。

对修建在基本烈度为 8 度、9 度地震区，主要承受恒载的大跨度及悬臂结构，应考虑竖向地震惯性力。计算竖向地震惯性力时，只需将水平地震惯性力计算公式中的水平地震系数 K_H

换为竖向地震 K_V，$K_V = 2K_H/3$。

对重力式码头，当设计烈度为 8 度和 9 度时，需同时考虑水平向和竖向地震惯性力，此时竖向地震惯性力应乘以 0.5 的组合系数。

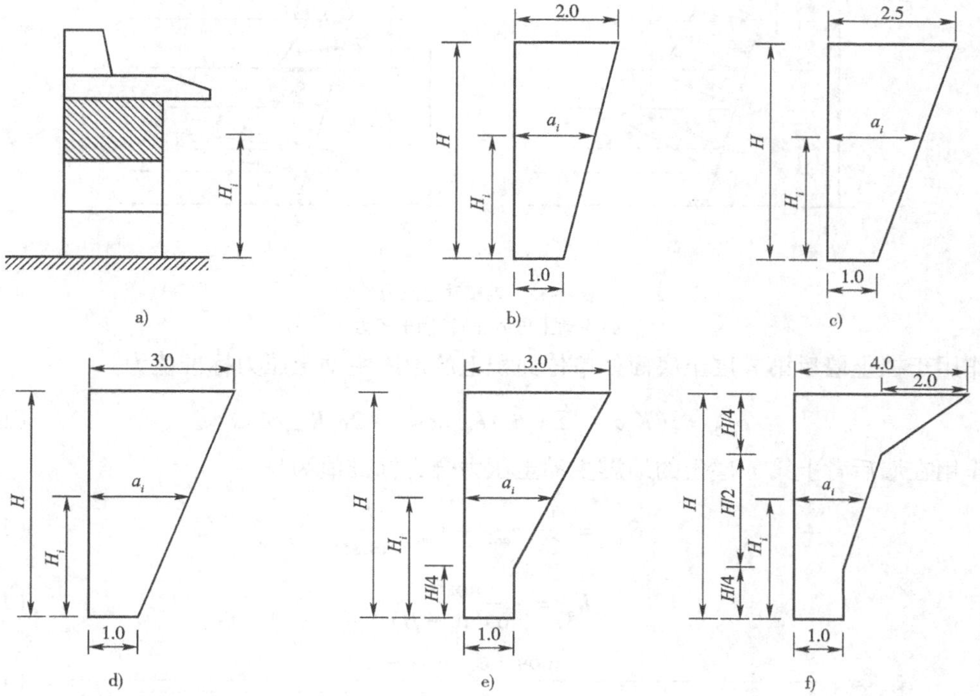

图 1-31　重力式结构加速度分布系数

a）重力式码头；b）用于沉箱、扶壁和不带卸荷板的方块码头；c）用于带卸荷板的方块码头、衡重式码头；d）用于海港码头重力墩；e）斜坡式码头重力墩横桥向；f）斜坡式码头重力墩顺桥向

五、地震动土压力

由地面运动产生的作用于挡土墙上的动土压力计算是挡土结构抗震设计的基本内容之一，关于这一课题已开展了大量的研究工作，提出了各种地震动土压力计算方法。Mononobe-Okabe 地震土压力理论在实际工程中得到广泛应用。

Mononobe-Okabe 理论是在库仑土压力理论的基础上，考虑地震惯性力后建立的地震土压力计算公式。假设作用于挡土墙背上的地震动土压力是由墙后填土在极限平衡状态下出现的滑动楔体产生，该滑动楔体为刚体，在地震作用下整个滑动楔体具有相同的加速度。由作用于该滑动楔体上力的平衡条件（包括地震惯性力），得到作用于挡土墙背上的地震动土压力。下面给出《水运工程抗震设计规范》（JTS 146—2012）给出的地震情况下主、被动土压力（图 1-32）计算方法。

1. 地震主动土压力

作用于挡土墙后第 n 层土顶面处单位面积上的地震主动土压力标准值为：

$$e_{an1} = (K_q q + \sum_{i=0}^{n-1}\gamma_i h_i)K_{an}\cos\alpha - 2c_n K_{acn}\cos\alpha \quad (1\text{-}114)$$

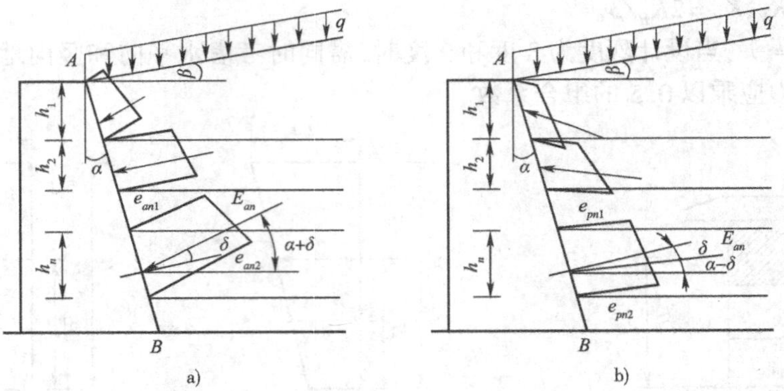

图 1-32　地震动土压力

a) 主动土压力；b) 被动土压力

作用于挡土墙后第 n 层土底面处单位面积上的地震主动土压力标准值为：

$$e_{an2}=(K_q q+\sum_{i=0}^{n}\gamma_i h_i)K_{an}\cos\alpha-2c_n K_{acn}\cos\alpha \tag{1-115}$$

作用在墙后背上第 n 层土的地震主动土压力合力标准值为：

$$E_{an}=\frac{1}{2}(e_{an1}+e_{an2})\frac{h_n}{\cos\alpha} \tag{1-116}$$

$$K_q=\frac{\cos\alpha}{\cos(\alpha-\beta)} \tag{1-117}$$

$$K_{an}=\frac{\cos^2(\varphi_n-\alpha-\theta)}{\cos\theta\cos^2\alpha\cos(\delta_n+\theta+\alpha)\left[1+\sqrt{\dfrac{\sin(\varphi_n+\delta_n)\sin(\varphi_n-\beta-\theta)}{\cos(\delta_n+\theta+\alpha)\cos(\alpha-\beta)}}\right]^2} \tag{1-118}$$

$$K_{acn}=\frac{\cos(\alpha-\beta)\cos\varphi_n}{\cos\theta\cos\alpha[1+\sin(\varphi_n+\delta_n-\beta+\alpha)]} \tag{1-119}$$

式中：E_{an}——作用在墙后背上第 n 层土的地震主动土压力合力标准值（kN/m）；

e_{an1}——作用在墙后背上第 n 层土顶面处单位面积上的地震主动土压力标准值（kPa）；

e_{an2}——作用在墙后背上第 n 层土底面处单位面积上的地震主动土压力标准值（kPa）；

h_n——第 n 层土的厚度（m）；

q——地面上的均布荷载标准值，地面倾斜时为单位斜面积上的重力标准值（kPa）；

γ_i——第 i 层土的重度（kN/m^3），水下用浮重度；

h_i——第 i 层土的厚度（m）；

K_{an}——第 n 层土的地震主动土压力系数；

c_n——第 n 层土的粘聚力标准值（kPa），一般可取静力设计值，但对振动敏感的粘性土宜做专门试验研究；

φ_n——第 n 层土的内摩擦角（°），一般可取静力设计值，但对饱和松砂宜做专门试验研究；

δ_n——第 n 层土与墙背的内摩擦角（°）；

α——墙背与铅垂线的夹角（°），仰斜为正，俯斜为负；

β——地面与水平面的夹角(°),在水平面以上为正,在水平面以下为负;

θ——地震角(°),是滑动楔体自重力和地震水平惯性力合力与滑动楔体自重力的夹角,与设计烈度有关,可按表 1-44 选用。

地震主动破裂面与水平面的夹角 ξ_a 由下式确定:

$$\cot(\xi_a-\beta)=-\tan(\varphi_n+\delta_n-\beta+\alpha)+\frac{1}{\cos(\varphi_n+\delta_n-\beta+\alpha)}\cdot\sqrt{\frac{\cos(\delta_n+\theta+\alpha)\sin(\varphi_n+\delta_n)+2\eta_n\cos\varphi_n\cos\alpha\cos\theta}{\cos(\alpha+\beta)\sin(\varphi_n-\beta-\theta)+2\eta_n\cos\varphi_n\cos\alpha\cos\beta}} \tag{1-120}$$

$$\eta_n=\frac{c_n}{K_q+\sum_{i=1}^{n}\gamma_i h_i} \tag{1-121}$$

式中:ξ_a——地震时主动破裂面与水平面的夹角(°);

其他符号意义同前。

地　震　角　θ　　　　表 1-44

地震设防烈度		7		8		9
地震加速度		0.10g	0.15g	0.20g	0.30g	0.40g
地震角 θ(°)	水上	1.5	2.3	3.0	4.5	6.0
	水下	3.0	4.5	6.0	9.0	12.0

对于粘性土,从地表面向下一定土层深度内的地震主动土压力可能出现负值。计算此深度范围内粘性土的地震主动土压力时,可不考虑粘聚力。粘性土地震主动土压力的负值深度可按下式计算:

$$h_0=\frac{c}{\gamma}\varepsilon_h \tag{1-122}$$

$$\varepsilon_h=\frac{2\cos\theta\cos\alpha\cos\varphi[1-\sin(\varphi+\delta+\alpha-\beta)]}{[\cos(\alpha-\beta)-\sin(\varphi+\delta)][\cos(\delta+\theta+\alpha)-\sin(\varphi-\theta-\beta)]} \tag{1-123}$$

式中:h_0——粘性土地震主动土压力的负值计算深度(m);

ε_h——粘性土地震主动土压力负值计算深度系数。

2. 地震被动土压力

作用于挡土墙后第 n 层土顶面处单位面积上的地震被动土压力标准值为:

$$e_{pn1}=(K_q q+\sum_{i=0}^{n-1}\gamma_i h_i)K_{pn}\cos\alpha+2c_nK_{pcn}\cos\alpha \tag{1-124}$$

作用于挡土墙后第 n 层土底面处单位面积上的地震主动土压力标准值为:

$$e_{pn2}=(K_q q+\sum_{i=0}^{n}\gamma_i h_i)K_{pn}\cos\alpha+2c_nK_{pcn}\cos\alpha \tag{1-125}$$

作用在墙后背上第 n 层土的地震主动土压力合力标准值为:

$$E_{pn}=\frac{1}{2}(e_{pn1}+e_{pn2})\frac{h_n}{\cos\alpha} \tag{1-126}$$

$$K_{pn} = \frac{\cos^2(\varphi_n + \alpha - \theta)}{\cos\theta\cos^2\alpha\cos(\delta_n + \theta - \alpha)\left[1 - \sqrt{\dfrac{\sin(\varphi_n + \delta_n)\sin(\varphi_n + \beta - \theta)}{\cos(\delta_n + \theta - \alpha)\cos(\alpha - \beta)}}\right]^2} \tag{1-127}$$

$$K_{pcn} = \frac{\cos(\alpha - \beta)\cos\varphi_n}{\cos\theta\cos\alpha[1 - \sin(\varphi_n + \delta_n + \beta - \alpha)]} \tag{1-128}$$

地震被动破裂面与水平面的夹角 ξ_p 由下式确定：

$$\cot(\xi_p - \beta) = -\tan(\varphi_n + \delta_n + \beta + \alpha) + \frac{1}{\cos(\varphi_n + \delta_n + \beta - \alpha)} \cdot \sqrt{\frac{\cos(\delta_n + \theta - \alpha)\sin(\varphi_n + \delta_n) + 2\eta_n\cos\varphi_n\cos\alpha\cos\theta}{\cos(\alpha + \beta)\sin(\varphi_n + \beta - \theta) + 2\eta_n\cos\varphi_n\cos\alpha\cos\beta}} \tag{1-129}$$

式中：E_{pn}——作用在墙后背上第 n 层土的地震被动土压力合力标准值(kN/m)；

E_{pn1}——作用在墙后背上第 n 层土顶面处单位面积上的地震被动土压力标准值(kPa)；

E_{pn2}——作用在墙后背上第 n 层土底面处单位面积上的地震被动土压力标准值(kPa)；

h_n——第 n 层土的厚度(m)；

K_{pn}——第 n 层土的地震被动土压力系数；

ξ_p——地震时被动破裂面与水平面的夹角(°)；

其他符号意义同前。

六、地震动水压力

地震时，由于建筑物与其周围水体的相互作用，因而产生地震动水压力，它是指静水压力以外的附加水压力。

1. *作用在直墙式建筑物上的地震动水压力*

作用在直墙上水面以下深度 Z 处的地震动水压力强度标准值可按下式计算：

$$p_Z = \frac{7}{8}\eta C K_H \gamma_w d^{\frac{1}{2}} Z^{\frac{1}{2}} \tag{1-130}$$

作用在直墙上深度 Z 范围内总地震动水压力标准值可按下式计算：

$$P_Z = \frac{7}{12}\eta C K_H \gamma_w d^{\frac{1}{2}} Z^{\frac{3}{2}} \tag{1-131}$$

作用在直墙上深度 Z 范围内的地震动水压力标准值对 Z 水深底点的总倾覆力矩为：

$$M_Z = \frac{7}{30}\eta C K_H \gamma_w d^{\frac{1}{2}} Z^{\frac{5}{2}} \tag{1-132}$$

式中：p_Z——水面以下深度 Z 处的地震动水压力强度标准值(kPa)；

P_Z——作用在直墙上深度 Z 范围内总地震动水压力标准值(kN/m)；

M_Z——作用在直墙上深度 Z 范围内的地震动水压力标准值对 Z 水深底点的总倾覆力矩(kN · m/m)；

η——折减系数，可按表 1-45 采用；

C——综合影响系数，取 $C = 0.25$；

γ_w——水的重度(kN/m^3)；

d——水深(m)；

Z——计算点距水面的距离(m)。

折 减 系 数 表 1-45

b/d	0.2	0.4	0.6	0.8	1.0	1.2	1.4	1.6	1.8	2.0	2.5	≥3.0
η	0.16	0.30	0.47	0.56	0.66	0.74	0.80	0.85	0.89	0.92	0.96	1.00

注：b 为水面宽度(m)。

2. *作用在重力墩式建筑物上的地震动水压力*

作用在重力墩式建筑物上的总动水压力标准值可按下式计算：

$$P = C_1 C_2 C K_H \gamma_w A d \tag{1-133}$$

$$C_2 = \left(\frac{D_1}{D_2}\right)^{0.9} \tag{1-134}$$

P 的作用点至水底面的距离为 $0.48d$。

式中：P——作用在重力墩式建筑物上的总动水压力标准值(kN)；

C_1——圆柱和方柱的附加水体质量系数，根据 d/D 值按表 1-46 确定，表中数值可内插(d 是水深，D 是计算方向的墩截面边长)；

C_2——矩形墩的形状系数；

A——墩截面面积(m^2)；

D_1——垂直于计算方向的墩截面边长(m^2)；

D_2——平行于计算方向的墩截面边长(m^2)。

附加质量系数 表 1-46

d/D	0.5	1.0	2.0	3.0	4.0	5.0	6.0	7.0	8.0
C_1	0.43	0.62	0.74	0.82	0.84	0.87	0.89	0.90	0.91

水面以下深度为 Z 处单位墩高上动水压力标准值 p_z 可按下式计算

$$p_z = \frac{1.08P}{d}\left(\frac{d}{Z}\right)^{0.08} \tag{1-135}$$

作用在重力墩式建筑物上 Z 深度范围内的总动水压力标准值 P_z 可按下式计算：

$$P_z = P\left(\frac{Z}{D}\right)^{1.08} \tag{1-136}$$

抗震计算时，一般不考虑梁板式、无梁面板式、桁架式高桩码头、高桩墩式码头和重力式码头前的动水压力。

思 考 题

1. 按结构型式码头分为哪几类？简述各类码头的工作特点及其适用范围。

2. 码头建筑物由哪些部分组成？各部分的功能是什么？

3. 码头上的作用如何分类？作用代表值有哪些？

4. 在港口水工建筑物设计中，要考虑哪些作用效应组合？在各作用效应组合中，作用代表值如何取值？

5. 施加在码头建筑物上的作用主要有哪几种？

6. 码头地面荷载主要有哪几类？荷载标准值如何确定？

7. 集装箱荷载有哪些？集装箱码头堆货荷载分哪些区域？集装箱装卸桥荷载与哪些因素有关？

8. 船舶荷载有哪几类？荷载标准值如何确定？

9. 港口与海岸建筑物上的波浪力有哪几种类型？各用于哪类结构的波浪力计算？

10. 作用于直立式防波堤上的波浪有哪几种形态？各自产生的条件是什么？

11. 地震作用主要有哪些？地震惯性力计算方法有哪些？并简述各种方法的基本原理和适用的结构型式。

第二章　重力式码头

第一节　重力式码头结构型式

重力式码头是主要的码头结构型式之一，靠其自身重量来维持结构的抗滑和抗倾稳定性。

重力式码头结构坚固耐久，抗冻和抗冰性能好；能承受较大码头地面荷载，对码头地面超载和装卸工艺变化适应性较强；结构型式比较简单，设计、施工经验比较成熟；钢材用量少，维修费用低，是使用部门和施工单位比较欢迎的一种码头结构型式。

重力式码头自身重量大，产生的地基应力大，对地基的承载力要求高，一般适用于较好的地基条件，如岩石、砂、卵石、砾石及硬粘土等地基。在承载力较差的地基条件下，通过打设桩基、深层水泥搅拌桩、高置换率的挤密砂桩等地基处理后或在结构上采取措施，如采取轻型结构等，也可采用重力式码头结构。

一、主要组成部分

重力式码头结构，如图 2-1 所示，主要由胸墙、墙身、基础、墙后回填料和码头附属设施等组成。

胸墙和墙身是重力式码头的主体结构，它构成船舶系靠所需要的直立墙面，阻挡墙后回填料坍塌，承受作用在码头上的各种作用，并将这些作用传到下面的基础。此外，胸墙还起着将墙身连成整体的作用，并用来固定防冲设施、系船设施、系网环、爬梯等，也可在胸墙中设置工艺管沟，在其顶部固定起重机轨道。系船柱块体通常也和胸墙连在一起。

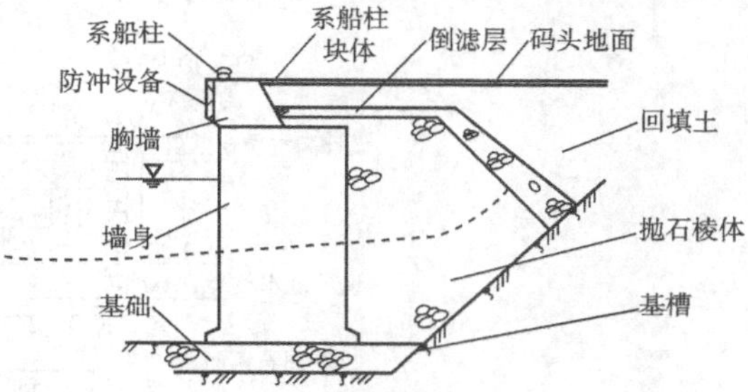

图 2-1　重力式码头的主要组成部分

基础的作用是将通过墙身传来的外力扩散到较大范围的地基上，以减小地基应力和建筑物沉降量；保护地基免受波浪和水流的淘刷；整平基面，便于墙身安装或砌筑。在水下施工时，通常采用抛石基床作为基础。

墙后回填料的作用是形成码头地面。

码头附属设施主要包括：靠船设备和系船柱等，用以减小船舶对码头的撞击力和系挂停靠的船舶。

二、结构型式

重力式码头结构型式主要取决于墙身结构及其施工方法。按墙身结构，重力式码头可分为块体结构、沉箱结构、扶壁结构、大圆筒结构和格形钢板桩结构等；按施工方法，重力式码头分为预制构件水下安装和干地现场浇筑或砌筑两类；按平面布置，重力式码头分为连续岸壁式和重力墩式两类。

1. 块体结构

块体重力式码头结构的墙身是由块体构成，如图 2-2a）、b）所示，块体结构一般只适用于建设满堂式码头。块体一般多采用预制混凝土方块，可以是实体的六面体，也可以采用空心混凝土块体以节省混凝土用量和减小块体的重量，有时也采用异形块体。块体在预制场预制，然后运到现场进行水下安装。

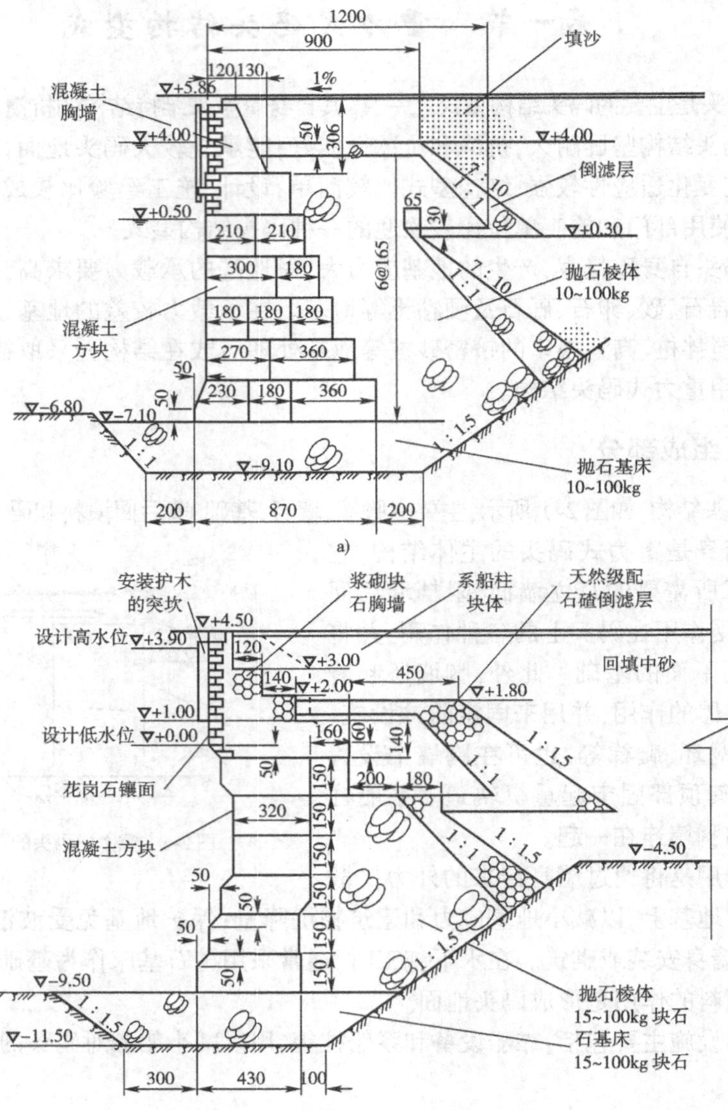

a)　b)

图 2-2　混凝土方块码头

a）阶梯型方块码头断面图；b）带卸荷板方块码头断面图

与其他型式重力式码头相比，块体结构的优点是：耐久性好、施工简单且不需要复杂的施工机械，如果没有大型起重运输设备，可将块体做得小些。此外，块体结构钢材用量少，有些块体结构基本不需要钢材。其缺点是：水下工作量大，施工速度慢，结构的整体性和抗震性能差。块体码头一般适用于地基较好、当地有大量石料、缺少钢材、冰冻严重和腐蚀严重的情况。

2. 沉箱结构

沉箱重力式码头结构的墙身是由沉箱构成，如图 2-3 所示，沉箱结构可用于建设满堂式、连片式和墩式码头。沉箱是一种巨型的钢筋混凝土空箱，箱内用纵横隔墙隔成若干舱格。沉箱一般在预制厂预制，然后在滑道上用台车溜放下水。沉箱也可利用船坞、滑道、船台或其他合适的天然岸滩预制下水。下水后的沉箱用拖轮拖至现场，定位后用灌水压载法将其沉放在整平好的基床上，再用砂或块石等材料填充沉箱内部。沉箱也有采用在专门的驳船上预制、浮运和沉放。

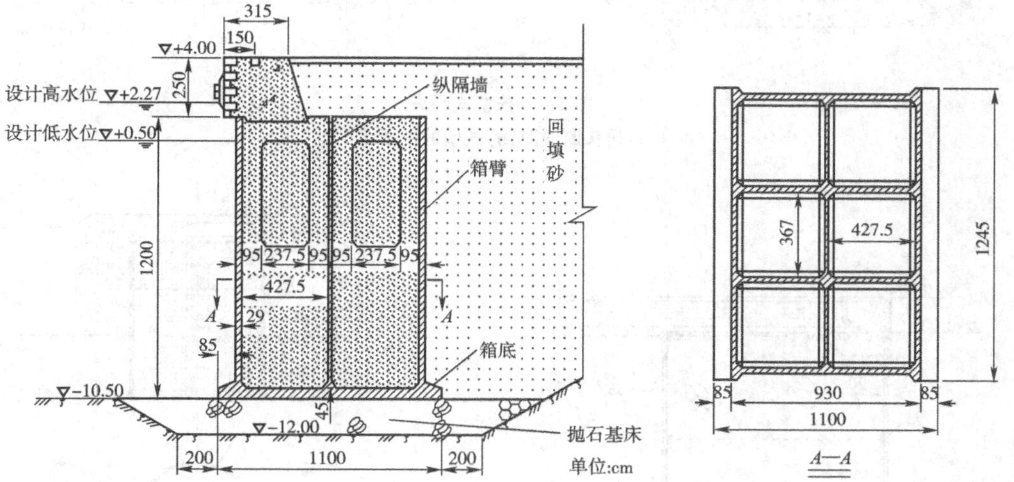

图 2-3　沉箱码头

沉箱结构的优点是：施工速度快、水下工作量小、结构整体性好、抗震性能强。其缺点是：耐久性不如块体结构，钢材用量多，需要专门的施工设备。沉箱结构一般适用于具备沉箱预制、运输、沉放设施的情况或工程量较大的大型码头。

3. 扶壁结构

扶壁重力式码头结构的墙身是由扶壁构件组成，如图 2-4 所示，护壁结构只适用于建设满堂式码头。扶壁构件是由立板、底板和肋板互相连接而成整体的一种轻型钢筋混凝土结构。水下施工时，采用预制安装结构；在干地施工条件下，可采用现浇的连续结构。

预制安装扶壁结构的优缺点介于块体结构和沉箱结构两者之间。混凝土和钢材的用量比钢筋湿凝土沉箱少，施工速度比混凝土块体结构快，耐久性和沉箱结构相同。主要缺点是结构整体性较差，施工期稳定性较差，当施工期波浪较大时应慎重采用。扶壁码头一般适用于水深不大的中小型码头。

4. 大圆筒结构

大圆筒码头结构的墙身是由大圆筒组成，可分为基床式大圆筒码头和沉入式大圆筒码头两类，大圆筒结构可用于建设满堂式、连片式和墩式码头。大圆筒是预制的大直径无底薄壁钢筋混凝土圆筒或钢圆筒，直径一般为 5 ~ 20m，也有不少工程的大圆筒直径超过 20m。大圆筒为预制构件，预制好后吊运或拖运到现场，依次安放；待安装完成后，筒内充填块石或砂等填料。大圆筒可安放在抛石基床上，称为基床式大圆筒结构，如图 2-5 所示；也可沉入地基中，称为沉入式大圆筒结构，如图 2-6 所示。

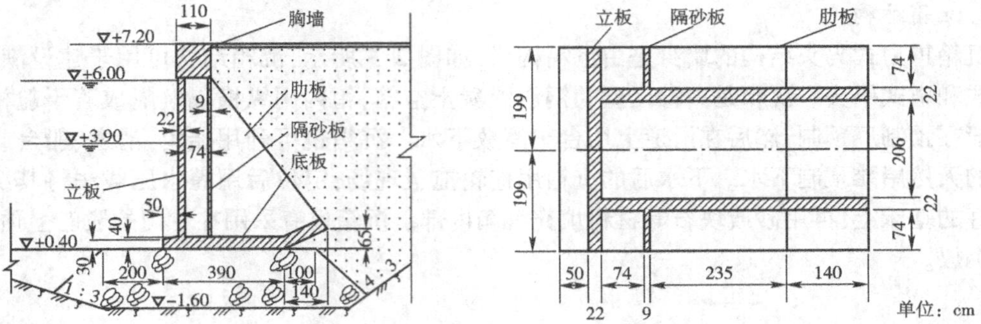

a)　　b)

图 2-4　扶壁式码头

a) 码头断面图；b) 扶壁的平面图

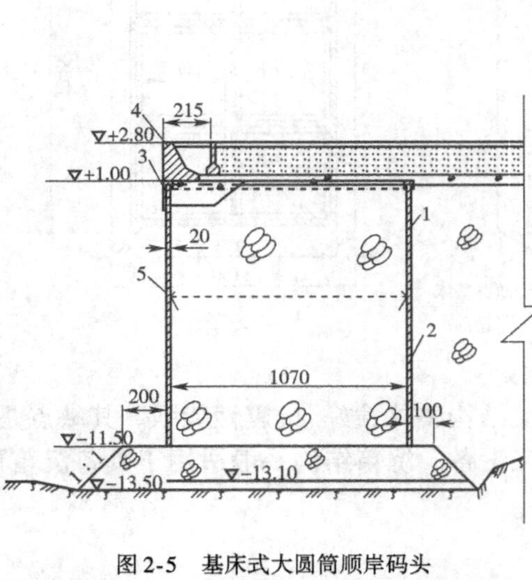

图 2-5　基床式大圆筒顺岸码头

1、2-上下层钢筋混凝土圆圈，各高 6m；3-钢筋混凝土整体环；4-胸墙；5-导向档板

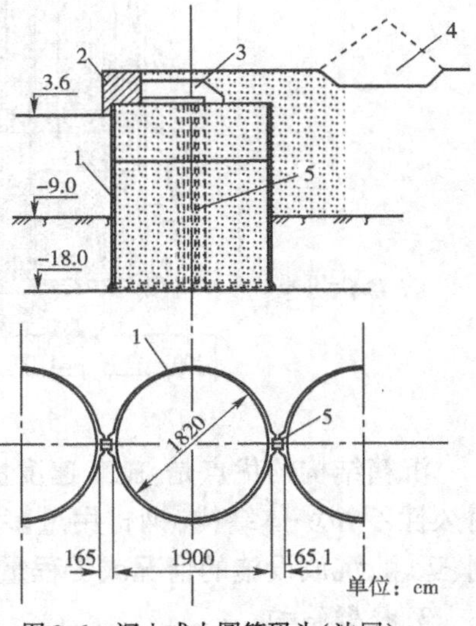

图 2-6　沉入式大圆筒码头（法国）

1-整体大圆筒沉井；2-整体胸墙；3-盖板；4-矿石库场；5-用混凝土密封的接缝

大圆筒码头结构的优点是：结构简单、施工速度快、造价低，钢筋混凝土圆筒混凝土与钢材用量比沉箱结构少，沉入式大圆筒结构可用于软土地基情况。大圆筒结构的缺点是：需要大型起重运输设备，抛石基床上的大圆筒结构对基床产生的应力大，沉入式大圆筒结构的设计计算方法和施工技术等有待进一步完善和更多实际工程的检验。

5. 格形钢板桩结构

格形钢板桩码头墙身是由钢板桩围成的格形结构，如图 2-7 所示。格形结构由直腹式钢板桩在施工现场组装成整体，再用打桩设备依次打入地基中，格仓内用砂、石等材料填充，形成具有设计承载能力的墙体。格形钢板桩结构在国外（如日本、欧洲等）有较多应用，在我国应用较少，图 2-8 为广州新沙圆格形钢板桩码头断面。

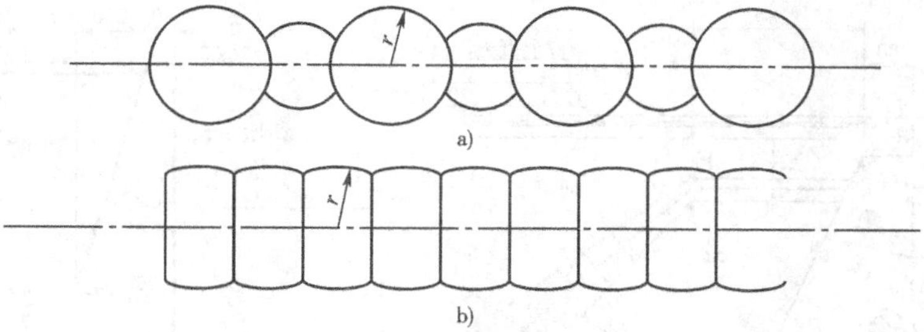

图 2-7　框格结构平面形状示意图

a)圆格形;b)扁格形

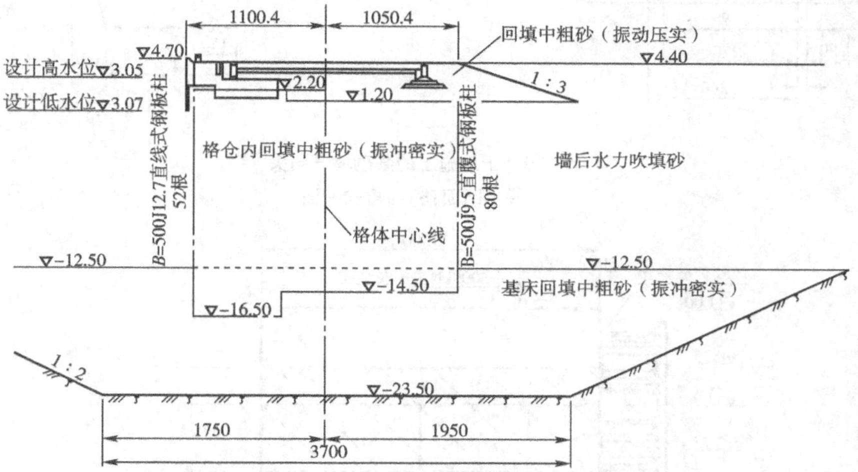

图 2-8　广州港新沙圆格形钢板桩码头

格形钢板桩结构的优点是:对地基条件适应性强,施工速度快,占用场地小,不需大型起重运输设备。对于水深较大、承载力要求较高的码头来说,是一种合理的结构型式。但格形钢板桩结构在我国应用较少,计算比较复杂,我国相关单位尚缺乏设计、施工经验。

6. 干地浇筑的混凝土结构和浆砌石结构

干地浇筑的混凝土结构和浆砌石结构主要用于有干地施工条件的内河港,其断面一般有梯形和衡重式等,如图 2-9 所示。

干地浇筑的混凝土结构和浆砌石结构的优点是:可就地取材,不需要大型和复杂的施工设备,施工简单,整体性好,造价低。

7. 重力墩式结构

重力墩式码头通常采用沉箱墩或基床式圆筒墩作为支撑结构。对于液体化工码头、油气码头、采用固定式装船机的煤码头或矿石码头等码头面上没有移动式装卸机械和车辆行驶的情况,重力墩(包括工作平台墩、靠船墩、系船墩等)之间通过人行桥联系,工作平台通过引桥与陆域相连,故称连桥式重力墩码头,图 2-10 所示为大连 30 万吨级原油码头靠船墩断面图。对于码头面上设置移动式装船机、集装箱装卸桥或门机等流动运输机械的情况,重力墩上面一般采用梁板式上部结构,形成连片式承台,故称连片式重力墩码头。承台通过引桥与陆域相连,称为引桥连片式码头;连片式承台直接与陆域相连,称为满堂式码头。图 2-11 所示为大连港矿石一期引桥连片式重力墩码头断面图。

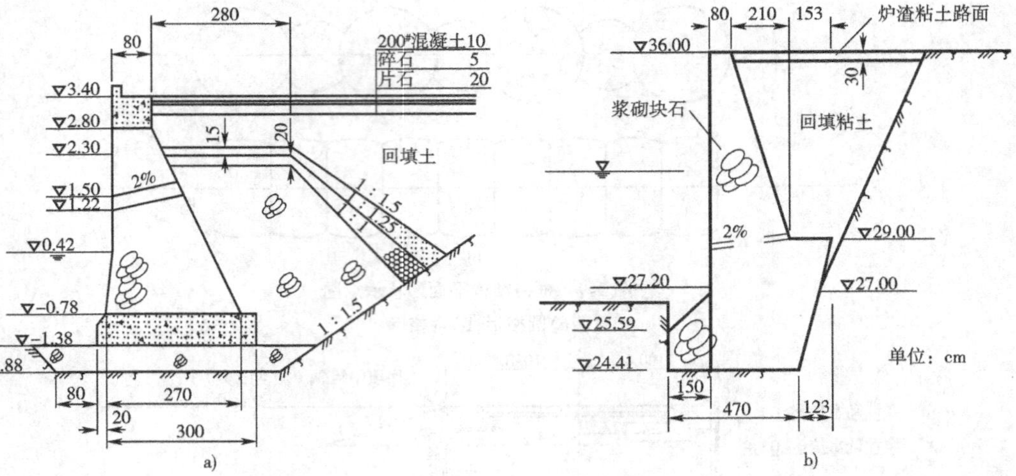

图 2-9　干地施工的浆砌块石码头

a) 梯形断面；b) 衡重式断面

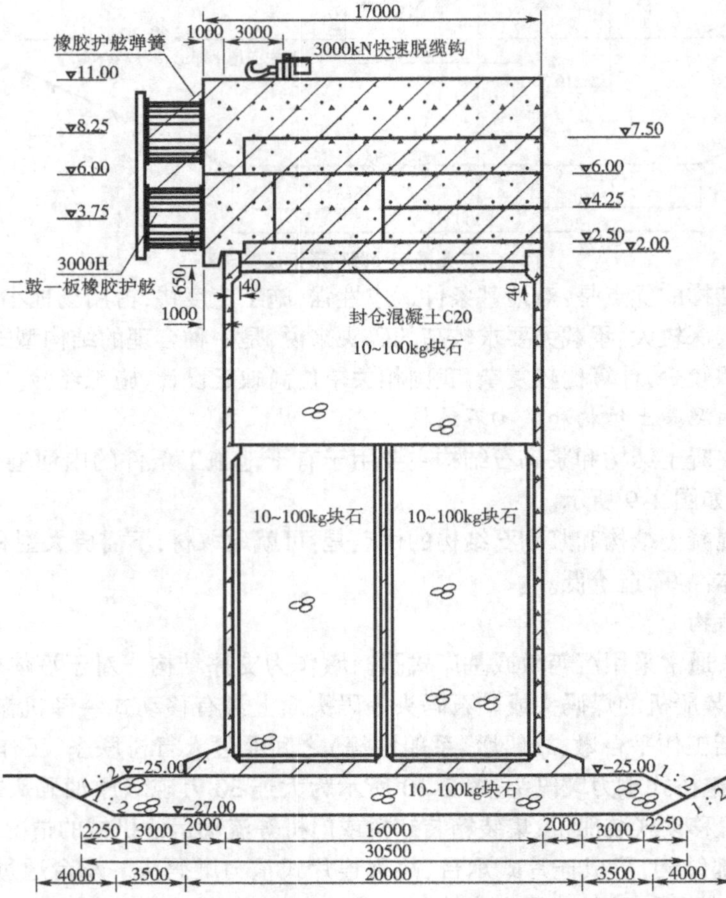

图 2-10　大连 30 万吨级原油码头靠船墩断面图(高程单位：m，尺寸单位：mm)

重力墩式码头结构波浪、水流作用力小,波浪反射小,适用于波浪作用较大的水域。但重力墩式码头要求地基具有较大的承载能力。

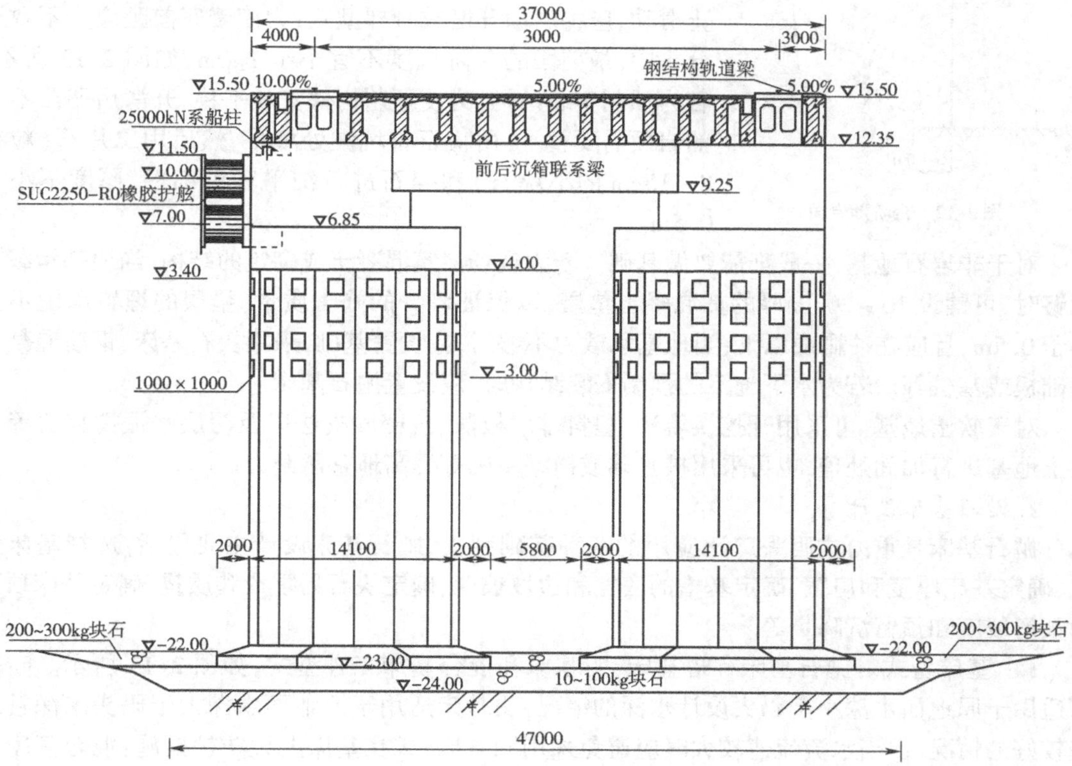

图 2-11 大连港矿石一期引桥连片式重力墩码头断面

三、重力式码头施工工序

预制构件水下安装的重力式码头施工工序一般包括:预制墙身构件,开挖基槽,抛填块石基床,基床夯实和整平,在抛石基床上安装墙身预制件,浇筑胸墙,抛填墙后块石棱体和铺设倒滤层,码头后回填,安装码头设备和铺设路面。

第二节 重力式码头的一般构造

在码头设计中,首先要根据当地的自然条件、施工条件、使用要求和工程经验等,拟定结构的构造措施,进行构造设计,然后进行结构稳定性和强度验算。构造设计主要包括:基础、墙身和胸墙、墙后回填等几部分。

一、基础

1. 地基处理方式

地基处理方式决定于地基土的性质、码头结构型式和施工方法等。

对于岩石地基,其本身坚固、承载力大、地基沉降量很小,一般不需要另做基础。若为现场浇筑混凝土或砌筑的结构,爆破岩体后清理出岩面,无须整平即可直接在岩面上浇筑或砌筑墙身;当岩面在码头横断面方向向水域一侧倾斜度较陡时,为防止滑动,应将岩面开凿成阶梯型式;为使墙底前趾应力不致过分集中,最前面的台阶宽度不宜小于 1.0m,如图 2-12 所示。若为预制安装结构,为使预制构件安放平稳,开凿后凹凸不平的岩面需要整平,用块石将坑洼处填平,然后用二片石(粒径 8~15cm 的小块石)和碎石进行细平和极细平,厚度不小于 0.5m。

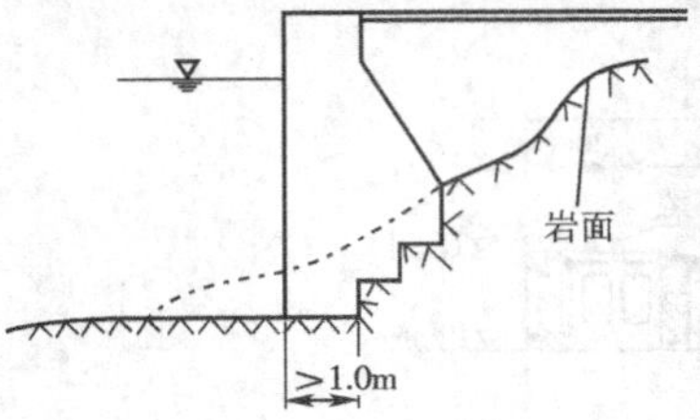

图 2-12 台阶形岩面

对于非岩石地基,一般都需要做基础。若为现场浇筑混凝土或砌筑的结构,当地基承载力足够时,可铺设 10~20cm 厚的贫混凝土垫层,以保证墙身的施工质量,垫层的埋置深度不宜小于 0.5m,且应在冲刷线以下;当地基承载力不够时,应设置基础,采用块石基床、钢筋混凝土基础板或基桩等。若为水下施工的预制安装结构时,应设置抛石基床。

对于软土地基,可采用开挖换填法、塑料排水板法、挤密砂桩法以及深层水泥搅拌法等对软土地基进行加固处理,也可采用桩基础或筒型基础等提高地基承载力。

2. *抛石基床设计*

抛石基床是重力式码头广泛应用的一种基础型式,抛石基床设计主要包括:选择基床型式、确定基床厚度和肩宽、确定基槽的底宽和边坡坡度、确定块石的重量和质量、确定基床顶面的预留坡度和预留沉降量等。

(1)基床型式。抛石基床有暗基床、明基床和混合基床三种型式,如图 2-13 所示。暗基床适用于原地面水深小于码头设计水深的情况;明基床适用于原地面水深大于码头水深且地基较好的情况,但当水流流速较大时应避免采用明基床,或在基床上设防护措施;混合基床适用于原地面水深大于码头设计水深、且地基较差的情况,需将地基表层的软土全部挖除填以块石,软土层很厚时,可部分挖除换砂。

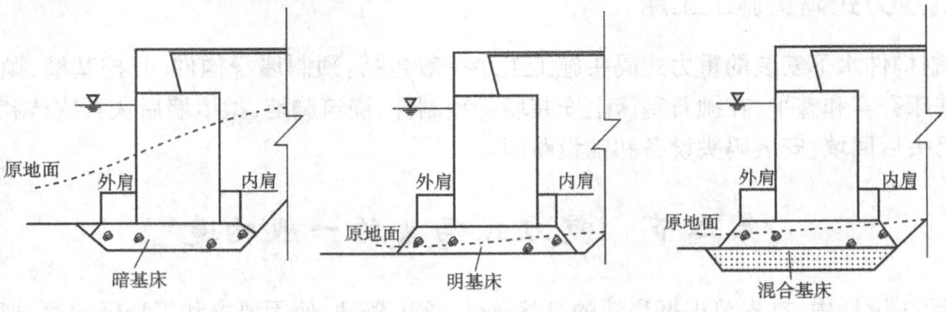

图 2-13 抛石基床型式

(2)基床厚度。基床厚度一般根据地基承载力由计算确定,确定的原则是:基床顶面应力经过基床扩散后,传到地基上的应力满足地基承载力要求,但基床厚度不宜小于 1.0m。当基床顶面应力不需经过基床扩散就能满足地基容许承载力要求时,基床只起整平基面和防止地基被淘刷的作用,其厚度可以小些,但不宜小于 0.5m。

(3)基槽底宽和边坡坡度。基槽底宽决定于对地基应力扩散范围的要求,不宜小于码头墙底宽度加两倍的基床厚度 d,基槽底边线与墙前趾和后踵的距离应符合图 2-14 的规定要求。对于受土压力作用的码头，基槽底边线距墙前趾和后踵的距离分别不宜小于 $1.5d$ 和 $0.5d$（d 为基床厚度）；对于不受土压力作用的码头，基槽底边线距墙前趾和后踵的距离相等，不宜小于 $1.0d$。

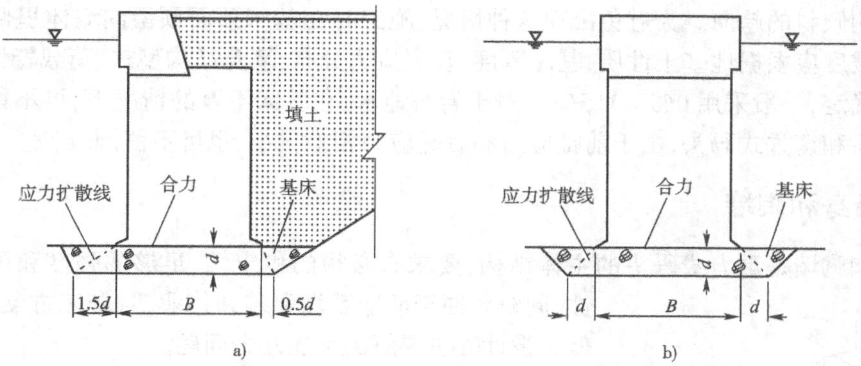

图 2-14　基槽底宽的确定

a）受土压力作用的码头；b）不受土压力作用的码头

基槽边坡坡度，一般根据土质由经验确定。当基槽距岸坡较近，开挖基槽影响岸坡时，基槽边坡坡度要根据施工时岸坡稳定性由计算确定。

（4）基床肩宽。为保证基床的稳定性，基床肩部（特别是暴露在外面的外肩）应有一定的宽度。对于夯实基床，肩宽不宜小于 2m；当采用水下爆夯密实时，应适当加宽。对于不夯实基床，肩宽不应小于 1m。当码头前沿底流速较大时，应加大基床外肩宽度，放缓边坡，增大埋置深度或采用其他护肩和护底措施。

（5）基床密实。为保证抛石基床发挥基础的功用和减少建筑物在施工和使用期的沉降，基床应进行密实处理。密实基床的方法主要有：重锤夯实法、预压法和爆炸夯实法等。

重锤夯实法是我国应用较多的基床密实方法，其作用是破坏块石棱角，使块石互相挤紧，并使与地基接触的一层块石嵌入地基土内。

预压法是将预制好的方块或沉箱放置在抛填完毕的抛石基床上，压 3 ~6 个月待基床密实后，吊起方块或浮起沉箱，整平基床后再重新正式安放。

爆炸夯实法是通过埋在抛石基床内的炸药爆炸时产生的震动波使基床抛石密实。

（6）抛石基床块石的重量和质量。抛石基床块石的重量既要满足在波浪水流作用下的稳定性，又要考虑便于开采、运输和施工，一般采用 10 ~100kg，并有适当的级配。

块石的质量应保证遇水不软化、不破裂、不被夯碎。块石在水中浸泡后的饱和单轴极限抗压强度要求是：夯实基床不低于 50MPa，不夯实基床不低于 30MPa；块石未风化，不成片状，无严重裂纹。

（7）预留沉降和倒坡。为了保证建筑物在允许沉降范围内正常工作，基床顶面应预留沉降量和倒坡（向岸侧倾斜）。对于夯实基床，设计时只按地基沉降量预留。对于不夯实基床，除地基沉降量外，还需预留基床压缩沉降量。基床压缩沉降量可按下式估算：

$$\Delta = \alpha_k \sigma d \tag{2-1}$$

式中：Δ——基床压缩沉降量（m）；

α_k——抛石基床压缩系数，一般采用 $0.0005\text{m}^2/\text{kN}$；

d——抛基床厚度(m);

σ——建筑物使用期最大平均基底应力(kN/m^2)。

在土压力作用下,重力式码头前趾的地基应力大于后踵的地基应力,不均匀沉降使码头有向临水一侧倾斜的趋向。为避免出现这种情况,施工时在基床顶面预留向墙体里侧倾斜的倒坡。倒坡坡度应根据地基土性质、基床厚度、基底应力分布、墙身结构型式、荷载特性和施工方法等因素确定,一般采用0%～1.5%。对于岩石地基,在基床不厚的情况下,可不留倒坡。带卸荷板码头和衡重式码头,由于前趾应力和后踵应力相差很小,也可不留倒坡。

二、墙身和胸墙

墙身和胸墙是重力式码头的主体结构,要求有必须的稳定性、足够的强度和可靠的耐久性,同时要便于船舶系靠和装卸作业,且施工方便、工程造价低。设计时主要解决下述几个问题。

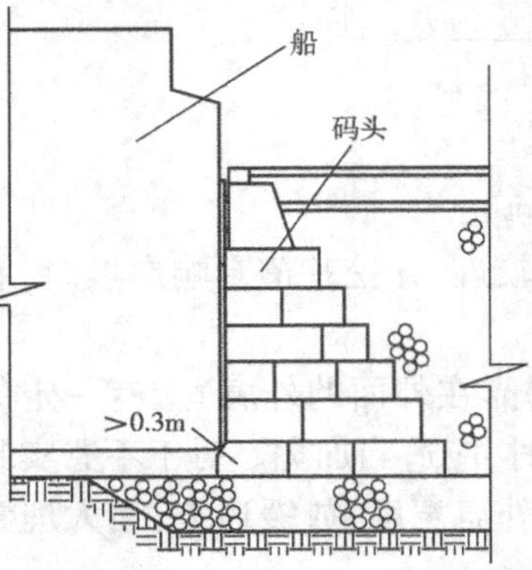

图2-15 码头临水面轮廓的要求

1. 码头临水面的轮廓

重力式码头墙身和胸墙临水面一般为垂直面。为了增加码头建筑物的抗倾稳定性,墙底前趾一般伸出墙面。但为保证船舶靠泊安全,码头墙身结构底部伸出部分与船壳之间的最小净距不应小于0.3m,如图2-15所示。

2. 变形缝设置

为适应地基的不均匀沉降和温度的变化,重力式码头应沿长度方向设置沉降缝和伸缩缝,一般是一缝两用,统称变形缝。缝宽一般为20～50mm,做成上下通缝,即胸墙与墙身的变形缝设在一个垂面上。现场浇筑混凝土或浆砌石部位的变形缝用沥青砂板或浸沥青木板等弹性材料填充。变形缝间距应根据地基条件、气温情况、结构型式和基床厚度确定,一般采用10～30m。此外,还应考虑在新旧建筑物衔接处、码头水深或结构型式改变处、地基土质差别较大处、基床厚度突变处和沉箱或方块接缝处设置变形缝。

3. 胸墙设计

胸墙处在水位变动区,受干湿交替、冻融循环、冰凌和船舶撞击等作用,外界影响因素多,受力情况复杂。因此,在胸墙设计时,除保证其抗倾和抗滑稳定性外,还应有足够的强度和刚度、良好的整体性和耐久性。

(1)胸墙型式。胸墙型式主要有:现浇混凝土胸墙、浆砌石胸墙、预制混凝土块体胸墙等。现浇混凝土胸墙的优点是结构牢固,整体性好,是采用最多的一种型式。如当地石料丰富,也可采用浆砌石胸墙,可节省模板,但断面不宜过小,并要注意砌筑质量,保证有良好的整体性。为了减少现场浇筑量,也可采用预制安装混凝土胸墙,但预制件尺寸不宜过小,预制件之间应采取良好的整体连接措施。

(2)胸墙底部高程和施工水位。胸墙的一个重要功用是将墙身构件连成整体,为了保证胸墙有足够的刚度和良好的连接作用,胸墙高度越高越好,即胸墙底部高程越低越好。但对于现浇或现砌的胸墙,底部高程不应低于施工水位。

施工水位根据胸墙混凝土浇筑量或砌筑量、结构型式、施工能力和水文条件,综合考虑后确定。有潮港的胸墙施工水位一般取平均潮位,河港一般在枯水季节施工。

(3)胸墙宽度。胸墙的底宽一般根据抗滑和抗倾稳定性确定,顶宽由构造确定。为了能承受船舶的撞击作用,顶宽一般不小于0.8m。对于内河码头,由于停靠的船舶较小,胸墙顶宽可窄些,但不宜小于0.5m。

(4)胸墙顶面高程预留沉降量。胸墙顶面高程还宜预留沉降量。因为在浇筑胸墙至顶面时,墙身和胸墙的自重已在施工中加上,地基和基床的沉降已完成了一部分,所以胸墙顶面的预留沉降量应按浇筑胸墙后的后期沉降量预留。

4. 卸荷板设计

卸荷板通常设置在重力式码头胸墙底下,具有减小土压力、调整结构重心、使墙底应力分布均匀(减小基床应力)、增强结构抗滑和抗倾稳定性的作用。卸荷板一般采用预制钢筋混凝土结构,按支撑方式分为悬臂式和简支式两类,悬臂式卸荷板又可分为平衡式和锚固式两种,如图2-16所示。

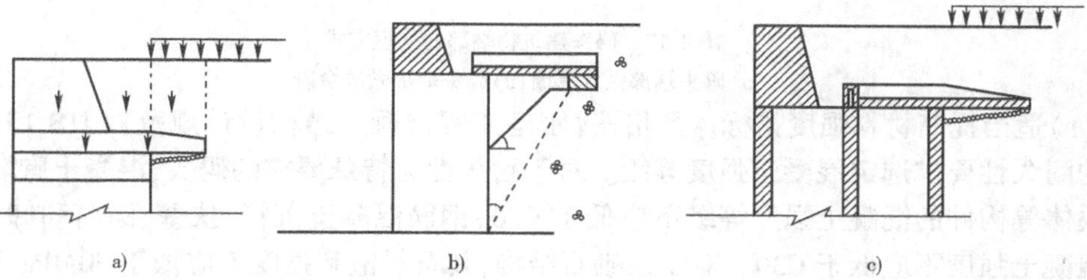

图2-16 卸荷板的工作方式

a)平衡式;b)简支式;c)锚固式

平衡式是将卸荷板安放在墙身顶面,利用卸荷板搁置长度部分的自重及其上部的胸墙、填料和固定设备等重力来平衡作用在悬臂部分的作用力。卸荷板的悬臂长度和厚度应通过后倾稳定性和强度计算确定,根据岸墙的高度,悬臂长度一般可取1.5~3.5m,厚度取0.8~1.5m。锚固式卸荷板是利用墙身伸出的钢筋将卸荷板一端固接到墙身上,工作可靠,卸荷板悬臂长度可以大些。

简支式卸荷板一端支在墙身上,另一端支在墙后方抛石棱体上或桩上。当采用抛石棱体为另一端支点时,该支点应在填土主动破裂面以外,以消除或减小支撑反力对墙背产生的土压力。简支式卸荷板可用于地面使用荷载较大的情况。

5. 码头端部的处理

顺岸式码头端部有两种处理方式:码头端部设置与码头线垂直的翼墙或码头端部在顺岸方向做成斜坡,如图2-17a)、b)所示。第一种处理方式(图a)的优点是端部可利用来停靠船舶,减小占用岸线的长度;缺点是容易产生较大的变形和沉降,翼墙与正墙之间可能产生裂缝,故当翼墙长度超过10m时,应设置变形缝。第二种处理方式(图b)的优点是不会发生较大的不均匀沉降,便于码头接长续建;缺点是端部不能充分利用,要求码头端部有富余地形。

6. 增强结构耐久性的措施

胸墙与墙身处于水位变动区,由于干湿交替、冻融循环、波浪水流、船舶撞击以及海水和大气中氯离子侵蚀等作用,结构耐久性是设计中要考虑的重要问题。设计时可考虑采取以下措施提高重力式码头的耐久性。

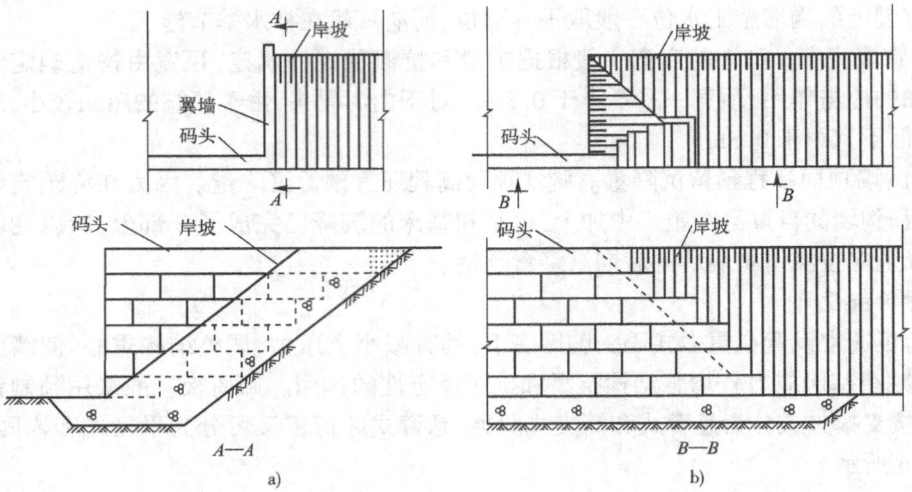

图2-17　码头建筑物端部的处理方式

a)码头端部做成翼墙；b)码头端部做成台阶

(1)适当提高材料强度指标。严格按《水运工程混凝土结构设计规范》(JTS 151—2011)规定的耐久性要求选定混凝土强度等级。对于耐久性无特殊要求的码头，混凝土胸墙、方块和空心块体等构件的混凝土强度等级不应低于C20，钢筋混凝土沉箱、扶壁、圆筒和卸荷板等构件的混凝土强度不应低于C30。对于浆砌石结构，其石料饱和强度不应低于50MPa，砌筑用水泥砂浆强度等级不应低于M10，勾缝水泥砂浆强度等级不应低于M20。对内河小码头，砂浆和石料的强度等级可适当降低。

(2)适当增大钢筋混凝土构件厚度和钢筋的混凝土保护层厚度，混凝土保护层厚度不得低于规范给出的标准。

(3)对于受冰冻作用的码头，水位变动区的临水面可考虑采用钢筋混凝土板镶面、花岗岩镶面或抗腐蚀性强、抗磨损性高、抗冻融性好的新材料。

(4)构成墙身的空心块体、沉箱、扶壁等构件折角处宜设置加强角，其尺寸一般采用150～200mm。

(5)注意避免结构断面过于复杂、构件凹角处的构造措施不利、伸缩缝设置不当、混凝土表面排水不畅等情况。

三、墙后回填

墙后回填土构成码头地面。墙后回填设计选择对作用于墙背上的土压力和剩余水压力、墙后回填土保持(防止流失)及码头的稳定性和使用性能等，有很大影响。

1.墙后回填方式

墙后回填有墙后设抛填棱体和不设抛填棱体两种型式。抛填棱体内摩擦角大，可有效减小作用于墙背的主动土压力，并可与在棱体顶面和坡面设置的倒滤层结合，防止墙后回填的细粒土流失。但抛填棱体的造价较高，应根据结构型式和当地材料情况，通过技术经济比较确定回填型式。

对于方块码头，由于安装缝多且分散，为了防止墙后细颗粒回填土流失，一般需设置抛填棱体，并在棱体顶面和坡面上设置倒滤层，然后回填细颗粒土。也有方块码头不设置抛填棱体，而是通过在墙后铺设土工布防止细颗粒回填土流失。

对于沉箱码头和扶壁码头等，由于安装缝少且集中，可通过在构件接缝处设置倒滤空腔或倒滤井，如图 2-18 所示，防止细颗粒回填土流失。此时，墙后可不设置抛填棱体，直接回填细颗粒土。

干地现浇和砌筑的码头通常不需设抛填棱体。

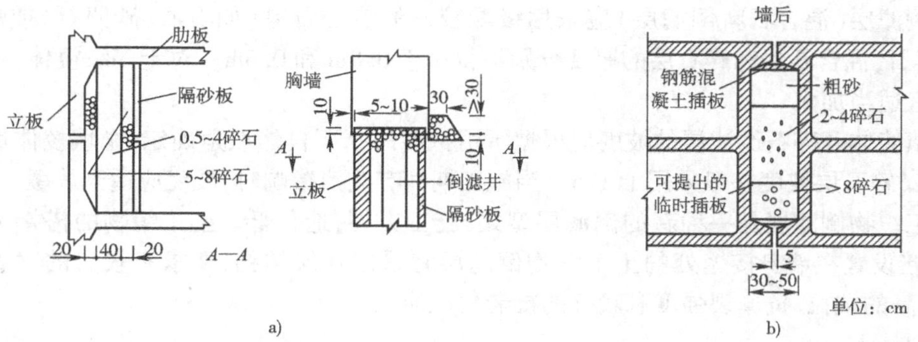

图 2-18　倒滤井与倒滤空腔构造示意图

a）倒滤井；b）倒滤空腔

2. 抛填棱体

抛填棱体应选用当地产量大、价廉、坚固、内摩擦角大的材料，一般选用块石。对块石重量和质量的要求不像抛石基床块石那样严格，但要求在水中浸泡不软化、不碎裂。

抛填棱体的断面有三角形、梯形和锯齿形三种型式，如图 2-19 所示。三角形断面抛填材料用量最少，但减小土压力的效果差些；梯形断面减小土压力的效果好，但抛填材料用量最大；锯齿形断面在减压效果相同的情况下，抛填材料用量比梯形断面省，但工序多、工期长、质量不易保证。若主要为防止回填土流失设置抛石棱体，通常采用三角形断面。以减压和防止回填土流失为目的设置抛填棱体，一般采用梯形或锯齿形断面。

从施工方面考虑，锯齿形不宜多于两级；回填高度很大时，也可采用三级。为避免棱体密实下沉后填土从墙身缝隙中流失，棱体顶面应高出预制安装的墙身不应小于 0.5m。

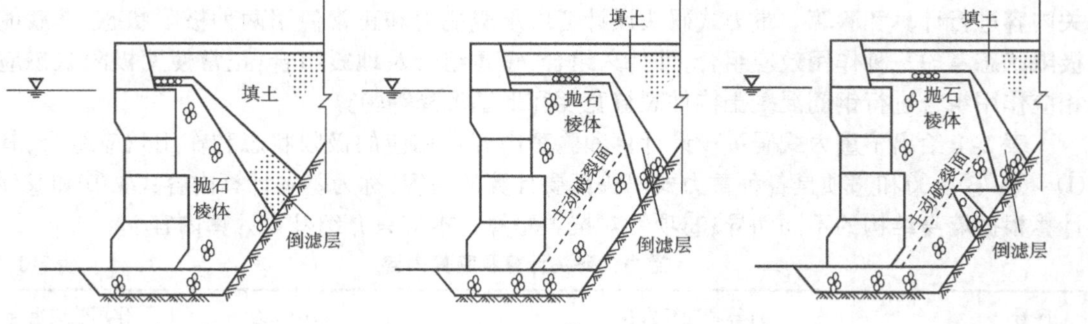

图 2-19　抛石棱体的断面型式

a）三角形；b）梯形；c）锯齿形

3. 倒滤层

为防止回填土流失，在抛填棱体顶面和坡面、胸墙变形缝后面、卸荷板安装缝的顶面和侧面均应设置倒滤层。在抛石棱体顶面和坡面应先铺一层0.5～0.8m厚的二片石，然后在其上面设置倒滤层。倒滤层可采用碎石倒滤层，也可采用碎石与土工织物结合使用的倒滤层。

碎石倒滤层有分层铺设和不分层铺设两种。分层倒滤层一般由粒径为20～40mm碎石层和5～20mm石屑或粗砂或砾砂层组成，每层厚度不宜小于0.30m，总厚度不宜小于0.60m。不分层倒滤层（混合石料倒滤层）应采用级配较好的混合石料（如石渣、砂卵石）或粒径5～80mm碎石，混合石料和碎石层的厚度分别不得小于0.8m和0.6m。对于多级棱体，水下倒滤层厚度宜适当加大。

抛填棱体及碎石倒滤层的坡度应根据所用材料的水下自然坡角确定，抛填棱体坡角一般采用1∶1，碎石层坡度一般采用1∶1.5。当施工期间有波浪影响时，坡度应适当放缓。

土工织物倒滤层是一种新的倒滤层型式，施工方便，造价低。土工织物的搭接宽度可取1m。直接设置在墙身接缝处的土工织物倒滤层宜采用双层结构，要求有较大的垂直渗透系数，有较高的抗拉、抗撕裂强度和较好的抗老化性能。

4. 回填土

应按下列条件选用墙后回填土料：

(1)土源丰富，运距近，取填方便；

(2)回填后易于密实，沉降量小，有足够的承载力；

(3)产生的土压力小，透水性好。

通常采用砂、山皮土或炉渣作回填土料，水上部分也可采用粘性土、建筑残土或垃圾土回填，但需进行分层夯实或碾压处理。

第三节　重力式码头的基本计算

一、重力式码头计算内容

港口水工建筑物设计时，应按不同的极限状态、采用相应设计状况的作用效应组合，对相关内容进行计算和验算。重力式码头设计考虑承载能力和正常使用两种极限状态，承载能力极限状态考虑三种作用效应组合，即持久组合、短暂组合及地震组合；正常使用极限状态应按相应作用组合进行钢筋混凝土构件裂缝宽度和地基沉降等验算。

表2-1给出了重力式码头设计计算和验算内容及相应的极限状态和作用效应组合，其中①～⑥、⑧～⑩和⑬项是各种重力式码头都要计算的内容，称为基本计算内容；⑦、⑪和⑫项的计算根据墙身结构的不同而异；⑬项针对抗震验算。本节只介绍基本计算内容。

重力式码头计算和验算内容　　表2-1

序号	计算和验算内容	极限状态	作用效应组合
①	对墙底面和墙身各水平缝及齿缝计算面前趾的抗倾稳定性	承载能力极限状态	持久组合
②	沿墙底面、墙身各水平缝和基床底面的抗滑稳定性	承载能力极限状态	持久组合

续上表

序号	计算和验算内容	极限状态	作用效应组合
③	基床和地基承载力	承载能力极限状态	持久组合
④	抛石基床块石稳定性	承载能力极限状态	持久组合
⑤	整体稳定性	承载能力极限状态	持久组合
⑥	墙底面合力作用点位置	承载能力极限状态	持久组合
⑦	构件(卸荷板、沉箱、扶壁、块体、大圆筒等)承载力	承载能力极限状态	持久组合
⑧	在波浪作用下,墙后尚未回填或部分回填时,已安装的下部结构的稳定性	承载能力极限状态	短暂组合
⑨	在波浪作用下,胸墙后尚未回填或部分回填时,墙身、胸墙的稳定性	承载能力极限状态	短暂组合
⑩	墙后采用吹填时,已建成部分在水压力和土压力作用下的稳定性	承载能力极限状态	短暂组合
⑪	施工期构件出运、安装时的稳定性和承载力	承载能力极限状态	短暂组合
⑫	构件(卸荷板、沉箱、扶壁、空心块体、大圆筒等)裂缝宽度	正常使用极限状态	相应作用组合
⑬	地基沉降	正常使用极限状态	相应作用组合
⑭	抗滑、抗倾稳定性、地基承载力、整体稳定性	承载能力极限状态	地震组合

二、重力式码头上的作用

重力式码头上的作用包括:永久作用、可变作用和地震作用三类。永久作用有:建筑物自重力、固定机械设备自重力、墙后填料产生的土压力和剩余水压力等;可变作用有:堆货荷载、流动机械荷载、码头面可变作用产生的土压力、船舶荷载、施工荷载、冰荷载和波浪力等;地震作用。

1. 建筑物自重力

建筑物自重力包括构件的自重力及其上部填料的自重力,按体积乘以重度计算,水下部分为体积乘以水下重度(浮重度)。通常近似取墙后地下水位作为水上与水下的分界线。

有关材料重度、填料重度和内摩擦角的标准值宜通过试验确定。无实测资料时,构件材料重度标准值可参照表 2-2 使用;无粘性填料的重度和内摩擦角标准值可参照表 2-3 使用,其中剩余水位以上来用湿重度,剩余水位以下采用浮重度;粘性土的指标宜根据当地经验选用。

材料重度标准值 表 2-2

材料名称	重度标准值 γ(kN/m^3)	
	水上	水下
浆砌块石	22~25	12~15
混凝土	23~24	13~14
钢筋混凝土	24~25	14~15

注:当石料重度 γ 大于 26.5kN/m^3 时,浆砌块石的重度应适当提高。

填料重度和内摩擦角标准值 表 2-3

填料名称	重度 γ(kN/m^3)		内摩擦 ϕ(°)	
	水上(湿重度)	水下(浮重度)	水上	水下
细砂	18.0	9.0	30	28
中砂	18.0	9.5	32	32
粗砂	18.0	9.5	35	35
砾砂	18.5	10.0	36	36
碎石	17.0	11.0	38 ~ 40	38 ~ 40
煤渣	10.0 ~ 12.0	4.0 ~ 5.0	35 ~ 39	35 ~ 39
块石	17.0	10.0	45	45

注:①表中砂性土的数值适用于粒径 $d<0.1$mm 细颗粒含量不超过 10% 的情况,细颗粒含量超过此范围时应通过试验测定 γ 和 ϕ;

②在回淤严重的地区,填料内摩擦角的取值应考虑回淤的影响。

2. 剩余水压力

墙前计算低水位与墙后地下水位的差称为剩余水头,由剩余水头产生的水压力称为剩余水压力,一般按静水压力考虑。剩余水头根据码头排水条件和填料透水性能确定,墙后设置抛石棱体或回填料粗于中砂时,可不考虑剩余水头;当墙后回填中砂或比中砂更细的填料时,对于受潮汐影响为主的港口,剩余水头标准值一般采用 1/5 ~ 1/3 平均潮差;对于河港,剩余水头标准值根据墙后地下水位情况确定;对由降暴雨引起墙后地下水位升高的码头,尚宜计算剩余水压力。

3. 土压力

土压力是重力式码头的一项主要荷载,自 1776 年库仑建立库仑土压力理论、1857 年朗肯建立朗肯土压力理论以来,已开展了大量研究工作,提出的土压力计算方法不胜枚举。但由于库仑土压力理论和朗肯土压力理论计算方法简单,计算结果与实际情况吻合较好,至今仍在实际工程中普遍应用。关于土压力计算的详细内容,请参见有关土力学方面的书籍。

在此需强调的是,根据目前可靠度设计理论,土压力计算应按永久作用和可变作用分别考虑。墙后填料自重、固定设备和建筑物等永久作用产生的土压力按永久作用考虑,码头面堆货荷载、流动运输机械荷载等可变作用产生的土压力按可变作用考虑。

4. 地面使用荷载

设计重力式码头时,地面使用荷载一般考虑堆货荷载、门机荷载和铁路荷载。门机和铁路荷载以轮压力型式作用在轨道上,然后通过轨枕或基础梁沿码头的纵横向向下传布,将其转化为等代均布荷载。将铁路等代均布荷载与堆货荷载比较,取其中大者。对于重型码头,当地面设置重型固定起重机和有大型平板车运行时,还应考虑这些设备产生的集中力和局部均布力。

门机荷载和铁路荷载转化为等代均布荷载的方法是:门机和铁路荷载以轮压力型式作用在轨道上,沿钢轨长度方向将轮压力化为线荷载(图 2-20a);再将这些线荷载通过轨枕、道碴等按土层材料的内摩擦角 ϕ 沿码头横向传布，传布到最后一组传布线相交为止，形成均布荷载（图 2-20b）；将均布荷载移至地面形成等代均布荷载。等代均布荷载值 q 及其沿码头横向的分布宽度 B 为：

$$q = (p_{m1} + p_{m2} + p_{t1} + p_{t2})/B \tag{2-2}$$

$$B = B_0 + b_1 + b_0'' \tag{2-3}$$

式中：p_{m1}、p_{m2}——沿两条门机轨道分布的线荷载；

p_{t1}、p_{t2}——沿两股铁路轨枕分布的线荷载；

b_1——门机轨道梁的宽度；

b_0''——两组铁路轨枕之间的净距。

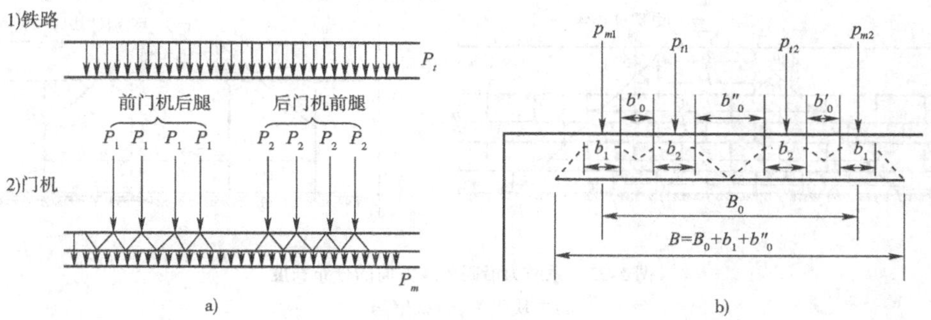

图 2-20　门机加铁路的等代均布荷载计算图

a) 沿码头线方向；b) 垂直码头线方向

码头地面使用荷载为活荷载，应根据不同的计算项目，按最不利情况进行布置。堆货荷载一般有如图 2-21 所示的三种布置方式：

（1）作用在码头上的垂直力和水平力（以土压力为主）都最大，如图 2-21a）所示，用于验算基床和地基的承载力、建筑物的沉降和整体滑动稳定性；

（2）作用在码头上的水平力最大，垂直力最小，如图 2-21b）所示，用于验算建筑物的滑动和倾覆稳定性；

（3）作用在码头上的垂直力最大，水平力最小，如图 2-21c）所示，用于验算基底面后趾的应力。

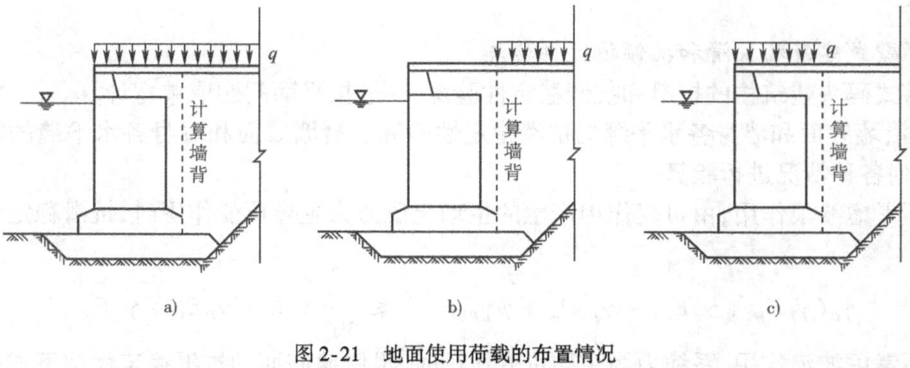

图 2-21　地面使用荷载的布置情况

a) 码头面上布满荷载；b) 计算墙背起向后布置荷载；c) 码头前沿线到计算墙背范围布置荷载

5. 船舶荷载

对于墙后有填土的重力式码头，验算其稳定性时一般不考虑船舶的撞击力和挤靠力，只考虑船舶系缆力。船舶系缆力平行于码头线的水平分力对码头的影响不大，可略去不计；垂直地面的竖向分力，由于数值小，在计算墙身稳定性时可略去不计，但在计算系船柱块体和胸墙稳定性时应予考虑；垂直于码头线的水平分力，在验算码头稳定性时则必须考虑。

系缆力沿码头线方向的分布长度，按沿墙高以45°角向下扩散的原则确定，如图2-22所示。值得注意的是，扩散线遇竖缝截止，然后从缝底端向下继续扩散。对于分段长度内为一个整体结构的码头（如沉箱码头、现浇混凝土和浆砌石码头等），验算沿墙底的稳定性时，系缆力的分布长度等于一个分段的长度。

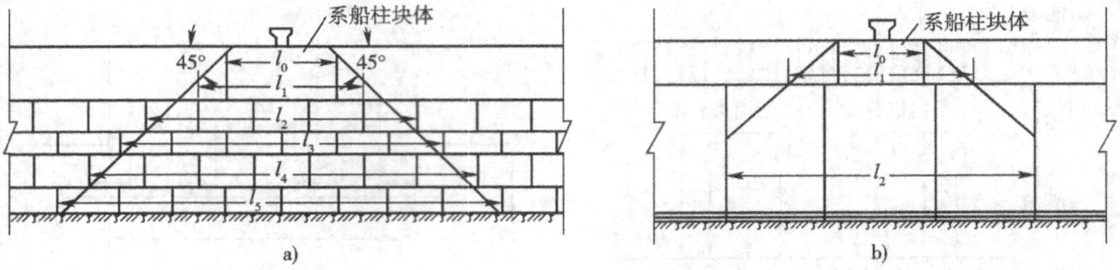

图2-22　系缆力沿码头线方向的分布长度

a）方块码头；b）扶壁码头

6. 波浪力、冰荷载及地震作用

当墙前进行波波高大于1.0m时，需考虑波浪力。对于墙后有填土的码头，如需考虑波浪力，也只考虑墙前波谷的情况，墙后按静水位考虑。波浪力的计算请见第一章。

冰荷载及地震作用计算，详见第一章。

三、抗滑稳定性和抗倾稳定性验算

水平滑动稳定性和倾覆稳定性验算是重力式码头建筑物承载能力极限状态设计的主要计算内容。采用以分项系数表达的验算式时，对于持久组合和短暂组合，验算式中的分项系数、组合系数、结构重要性系数，按表2-4取值；当进行抗震稳定性验算时，其分项系数按表2-6取值，其组合系数按表1-5取值。有条件时也可采用JC法计算可靠指标，直接按可靠指标β进行验算。

1. 岸壁式建筑物抗滑和抗倾稳定性验算

岸壁式码头建筑物的抗滑和抗倾稳定性验算，一般按平面问题取单宽计算。

（1）沿墙底面和墙身各水平缝的抗滑稳定性验算。沿墙底面和墙身各水平缝的滑动稳定性，按下列各种情况进行验算。

①不考虑波浪作用，由可变作用产生的主动土压力为主导可变作用时，抗滑稳定性按下式验算：

$$\gamma_0(\gamma_E E_H + \gamma_E E_{qH} + \gamma_{Pw} P_w + \psi \gamma_{PR} P_{RH}) \leqslant \frac{1}{\gamma_d}(\gamma_G G + \gamma_E E_V + \gamma_E E_{qV}) f \tag{2-4}$$

②不考虑波浪作用，系缆力为主导可变作用时，沿胸墙底面的抗滑稳定性按下式验算：

$$\gamma_0(\gamma_E E_H + \gamma_{Pw} P_w + \gamma_{PR} P_{RH} + \psi \gamma_E E_{qH}) \leqslant \frac{1}{\gamma_d}(\gamma_G G + \gamma_E E_V - \gamma_{PR} P_{RV} + \psi \gamma_E E_{qV}) f \tag{2-5}$$

③考虑波浪作用，且波浪作用为主导可变作用时，抗滑稳定性按下式进行验算：

$$\gamma_0(\gamma_E E_H + \gamma_{Pw} P_w + \gamma_P P_B + \psi\gamma_E E_{qH}) \leqslant \frac{1}{\gamma_d}(\gamma_G G + \gamma_E E_V + \gamma_u P_{Bu} + \psi\gamma_E E_{qV})f \quad (2\text{-}6)$$

④考虑波浪作用，可变土压力为主导可变作用时，抗滑稳定性按下式进行验算：

$$\gamma_0(\gamma_E E_H + \gamma_{Pw} P_w + \gamma_E E_{qH} + \psi\gamma_P P_B) \leqslant \frac{1}{\gamma_d}(\gamma_G G + \gamma_E E_V + \gamma_E E_{qV} + \psi\gamma_u P_{Bu})f \quad (2\text{-}7)$$

式中：γ_0 ——结构重要性系数，一般港口取 $\gamma_0 = 1.0$（表2-4）；

γ_E ——土压力分项系数；

γ_{Pw} ——剩余水压力分项系数；

γ_{PR} ——系缆力分项系数；

γ_P ——波浪水平力分项系数；

γ_u ——波浪浮托力分项系数；

γ_G ——结构自重力的分项系数，取 $\gamma_G = 1.0$；

γ_d ——结构系数，不考虑波浪作用时取 $\gamma_d = 1.0$，考虑波浪作用时取 $\gamma_d = 1.1$；

ψ ——作用效应组合系数，持久组合取0.7，短暂组合取1.0；

E_H、E_V ——码头建筑物在计算面以上的填料、固定设备自重等永久作用所产生的总主动土压力的水平分力和竖向分力的标准值（kN）；

P_w ——作用在计算面以上的总剩余水压力的标准值（kN）；

P_{RH} ——系缆力水平分力的标准值（kN）；

E_{qH}、E_{qV} ——码头面上的可变作用在计算面以上产生的总主动土压力（以下简称可变土压力作用）的水平分力和竖向分力的标准值（kN）；

P_{RV} ——系缆力垂直分力的标准值（kN）；

G ——计算面以上的结构自重力标准值（kN）；

P_B ——波谷作用时，计算面以上总水平波压力的标准值（kN）；

P_{Bu} ——波谷作用时，作用在计算底面上的波浪浮托力的标准值（kN）；

f ——沿计算面的摩擦系数设计值，按表2-5取值。

稳定性验算时各类系数的采用值　　表2-4

组合情况	设计水位	结构重要性系数	组合系数	永久作用分项系数			可变作用分项系数				
				自重力	土压力	剩余水压力	堆载土压力	系缆力	波浪力	浮托力	撞击力
		γ_0	ψ	γ_G	γ_E	γ_{Pw}	γ_E	γ_{PR}	γ_P	γ_u	γ_{PZ}
持久情况	设计高水位	安全等级 一级：1.1 二级：1.0 三级：0.9	0.7	1.0	1.35	1.05	1.35	1.40	1.30		1.50
	设计低水位										
	极端高水位						1.25	1.30	1.20		1.40
	极端低水位										
短暂组合	设计高水位	1.0	1.0				1.25	1.30	1.20		
	设计低水位										

注：一般港口的港工建筑物安全等级宜采用二级。

摩擦系数设计值 表 2-5

材料		摩擦系数
混凝土面与混凝土面		0.55
浆砌石面与浆砌石面		0.65
墙底与抛石基床顶面	墙身为预制混凝土结构	0.60
	墙身为预制浆砌石方块结构	0.65
抛石基床底面与地基土顶面	地基为细砂～粗砂	0.50～0.60
	地基为粉砂	0.40
	地基为砂质粉土	0.35～0.50
	地基为粘土、粉质粘土	0.30～0.45

(2)沿基床底面的抗滑稳定性验算。沿基床底面的抗滑稳定性验算断面如图 2-23 所示。各种情况的验算表达式与前述沿墙底面抗滑稳定性验算的表达式基本相同,但在自重力 G 中应包含面积为 $BDEE'$ 的抛石基床的自重力。若要考虑基床中 EE' 面上的被动土压力时,还要在验算式中抗力部分增加被动土压力 E_P 项,E_P 的标准值按被动土压力公式计算并加以折减。因为此种情况的被动破裂面一般发生在基槽边坡土内,故 E_P 应按基槽边坡土的物理力学指标计算。在开挖基槽时边坡土被扰动,其物理力学指标有所下降。另外,码头建筑物不允许出现很大的水平位移,在 EE' 面上的被动土压力不可能达到极限值,故规范规定 E_P 应乘以折减系数 0.3 作为标准值,其分项系数取 $\gamma_{EP}=1.0$。

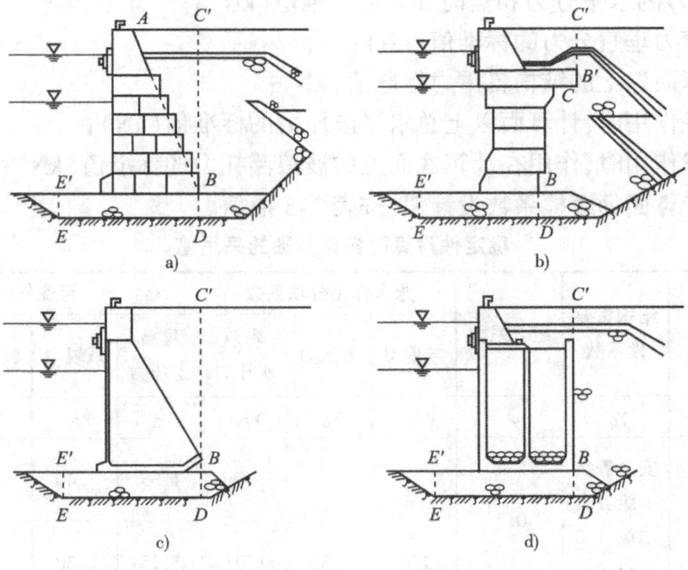

图 2-23 沿基床底面水平滑动稳定性的验算图式

a)阶梯形方块码头;b)带卸荷板方块码头;c)扶壁码头;d)沉箱码头

(3)对墙底面和墙身各水平缝和齿缝计算面前趾的抗倾稳定性验算。对墙底面、墙身各水平缝及齿缝计算面前趾,按下列各种情况验算抗倾稳定性。

①不考虑波浪作用，可变作用产生的主动土压力为主导可变作用时：

$$\gamma_0(\gamma_E M_{EH} + \gamma_{Pw} M_{Pw} + \gamma_E M_{EqH} + \psi\gamma_{PR} M_{RH}) \leqslant \frac{1}{\gamma_d}(\gamma_G M_G + \gamma_E M_{EV} + \gamma_E M_{EqV}) \tag{2-8}$$

②不考虑波浪作用，系缆力为主导可变作用时，对胸墙底面前趾进行抗倾稳定验算：

$$\gamma_0(\gamma_E M_{EH} + \gamma_{Pw} M_{Pw} + \gamma_{PR} M_{PR} + \psi\gamma_E M_{EqH}) \leqslant \frac{1}{\gamma_d}(\gamma_G M_G + \gamma_E M_{EV} + \psi\gamma_E M_{EqV}) \tag{2-9}$$

③考虑波浪作用，且波浪作用为主导可变作用时：

$$\gamma_0(\gamma_E M_{EH} + \gamma_{Pw} M_{Pw} + \gamma_{PR} M_{PB} + \psi\gamma_E M_{EqH}) \leqslant \frac{1}{\gamma_d}(\gamma_G M_G + \gamma_E M_{EV} + \gamma_u M_{PBu} + \psi\gamma_E M_{EqV}) \tag{2-10}$$

④考虑波浪作用，可变作用产生的土压力为主导可变作用时：

$$\gamma_0(\gamma_E M_{EH} + \gamma_{Pw} M_{Pw} + \gamma_E M_{EqH} + \psi\gamma_P M_{PB}) \leqslant \frac{1}{\gamma_d}(\gamma_G M_G + \gamma_E M_{EV} + \gamma_E M_{EqV} + \psi\gamma_u M_{PBu}) \tag{2-11}$$

式中：M_G ——结构自重力标准值对计算面前趾的稳定力矩（kN·m）；

M_{EH} ——墙后回填料产生的土压力水平分力标准值对计算面前趾的倾覆力矩（kN·m）；

M_{EV} ——墙后回填料产生的土压力竖向分力标准值对计算面前趾的稳定力矩（kN·m）；

M_{Pw} ——剩余水压力标准值对计算面前趾的倾覆力矩（kN·m）；

M_{EqH} ——码头面上可变作用产生的土压力水平分力标准值对计算面前趾的倾覆力矩（kN·m）；

M_{EqV} ——码头面上可变作用产生的土压力竖向分力标准值对计算面前趾的稳定力矩（kN·m）；

M_{RH} ——系缆力水平分力标准值对计算面前趾的倾覆力矩（kN·m）；

M_{PB} ——波谷作用时，水平波压力标准值对计算面前趾的倾覆力矩（kN·m）；

M_{PBu} ——波谷作用时，波浪浮托力标准值对计算面前趾的稳定力矩（kN·m）；

γ_d ——结构系数，不考虑波浪作用时取$\gamma_d = 1.25$，考虑波浪作用时取$\gamma_d = 1.35$。

2. 重力墩式建筑物的抗滑和抗倾稳定性验算

重力墩式码头建筑物的抗滑稳定性和抗倾覆稳定性验算，通常取单墩为一计算单元。

（1）沿墩底面、墩身各水平缝和基床底面的抗滑稳定性验算。沿墩底面、墩身各水平缝和基床底面的抗滑稳定性，按下列两种情况验算。

①不考虑波浪作用，只有船舶荷载时，以船舶撞击力为最不利情况：

$$\gamma_0\gamma_{PZ} P_Z \leqslant \gamma_G V_K f \tag{2-12}$$

式中：γ_{PZ} ——船舶撞击力分项系数；

P_Z ——船舶撞击力标准值（kN）；

V_K ——作用在计算面上竖向合力标准值（kN）。

②船舶已解缆离岸，不考虑船舶荷载作用，其他可变作用可忽略不计，此时仅有波浪作用，通常是波峰作用为最不利情况：

$$\gamma_0\gamma_P P \leqslant (\gamma_G V_K - \gamma_u P_u) f \tag{2-13}$$

式中：P——波峰作用时的水平波压力标准值(kN)；

P_u——波峰作用时作用在计算面上波浪浮托力标准值(kN)；

V_K——作用在计算面上竖向合力(不包括波浪浮托力)标准值(kN)。

(2)对墩底面、墩身各水平缝计算面趾端的抗倾稳定性验算。对墩底面、墩身各水平缝计算面趾端的抗倾稳定性，按下列两种情况验算。

①不考虑波浪作用，只有船舶撞击力的情况：

$$\gamma_0\gamma_{PZ}M_{PZ} \leqslant \frac{1}{\gamma_d}\gamma_G M_{VK} \tag{2-14}$$

式中：M_{PZ}——船舶撞击力标准值对计算面趾端产生的倾覆力矩(kN·m)；

M_{VK}——作用在计算面上的竖向合力标准值对计算面趾端的稳定力矩(kN·m)；

γ_d——结构系数，取 $\gamma_d = 1.25$。

②仅考虑波浪作用，其他可变作用可忽略不计时：

$$\gamma_0(\gamma_P M_P + \gamma_u M_{Pu}) \leqslant \frac{1}{\gamma_d}\gamma_G M_{VK} \tag{2-15}$$

式中：M_P——波峰作用时，波压力标准值对计算面趾端的倾覆力矩(kN·m)；

M_{Pu}——波峰作用时，作用在计算面上的波浪浮托力标准值对计算面趾端的倾覆力矩(kN·m)；

M_{VK}——作用在计算面上的竖向合力(不包括波浪浮托力)标准值对计算面趾端的稳定力矩(kN·m)；

γ_d——结构系数，取1.25。

3. 抗震稳定性验算

由于地震与持久组合时采用的波浪作用相遇的概率甚小，故抗震验算时不考虑与波浪作用效应组合。

对于重力式码头的抗震稳定性验算，其各类系数按表2-6取值。

抗震稳定性验算时各类系数的采用值 表2-6

计算水位		结构重要性系数	永久作用的分项系数				可变作用的分项系数		
			自重力	地震惯性力	地震动土压力	剩余水压力	地震动水压力	堆载土压力	系缆力
		γ_0	γ_G	γ_P	γ_E	γ_{Pw}	γ_{PD}	γ_E	γ_{PR}
海港	设计高水位	1.0	1.20 (1.00)	1.00	1.35	1.05	1.00	1.35	1.40 (1.00)
	设计低水位								
河港	多年历时保证率为10%的水位								

注：当作用增加对结构有利时，取括号内较小值。

(1)岸壁式码头建筑物：

①岸壁式码头建筑物抗滑稳定性按下式验算：

$$\gamma_0(\gamma_E E_H + \gamma_E E_{qH} + \gamma_{PH}P_H + \gamma_{PR}\psi P_{RH}) \leqslant (\gamma_G G + \gamma_E E_V + \gamma_E E_{qV} - \gamma_{PV}\psi_P P_V)f\frac{1}{\gamma_{RE}} \tag{2-16}$$

式中：γ_0 ——结构重要性系数，一般港口取 $\gamma_0 = 1.0$；

γ_E ——地震土压力的分项系数，取1.35；

γ_{PH}、γ_{PV} ——水平向和竖向地震惯性力分项系数，取1.0；

γ_{PR} ——系缆力分项系数，有利时取1.0，不利时取1.4；

E_H、E_V ——计算面以上水平向和竖向总地震主动土压力的标准值(kN)；

ψ ——地震时系缆力的组合系数，取 $\psi = 0.5$；

P_{RH} ——静力计算时的系缆力水平分力标准值(kN)；

E_{qH}、E_{qV} ——码头面上可变作用标准值乘以地震时组合系数后在计算面以上所产生的地震总主动土压力标准值的水平向分力和竖向分力(kN)；

P_H、P_V ——水平向地震惯性力和竖向地震惯性力标准值(kN)；

G ——计算面以上的结构自重力标准值(kN)；

f ——沿计算面的摩擦系数设计值，按静力计算情况取值；

γ_{RE} ——抗震调整系数，取0.88；

ψ_P ——竖向地震惯性力组合系数，取0.85。

②岸壁式码头建筑物抗倾覆稳定性按下式验算：

$$\gamma_0(\gamma_E M_{EH} + \gamma_E M_{EqH} + \gamma_{PH} M_{PH} + \psi\gamma_{PR} M_{RH}) \leqslant \frac{1}{\gamma_{RE}}(\gamma_G M_G + \gamma_E M_{EV} + \gamma_E M_{EqV} - \psi_P \gamma_{PR} M_{PV})f \tag{2-17}$$

式中：M_{EH}、M_{EV} ——计算面以上地震主动土压力的水平分力和垂直分力的标准值对计算面前趾产生的倾覆力矩和稳定力矩(kN·m)；

M_{EqH}、M_{EqV} ——计算面以上码头面上可变作用标准值乘以地震时组合系数后产生的水平向和垂直向地震主动土压力标准值对计算面前趾产生的倾覆力矩和稳定力矩(kN·m)；

M_{PH}、M_{PV} ——计算面以上水平向和垂直向地震惯性力标准值对计算面前趾产生的倾覆力矩和稳定力矩(kN·m)；

M_{RH} ——静力计算的系缆力水平分力标准值对计算面前趾产生的倾覆力矩(kN·m)；

M_G ——计算面以上的结构自重力标准值对计算面前趾产生的稳定力矩(kN·m)；

γ_{RE} ——抗震调整系数，取1.15。

(2)重力墩式建筑物：

①抗滑稳定性按下式验算：

$$\gamma_0(\gamma_{PH} P_H + \gamma_{PD} P_D + \gamma_{PR}\psi P_{RH}) \leqslant (\gamma_G G - \gamma_{PV} P_V - \gamma_{PR}\psi P_{RV}) f \frac{1}{\gamma_{RE}} \tag{2-18}$$

式中：γ_{PD} ——地震动水压力合力分项系数，取1.0；

P_D ——地震动水压力合力标准值(kN)；

P_{RV} ——静力计算的系缆力竖向分力标准值(kN)；

γ_{RE} ——抗震调整系数，取1.1。

②抗倾稳定性按下式验算：

$$\gamma_0(\gamma_{PH}M_{PH}+\gamma_{PD}M_{PD}+\gamma_{PR}\psi M_{RH})\leqslant(\gamma_G M_G-\gamma_{PV}M_{PV}-\gamma_{PR}\psi M_{RV})\frac{1}{\gamma_{RE}} \tag{2-19}$$

式中：M_{PD}——地震动水压力合力标准值对计算面前趾产生的倾覆力矩(kN·m)；

M_{RV}——静力计算时系缆力竖向分力标准值对计算面前趾产生的倾覆力矩(kN·m)；

γ_{RE}——抗震调整系数，取1.4。

四、基床与地基承载力验算

1. *码头建筑物基床承载力验算*

重力式码头建筑物的刚度一般很大，可假设其基床应力为直线分布，采用偏心受压公式计算。当建筑物基底形状为矩形时，基床应力按下述方法计算(图2-24)。

合力作用点距前趾 A 的距离 ξ 采用下式计算：

$$\xi=\frac{M_R-M_0}{V_K} \tag{2-20}$$

式中：M_R、M_0——竖向合力标准值和倾覆力标准值对建筑物基底前趾的稳定力矩和倾覆力矩(kN·m)；

V_k——作用在建筑物基底上的竖向合力的标准值(kN)。

(1)当 $\xi\geqslant\frac{B}{3}$ 时(图2-24a)，基床应力采用下式计算：

$$\left.\begin{matrix}\sigma_{\max}\\ \sigma_{\min}\end{matrix}\right\}=\frac{V_k}{B}\left(1\pm\frac{6e}{B}\right) \tag{2-21}$$

式中：$\sigma_{\max}$、$\sigma_{\min}$——码头建筑物基床的最大和最小应力标准值(kPa)；

B——建筑物底部宽度(m)；

e——作用在建筑物基底面上合力标准值作用点距基底中线的偏心距(m)，$e=\frac{B}{2}-\xi$。

(2)当 $\xi<\frac{B}{3}$ 时(图2-24b)，$\sigma_{\min}$ 将为负值，即建筑物底部与基床顶面之间出现拉应力，但这种情况是不存在的，此时底部与基床之间的接触应力将重新分布。假定按三角形分布，则根据建筑物底部应力的合力与作用在基底上的垂直力合力相等的原则，得：

$$\left.\begin{aligned}\sigma_{\max}&=\frac{2}{3}\frac{V_K}{\xi}\\ \sigma_{\min}&=0\end{aligned}\right\} \tag{2-22}$$

$B-3\xi$ 宽度段的基床应力等于零。

基床顶面最大应力应小于抛石基床的承载力设计值，即：

$$\gamma_0\sigma_{\max}\leqslant\sigma_\gamma \tag{2-23}$$

式中：γ_0——结构重要性系数，一般取1.0；

σ_γ——抛石基床承载力设计值，一般取600kPa；对于受波浪作用的墩式建筑物和地基承载力较高(如岩基)的情况，可酌情适当提高取值，但不大于800kPa。

对于非岩石地基,为避免建筑物产生过大的不均匀沉降,在基底面上合力作用点距前趾的距离 ξ 一般不小于基底宽度的1/4,即 $\xi \geqslant \frac{B}{4}$。对岩石地基,合力作用点的位置无须限制。

2. 地基承载力验算

建筑物基底应力经过基床扩散后作用在地基表面上的应力,亦假定为线性分布,其扩散宽度等于 B_1+2d,其中 d 为基床厚度,B_1 为建筑物基底实际受力宽度。当 $\xi \geqslant \frac{B}{3}$ 时,$B_1=B$;当 $\xi<\frac{B}{3}$ 时,$B_1=3\xi$。基底应力经过基床扩散后,再加上抛石基床自重力的影响,可求得地基表面应力为:

$$\sigma'_{max}=\frac{B_1\sigma_{max}}{B_1+2d}+\gamma d \tag{2-24}$$

$$\sigma'_{min}=\frac{B_1\sigma_{min}}{B_1+2d}+\gamma d \tag{2-25}$$

式中:σ'_{max}、σ'_{min}——地基表面的最大和最小应力标准值(kPa);

B_1——基底实际受压宽度(m);

γ——抛石水下重度标准值(kN/m³);

d——抛石基床厚度(m)。

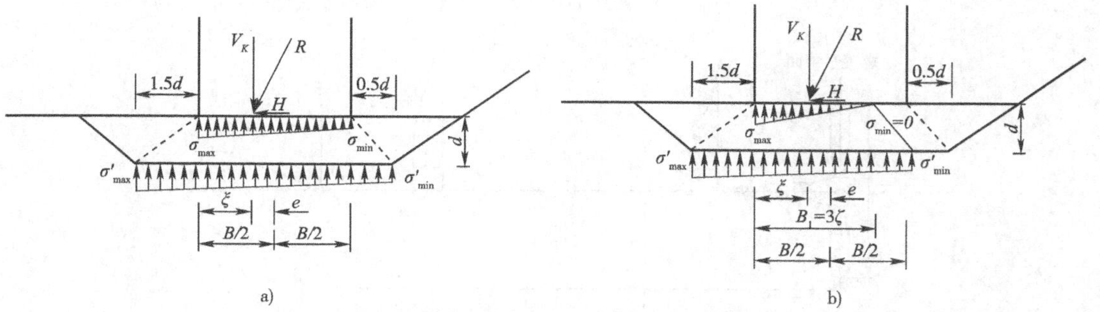

图2-24　基底应力和地基应力计算图式

a) $\xi \geqslant \frac{B}{3}$ 时;b) $\xi<\frac{B}{3}$ 时

地基应力合力作用点距地基受力宽度中点的偏心距为:

$$e'=\frac{B_1+2d}{6}\cdot\frac{\sigma'_{max}-\sigma'_{min}}{\sigma'_{max}+\sigma'_{min}} \tag{2-26}$$

地基承载力验算应符合《港口工程地基规范》的有关规定。基槽内有换填材料时,换填材料可视为地基的组成部分。换填材料为抛石时,地基承载力可按下式验算:

$$\gamma_0\sigma'_{max}\leqslant\sigma'_{\gamma} \tag{2-27}$$

其中:σ'_{γ}——基槽换填抛石承载力设计值(kPa),未经夯实取450kPa,经夯实取550kPa。

五、抛石基床块石稳定重量验算

对于抛石基床上的重力式码头,尚需对波浪、水流和船舶螺旋桨尾流作用下的抛石基床块石稳定重量进行验算。

关于波浪和水流作用下抛石基床块石的稳定重量,设计规范中规定块石的重量一般在10~70kg或10~100kg之间,必要时可按《防波堤设计与施工规范》的相关方法进行验算。

重力式码头基床一般采用10~100kg的块石,但根据施工要求,10~100kg块石的坑采用二片石填平,再用碎石填平二片石的坑。基床表面几十厘米范围内是碎石和二片石,应验算碎石是否冲刷。

近年来,船舶日趋大型化,大马力拖轮的作业使船舶螺旋桨尾流流速增加,对抛石基床块石的稳定性造成危害,已发生多起船舶螺旋桨尾流作用下抛石基床冲刷的破坏事故。但是关于船舶螺旋桨尾流作用下抛石基床块石的稳定重量验算,目前我国设计规范中尚没有相关规定。本节提供一种船舶螺旋桨尾流作用下抛石基床块石稳定重量的验算方法,供参考。

1.螺旋桨射流流速

(1)螺旋桨射流流速发展过程。关于船舶螺旋桨射流流速,国内外已开展了一些研究工作。Hamill等通过物理模型试验研究发现,螺旋桨射流流场按桨轴线中心对称分布,分布传播外边界呈圆锥形,如图2-25所示。射流场可分为起始段和主体段两个发展阶段,起始段为流速发展的初始阶段,靠近螺旋桨平面,桨轴线处存在低速区,断面最大流速出现在桨叶中部,流速分布呈双峰形沿桨轴线对称分布。射流沿轴向发展过程中,桨轴线上流速逐渐增大,经过一段流程后,桨轴线处出现唯一的最大流速,射流进入主体段,射流形态趋于稳定。

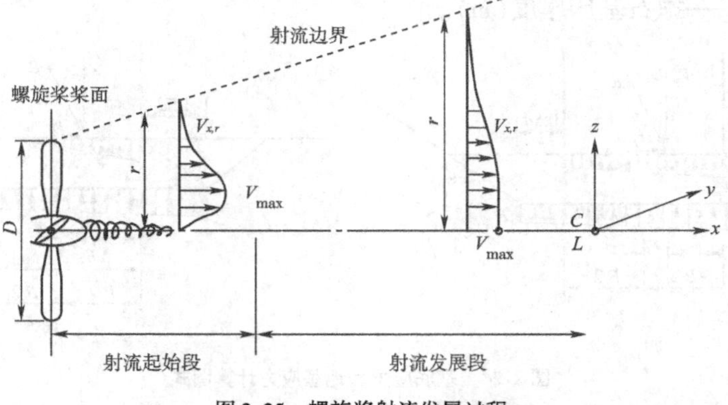

图2-25 螺旋桨射流发展过程

(2)螺旋桨射流初速度。早在1950年,Albertson以轴向动量理论为基础,利用平面射流将螺旋桨射流流场进行简化,得到了最早的螺旋桨射流流速分布公式。Hamill、Stewart等对螺旋桨射流的初始流速和流速衰减情况做了进一步研究,通过物理模型和数值模拟对Albertson等人的经验公式进行了修正,得到了更为真实的螺旋桨射流流速分布规律。

Stewart给出的螺旋桨射流初速度公式为:

$$V_0 = \xi nD\sqrt{C_t} \tag{2-28}$$

$$\xi = D^{-0.0686}\left(\frac{P}{D}\right)^{1.519} BAR^{-0.323} \tag{2-29}$$

式中:V_0——射流初速度;

n——螺旋桨转速;

D——螺旋桨桨径;

C_t——螺旋桨的推力系数；

P/D——螺距比，即螺旋桨螺距与直径的比值；

BAR——盘面比，即所有叶片的投影面积与螺旋桨盘面面积的比值。

(3)螺旋桨射流起始段流速。Stewart 给出的螺旋桨射流起始段最大流速 V_{max} 计算公式为：

$$\frac{V_{max}}{V_0}=1.1072-0.1835\left(\frac{x}{D}\right) \tag{2-30}$$

该公式定义起始段长度为 3.25D。

Hamill 给出了计算射流起始段断面流速分布公式：

$$\frac{V_{x,r}}{V_{max}}=e^{-\frac{1}{2}\left(\frac{2(r-R_{mo})}{R_{mo}}\right)^2},x\leqslant 0.5D \tag{2-31}$$

$$\frac{V_{x,r}}{V_{max}}=e^{-\frac{1}{2}\left(\frac{r-R_{mo}}{(R_{mo}/2)+0.075(x-Rp)}\right)^2},x\geqslant 0.5D \tag{2-32}$$

$$R_{mo}=0.67(R_p-R_h) \tag{2-33}$$

式中：$V_{x,r}$——螺旋桨射流起始段区域中任意点的流速；

x——计算点距射流平面的轴向距离；

r——计算点距螺旋桨轴线的径向距离；

R_p——螺旋桨半径；

R_h——桨毂半径。

Stewart 通过起始段流速分布实验验证了 Hamill 起始段断面流速分布公式的合理性。

(4)螺旋桨射流主体段流速。Stewart 给出的螺旋桨射流主体段最大流速 V_{max} 计算公式为：

$$\frac{V_{max}}{V_0}=0.543-0.0281\left(\frac{x}{D}\right),x/D\geqslant 3.25 \tag{2-34}$$

Albertson 等提出了计算螺旋桨射流主体段断面流速分布的半经验公式：

$$\frac{V_{x,r}}{V_{max}}=e^{-22.2\left(\frac{r}{x}\right)^2} \tag{2-35}$$

Albertson 给出的螺旋桨射流主体段断面流速分布公式，经过 Hamill 和 Stewart 等人的实验验证后得到肯定。

2. 螺旋桨射流作用下抛石基床块石稳定重量

伊兹巴什给出的块石启动流速公式为：

$$V_c=K\sqrt{2g\frac{\gamma_b-\gamma}{\gamma}D} \tag{2-36}$$

式中：V_c——块石起动流速；

D——块石等容粒径；

K——系数，一般取 0.9；

γ_b——块石的重度；

γ——水的重度。

将此公式变换，即可得到块石稳定重量公式：

$$D_{req} \geqslant \frac{V^2}{K^2 \cdot g \cdot \Delta'} \tag{2-37}$$

$$\Delta' = \frac{\gamma_b - \gamma}{\gamma} \tag{2-38}$$

式中：D_{req}——块石的稳定直径；

V——作用在块石上的射流流速。

关于船舶螺旋桨射流流速及其作用下抛石基床块石的稳定重量，尚需开展进一步深入的研究工作。

六、整体稳定性和地基沉降验算

码头建筑物与其后部分填土连同下面的地基一起滑动，称为建筑物的整体滑动。整体滑动的破坏有下述几种现象（图2-26）：

(1)码头结构顶面及其后面一定范围的地面突然下沉，且下沉量超过计算地基沉降量；

(2)在码头结构后面一定距离的地面出现裂缝和断裂；

(3)码头建筑物后仰，底部明显突出码头线；

(4)码头前港池底泥面有明显的隆起。

建筑物整体滑动稳定性的验算，一般采用圆弧滑动法。当地基浅层有软弱夹层时，尚应验算沿非圆弧滑动面的滑动稳定性。

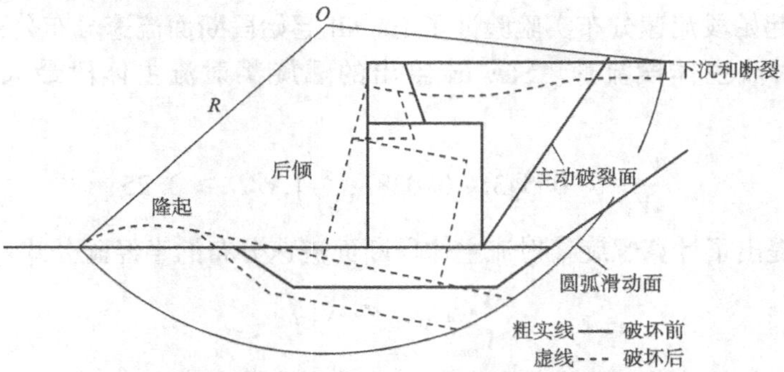

图2-26　码头建筑物整体滑动破坏的示意图

建筑物的沉降主要是由地基土层后期压缩造成的，前期地基沉降基本上在施工过程中完成。地基沉降包括均匀沉降和差异沉降，均匀沉降不致造成建筑物的破坏，但沉降量过大将影响建筑物的使用。均匀沉降量可以通过计算预估，如后期固结沉降量过大，则应在设计或施工中采取措施予以解决。例如：人工加固地基或设计选用轻型结构，以减少地基应力；通过估算预留沉降量等。差异沉降（不均匀沉降），包括建筑物横断面方向的前趾与后踵的差异沉降和沿码头长度方向的差异沉降。前者造成建筑物倾斜（一般是前倾）、重心位置改变、稳定力矩减小，严重时导致建筑物倒塌。横断面差异沉降通过计算确定，可采取抛石基床顶面预留倒坡来解决。沿码头长度方向的差异沉降对建筑物破坏性较大，设计时应根据沿码头长度方向地基压缩层厚度和土的压缩系数的变化大小，分段计算沉降量，然后采用合理设置沉降缝来解决差异沉降对建筑物的不利影响。

一般来说,均匀沉降量大,差异沉降量也大,所以规范对建筑物的平均沉降量予以限制。计算断面平均沉降量时的限值规定为:方块码头和扶壁码头为200mm;沉箱码头和基床式圆筒码头为250mm。

关于整体稳定性和地基沉降验算的具体方法,参见相关土力学方面的书籍。

七、算例

1.基本数据资料

(1)设计断面。某港煤码头,其结构型式为带卸荷板的混凝土方块结构。码头前沿高程4.50m,码头前水底高程-9.5m,码头分段长度20m,横断面如图2-27a)所示。

(2)计算内容。本算例仅对设计高水位和极端低水位情况,按承载能力极限状态,采用作用效应的持久组合,进行以下验算和计算:

①沿基床顶面、基床底面的抗滑稳定性验算;

②对码头前趾的抗倾覆稳定性验算;

③基床承载力验算和地基应力计算。

(3)结构安全等级。结构安全等级为二级。

(4)水文地质资料:

设计高水位:3.90m;极端低水位:-0.40m。本算例不考虑极端高水位情况。

波浪要素:波高 $H_{1\%}=1.0$m,波长 $L=12$m。

基床底地基为粉质粘土,内摩擦角标准值 $\varphi=30°$;$\gamma=9.5\text{kN/m}^3$。考虑到开挖基槽时地基已受到扰动,取其粘聚力标准值 $C=0$,其他从略。

(5)地震。地震烈度为6度,可不考虑抗震设防。

(6)码头面荷载:

堆货荷载:码头前沿10m宽度内区域,堆货荷载标准值 $q_1=20$kPa;距码头前沿10m后地带,$q_2=70$kPa。

船舶荷载:系缆力标准值 $P=350$kN;系船缆的水平投影与码头前沿线的夹角 $\alpha=30°$;系船缆与水平面的夹角 $\beta=15°$。系缆力作用在码头地面以上0.45m处。

(7)其他有关计算参数。各种材料的重度和内摩擦角标准值见表2-7。

材料的重度和内摩擦角标准值 表2-7

材料	重度标准值 γ(kM/m³)		内摩擦角 φ 标准值(°)
	水上	水下	
混凝土、浆砌块石	23.5	13.5	—
块石	18	11	45
中砂	18	9.5	32

混凝土与抛石基床摩擦系数设计值 $f=0.60$,抛石基床与地基(粉质粘土)摩擦系数设计值 $f=0.40$。

抛石基床承载力设计值取 $\sigma_\gamma=600$kPa。

2.作用标准值及其作用效应和抗力计算

(1)码头上的作用。施加于码头结构上的永久作用有:墙后回填料产生的土压力水平分力、竖向分力和传递至基床和地基上的建筑物自重力。本算例无剩余水压力。

施加于码头结构上的可变作用有：码头面堆货荷载产生的土压力、船舶荷载的系缆力（为控制作用）。波高 $H_{1\%}=1.0\text{m}$，故不考虑波浪作用。

抗滑抗倾覆稳定性验算的抗力有：建筑物自重力及其产生的稳定力矩，由永久和可变作用产生的竖向土压力、基床前地基上的被动土压力。

(2)系缆力标准值（可变作用）及其产生的力矩。垂直于码头岸线方向的水平力标准值

$$N_H = P\cos\beta\sin\alpha = 350\cos15°\sin30° = 169\text{kN}$$

因本算例未进行胸墙稳定性验算，系缆力竖向分力可不算。

计算沿墙底的稳定性时，系缆力沿码头线方向的分布长度等于码头分段长度20m，每延米码头的系缆力水平分力的标准值 P_{RH} 及其对墙底的倾覆力矩 M_{RH} 分别为

$$P_{RH} = N_H/20 = 169/20 = 8.45\text{kN/m}$$

$$M_{RH} = (4.5+9.5+0.45)P_{RH} = 14.45\times8.45 = 122.10\text{kN}\cdot\text{m/m}$$

(3)主动土压力标准值及其产生的倾覆力矩和稳定力矩。为简便计，墙后主动破裂面与竖直面之间的夹角近似取28°，破裂面与抛石棱体表面交于 M 点，M 点以上按填土（中砂）计算，M 点以下按块石计算。取 ij 面作为假想墙背，取 $\delta_1=0°$；jk 墙背和卸荷板以下墙背取 $\delta_2=\varphi/3=45°/3=15°$（参见图2-27）。

①主动土压力系数。第 n 层土的主动土压力系数按下式（库仑土压力公式）计算：

$$K_{an} = \frac{\cos^2\varphi_n}{\left[1+\sqrt{\dfrac{\sin(\varphi_n+\delta_n)\sin\varphi_n}{\cos\delta_n}}\right]^2}$$

卸荷板以上包括中砂和块石两种填料，按作用于假想墙背上的土压力计算，取外摩擦角 $\delta_1=0°$，中砂的主动土压力系数为 $K_{an}=0.307$，块石的主动土压力系数为 $K_{an}=0.172$。

卸荷板以下只有块石一种填料，外摩擦角 $\delta_n=15°$，主动土压力系数为 $K_{an}=0.160$。

②土压力强度计算。土压力计算图式如图2-27所示，分别按永久作用和可变作用土压力强度计算。第 n 层填料顶层土压力强度按下式计算：

永久作用 $$e_{n1} = \left(\sum_{i=0}^{n-1}\gamma_i h_i\right)K_{an}$$

可变作用 $$e_{qn1} = qK_{an}$$

第 n 层填料底层土压力强度按下式计算：

永久作用 $$e_{n2} = \left(\sum_{i=0}^{n}\gamma_i h_i\right)K_{an}$$

可变作用 $$e_{qn2} = qK_{an}$$

按以上公式列表计算设计高水位时的各土层土压力强度值，如表2-8所示；图2-27b)给出墙背水平土压力分布图。

③土压力合力标准值及其产生的力矩计算。根据土压力强度分布图，列表计算土压力合力标准值及其产生的力矩。

永久作用土压力合力标准值、合力标准值的水平分力与竖直分力及其产生的力矩计算结果见表2-9。

可变作用土压力合力标准值、合力标准值的水平分力与竖向分力及其产生的力矩计算见表2-10。

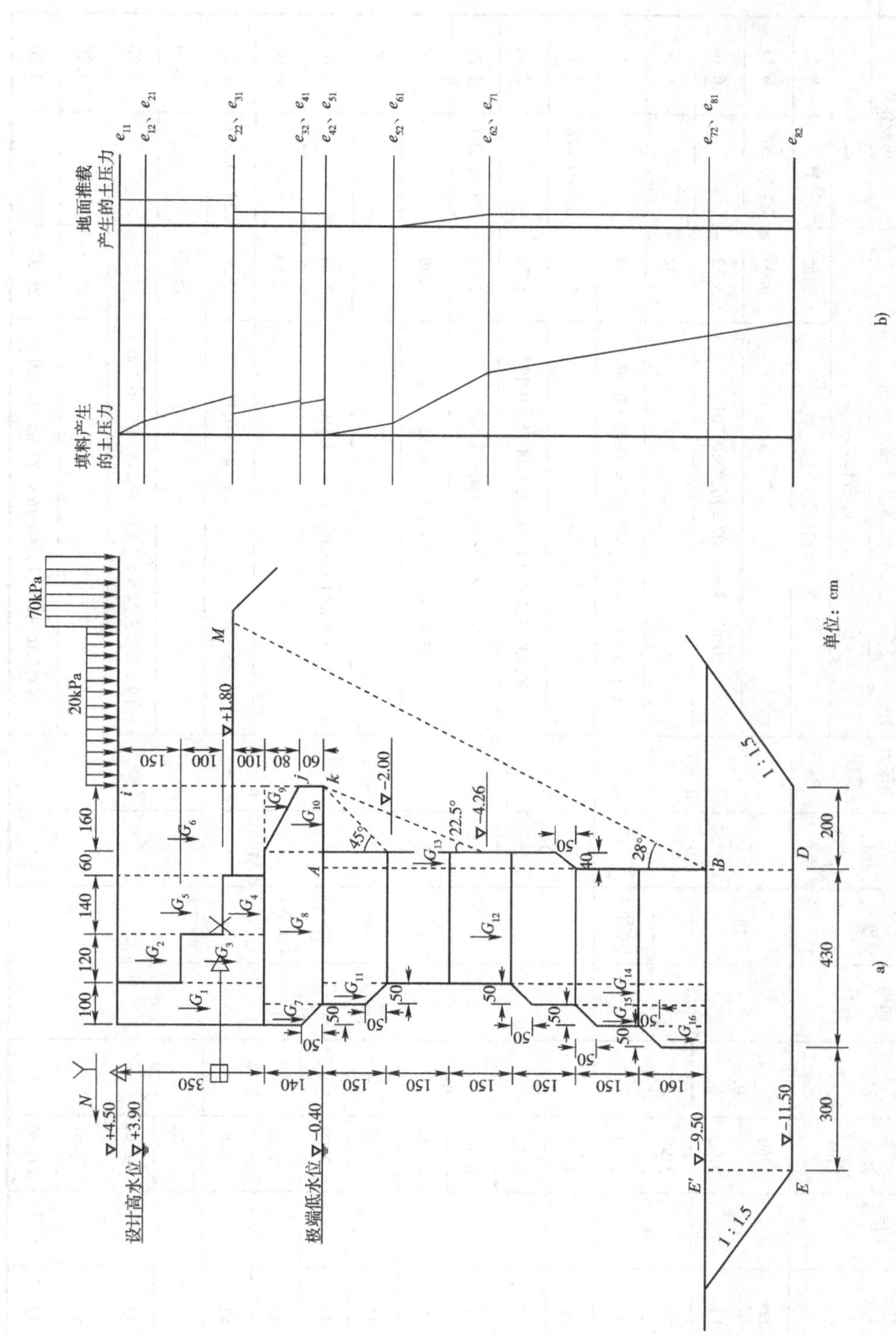

图2-27　设计断面图

a)横断面图；b)墙背水平压力分布图

表 2-8

设计高水位时土压力强度计算

计算层面编号 n_i	土层 n	土层高程 (m)	土层厚度 h_n(m)	回填材料	材料重度 γ_n (kN/m³)	外摩擦角 δ_n(°)	主动土压力系数 K_{an}	土压力强度标准值计算：永久作用 e_{ni}(kPa) 计算式	永久作用 e_{ni}(kPa) 数值	可变作用 e_{qni}(kPa) 计算式	可变作用 e_{qni}(kPa) 数值
11	1	4.50	0.6	中砂	18	0	0.307		0.00	20×0.307	6.14
12		3.90						0.6×18×0.307 = 10.8×0.307	3.32		6.14
21	2	3.90	2.1		9.5 (水下)				3.32		6.14
22		1.80						(10.8 + 2.1×9.5)×0.307 = 30.75×0.307	9.44		6.14
31	3	1.80	1.6	块石	11.0 (水下)		0.172	30.75×0.172	5.29	20×0.172	3.44
32		0.20						(30.75 + 1.6×11)×0.172 = 48.35×0.172	8.32		3.44
41	4	0.20	0.6			15	0.160	48.35×0.160	7.74	20×0.160	3.20
42		-0.40						(48.35 + 0.6×11)×0.16 = 54.95×0.160	8.79		3.20
51	5	-0.40	1.6						0.00		0.00
52		-2.00						1.6×11×0.16 = 17.6×0.160	2.82		0.00
61	6	-2.00	2.26						2.82		0.00
62		-4.26						(54.95 + 3.86×11) = 97.41×0.160	15.59	20×0.160	3.20
71	7	-4.26	5.24						15.59		3.20
72		-9.50						(97.41 + 5.24×11)×0.16 = 155.05×0.160	24.81		3.20
81	8	-9.50	2.00						24.81		3.20
82		-11.50						(155.05 + 2×11)×0.16 = 177.05×0.160	28.33		3.20

填料自重力产生的土压力合力(永久所用)标准值及其力矩的计算

表 2-9

计算土层	土层高程(m)		土层顶土压力强度	土层底土压力强度	土层厚度	土压力合力标准值 E_n(kN)		水平分力标准值及其产生的倾覆力矩			竖向分力标准值及其产生的稳定力矩		
n	顶	底	e_{n1}(kPa)	e_{n2}(kPa)	h_n(m)	计算式	数值	水平分力 E_{Hn}(kN)	力臂 L_{Hn}(m)	倾覆力矩 M_{EHn}(kN·m)	竖向分力 E_{Vn}(kN)	力臂 L_{Vn}(m)	稳定力矩 M_{Evn}(kN·m)
1	4.50	3.90	0.00	3.32	0.60	(0 +3.32) ×0.6/2	0.996	1.00	13.60	13.60	0.00		0.00
2	3.90	1.80	3.32	9.44	2.10	(3.32 +9.44) ×2.1/2	13.40	13.40	12.18	163.21	0.00		0.00
3	1.80	0.20	5.29	8.32	1.60	(5.29 +8.32) ×1.6/2	10.89	10.89	10.44	113.69	0.00		0.00
4	0.20	-0.40	7.74	8.79	0.60	(7.74 +8.79) ×0.6/2	4.96	4.79	9.39	44.98	1.28	6.30	8.06
5	-0.40	-2.00	0.00	2.82	1.60	(0 +2.82) ×1.6/2	2.26	2.18	8.03	17.51	0.58	4.70	2.73
6	-2.00	-4.26	2.82	15.59	2.26	(2.82 +15.59) ×2.26/2	20.80	20.09	6.11	122.75	5.38	4.70	25.29
7	-4.26	-9.50	15.59	24.81	5.24	(15.59 +24.81) ×5.24/2	105.85	102.24	2.42	247.42	27.40	4.30	117.82
8	-9.50	-11.50	24.81	28.33	2.00	(24.81 +28.33) ×2/2	53.14						
Σ								154.59		723.16	34.64		153.90

地面堆载产生的土压力合力(可变作用)标准值及其力矩的计算 表2-10

计算土层 n	土层高程(m)		土层顶土压力强度 e_{n1}(kPa)	土层底土压力强度 e_{n2}(kPa)	土层厚度 h_n(m)	土压力合力标准值 E_n(kN)		水平分力标准值及其产生的倾覆力矩			竖向分力标准值及其产生的稳定力矩		
	顶	底				计算式	数值	水平分力 E_{Hn}(kN)	力臂 L_{Hn}(m)	倾覆力矩 M_{EHn}(kN·m)	竖向分力 E_{Vn}(kN)	力臂 L_{Vn}(m)	稳定力矩 M_{Evn}(kN·m)
1	4.50	1.80	6.14	6.14	2.70	6.14×2.7	16.58	16.58	12.65	209.74	0.00		0.00
2	1.80	0.20	3.44	3.44	1.60	3.44×1.6	5.50	5.50	10.50	57.75	0.00		0.00
3	0.20	-0.40	3.20	3.20	0.60	3.2×0.6	1.92	1.85	9.40	17.39	0.50	6.30	3.15
6	-2.00	-4.26	0.00	3.20	2.26	(0+3.2)×2.26/2	3.62	3.50	5.99	20.97	0.94	4.70	4.42
7	-4.26	-9.50	3.20	3.20	5.24	3.2×5.24	16.77	16.20	2.62	42.44	4.34	4.30	18.66
8	-9.50	-11.50	3.20	3.20	2.00	3.2×2	6.40						
Σ								43.63		348.29	5.78		26.23

第 n 层的土压力水平合力标准值对码头前趾的力臂 L_{Hn} = 第 n 层底高程 − 码头底高程 + 第 n 层水平梯形土压力强度图的形心与该土层底的距离 y_n。当 $e_{n1} \leqslant e_{n2}$，y_n 按下式计算：

$$y_n = \frac{h_n}{3} \cdot \frac{2e_{n1} + e_{n2}}{e_{n1} + e_{n2}}$$

土压力标准值的水平力、竖向分力分别按下式计算：

$$E_{Hn} = E_n \cos\delta_n$$

$$E_{Vn} = E_n \sin\delta_n$$

(4)建筑物自重力(竖向力)标准值及其产生的稳定力矩。建筑物自重力包括结构及其上部填料的自重力，其计算图式见图 2-27a)。设计高水位时，计算面为基床顶面，由自重力产生的竖向力和稳定力矩计算列于表 2-11。

对于沿基床底的抗滑稳定性验算，由于地基土较好，基床前被动土压力，按图 2-27 计算 BDEE′基床部分的水下自重力标准值：

$$G_j = 2 \times 7.3 \times 11 = 160.60\text{kN/m}$$

基床前的被动土压抗力标准值

$$E_p = 0.3 \times \frac{1}{2}\gamma h^2 \tan^2\left(45° + \frac{\varphi}{2}\right) = 0.3 \times \frac{1}{2} \times 9.5 \times 2^2 \times \tan^2\left(45° + \frac{30°}{2}\right) = 17.10\text{kN}$$

设计高水位时自重力产生的竖向力标准值及其稳定力矩计算　　表 2-11

编号 i	竖向力标准值计算		对前趾的抗倾力臂计算		稳定力矩 M_{GI}(kN·m)
	计算式	标准值 G_i(kN)	计算式	标准值 L_i(kN)	
1	0.6×1.0×23.5+2.9×1.0×13.5	53.25	0.5+0.5	1.00	53.25
2	0.6×1.2×18+0.9×1.2×9.5	23.22	0.5+1.0+0.6	2.10	48.76
3	2.0×1.2×13.5	32.40	0.5+1.0+0.6	2.10	68.04
4	1.0×1.4×13.5	18.90	0.5+2.2+0.7	3.40	64.26
5	0.6×1.4×18+1.9×1.4×9.5	40.39	0.5+2.2+0.7	3.40	137.33
6	0.6×2.2×18+2.1×2.2×9.5+0.8×2.2×11	87.01	0.5+3.6+1.1	5.20	452.45
7	0.5×(0.9+1.4)×0.5×13.5	7.76	0.5+0.27	0.77	5.98
8	1.4×3.7×13.5	69.93	0.5+0.5+1.85	2.85	199.30
9	0.5×0.8×1.6×11	7.04	0.5+4.2+2×1.6/3	5.77	40.62
10	0.5×(1.4+0.6)×1.6×13.5	21.60	0.5+4.2+0.69	5.39	116.42
11	0.5×(1.0+1.5)×0.5×13.5	8.44	0.5+0.5+0.27	1.27	10.72
12	9.1×2.8×13.5	343.98	0.5+1.0+1.4	2.90	997.54
13	0.5×(5.5+6.0)×0.4×13.5	31.05	0.5+3.8+0.2	4.50	139.73
14	0.5×(4.1+4.6)×0.5×13.5	29.36	1.0+0.25	1.25	36.70
15	0.5×(2.6+3.1)×0.5×13.5	19.24	0.5+0.26	0.76	14.62
16	0.5×(1.1+1.6)×0.5×13.5	9.11	0.27	0.27	2.46
Σ		802.68			2388.18

极端低水位的各种项目计算过程从略。

设计高水位和极端低水位两种情况的每延米码头建筑物的作用、作用效应、抗力标准值计算结果和分项系数取值汇总如表 2-12 所示。

每延米的作用、作用效应及其抗力标准值和分项系数取值　　表 2-12

项目			作用及其效应标准值(kN)			抗力标准值(kN)				
作用或抗力			土压力		系缆力	竖向力				基床前被动土压力
						自重作用		土压力		
作用或抗力分类			永久作用	可变作用	可变作用	墙体自重	基床自重	永久作用产生	可变作用产生	
设计高水位	水平或竖向作用力	符号	E_H	E_{qH}	P_{RH}	G	G_j	E_V	E_{qV}	E_P
		数值	154.59	43.63	8.45	802.68	160.60	34.64	5.78	17.10
	力矩	符号	M_{EH}	M_{EqH}	M_{PRH}	M_G	—	M_{EV}	M_{EqV}	—
		数值	723.16	348.29	122.10	2388.18	—	153.90	26.23	—
	分项系数	符号	γ_E	γ_E	γ_{PR}	γ_G	γ_G	γ_E	γ_E	γ_{EP}
		数值	1.35	1.35	1.4	1.0	1.0	1.35	1.35	1.0
极端低水位	水平或竖向作用力	符号	E_H	E_{qH}	P_{RH}	G	G_j	E_V	E_{qV}	E_P
		数值	202.4	43.63	8.45	1031.09	160.60	44.19	5.78	17.10
	力矩	符号	M_{EH}	M_{EqH}	M_{PRH}	M_G	—	M_{EV}	M_{EqV}	—
		数值	991.57	348.29	122.10	3143.74	—	197.15	26.23	—
	分项系数	符号	γ_E	γ_E	γ_{PR}	γ_G	γ_G	γ_E	γ_E	γ_{EP}
		数值	1.35	1.25	1.30	1.0	1.0	1.35	1.25	1.0

3. 验算

由表 2-12 给出的可变作用计算结果可判断，对于抗滑、抗倾稳定性验算，由码头面堆货荷载产生的土压力为主导可变作用；系缆力为非主导可变作用。

结构安全等级为二级，其结构重要性系数取 $\gamma_0=1.0$。

抗滑、抗倾稳定性验算情况为承载力极限状态，持久状况的持久组合，作用的效应组合系数取 $\psi=0.7$；抗力的结构系数，因无波浪作用，抗滑稳定性验算取 $\gamma_d=1.0$；抗倾覆稳定性验算取 $\gamma_d=1.25$。

基床承载力分项系数取 $\gamma_\sigma=1.0$。

(1)抗滑稳定性验算。分别按下列的验算表达式验算：

沿基床顶面

$$\gamma_0(\gamma_E E_H+\gamma_E E_{qH}+\psi\gamma_{PR}E_{RH})\leqslant(\gamma_G G+\gamma_E E_V+\gamma_E E_{qV})f\frac{1}{\gamma_d}$$

沿基床底面

$$\gamma_0(\gamma_E E_H+\gamma_E E_{qH}+\psi\gamma_{PR}E_{RH})\leqslant[(\gamma_G G+\gamma_G G_j+\gamma_E E_V+\gamma_E E_{qV})f+\gamma_E E_P]\frac{1}{\gamma_d}$$

抗滑稳定性验算过程及结果见表 2-13。

抗滑稳定性验算　　表 2-13

水位	验算面	作用效应组合设计值计算		抗力设计值计算		结论
		计算式	数值	计算式	数值	
设计高水位	沿基床顶面	1.0 × (1.35 × 154.59 + 1.35 × 43.63 + +0.7 ×1.4 ×8.45)	275.88	(1.0 ×802.68 +1.35 ×34.64 + 1.35 ×5.78) ×0.6/1.0	514.35	稳定
	沿基床底面	1.0 ×(1.35 ×(154.59 +51.33) +1.35 ×(43.63 +6.18) +0.7 × 1.4 ×8.45)	353.52	(1.0 ×802.68 +1.0 ×160.60 + 1.35 ×(34.64 +13.75) +1.35 × (5.78 +1.66)) ×0.4 +17.1)/1.0	432.56	稳定
极端低水位	沿基床顶面	1.0 × (1.35 × 202.4 + 1.25 × 43.63 +0.7 ×1.3 ×8.45)	335.47	(1.0 ×1031.09 +1.35 ×44.19 + 1.25 ×5.78) ×0.6/1.0	658.78	稳定
	沿基床底面	1.0 ×(1.35 ×(202.4 +61.61) + 1.25 ×(43.63 +6.18) +0.7 × 1.3 ×8.45)	426.37	((1.0 ×1031.09 +1.0 ×160.60 + 1.35 ×(44.19 +16.51) +1.25 × (5.78 +1.66)) ×0.4 +17.1)/1.0	530.27	稳定

(2)抗倾覆稳定性验算。抗倾覆稳定性按下列表达式验算：

$$\gamma_0(\gamma_E M_{EH} + \gamma_E M_{EqH} + \psi\gamma_{PR}M_{RH}) \leqslant [(\gamma_G M_G + \gamma_E M_{EV} + \gamma_E M_{EqV})]\frac{1}{\gamma_d}$$

抗倾覆稳定性验算过程及结果见表 2-14。

抗倾覆稳定性验算　　表 2-14

水位	作用效应组合设计值计算		抗力设计值计算		结论
	计算式	数值	计算式	数值	
设计高水位	1.0 × (1.35 × 723.16 + 1.35 × 348.29 +0.7 ×1.4 ×122.1)	1566.12	1.0 × (1.0 × 2388.18 + 1.35 × 153.90 +1.35 ×26.23)/1.25	2105.08	稳定
极端低水位	1.0 × (1.35 × 991.57 + 1.35 × 348.29 +0.7 ×1.3 ×122.10)	1919.92	1.0 × (1.0 × 3143.74 + 1.35 × 197.15 +1.35 ×26.23)/1.25	2756.24	稳定

(3)基底应力和地基应力验算。基底应力、地基应力及基床承载力验算，如表 2-15 所示。

表中，M_R、M_0 分别为竖向合力标准值产生的稳定力矩和水平作用合力标准值产生的倾覆力矩；G'、H 分别为作用在基床顶面的竖向作用合力标准值和水平作用合力标准值。根据前面计算的结果，其值分别为：

$$M_R = M_G + M_{EV} + M_{EqV} = 2388.18 + 153.90 + 26.23 = 2568.31$$

$$M_0 = M_{EH} + M_{EqH} + M_{PR} = 723.16 + 348.29 + 122.10 = 1193.55$$

$$G' = G + E_V + E_{qV} = 802.68 + 34.64 + 5.78 = 843.10$$

$$H = E_H + E_{qH} + P_{RH} = 154.59 + 43.63 + 8.45 = 206.67$$

极端低水位的 M_R、M_0、G'、H 计算过程从略。

表 2-15

基底应力、地基应力计算及基床承载力验算

验算项目	计算(验算)公式	设计高水位		极端低水位	
		码头面不布荷载	码头面布满荷载	码头面不布荷载	码头面布满荷载
基底应力(kPa)	$\zeta=\frac{M_R-M_0}{G}$	$\frac{2568.31-1193.55}{843.10}=1.63>\frac{B}{3}=\frac{4.3}{3}=1.43$	$\frac{2568.31+394.4-1193.55}{843.10+116}=1.84>\frac{B}{3}=1.43$	$\frac{3367.12-1461.96}{1081.06}=1.76>\frac{B}{3}=1.43$	$\frac{3367.12+394.4-1461.96}{1081.06+116}=1.92>\frac{B}{3}=1.43$
	$e=\frac{B}{2}-\zeta$	$\frac{4.3}{2}-1.63=0.52$	$\frac{4.3}{2}-1.84=0.31$	$\frac{4.3}{2}-1.76=0.39$	$\frac{4.3}{2}-1.92=0.23$
	σ_{max} σ_{min} $=\frac{G'}{B}\left(1\pm\frac{6e}{B}\right)$	$\frac{843.10}{4.3}\left(1\pm\frac{6\times0.52}{4.3}\right)$ $=338.33$ 或 53.81	$\frac{843.10+116}{4.3}\left(1\pm\frac{6\times0.31}{4.3}\right)$ $=319.53$ 或 126.57	$\frac{1081.06}{4.3}\left(1\pm\frac{6\times0.39}{4.3}\right)$ $=388.22$ 或 114.60	$\frac{1081.06+116}{4.3}\left(1\pm\frac{6\times0.23}{4.3}\right)$ $=367.73$ 或 189.04
	$\gamma_0\gamma_\sigma\sigma_{max}\leqslant\sigma_\gamma$	$1.0\times1.0\times338.33=338.33<600$	$1.0\times1.0\times319.53=319.53<600$	$1.0\times1.0\times388.22=388.22<600$	$1.0\times1.0\times367.73=367.73<600$
地基表面应力(kPa)	$\sigma'_{max}=\frac{\sigma_{max}B}{B+2d}+\gamma d$	$\frac{338.33\times4.3}{4.3+2\times2}+11\times2=197.28$	$\frac{319.53\times4.3}{4.3+2\times2}+11\times2=187.54$	$\frac{388.22\times4.3}{4.3+2\times2}+11\times2=223.13$	$\frac{367.73\times4.3}{4.3+2\times2}+11\times2=212.51$
	$\sigma'_{min}=\frac{\sigma_{min}B}{B+2d}+\gamma d$	$\frac{53.81\times4.3}{4.3+2\times2}+11\times2=49.88$	$\frac{126.57\times4.3}{4.3+2\times2}+11\times2=87.57$	$\frac{114.60\times4.3}{4.3+2\times2}+11\times2=81.37$	$\frac{189.04\times4.3}{4.3+2\times2}+11\times2=119.94$

第四节 块体码头

一、结构型式

1. 断面形式

块体码头墙身是由混凝土块体或浆砌石砌筑而成,断面形式主要有:阶梯式、衡重式和卸荷板式三种,如图2-28所示。

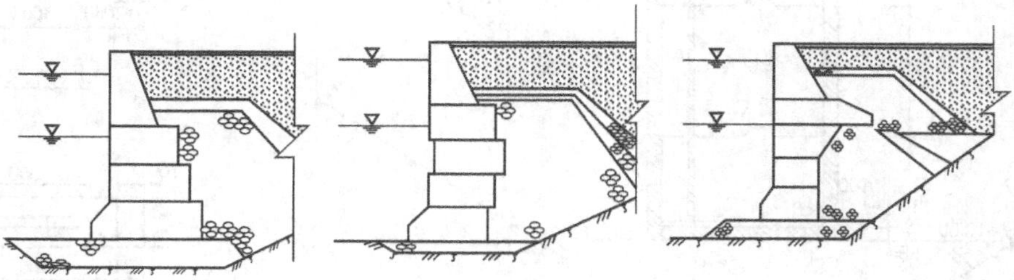

图2-28 方块码头的断面形式

a)阶梯式;b)衡重式;c)卸荷板式

阶梯形断面重力式码头对起重安装设备能力要求不高,结构施工期稳定性好。但方块数量、种类和层数多,结构整体性差,基底应力分布不均匀,水下工程量大,施工麻烦。从20世纪60年代开始,随着起重安装设备能力的提高,阶梯形断面重力式码头逐渐被衡重式和卸荷板式代替。

衡重式和卸荷板式断面结构重心靠后,墙后土压力减小,基底应力分布均匀;块体数量、种类和层数少,结构整体性加强,施工效率高。但衡重式和卸荷板式断面重心较高,抗震性能不好;施工期(墙后未回填前)存在后倾稳定性问题。

2. 块体形式

构成块体码头墙身的块体有实心方块、空心方块和异形块体三种形式。

实心方块码头,最早采用浆砌石方块,现多采用混凝土实心方块,对于小码头也有采用浆砌石方块砌筑。实心方块外形一般为直角平行六面体,方块重量根据起重设备能力确定。为了节省混凝土,也可在方块内埋入大块石,作成块石混凝土。实心方块码头的坚固耐久性最好,施工维修简便。

为了减轻块体重量(受起重安装设备能力限制),或增大块体尺度(减少块体数量),可采用空心块体,空心块体内部一般需填充砂、石等材料。在重量相同的情况下,空心块体的外形尺寸比实心块体大,可减少块体的数量和层数,节省混凝土用量;在混凝土用量相同的情况下,空心块体码头的抗倾稳定性比实心块体码头好;有底空心块体码头的宽度与高度之比一般较大,基底应力较小。

空心块体码头分为有底板和无底板两种,如图2-29和图2-30所示。无底板的空心块体码头,与构件接触的基床局部压力较大,由于填料仅部分参加抗倾工作,抗倾能力较小。为增大块体尺寸,可将空心块体的壁厚减薄,于是有了钢筋混凝土空箱结构。图2-31为某港钢筋混凝土空箱码头典型断面，单体块体重 454t，高 12.3m，一层块体即到水面。

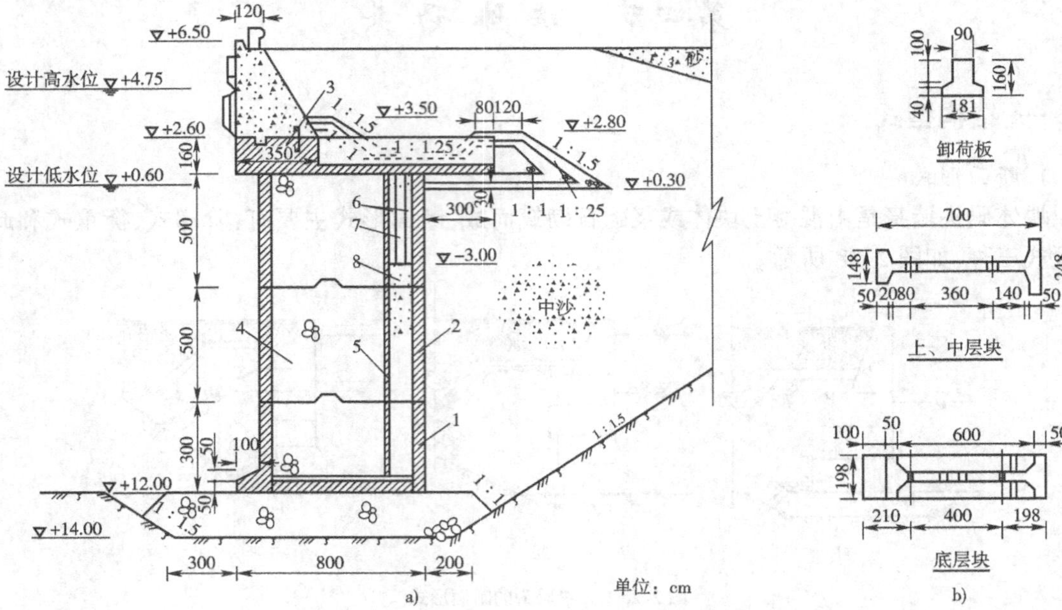

图 2-29　某港磷矿码头的断面图

a) 码头断面图；b) 构件图

1-底层块体；2-中上层块体；3-卸荷板；4-14～45kg 块石；5-隔砂板；6-2～8cm 碎石；7-0.5～1cm 瓜米石；8-混合倒滤层

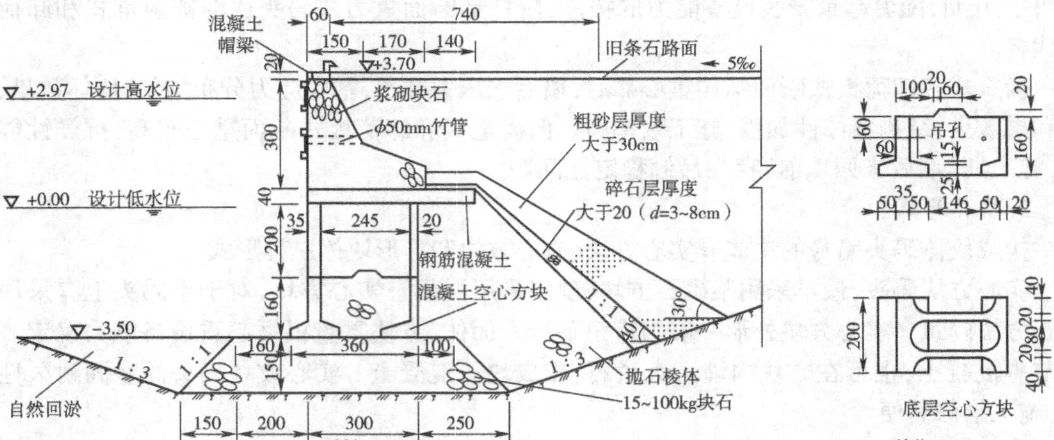

图 2-30　无底板空心块体码头

二、块体构造

实心块体和空心块体的大小决定于起重设备能力。在起重设备能力范围内，块体尺寸尽量大些。在决定块体尺寸时，除考虑块体自身重量外，还要考虑预制块体底部与预制场地坪之间的粘结力。此粘结力与块体脱模方法等因素有关，应根据实测资料确定。当无实测资料时，预制块体底部与预制场地坪之间的粘结力可取 5kPa。

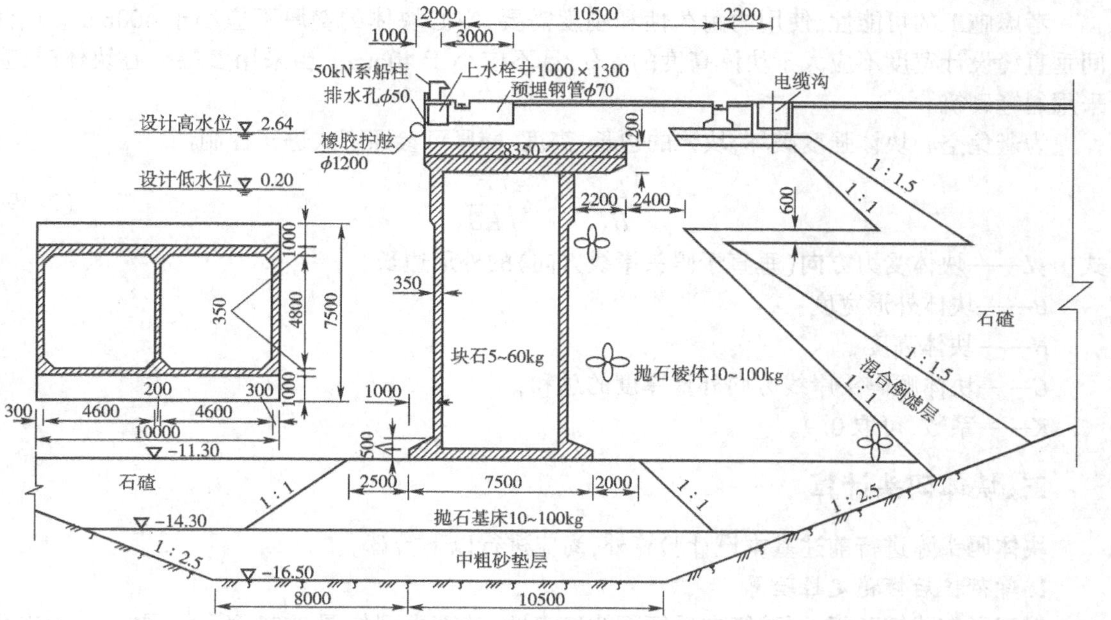

图 2-31　我国某港钢筋混凝土空箱码头

1. 实心块体

实心块体一般做成六面直角块体，称为实心方块。实心块体码头是靠单个方块相互搭接构成整体结构，为保证结构的整体性，上下层方块间垂直砌缝应互相错开，错缝间距应符合下列规定：在横断面内，不小方块高度的 1/2 并不小于 0.8m；在纵断面和平面内，不小于方块高度的 1/3 并不小于 0.5m。方块间垂直砌缝的设计宽度一般采用 20～30mm。

在按砌方块过程中和建筑物发生不均匀沉降时，方块会出现弯曲或扭曲应力。为了防止方块受弯或受扭时断裂，方块的各向尺寸应符合下列规定：长边尺寸与高度之比不大于 3.0；短边尺寸与高度之比不小于 1.0，对于个别方块不小于 0.5，同时短边尺寸不小于 0.8m。

2. 空心块体

根据尺度大小和错缝要求，空心块体有如图 2-32 所示的多种形式可选用。

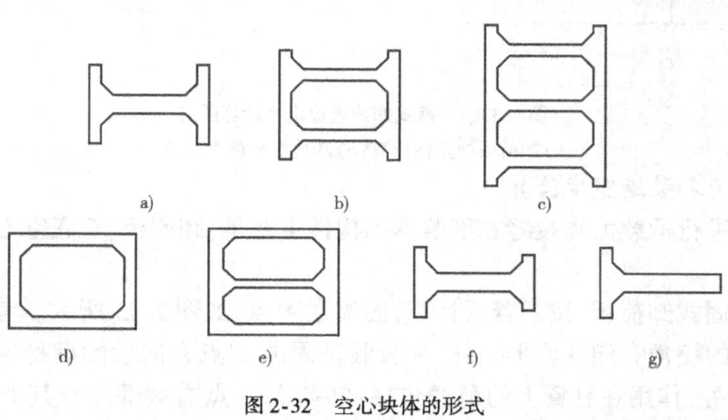

图 2-32　空心块体的形式

a）单工字形；b）双工字形；c）多工字形；d）口字形；e）日字形；f）不对称工字形；g）T字形

考虑施工的可能性、使用的耐久性和刚度需要，空心块体的壁厚不应小于400mm。块体间垂直缝设计宽度不应大于块体高度的4‰，且不应小于40mm。当采用多层空心块体时，宜采用通缝砌筑。

为避免空心块体强度破坏，块体的边长、高度、壁厚可参照下式进行控制：

$$\frac{L}{H} \leqslant 3 \times \sqrt{\frac{C}{KB}} \tag{2-39}$$

式中：L——块体受力方向（垂直于码头岸线方向）的外形边长；

B——块体外形宽度；

H——块体高度；

C——块体顺码头岸线方向外壁厚度的总和；

K——系数，可取0.9。

三、块体码头计算

块体码头除进行前述基本设计验算外，尚应进行以下验算。

1. 卸荷板后倾稳定性验算

对于平衡式卸荷板，要验算向后倾翻的稳定性，计算模型如图2-33所示。取A点为支承点，在A点左侧的竖向作用力为稳定力矩，只考虑永久作用，包括：胸墙、卸荷板A点左侧部分及其上部填料的自重力。在A点右侧的竖向作用力为倾覆力矩，除考虑永久作用（卸荷板A点右侧部分及其上部填料的自重力等）外，尚应考虑可变作用，一般包括：码头地面堆货荷载、铁路荷载或大型起重运输机械荷载等。

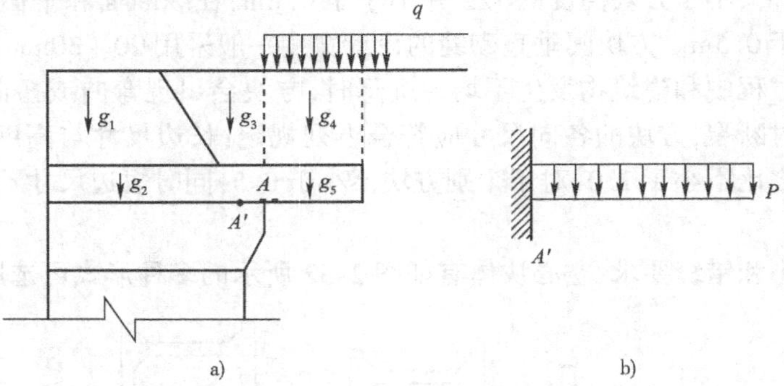

图2-33　平衡式卸荷板稳定性计算图式

a）卸荷板稳定性计算；b）卸荷板承载力计算

2. 构件承载力和裂缝宽度验算

块体码头需进行承载力和裂缝宽度验算的构件主要是：卸荷板、有底空心块体的底板和趾板等。

平衡式和锚固式卸荷板，按悬臂板计算，固端在A'点，如图2-33所示。考虑到预制和安装误差以及板下面的棱角有塑性变形损坏，一般假设固端A'点在向后倾翻稳定性验算支承点A左侧0.2～0.3m处，作用在悬臂上的荷载包括：卸荷板A'点右侧部分及其上部填料的自重力和地面使用荷载等。

简支式卸荷板按简支板进行承载力和裂缝宽度验算。

有底空心块体的底板按四边固定板计算,趾板按悬臂板计算。

3. 无底空心块体码头抗倾和抗滑稳定性验算

无底板空心块体结构与有底板空心块体结构在稳定性计算中的区别是,无底板空心块体内部填料不能全部参加抗倾工作;内部填料与下部结构的摩擦系数和块体混凝土与下部结构的摩擦系数不同。为简化计算,对无底空心块体码头抗倾和抗滑稳定性验算仍采用实心块体重力式码头的计算表达式,但需对相关计算参数进行修正。

由于空心块体内填料与块体壁之间存在摩擦力,填料有一部分直接作用到基床上,其余部分通过块体壁传到基床上。假设直接作用到基床上的那部分填料不参加抗倾工作,在计算无底空心块体抗倾稳定性时应予扣除。腔内填料起抗倾作用的竖向力为填料与块体壁之间的摩擦力,其标准值可按式(2-40)计算,然后换算为单宽值。

$$G_R = W_0 - A_R\sigma_z \tag{2-40}$$

式中:G_R——空心块体内填料起抗倾作用的重力标准值(kN);

W_0——空心块体内填料自重力标准值(kN);

A_R——空心块体内填料与基床接触面积(m^2);

σ_z——空心块体内填料直接作用在基床上的压应力标准值(kPa),按贮仓压力计算。

在进行抗滑稳定性计算时,空心块体连同其内填料与基床之间的摩擦系数采用综合摩擦系数,其设计值可取0.65。

第五节　沉箱码头

一、结构型式

按平面型式分,沉箱结构有矩形和圆形(或椭圆形等)两类。有时,在沉箱迎浪壁上开孔,以减小波浪反射。

矩形沉箱的横断面一般采用对称式。矩形沉箱制作比较简单,浮游稳定性好,施工经验成熟。但结构受力特性不如圆形沉箱好,钢筋用量大。大型沉箱的含钢率一般达到150～200kg/m³,中小型沉箱含钢率一般达到100～150kg/m³。矩形沉箱多用于岸壁式码头。

圆形沉箱受力情况较好,一般按构造配筋,用钢量少;圆形沉箱内可不设内隔墙,既节省混凝土用量,又减轻了沉箱的重量;箱壁对水流的阻力小、波浪荷载小。圆形沉箱一般适用于墩式栈桥码头,特别是水流流速大、冰凌严重或波浪大的地区。

在波浪较大的港区或水域,码头前波浪反射严重,船舶泊稳条件差。为减小码头前波浪反射,改善泊稳条件,可在沉箱外部波浪作用范围(一般在沉箱上部)开设一些孔洞,做成开孔沉箱。我国某港一期煤码头,采用了钢筋混凝土开孔沉箱,如图2-34所示,开孔率(开孔部位开孔面积与该部位总面积的百分比)为28%,消浪室宽度9m,相对宽度(消浪室宽度与波长之比)为1/2.8,开孔下边界高程为-1.90m(接近设计低水位以下2倍波高处,作业波高为1.0m)。试验研究表明,开孔率大则消波性能好,但也要考虑结构的强度、刚度和消浪室宽度与波长等因素，开孔率宜采用20%～40%；消浪室宽度在1/8～1/4入射波长范围，消波效果较好；开孔型式对消波效果没有显著影响；开孔部位应在波能集中处，开孔部位上边界高程控制在设计高水位以上不小于1倍设计波高处，下边界高程控制在设计低水位以下不小于1倍设计波高处。

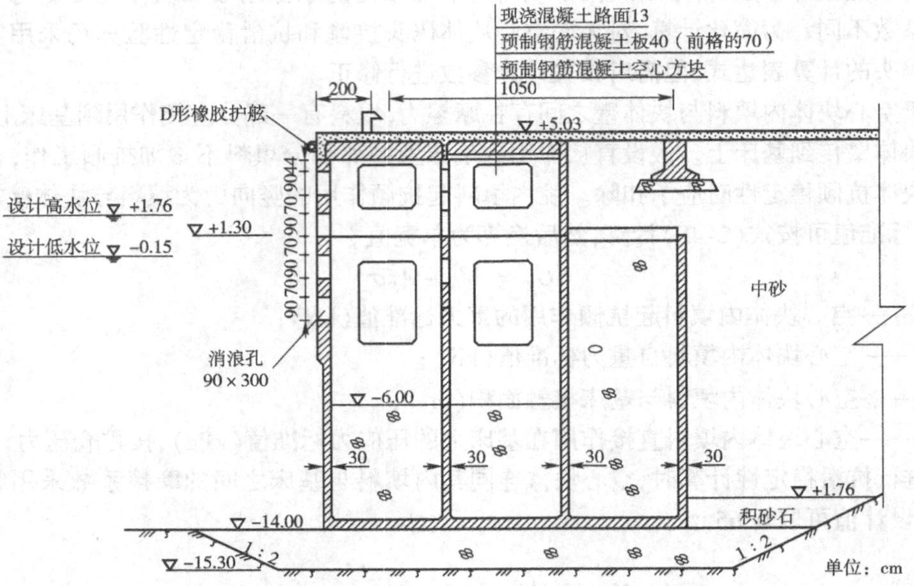

图2-34　某港一期煤码头透空式沉箱

二、沉箱码头构造

1. 沉箱外形尺寸

沉箱的外形尺寸包括宽度、高度和长度。

沉箱的宽度主要由建筑物的抗滑、抗倾稳定性和基床与地基承载力决定，并应满足浮运吃水、干舷高度和浮游稳定性要求。当不满足浮运要求时，一般先考虑在施工上采取措施，如加设浮筒等，必要时才增大沉箱的宽度。为减小沉箱宽度，可在沉箱底部的一侧或两侧加设趾板，以增大沉箱结构的抗滑与抗倾稳定性，减小箱底应力。趾板悬臂长度一般不宜大于1.0m。

沉箱的高度决定于码头前沿水深和胸墙的底部高程，沉箱顶部应嵌入胸墙内。从结构耐久性考虑，沉箱顶面高程越低越好，但一般不低于混凝土胸墙浇筑的施工水位；从沉箱沉放作业考虑，沉箱顶面高程高些可增加沉放作业的可用时间；沉箱内填料如采用船上抛填，则沉箱顶面高程不宜太高，以免抛石船低潮时作业困难。因此，要综合考虑各种因素，确定合适的沉箱顶面高程。

沉箱的长度一般根据施工设备能力（沉箱预制、下水、运输和沉放能力等）确定，同时考虑与码头变形缝的间距设置相适应。一般是在两相邻变形缝之间放一个沉箱；当变形缝间距较大、沉箱长度较小时，变形缝之间也可设置2～3个沉箱。

2. 沉箱内隔墙

矩形沉箱内通常设纵横隔墙,隔墙宜对称布置,隔墙间距一般采用 3~5m。为减轻沉箱重量、降低重心,并节省混凝土用量,可在隔墙上部留孔洞,孔洞下边缘至箱底的距离不宜小于隔墙间距的 1.5 倍。

中小型圆沉箱,一般不设内隔墙。大型圆沉箱,可在底板以上一定高度内设置内隔墙。

3. 沉箱壁厚

箱壁、底板和隔墙的厚度通过计算确定,并应满足钢筋混凝土耐久性、沉箱出运和安装及混凝土浇筑施工方便的要求。箱壁厚度不宜小于 250mm;沉箱潮差段临水面箱壁厚不宜小于 300mm,一般采用 300~400mm,大型沉箱可取大值。由于底板受力较大且复杂,底板厚度不宜小于箱壁厚度,一般采用 350~700mm,大型沉箱、隔墙间距较大时取大值。隔墙厚度一般由构造要求确定,可采用隔墙间距的 1/25~1/20,且不宜小于 200mm。

4. 钢筋

沉箱构造钢筋中的架立钢筋和分布钢筋的直径一般为 10~16mm,沉箱加强角应设置构造斜钢筋,其直径不宜小于 10mm。沉箱构件的配筋应满足混凝土浇筑的要求,钢筋间的净距不宜小于 50mm。

5. 沉箱内填料

根据当地具有的材料,应选用量大、易密实和易填充的材料,一般采用当地的砂、卵石或块石,也可填充细颗粒含量不大的山皮土和开山石。当采用细颗粒填料时,为防止填料冲刷流失,可在细颗粒填料的表面充填一层块石或碎石。

6. 沉箱接头形式

沉箱的接头形式有平接和空腔对接两种形式,如图 2-35 所示。当墙后设有抛石棱体或全部用块石回填时,沉箱之间可采用平接,如图 2-35a)所示;当墙后不设有抛石棱体而全部用砂或山皮土等细颗粒材料回填时,沉箱之间应采用空腔对接,如图 2-35b)所示。对接空腔内设置倒滤层,空腔宽度一般采用 300~800mm。沉箱间垂直缝的宽度宜采用沉箱高度的 4‰,但不应小于 50mm。

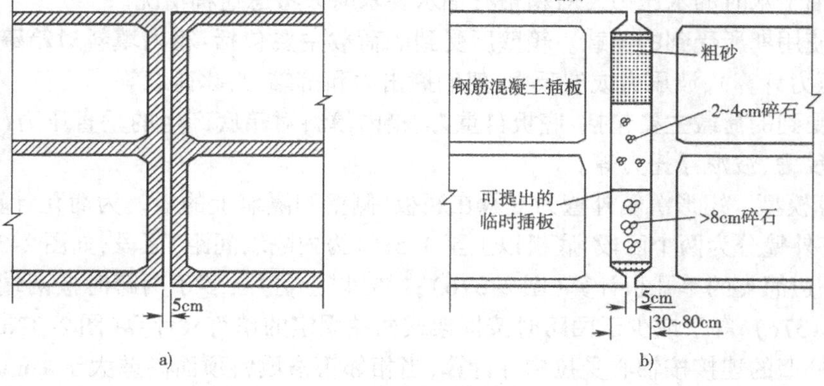

图 2-35 沉箱接头的形式

7. 施工需要的构造措施

为了压舱和沉放时向沉箱内灌水,需在沉箱前壁、后壁的下部对称设置灌水孔。为进水均匀，灌水孔按每隔一个箱格对称于沉箱轴线布置，并装设临时阀门。因沉箱接头处无法进行开关灌水孔阀门作业，灌水孔不能设置在沉箱两端壁上。沉箱隔墙应设通水孔。

三、沉箱码头计算

除进行前述重力式码头的基本计算外，沉箱码头计算还包括：构件强度和抗裂计算、沉箱浮游稳定性计算、吃水和干舷高度计算。

1. 构件强度和抗裂计算

(1)计算荷载。构件强度和抗裂计算时，应考虑以下几种受力情况。

①沉箱溜放或漂浮时的水压力。当沉箱用绞车在滑道上下水或在船坞内漂浮时，只考虑静水压力，如图2-36a)所示。图中，T_1为沉箱漂浮时的吃水，t_1为保证沉箱漂浮稳定性所加的压舱水深。

当沉箱在滑道上自由快速溜放下水时，除考虑静水压力外，尚应考虑动水压力p_D(kPa)：

$$p_D = 0.84v^2 \tag{2-41}$$

式中：v为沉箱入水后的最大下滑速度，一般控制不超过5m/s。采用自由快速溜放时，一般将沉箱顶密封，考虑沉箱倾斜和涌水的影响，计算时假设水面与箱顶齐平，水压力计算深度等于沉箱的高度H，如图2-36b)所示。

②沉箱浮运时的水压力和波压力。沉箱在海上拖运时的速度一般不大，海流流速较小，计算时不考虑动水压力。当波高小于1.0m时，只考虑静水压力，采用图2-36a)所示计算模式；当波高等于或大于1.0m时，除静水压力外，尚应考虑波压力，采用图2-36c)所示计算模式，T_2为沉箱浮运时的吃水，t_2为保证沉箱浮运时浮游稳定性所加的压舱水深，h为波高。

③沉箱沉放时的水压力。沉箱在基床上沉放时，一般采用灌水压载法。随着沉箱均匀缓慢下沉，外壁水压力逐渐增大，在沉箱底与基床顶面相接触的瞬间，箱壁所受的水压力最大，如图2-36d)所示，T_3为基床顶面水深，t_3为沉箱底与基床顶面相接触瞬间的箱内灌水深度。

④箱格抽干水时的水压力。对箱格有抽水要求时方考虑这种情况。

⑤码头使用期所受到的荷载。箱壁所受到的荷载主要包括：箱内填料对箱壁产生的侧压力(按储仓压力计算)、波压力或波吸力、船舶撞击力和挤靠力、冰荷载等。

箱底所受到的荷载主要包括：底板自重力、箱内填料对箱底产生的垂直压力(按储仓压力计算)、基床反力、波浪浮托力等。

(2)计算模型。矩形沉箱外壁为支承在底板、侧壁和隔墙上的板。为简化计算，根据结构受力特点，将外壁分为两个区段：底板以上至$1.5l$(l为内隔墙间距)区段，如图2-37a)所示，按三边固定、一边简支的单孔板计算(图2-37b)；$1.5l$以上区段，多于两跨时按两端固定的连续板计算(图2-37c)，等于或少于两跨时按框架或两端固定的单跨板计算(图2-37d)。

隔墙与外壁的连接按轴心受拉构件计算，当相邻箱格填料顶面高差大于1m时，隔墙按轴心受拉和偏心受拉构件计算。

沉箱底板由隔墙分为若干箱格，每个箱格底板按四边固定板计算，趾板按悬臂板计算。

有条件时，沉箱结构可按空间问题采用数值分析方法计算。

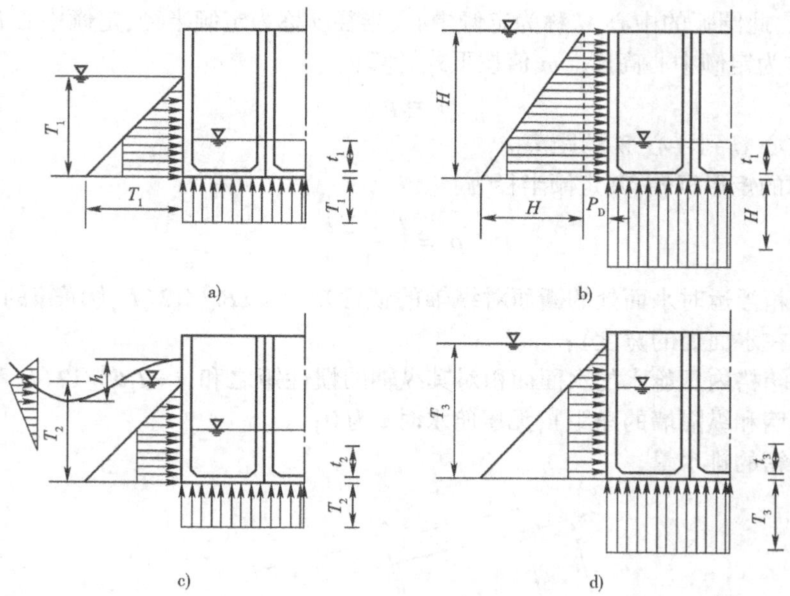

图 2-36　沉箱外壁的受力情况

a)在滑道上慢速溜放;b)在滑道上快速溜放;c)在无掩护区远距离托运;d)在基床上沉放

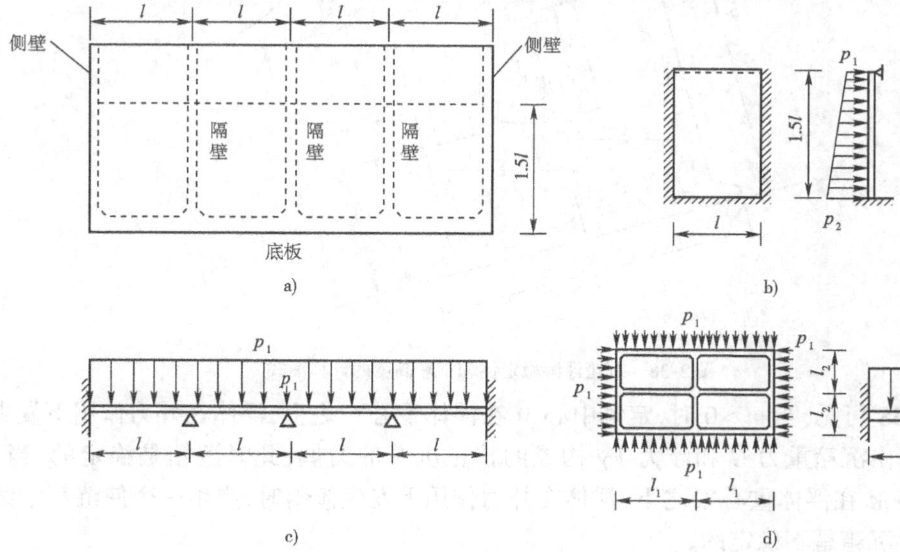

图 2-37　箱壁的计算图式

(3)内力计算与配筋。根据前述计算荷载和计算模型,计算各构件内力,按相应作用效应组合计算结果进行配筋和裂缝宽度验算。

2. 沉箱浮游稳定性验算

沉箱在溜放、漂浮、拖运和沉放过程中,应保证不发生倾覆,即满足浮游稳定性要求。

沉箱浮体的稳定性可用定倾中心高度表示。沉箱在外力作用下发生倾斜,如图 2-38 所示,在倾斜过程中浮体的浮心位置发生变化。在小倾角(小于 15°)情况下,浮心 W 的变化轨迹接近于圆弧，此圆弧的中心 M 称为定倾中心，半径 ρ 称为定倾半径，定倾中心 M 距浮体重心 C 的距离 m 称为定倾中心高度。m 值按下式计算：

$$m = \rho - a \tag{2-42}$$

式中：a——重心 C 到浮心 W 的距离。

对于对称的矩形沉箱，其定倾半径为：

$$\rho = \frac{I - \Sigma i}{V} \tag{2-43}$$

式中：I——沉箱浮运时水面处的断面对纵轴的惯性矩，$I = LB_0^3/12$（L 为沉箱的长度，B_0 为沉箱在水面处的宽度）；

Σi——各箱格内压舱水的水面面积对其纵轴的惯性矩之和，$i = l_1 l_2^3/12$（l_1 和 l_2 分别为横隔墙和纵隔墙的净距），无压舱水时 i 为 0；

V——沉箱的排水量。

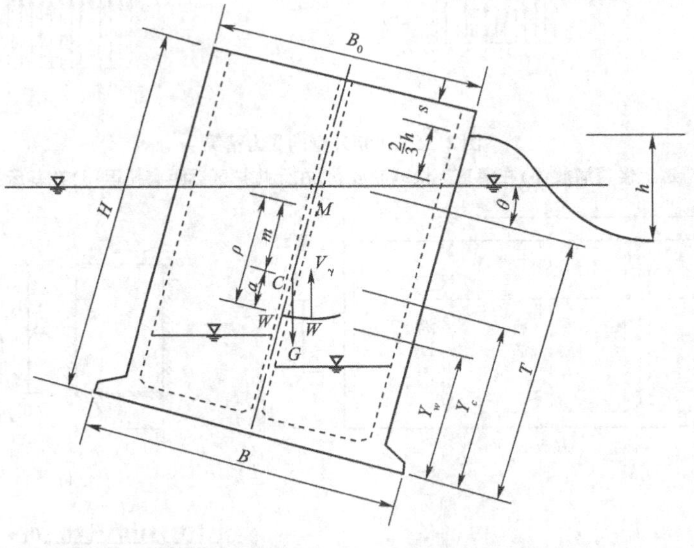

图 2-38　沉箱浮游稳定性和干舷高度的计算图式

由图 2-38 可见，当 $m>0$ 时，定倾中心 M 在浮体重心 C 之上，浮体在外力作用下发生倾斜时，产生一个由沉箱重力 G 和浮力 $V\gamma$ 构成的扶正沉箱的力偶，此时沉箱是稳定的；当 $m<0$ 时，定倾中心 M 在浮体重心 C 之下，浮体在外力作用下发生倾斜时，产生一个使沉箱继续倾斜的力偶，此时沉箱是不稳定的。

为保证沉箱的浮游稳定性，定倾中心高度 m 应满足表 2-16 的规定。

保证沉箱浮游稳定性的定倾中心高度 m　　表 2-16

近程浮运（在同一港区内浮运或运程在 30 n mile 以内）	远程浮运（有夜间航运或运程大于、等于 30 n mile）	
	以块石或砂等固定物压载	以液体压载
$m \geqslant 0.2$m	$m \geqslant 0.3$m	$m \geqslant 0.4$m

3. 沉箱漂浮水深和干舷高度验算

沉箱在滑道上溜放下水、在船坞内漂浮出坞或拖运和沉放时，要求沉箱漂浮水深（下水台车到达滑道末端时台车顶面的水深、船坞的水深或拖运和沉放时水深)大于沉箱漂浮时的吃水,并有一定的富余度。用滑道或浮坞下水时,要求有0.3m的富余深度;在干船坞中预制漂浮时,要求有大于0.5m的富余深度;在拖运和沉放时,要求有0.3~0.5m的富余深度。

为了保证沉箱在溜放或漂浮出坞、拖运和沉放时不没顶,沉箱应有足够的干舷高度。在拖运时,干舷高度(图2-38)应满足下式:

$$F = H - T \geqslant \frac{B_0}{2}\tan\theta + \frac{2h}{3} + s \qquad (2\text{-}44)$$

式中:F——沉箱的干舷高度(m);

H——沉箱的高度(m);

T——沉箱的吃水(m);

h——波高(m);

θ——沉箱的倾角,溜放时采用滑道末端的坡角,浮运时采用6°~8°;

S——沉箱干舷的富余高度,一般取0.5~1.0m。

四、算例——沉箱浮游稳定计算

1. 计算资料

以某港重力式码头的沉箱为例,其断面图和平面图见图2-39。沉箱近程浮运,要求满足定倾中心高度$m \geqslant 0.2$m。

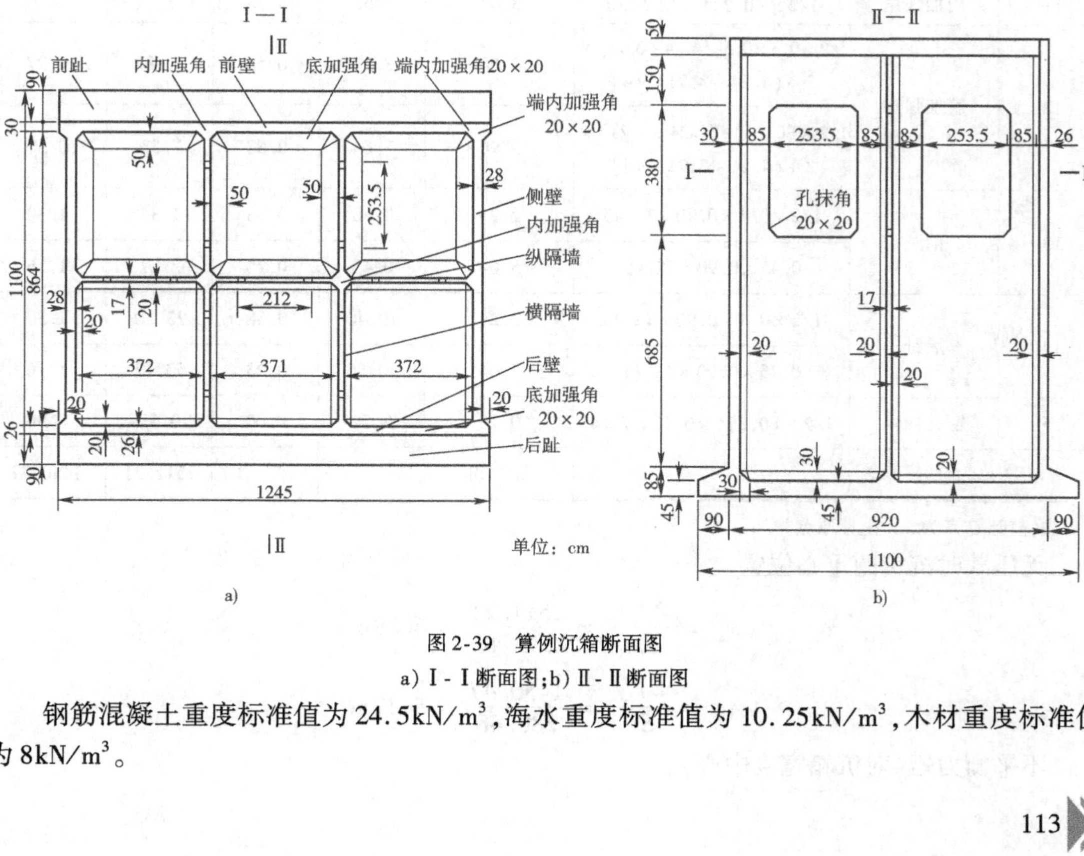

图2-39　算例沉箱断面图

a) I-I断面图;b) II-II断面图

钢筋混凝土重度标准值为24.5kN/m³,海水重度标准值为10.25kN/m³,木材重度标准值为8kN/m³。

2.平衡压载时的浮游稳定性计算

因本沉箱前、后壁厚度不同，前后舱底部加强角的尺寸不同，沉箱重心不在沉箱宽度的中心线上。为了保证沉箱浮运时平衡，在后三舱加水压载，要求出加水深度，并计算此时的浮游稳定性。

(1)加水深度 t_0 的计算。沉箱材料体积及重心位置计算列于表2-17。

沉箱材料体积和体积矩计算表　　　　表2-17

编号	构件名称	体积计算式	体积 v_i (m^3)	形心位置(m)		体积矩(m^4)	
				x_i	y_i	v_ix_i	v_iy_i
1	前壁	0.3×12.45×13.5	50.42	1.05	6.75	52.94	340.34
2	后壁	0.26×12.45×13.5	43.70	9.97	6.75	435.69	294.98
3	侧壁	0.28×8.64×13.5×2	65.32	5.52	6.75	360.57	440.91
4	底壁	0.45×8.64×11.49	44.67	5.52	0.23	246.58	10.27
5	纵隔墙	0.17×11.49×12.55	24.51	5.52	6.75	135.30	165.44
6	横隔墙	0.17×4.24×12.55×4	36.18	5.52	6.75	199.71	244.22
7	纵隔墙孔	-0.17×2.12×3.8×3	-4.11	5.52	9.60	-22.69	-39.46
8	横隔墙孔	-0.17×2.54×3.8×4	-6.56	5.52	9.60	-36.21	-62.98
9	端外加强角	1/2×(0.2)^2×13.5×4	1.08	5.52	6.75	5.96	7.29
10	端内加强角	1/2×(0.2)^2×13.05×4	1.05	5.52	6.98	5.80	7.33
11	内加强角	1/2×(0.2)^2×12.5520	5.02	5.52	6.73	27.71	33.78
12	底加强角	1/2×0.3×0.5[(4.24+3.71)×2+(4.24+3.71)×4]	3.58	3.32	0.55	11.89	1.97
		1/2×(0.2)^2[(4.24+3.71)×2+(4.24+3.71)×4]	0.96	7.64	0.52	7.33	0.50
13	前趾	1/2×0.4×0.90×12.45	2.24	0.60	0.58	1.34	1.30
		0.45×0.90×12.45	5.04	0.45	0.23	2.27	1.16
14	后趾	1/2×0.4×0.90×12.45	2.24	10.40	0.58	23.30	1.30
		0.45×0.90×12.45	5.04	10.55	0.23	53.17	1.16
15	窗孔抹角	1/2×(0.2)^2×0.17×7×4	0.10	5.52	9.60	0.55	0.96
总和			280.48			1511.21	1450.47

注：前趾 O 点为 x,y 坐标原点。

无压载时沉箱的重心位置

$$x_c = \frac{\Sigma v_i x_i}{\Sigma v_i} = \frac{1511.21}{280.48} = 5.39\text{m}$$

$$y_c = \frac{\Sigma v_i y_i}{\Sigma v_i} = \frac{1450.47}{280.48} = 5.17\text{m}$$

不平衡力矩(对沉箱宽度中心)：

$$\Delta M = 280.48 \times 24.5(11/2 - 5.39) = 755.89\text{kN}\cdot\text{m}$$

为保持沉箱正直，所需在后三舱加水的深度 t_0 由下式求得：

$$755.89 = [10.25t_0 \times (4.24 \times 3.71 + 4.24 \times 3.72 \times 2) - 0.96 \times 10.25 - \frac{1}{2}(0.2)^2 t_0 \times 10.25 \times 12] \times 2.20$$

整理后得

$$482.12t_0 = 353.43, t_0 = 0.73\text{m}$$

(2)沉箱后三舱加水深度为 0.73m 时的浮游稳定性计算。加水的重力 g 及对沉箱底面的重力矩 ΔM_y

$$g = [0.73(4.24 \times 3.71 + 4.24 \times 3.71 \times 2) - 0.96 - \frac{1}{2} \times (0.2)^2 \times 0.73 \times 12] \times 10.25$$
$$= 342.11\text{kN}$$

$$\Delta M_y = 342.11 \times 0.815 = 278.82\text{kN}\cdot\text{m}$$

沉箱重力 G 和重心高度(包括压舱水)y_c：

$$G = 280.48 \times 24.5 + 342.11 = 7213.87\text{kN}$$

$$y_c = \frac{1450.47 \times 24.5 \times 278.82}{7213.87} = 4.96\text{m}$$

沉箱的总排水量体积

$$V = \frac{280.48 \times 25 + 342.11}{10.25} = 717.47\text{m}^3$$

前、后趾悬臂的排水体积

$$v = 2(2.24 + 5.04) = 14.56\text{m}^3$$

沉箱吃水

$$T = \frac{(V - v)}{A} = \frac{(717.47 - 14.56)}{12.45 \times 9.2 - 0.2 \times 8.64 \times 2} = 6.33\text{m}$$

浮心高度

$$y_W = \frac{(V - v)T/2 + vy}{V} = \frac{(717.47 - 14.56)6.33/2 + (1.30 + 1.16) \times 2}{717.47} = 3.11\text{m}$$

$$a = y_c - y_W = 4.96 - 3.11 = 1.85\text{m}$$

定倾半径

$$\rho = \frac{I - \Sigma i}{V}$$
$$= \frac{[12.45 \times 9.2^3 - 0.2 \times 8.64^3 - 3.71 \times 4.24^3 - 3.72 \times 4.24^3 \times 2]/12}{717.47} = 1.0\text{m}$$

定倾高度

$$m = \rho - a = 1.0 - 1.85 = -0.85\text{m}$$

可知，沉箱浮游时不稳定，需采用下述的加水压载措施予以改善。

3. 前三舱加水深 2.0m，后三舱加水深至 2.65m 时的浮游稳定性计算

前项计算是初估性的，未考虑箱顶施工平台的木材重量，现在精确计算，应予考虑。

(1)沉箱的重力和重心高度计算。沉箱的重力和重心高度计算列于表2-18中。

沉箱重力计算表

表2-18

计算项目	计算式	重力 g (kN)	重心高度 y (m)	重力矩 $g \cdot y$ (kN·m)
沉箱成本	280.48×24.5	6871.76	5.17	35527.00
平台木材	6.63×8	53.04	13.70	726.65
前三舱加水2.0m	$[(4.24 \times 3.72 \times 2 + 4.24 \times 3.71) \times 2.0 - 3.58 - (0.2)^2 \times 12 \times 2.0/2] \times 10.25$	927.52	1.45	1344.90
后三舱加水2.65m(1.92+0.73)	$[(4.24 \times 3.72 \times 2 + 4.24 \times 3.71) \times 2.65 - 0.96 - (0.2)^2 \times 12 \times 2.651/2] \times 10.25$	1267.72	1.78	2256.54
Σ		9120.04		39855.09
重心高度：$y_c = \frac{\Sigma g \cdot y}{\Sigma g} = \frac{39855.09}{9120.04} = 4.37\text{m}$				

(2)沉箱排水体积及浮心高度：

总排水体积

$$V = \frac{9120.04}{10.25} = 889.76\text{m}^3$$

前、后趾悬臂的排水体积

$$v = 14.56\text{m}^3$$

沉箱吃水

$$T = \frac{V - v}{A} = \frac{889.76 - 14.56}{111.08} = 7.88\text{m}$$

浮心高度

$$y_W = \frac{(V - v)T/2 - vy}{V} = \frac{(889.76 - 14.56) \times 7.88/2 - (1.30 + 1.16) \times 2}{889.76} = 3.87\text{m}$$

(3)定倾高度：

重心距浮心的距离

$$a = y_c - y_W = 4.37 - 3.87 = 0.5\text{m}$$

定倾半径

$$\rho = \frac{I - \Sigma i}{V} = \frac{[12.45 \times 9.2^3 - 0.2 \times 8.64^3 - (3.71 + 3.72 \times 2) \times 4.24^3 \times 2]/12}{889.76}$$

$$= 0.72\text{m}$$

定倾高度

$$m = \rho - a = 0.72 - 0.50 = 0.22\text{m} > 0.2\text{m}$$

满足浮游稳定性要求。

第六节 扶壁码头

一、结构型式

钢筋混凝土扶壁结构主要由立板、底板和肋板组成，如图 2-40 所示，其中底板包括趾板、内底板和尾板三部分。立板的作用是挡土和构成码头的直立岸壁，底板的作用是将作用在结构上的外力传布到基床上，肋板的作用是支撑立板和底板，并将立板和底板连成整体。

按施工方法，扶壁码头可分为预制安装结构和现浇连续结构。有干地施工条件时，一般采用现浇连续结构；海港、河口港一般采用预制安装结构。预制安装结构单体预制构件的肋板数有单肋、双肋、多肋三种，图 2-40 所示为双肋预制构件的立体示意图，图 2-41 为广州某港建造的我国第一座扶壁式码头断面图。

扶壁结构具有结构简单、施工速度快、材料省、造价低等优点，但由于结构整体性差、施工期的稳定性较差，一般适用于中小型码头或掩护条件较好、施工期波浪较小的码头。

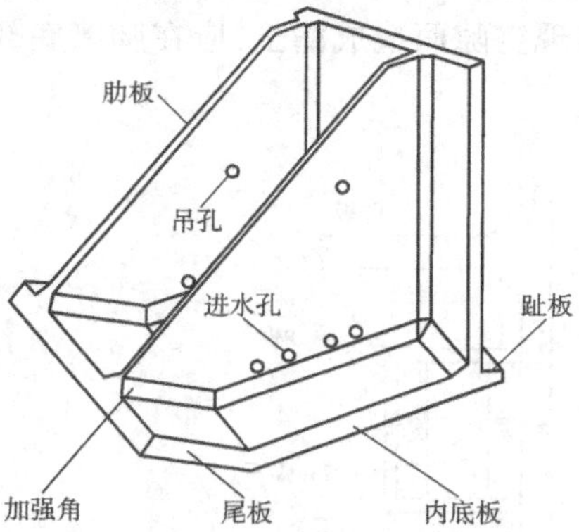

图 2-40 预制扶壁结构的立体示意图

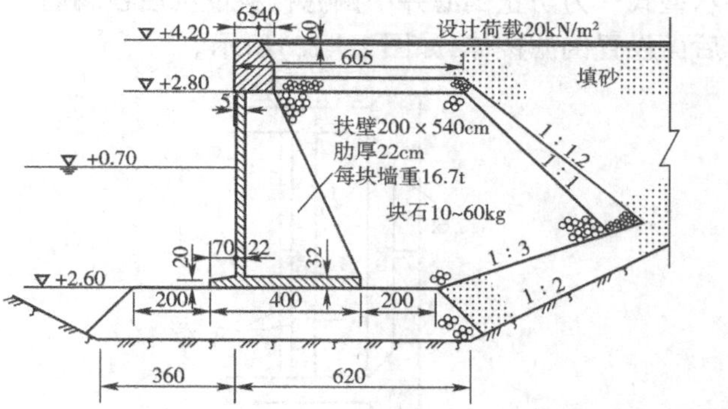

图 2-41 广州地区修建的第一座扶壁码头

二、扶壁码头构造

1. 外形尺寸

扶壁结构的外形尺寸包括：高度、宽度和长度。

扶壁结构的高度由码头水深和胸墙底高程确定，为了与现浇胸墙整体连接，扶壁顶端应嵌入胸墙，嵌入深度可取 100mm。

扶壁结构的宽度（底板宽度）由建筑物的稳定性和地基承载力确定。为了增强抗倾覆稳定性和使基底反力分布比较均匀，底板通常分成趾板、内底板和尾板三部分（也可不设尾板）。趾板长度不宜大于 1m，尾板向上翘起的长度不宜大于底宽的 1/4，翘起的角度不宜大于墙后回填料的内摩擦角。

预制扶壁结构的长度由起重设备的起重能力确定，一般不小于高度的 1/3；现浇扶壁结构的长度等于变形缝的间距。

2. 肋板的数量与布置

肋板的材料用量在整个扶壁结构中占很大比重，钢筋约占 44% ~56%，混凝土约占

32% ~54%。因此,肋板的合理布置对扶壁结构有很大的经济意义,应通过技术经济比较确定。现浇扶壁结构肋板的经济间距,对于中小挡土墙,一般为墙高的1/3~1/2或2.0~3.5m。对预制扶壁结构,预制件长度小于4m时,一般采用单肋;大于4m时宜采用双肋或多肋。肋板的间距应根据使立板和底板的支座弯矩和跨中弯矩大致相等的原则确定。

3. 扶壁构件尺寸

扶壁各构件的尺寸应由计算确定,同时考虑结构的整体性和耐久性的要求。立板和肋板的厚度一般不宜小于200mm。底板因受力复杂,其厚度不宜小于250 mm,趾板前端的厚度可小些,但不宜小于150mm。为便于安装,底板两侧前后端可削减20~40mm。肋板的顶宽一般等于胸墙的底宽,但不宜小于1m。各构件连接处应设加强角,并配置斜筋,加强角尺寸一般采用150 mm×150mm或200mm×200mm。

4. 安装缝及防漏土措施

预制扶壁构件安装缝的平均宽度一般采用30~40mm。当墙后不设抛石棱体时,为了防止墙后回填料从安装缝流失,应在垂直缝处设置倒滤井。倒滤井有图2-42a)、b)所示两种型式,当立板两端的悬臂较短时,可采用图2-42a)所示型式;当悬臂较长时,可采用图2-42b)所示型式。为防止倒滤井中倒滤材料下沉后在胸墙下面出现空隙而造成漏土,应在胸墙底部的后面设置倒滤棱体,如图2-42c)所示。

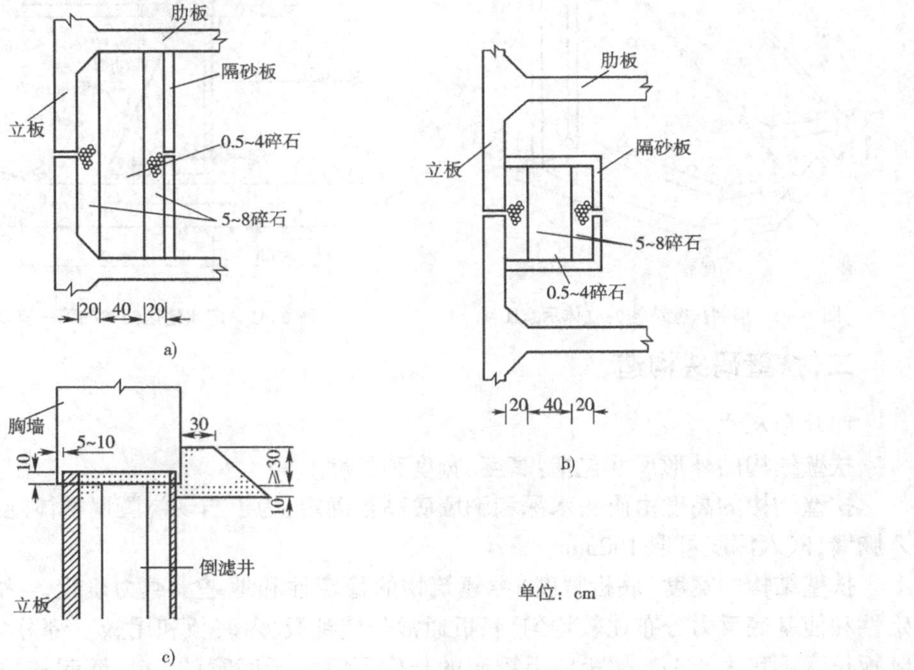

图2-42 扶壁安装缝的倒滤设施

a)悬臂较短时;b)悬臂较长时;c)胸墙底部后面倒滤棱体

5. 施工需要的构造措施

预制扶壁码头施工通常采用吊装,故需在预制扶壁的肋板上设置吊孔。吊孔位置应设置在预制扶壁重心的上方,吊孔直径应根据预制件重量确定,一般采用120~150mn。吊孔应配置带吊筋的钢套筒，其壁厚不应小于5mm。对于设有尾板的扶壁，宜在肋板根部设置4～6个通水孔，孔径为100～150mm，以保证安装时入水平稳。

三、扶壁码头计算

除进行重力式码头的基本计算外，扶壁码头还需进行扶壁结构的计算，包括：各构件的强度和抗裂、各构件之间的连接强度和吊孔强度等。

1. 立板计算

作用在立板及其与肋板连接处的荷载主要有：地面使用荷载、土压力、剩余水压力、波谷作用的波浪力等，最大荷载一般发生在墙前低水位时。对于扶壁构件上的土压力，目前尚缺少被工程界公认的方法，工程设计中一般按库仑主动土压力计算。以底板后缘垂直面作为假想墙背，近似确定墙后主动土压力。

根据肋板数目，采用不同的立板计算图式。对于单肋和双肋扶壁，一般不考虑底板对立板的嵌固作用，单肋扶壁的立板按悬臂板考虑，双肋扶壁的立板按两端悬臂的简支板考虑。多肋扶壁的立板计算图式与矩形沉箱外壁的计算图式相同，在距立板与底板交线$1.5l$（l为肋板间距）区段内，按三边固定一边简支板考虑；在$1.5l$以外区段，按连续板计算。

2. 底板计算

作用在底板及其与肋板连接处的荷载主要有：基床反力、底板自重力、底板上填料垂直压力和地面使用荷载。基床反力的大小和分布与计算水位、地面荷载及船舶荷载等有关，计算情况较复杂，一般由计算低水位控制，并考虑荷载的不利组合。对于有尾板的扶壁，考虑最大水平合力与最小垂直合力、最小水平合力与最大垂直合力两种组合。

底板计算图式与底板部位有关，趾板按悬臂板计算；内底板和尾板的计算图式与立板相同，也与肋的多少有关。

3. 肋板计算

肋板计算需考虑地面使用荷载、土压力、剩余水压力、波谷作用的波浪力和由胸墙传来的外力。

肋板计算图式按一端固定于底板的T形断面悬臂梁计算。通过计算，除确定肋板正截面受弯承载力和裂缝宽度外，还要确定肋板的斜截面承载力。

4. 构件之间的强度计算

肋板与立板、肋板与底板的连接按轴心受拉构件计算，确定连接处正截面拉力。

第七节　大圆筒码头

一、结构型式

大圆筒码头墙身是由依次排列的无底、大直径钢筋混凝土薄壳圆筒或钢圆筒构成。大圆筒结构可以分为两种类型，一种称之为基床式大圆筒结构，如图2-43所示，它是将无底、大直径钢筋混凝土薄壳圆筒或钢圆筒依次安放于抛石基床上，形成一直立墙壁；另一种称之为沉入式（或插入式）大圆筒结构，如图2-44所示，它是将无底、大直径钢筋混凝土薄壳圆筒或钢圆筒的下部依次沉(或插)入地基中,上部悬出地面形成一直立墙壁,沉(或插)入地基中的部分构成结构的基础。基床式大圆筒结构适用于土质较好的地基条件,沉入式大圆筒结构适用于软土地基条件。

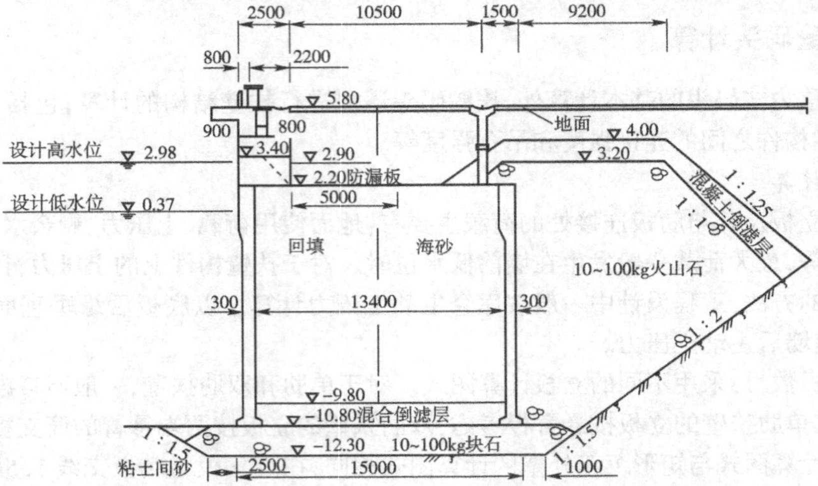

图 2-43 基床式大圆筒结构(海南裕环水泥厂码头)

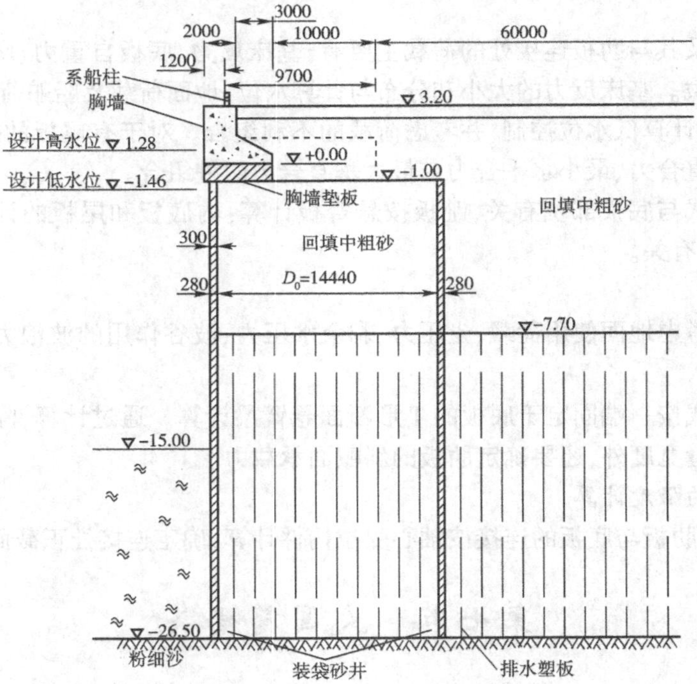

图 2-44 沉入式大圆筒结构(广东番禺南沙联合码头断面)

从几何形状看,大圆筒结构的基本构成单元——圆柱壳的直径、径高比 D/H(D 为圆柱壳外径,H 为圆柱壳高度)较大,圆柱壳的壁厚、厚径比 t/D(t 为圆柱壳壁厚)较小,是一大直径薄壳结构。通常,圆柱壳的直径在 10m 以上,基床式大圆筒结构的径高比 D/H 一般大于 0.9;钢筋混凝土圆柱壳的壁厚在一般 0.5m 以下,厚径比 t/D 一般小于 0.3。从力学特征看,大圆筒结构具有拱形结构的受力特点，在外力作用下结构的截面压力大、弯矩小，可充分发挥混凝土材料承压能力强的特点。从工作机理看，基床式大圆筒结构主要靠筒体和筒内填料的重力维持结构的稳定性，具有重力式结构的工作特征；沉入式大圆筒结构的工作机理更为复杂，除靠筒体和筒内填料重力维持结构的稳定外，地基对沉入土中圆筒的嵌固作用是维持结构稳定性的重要因素，具有筒基结构的工作特征。

大圆筒结构具有结构型式简单、受力合理、材料用量省、工程造价低、适用于软土地基（沉入式大圆筒结构）等方面的优点。但是，大圆筒结构也存在需用大型施工设备、基床应力较大、结构与土相互作用机理复杂等缺点，特别是沉入式大圆筒结构的设计理论、计算方法和施工技术等，有待进一步完善和工程检验。

二、大圆筒码头构造

1. 圆筒

圆筒是大圆筒结构的主体，可采用钢筋混凝土预制，也可采用钢板预制。钢筋混凝土圆筒的耐久性好、造价低，但重量大，需大型运输与起重设备。钢圆筒的重量轻，运输、沉放安装方便，但造价高、腐蚀问题严重。

圆筒截面形状多为圆形，也可做成近似椭圆形或正多边形，如图 2-45 所示。正多边形筒是由若干平板拼装而成，现场拼装可降低对运输、起重设备能力的要求。

圆筒的直径主要根据结构的稳定性、地基承载力、运输吊装设备能力以及码头面装卸机械使用要求等条件，经计算确定。圆筒直径一般采用 10～20m，也有工程采用小到 5m、大到 24m 直径的圆筒。

钢筋混凝土圆筒的筒壁厚度应根据强度、耐久性和抗裂计算确定，同时考虑施工条件和构造要求。圆筒壁厚度取 25～40cm 为宜。

对于安放在抛石基床上的圆筒，可在筒底设置内、外趾，如图 2-46 所示，以减小地基应力、增强结构的稳定性。内、外趾悬臂长度一般采用 0.5～1.5m。

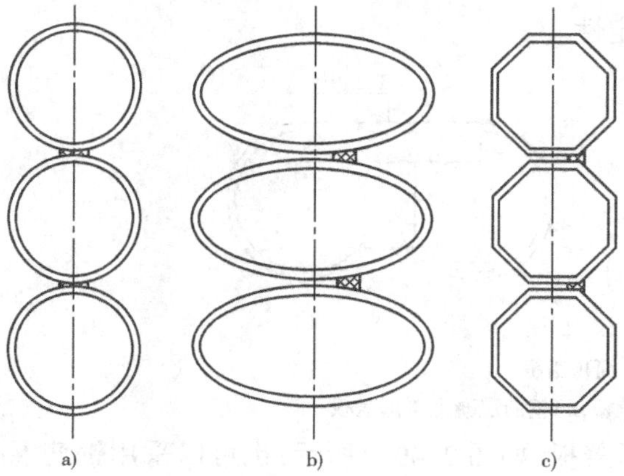

图 2-45 圆筒截面形状

a）圆形；b）近似椭圆形；c）正多边形

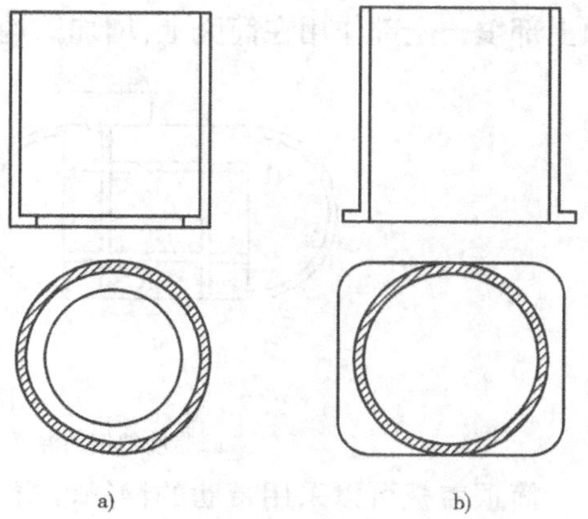

图 2-46 筒底内、外趾

a）内趾；b）外趾

考虑船舶作用力及上部结构的使用要求，从设计低水位到圆筒顶端的一段筒壁可适当加厚，厚度不宜小于 0.45 m，高度不宜小于 0.5 m。为便于安装码头防冲设备，可将此段圆筒临水侧外表面做成平面,如图 2-47 所示,其厚度一般为 1.0~1.5m。

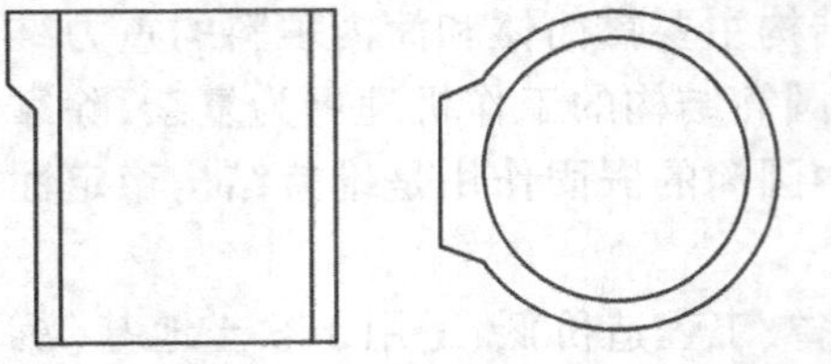

图 2-47　圆筒顶部局部加厚

圆筒构件宜整体预制,一次吊装。当起重、运输设备能力不够时,可沿高度分节预制,现场安装。

2. 相邻圆筒间防漏土措施

当圆筒墙后回填块石时,在圆筒间安装缝处可不采取防漏土措施。当圆筒墙后回填小粒径填料时,在相邻圆筒间接缝处要采取防漏土措施,一般有以下几种处理方法:

(1)在圆筒两侧设二个带凹槽的凸耳,在相邻两圆筒凸耳凹槽间形成空腔,空腔内浇注混凝土或填充碎石。如图 2-48a)所示。

(2)在相邻圆筒间预留 200~300mm 的安装缝,在安装缝前后两侧架设木板或钢模板,并用螺栓固定,用袋装混凝土填缝。如图 2-48b)所示。

(3)在相邻圆筒间接缝的填土侧放置梯形断面堵缝条,如图 2-48c)所示。

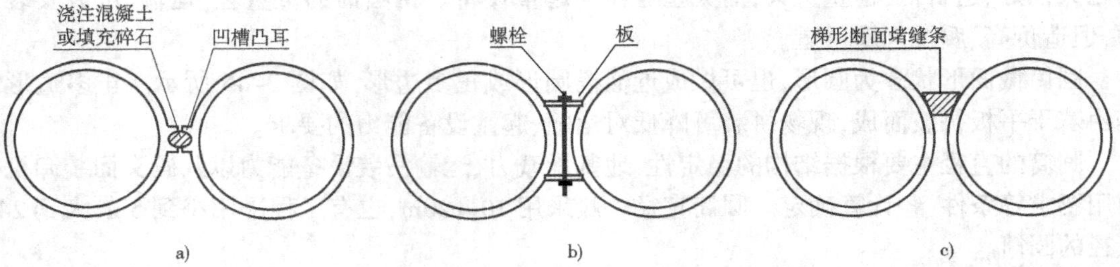

图 2-48　相邻圆筒间接缝处防漏土措施

3. 上部结构

大圆筒码头的上部结构,除胸墙外,还包括筒顶盖板,如图 2-49 所示。筒顶盖板的作用是:①防止筒顶上部填土从圆筒间接缝漏出;②可用作现场浇注混凝土胸墙的底模板;③使筒顶上部填土全部作用在筒壳上,增加结构的稳定性。

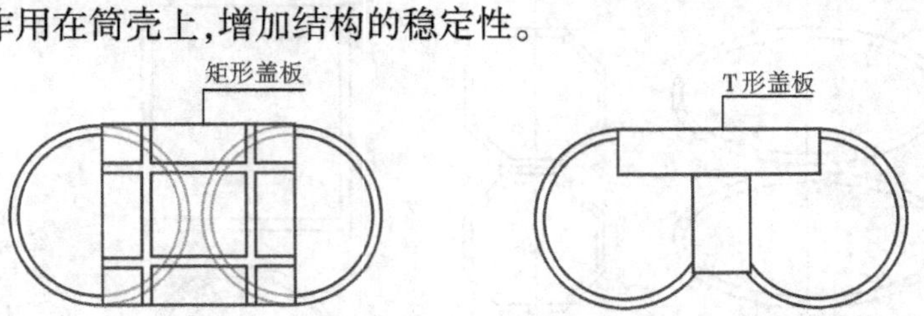

图 2-49　筒顶盖板

a)带肋的钢筋混凝土矩形盖板;b)钢筋混凝土 T 形盖板

筒顶盖板可以采用带肋的钢筋混凝土矩形盖板,如图 2-49a)所示;也可以采用钢筋混凝土 T 形盖板,如图 2-49b)所示。

三、大圆筒码头计算

关于大圆筒码头计算,本书只针对基床式大圆筒结构。沉入式大圆筒结构的计算,目前尚无普遍接受的方法,相关内容可参见《大圆筒结构计算与工程应用》(王元战等著,人民交通出版社,2008年)。

1. 抗滑与抗倾稳定性验算

(1)计算模型。在大圆筒码头抗滑与抗倾稳定性验算中,通常将连续圆筒构成的连拱形墙面简化为假想矩形平直墙面,如图2-50所示。假想平直墙面距圆筒中心的距离为$0.4D^2/L$(其中:D为圆筒直径,$L=D+a$为圆筒的中心距,a为圆筒间缝宽)。

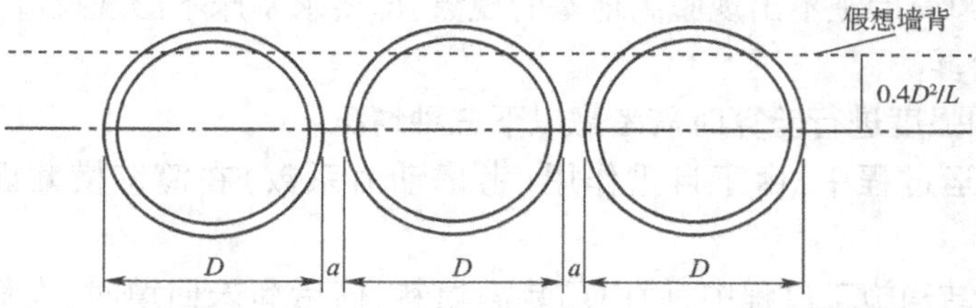

图2-50 假想平直墙背

(2)计算荷载。大圆筒结构计算荷载主要包括:波浪力、土压力,以及码头使用荷载等。

大圆筒结构上的波浪力计算,通常采用《海港水文规范》给出的计算平面直墙的波浪力计算公式,并乘以适当的曲面折减系数,曲面折减系数一般取0.9。

大圆筒结构土压力计算,一般可按通常的土压力计算方法计算作用在假想平直墙背上的土压力。考虑到土与实际圆筒曲面墙背的接触长度比平直墙背长,在按假想平直墙背计算土压力时,土与墙背的外摩擦角δ可取较大值。

码头使用荷载计算与一般重力式码头相同。

(3)抗滑与抗倾稳定性验算。大圆筒码头抗滑与抗倾稳定性验算方法与空心方块码头基本相同。

2. 基床应力验算

无底大圆筒结构作用在基床上的应力有两部分,一部分是筒壁底端作用在基床上的应力,另一部分是筒内填料作用在基床上的应力。在作用过程中,两部分应力相互影响,彼此调整,最后达到一种共同承载的平衡状态。根据无底大圆筒结构基床应力的特点,基床应力验算分两种情况进行,即大面积基床应力和前趾局部应力验算。

(1)大面积基床应力计算。作用在无底大圆筒上的外力,分别由筒壁和筒内填料传到基床上。初始时刻筒壁底端的压强比填料底部的压强大很多,筒壁底端土体产生局部塑性变形,筒体下沉,对填料产生向下的作用力,填料对筒体产生向上的作用力。在筒体下沉过程中,筒壁底端压强逐渐减小,填料底部压强逐渐增大,最终形成筒体与内填料整体工作的平衡状态。因此,在大圆筒结构大面积基床应力计算中,假设基床应力分布与有底重力式结构一样,也按直线分布,可采用以下偏心受压公式计算基床应力:

$$\sigma_{\min}^{\max} = \frac{N}{A} \pm \frac{M}{W} \tag{2-45}$$

式中:N——作用在基床上的竖向力合力;

M——外力对基底面积形心的力矩;

A——基底面积;

W——基底抗弯截面系数。

基底面积可按等代矩形面积计算，计算宽度为0.8D（D为圆筒外径）。

(2)前趾局部应力计算。除按以上公式进行大面积基床应力验算外，还需进行前趾局部应力验算，此时筒内填料重力只考虑通过筒壁摩擦力传到基床上的那部分重力G_R（即不考虑直接作用在基床上的那部分填料重力）。

(3)基床应力控制条件。最大基床应力不能超过基床承载力。此外，考虑大圆筒结构的工作特点，要保证圆筒后趾不出现脱离地基的现象，即要求基床不出现拉应力。

3. 结构强度验算

对大圆筒结构强度进行验算时需考虑以下三种情况：

(1)在圆筒吊运过程中，由于自重作用（考虑动力系数）在筒壁横截面内产生的垂直拉应力。

(2)在大圆筒结构施工过程中，筒内已装满填料、筒后尚未回填时，在筒内填料侧压力作用下产生的筒壁环向拉应力。

(3)在大圆筒结构使用荷载作用下，如筒内填料侧压力、墙后主动土压力、墙前被动土压力、剩余水压力、波浪力、船舶撞击力等作用下，筒壁的应力状态。

《重力式码头设计与施工规范》（JTS 167-2—2009）规定，圆筒结构的内力一般取1m高的圆环进行计算。在均布荷载作用下，圆筒结构的内力可按有经验的简化方法计算；在集中力作用下，圆筒结构的内力可按半圆形无铰拱计算；有条件时可按有限单元法计算。

大圆筒结构是一个空间结构系统，受力情况复杂，采用有限单元方法计算是适当的。采用有限单元方法计算时，有两种途径可循：

其一，首先确定作用于筒壁上的荷载，如筒内填料压力、墙后主动土压力、墙前被动土压力、剩余水压力、波浪力、船舶撞击力等，然后可采用大型通用有限元分析软件计算筒壁内力。如果外力确定准确的话，这种方法的计算结果是可靠的。但由于使用过程中圆筒—地基—筒内外填料相互作用问题的复杂性，准确计算筒内填料压力和筒外土压力是困难的。

其二，将圆筒、地基、筒内外填料作为一个整体结构系统考虑，建立圆筒—地基—筒内外填料耦合有限元数值模型。在采用这种方法计算时，要解决好以下问题：

(1)合理模拟筒壁与土体的接触面，以准确反应圆筒—地基—筒内外填料相互作用特性。

(2)合理模拟土体的弹塑性、非线性特性，特别是在极限受力状态下土体的应力—应变特性。

(3)合理模拟地基初始应力场。

第八节　格形钢板桩码头

一、结构型式

格形钢板桩码头由上部结构和格形墙身组成，如图2-51所示，格形墙身是由钢板桩围成的封闭格体，格体内回填砂石料。格体包括主格仓和副格仓，格体平面形状有圆格型、扁格型、四分格型、偏圆格型等，如图2-52所示。

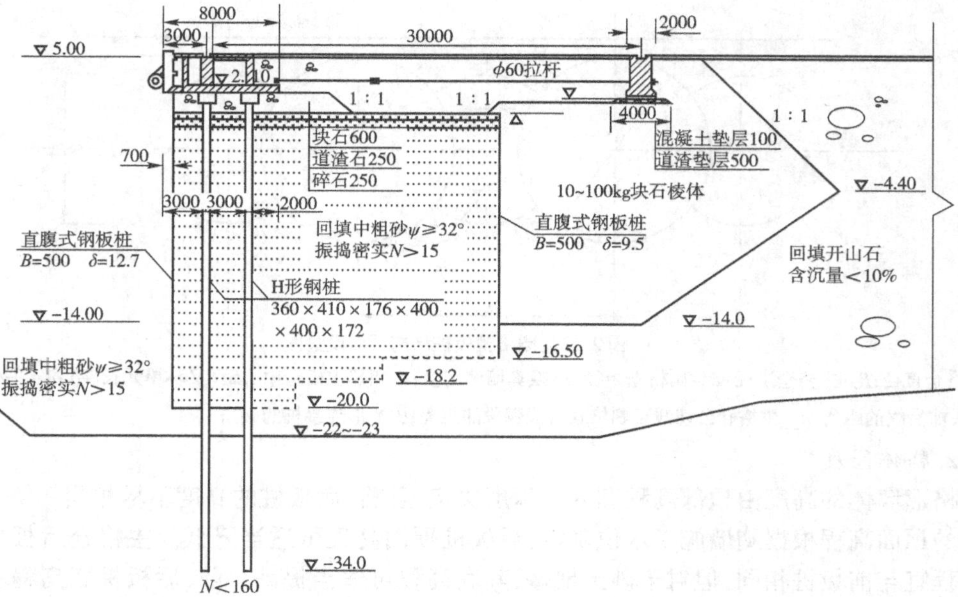

图 2-51　深圳盐田港一期工程格形钢板桩码头结构断面图

（尺寸单位：mm；高程单位：m）

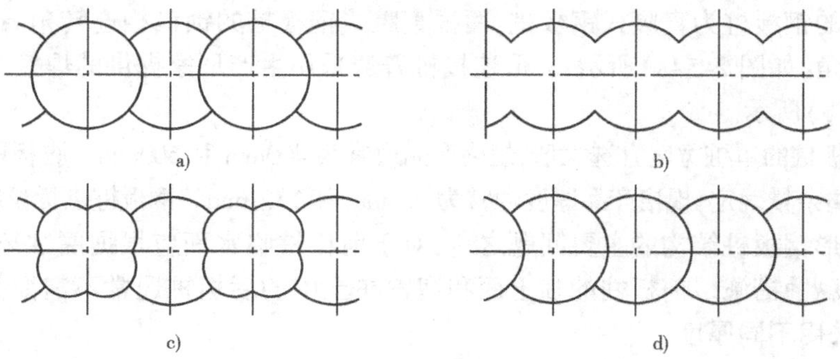

图 2-52　格体布置型式

a）圆格型；b）扁格型；c）四分格型；d）偏圆格型

二、格体构造

1. 格体平面布置及尺度

格体由直腹式钢板桩形成的主格仓、副格仓及内填料组成。格体的型式有圆格形、扁格形、四分格形和扁圆格形等，如图 2-52 所示。圆格形应用最普遍，其优点是可以逐格依次施工，施工过程中格体的稳定性较好，而且钢板桩块数与格形的直径无关。缺点是格体平面尺度受到板桩锁口拉力的限制。

圆格形格体结构的平面布置如图 2-53 所示。主格仓直径根据格体抗剪切变形、抗滑与抗倾稳定性等确定，一般主格仓直径与码头岸壁高度之比 D/H 在 0.85 ~ 1.2 之间。相邻主格仓中心距一般取（1.10 ~ 1.15）D，在确定该值时应考虑码头岸壁总长度的合理划分。为节约施工费用，主格仓和副格仓应采用相同半径。

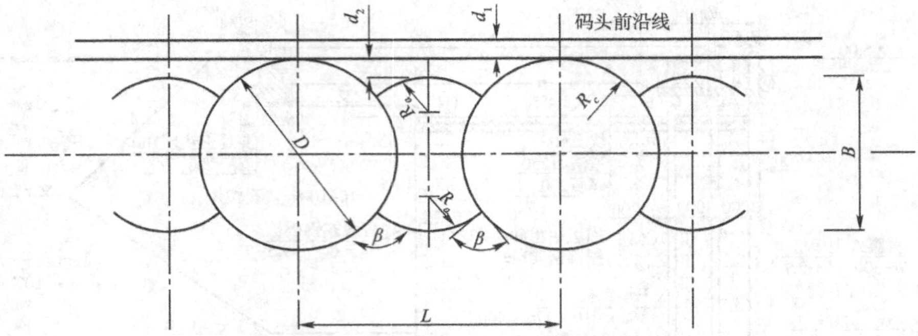

图 2-53 圆格型板桩结构平面设置图

D-主格仓直径；R_c-主格仓半径；R_a-副格仓半径；B-换算墙体宽度；L-相邻主格仓中心距（又称单元长度）；d_1-主格仓公切线至码头前沿线的距离；d_2-主格仓公切线至副格仓连线弧段的距离；β-Y 形连接桩的夹角

2. 格体高度

格形墙体的高度由顶部高程和入土深度决定，且前、后板桩的高度不尽相同。格形墙体前板桩的顶面高程根据胸墙施工水位确定，后板桩顶面高程可适当降低。主格仓后板桩的设计底高程宜与前板桩相同，但对于砂土地基，其底高程可适当提高。前、后板桩底高程相差大于 3m 时，应采用阶梯形过渡。

3. 钢板桩

格形结构的钢板桩为直腹式钢板桩，两根直腹式钢板桩的锁口相连转角 α 不应超过产品的最大允许转角，如图 2-54a）所示，Y 形连接桩普遍采用生产厂家提供的焊接 Y 形桩，其典型截面如图 2-54b）所示。

直腹式钢板桩的单桩宽度宜选大值，规格产品通常为 400mm 和 500mm。腹板厚度应根据强度计算结果和防腐余量确定，规格产品厚度通常为 9.5mm 和 12.7mm。钢板桩供货长度可达 32m。

锈蚀是格形钢板桩结构的主要问题之一，对于前板桩临水面应根据腐蚀环境和使用年限采取合适的防腐蚀措施。前板柱的临土面和埋置在土中的后板桩通常不需要防腐措施，因此前、后板桩可采用不同厚度。

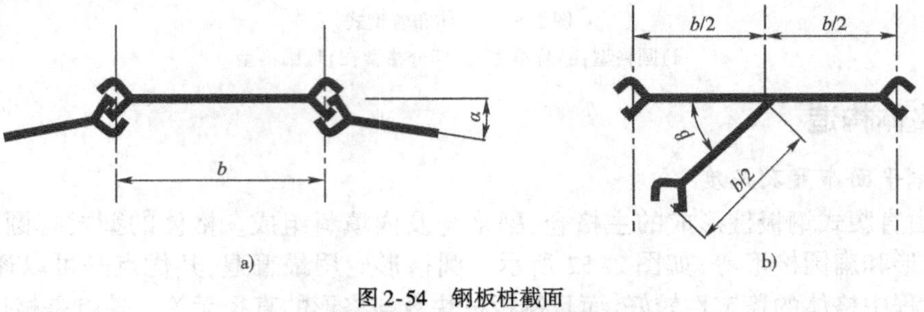

图 2-54 钢板桩截面

a）直腹式钢板桩；b）Y 形连接桩

b-板桩宽度；α-转角；β-夹角

4. 排水孔

由格形钢板桩围成的格体墙壁，一般来说是不透水的。在水位变化较大的情况下，格内及格后均可能出现较大剩余水头，通常需在格壁上设置排水孔。排水孔的位置、孔径和间距根据水位差和填料的渗透性确定，通常排水孔设在设计低水位以下，孔径一般可采用40～60mm，竖向孔距采用1～2m，横向孔距采用2～4m。

在格内填料颗粒较细情况下，在前壁排水孔后侧应设倒滤层。在格内与格后填料粒径相差较大时，后壁排水孔处也应设倒滤层，倒滤层宜设在填料粒径较细一侧。

5. 回填料

格形钢板桩结构的特点之一是利用格仓填料的内部剪切阻力来抵抗外部侧向荷载，所以格体内填料的选择十分重要。格体内填料宜选用中粗砂或砂砾石，如采用粉细砂作填料，应经过技术论证。不宜用粉土或粘性土作填料。格仓内填料宜采用振冲法密实，其相对密度应达到 $D_r \geqslant 60\%$。墙后填料宜采用砂类土，墙后回填在格仓填料振冲密实完成后进行。

6. 地基

格形墙体一般不建在有软弱夹层或泥化层的风化岩地基上。当地基为软弱土层时，可考虑置换一定范围的原土。换填土的粒径不宜太大，以免造成沉桩困难，一般采用中粗砂。换填土应进行密实处理，并有一定的宽度和厚度。要求换填地基的相对密实度 $D_r \geqslant 60\%$，换填土厚度和宽度根据结构承载力和稳定性确定，一般换填土厚度为2～5m，换填地基的宽度 $B \geqslant D + 2h\tan\theta$（式中，$D$ 为主格仓直径，h 为换填土厚度，θ 为换填土压力扩散角）。

如地基为坚硬岩石，格体可直接置于经表面平整处理的岩面上。当码头前沿海底或河底存在冲刷情况，应考虑增加前板桩的入土深度或采取保护措施。

7. 上部结构

格形钢板桩码头上部结构与常规重力式码头基本相同，其不同之处主要是上部结构与下部格体结构的衔接方式，包括以下几种：

（1）上部结构由格体板桩支撑，如图2-55a）所示。上部结构放在板桩格体顶部的导梁上，上部结构自重及其所受的荷载直接作用在板桩上。由于钢板桩的纵向刚度很小，一般情况下不宜采用这种衔接方式。

（2）上部结构由仓格内填料支撑，如图2-55b）所示。上部结构放在格体内填料顶面上，此种衔接方式在胸墙与板桩顶面之间应预留空隙或以弹性材料分隔，以防止填料沉降后胸墙压到板桩上。预留空隙由沉降量计算确定，一般可取150～200mm。

（3）上部结构由基桩支撑，如图2-55c）所示。上部结构放在格体内打设的基桩上，上部结构自重及其所受荷载由基桩传入下层地基。

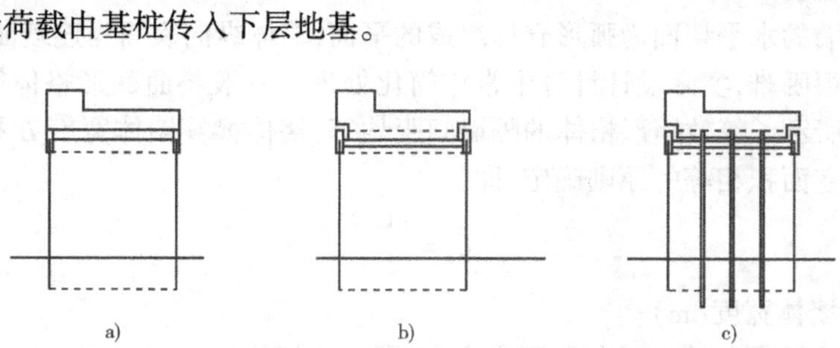

图2-55 上部结构与格体的衔接方式

a）板桩支承；b）填料支承；c）基桩支承

三、格形钢板桩结构计算

格形钢板桩结构计算主要包括：格体抗剪切变形验算、格形墙体变形量计算、抗滑与抗倾稳定性验算、地基承载力与结构整体稳定性验算、钢板桩环向拉力计算等。

关于格形钢板桩结构计算，我国行业标准（中华人民共和国交通部 JTJ 293—98. 格形钢板桩码头设计与施工规程[S]. 1998）给出了一组计算方法。但是，由于我国格形钢板桩结构的应用很少，尚缺乏设计计算经验。此处给出的格形钢板桩结构计算方法，主要参考日本港湾技术规范（Ports and Harbours Bureau, MLIT; et al. Technical Standards and Commentaries for Port and Harbour Facilities in Japan. The Overseas Coastal Area Development Institute of Japan, Tokyo, 2009）的相关内容。

1. 作用荷载

作用于格形钢板桩码头的荷载计算方法与常规重力式码头基本相同，但土压力、波浪力和剩余水压力计算略有差异。

（1）土压力。由于格形板桩墙为曲面，造成土压力分布具有空间特性。在格体外凸部分，土压力强度较大；在格体内凹部分，板桩与填料之间摩擦力形成的拱效应使土压力有所减小。一般假定格壁为平面，以常规方法计算，但将土与墙面间的外摩擦角 δ 适当加大。根据相关研究成果分析，将外摩擦角 δ 由 $\varphi/3 \sim \varphi/2$ 加大到 $\varphi/2 \sim 2\varphi/3$ 是合适的，其中 φ 为土的内摩擦角。

（2）波浪力。由于格体壁面不平，波浪的作用机制也发生变化。根据相关研究成果分析，通常情况下总波浪力较直立墙前的波浪力略有减小，减小的幅度一般为 5% ~ 15%。格形板桩墙波浪力可采用《海港水文规范》给出的平面直墙波浪力公式计算，并乘以适当的曲面折减系数，曲面折减系数可取 0.9。

（3）剩余水压力。格形钢板桩码头剩余水压力计算可按如下原则考虑：①对于以潮汐为水位差主要成因的海港码头，格形墙体的临水面设有排水孔时，地下水位可取设计低水位加 2/3 倍的平均潮差；临水面不设排水孔时，地下水位可取设计低水位加平均潮差。②对于无潮汐水域的码头，水位差可视具体情况而定，应按渗流计算各部分水头，必要时需进行实测；③格内的水头可近似取用格体两侧水头的平均值。

2. 简化计算模型

格形钢板桩墙的水平切面为弧形仓格组成的平面，墙体纵向表面为连续曲面，直接针对实际墙体进行分析很困难，实际设计计算中常作简化处理。一般将曲面形格体简化成等效矩形格体，如图 2-56 所示。等效矩形格体的隔墙间距均等，格体换算墙体宽度 B 根据等效矩形格室面积与实际格室面积相等的原则确定，即：

$$B = \frac{S}{L} \tag{2-46}$$

式中：B——换算墙体宽度（m）；

S——主格仓面积与连接弧包围面积之和，即一组格形的面积（m^2）；

L——主格仓中心距，即一组格形的长度（m）。

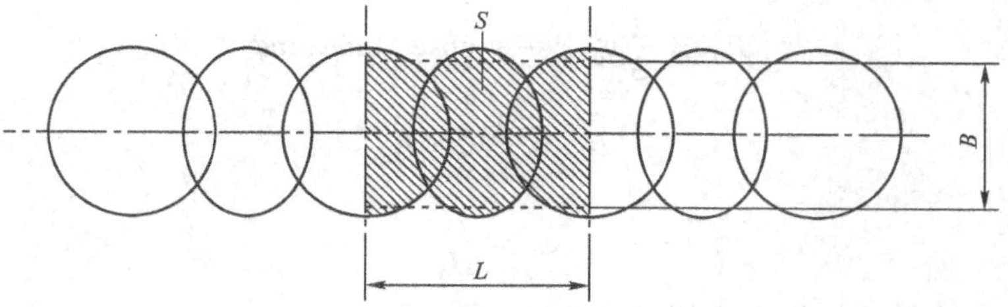

图 2-56　格形墙体换算宽度

3. 格形墙体抗剪切变形验算

格形钢板桩墙的格体和内填料形成一个整体共同抵抗外部作用，格形墙体的剪切变形与其位移相比很小，一般可将格形墙体作为刚体考虑。因此，通常情况下不会发生墙体的剪切破坏。但是，对于格体平面尺度很小或格体内填料强度很低的情况，格形墙体不能作为刚体考虑，需进行抗剪切变形验算。

通常，格形墙体抗剪切变形验算要针对两种情况：①采用对格形墙体底平面的抵抗力矩和变形力矩进行抗剪切变形验算；②采用对海底平面的抵抗力矩和变形力矩进行抗剪切变形验算。验算表达式为：

$$M_r \geqslant \gamma_a M_d \tag{2-47}$$

$$M'_r \geqslant \gamma_a M'_d \tag{2-48}$$

式中：M_r——对墙底平面的抵抗力矩设计值（kN · m/m）；

M_d——对墙底平面的变形力矩设计值（kN · m/m）；

M'_r——仓格内回填土对海底平面的抵抗力矩设计值（kN · m/m）；

M'_d——对海底平面的变形力矩设计值（kN · m/m）；

γ_a——结构分析系数，通常取 $\gamma_a \geqslant 1.2$。

（1）变形力矩设计值计算。变形力矩设计值按基于可靠度理论的分项系数表达式计算。墙底平面的变形力矩设计值为墙底平面以上的主动土压力、被动土压力和剩余水压力等对墙底平面的力矩；海底平面的变形力矩设计值为海底平面以上的主动土压力、被动土压力和剩余水压力等对墙底平面的力矩。

在变形力矩计算中，只考虑土压力的水平分量，但是要考虑超载产生的主动土压力。

（2）对墙底平面的抵抗力矩设计值计算。对墙底平面的抵抗力矩设计值按下式计算：

$$M_r = (M_{r0} + M_{rs})\left(1 + \alpha \frac{D}{H}\right) \tag{2-49}$$

式中：M_{r0}——格仓内填土对墙底平面的抵抗力矩设计值（kN · m/m）；

M_{rs}——板桩连接摩擦力对墙底平面的抵抗力矩设计值（kN · m/m）；

D——格体埋置长度（m）；

H——从海底到墙顶的高度（m）；

α——α 相对入土深度的增量系数，一般可取 1.0。

格仓内填土对墙底平面的抵抗力矩设计值按下式计算：

$$M_{r0} = \frac{1}{6}\gamma_0 R_0 H_0^3 \tag{2-50}$$

$$R_0 = \frac{2}{3}v_0^2(3 - v_0\cos\varphi)\tan\varphi\sin\varphi \tag{2-51}$$

$$H_0 = \frac{1}{\gamma_0}\sum_i \gamma_i h_i \tag{2-52}$$

$$v_0 = \frac{B}{H_0} \tag{2-53}$$

式中：γ_0——格仓内填土换算重度标准值（kN/m^3）；

H_0——从墙底起算的换算墙高（m）；

γ_i——格仓内墙底以上第 i 层填土的重度标准值（kN/m^3）；

h_i——格仓内从墙底到墙顶之间第 i 层填土的厚度（m）；

B——墙体换算宽度（m）；

φ——格仓内填土的内摩擦角标准值（°）。

板桩间连接摩擦力对墙底平面的抵抗力矩设计值按下式计算：

$$M_{rs} = \frac{1}{6}\gamma_0 R_s H_s^3 \tag{2-54}$$

$$R_s = \frac{3}{2}v_s f\tan\varphi \tag{2-55}$$

$$H_s = 2\sqrt{\frac{\sum P_i}{\gamma_0\tan\varphi}} \tag{2-56}$$

$$v_s = \frac{B}{H_s} \tag{2-57}$$

式中：H_s——用于板桩连接摩擦力对墙底平面的抵抗力矩设计值计算的换算墙高（m）；

P_i——格仓内第 i 层填土的土压力合力标准值（kN/m），土压力系数取 $0.5\tan\varphi$；

f——板桩连接处的摩擦系数，一般取 0.3。

（3）仓格内回填土对海底平面的抵抗力矩设计值计算。仓格内回填土对海底平面的抵抗力矩设计值按下式计算：

$$M'_r = \frac{1}{6}\gamma_0 R'_0 H'^{\,3}_0 \tag{2-58}$$

$$R'_0 = v_0'^2(3 - v_0'\cos\varphi')\sin\varphi' \tag{2-59}$$

$$H'_0 = \frac{1}{\gamma_0}\sum_i \gamma_i' h_i' \tag{2-60}$$

$$v_0' = \frac{B}{H_0'} \tag{2-61}$$

式中：H_0'——从海底起算的换算墙高（m）；

γ_i'——仓格内海底以上第 i 层填土的重度标准值（kN/m^3）；

h_i'——仓格内从海底到墙顶之间第 i 层填土的厚度（m）；

φ'——仓格内海底以上填土的内摩擦角标准值（°）。

4. 格形墙体变形量验算

在墙体整体稳定性验算中，假设格形钢板桩墙体为支撑在弹性地基上的刚体，依此计算抵抗荷载和墙体位移的地基反力。在弹性范围内,地基反力为地基反力系数与墙体位移的乘积。当地基反力和墙体位移不超过相应允许值时,格形钢板桩墙体是稳定的。

(1)地基反力系数。地基反力系数包括:水平地基反力系数、竖直地基反力系数和格体底部的水平剪切系数。

①水平地基反力系数 k_H 可用以下公式计算:

$$k_H = 2N \tag{2-62}$$

式中:N——标准惯入击数。

当地基包括多个土层时,水平地基反力系数应针对不同土层分别计算。

②竖向地基反力系数。格体底部竖向地基反力系数 k_v,通常可采用与格体底部水平地基反力系数相同的值。当地基包括多个土层时,竖向地基反力系数应采用格体底部土层的值。但是,当格体以下存在非常软弱的土层时,应慎重考虑其影响。

③格体底部水平剪切系数 k_s,可通过竖向地基反力系数 k_v 用以下公式计算:

$$k_s = \lambda k_v \tag{2-63}$$

式中:λ——水平剪切系数与竖向地基反力系数的比,取值范围一般在 0.2～0.5;对格形钢板桩墙体,λ 可取 1/3。

(2)地基反力和墙体位移计算。假设格形钢板桩墙体在荷载作用下受到水平地基反力、墙底竖向地基反力、墙底水平剪切反力和沿墙体前、后面的竖向摩擦力的支撑作用,在此假设下计算格形钢板桩墙体埋入土体部分的地基反力和墙体位移。

①作用于墙体上的力。作用于墙体上的力包括:结构重力、地面超载、土压力、剩余水压力、动水压力、地震作用力、水平地基反力、墙底竖向地基反力、墙底水平剪切反力和沿墙体前、后面的竖向摩擦力等,作用力及其分布模式如图 2-57 所示。竖向地基反力有梯形和三角形两种分布,并假设墙底不出现拉应力。

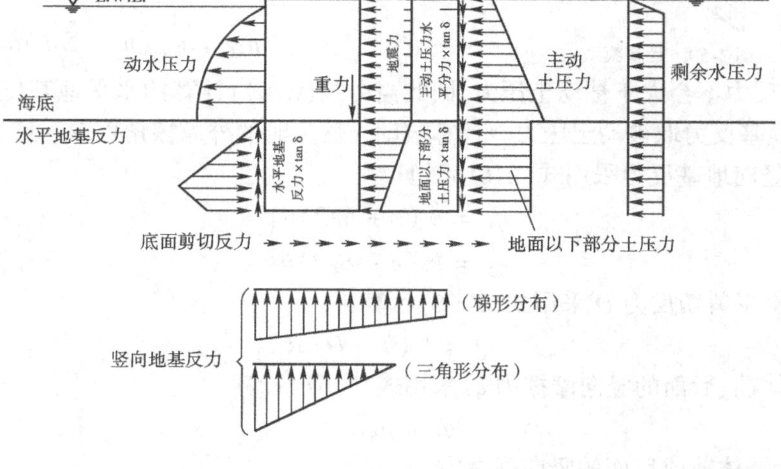

图 2-57　墙体上的作用力及其分布型式

②计算模型。假设格体在荷载作用下绕转动中心 O 发生转动,O 点距格体原始中心轴线的

水平距离为 e，距海底面的垂直距离为 h。格体转动模式分为 O 点在格体外和 O 点在格体内两种，如图 2-58 所示。当 O 点在格体内时，在墙体后面转动中心 O 以下会产生水平地基反力。

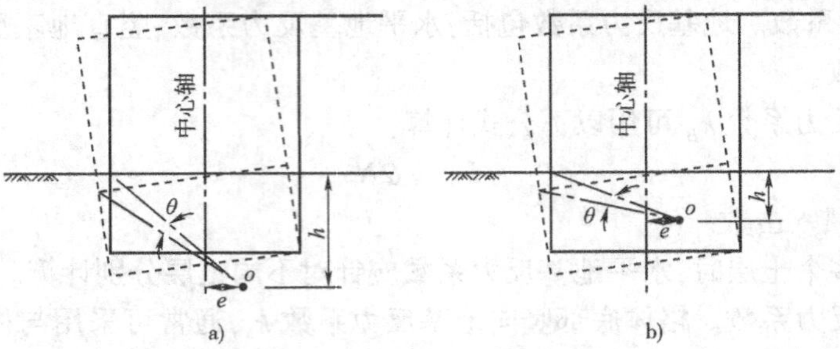

图 2-58 格体位移模式

a)转动中心在格体外；b)转动中心在格体内

图 2-59 给出了转动中心在格体内位移模式的计算模型，地基包括 n 层土。

③竖向地基反力为梯形分布时的地基反力和墙体位移计算公式：

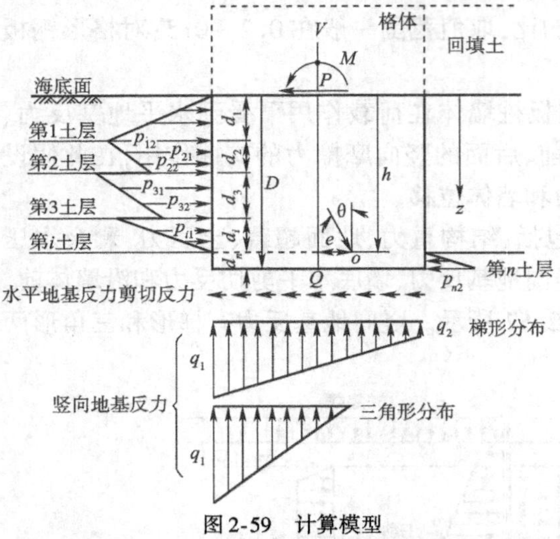

图 2-59 计算模型

(a)水平地基反力采用式(2-64)计算：

$$\left.\begin{aligned}
p_{12} &= k_{H1}(h-d_1)\theta \\
p_{21} &= k_{H2}(h-d_1)\theta \\
p_{22} &= k_{H2}(h-d_1-d_2)\theta \\
&\cdots \\
p_{i1} &= k_{Hi}(h-\sum_{j=1}^{i-1}d_j)\theta \\
p_{i2} &= k_{Hi}(h-\sum_{j=1}^{i}d_j)\theta \\
&\cdots \\
p_{n1} &= k_{Hn}(h-\sum_{j=1}^{n-1}d_j)\theta \\
p_{n2} &= k_{Hn}(h-\sum_{j=1}^{n}d_j)\theta
\end{aligned}\right\} \tag{2-64}$$

水平地基反力不会大于被动土压力，因此当由式(2-64)计算的水平地基反力大于被动土压力时，水平地基反力取被动土压力。计算被动土压力时的外摩擦角可取 $-15°$。

(b)墙底竖向地基反力采用式(2-65)计算：

$$\left.\begin{aligned}
q_1 &= k_v(e+B/2)\theta \\
q_2 &= kv(e-B/2)\theta
\end{aligned}\right\} \tag{2-65}$$

(c)墙底水平剪切反力 Q 采用式(2-66)计算：

$$Q = k_s(h-D)A\theta \tag{2-66}$$

(d)沿墙体前、后面的竖向摩擦力 q_f 采用式(2-67)计算：

$$q_f = p_H\tan\delta \tag{2-67}$$

式中：q_f——沿墙体前或后面的竖向摩擦力；

p_H——水平土压力或水平地基反力；

δ——外摩擦角。

(e)墙体水平位移Δ采用式(2-68)计算：

$$\Delta = (h - z)\theta \tag{2-68}$$

(f)墙体转角θ采用式(2-69)计算：

$$\theta = \frac{MK_1 + PK_3}{K_1K_4 - K_2K_3} \tag{2-69}$$

(g)墙体转动中心距海底面的垂直距离h采用式(2-70)计算：

$$h = \frac{MK_2 + PK_4}{MK_1 + PK_3} \tag{2-70}$$

(h)墙体转动中心距格体原始中心轴线的水平距离e采用式(2-71)计算：

$$e = \frac{1}{k_vA}\left\{\frac{V}{\theta} - h\sum_{i=1}^{n}k_{Hi}d_i\tan|\delta_i| + \sum_{i=1}^{n}k_{Hi}d_i\left(\sum_{j=1}^{i-1}d_j + \frac{d_i}{2}\right)\tan|\delta_i|\right\} \tag{2-71}$$

式中：$K_1 = \sum_{i=1}^{n}k_{Hi}d_i + k_SA$

$$K_2 = \sum_{i=1}^{n}\left\{k_{Hi}d_i\left(\sum_{j=1}^{i-1}d_j + \frac{d_i}{2}\right)\right\} + k_SAD$$

$$K_3 = \sum_{i=1}^{n}\left\{k_{Hi}d_i\left(\sum_{j=1}^{i-1}d_j + \frac{d_i}{2} + \frac{B}{2}\tan\delta_i\right)\right\} + k_SAD$$

$$K_4 = \sum_{i=1}^{n}\left\{k_{Hi}d_i\left(\frac{d_i^2}{3} + \sum_{j=1}^{i}d_j\sum_{j=1}^{i-1}d_j + \frac{B}{2}\left(\sum_{j=1}^{i-1}d_j + \frac{d_i}{2}\right)\tan\delta_i\right)\right\} + k_SAD^2 + \frac{1}{12}k_vA^3$$

水平地基反力作用在墙前时，土层外摩擦角δ取负值；水平地基反力作用在墙后时，土层外摩擦角δ取正值。

④竖向地基反力为三角形分布时的地基反力和墙体位移计算公式：

(a)水平地基反力仍可采用式(2-64)计算；

(b)墙底竖向地基反力可采用式(2-72)计算：

$$q_1 = k_vA'\theta \tag{2-72}$$

(c)墙底水平剪切反力Q采用式(2-73)计算：

$$Q = k_s(h - D)A'\theta \tag{2-73}$$

(d)沿墙体前、后面的竖向摩擦力q_f仍采用式(2-67)计算；

(e)墙体水平位移Δ仍采用式(2-68)计算；

(f)墙体转角θ仍采用式(2-69)计算；

(g)墙体转动中心距海底面的垂直距离h采用式(2-70)计算；

(h)墙体转动中心距格体原始中心轴线的水平距离e采用式(2-74)计算：

$$e = \sqrt{\frac{2}{k_v}\left\{\frac{V}{\theta} - h\sum_{i=1}^{n}k_{Hi}d_i\tan|\delta_i| + \sum_{i=1}^{n}k_{Hi}d_i\left(\sum_{j=1}^{i-1}d_j + \frac{d_i}{2}\right)\tan|\delta_i|\right\}} - \frac{B}{2} \tag{2-74}$$

式中：$K_1 = \sum_{i=1}^{n}k_{Hi}d_i + k_SA'$

$$K_2 = \sum_{i=1}^{n}\left\{k_{Hi}d_i\left(\sum_{j=1}^{i-1}d_j + \frac{d_i}{2}\right)\right\} + k_SA'D$$

$$K_3 = \sum_{i=1}^{n}\left\{k_{Hi}d_i\left(\sum_{j=1}^{i-1}d_j + \frac{d_i}{2} + \frac{B}{2}\tan\delta_i\right)\right\} + k_SA'D$$

$$K_4 = \sum_{i=1}^{n}\left\{k_{Hi}d_i\left(\frac{d_i^2}{3} + \sum_{j=1}^{i}d_j\sum_{j=1}^{i-1}d_j + \frac{B}{2}\left(\sum_{j=1}^{i-1}d_j + \frac{d_i}{2}\right)\tan\delta_i\right)\right\} + k_S A'D^2 + \frac{1}{6}k_v A'^2(B - e)$$

$$A' = e + B/2$$

以上各式中的符号含义为：

V——作用在墙体上的竖向力(kN/m)；

P——作用在墙体上的水平力(kN/m)；

M——作用在海底面墙中心的力矩(kN·m/m)；

D——墙体埋置长度(m)；

B——墙体换算宽度(m)；

A——沿墙轴线方向单位长度墙底面积(m^2/m)；

A'——竖向地基反力为三角形分布时，沿墙轴线方向单位长度竖向地基反力作用的墙底面积(m^2/m)；

d_i——第 i 土层的厚度(m)；

k_{Hi}——第 i 土层水平地基反力系数(m)。

⑤作用力平衡条件验证。在用以上公式计算出墙体变位和相应地基反力后，尚需验证作用于墙体上的外荷载和地基反力满足水平力、竖向力和力矩平衡条件。

⑥墙体位移量和转角检验。计算墙体位移量和转角不能大于允许值。墙体位移量和转角的允许值，应根据墙体位移量和转角与结构破坏程度的关系确定。需要说明的是，此处所指墙体位移量和转角的允许值是由结构的安全性确定，不是正常使用条件下的允许值。一般情况下，墙体位移量和转角应满足以下要求：

$$\frac{\Delta_t}{H} \times 100 \leqslant 1.5 \tag{2-75}$$

$$\Delta_t = (H + h)\theta \tag{2-76}$$

式中：Δ_t——格形墙体顶部位移(m)；

H——从海底到墙顶的高度(m)。

5. 抗滑稳定性验算

格形钢板桩结构抗滑稳定性验算参照一般重力式结构抗滑稳定性验算方法进行，并采用式(2-77)进行检验：

$$(W + P_v)\tan\varphi \geqslant \gamma_a k_s \Delta b \tag{2-77}$$

式中：W——墙体重量(kN/m)；

P_v——作用于墙体两侧的土压力竖向分力(kN/m)；

b——竖向地基反力分布宽度(m)。

其他符号意义同前。

6. 地基承载力与整体稳定性验算

地基承载力与整体稳定性验算可参照一般重力式结构验算方法进行。

7. 钢板桩环向拉力及厚度计算

格形钢板桩计算格体环向拉力公式为：

$$T = [(\gamma_0 H'_0 + q)K_i + \gamma_w h_w]R \tag{2-78}$$

式中：T——格体拉力（kN/m）；

K_i——填料土压力系数；

γ_0——填料等效容重（kN/m^3）；

γ_w——水的容重（kN/m^3）；

H_0'——等效墙高（m）；

h_w——格体内部与格体前沿的水位差（m）；

R——格体半径（m）；

q——均布荷载（kN/m^2）。

格形钢板桩板厚由下式确定：

$$t = \frac{T}{\sigma_y} \tag{2-79}$$

式中：t——格形钢板桩厚（mm）；

T——格体拉力（N/mm）；

σ_y——板桩材料屈服应力（N/mm^2）。

要综合考虑制造、施工和维护等方面的因素，确定格形钢板桩厚度。如若考虑锈蚀影响时，应在式（2-79）确定的钢板桩厚度基础上增加锈蚀厚度；考虑打桩应力时，格形钢板桩厚度应满足式（2-80）要求。

$$t \geqslant 0.032\left(\frac{RND'}{E}\right)^{0.5} \tag{2-80}$$

式中：t——板厚（mm）；

R——格体半径（cm）；

N——板桩打入地基土层标准惯入击数；

D'——板桩打入深度（cm）；

E——板桩材料弹性模量（kN/mm^2）。

此外，根据工程经验，格形钢板桩厚不应小于8mm。

第九节　重力墩式码头

重力墩式码头主要有连桥式重力墩码头和连片式重力墩码头两种。连桥式重力墩码头一般用于液体化工码头、油气码头、采用固定式装船机的煤码头或矿石码头等码头面上没有移动式装卸机械和车辆行驶的情况，连片式重力墩码头一般用于码头面上设置有移动式装船机、集装箱装卸桥或门机等流动运输机械的情况。

一、重力墩式码头结构型式

1.连桥式重力墩码头结构型式

连桥式墩式码头由工作平台、靠船墩、系船墩和联系桥组成（图2-60），船舶通过首、尾、倒、横四组缆绳系靠在码头上。由于自然条件和船型不同，系、靠船墩的布置型式也不尽一致，但总的要求是保证船舶停靠稳定，缆绳布设合理，长度适当，墩子数量少。

工作平台又称装卸平台，一般布置在码头中央。平台尺度主要根据其上机械设备、操纵室

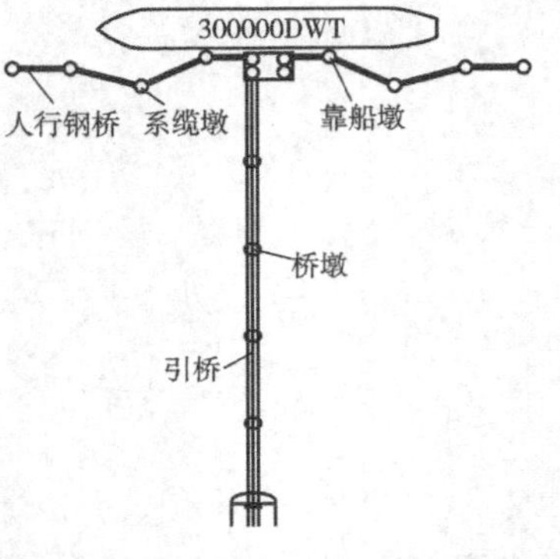

图 2-60 连桥式重力墩码头平面布置

和计量站等布置要求确定。

靠船墩的数量和间距主要取决于结构型式、设计船型和当地波浪等自然条件。靠船墩一般对称于工作平台布置两个，为使船舶不与工作平台接触，靠船墩前沿比工作平台向外多伸出 20 ~30cm。从靠船操作要求看，设置 2 个靠船墩是合理的，两墩中心间距一般为设计船长的 30% ~45%。当考虑适应较小船舶需要时，可在两个主墩之间增设两个辅助靠船墩(副墩)。

系缆墩的布置型式和距离，主要根据当地的水流、波浪、风向等条件和船舶尺度等因素决定，要考虑缆绳能承受在横浪和水流作用下船舶产生的横向系缆力。由于在波浪作用下船舶运动和受力相当复杂，而且不同系缆布置型式下的系缆力相差很大，因此多数是通过模型试验方法确定其合理的布缆型式。一般在前后对称设置首、尾、横缆等 4 ~6 座系缆墩(10 万吨级以下泊位多采用 4 座系缆墩)。5 万吨级以上开敞式码头的系缆角和缆绳长度可按表 2-19 所列经验数值取用。

连桥式重力墩码头的墩柱多采用钢筋混凝土沉箱或圆筒结构。图 2-10 所示为大连 30 万吨级原油码头沉箱靠船墩结构断面图，图 2-61 为基床式大圆筒墩结构断面图。

5 万吨级以上开敞式码头的系缆角和缆绳长度 表 2-19

名　称	水 平 角	垂 直 角	缆绳长度(m)
首尾缆	30°左右	<30°	60 ~120
横缆	90°左右	<30°	40 ~80
倒缆	130°左右	<30°	30 ~70

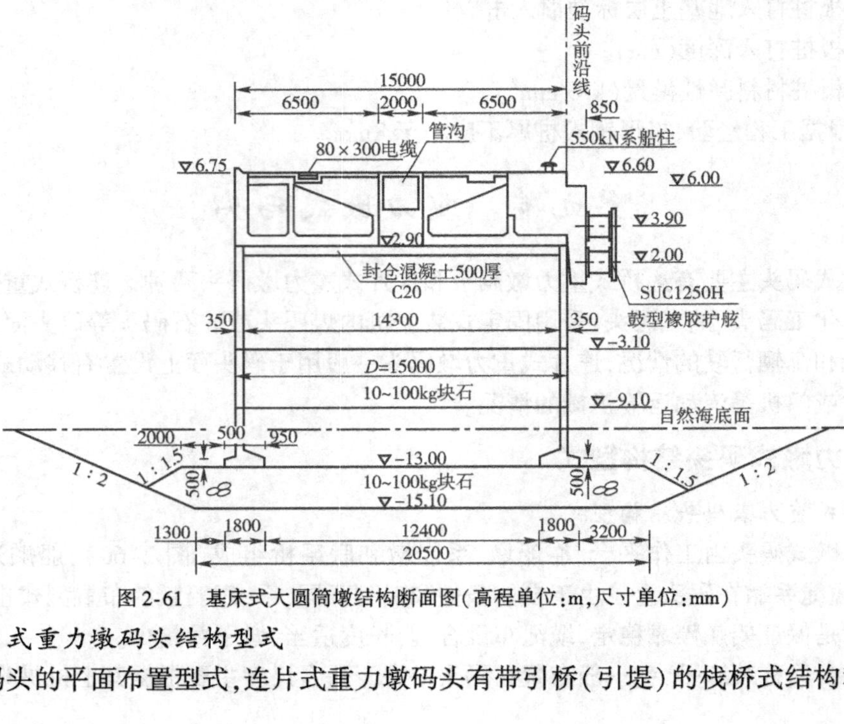

图 2-61 基床式大圆筒墩结构断面图(高程单位:m,尺寸单位:mm)

2. 连片式重力墩码头结构型式

依据码头的平面布置型式，连片式重力墩码头有带引桥(引堤)的栈桥式结构和满堂式结构两种。带引桥(引堤)的栈桥式码头通过引桥(引堤)与陆域相连,满堂式码头通过上部承台和接岸结构与陆域相连。

连片式重力墩码头的墩柱多采用钢筋混凝土沉箱或圆筒结构。受施工条件等限制,单个墩柱不能满足工艺尺度、地基承载力或稳定要求时,可采用多个墩子组成的群墩结构,在墩子上部设置联系梁,以加强群墩的整体性。

连片式重力墩码头的上部结构多采用梁板式结构,与高桩码头中的梁板式上部结构基本相同,但纵梁一般采用简支梁。

大连港矿石码头一期工程,长450m,由作业平台、两个系缆墩及人行桥组成。平台长393.1m,宽37m,码头平台通过其西侧长约465m的引桥和引堤与后方陆域相连。平台下部结构由2排12列平行正交布置的圆沉箱组成,相邻两列沉箱中心间距34.5m,沉箱直径14.1m,高27.0m,上部7.0m高箱壁开孔,开孔率20%,如图2-11所示。上部为梁板式结构,包括后张法预应力混凝土T形梁、钢结构箱型轨道梁、后张法预应力混凝土箱型梁和非预应力混凝土构件等。

大连港矿石专用码头二期工程,选用椭圆沉箱重力墩作为下部结构,如图2-62所示。物理模型试验结果显示,强浪向与椭圆型沉箱轴线平行,迎浪断面小,码头前沿波浪壅高较两个沉箱或一个大圆沉箱为小,有利于降低码头面高程。

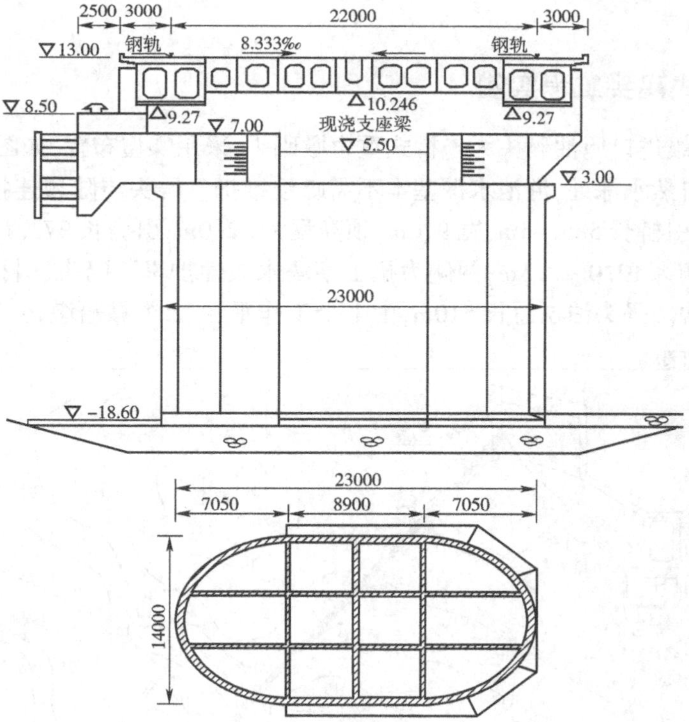

图2-62　椭圆沉箱墩结构(高程单位:m,尺寸单位:mm)

二、重力墩式码头结构构造

根据重力墩的结构型式,可参照前述相关章节确定重力墩式码头的结构构造。另作以下几点补充说明。

(1)连片式重力墩码头的上部结构多采用梁板式结构,与高桩码头中的梁板式上部结构基本相同,可参照第四章高桩码头梁板式上部结构的构造要求确定。

(2)大型海港码头圆沉箱的外壁厚度不小于400mm,底板厚度不小于700mm,隔墙厚度不小于250mm。

(3)对由2个或2个以上沉箱(或大圆筒)组成的孤立墩,宜在沉箱(或大圆筒)上部设置联系梁使其成为整体,并应采取措施控制各墩的沉降量,保证联系梁正常工作。

三、重力墩式码头结构计算

根据重力墩的结构型式,除参照前述沉箱码头结构和大圆筒码头结构的计算方法进行相应重力墩式码头结构的计算外,尚应符合下列规定:

(1)无隔墙圆形沉箱的内力宜按空间问题采用数值方法计算,有经验时也可采用简化方法计算。

(2)有隔墙圆形沉箱的内力宜按空间问题采用数值方法计算,有经验时也可采用《重力式码头设计与施工规范》(JTS 167-2—2009)附录H的近似方法计算。

(3)连片式重力墩码头梁板式上部结构计算,可参照梁板式高桩码头上部结构的计算方法进行计算。

四、重力墩式码头工程实例

某港30万吨级进口原油码头为连桥式重力墩码头,采用蝶型布置,如图2-63所示。码头前沿线基本位于自然水深处,港池水深基本不需疏浚维护。码头与陆域连接采用短引堤和大跨度钢引桥连接,引桥长585.45m,宽9.0m,顶高程为12.0m;引堤长373.15m,堤顶宽9m,顶高程由海侧到陆侧为12.0~8.5m,两侧为扭工字块永久性护岸。码头、引桥各水工建筑物均采用重力墩式结构。码头泊位总长510m,由1个工作平台、2个靠船墩、6个系缆墩和人行桥组成,如图2-64所示。

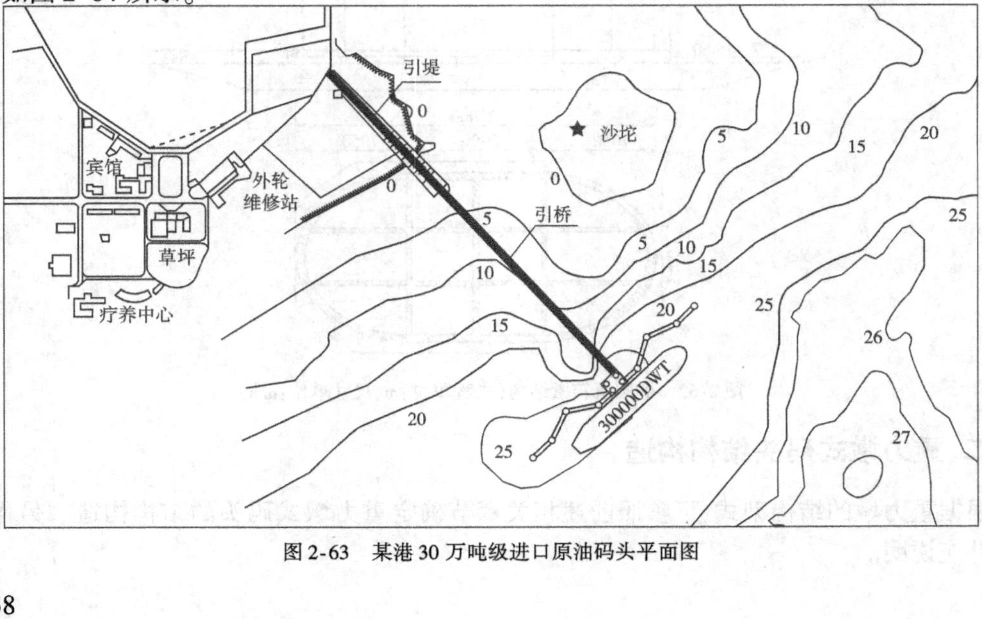

图2-63　某港30万吨级进口原油码头平面图

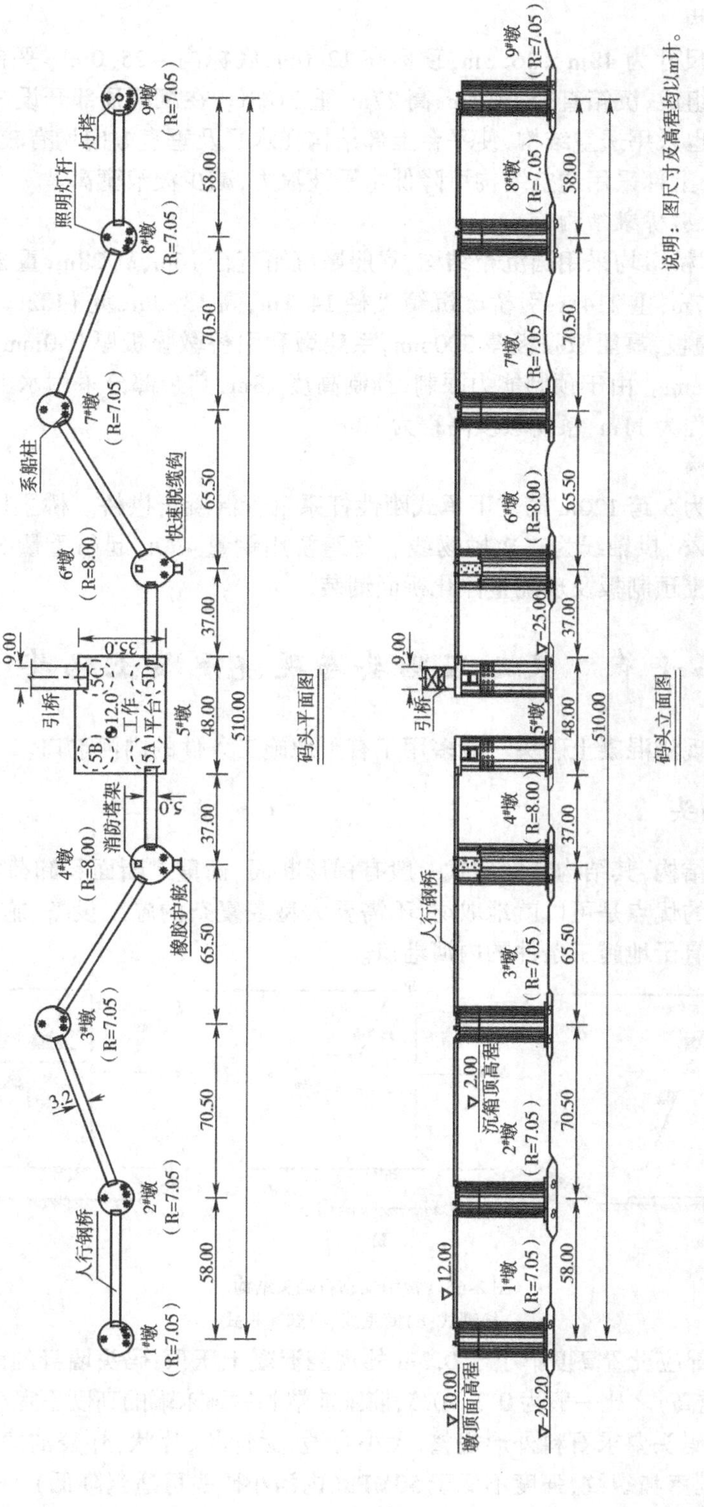

图2-64　某港30万吨级进口原油码头水工建筑物平面、立面图

1. 工作平台结构

工作平台平面尺寸为 48m × 36.5m，顶标高 12.0m，底标高 -25.0m。平台下部结构由 4 个开孔消浪圆沉箱组成，沉箱直径 14.1m、高 27m、重 2183t。在沉箱顶部开设 3 排 1.2 × 1.0m 透浪孔。上部结构也采用透空结构，使平台上部结构在水平及垂直方向均有较好的透浪效果。模型试验结果证明，上部采用透空结构可降低水平波浪力，减少波浪壅高。

2. 靠、系船墩及引桥墩结构

靠、系船墩及引桥墩均采用圆沉箱结构，靠船墩沉箱直径 16m，高 28m，重 2570t；系船墩沉箱直径 14.1m，高 27m，重 2141t；引桥墩沉箱直径 14.1m，高 13.0m，重 1402t。圆沉箱结构壁厚 400mm；下部设腹板，靠船墩腹板厚 300mm，系船墩和引桥墩腹板厚 250mm；沉箱底板为正八角形，底板厚 800mm。由于预制能力限制，预制高度 18m，其余部分采用水上二次接高方式完成。靠船墩顶高程为 11m，系缆墩顶高程为 10m。

3. 引桥上部结构

引桥上部结构为 5 跨 120m 简支下承式刚性杆系钢管混凝土拱桥。桥主拱跨距 108m，矢高 18m，矢跨比为 1/6，拱轴线为二次抛物线。每跨桥用钢量 490t，起吊重量 560t。桥面行车部分采用钢筋混凝土预制板及现浇整体化桥面铺装。

第十节　浆砌石码头与现浇混凝土码头

浆砌石码头与现浇混凝土码头一般多用于有干地施工条件的内河港口。

一、浆砌石码头

浆砌石重力式结构，其结构断面型式一般有梯形断面、衡重式断面和卸荷板式，如图 2-65 所示。浆砌石结构的优点是可以就地取材，不需要大型或复杂的施工设备、施工简单、整体性好、造价低，适用于有干地施工条件的内河港口。

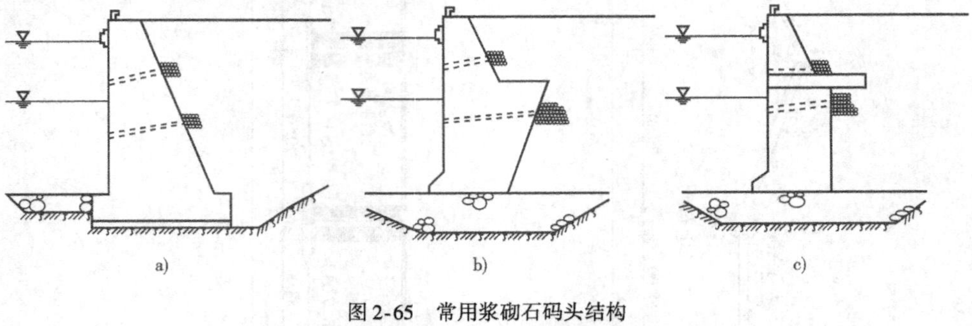

图 2-65　常用浆砌石码头结构

a) 梯型式；b) 衡重式；c) 卸荷板式

浆砌石码头顶部应设置高度不小于 0.3m 的现浇混凝土压顶；码头墙身的前趾和后踵的悬臂长度与趾高(或踵高)之比一般为 0.3 ~ 0.5，前趾前端和后踵末端的高度不宜小于 0.5m。

浆砌石重力式码头要求石料外形规整，大小合适，无针状、片状，外表洁净无灰尘和泥土，质地坚硬、无风化剥落和裂纹，强度不低于 50MPa(内河小码头可适当降低)。

砌筑水泥沙浆强度等级不低于 M10，当耐久性有特殊要求时强度等级不低于 M20；勾缝水泥沙浆强度等级不低于 M20。

码头墙后填料宜选用透水性好的材料。墙身应设置排水孔,排水孔的大小和位置应根据水位变化情况确定,最下一层排水孔应布置在最低水位以下。排水孔孔径不宜小于 50mm,排水孔后应设置倒滤设施。墙后填料采用粘土时,码头面上应采取排水措施,并提出填料密实度要求。

随着经济的发展,对内河运输的要求越来越高,船舶的吨位越来越大,浆砌块石码头向较大的方向发展,码头结构也在不断改良和变化。由于码头高度和码头面上所受的荷载越来越大,往往导致地基承载力不够,需要进行地基处理。码头设计时,一般在码头迎水面设计 20~30cm 厚的混凝土层,在水位变动区易受船舶撞击的部位,有些码头将混凝土改用钢筋混凝土,改善了受力条件。也可在最低水位以上采用花岗石贴面,增加美观和耐久性。对一些内河集装箱码头,集装箱龙门吊的前轨道梁直接放置在浆砌块石上,浆砌块石反复承受集装箱龙门吊的巨大轮压力会因疲劳而破坏。因此,在轨道梁下增设灌注桩,轨道梁上的荷载通过灌注桩传给地基,并使码头前、后趾处的应力相差不大,改善了地基应力情况。护舷一般直接布置在灌注桩处,可使浆砌石免受直接撞击。

地震区的挡土墙宜选用钢筋混凝土整体结构,8 度及 8 度以上地震区的挡土墙不宜采用砌石结构。

二、现浇混凝土码头

现浇混凝土码头的设计要点与浆砌块石重力式码头基本相同,但其前趾和后踵的悬臂长度与趾高和踵高之比可采用 0.7~1.0,前趾前端和后踵末端的高度不宜小于 0.3m。

随着码头挡墙的增高,普通重力式实体挡墙结构应用受到限制。为了降低造价,可采用半重力式现浇混凝土码头断面型式,如图 2-66 所示。

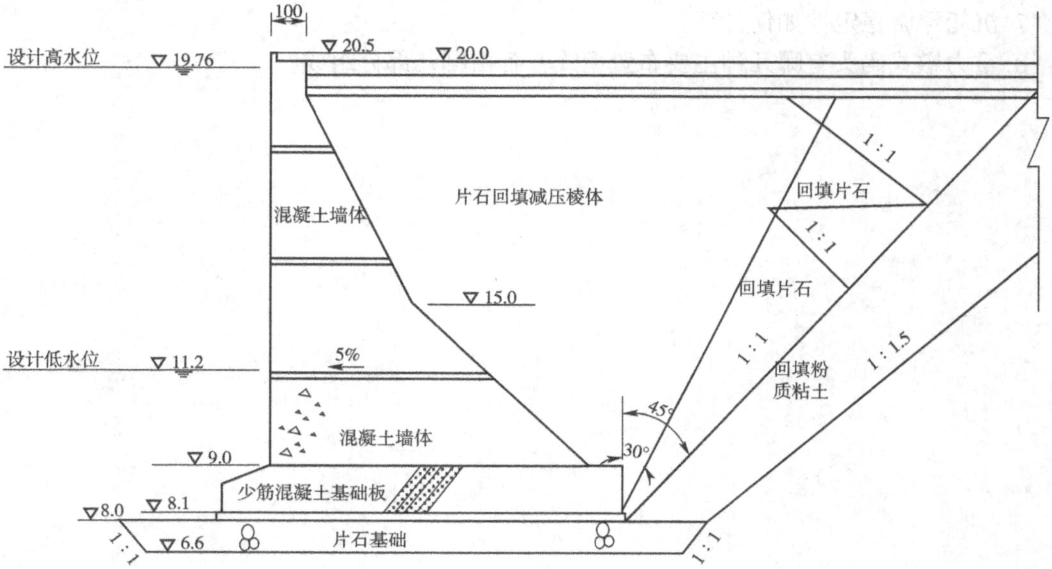

图 2-66 凤阳直立挡墙结构断面图

混凝土挡土墙墙身结构强度需要按偏心受压及剪切受力状态验算。挡土墙墙底宽度和半重力式挡土墙背坡折点处的墙身宽度应根据结构强度要求确定。

钢筋混凝土结构强度高,结构构件的尺寸可大大缩小。由于构件尺寸相对较小,因此钢筋混凝土挡土墙结构除了应根据其受力条件验算其强度外,还应按其使用条件的需要,验算结构构件的抗裂要求或最大裂缝开展的宽度,以保证结构构件安全和使用功能。

在洪水位与低水位较大的内河地区(如淮河),重力式码头挡墙较高,挡墙后往往需要回填大量的砂、石材料。部分地区砂、石料的价格亦较高,加大了回填料的成本。随挡墙高度增大,码头墙后土体侧压力、墙前趾地基应力亦随之增加,不仅要求挡墙截面增大,而且对挡墙结构与地基强度有了更高的要求,普通重力式实体挡墙等结构应用受到限制。为了解决这一问题,淮河安徽鸿运码头工程采用混凝土半重力式结构方案(图 2-66)。该码头工程位于淮河口游右岸,港池采用挖入式布置。码头前沿高程 20.0 m,码头前沿泥面高程或港池底高程 8.00 m,码头挡墙高 12m。墙身采用折线形背坡,采用钢筋混凝土建造。

思　考　题

1. 重力式码头结构由哪几部分构成?各部分的功用是什么?

2. 根据墙身结构,重力式码头有哪几种结构型式?

3. 重力式码头胸墙的顶宽、底宽和底部高程如何确定?

4. 重力式沉箱码头沉箱的宽度、长度和高度如何确定?箱壁、底板和隔墙厚度为多少?

5. 抛石基床有哪几种型式?基床厚度和肩宽、基槽的底宽和边坡坡度、块石的重量和质量及基床顶面的预留坡度和预留沉降量如何确定?

6. 重力式码头主要计算内容有哪些?各采用何种极限状态和荷载组合?

7. 沉箱浮游稳定性如何计算?

8. 重力墩式码头有哪几种主要布置型式?各由哪几部分组成?

第三章　板桩码头

第一节　板桩码头概述

板桩码头主要是由连续打入地基一定深度的板形桩构成的直立墙体，墙体上部一般用锚碇结构加以锚碇。

板桩码头的优点是结构简单、用料省、工程造价低、施工方便，而且可以先打板桩后挖墙前港池，能大量减少挖填土方量。板桩结构对复杂的地质条件适应性强。

但板桩码头耐久性较差。混凝土板桩、钢板桩属于薄壁结构，抗弯能力有限，多用于中小型码头。近年来开发了遮帘桩板桩、T 型地连墙、H 型桩与钢板桩组合、钢管桩与钢板桩组合等新型结构，已建成 10 万吨级的板桩码头。

一、板桩码头的主要组成部分

板桩码头的主要组成部分包括：板桩墙、拉杆、锚碇结构、导梁、帽梁和码头附属设施等（图 3-1）。

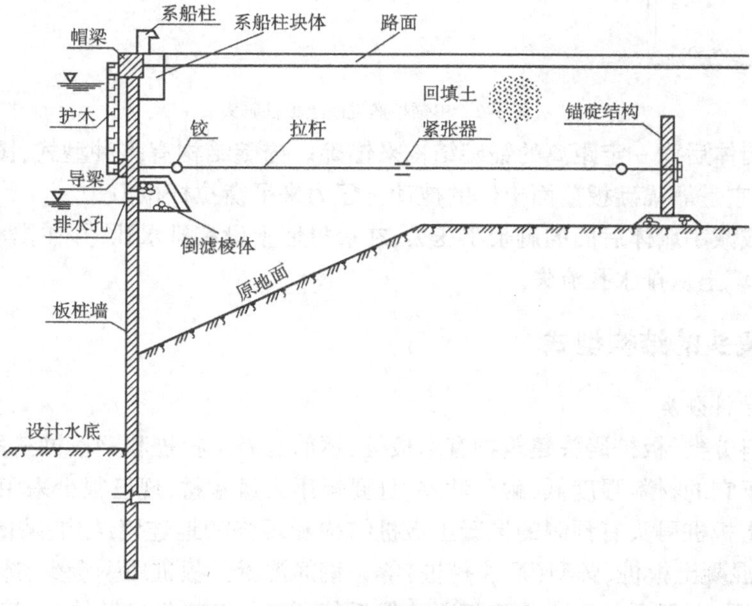

图 3-1　板桩码头建筑物的主要组成部分

板桩墙是由连续打入或沉入地基的板形桩（简称板桩）构成的直立墙面。板桩主要有钢板桩和钢筋混凝土板桩两种。为了使各单根板桩连成整体，共同工作，在板桩墙顶端加上帽梁。

对高度较大的码头,板桩墙后的土压力较大,为减小板桩的跨中弯矩和墙体上端向水侧方向的倾斜,通常板桩墙墙体上部加设拉杆予以锚碇。每隔一定距离设置一根拉杆,在拉杆与板桩墙连接处的外侧设置水平导梁,使拉杆拉力通过导梁传递给每根板桩。

当潮差不大时,可将导梁与帽梁合并成为胸墙(图 3-2)。

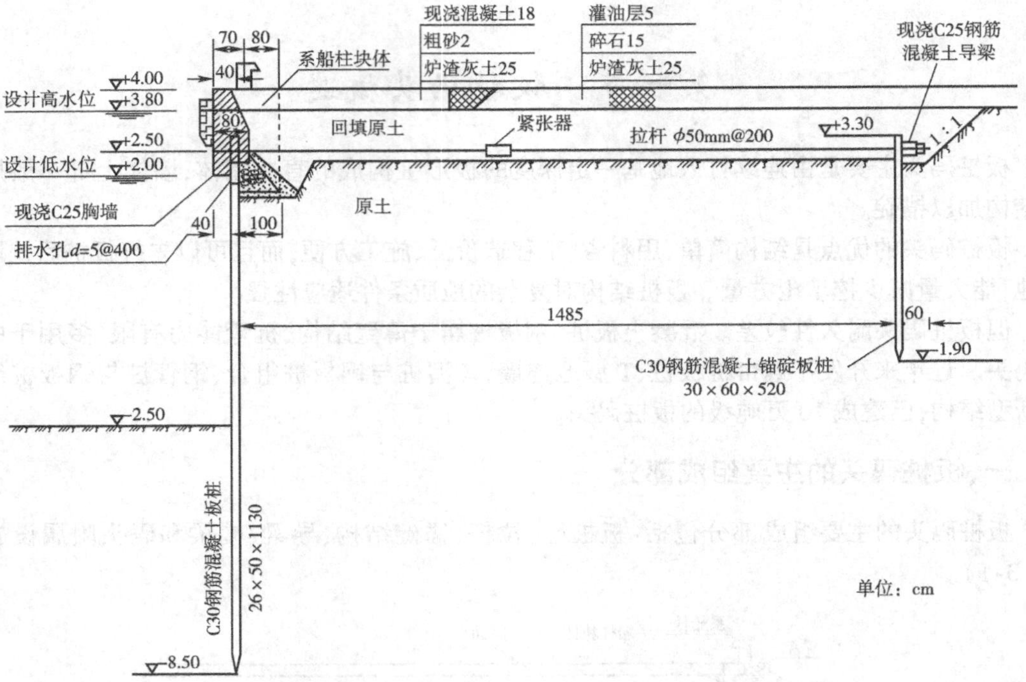

图 3-2　单锚钢筋混凝土板桩码头

拉杆是由墙体后面一定距离的锚碇结构来锚碇。锚碇结构有多种型式,图 3-1 中的锚碇结构是锚碇板,它是靠锚碇板前面土体的被动土压力来平衡拉杆拉力。

为了消除或减小墙体后面的剩余水压力,在板桩墙上设有排水孔,并在排水孔处做有倒滤层,以防止墙后填土从排水孔流失。

二、板桩码头的结构型式

1. 按板桩材料分类

按板桩材料分类,板桩码头建筑物有木板桩、钢筋混凝土板桩和钢板桩三种。

木板桩由于它的材料强度低,耐久性差,且要耗用大量木材,现已很少采用。

钢筋混凝土板桩码头有预制的混凝土板桩结构和现浇的地连墙结构,按断面型式可分为矩型、T 型钢筋混凝土板桩、圆型(灌注排桩)等。钢筋混凝土板桩用钢量少,造价低,耐久性较好,但其强度有限,一般适用于中小型工程。但近年开发的遮拦板桩结构,已建成10 万吨级的混凝土板桩码头。

钢板桩常用的断面型式主要有 U 形、Z 形两种。当要求更高的抗弯能力时,可以将 Z 形板桩与 H 形桩或钢管桩组合,形成组合断面。钢板桩的材料强度高,特别是 H 形桩与板桩的组合结构、钢管桩与钢板桩的组合结构,抗弯能力更大,施打方便,可打入较硬的地基,增加码头抗滑稳定性,可用于建造大型深水码头。它的缺点是易锈蚀,但可以采取有效的防锈措施。

2. 按锚碇系统分类

按锚碇系统分类,板桩码头建筑物有无锚板桩和有锚板桩两种。

无锚板桩墙只有板桩墙体和帽梁两部分,不设锚碇系统。无锚板桩墙的墙体是悬臂结构,所能承受的外力有限,且墙体变形大,适用于墙体矮和地面荷载小的工程,一般只在临时工程,比如临时支护结构中使用。

有锚板桩墙是在墙体上部设拉杆来锚碇墙体,通常采用单层拉杆。有锚板桩墙按锚锭结构的类型又可分为锚碇板(墙)、锚碇桩(板桩)和锚锭叉桩结构。与无锚板桩墙相比较,有锚板桩墙墙体的弯矩和墙顶的位移均减小很多。图 3-2 是天津海河的一座单锚钢筋混凝土板桩码头的实例。

当板桩墙体高度比较大时,为了减小板桩墙的跨中弯矩,也可采用双拉杆。图 3-3 是广州黄埔港的一座双拉杆钢板桩码头。

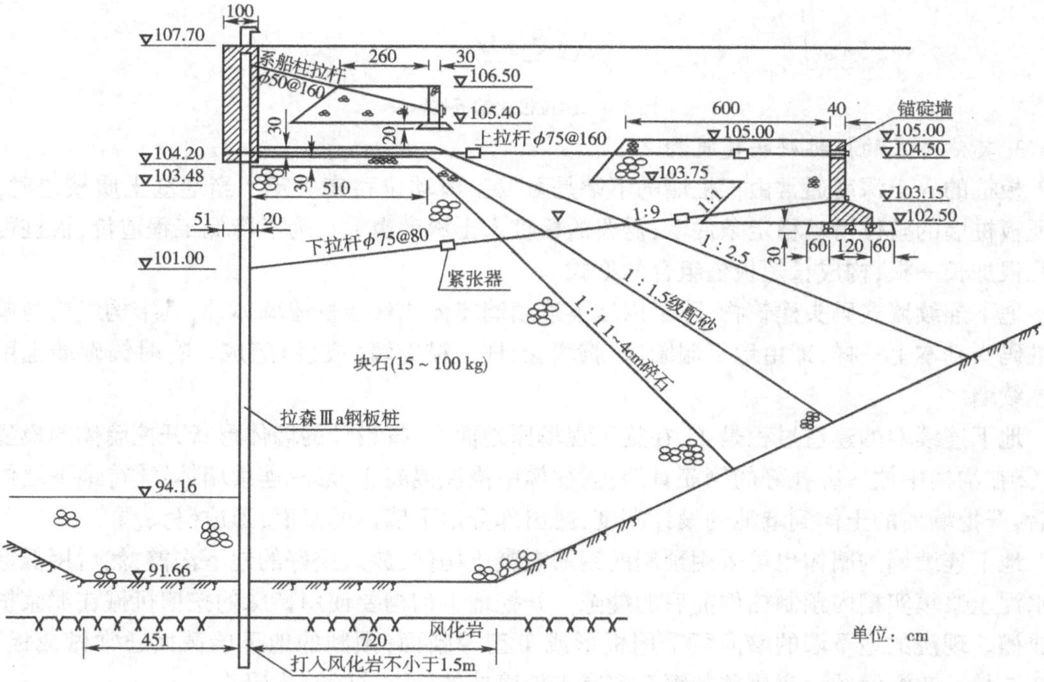

图 3-3 广州黄埔港双拉杆钢板桩码头

另一种有锚板桩结构是采用斜拉桩来锚碇板桩墙,称为斜拉桩式板桩码头(图 3-4)。它的优点是结构简单,占用工程用地的宽度小。当采用钢筋混凝土板桩和斜拉桩时,因桩顶处的弯曲应力大,极易出现裂缝;如采用钢板桩和钢斜拉桩结构,则不存在这个问题。由于斜拉桩式板桩结构的刚度较小,容易变形,墙后回填量不宜过大。

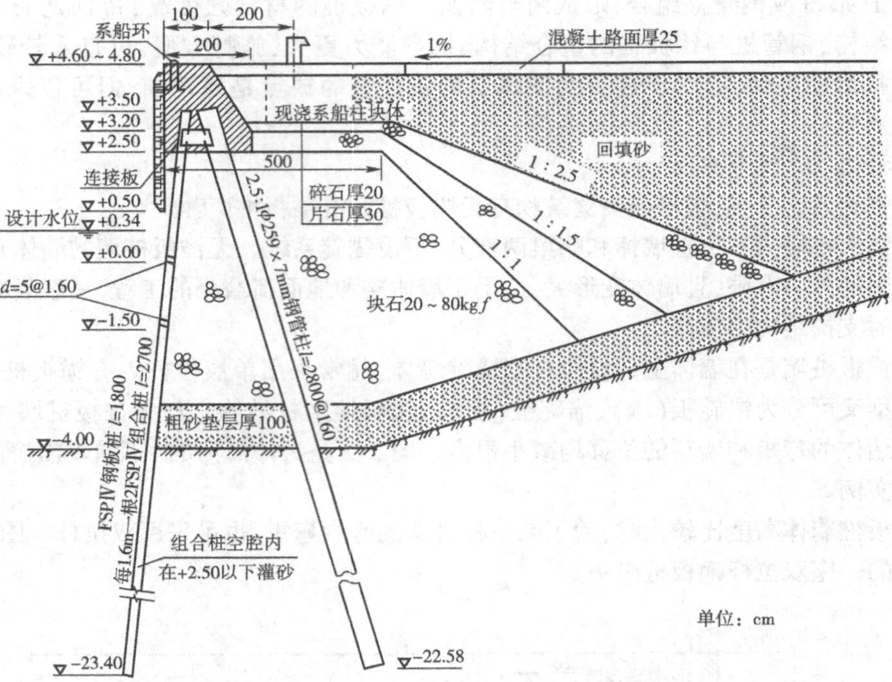

图 3-4　斜拉桩式钢板桩码头

3. 其他型式的板桩码头建筑物

板桩的入土深度通常由板桩墙的下端是否发生滑动位移来决定。当地基土质较差时，在保证板桩墙的整体滑动稳定条件下，需要的板桩入土深度也大。为了降低工程造价，板桩可以隔几根加长一根，构成长短板桩组合的型式。

地下连续墙式码头建筑物，除了以地下连续墙墙体取代板桩墙墙体外，其结构组成与单锚板桩码头基本上一样，即由地下墙墙体、胸墙、拉杆及锚碇墙（或板）组成。有时锚碇墙也用地下连续墙。

地下连续墙的建造过程是：①在施工现场原地面上，按设计的墙体形状开挖墙体的模型沟槽；②在沟槽中放入绑扎好的钢筋骨架；③往槽中浇注混凝土，形成连续墙体；④待地下墙体筑成后，开挖墙前的土体到港池的设计深度，露出部分地下墙体的墙面，形成码头。

地下连续墙的墙体也可采用预制的钢筋混凝土构件，放入挖好的地下沟槽，然后用低标号的水泥土浆填实槽内预制构件前后的缝隙。开挖地下沟槽要使用特殊的挖槽机械在泥浆护壁下成槽。现浇的地下墙的墙面可采用板形或 T 型等断面；预制的地下墙截面通常做成板形。图 3-5 是天津海河的一座用预制钢筋混凝土板建成的地下连续墙式码头。

地下墙式码头的优点是：墙体整体性好；不需要大型施工机械；可以做成各种断面形状的墙体；施工速度快；工程造价低。其缺点是：需具备干地施工条件；对现浇钢筋混凝土地下连续墙，混凝土密实度差，质量不易保证；开挖出来的墙面表面不光滑，需做后处理。

这种型式的码头结构适用于不具备打桩设备和必须避免因打桩震动而影响邻近建筑物的地点。

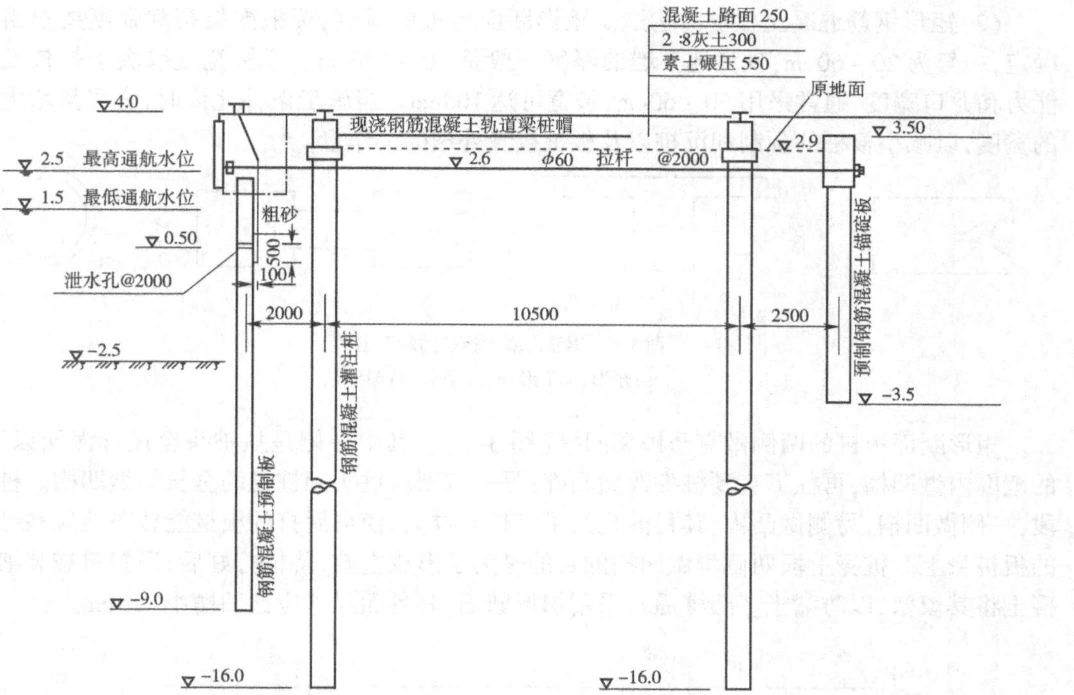

图3-5 预制钢筋混凝土板的地下墙式码头

三、板桩码头的施工程序

预制的钢筋混凝土板桩或钢板桩码头的施工程序主要包括：预制混凝土板桩或采购钢板桩；施打板桩；预制和安设锚碇结构；制作和安装导梁；加工和安装拉杆；现场浇筑帽梁或部分胸墙；墙后回填土和墙前港池挖泥；待码头位移稳定后，浇筑其余的胸墙等。

当采用锚碇板或锚碇墙作为锚碇结构时，要在打好板桩、做好锚碇结构、安装好导梁与拉杆、浇筑好帽梁之后，先回填锚碇结构前面的土体(或其他回填料)并夯实，使锚碇结构能承受压力，然后再回填板桩墙后的土体，最后开挖码头前港池至设计深度。

第二节 板桩码头的构造

一、板桩

1. 钢筋混凝土板桩

(1)断面型式。钢筋混凝土板桩的断面型式主要是矩形，此外，还有T型、圆形和工字形等(图3-6)。

矩形断面的板桩，其优点是形状简单，制作方便；缺点是抗弯能力低，材料用量多。其他形状断面的板桩，抗弯能力高，材料用量较少；但形状复杂，制作麻烦。我国多采用矩形断面的实心或空心预应力板桩。

(2)矩形钢筋混凝土板桩的构造。矩形断面板桩的厚度,要根据抗裂和强度要求由计算确定,一般为 20 ~ 60cm;现浇地下墙的厚度一般是 60 ~ 130cm。板桩宽度取决于打桩设备的能力和龙口宽度,通常采用 50 ~ 60cm,最宽可达 100cm。当施工条件允许时,宜尽量增大板桩的宽度,以减小板桩的预制和沉桩以及板桩接缝处理的工作量。

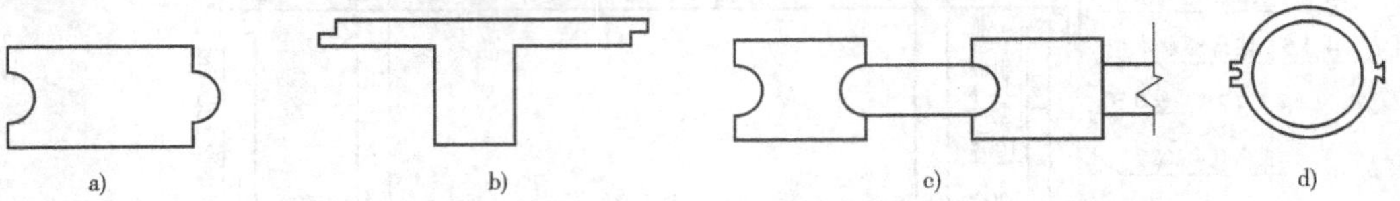

图 3-6　钢筋混凝土板桩的断面型式

a)矩形;b)T 形;c)工字形;d)圆形

矩形断面板桩的两侧做有凸榫和凹槽(图 3-7)。其中一侧是从桩头至设计泥面以下 1m 的范围内做凹槽,再往下直到桩尖改做凸榫;另一侧则从桩头到桩尖的全长均做凹槽。桩身下段,一侧做凹槽,另侧做凸榫,其目的是为了打桩时导向,使得后打的板桩能整齐地靠在已打好的板桩身上。桩身上段两侧均做凹槽的目的是为了形成空腔,待桩打好后,用塑料袋装细石混凝土将其填塞,以防漏土。凸榫通常采用梯形断面,其各面尺寸应比凹槽小 0.5cm。

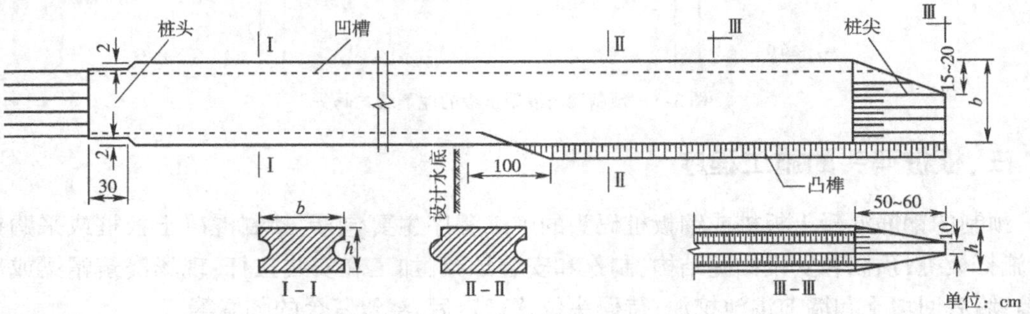

图 3-7　矩形断面钢筋混凝土板桩的构造图

为了使板桩易于打入土中,将板桩底端(桩尖)沿厚度方向做成尖楔形,并将全凹槽一侧的桩尖削成斜角,其目的是在打桩时产生向已打下板桩方向的推挤力,使后施打的板桩与已打下的板桩靠得紧密。

施打板桩时,在桩头要套上替打,故桩头需沿宽度方向缩小,一般两侧各缩进 2 ~ 4cm,缩进的长度取 30 ~ 50cm。

从打桩角度的要求,钢筋混凝土板桩应尽可能采用顶应力结构,以增强抗裂性和耐久性。板桩的混凝土强度等级不宜低于 C30。

板桩中纵向钢筋的数量由强度计算来确定,顶应力板桩的预应力钢筋数量还应满足抗裂要求。纵向受力钢筋的直径不宜小于 12mm,一般采用通长对称配筋;有时为了节省钢材,也可按弯矩图进行配筋。桩头要受打桩锤冲击,为了防止桩头被打碎,要在桩顶加配不少于三层钢筋网。由于桩头段与桩尖段在打桩时受力集中,所以钢箍应适当加密,其间距通常采用 10cm。桩的中间段可采用 25cm。如果板桩需打入硬土时(如风化岩等),桩尖要用钢靴加固。图 3-8 是矩形钢筋混凝土实心板桩的配筋实例。

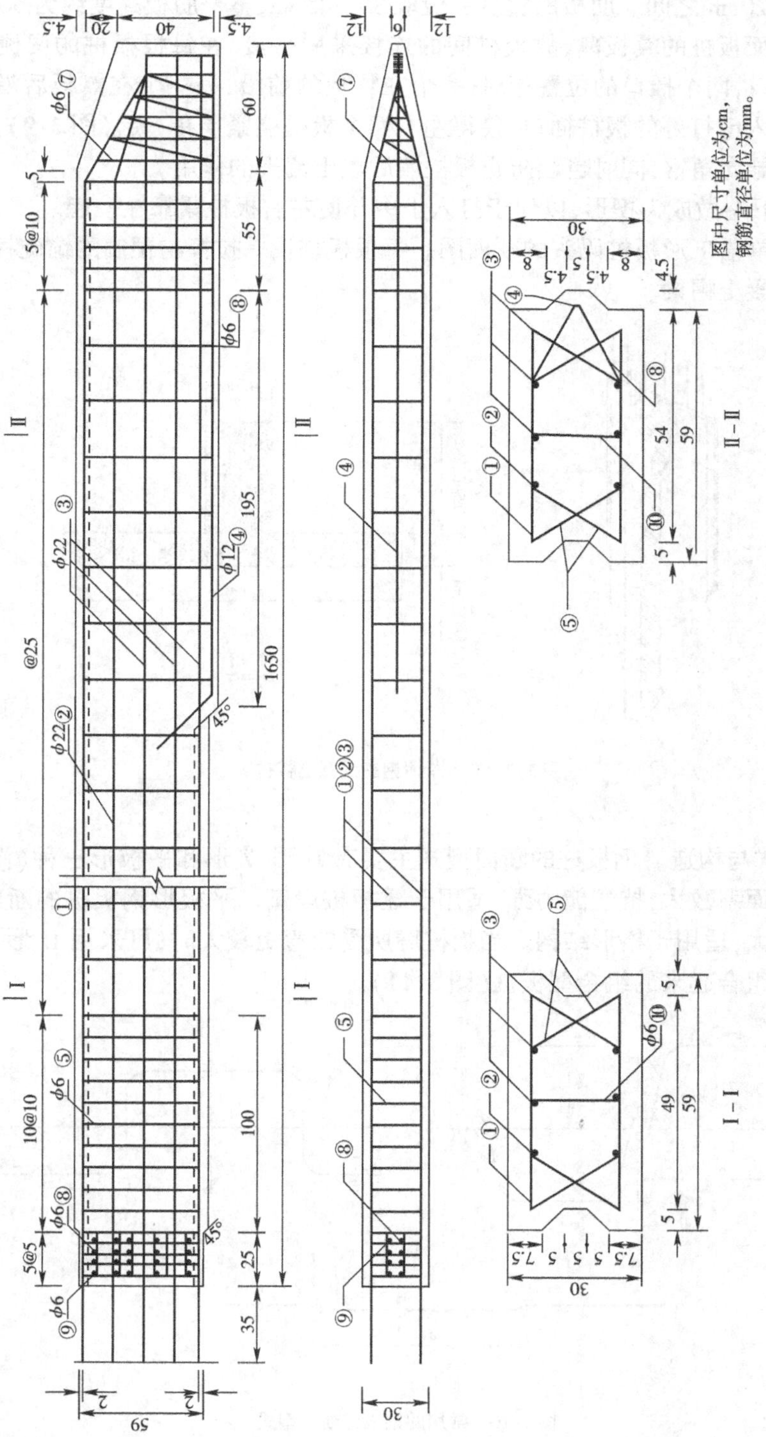

图3-8 矩形断面钢筋混凝土板桩配筋图

(3)T 型断面钢筋混凝土板桩的构造。T 形断面板桩的宽度一般在 100 ~ 160cm 之间,翼板的厚度在 15 ~ 20cm 之间。肋板的宽度一般取 30 ~ 45cm,整个肋板高度约为 50 ~ 70cm。

由于 T 形断面板桩的翼板薄,故板桩间的连接采用平接,在每根板桩的两侧各设一个埋入翼板的角钢插口,两个插口的位置相对,一个在翼板的前沿,另一个在翼板后沿。打桩时后打的 T 形板桩插入已打好的板桩插口,使得左右两个板桩能紧挨在一起(图 3-9)。此外,在一侧翼板后沿设一导向角钢,同时也起防止板桩墙后填土流失的作用。

T 形板桩的下端做成尖楔形,以便于打入土中并使左右板桩紧靠在一起。

图 3-9 是一单锚 T 形板桩码头的断面图。每根板桩设一拉杆与预制的锚碇板。在板桩墙顶部设一钢筋混凝土帽梁。

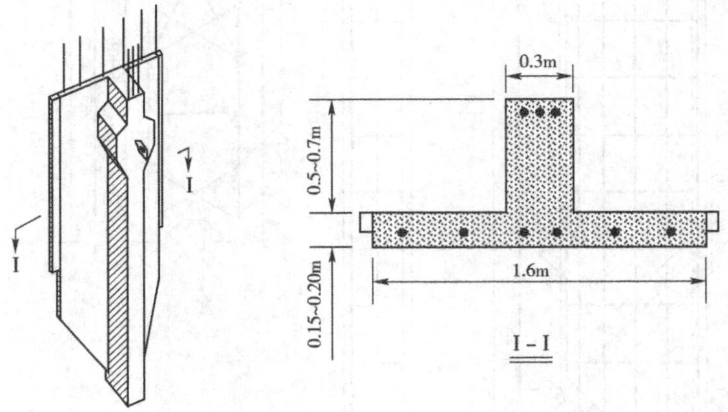

图 3-9 T 形断面钢筋混凝土板桩

2. 钢板桩

(1)断面型式与构造。钢板桩的断面型式主要有 U 形、Z 形和平板形三种(图 3-10)。前两种钢板桩的断面系数大,抗弯能力强,适用于建板桩岸壁。平板形钢板桩的断面系数小,但其横向抗拉能力大,适用于格形结构。当板桩墙所受的弯矩较大时,可采用 H 形、圆管形或是由小型号钢板桩组合起来的组合型板桩(图 3-11)。

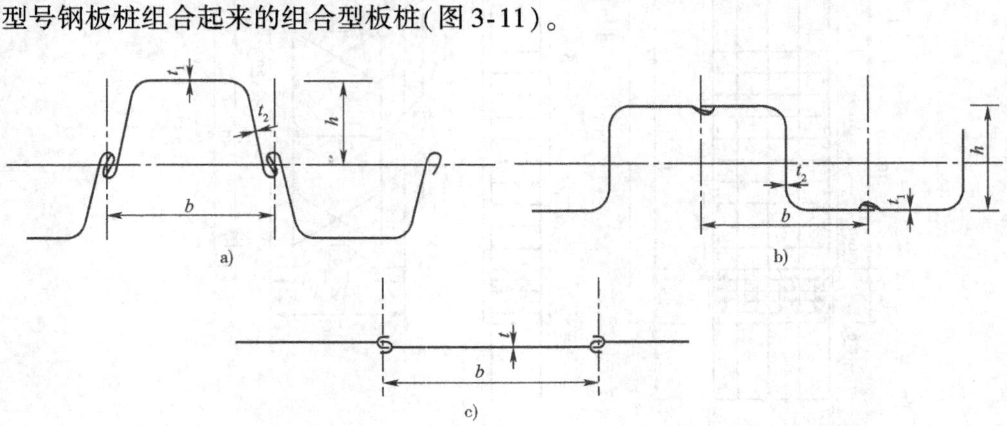

图 3-10 常用的钢板桩断面型式

a) U 形;b)Z 形;c)平板形

U 形钢板桩是丹麦工程师拉森(TLarssen)于 1941 年设计的,故通称拉森型钢板桩。此型钢板桩的两侧有钩状锁口,故相邻两根板桩要相互倒置才能相互钩住(图 3-10),形成连续凹凸断面型式的墙体,中性轴处在锁口处,当墙体受弯时,锁口处剪应力最大。若锁口的咬合不牢,则受力后相邻板桩要相互错动,使其断面系数降低,此时应乘以折减系数 ξ。当板桩墙顶不设帽梁时,ξ 取 0.7;设置刚性帽梁时,ξ 取 0.9。对焊接的锁口,则不必乘以折减系数。如果锁口承担的剪应力无保证,则在计算时只能按单根板桩的断面系数来考虑。

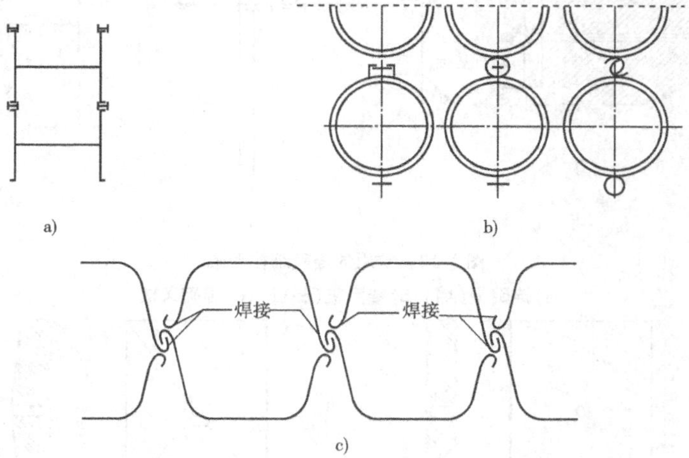

图 3-11　H 型、圆管形和组合型钢板桩断面型式

a) H 形;b) 圆管形;c) 组合型

Z 形钢板桩两侧的锁口呈"锁骨形状"。为了相邻两根板桩的连接,两根钢板桩要相互倒置来互相套住,形成凹凸面的连续墙体(图 3-10)。墙体断面的中性轴在 Z 形的中部,与锁口无关,故锁口套合的松紧程度对断面系数无影响。

(2) 防锈措施。钢板桩的最大问题是锈蚀。导致钢板桩锈蚀的主要原因是在其表面产生局部电位差,形成锈蚀电流,在此电流作用下铁离子被氧离子置换,逐渐产生铁锈。铁锈减少了钢板桩的断面,缩短了码头使用年限,应采取防锈措施。日前工程上采用的防锈措施有以下几种:

①水下部分采用阴极保护。主要有外加电流法与消耗锌阳极法两种,效果均比较好。

②对水位变化部位,钢板桩处在干湿交替环境下,用阴极保护法效果不大。一般采用重防腐涂料,使用年限可达 20 ~ 30 年。

③与钢板桩接触的金属构件(如导梁、拉杆等)应采用与钢板桩相同的材质,以免产生局部电位差,引起腐蚀作用。

二、锚碇结构

常用的锚碇结构有三种型式:锚碇板(墙)、锚碇桩(板桩)和锚碇叉桩(图 3-12)。选择锚碇结构的型式,应根据码头后方的场地条件和拉杆力大小等因素综合考虑。

1. 锚碇板(墙)

锚碇板(墙)一般是预制的钢筋混凝土板块。当板块为连续设置形成一堵墙体时,称为锚碇墙;当板块为间隔设置时,称为锚碇板。锚碇板的断面形状主要有平板形、双向梯形和 T 形三种(图3-13)。T型板的肋可横放也可竖放。锚碇墙可以是现浇钢筋混凝土板墙;也可以用预制的钢筋混凝土板在现场安装,但应加设连续导梁。

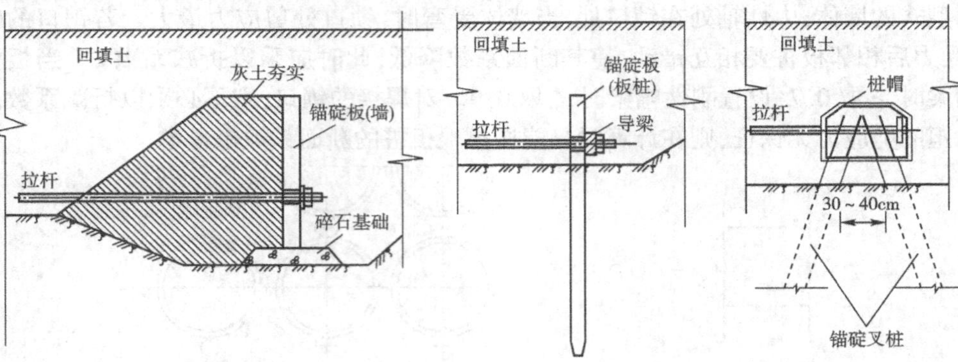

图3-12 常用的锚碇结构型式

a)锚碇板(墙);b)锚定桩(板桩);c)锚碇叉桩

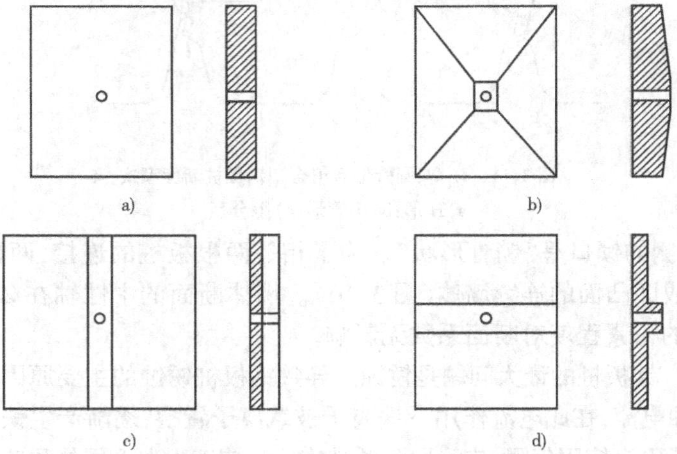

图3-13 锚碇板断面型式

a)平板形;b)双向梯形;c)竖肋T形;d)横肋T形

锚碇板(墙)是靠墙前面的土抗力来平衡拉杆拉力。它的高度要由稳定计算确定,通常采用1.0~3.5m。板的厚度由强度计算确定,一般为0.2~0.4m,但不宜小于0.15m。在施工条件允许的情况下,锚碇板(墙)的设置高程应尽量放低,以提高其承载能力。对于安装预制的锚碇板(墙),其底部通常要铺设10~20cm厚的碎石垫层;对于现浇的锚碇墙,其底部应浇注10~15cm厚的贫质混凝土垫层。用来回填开挖基坑和锚碇板(墙)前面的回填料,要选用抗剪强度高的土料,并加以密实,以提高锚碇板(墙)的承载力并减小位移。

锚碇板(墙)的优点是结构简单、用料省、设置安装方便。其缺点是锚碇板(墙)的水平位移较大,另外还需开挖基坑或基槽。当码头后方场地宽敞,拉杆的拉力不太大时,可采用锚碇板(墙)。

2. 锚碇桩(板桩)

锚碇桩(板桩)是依靠其在土中的弹性嵌固作用来承受拉杆的拉力。通常是一根拉杆设一锚碇桩。锚碇桩可以用单根桩，当拉力大时，可由一组桩(2～3 根)组成。锚碇板桩则为平行于码头线的连续板桩墙。锚碇桩(板桩)的工作状态是悬臂梁，承载力小，且桩顶位移大。当码头后方场地宽敞、地下水位较高或是要利用原土层时，可考虑采用锚碇桩(板桩)。

3. 锚碇叉桩

锚碇叉桩是由一对叉桩和其上端的现浇桩帽组成。叉桩中前面一根是压桩，后面一根为拉桩，靠两根斜桩轴向力的水平分力之和来承受拉杆的拉力。

锚碇叉桩是一种稳定的结构，承载能力大，锚碇的位移小，可以尽量地靠近板桩墙，以缩短拉杆长度，减少挖、填土方量。其缺点是造价比较高，同时需注意后方填土对拉桩的影响，特别是陆域沉降较大时慎用混凝土桩作为拉桩。当码头后方场地有限，如有不允许拆除的建筑物或地下工程，以及拉杆力较大时，宜采用锚碇叉桩。

锚碇叉桩的进一步变化，形成了前面所述的斜拉桩式板桩码头，即以板桩墙代替锚碇叉桩中的压桩，省去拉杆，以承台代替拉杆和桩帽(图 3-4)。但这种结构的工作状态不如锚碇叉桩。

三、拉杆

1. 拉杆高程的确定

从减小板桩墙的跨中弯矩来说，拉杆的高程设得越低越好。但是，为了保证水上安装拉杆和现浇混凝土构件(如导梁，胸墙等)的施工条件，拉杆的高程不宜低于施工水位。

拉杆通常水平放置，但也有采用向上斜或向下斜的拉杆。拉杆向下斜是为了增大锚碇板的埋深，以增大锚碇能力；拉杆向上斜既能把拉杆在板桩墙上的位置放低，又不降低锚碇结构的高程，可减少锚碇板(墙)基坑或基槽的挖方量，通常在设置水下拉杆时采用。

2. 拉杆材料的选择

拉杆要承受拉力，一般是采用钢拉杆。钢拉杆的直径较粗，要采用焊接质量有保证和延伸率不低于 18% 的高强度钢材。当拉杆拉力较大时，也可采用经热处理后延伸率不小于 17% 的高强度材质钢拉杆。

3. 拉杆间距、直径和长度的确定

拉杆的间距取决于拉杆的拉力大小，一般采用 1.0～3.0m。对于钢筋混凝土板桩墙，要取板桩宽度的整倍数；对于单设导梁的 U 形和 Z 形的钢板桩墙，应取板桩宽度的偶倍数。

拉杆的直径由强度计算来确定，一般采用 40～100mm。直径大于 100mm 的钢拉杆，应进行必要的力学性能验证试验。

拉杆的长度取决于板桩墙与锚碇结构之间的最佳距离。当拉杆长度大于 12m 时，宜采用分节制作，每节长度不宜大于 12m，中间用张紧器连接。张紧器两端的螺纹方向相反，是为了施工时能拉紧拉杆(图 3-14)。为了减少各拉杆受力不均匀，在安装钢拉杆时要使各拉杆的紧张程度尽量一致，可采用测力扳手旋紧紧张器，每根拉杆施加 20kN 的初始拉力。

4. 减小和消除拉杆附加应力的措施

设计拉杆断面时，是按中心受拉情况进行计算。但实际上拉杆是在水平状态下，其两端安装在板桩墙与锚锭结构上，在拉杆自重、其上面填土重量及地面荷载共同作用下，拉杆要下沉弯曲，拉杆的工作状态是偏心受拉。为了使拉杆的工作状态符合中心受拉的要求，可采取以下的措施：

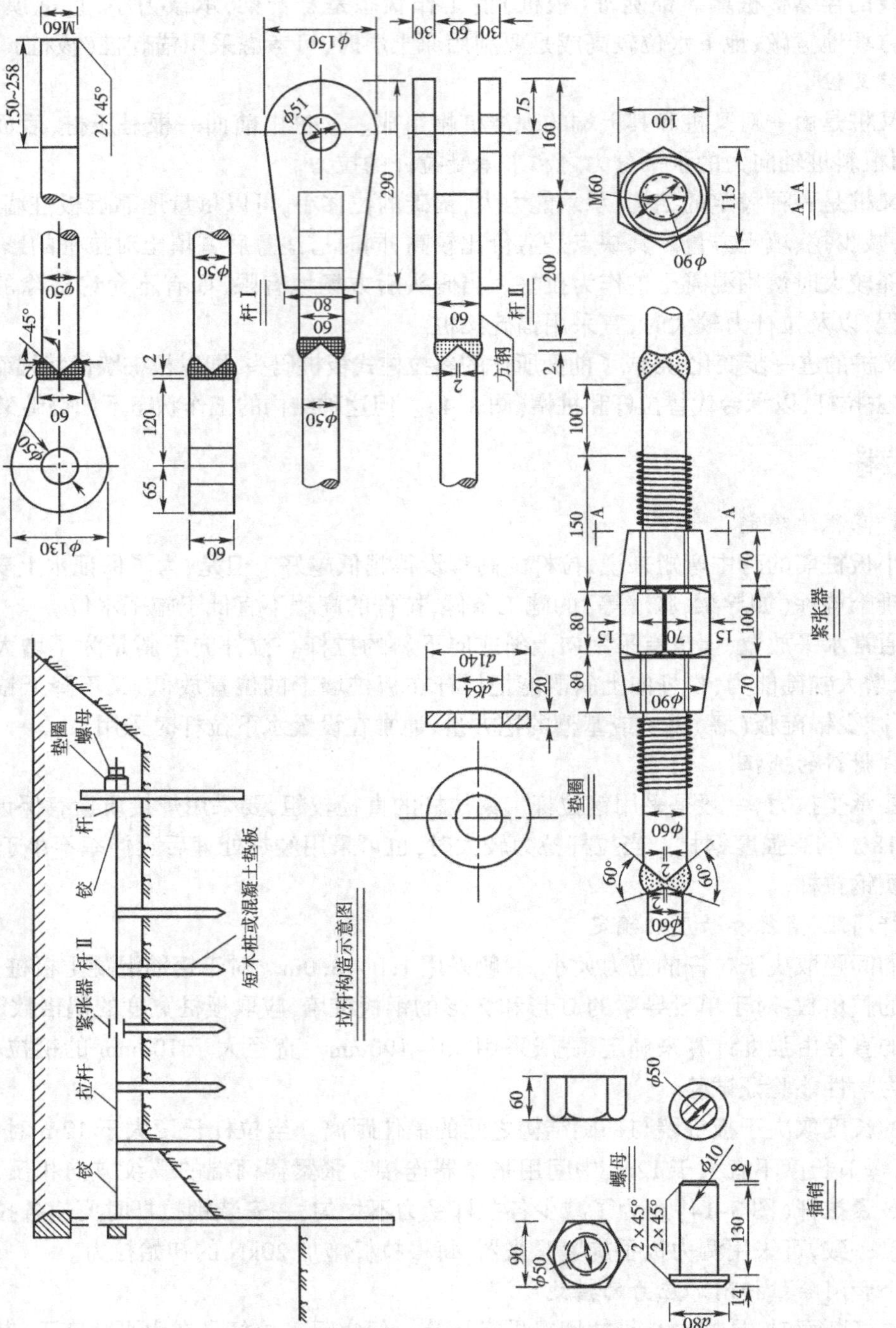

图3-14 钢拉杆及附件构造

(1)拉杆两端靠近板桩墙与锚锭结构处,各设置一个铰。

(2)在拉杆下面设若干个支托点,以减少拉杆下沉。常用的办法是打木桩。桩的直径为10~15cm,长度视当地的地质条件,一般为1.5~4.0m,间距约4~6m。在木材缺乏时,也可采用钢筋混凝土或是钻孔碎石桩。当拉杆下面为土质较好的原状土时,可以不设支托点,而在拉杆位置下面铺设15~20cm厚的碎石垫层或是灰土夯实垫层。

(3)拉杆上方设置防压罩,使拉杆上面的填土重量及地面荷载不作用在拉杆上,而是传到拉杆两侧地基土上。防压罩可采用预制的混凝土或钢筋混凝土倒槽形块;也可以在拉杆两侧砌砖墙,上面盖以混凝土板。在防压罩与拉杆之间应留有因地基土沉降所需的空隙。这个措施适用于地基土质较好的情况。

5. 钢拉杆的防锈措施

在其安装前,钢拉杆及其附件应除锈并涂上两道防锈漆。安装后,拉杆、张紧器和铰应用两层沥青纤维布缠裹,垫板和螺母涂以沥青或其他防腐蚀材料。在拉杆周围严禁用具有腐蚀性的材料回填。

四、导梁、帽梁和胸墙

钢板桩墙的导梁,一般由一对背靠的槽钢组成(图3-15)。为了防止船舶的碰撞和减少锈蚀,通常设在板桩墙的内侧,并尽可能包在帽梁或胸墙内。

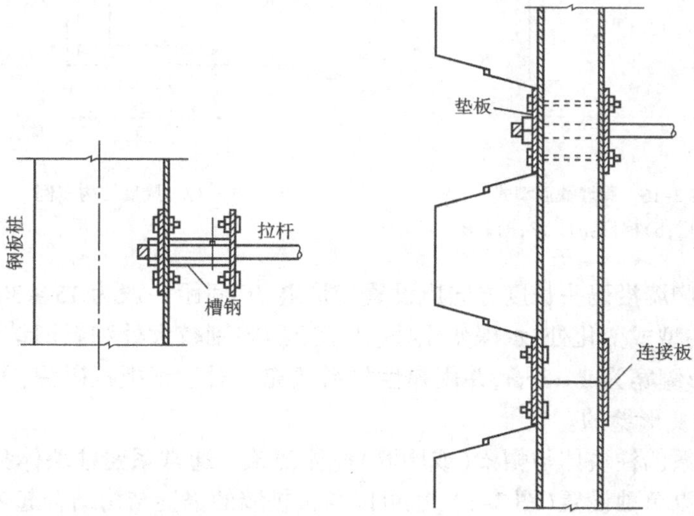

图3-15　钢导梁构造

钢筋混凝土板桩墙的导梁,一般采用现浇钢筋混凝土结构,以保证导梁紧贴各根板桩以及梁外侧面的平直。也可以采用预制的钢筋混凝土导梁,此时板桩墙中需每隔几根板桩,有一根板桩设有牛腿,用以安放导梁。

帽梁可采用现浇钢筋混凝土梁,其前后两侧均应宽出板桩不少于15cm,其高度不宜小于30cm。

当码头前水位差不大,拉杆位置较高时,可将导梁和帽梁合二为一,成为胸墙。胸墙的断面有矩形、梯形、L形和I形等(图3-16)。为了板桩和胸墙能可靠地连接,板桩应埋入帽梁或胸墙一定的深度。钢筋混凝土板桩的埋入深度，一般不小于 5 ~ 7cm，而且全部纵向钢筋均伸入胸墙内，其伸入长度不小于 20 倍钢筋直径。对于钢板桩，埋入深度可取 1 倍板桩截面高度或桩径，一般不小于 20cm。图 3-17 是一工程的胸墙实例。

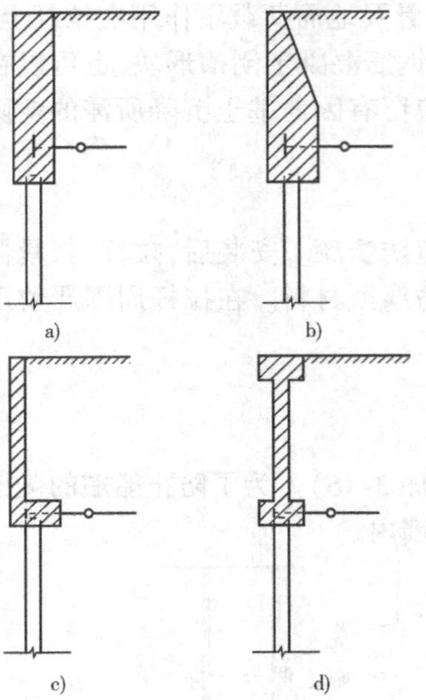

图 3-16　胸墙截面型式

a）矩形；b）梯形；c）L 形；d）I 形

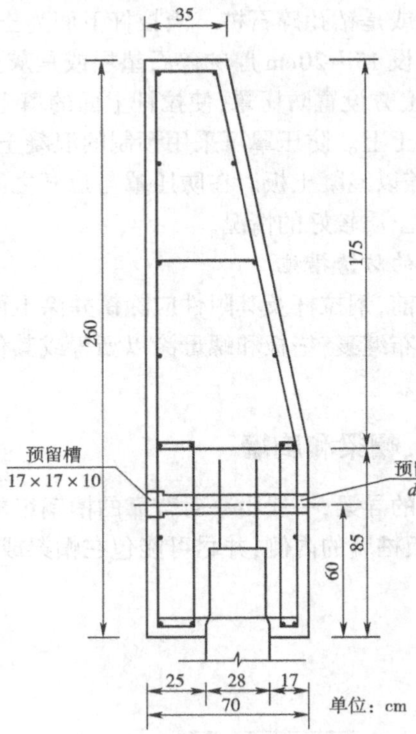

图 3-17　胸墙结构实例

导梁、帽梁或胸墙沿码头长度方向应设置变形缝，其间距一般为 15 ~ 30m，并与系船柱间距相协调。在结构型式变化处、水深变化处、地基土质差别较大处和新旧结构的衔接处，必须设置变形缝。变形缝宽为 2 ~ 3cm，并用弹性材料填充。对于钢板桩码头，国际上已有胸墙长度超过 800m 不设变形缝的。

一般情况下，系船柱块体与帽梁（或胸墙）整体浇筑。通常系船柱块体独自用两根拉杆锚锭；其锚锭结构可以单独设置（图 3-3），也可以与板桩墙的锚锭结构结合起来设置。

五、排水、防止漏土的设施

为了减少或消除作用在板桩墙后的剩余水压力，板桩墙应设排水孔。排水孔的位置不宜高于设计低水位，在施工条件允许的情况下宜设在极端低水位附近。排水孔孔径大小和孔的水平距离应根据板桩墙前水位变化幅度、墙体的透水程度以及墙后回填料的渗透性而定。排水孔直径一般取 5 ~ 10cm，间距为 3 ~ 5m。除墙后回填块石的情况外，排水孔后面均应设置排水倒滤棱体，以防止墙后回填土从排水孔处流失。图 3-18 是一倒滤棱体构造的实例。

钢板桩的锁口连接紧密，一般不会发生漏土现象。对于灌注排桩结构，应采取措施防止土从排桩间缝流失，如双排的水泥搅拌桩或高压旋喷桩。

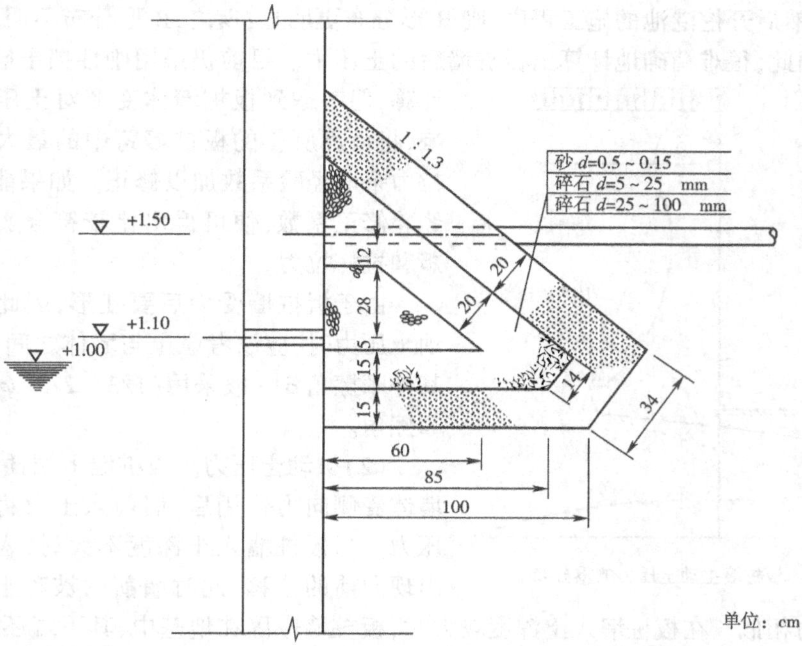

图3-18 排水孔后倒滤棱体实例

第三节 板桩墙计算

一、作用在板桩墙上的荷载和设计状况

作用在板桩墙上的荷载可分为下述四类：

(1)永久作用，由土体本身产生的主动土压力和板桩墙后的剩余水压力等；

(2)可变作用，由码头地面上各种可变作用产生的主动土压力、船舶荷载、施工荷载和波浪力等；

(3)偶然作用，非正常撞击、火灾和爆炸等；

(4)地震作用。

1. 土压力

板桩墙是一柔性挡土墙，在外力作用下，墙体会发生弯曲变形，沿墙高各点的水平位移不同。板桩墙上各点的土压力不仅与该点以上的土重、地面可变荷载以及土的物理力学性质有关，而且与该点墙体的水平位移密切相关。

(1)主动土压力。无锚板桩墙受力后的变形情况基本上类似刚性挡土墙，墙后主动土压力可近似地按刚性墙的直线分布土压力理论进行计算。

有锚板桩墙上主动土压力的分布与无锚板桩墙不同。有锚板桩墙上部有拉杆锚碇，下段则嵌固于地基内，在土压力作用下，墙体上下两端的位移均受到约束，跨中的位移较大，墙后土体出现拱的现象，导致土压力的重分布。在靠近拱端处主动土压力比较大，跨中部分减少，主动土压力呈 R 形分布，如图 3-19 所示。若板桩的刚度和锚碇点的位移越小，并采用先回填板桩墙后土体，然后开挖港池的施工程序，则 R 形分布更明显；反之，R 形分布不明显，直至接近直线分布。因此，很难精确地计算出板桩墙后的土压力。目前仍采用刚性挡土墙土压力进行计算，但考虑到板桩墙体变形对土压力分布的影响，将计算所得的板桩墙跨中的最大弯矩和拉杆拉力乘以经验系数加以修正。如果能正确地选择经验修正系数，便可得出比较符合实际的跨中弯矩和拉杆拉力。

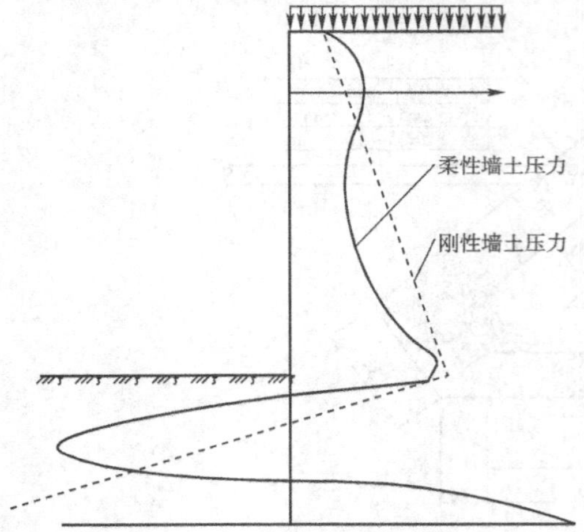

图 3-19　板桩墙主动土压力的重分布

由于板桩墙受力后要变形，因此计算墙后主动土压力时，应该考虑土与墙体之间的相互摩擦其外摩擦角 δ 一般采用 $(1/3 \sim 2/3)\varphi$，φ 是土的内摩擦角。

(2) 被动土压力。板桩墙下端插入地基中，当墙体受侧向力作用后，墙前入土段将产生被动土压力。当板桩墙入土深度不大时，入土段墙体只出现向前的位移，此时墙前的被动土压力与刚性墙被动土压力相似。在板桩墙入土深度较大时，板桩墙嵌固在地基中，其下端还会产生后翘，因此入土段的上部产生墙前被动土压力，其下部产生墙后的被动土压力，如图 3-19 所示。由于入土段墙体的变形大小不同，实际产生的墙前被动土压力比理论计算值大一倍左右，而墙后产生的被动土压力比计算值小一半左右。原因是板桩墙体与土体之间有移动，存在摩擦力。在墙前，入土段的上部墙体对土体产生向下挤压的摩擦力，它使土体稳定性增加，并将土体挤密，增大土的抗剪强度，被动土压力增大；在墙后，入土段下部墙体对土体产生向上的摩擦力，减小土体的稳定性。此外，因板桩的下端被土体嵌固，其向后的位移小，达不到极限被动土压力所需的变形值，所以实际的被动土压力比计算值小。因此，计算板桩墙入土段墙前被动土压力时，要采用墙与土体之间的外摩擦角 $\delta = (2/3 \sim 3/4)\varphi$，$\varphi$ 是土的内摩擦角，当计算的 δ 值大于 20° 时，取 20°；计算墙后被动土压力时，取 $\delta = (-2/3)\varphi$，当计算的 δ 值小于 −20° 时，取 −20°。

2. *剩余水压力*

剩余水头的大小与水位变化情况、板桩墙体本身的透水程度，以及回填土和地基土的渗透性能等因素有关。有条件时，宜对附近类似实际工程建筑物进行现场观测确定。当无此条件时，则根据经验来确定：对于海港码头，墙前水位的变化主要是由潮汐引起的，对于钢筋混凝土板桩墙后为粗于细砂颗粒的材料，并且墙上设置排水孔时，可不考虑剩余水压力；当采用钢板桩墙体、地下连续式墙体，以及墙后回填细砂或比细砂更细材料的钢筋混凝土墙体时，剩余水头可采用 1/3 ~ 1/2 的平均潮差。

3. *船舶荷载及其他荷载*

作用于板桩墙的船舶荷载，只考虑系缆力。系缆力通常由单独设置的锚碇结构来承担，不传给板桩墙。码头的地面荷载，一般通过墙后的土体以土压力的型式作用在板桩墙上。

当港口的防护条件不好，码头前水域的波浪比较大时，应考虑波吸力的作用，但波吸力与船舶荷载不能同时出现。在地震区，还应考虑地震作用。

4. 码头前挖泥超深的考虑

在计算板桩墙时，应考虑码头前挖泥时可能出现的超挖深的情况。超挖深使板桩墙的入土深度减小和墙体的计算跨度增大，从而降低了板桩墙的稳定性，增大墙体的跨中弯矩和拉杆拉力。挖泥超深大小与土质有关，根据实际经验，码头前沿挖泥超深可采用0.3～0.5m，一般的土质挖泥超深采用0.3m，对于淤泥宜采用0.5m。考虑到挖泥时对土的扰动，对粘性土，泥面处土的粘聚力 c 取零，泥面1m以下取全值，两者之间按直线过渡。

5. 设计状况与作用效应组合

设计板桩码头建筑物时，应考虑下述四种设计状况：

(1)持久状况：在建筑物使用期内，分别按承载能力极限状态和正常使用极限状态设计。

(2)短暂状况：在施工期、检修期等，按承载能力极限状态进行设计；必要时，同时按正常使用极限状态设计。

(3)偶然状况：仅在有特殊要求时进行承载能力极限状态设计或防护设计。

(4)地震状况：使用期内遭受地震作用时，仅按承载能力极限状态设计。

当进行承载能力极限状态设计时，计算水位与作用组合应符合下列规定：

(1)持久组合：此时，计算水位分别采用极端高水位、设计高水位、设计低水位和极端低水位的不利水位。在作用效应组合中，永久作用包括土体本身产生的主动土压力和墙后剩余水压力；可变作用有码头地面可变荷载产生的主动土压力、船舶系缆力和波吸力等，其中产生作用效应设计值最大者为主导可变作用，其他为非主导可变作用。不考虑波浪对墙后水位的影响。

(2)短暂组合：计算水位采用相应的设计高水位、设计低水位的不利水位或施工水位。

(3)地震组合：计算水位与作用组合应符合现行行业标准《水运工程抗震设计规范》(JTS 146)中的规定。

板桩墙的稳定性、墙体的强度和拉杆力等值，主要由低水位情况控制。计算锚碇结构时，必须考虑高水位的情况。地面均布荷载满布时，给出最大拉杆力和板桩墙在锚碇点处的最大负弯矩。地面均布荷载布置在从板桩墙上拉杆锚碇点处画出的主动破裂面以后，将会得到板桩墙体跨中最大正弯矩。

二、无锚板桩墙的计算

先分析打入地基，但没有回填土的板桩墙的情况。其入土深度为 $t_{\min}$，是下端嵌固在地基中的悬臂梁。在此墙体的顶端加上集中力 P。在 P 力作用下，板桩墙将绕地表面以下 D 点转动并伴随有弯曲，如图3-20所示。在 D 点，因无水平位移，故在 D 点处墙体两侧均作用静止土压力，它们大小相等，方向相反，互相抵消。墙上其他各点的土压力值与各点的位移大小有关，与位移方向相同一侧的土压力大于背向位移一侧的土压力。各点的实际土压力为两者之差。位移越大，此差值越大，但不能超过被动土压力与主动土压力之差，即

$$e_y = \gamma y(K_p - K_a) \tag{3-1}$$

式中：e_y——距地表面深度为 y 处的土压力值；

γ——土的重度(kN/m³)；

y——计算点距地表面的深度(m);

K_p、K_a——被动土压力系数和主动土压力系数(计算 K_p 时,取 $\delta=\frac{3}{4}\varphi$,计算 K_a 时,取 $\delta=\frac{3}{4}\varphi$)。

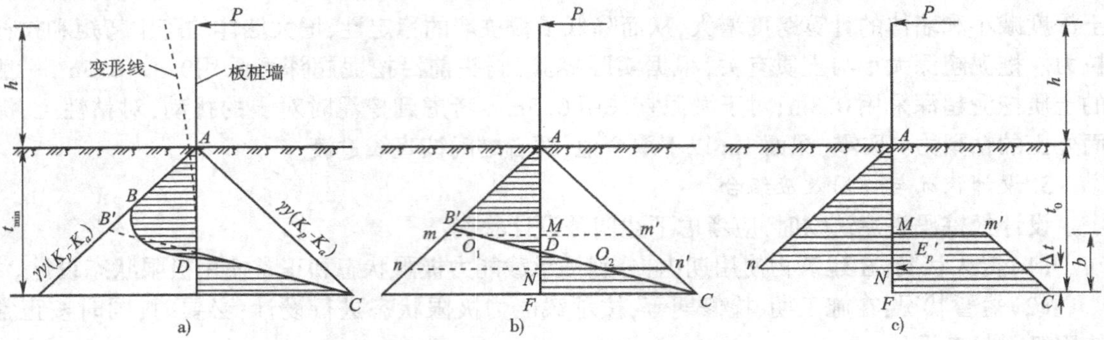

图 3-20 无锚板桩墙计算图的简化

a)实际的土压力图形;b)简化土压力图形方法;c)简化后的土压力图

作用在板桩墙上的实际土压力分布如图 3-20a)所示的阴影部分。为了便于计算,德国娄美尔(Lohmeyer)建议作下列的简化:首先,近似地用直线图形 $AB'DC$ 代替曲线图形 $ABDC$;然后,作水平线 mm' 和 nn',分别使$\triangle B'mo_1$ 与$\triangle Mo_1D$ 以及$\triangle DNo_2$ 与$\triangle n'o_2C$ 的面积大致相等,并分别以$\triangle B'mo_1$ 替代$\triangle Mo_1D$,以$\triangle n'o_2C$ 替代$\triangle DNo_2$;接着在板桩墙两侧各加一个面积相等的梯形 $MmnN$ 和 $Mm'n'N$,如图 3-20b)所示;最后的土压力分布变成图 3-20c)的形状。右侧土压力的图形为 $MFCm'$,其高度为 b,b 值一般不大,可近似取 $b/2$ 处作为此梯形面积的中心,以集中力 E_p'代替 $MFCm'$面积的土压力,这样就将板桩墙的受力情况简化为一个简支梁的计算图式。已知力 P,根据力的平衡条件,即可用数解法(适用于均质的地基土)、图解法或数值计算方法(适用于分层的非均质地基土)求得未知数 t_0 和 E_p'。

求得 t_0和 E_p'后,可按材料力学的方法计算墙体各断面的弯矩和剪力。板桩墙的设计入土深度 t_{min},按下式确定:

$$t_{min} = t_0 + \Delta t \tag{3-2}$$

$$\Delta t = \frac{b}{2} = \frac{E'_p}{2\gamma t_0(K_p - K_a)} \tag{3-3}$$

式中,符号意义同前。

对于板桩墙后有填土的情况,其计算图式的简化过程同上。

三、单锚板桩墙的计算

1. 单锚板桩墙的工作状态

由于单锚板桩墙的入土深度不同,其工作状态也不相同。图 3-21 是不同入土深度单锚板桩墙的土压力、弯矩及变形的示意图。

第一种情况(图 3-21a)是,当作用在板桩墙上的外力能达到平衡的条件,即主动土压力和被动土压力对锚碇点 A 的力矩相等($\Sigma M_{ea}=\Sigma M_{ep}$)时,板桩墙的跨中弯矩及变形最大,而板桩的入土深度最小。在这种情况下,板桩的入土部分发生较大位移,但不产生反向弯矩,称为

“自由支承”的情况。这种工作状态所需要的板桩长度最短,断面最大。

第二种情况(图 3-21b)是,板桩的入土段比前者稍深,板桩墙受力后,其底端只有转动,而没有位移。此时,跨中弯矩及变形均比前者减少,它亦属于自由支承状态。

第三种情况(图 3-21c)是,板桩入土段比较长,墙体受力后,入土段向前位移甚小,板桩底端形成嵌固支承,并且向后侧有少量位移,墙后产生一定的被动土压力,入土段出现嵌固弯矩 M_2。板桩墙的跨中弯矩又比前者有所减少。这种嵌固工作状态的板桩墙所需断面较小,稳定性也好。

第四种情况(图 3-21d)是,板桩的入土深度更大,墙体的稳定性有富余,但对减少墙体跨中弯矩非常有限。它类似于第三种情况的工作状态。

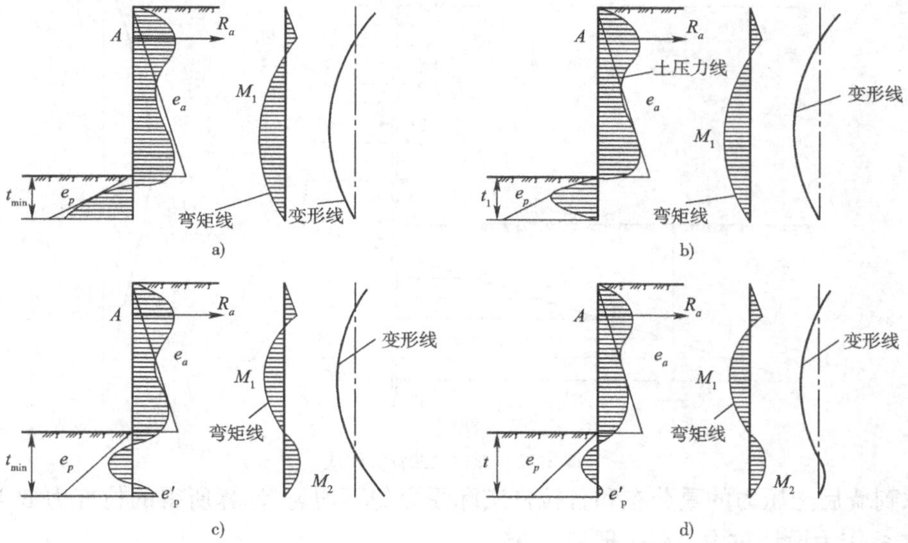

图 3-21 不同入土深度单锚板桩墙的土压力、弯矩和变形图

a)第一种情况;b)第二种情况;c)第三种情况;d)第四种情况

根据上述不同的工作状态,单锚板桩墙有不同的计算方法。目前,一般是采用板桩墙底端为弹性嵌固的工作状态。当有下列几种情况时,也可采用自由支承的工作状态,或介于两者之间的工作状态,即:

(1)板桩墙底端在地基中达不到弹性嵌固的工作状态;

(2)板桩墙采用钢板桩时,其材料强度有较多富余;

(3)板桩墙的刚度较大;

(4)地基土质较好。

2. 弹性线法(娄美尔方法)

此计算方法是于 1930 年由德国布鲁姆(Blum)和娄美尔(Lohmeyer)提出的。此法采用的板桩墙工作状态是板桩墙的入土段被弹性嵌固在地基中,即前述的第三种情况。

为了简化计算,假定板桩入土段前面的土压力全部为被动土压力,底端墙后被动土压力用集中力 E_p'代替,计算图式见图 3-22。它是一次超静定结构,需要求解入土深度 t_0、拉杆力 R_a 和底端土抗力 E_p'。求解时,先假定一个入土深度,利用图解法试绘弹性变形曲线,故称弹性线

法。要不断改变入土深度，反复试算，直到板桩墙的底端满足变形条件为止。其变形条件是板桩底端的角变位和线变位为零，即入土段底端的弹性变形曲线与铅垂线相切；同时，锚碇点的位移也等于零。由于作变形曲线很费事，根据设计经验，可取跨中最大正弯矩为入土段最大负弯矩 1.10 ~ 1.15 倍的条件取代上述的变形条件，即可求得计算结果。

考虑到墙后土压力有 R 形重分布和锚碇点有位移的影响，计算所得的跨中最大弯矩 M_{max} 应乘以折减系数 ξ_M 作为板桩墙的设计弯矩，ξ_M 可取 0.7 ~ 0.8。

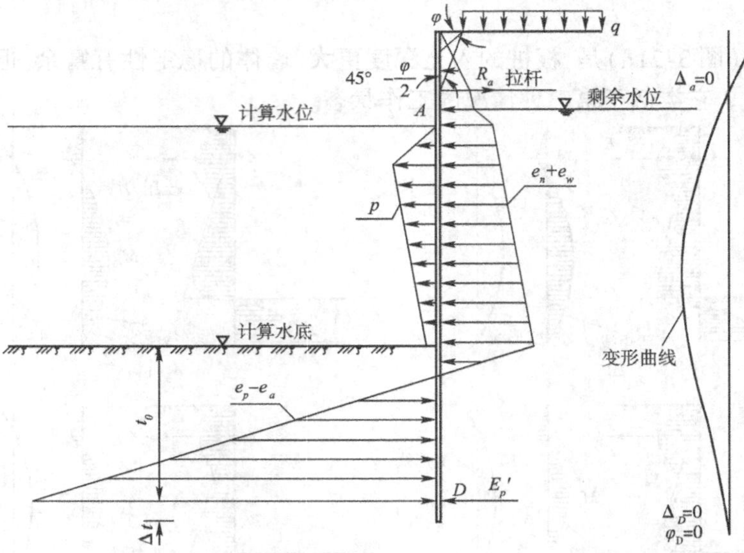

图 3-22　弹性线法计算图式

考虑到墙后土压力的重分布和各拉杆实际受力的不均匀，计算所得的拉杆力 R_a 应乘以不均匀系数 ξ_R 作为设计拉力。ξ_R 一般取 1.35。

板桩墙的设计入土深度 $t = t_0 + \Delta t$，其中 Δt 按式(3-3)计算。

3. *自由支承法*

自由支承法设定的工作状态是板桩入土段自由支承在地基中，即前述的第一种情况。

板桩墙在处于设定的入土深度情况下，开始施加荷载，此时入土段前面上层土体首先进入极限状态；随着荷载增大，土体的极限状态范围逐渐向下扩展，当增加到破坏荷载时，入土段前面土体从上到下全部达到极限状态，出现极限的被动土压力，而板桩墙后则为主动土压力，如图 3-23 所示。当荷载再加大时，则板桩墙体将发生绕锚碇点 A 的转动。为保证板桩墙不发生上述的稳定性破坏现象，板桩墙的入土深度应满足下式的要求：

$$\gamma_0(\sum\gamma_G M_G + \gamma_{Q1}M_{Q1} + \psi\sum_{i=2}^{n}\gamma_{Qi}M_{Qi}) \leqslant \frac{M_R}{\gamma_R} \tag{3-4}$$

式中：γ_0 ——结构重要性系数，一般取 1.0；

γ_G ——永久作用的分项系数，按表 3-1 选用；

M_G ——永久作用效应的标准值，包括板桩墙后土体本身产生的主动土压力标准值和剩余水压力标准值对拉杆锚碇点 A 的转动力矩(kN · m)；

γ_{Q1}、γ_{Qi} ——可变作用的分项系数，按表 3-1 选用；

M_{Q1} ——主导可变作用效应的标准值(主要是码头地面使用荷载产生的主动土压力标准值或墙前波吸力标准值)对拉杆锚碇点 A 产生的转动力矩(kN·m);

M_R ——板桩墙前被动土压力对拉杆锚碇点 A 产生的稳定力矩的标准值(kN·m);

γ_R ——抗力分项系数,取 1.25。

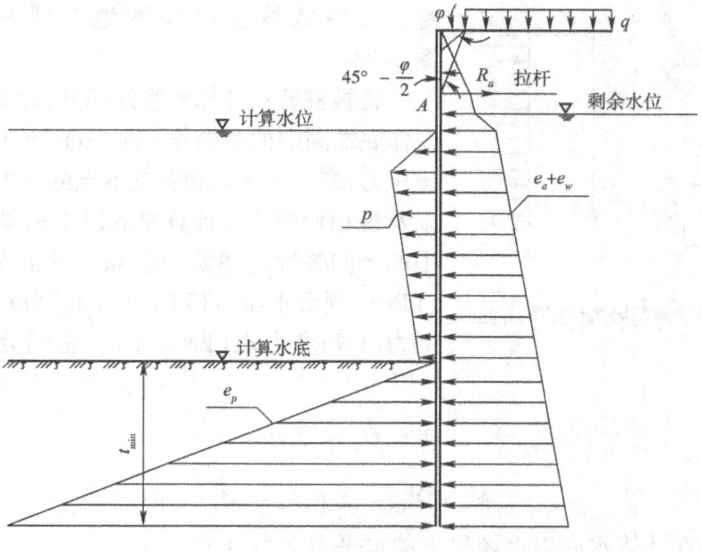

图 3-23 自由支承法计算图式

作用分项系数 表 3-1

组合情况	永久作用		可变作用	
	土压力	剩余水压力	土压力	波吸力
持久组合	1.35	1.05	1.35(1.25)	1.30(1.20)
短暂组合	1.35	1.05	1.25	1.20

注:当计算水位取用极端低水位时,取括号内数值。

为了求得板桩墙稳定所需要的入土深度,首先可根据墙高、荷载大小和地基土质初估板最下端可能达到的土层深度 t_0:当地基为砂土或较好的粘性土时,初步取 $t_0 \approx 0.5H_0$(H_0 为计算水底以下的墙体高度);当地基为中等以下的粘土时,初步取 $t_0 \approx 0.75H_0$。将初定的 t_0 值按(3-4)进行计算,如不能满足稳定要求,则重新假定入土深度 t_0 再进行计算,直至满足式(3-4)的要求为止。

求得 t_0 后,即可按静定梁的平衡条件求得拉杆拉力 R_a 与跨中弯矩。因为该种情况下墙后主动土压力不存在重分布的情况,所以算得的弯矩值不作折减,拉杆力 R_a 则应乘以受力不均匀系数 ξ,ξ 通常取 1.00~1.45。

4. 竖向弹性地基梁法

假定板桩墙的工作状态为前述的第二种情况,即板桩入土段是自由支承的情况,但板桩墙底端不出现向后的位移,板桩墙入土段的工作状态还可视为竖放的弹性地基梁。它与一般的弹性地基梁一样是多次超静定结构,可用解弹性地基梁的方法进行计算。目前多采用以文克勒假定为基础的地基系数法。根据地基系数 k 沿地基深度变化的假定不同,还有多种计算方法。下面介绍使用较多"m 法"。m 法是假设地基系数 k 随深度为线性增大,即 $k=my$,y 为计算点距地基表面的深度,m 是地基系数分布的斜率。有关 m 法本身的推导与系数的编制可见有关的书籍,此处只叙述板桩墙内力计算公式的推导与应用。

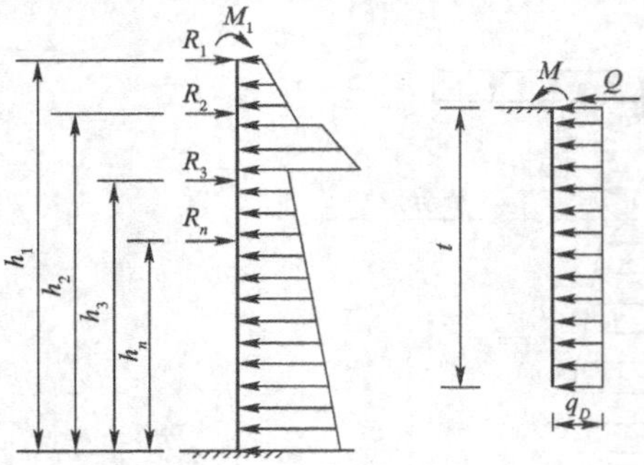

图 3-24　竖向弹性地基梁法计算图式

首先,板桩墙的入土深度 t 按式(3-4)的条件确定。板桩墙按竖向弹性地基梁法的计算图式见图 3-24。

将板桩墙从计算水底处切开,计算水底以上的墙段视作底端固定的悬臂梁(宽 1m),其上作用有墙后主动土压力、剩余水压力和各支承点的反力 $R_1,R_2,R_3,\cdots,R_n$ 以及桩顶弯矩 M_1;计算水底以下的墙段视为埋在地基中的竖向弹性地基梁(宽 1m),其上作用有超载土压力(kPa),剩余水压力(kPa)(即总强度为 q_D)、端部的水平力(kN)和力矩(kN · m)。它们分别为此断面的剪力和弯矩:

$$Q = Q_0 - \sum_{k=1}^{n} R_k \tag{3-5}$$

$$M = M_0 - \sum_{k=1}^{n} R_k h_k - M_1 \tag{3-6}$$

式中:Q_0——作用在计算水底以上墙段上的水平力合力(kN);

M_0——作用在计算水底以上墙段上的水平合力对计算水底的力矩(kN · m);

h_k——k 支承点到计算水底的距离(m)。

竖向弹性地基梁顶端(计算水底处)的水平位移 x_0(m)和转角 φ_0(rad)按"m 法"公式计算:

$$x_0 = \frac{Q}{\alpha^3 EI}A_{x0} + \frac{M}{\alpha^2 EI}B_{x0} + \frac{bq_D}{\alpha^4 EI}E_{x0} \tag{3-7}$$

$$\varphi_0 = \frac{Q}{\alpha^2 EI}A_{\varphi 0} + \frac{M}{\alpha EI}B_{\varphi 0} + \frac{bq_D}{\alpha^3 EI}E_{\varphi 0} \tag{3-8}$$

其中,

$$\alpha = \sqrt[5]{\frac{bm}{EI}} \tag{3-9}$$

式中:q_D——总压力强度(kPa);

m——地基系数随深度增大的斜率(kN/m^4);

b——板桩墙的计算宽度,一般取 $b=1m$;

EI——1m 宽板桩墙的刚度($kN \cdot m^2$);

A_{x0}、B_{x0}、E_{x0}、$A_{\varphi 0}$、$B_{\varphi 0}$、$E_{\varphi 0}$ 为无量纲系数,可查表得到。

建立各支点的变形方程式(参见图 3-24),i 点水平变位

$$x_0 + \varphi_0 h_i + \Delta_{i0} + \sum_{k=1}^{n} f_{ik} + \delta_i = 0 \tag{3-10}$$

1 点角变位

$$\varphi_0 + \varphi_{10} + \sum_{k=1}^{n} \varphi_{ik} + \varphi_1 = 0 \tag{3-11}$$

式中：Δ_{i0}和φ_{10}——悬臂梁在墙后土压力和水压力作用下产生的i点水平变位和1点的角变位（图3-25b）；

$\sum_{k=1}^{n} f_{ik}$、$\sum_{k=1}^{n} \varphi_{ik}$——悬臂梁在所有支承反力（包括$R_k$和$M_1$）作用下$i$点产生的水平变位和角变位（图3-25c）；

δ_i、φ_1——给定的板桩墙i点水平位移（如锚碇点水平位移）和1点转角（如承台转角）（图3-25a）。

其中，x_0、φ_0、f_{ik}和φ_{ik}都是未知数R_k和M_1的函数，联立求解$n+1$个变形方程式（式(3-10) n个，式(3-11) 1个），可得n个R_k值和1个M值。

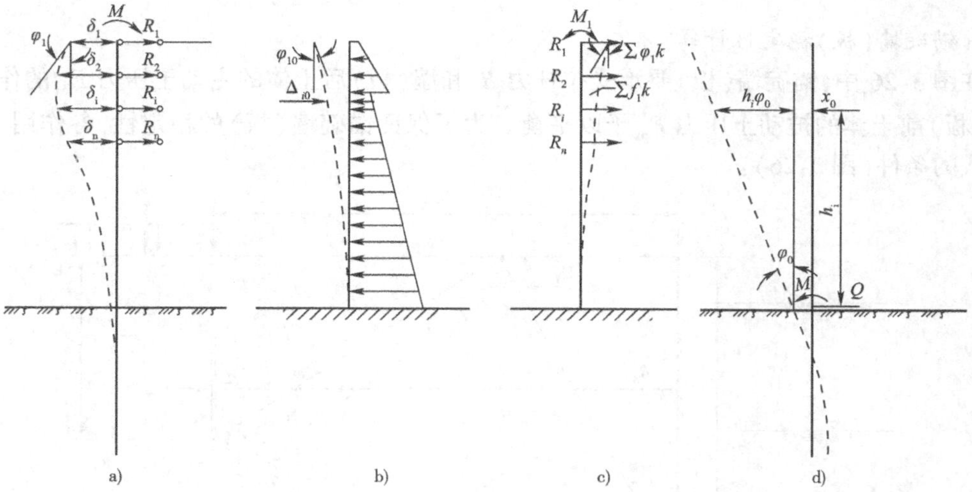

图3-25 支承点i变形图式

已知R_k和M_1后，便可按材料力学方法求得计算水底以上墙段的内力（弯矩和剪力）和变形（水平变位及角变位）。

将已知的R_k和M_1值代入式(3-5)和式(3-6)，可求得Q和M。已知Q、M和q_D后，便可按"m法"公式求得计算水体以下墙段各点的内力和变位：

$$Q_z = QA_{QZ} + \alpha MB_{QZ} + \frac{bq_D}{\alpha}E_{QZ} \tag{3-12}$$

$$M_Z = \frac{Q}{\alpha}A_{mZ} + MB_{mZ} + \frac{bq_D}{\alpha^2}E_{mZ} \tag{3-13}$$

$$x_Z = \frac{Q}{\alpha^3 EI}A_{xZ} + \frac{M}{\alpha^2 EI}B_{xZ} + \frac{bq_D}{\alpha^4 EI}E_{xZ} \tag{3-14}$$

$$\varphi_z = \frac{Q}{\alpha^2 EI}A_{\varphi Z} + \frac{M}{\alpha EI}B_{\varphi Z} + \frac{bq_D}{\alpha^3 EI}E_{\varphi Z} \tag{3-15}$$

外力、内力和变位的正负规定如下：地基表面到计算点的距离y向下为正，水平位移向右为正，转角逆时针为正，弯矩使左侧纤维受拉为正，计算点剪力Q_y使微段顺时针转为正，水平外力向右为正，外力矩顺时针方向为正。

对算出的跨中最大弯矩，当考虑拉杆锚碇点位移时，不予折减；当不考虑拉杆锚碇点位移时，应乘以折减系数 ξ_m。对算出的拉杆力，应乘以不均匀系数 ξ_R。

竖向弹性地基梁法一般采用计算机程序计算，计算程序采用杆系有限元方法求解，即在入土段板桩墙上隔一定距离设弹性杆来代替土抗力。弹性杆的弹性系数等于水平地基反力系数乘以杆的间距。

第四节　锚碇结构计算

一、锚碇墙（板）计算

1. 锚碇墙（板）稳定性计算

在图3-26中，锚碇墙（板）要承受拉杆力 R_A 和墙（板）后土体的主动土压力 E_{ax} 的作用，并由墙（板）前土体的被动土压力 E_{px} 予以平衡。为了保证锚碇墙（板）的稳定性，各作用力应满足下式的条件（图3-26）：

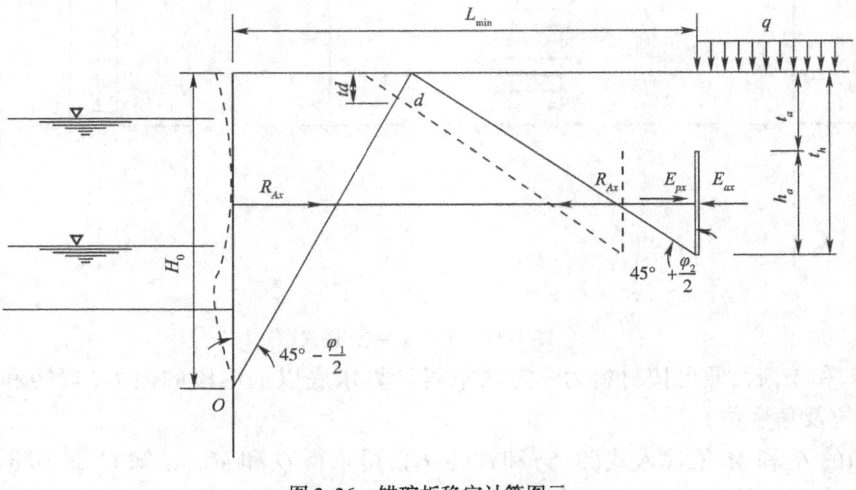

图3-26　锚碇板稳定计算图示

$$\gamma_0(\gamma_E E_{ax} + \gamma_{RA} R_{Ax} + \psi\gamma_E E_{qx}) \leq \frac{E_{px}}{\gamma_R} \tag{3-16}$$

式中：γ_0——结构重要性系数，一般取 $\gamma_0 = 1.0$；

γ_E——主动土压力分项系数，取 $\gamma_E = 1.35$；

E_{ax}——锚碇墙（板）后土体产生的主动土压力水平分力的标准值（kN）（计算时，取土与墙体间的摩擦角 $\delta = 0$）；

γ_{RA}——拉杆拉力的分项系数，取 $\gamma_{RA} = 1.35$；

R_{Ax}——拉杆拉力的水平分力的标准值（kN）；

ψ——作用效应组合系数，取 $\psi = 0.7$；

E_{qx}——锚碇墙（板）后侧地面可变作用产生的主动土压力水平分力的标准值（kN）；

E_{px}——锚碇墙（板）前土体产生的被动土压力水平分力的标准值（kN）；

γ_R——抗力分项系数，取 $\gamma_R = 1.25$。

计算锚碇墙(板)时,一般只需要验算设计低水位和设计高水位两种情况,取相应情况的 R_{Ax} 值。设计经验表明,设计高水位的情况偏于危险。

2. 锚碇墙(板)前被动土压力 E_{px} 的计算

锚碇墙、锚碇板前被动土压力 E_{px} 标准值可按下式计算:

$$E_{px} = \frac{1}{2}\gamma t_h^2 K_p K_b b_k \rho \cos\delta \tag{3-17}$$

$$K_b = 1 + \frac{2t_h \tan\theta_p \tan\varphi_0}{3b_k} - \frac{(2t_h \tan\theta_p \tan\theta_0 + b_k - l)^3}{12 b_k t_h^2 \tan^2\theta_p \tan^2\theta_0} \tag{3-18}$$

式中:E_{px}——锚碇墙、锚碇板前被动土压力水平分力的标准值(kN);

γ——锚碇墙、锚碇板前回填料或土的重度(kN/m^3);

t_h——锚碇墙、锚碇板底端的埋深(m);

K_p——被动土压力系数;

K_b——考虑锚碇板位移带动两侧土体滑动使被动土压力增大的系数,可按式(3-18)计算;当式(3-18)最后一项的分子 $2t_h\tan\theta_p\tan\theta_0 + b_k - l$ 小于零时,取该项为零;

b_k——锚碇墙、锚碇板的计算宽度(m),对连续锚碇墙,b_k 取拉杆间距;对锚碇板取锚碇板宽度;

ρ——考虑锚碇墙、锚碇板顶以上土体不全部参加工作的系数,可根据锚碇墙(板)底端埋深与锚碇墙、锚碇板高度之比,按表 3-2 选用;当锚碇墙(板)前土质不均匀时,可分层计算土压力强度,然后求总被动土压力的水平分力;

δ——埋料或土与锚碇墙、锚碇板之间的摩擦角,可取 $\delta = \varphi/3$,且不大于 7°,φ 为土的内摩擦角;

θ_p——被动土体底面滑动面与垂直面之间的夹角(°),取 $\theta_p = 45° + \varphi/2$;

φ_0——被动土体侧面滑动面与垂直面的夹角(°),取 $\varphi_0 = \varphi/2$;

l——锚碇板中心间距(m)。

ρ 值 表　　表 3-2

t_h/h_a	1.0	1.2	1.5	1.7	2.0	3.0
ρ	1.0	0.95	0.88	0.86	0.83	0.78

注:h_a 为锚碇墙、锚碇板高度,单位为 m。

3. 锚碇墙(板)与板桩墙之间距离的确定

为了使锚碇墙(板)前面的土体能充分产生被动土压力,要求板桩墙后面土体的主动破裂面和锚碇墙(板)前面土体的被动破裂面应相遇于地面,并以此来确定两者之间的最小距离 L_{min}(图 3-26):

$$L_{min} \geq H_0 \tan\left(45° - \frac{\varphi_1}{2}\right) + t_h \tan\left(45° + \frac{\varphi_2}{2}\right) \tag{3-19}$$

式中:H_0——板桩墙后主动破裂面棱体的高度(m);

φ_1、φ_2——板桩墙后土的内摩擦角和锚碇墙(板)前土(或填料)的内摩擦角(°),当土体不均质时，可采用其加权平均值；

t_h——意义同前。

板桩墙后主动破裂面的起始点：当采用弹性线法计算时，定于板桩墙入土部分的最大弯矩处；当采用自由支承法计算时，定于最小入土深度 t_{min} 处；当采用竖向弹性地基梁法计算时，定于变形第一零点处。

当锚碇墙（板）至板桩墙体之间的距离受到原有建筑物或其他条件限制，不能满足式(3-19)的要求时，锚碇墙（板）前土体的被动破裂面将与板桩墙后土体的主动破裂面相交于地面以下 d 点（图 3-26）。显然，d 点垂直面前土体的被动土压力应从锚碇墙（板）的总被动土压力中扣除。应扣除的被动土压力值：

$$\Delta E_p = \frac{1}{2}\gamma t_d^2 l_a K_p \tag{3-20}$$

式中：t_d——d 点距地面的深度（m）；

γ——d 点处土的重度（kN/m^3）；

其他符号的意义同前。

二、锚碇板桩和锚碇桩的计算

锚碇板桩为一全部埋入土中，其上端受集中力（拉杆拉力 R_A）作用的无锚板桩。锚碇板桩埋入深度的确定和结构内力的计算与无锚板桩相同。

锚碇桩是指每根拉杆后方设置的承受拉杆力的一根或并排两根桩。考虑到桩的两侧有部分土体也参加工作，在计算时采用计算桩宽 B_K，其值按下式确定：

$$B_k = 1.5nb_z + 0.5 \tag{3-21}$$

式中：B_K——锚碇桩的计算宽度（m）；

n——组成一个锚碇的桩数（根）；

b_z——一根桩的宽度（m）。

锚碇板桩或锚碇桩到板桩墙的距离应满足式(3-19)的要求。式中 t_h 改为锚碇板桩或锚碇桩变位第一零点到码头地面的距离。

三、锚碇叉桩的计算

锚碇叉桩是靠 D、Z 一压一拉的两根斜桩的轴向承载力来承受拉杆拉力，如图 3-27a）所示。计算时，不考虑桩周土体的抗力作用，并假定桩的两端为铰接。根据锚碇点处力系平衡的条件，可求得锚碇叉桩各根桩的轴向力标准值为：

$$N_D = \frac{R_{Ax}\cos\alpha_z + W\sin\alpha_z}{\sin(\alpha_D + \alpha_z)} \tag{3-22}$$

$$N_Z = \frac{R_{Ax}\cos\alpha_D - W\sin\alpha_D}{\sin(\alpha_D + \alpha_z)} \tag{3-23}$$

式中：N_D、N_Z——压桩 D 的轴向压力标准值和拉桩 Z 的轴向拉力标准值（kN）；

R_{Ax}——拉杆拉力水平分力的标准值（kN）；

α_D、α_Z——D 桩和 Z 桩与垂直线的夹角（°），皆取正值；

W——作用在叉桩上的垂直荷载，其中包括桩帽自重、桩帽上的土重和地面荷载，计算图见图 3-27b)（地面荷载只在计算 D 桩时加以考虑）。

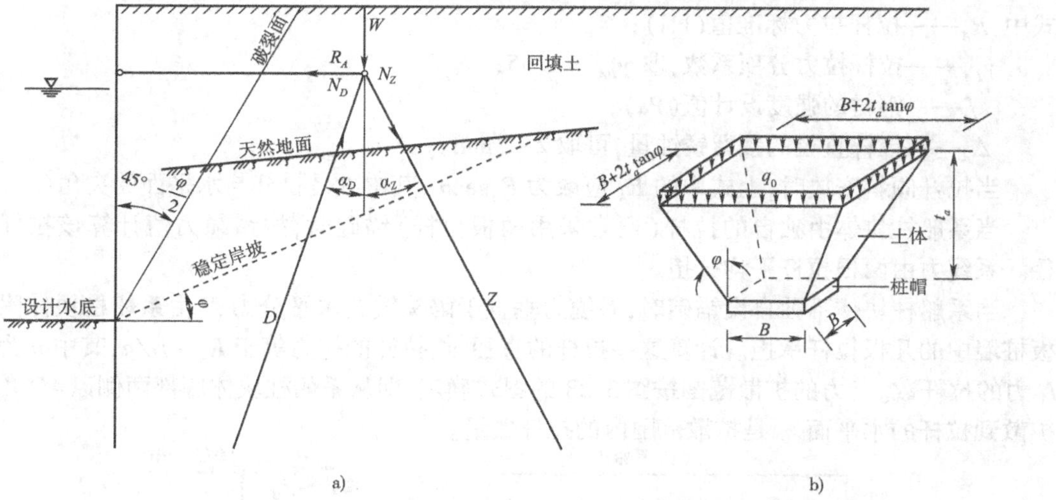

图 3-27 K_b 值的计算图示

a) 锚碇叉桩受力图；b) W 计算图式

第五节 板桩码头的构件设计

一、板桩设计

根据第三节确定的板桩墙计算弯矩，进行板桩的断面选择和强度计算。

对于钢板桩，所选择的钢板桩强度应满足下式要求（取板桩墙单宽计算）：

$$\frac{\gamma_{GQ}}{1000}\left(\frac{N}{A}+\frac{M_{\max}}{W_z}\right)\leqslant f_t \tag{3-24}$$

式中：N——轴向力的标准值(kN)；

$M_{\max}$——板桩墙最大设计弯矩的标准值(kN·m)；

A——扣除预留锈蚀后每米宽钢板桩的截面面积(m^2)；

W_z——扣除预留锈蚀后每米宽钢板桩的弹性抵抗矩(m^3)；

f_t——钢板桩的强度设计值(MPa)，按《钢结构设计规范》(GB 50017—2003)中的规定选用；

γ_{GQ}——综合作用效应分项系数，一般取 1.35。

对于钢筋混凝土板桩，先选定板桩的断面，然后按强度进行配筋计算，并验算裂缝宽度。此外，还要进行施工时桩的吊运强度和抗裂验算。对于预应力钢筋混凝土板桩，尚需进行预应力钢筋放松时的抗裂验算。考虑到板桩打入地基土中的深度不大，故不作打桩拉应力的验算。对于斜拉桩式板桩结构中的板桩，还需验算其轴向承载力。

二、钢拉杆设计

根据第三节算出的拉杆设计拉力的标准值 R_A，按中心受拉构件计算拉杆的直径 d(mm)：

$$d = 2\sqrt{\frac{1000R_A\gamma_{RA}}{\pi f_t}} + \Delta_d \tag{3-25}$$

式中：R_A——拉杆拉力标准值(kN)；

γ_{RA}——拉杆拉力分项系数，取 $\gamma_{RA} = 1.35$；

f_t——钢材的强度设计值(Pa)；

Δ_d——拉杆直径的预留锈蚀量，可取2~3mm。

当拉杆倾斜安放时，上式中的 R_A 应改为 $R_A\sec\theta$，其中 θ 是拉杆与水平面的夹角(°)。

当系船柱块体由独自的拉杆(通常采用两根拉杆)锚碇时，按系缆力值计算该拉杆的直径。系缆力由两根拉杆平均分担。

当系船柱块体不独自设锚碇时，系缆力垂直于码头线的水平分力 N 由系船柱块体附近的板桩墙中的几根拉杆承担。计算这些拉杆的直径时，拉杆的拉力等于 $R_A + N/n$，其中 n 为承受 N 力的拉杆数。N 力的扩散范围按图3-28的图式确定，即从系船柱块体底部两侧以45°角向下扩散到拉杆的水平面，n 是扩散范围内的拉杆数量。

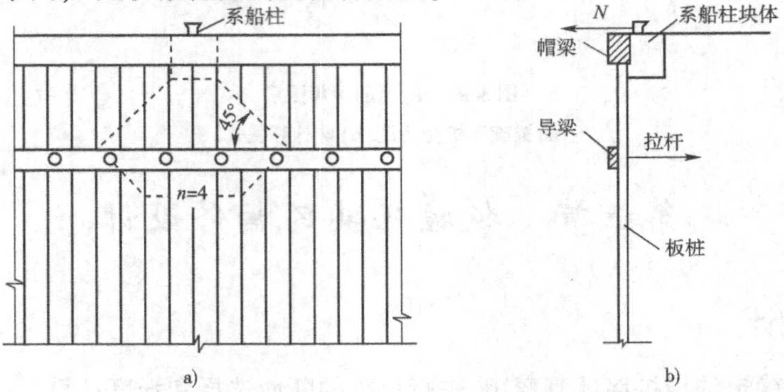

图3-28　系缆力扩散范围

三、帽梁、导梁和胸墙设计

1. 帽梁设计

帽梁主要承受由于各板桩的不均匀沉降导致帽梁本身变形而产生的内力以及船舶撞击力的作用。一般情况，帽梁不进行强度计算，只按构造要求确定断面尺寸和配筋。当系船柱块体与帽梁整体浇筑而又不单设锚碇系统时，系缆力垂直码头线的水平分力 N 将通过帽梁传到板桩上，这时需要进行内力计算，然后按内力值进行强度和抗裂计算。帽梁的内力可按受船舶系缆力水平分力作用的弹性地基梁计算，一般采用文克勒假定的地基系数法进行计算。弹性地基系数 k 为板桩墙在拉杆以上的悬臂段提供的弹簧系数(图3-29)，可按悬臂梁公式计算：

$$k = \frac{3EI}{l^3bh} \tag{3-26}$$

式中：EI——一根板桩的刚度(kN·m²)；

l——拉杆高程以上板桩墙的悬臂长度(m)；

b——板桩墙计算宽度(m)，取1.0m；

h——帽梁的高度(m)。

2. 导梁设计

导梁是一等跨度等截面的连续梁，拉杆是它的支座（可近似地认为是刚性支座），拉杆间距 l_a 是它的跨度。在板桩墙计算中所求得的每延米码头的拉杆拉力 R_A，就是作用在此连续梁上的均布荷载。梁的最大正弯矩发生在支座处，其标准值 $M_{\max}$ 可按下式计算：

$$M_{\max} = \frac{1}{10}R_A l_a^2 \tag{3-27}$$

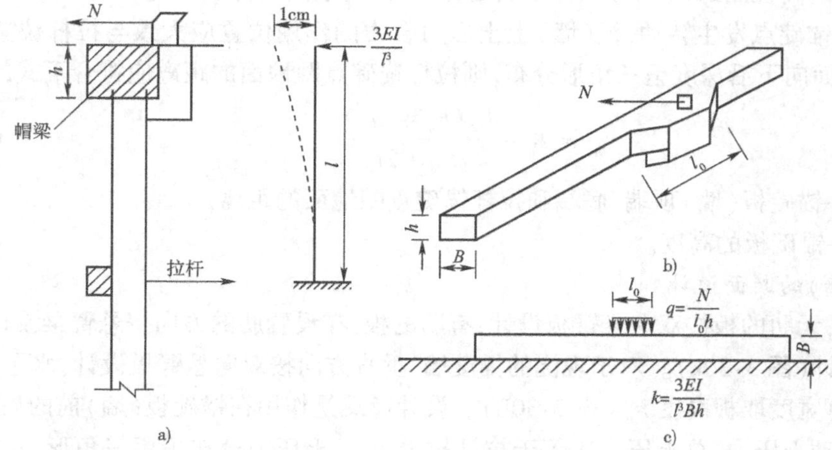

图 3-29 帽梁计算图

a）帽梁受力图；b）帽梁尺寸图；c）帽梁计算图式

B——帽梁的宽度（m）。

导梁悬臂段的最大弯矩

$$M_b = \frac{1}{2}R_a l_b^2 \tag{3-28}$$

式中：l_b——导梁悬臂段长度（m）。

钢筋混凝土导梁一般采用对称配筋，按抗裂校核。

钢导梁的强度应满足下式要求：

$$\frac{\gamma_{GQ}M_{\max}}{1000W} \leqslant f_t \tag{3-29}$$

式中：$M_{\max}$——导梁的最大弯矩的标准值（kN·m）；

W——导梁的弹性抵抗矩（m^3）；

γ_{GQ}——综合作用效应分项系数，一般取 1.35；

f_t——钢材的强度设计值（MPa）。

3. 胸墙设计

通常胸墙是钢筋混凝土结构，墙体要进行垂直和水平两个方向的计算。

在垂直方向，胸墙按悬臂梁计算，取拉杆处为固端，主要荷载为墙后主动土压力。计算土压力时，地面均布荷载一直布置到墙的后沿处。如果地面有较大的集中荷载，还应考虑它对土压力的影响。当系船柱块体与胸墙连成整体而又不单设锚碇时，尚应考虑系船柱的作用，其作用范围按图 3-28 确定。

在水平方向，取拉杆处一段高度的胸墙作为导梁，并按导梁设计计算。

四、锚碇结构设计

锚碇板桩(墙)和锚碇叉桩的设计分别与无锚板桩和叉桩的设计相同,下面只讲锚碇板(墙)的设计。

1. 锚碇板(墙)的高度和埋深设计

锚碇板(墙)的高度用式(3-16)试算来确定,其埋深则根据拉杆的位置确定。为了不让锚碇板(墙)绕拉杆锚碇点发生转动,板(墙)上土压力合力的作用位置应大致与拉杆位置重合。假定土压力自地面向下沿深度呈三角形分布,则拉杆锚碇点距地面的距离应符合下式的条件:

$$t_c = t_h - \frac{h_a(h_a + 3t_a)}{3(h_a + 2t_a)} \tag{3-30}$$

式中:t_a、t_h、t_c——锚碇板(墙)顶端、底端和拉杆锚碇点距地面的距离;

h_a——锚碇板的高度。

2. 锚碇板(墙)的断面设计

对于锚碇板,无肋的板按双向悬臂板设计;有肋的板,在设置肋的方向按悬臂梁设计,另一方向按悬臂板设计(图3-30a)。对于现浇的锚碇墙,垂直方向按双向悬臂板设计;水平方向按连续板设计,计算宽度取板高度 h_a(图3-30b)。设计荷载是作用在锚碇板(墙)前的被动土压力减去墙后的主动土压力,总土压力应等于拉杆拉力 R_A。土压力分布采用三角形,三角形的顶端在地表面。锚碇板(墙)顶端和底端处的荷载强度分别为:

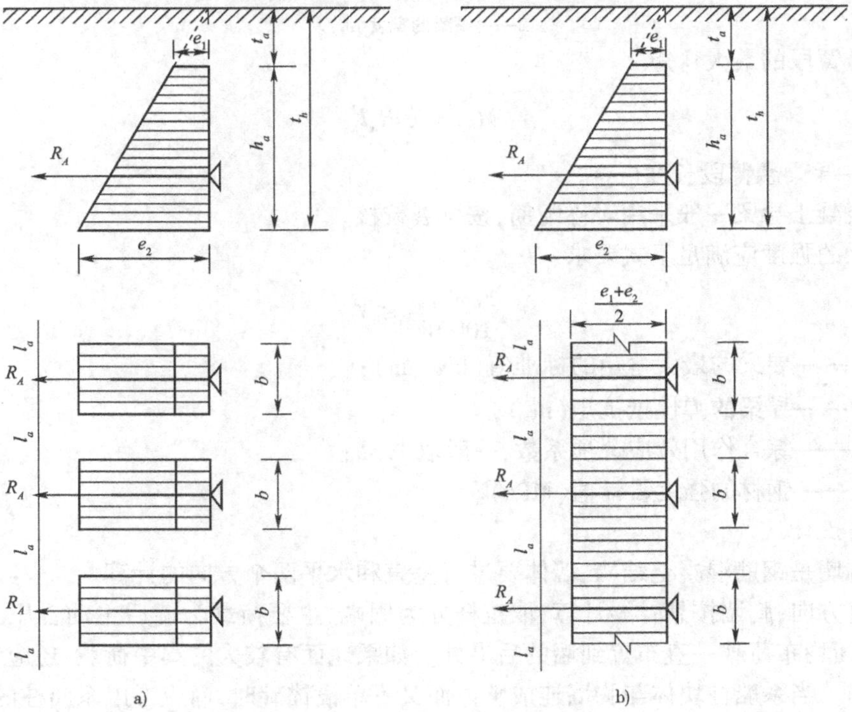

图3-30 锚碇板(墙)的计算图式

a)悬臂板计算图;b)连续板计算图

$$e_1 = \frac{2t_a R_A}{(t_a + t_h) b h_a} \tag{3-31}$$

$$e_2 = \frac{2t_h R_A}{(t_a + t_h) b h_a} \tag{3-32}$$

式中：b ——锚碇板的宽度，对于锚碇墙，$b = l_a$；

其他符号意义同前。

第六节 板桩码头整体稳定性验算

板桩码头的整体稳定性，一般采用圆弧滑动法进行验算。圆弧滑动面只考虑通过板桩墙底端的情况。如果桩尖以下不深处存在软土层，还需验算滑动面通过软土层的情况。当滑动面在锚碇结构前面通过时，通常不考虑切断拉杆对稳定性的有利影响，将它作为安全储备。

思 考 题

1. 板桩码头建筑物由哪些部分构成？
2. 板桩码头有哪几种结构型式？其特点是什么？
3. 锚碇结构有哪几种结构型式？其特点是什么？
4. 单锚板桩墙体有哪几种工作状态？其各自的土压力分布有何特点？
5. 试述常用的单锚板桩墙计算方法及其计算要点。
6. 如何确定板桩墙的锚碇结构布置？
7. 试述板桩码头建筑物整体稳定性验算的要点。

第四章 高桩码头

第一节 高桩码头概述

高桩码头是用系列长桩打入地基形成桩基础，以承受上部结构传来的荷载，而地面以上的桩身又是码头主体结构的组成部分，故称高桩码头。

高桩码头建筑物的优点是：结构的差异变位小，对挖泥超深的适应性强，砂、石料用量少。其缺点是：对荷载比较敏感，构件易损坏，建筑物的耐久性比重力式和板桩码头差。

高桩码头是一种常采用的码头结构型式，适用于软土层较厚地区。

一、高桩码头建筑物的主要组成部分

高桩码头建筑物主要由上部结构、基桩、接岸结构和码头设施等部分组成（图4-1）。

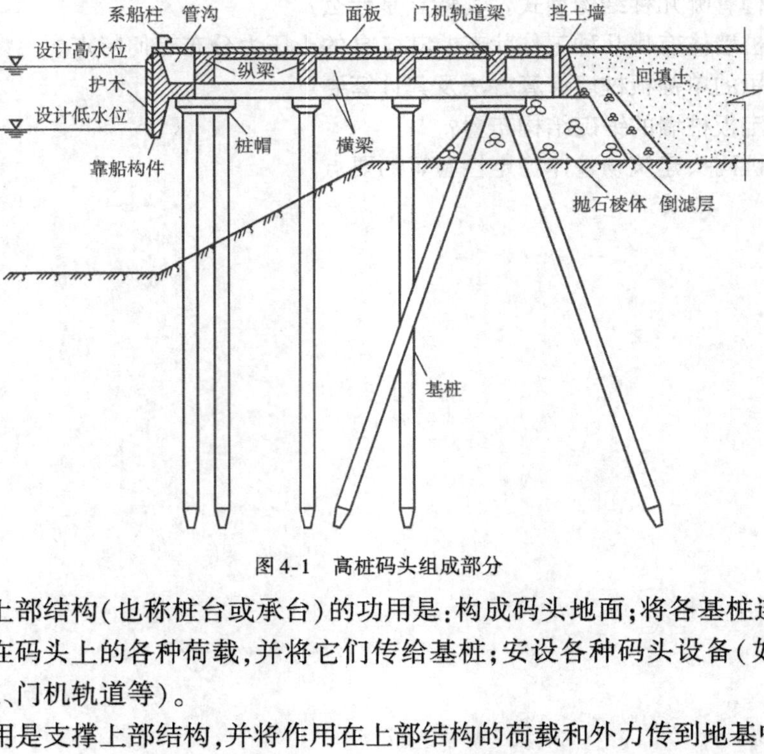

图4-1 高桩码头组成部分

高桩码头上部结构（也称桩台或承台）的功用是：构成码头地面；将各基桩连成一个整体；直接承受作用在码头上的各种荷载，并将它们传给基桩；安设各种码头设备（如缓冲设备、系船柱、工艺管道、门机轨道等）。

基桩的功用是支撑上部结构，并将作用在上部结构的荷载和外力传到地基中，同时也有利于稳固岸坡。

接岸结构的功用是将桩台与港区陆域相连，挡住陆域填土以防流失。

二、高桩码头的结构型式

高桩码头的结构型式可根据所使用的建筑材料、上部结构型式及其与岸衔接的方式进行分类。

1. 按所用的建筑材料分类

按所用的建筑材料，高桩码头可分为木结构、钢结构、钢筋混凝土结构以及以上两种材料的混合结构等型式。木结构只用于建设小型码头，现在已经很少使用。国内高桩码头上部结构一般采用钢筋混凝土结构，国外也有用钢结构的。钢筋混凝土和钢材是高桩码头桩基常用的材料。钢筋混凝土桩主要包括预制混凝土方桩、PHC 管桩、大管桩、灌注桩等。常用的钢桩主要是钢管桩。混凝土方桩主要用于中小型码头工程，PHC 桩可用于大中型的码头工程，大管桩和钢管桩可用于大型码头工程。

2. 按上部结构型式分类

按上部结构型式，高桩码头主要有承台式、无梁板式、梁板式、高桩墩式和桁架式五种。

(1)承台式。承台式高桩码头的上部结构主要由水平承台、胸墙和靠船构件组成，承台上部回填砂石料(图 4-2)。

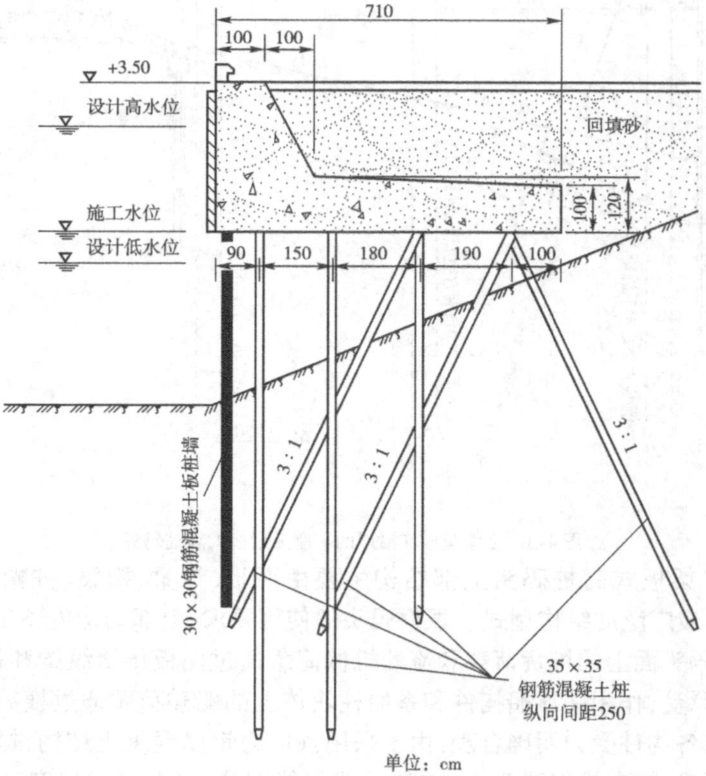

图 4-2 前板桩承台式高桩码头

承台一般采用现浇的混凝土结构或少筋混凝土结构，少数采用钢筋混凝土结构。承台式码头结构的优点是：码头地面集中荷载经过填土扩散，承台受力均匀；结构的整体性和耐久性好；对打桩偏位的要求不高。其缺点是：自重大，桩多而密；现浇混凝土工作量大。承台式高桩码头一般适用于水位变化大和岸坡土质较好的情况。

(2)无梁板式。无梁板式高桩码头的上部结构主要由面板、桩帽和靠船构件组成。面板直接安设在桩帽上，一般采用装配式钢筋混凝土构件(图4-3)。无梁板式码头的优点是：结构简单，施工水位高，施工简便且速度快。其缺点是：面板系点支撑，受力情况不明确；面板双向受力，目前还不能实现双向预应力，只能采用非预应力板；跨度不宜太大，桩的承载力往往不能充分发挥；由于面板位置较高，使靠船构件的悬臂长度增长；桩的自由长度增大，对结构整体刚度和桩的耐久性不利。无梁板式一般适用于水位差较小，码头面没有集中荷载的中小型码头。20世纪60年代初在天津新港首次采用这种型式，1976年，天津大学将它推广到上海黄浦江沿岸的业主码头。

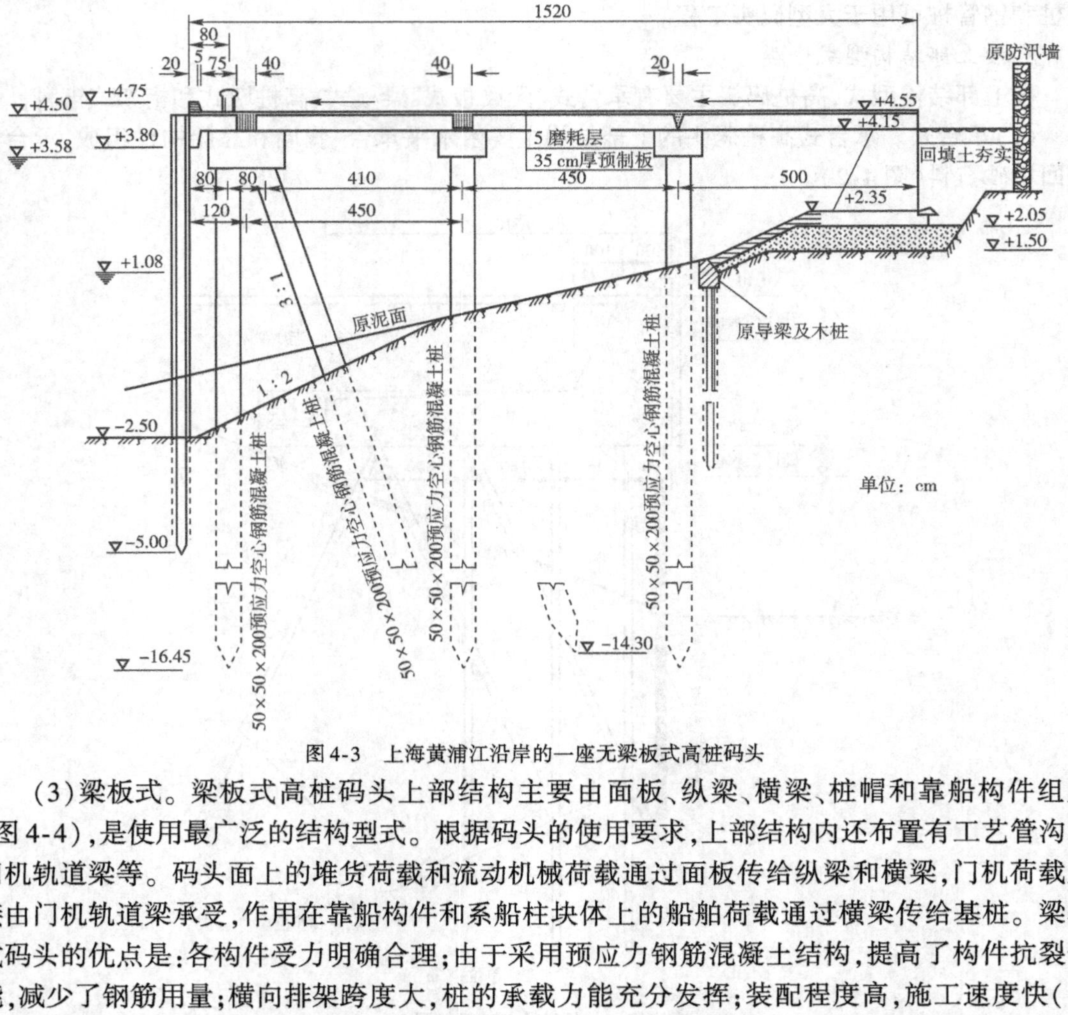

图4-3　上海黄浦江沿岸的一座无梁板式高桩码头

(3)梁板式。梁板式高桩码头上部结构主要由面板、纵梁、横梁、桩帽和靠船构件组成(图4-4)，是使用最广泛的结构型式。根据码头的使用要求，上部结构内还布置有工艺管沟和门机轨道梁等。码头面上的堆货荷载和流动机械荷载通过面板传给纵梁和横梁，门机荷载直接由门机轨道梁承受，作用在靠船构件和系船柱块体上的船舶荷载通过横梁传给基桩。梁板式码头的优点是：各构件受力明确合理；由于采用预应力钢筋混凝土结构，提高了构件抗裂性能，减少了钢筋用量；横向排架跨度大，桩的承载力能充分发挥；装配程度高，施工速度快(与承台式和桁架式比较)；因横梁位置较低，靠船构件的悬臂长度较短(与无梁板式比较)。其缺点是：构件的类型和数量多，施工比较麻烦；上部构件底部轮廓形状复杂，死角多，水汽不易排除，钢筋易锈蚀。梁板式高桩码头一般适用于荷载较大且复杂的大型海港码头，在天津港、上海港和湛江港等地得到广泛应用。

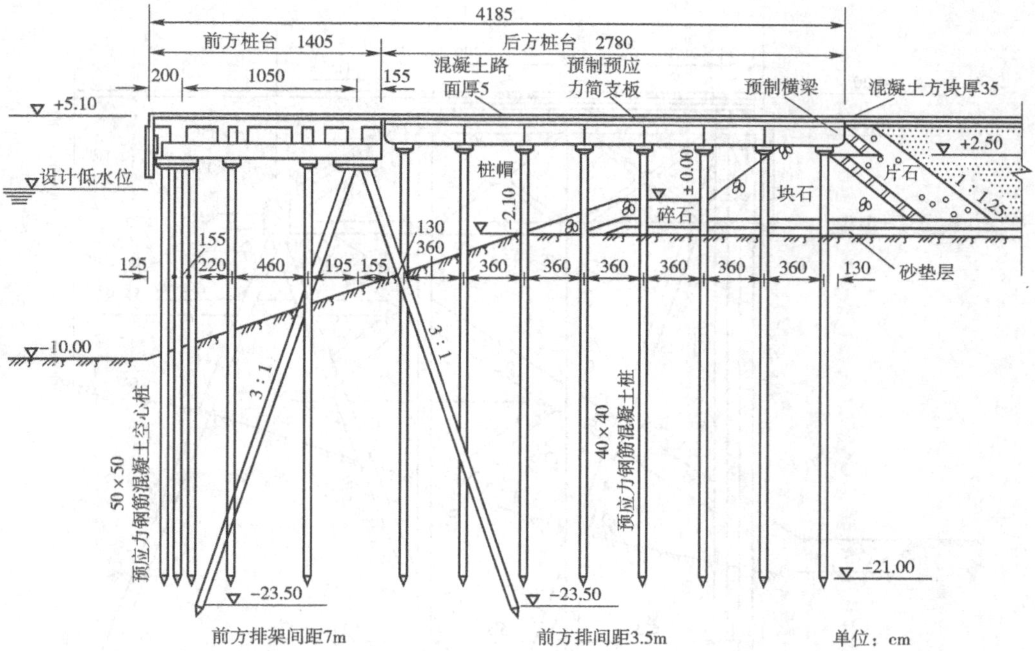

图4-4　天津港某宽桩台梁板式高桩码头

(4)桁架式。桁架式高桩码头上部结构主要由面板、纵梁、桁架和水平连杆组成(图4-5)。桁架的上弦杆同时也支撑面板和纵梁,故亦称上横梁。桁架式上部结构通常采用非预应力钢筋混凝土结构。桁架式高桩码头的优点是适用于大水位差情况,是内河大水位差直立式码头的主要结构型式;当水位差很大时,还可采用二层甚至多层桁架(图4-6);桁架的刚度大,桩的自由长度短,整体性好。其缺点是:构件类型和数量多,节点构造复杂;预制装配程度低,现浇混凝土量大;桁架构件大部分位于水位变动区,易损坏,难维修。

(5)高桩墩式。高桩墩式码头主要由工作平台、靠船墩、系船墩、引桥和人行桥等组成,如图4-7所示。墩式码头一般用于油气、液体化工码头等。墩台基桩布置型式应根据使用要求、自然条件和施工能力等确定。当墩台承受扭矩较大时,应避免桩轴线延长线交于一点。墩体底部沿桩周应设加强构造筋,必要时应对基桩与底板连接处的挤压应力和剪应力进行验算。高桩墩式码头弹性好、透空性好、波浪反射轻,对波浪和海流的阻力较小。

3.按接岸结构型式分类

(1)窄桩台高桩码头。当码头前沿距陆域较近,桩台宽度较窄,称为窄桩台高桩码头,陆域高回填土不能形成自身稳定的边坡,通常采用直立式挡土墙作为接岸结构,使桩台与陆域相连,并形成稳定的岸壁。根据地基土质情况,接岸结构常用板桩墙和重力式挡土墙。

板桩墙设在码头结构前面者,称前板桩高桩码头(图4-2);板桩墙设在码头结构后面者,称为后板桩高桩码头(图4-8)。后板桩高桩码头的板桩墙可与桩台合成一体(图4-8);板桩墙也可以为一独立的岸壁结构(图4-9),使板桩墙与高桩码头两部分受力明确,互不影响,码头结构中可以设置较少的斜桩。

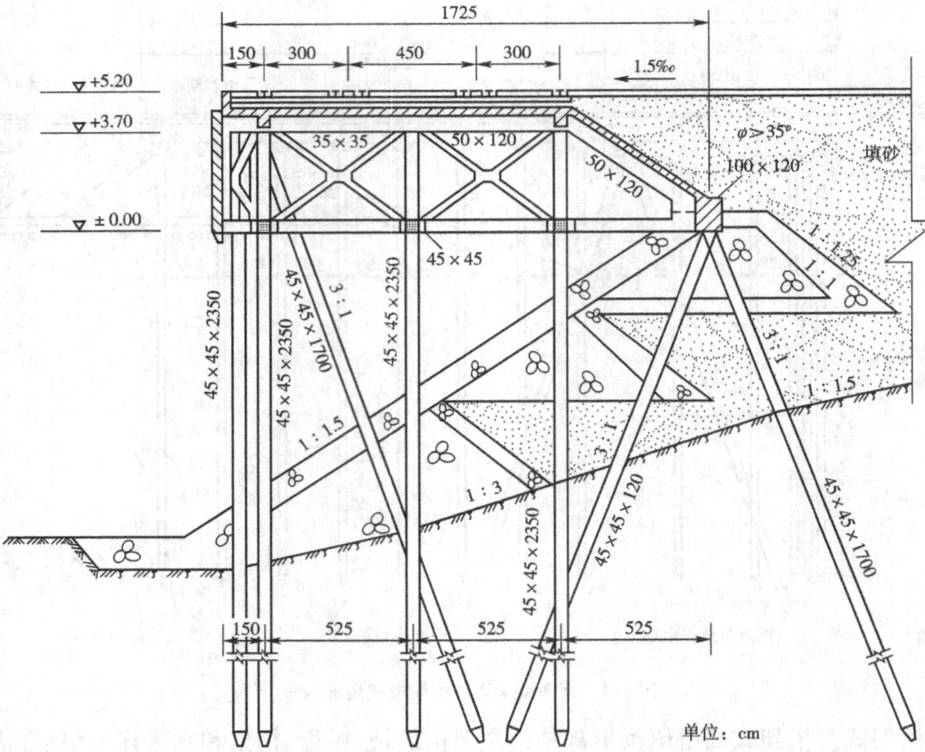

图 4-5　桁架式高桩码头

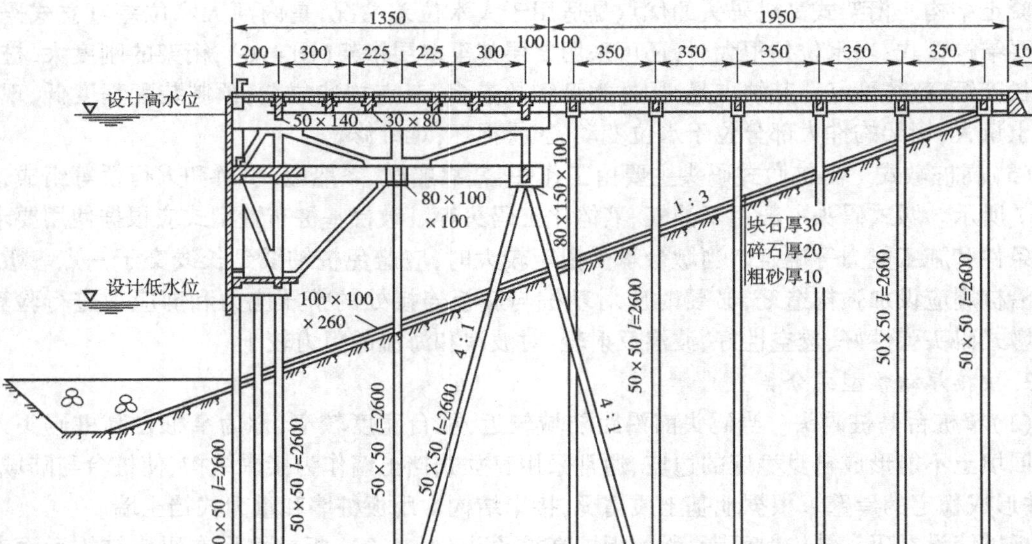

图 4-6　双层桁架的高桩码头

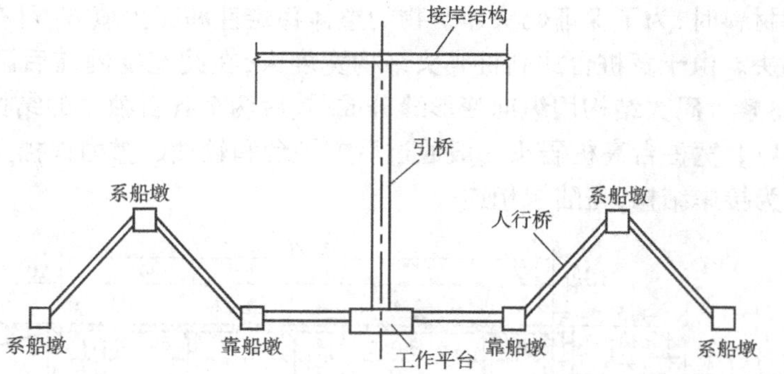

图 4-7　墩式码头

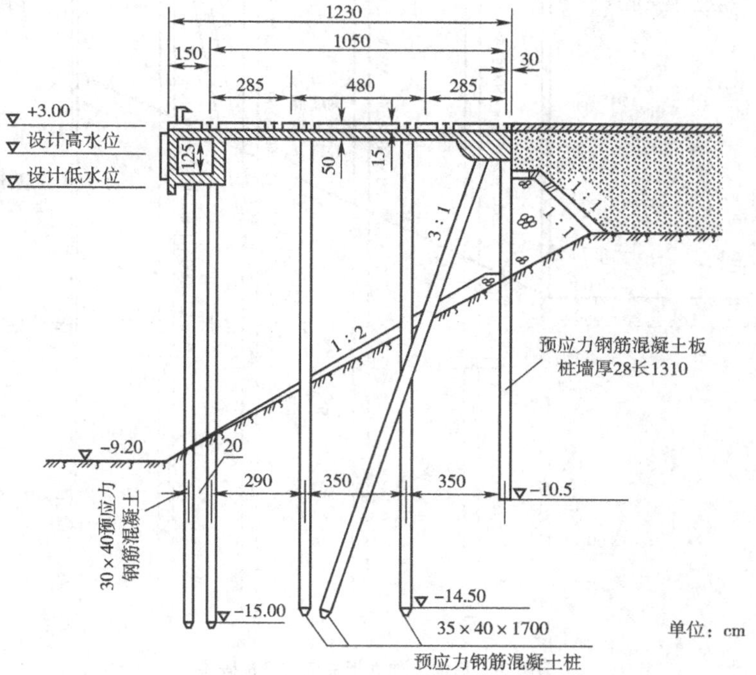

图 4-8　后板桩高桩码头

前板桩高桩码头与后板桩高桩码头比较，有以下优点：可以先建码头后挖港池，以减少挖方量；基桩埋在板桩墙后面回填土内，不受冰凌的撞击及磨损和冻融影响，上部结构的底面不暴露在外，免受波浪冲刷和干湿交替的作用以及蒸汽的影响，整个结构耐久性较好。其缺点是：填方数量大；码头损坏后维修困难；板桩墙的自由高度高，受土压力较大，板桩的长度和断面都大；码头前波浪反射较严重，泊稳条件差。

窄桩台高桩码头占用水域面积小，承台及桩基工程量小。但其整体稳定性较差，回填土工程量大，一般适用于地基土质较好和砂石料充足的地方，或是新建码头建筑物后方已有固定建筑物的情况。

(2)宽桩台式高桩码头。当码头前沿距陆域较远，且地基软土层较厚、土质差，或是当地缺少合适的回填材料时,为了保证码头建筑物的整体稳定性和减少填方,可在稳定岸坡上建造宽桩台式高桩码头。由于宽桩台式高桩码头结构宽度大,在此宽度内前后区域所承受的荷载差异较大,通常将整个码头结构用纵向变形缝分成前、后两个各自独立的结构——前方桩台和后方桩台(图4-4)。宽桩台高桩码头一般通过后方桩台和较矮的重力式挡土墙或人工抛石斜坡堤(图4-4)作为接岸结构,与陆域相连。

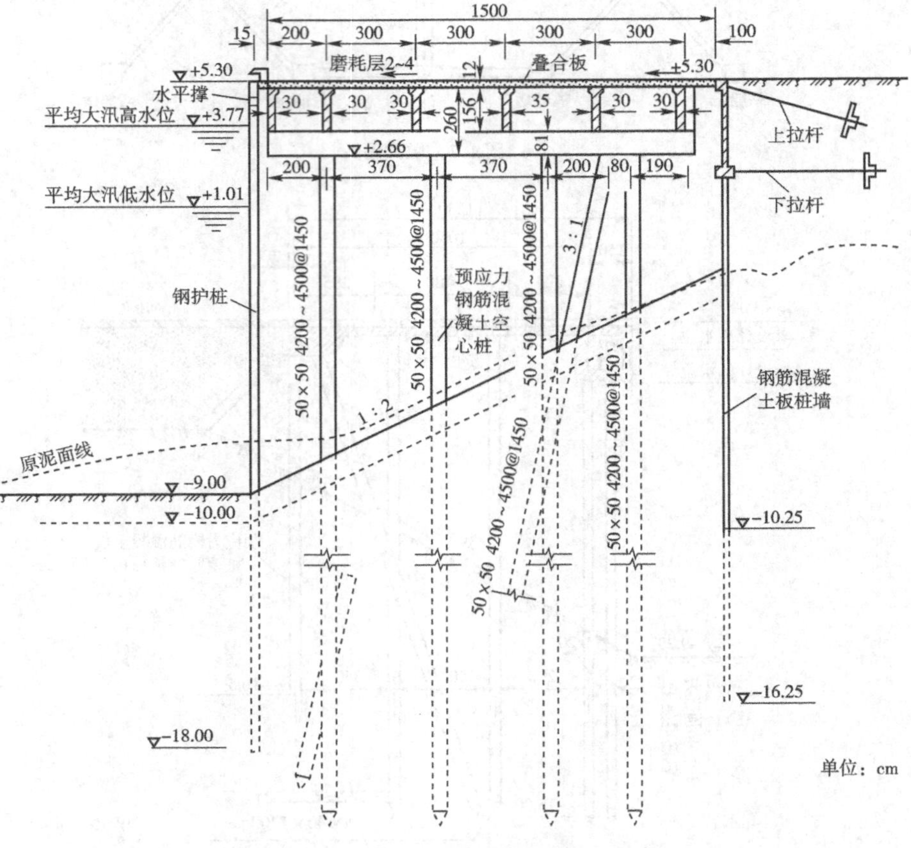

图4-9 后面为独立板桩墙的高桩码头

宽桩台式高桩码头前方桩台主要承受船舶作用力、前方门机荷载、铁路荷载、流动运输机械荷载及前沿堆货荷载等,受力情况比较复杂,一般需要设置叉桩或半叉桩;要求上部结构具有良好的整体性,一般采用连续梁板结构。后方桩台主要起与岸连接的作用,只承受堆货、流动起重运输机械等垂直荷载,不受水平力作用,故后方桩台一般只设直桩;对上部结构的整体性要求不高,可采用简支梁板结构。

(3)引桥式栈桥高桩码头。对货物装卸作业量很小或是采用固定式连续装卸机械(如皮带机、输油管等)作业的码头,例如客运码头、工作船码头、油码头和出口煤码头等,不需要大片的后方承台与岸相连,可以采用2~3条引桥将顺岸高桩码头与岸连接,这种码头称为引桥式栈桥高桩码头(图4-10)。这种型式的结构,同样适用于码头距岸较远的情况。

(4)墩式高桩码头。对不要求堆货和不上起重、运输机械的码头(如设固定式装煤机的煤码头和输油码头等),码头的栈桥和引桥均可采用墩式高桩结构。墩式高桩码头一般由工作平台墩、靠船墩、系船墩和引桥组成。各墩之间用人行桥相连接，供码头工作人员在各墩之间行走用；码头与陆域之间通过引桥或海底管线相连，图 4-11 是墩式高桩码头的组成和平面布置示意图。墩式高桩码头不仅用在有掩护的海港和河港，同样也适用于开敞式码头。

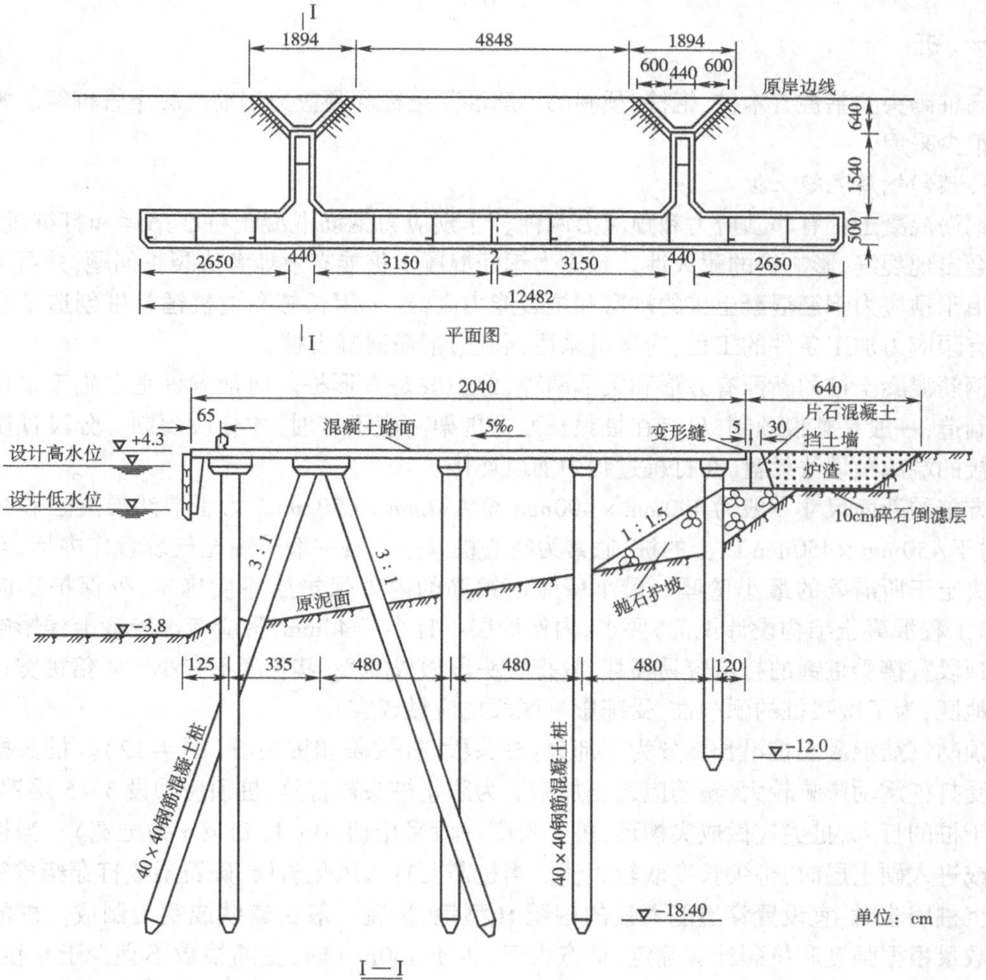

图 4-10　引桥式栈桥高桩码头

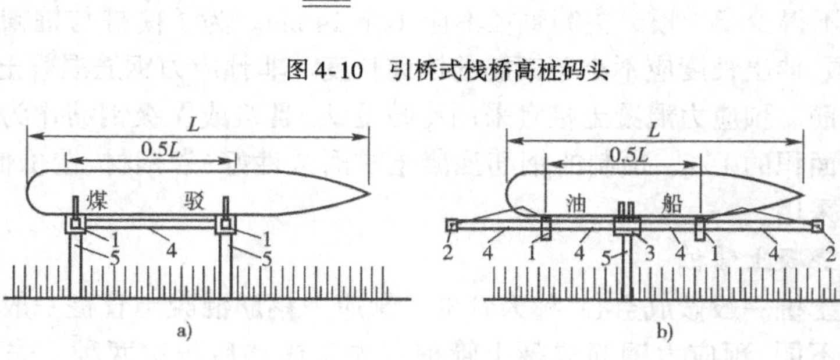

图 4-11　墩式高桩码头

a) 内河煤码头；b) 海上油码头

1-靠船墩；2-系船墩；3-装卸平台；4-人行桥；5-引桥

第二节　高桩码头的构造

一、桩

高桩码头的基桩有木桩、钢桩、预制的钢筋混凝土桩和预应力钢筋混凝土管桩等。木桩现在已很少采用。

1. 预制钢筋混凝土桩

钢筋混凝土桩有非预应力和预应力两种。非预应力钢筋混凝土桩在吊运和打桩过程中，桩身会出现裂缝，影响桩的耐久性。预应力钢筋混凝土桩能有效地解决裂桩问题，并可节约钢材。由于预应力钢筋混凝土桩的抗弯和抗裂能力高，给采用长桩和重桩锤打桩创造了有利条件。有预应力加工条件的工程，应尽量采用预应力钢筋混凝土桩。

钢筋混凝土桩的断面有方形和圆形两种，但主要是方形桩。通常方桩是在施工单位的预制场制造，一般是整根预制，只有在桩很长而打桩架高度不够时，才分段预制。分段预制的桩在连接的端部预埋法兰盘，在打桩过程中加以连接。

方桩的断面尺寸一般为400mm×400mm至650mm×650mm。为了节约混凝土和减轻桩重，对于450mm×450mm以上的桩，通常为空心桩。空心桩一般采用充气胶囊作内模，空心的直径决定于所需要的最小壁厚。最小壁厚由钢筋的内外保护层厚度确定，外保护层应满足《港口工程混凝土结构设计规范》要求，内保护层不宜小于40mm，另应考虑胶囊上浮影响。因为桩顶段直接受桩锤的打击容易损坏，故把桩头段做成实心，其长度不宜小于4倍桩宽。对于受冻地区，为了增强桩的耐久性，受冻影响区段也应做成实心。

预制钢筋混凝土桩沿长度分为三部分：桩头段、桩腰段和桩尖段(图4-12)。桩头段和桩尖段受打桩震动影响较大，箍筋应适当加密。为防止桩头被打碎，桩顶应加设3~5层钢筋网。为便于桩的打入，桩尖应做成尖楔形，桩尖长度一段采用(1.0~1.5)b(b为桩宽)。当桩需要穿过或进入硬土层时，桩尖长度取较大值。当桩需要打入风化岩层、砾石层或打穿柴排等障碍物而沉桩困难时，宜设置穿透能力强的桩靴H型钢，桩靴一般由铸铁或钢板制成。桩的受力钢筋数量根据强度和抗裂计算确定，桩宽大于、等于450mm时，主筋根数不宜少于8根；桩宽在450mm以下时，不得少于4根。主筋直径不应小于14mm。为了使桩与桩帽或横梁整体连接，主筋应伸出桩顶，伸出长度应不小于钢筋的锚固长度。非预应力钢筋混凝土桩宜采用Ⅱ级和Ⅲ级钢筋作为主筋。预应力混凝土桩宜采用冷拉Ⅱ级、Ⅲ级或Ⅳ级钢筋作为主筋。配筋率均不得小于桩截面面积的1%。预制的钢筋混凝土桩耐久性好、省钢材、造价低，因此在高桩码头工程中被普遍采用。

2. 预应力钢筋混凝土管桩

圆形钢筋混凝土桩一般做成空心，称为管桩。预应力钢筋混凝土管桩一般在专门工厂制造。根据制造方法不同，预应力钢筋混凝土管桩有先张法和后张法两种。先张法常用的是PHC桩，后张法是大管桩。

(1)先张法预应力钢筋混凝土管桩。先张法预应力钢筋混凝土管桩通常是分段在离心机上制造。考虑到管段的运输条件，陆上使用的先张法管桩的外径一般为400~600mm，管壁厚一般为110～130mm。管段的长度一般为6～15m。制好的管段运到工地后，根据需要的桩长，现场连接。

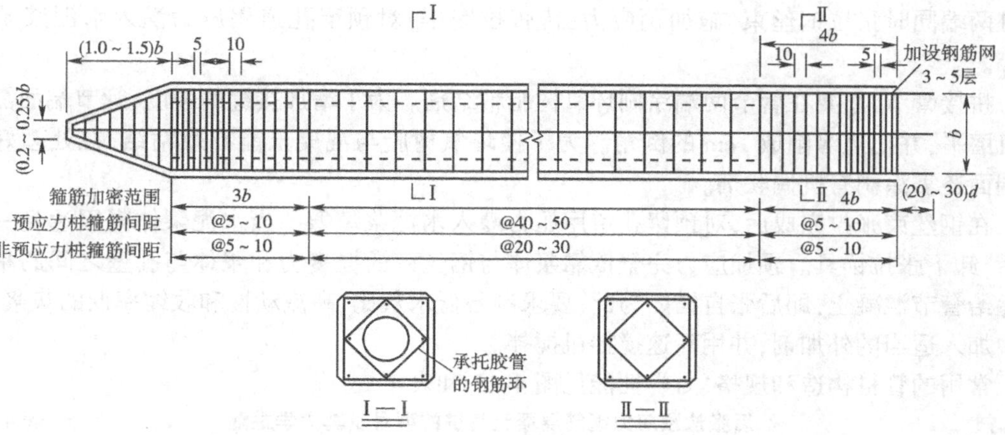

图4-12　预制钢筋混凝土方桩配筋图

水上常用管桩的外径一般为700～1400mm，管壁厚一般为130～150mm，管段的长度一般为30～55m。

(2)后张法预应力钢筋混凝土管桩。后张法预应力钢筋混凝土管桩最先由美国雷蒙德公司生产，故亦称雷蒙德桩。

我国研制生产的后张法预应力大直径钢筋混凝土管桩，是以标准长度的管节拼装而成。标准管节长度为4m，管断面为空心圆形，外径为1.0～1.4m，壁厚为130～145mm。标准管节是以螺旋环向箍筋（直径不小于6mm的Ⅰ级钢筋）和纵向构造筋（直径7mm的Ⅰ级钢筋）为骨架，在由离心、振动、辊压三个系统组成的离心振动成型机上制造而成。在管壁上预留一定数量的孔道，用来穿设预应力钢绞线（图4-13）。这种管节的抗压强度为65～75MPa，抗拉强度为5.0～5MPa，密度大，吸水率低（平均值为3.5%）。弹性模量为3.81×10^4MPa。

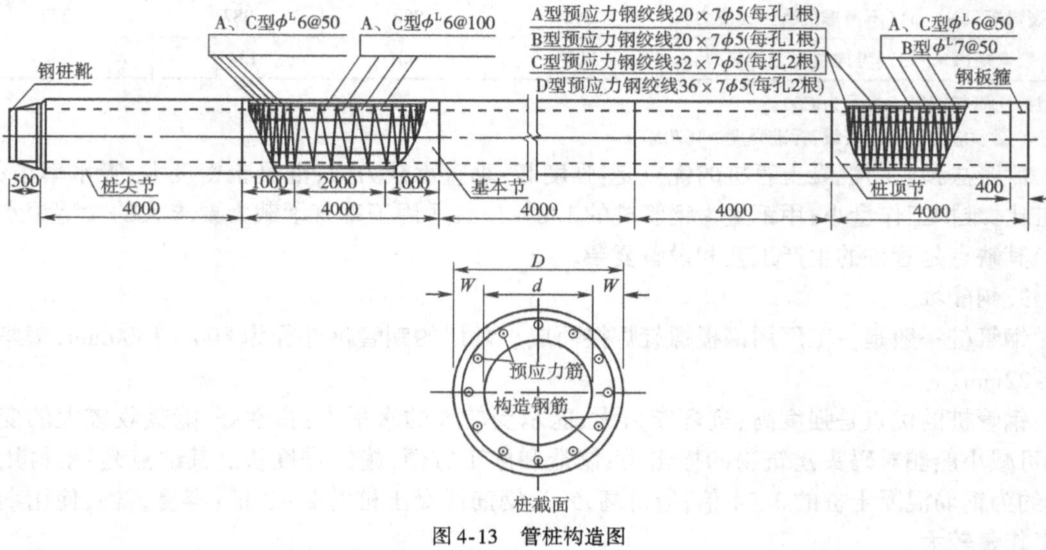

图4-13　管桩构造图

制好的管节运到施工工地后，按需要的桩长进行拼接。管桩的拼接在接桩台车上进行，拼接的工序包括：用粘结剂粘接管节；用自动穿丝机将高强钢丝束（或钢绞线）穿入预留孔；然后管桩两端同时张拉钢丝束，施加预应力；待张拉完毕，对预留孔道用压力灌入水泥浆予以填塞等。

拼接管节时，要在管节两端涂刷环氧树脂粘结剂。为了增加接缝的强度，管节端面需用磨光机磨平，并把边缘削成1cm的倒角。为了使环氧树脂与混凝土能有效粘结，在处理好的管节端面还需涂刷有机偶联剂。

在钢丝束张拉完成后，对预留孔道用压力灌入水泥浆填塞。当水泥浆体凝固达到一定强度后，卸下张拉锚具。预加应力完全依靠浆体与钢丝束的握裹力和浆体与孔壁之间的粘结力传递给管节混凝土，即后张自锚。为此，要求制备低水灰比、高流动性和收缩率低的灰浆，在灰浆中加入适当的外加剂，并用高速搅拌机搅拌。

常用的管桩构造和规格、力学性能见图4-13和表4-1。

后张法预应力钢筋混凝土管桩的型号及其力学性能 表4-1

管桩型号	A 型	C 型	B 型	D 型
管桩外径 D(cm)	120	120	120	140
管桩内径 d(cm)	94	94	91	110
管桩壁厚 W(cm)	13	13	14.5	15
桩截面积 S(cm^2)	4369	4369	4805	5890
桩截面惯性矩 I(cm^4)	6346267	6346267	6812594	11670525
预留孔数	20	20	16	18
预留孔直径(cm)	3.2	3.2	4.0	4.0
预应力筋直径(mm)	15.2	17.8	2×15.2	2×15.2
预应力筋数量	20	20	32	32
混凝土有效预压应力(MPa)	5.97	8.2	8.55	8.08
开裂弯矩(kN·m)(不考虑混凝土拉应力)	592	882	987	1372
开裂弯矩(kN·m)(考虑混凝土拉应力)	1107	1481	1341	2038

注：①管桩混凝土标号为C60；

②预应力筋为钢绞线，标准强度≥1570MPa。

后张法预应力混凝土管桩的优点是：强度高；垂直承载力大；混凝土密度大；吸水率小；与钢桩比，维护工作量小；用钢量为钢管桩的1/8～1/6；适用于垂直承载力要求大的大型深水码头。其缺点是管桩的生产工艺和设备复杂。

3. 钢管桩

钢管桩一般是在工厂用钢板螺旋焊接而成。常用的钢管桩外径为800～1500mm，壁厚为14～22mm。

钢管桩的优点是强度高，抗弯能力大，能承受较大的水平力；弹性好，能吸收较大的变形能，可减小船舶对码头建筑物的撞击力；制造和施工方便，施工进度快。其缺点是：钢材用量大，约为钢筋混凝土桩的3～4倍；造价高，约为钢筋混凝土桩的2～3倍；容易锈蚀，使用期维护工作量较大。

目前,钢管桩主要用在外海码头。由于外海水深,波浪、海流以及船舶撞击力均较大,桩的工作条件差;另外,在外海施工,受气候与海洋水文的影响大,要求施工进度快。使用钢管桩能较好地解决上述问题。

使用钢管桩时,还要解决下述两个问题。

(1)桩尖的型式。钢管桩的桩尖有开口、全封闭和半封闭三种型式。开口桩尖容易打入地基,但桩的承载力低;全封闭桩尖虽然可以提高桩的承载力,但打入土层比较困难。我国在20世纪70年代末建设浙江北仑港矿石中转码头的施工中,开发了半封闭桩尖的型式,如图4-14所示,既提高了桩的承载力,又解决了难于打入地基的问题。

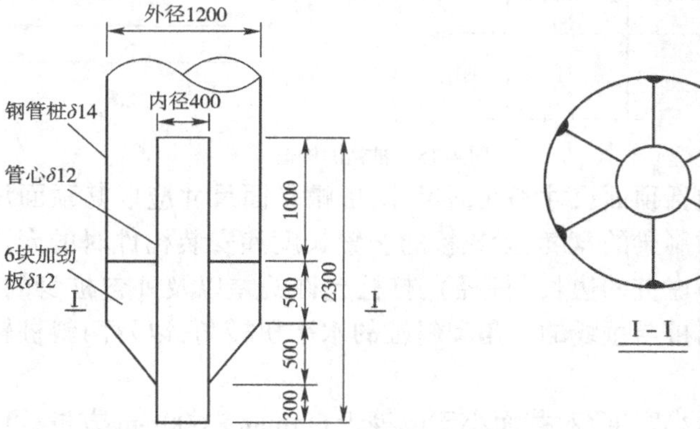

图4-14 钢管桩的半封闭桩尖

半封闭式桩尖的中间装有空心管芯,其余部分全封闭起来。为使管芯和钢管成为整体,管芯与钢管桩之间用加劲板连接。这种钢管桩在吊桩入龙口时,海水可经管芯进入管内,消除了水浮力的影响;在桩尖进入硬土层时,土可经管芯进桩内,减小了打桩阻力;当桩尖进入硬土层后,硬土进入桩芯,桩芯发生闭塞现象,此时桩尖已全封闭,其承载力与全封闭桩尖相同。为了要达到全封闭现象,管芯长度应不小于$5D$(D为管芯内径)。为便于桩的定位,将管芯伸出桩尖300mm,又可作为闭塞长度的富余量。

另外,当桩尖打至砂土层时,由于打桩震动使砂土液化,在桩外和桩内水头差的作用下,会产生"管涌"现象,使桩的承载力降低。解决的措施是在桩侧开孔,使海水进入桩内,消除桩外和桩内的水位差。

(2)钢管桩的防锈。钢材在海水中极易锈蚀,影响它的使用年限。对于水下部分比较行之有效的防锈措施是阴极保护,其原理是发出足够的电流,使钢管桩成为阴极,以防止电化学腐蚀。对于钢管桩的水上部分,可采用涂层防腐或喷铝、锌等加涂层防腐,也可采用玻璃钢包裹。使用年限可达20~30年。

二、桩帽

当桩台为预制安装结构时,为了能安装预制的梁或板,一般需在桩的顶端设置桩帽。当纵横梁采用现浇结构时,也可不设置桩帽,但应在桩的位置将梁加宽,满足外包宽度不小于0.25倍桩径(桩顶铰接)或0.4倍桩径(桩顶固接)的要求。桩帽还能调整打桩时产生的桩顶高程和桩位的偏差。桩帽一般采用现浇钢筋混凝土,其构造如图4-15所示。

桩帽的平面形状可采用矩形、圆形或多边形等型式。

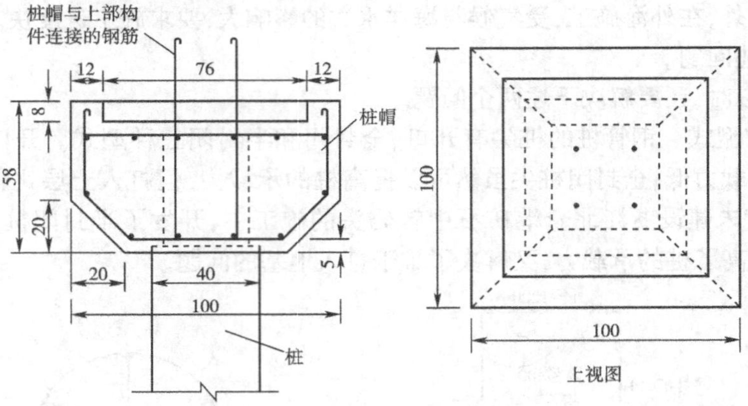

图 4-15　桩帽的构造

桩帽的平面尺寸包括顶面尺寸和底面尺寸，桩帽平面尺寸应取其顶面尺寸和底面尺寸的较大值。顶面尺寸按预制梁的宽度、梁或板的搁置长度和安装构件时的允许偏差来确定。底面尺寸对直桩桩帽要考虑桩的边长（桩径）、打桩允许偏差以及外包桩身的最小厚度等因素。对叉桩桩帽尚应考虑斜桩与垂线的夹角和斜桩的水平扭转角，以及两斜桩轴线在桩帽底面交点的距离等因素。

桩帽外包桩身的最小宽度：对截面小于或等于 600mm × 600mm 方桩，可取 150mm；当桩与桩帽为铰接连接时取 0.25 倍桩径，当桩帽与桩固接时，可取 0.4 倍的桩径（桩边长）。

桩帽的高度应根据其受力情况（受剪、受弯和挤压）由计算确定，同时应考虑桩伸入桩帽的长度，以及桩顶钢筋长度、预应力混凝土管桩桩芯钢筋长度或钢管桩锚固铁件锚固长度等构造要求。桩帽高度不宜小于 0.5 倍桩帽宽度，且不得小于 600mm，一般采用 600 ~ 700mm。

为保证桩帽与桩之间的整体连接，桩的全部外伸钢筋应埋入桩帽内。为保证桩帽与其上构件的连接，桩帽内应埋设锚固钢筋，其数量与直径根据支座反力大小确定，但不少于 2 根，其埋设长度和外伸长度都应满足钢筋锚固长度的要求。为了保证桩与桩帽的连接质量，桩头应嵌入桩帽 50 ~ 100mm。当上部结构为无梁板时，应将桩帽做成凹槽型式（图 4-15），以利安装找平用的支垫。板安装好后用砂浆将凹槽填平。为保证桩帽混凝土质量，不应采用水下浇注混凝土。

三、横梁

横梁是梁板式高桩码头的主要受力构件，作用在码头上的几乎所有载荷都是通过它传给基桩，受力比较复杂。为了构成横向的整体结构——横向排架，要求横梁与下面的基桩整体连接，横梁应做成连续梁。对于宽承台高桩码头的后方桩台，因受力简单（不受水平力作用）且没有横向整体性的要求，后方桩台的横梁一般采用简支梁。

横梁的横断面型式一般有矩形、倒 T 形、花篮形和倒梯形四种，见图 4-16。其中前三种主要用于前方桩台的横梁。当横梁和纵梁的底面在同一高程时，横梁可采用矩形断面，其模板和配筋都比较简单。但为了保证预制板在横梁上的搁置长度，其宽度较大。为了减小横梁的宽度，又能保证板的搁置长度，可采用花篮形断面，如图 4-16c）所示。当纵梁高度比横梁矮时，纵梁需要搁置在横梁上，可采用倒 T 型断面（图 4-16b）。倒 T 形横梁的下部一般采用预制安装，上部采用现浇，从而构成现场叠合式结构。为使桩帽伸出的钢筋穿入预制的下横梁，在其端部预留安装孔。考虑到施工误差，安装孔通常采用椭圆形，其长轴（沿梁长方向）和短轴的长度一般分别不小于 80mm 和 40mm。后方桩台一般不设纵梁，只由板和横梁组成，横梁断面型式比较简单。为了减小梁的宽度又要满足板的搁置长度的要求，一般采用倒梯形断面，见图 4-16d）。

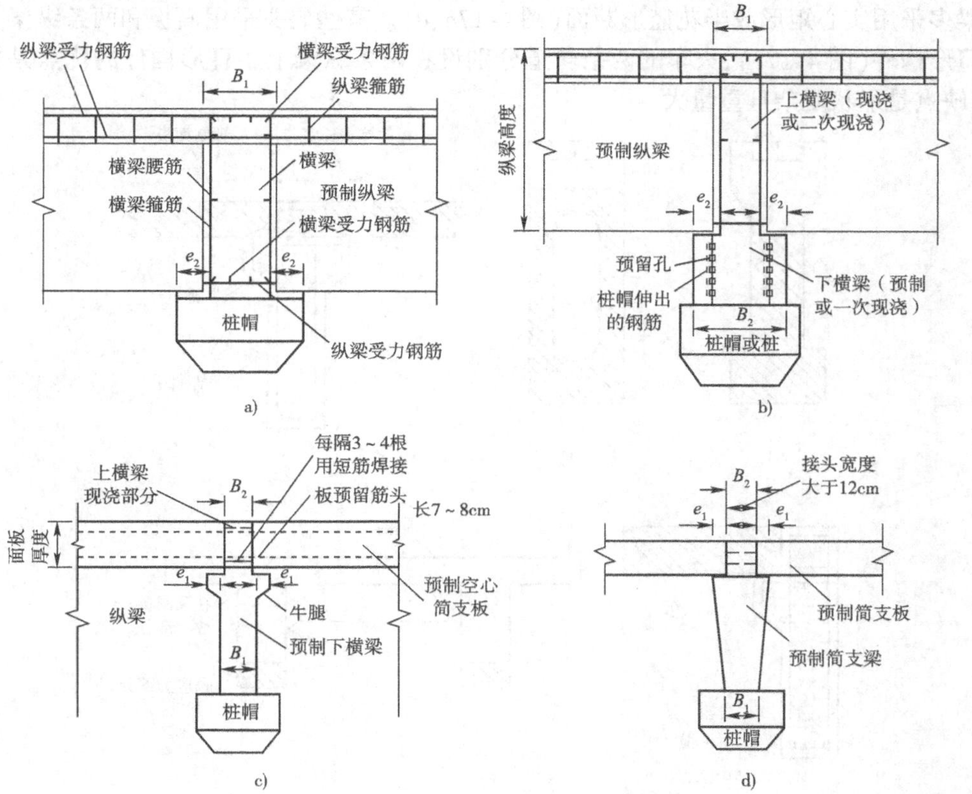

图 4-16　横梁断面型式及接头构造

a）矩形；b）倒 T 形；c）花篮形；d）倒梯形

根据受力情况，横梁的高度由计算确定，一般为 1200～2000mm，最高达 3000mm。因横梁的断面和重量都较大，为了减轻预制件的重量而便于吊装，提高预应力的效果以及考虑纵梁的接缝，一般采用叠合梁，即将横梁分为上下部两部分。下部为预制构件，一般采用预应力结构，其高度根据起重设备的起重能力、预制场可制造的高度和纵梁高度（对于倒 T 型断面）或面板厚度（对于花篮形断面）来确定；上部为现场浇筑。横梁的宽度按受力（主要是剪力）情况计算确定，同时尚应考虑纵梁或板的搁置长度和接缝宽度的要求，一般为 400～800mm，但不宜小于 300mm。现场浇筑的横梁还应考虑打桩偏位的影响。

四、纵梁

设有门座起重机或其他轨道式装卸机的码头，考虑到轨道轮压力较大，在轨道下面都设有纵梁，称为轨道梁。除此之外，是否设置其他纵梁，应根据码头地面荷载性质和大小并结合梁板布置系统确定。在火车轨道下面一般都设置纵梁,每条铁路下面可布置一根纵梁,也可每根轨道布置一根纵梁。

考虑到码头的纵向整体性,纵梁一般采用连续梁。但为了受力明确和充分发挥预应力效应,也可采用简支梁。纵梁的横断面型式有工字形、矩形和花篮形等,如图4-17所示。门机轨道梁由于荷载较大,并且顶面需要装设钢轨,多采用工字形或空心矩形断面(图4-17a、b)。一般纵梁多采用实心矩形或半花篮形断面(图4-17c、d)。有些码头采用面板和两条纵梁一起预制的Π形构件(图4-17e),火车的两条轨道分别设在两条纵梁上。Π形构件的优点是构件数量少,缺点是形状复杂且重量大。

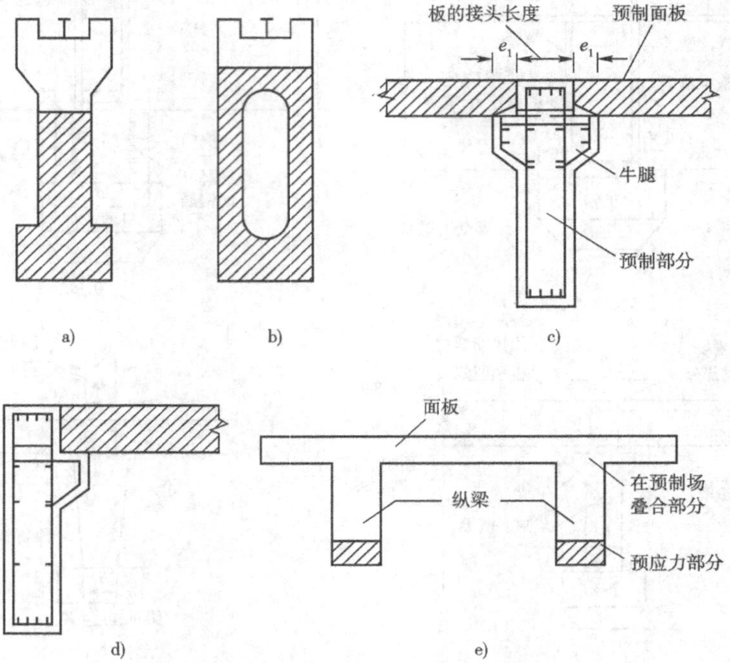

图4-17 纵梁的断面型式

纵梁的高度根据受力计算确定,一般为900~1500mm;对于集装箱装卸桥轨道梁,高度一般需1800~2000mm。轨道梁由于高度大,并且为了预埋固定轨道的螺栓,通常采用下部预制、上部现浇的叠合梁。预制部分一般采用预应力,其高度根据起重设备的起重能力和预制场可预制的高度确定。

纵梁的宽度由受力计算和钢筋布置确定,一般为400~600mm;对于集装箱装卸桥轨道梁,宽度一般需800~1200mm。考虑到面板的搁置长度和接缝宽度的构造要求,可将顶面加宽,形成T形、工字形、花篮形和半花篮形断面。门机轨道梁在支座处剪力很大,可在支座处局部加宽,形成沿长度为变断面的纵梁。

纵梁目前多采用预制安装的连续纵梁。为保证在支座处的连续和整个上部结构的整体性,在支座处必须与横梁或桩帽进行整体连接。

五、面板与面层

钢筋混凝土面板有空心板和实心板两种结构型式。

空心板常用的孔洞断面型式见图 4-18，选型时可依技术经济和施工条件比较后确定。因为是单向空心，故空心板只能作为单向板使用。预制空心板之间的横向接缝宜做成铰接型式（图 4-18），缝内用 C30 细石混凝土密实填充。空心板的厚度一般为 400 ~ 600mm。为了便于混凝土振捣和保证钢筋保护层的厚度，空心圆的净距（肋宽）和空心板的底部厚度不宜小于 80mm，空心板顶部厚度不宜小于 70mm。

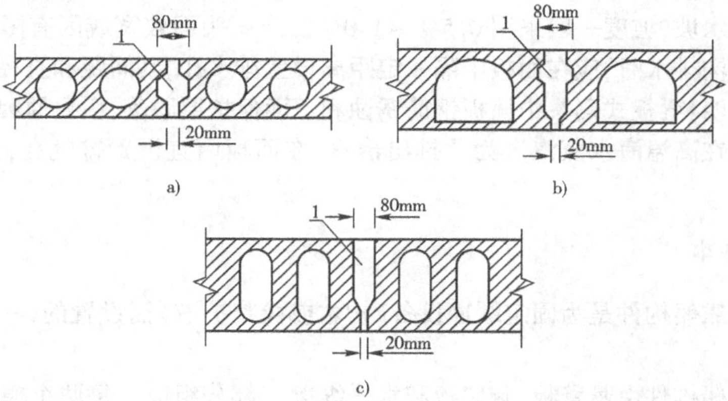

图 4-18　空心板的断面和结构型式

a）圆形空心；b）D 形空心；c）长圆形空心

空心板的优点是：抗弯和抗裂能力强，钢筋和混凝土的用量少，重量轻，可增大预制的尺寸。铰接空心板一般适用于码头的后方桩台和引桥。

实心板按其施工方法分为现浇板、预制板和叠合板三种。现浇板只能是非预应力，其抗弯和抗裂能力小，现浇工作量大，施工进度慢，但整体性好。预制板根据横向接缝型式又分为横向铰接板和整体连接的板。前者的横向接缝构造同空心板，后者板与板之间用预留的环形钢筋整体连接（图 4-19a），预留环形钢筋的搭接长度不得小于 5 ~ 7 倍受力钢筋直径。叠合板也是一种预制装配的整体板（图 4-19b）。叠合板的下半部为预制，上半部为现浇，在码头施工时，预制部分还起模板的作用。预制部分一般采用预应力结构。为了使板的预制部分和现浇部分结合良好，预制部分的表面宜做齿坎形（图 4-19b）或留毛。考虑到钢筋保护层厚度和齿坎的高度以及施工等因素，预制部分的厚度不宜小于 80mm。现浇部分的厚度不宜小于 70mm。叠合板的优点是：除能部分发挥预应力效应外，面层不会出现脱皮现象，板的整体性好。其主要缺点是施工现场的工作量较大。

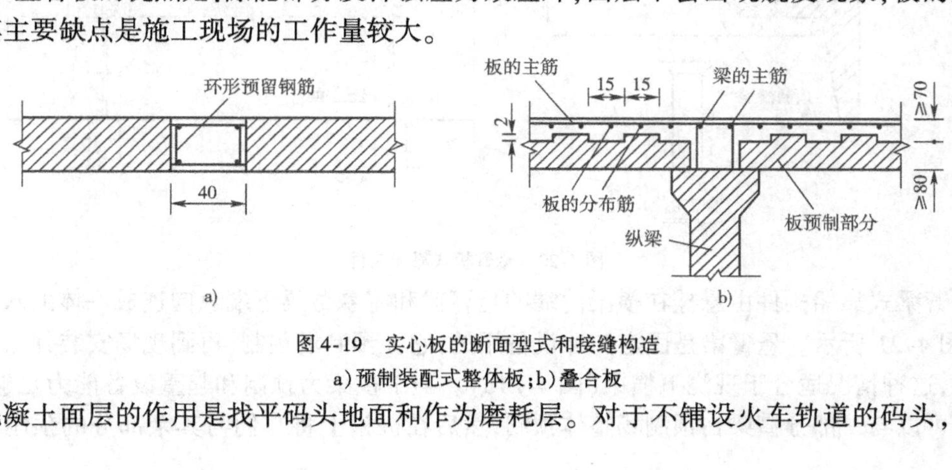

图 4-19　实心板的断面型式和接缝构造

a）预制装配式整体板；b）叠合板

混凝土面层的作用是找平码头地面和作为磨耗层。对于不铺设火车轨道的码头，面层厚度不宜小于50mm；当采用叠合板和现浇板时，因面层与面板一起浇筑，面层厚度可小一些，但不小于20mm；对于铺设火车轨道的码头，面层的厚度决定于钢轨的高度。

为防止面层混凝土在气温变化时引起膨胀或收缩而产生裂缝，面层应设伸缩缝，该缝竖向不贯通，故亦称假缝。缝宽5~10mm，缝深10~15mm，用木板条或沥青填塞。缝的间距一般为3~5m。对于简支板和横向铰接板，在板的支座和接缝处亦需设置这种假缝。

面层应做排水坡，坡度一般采用0.5%~1.0%。当码头面较宽或因有障碍物不能向码头前沿和后面排水沟排水时，应在面板中隔一定距离设置排水孔，其间距和直径根据当地降雨确定。工程调查表明：梁板式码头中面板钢筋锈蚀和下面保护层脱落，主要原因之一是在梁格的空间内长时间存在高温海水蒸汽。为了排出蒸汽，在面板内宜设置排气孔，其直径为50mm，间距2~3m。

六、靠船构件

高桩码头的靠船构件是为固定缓冲设备（护木或橡胶护舷）而设置的，一般有悬臂板式和悬臂梁式两种。

悬臂板式靠船构件由悬臂板、胸墙板和水平纵梁三部分组成。每两个横向排架之间设一块。悬臂板在顶制场整体预制，运到现场安装，并与横梁整体连接。两靠船构件之间在施工水位以上的接缝在现场浇筑，使其在码头长度方向连成整体，如图4-20所示。悬臂板和胸墙板的厚度由计算确定，但不宜小于150mm。水平梁的断面尺寸除由计算确定外，尚应考虑使用和施工的构造要求：使用时，作为管沟底板；施工时，它在桩帽或下横梁上应有足够的搁置长度。为了便于检修码头结构构件的小舢板能进入码头下面，宜在沿码头长度方向的合适位置，设1~2个没有悬臂板的靠船构件，即留出进出码头下面的缺口。板式靠船构件的优点是：沿码头长度方向有全面的防护，小船不致误入码头下面，并可防护桩免受冰凌及其他漂浮物的撞击。其缺点是：材料用量多，造价高，码头下面的水汽不易排除。

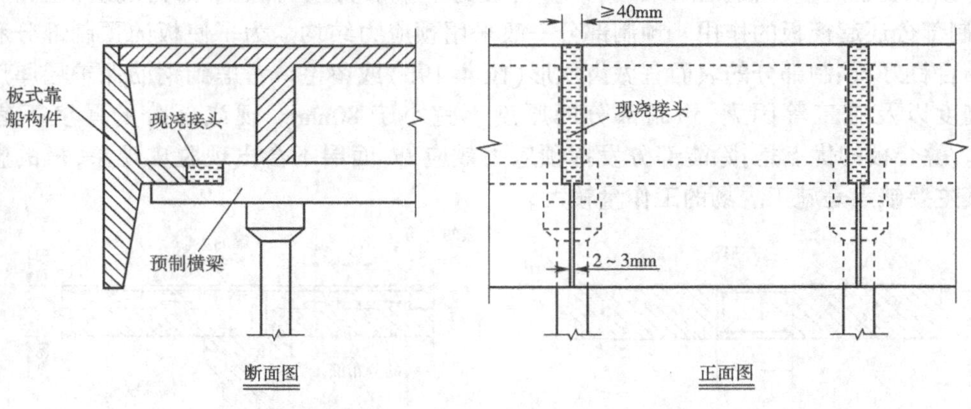

图4-20 悬臂板式靠船构件

悬臂梁式靠船构件由悬挂在横梁前端的悬臂梁和将悬臂梁下端纵向连成一体的水平撑组成，如图4-21所示。悬臂梁是固定防冲设备用的，它在预制场预制，再到现场安装并与横梁整体连接，这种情况适合于现浇下横梁（图4-21a）。当下横梁为预制和起重设备能力足够时，靠船构件可以与一部分横梁在预制场整体预制，然后在桩帽上将它们与其余部分的预制横梁进行整体连接(图 4-21b)。纵向水平撑的作用是加强悬臂梁的纵向刚度,使全部悬臂梁共同承受船舶沿码头长度方向的水平作用力。水平撑断面比较单薄,不能承受船舶的垂直作用力,应把它放在悬臂梁外边线的里面,与外边线的净距不得小于 100mm。纵向水平撑与悬臂梁应整体连接。为了使预制的水平撑在安放时有所支承,应在悬臂梁下端两侧做“牛腿”。

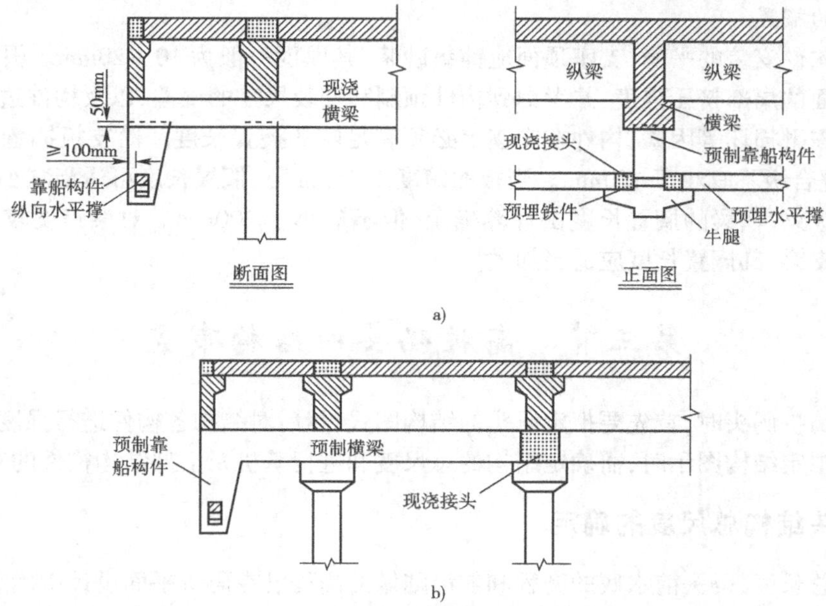

图 4-21　悬臂梁式靠船构件

a) 现浇横梁时;b) 预制横梁时

七、构件的连接和搁置长度

1. 构件的连接

在预制装配的高桩码头结构中,大部分构件是预制的,然后在现场安装并连接。连接构件的构造和施工质量,直接影响构件的工作状况和耐久性。构件的连接包括同类型预制构件的拼接和连接以及不同类型预制构件的连接,后者如桩帽与桩、纵梁与横梁、面板与纵梁和横梁、靠船构件与横梁等。连接型式有铰接和固接两种,根据受力情况确定。

在构件之间不需要传递力的情况下,其相互之间便不需要任何连接,仅在构件之间预留安装缝即可。考虑到构件预制尺寸和安装的精度,安装缝的宽度一般采用 20 ~ 30mm。

铰接用于构件之间需要传递剪力或轴力,但不传弯矩的情况,例如空心板的横向拼缝和连续梁或板与支座的连接。板的铰接一般采用图 4-18 的型式,连续梁或板与支座的连接一般是将支座伸出的钢筋埋入连续梁或板的现浇接头混凝土内,钢筋的埋入长度应满足锚固长度要求。

固接用于要求构件之间传递弯矩的情况,例如,整体板的连接、连续梁或连续板中的预制梁或板在支座处的连接。前者一般采用环形钢筋连接,如图 4-19a) 所示。后者的上面钢筋按受力筋连接,下面钢筋按构造筋连接;如为弹性支承连续梁,支座弯矩可能为正值,下面的钢筋也需按受力筋连接。

构件之间除按受力需要进行连接外,有时为了构件的稳定性和结构的整体性也需要连接,如放在横梁上的简支板,按受力不需要连接,但考虑板的稳定性和码头结构的纵向整体性,将构件两端下面伸出的钢筋头每隔3~4根用短筋焊接起来,但上面伸出的钢筋头不要焊接,如图4-16c)、d)所示。

2. 构件的搁置

为保证构件安装的平稳,支座顶面应铺垫砂浆,其厚度一般为10~20mm。根据安装构件与支座接触面的局部挤压强度,并考虑到构件预制和安装尺寸的误差,以及构件边角因安装碰撞或使用时冻融损坏等因素,构件在支座上必须有足够的搁置长度。简支板搁置长度不宜小于200mm;叠合板不宜小于150mm。当板的跨度小于3m时,搁置长度可适当减小。对装配整体式的预制纵梁、横梁的搁置长度由计算确定,但不应小于200mm。对梁跨度较大以及无掩护码头的简支梁,其搁置长度应适当加大。

第三节　高桩码头的结构布置

在设计高桩码头时,首先要拟定码头的结构图式,然后对结构各构件进行强度计算和稳定性验算。在拟定结构图示时,需确定结构的总尺度和进行基桩及上部结构构件的布置。

一、码头结构总尺度的确定

码头的总长度、码头前水底的高程和前沿陆域的高程已在码头平面设计中确定,这里主要讲述根据以上数据进一步确定码头结构的宽度、结构分段和桩顶的高程。

1. 码头结构的宽度

对于满堂式高桩码头,桩台的宽度主要取决于岸坡的地质条件、地基加固方式和所采用的接岸结构型式和位置等,一般由接岸结构的整体稳定性计算确定。当桩台较宽时,可根据结构总宽度内作用的荷载性质和大小不同,用纵缝将结构分为前方桩台和后方桩台两部分,前方桩台的宽度由码头装卸设备的轨距加前轨到海侧的距离和后轨后面2~3m的富余宽度确定;结构总宽度减去前方桩台的宽度即为后方桩台的宽度。

对于引桥连片式码头,桩台的宽度一般由装卸作业要求确定,当桩台较宽时,也可分前后方桩台。

2. 码头结构沿码头长度方向的分段

为避免在结构中产生过大的温度应力和沉降应力,应沿码头长度方向隔一定距离设置变形缝,变形缝的间距就是码头结构的分段长度。变形缝的间距应根据地区的温度差、上部结构的刚度、桩的自由长度和刚度等因素综合考虑确定。上部结构为装配整体式结构时,一般可取60~70m,但国内结构长度最大已经做到90m左右,国外也有400m的高桩码头不设变形缝;上部结构为现场整体浇筑混凝土时,宜取35m左右。当地基土层和土质沿码头方向变化较大时,应适当采用较短的分段长度,并且必须在地质突变处设置变形缝。变形缝的宽度一般采用20~30mm。当有抗震要求时,缝宽可根据计算或当地经验确定。变形缝内应采用泡沫塑料等柔性材料填充,以保证结构自由伸缩。

变形缝一般有图4-22所示的三种型式。图4-22a)是将结构分段处的两端做成悬臂式上部结构,悬臂的长度不宜太大,一般采用1.25～1.5m。为防止相邻两分段水平位移不一致,造成轨道错牙,变形缝在平面上应做成凹凸形,凹凸缝的齿高可取200～400mm。悬臂式变形缝的优点是对不均匀沉降的适应性强。缺点是设变形缝的一跨跨度小,增加了横向排架的数量;悬臂部分一般采用现浇,施工较麻烦。

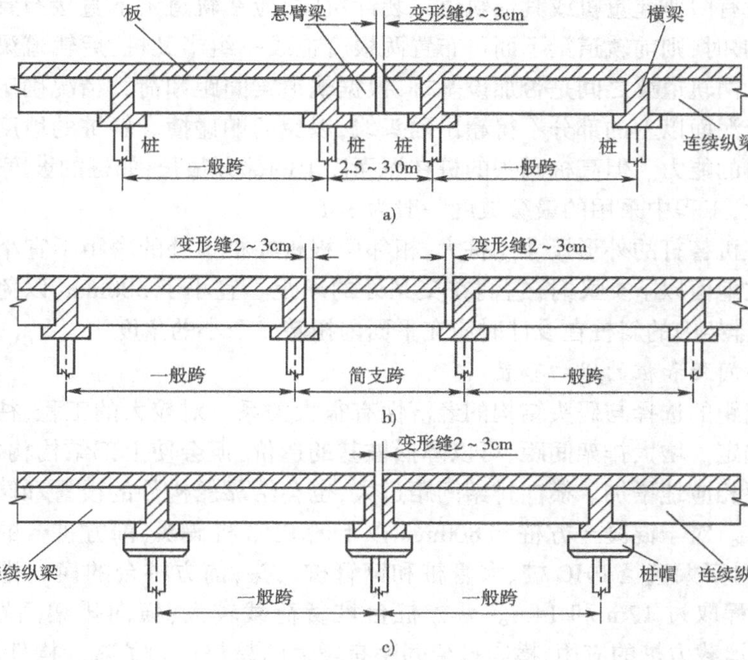

图4-22　变形缝的型式

a)悬臂梁式;b)简支梁式;c)横梁分半式

图4-22b)是在两个结构分段之间设置简支梁,在简支梁的两端设置变形缝。必须采取适当措施,以保证简支梁的梁端能自由滑动和转动。这种变形缝的优点是结构简单,施工方便,横向排架数量少。缺点是简支结构的支座构造复杂,抗垂直码头线方向作用力的能力差。

图4-22c)是在设置变形缝的横向排架中将横梁分成两半。这种变形缝的优点是:结构简单,预制件类型少,施工方便,不增加横向排架数量。缺点是支座构造比较复杂。

3. 桩顶高程

桩顶高程决定于上部结构的高度,但不得低于浇筑桩帽或横梁所需要的施工水位。

二、基桩的布置

高桩码头的基桩既是基础,也是结构的主要构件。基桩与其上面的横梁(或无梁板或承台)组成一个整体结构,称为横向排架,它是高桩码头的主要受力单元。基桩在码头结构的总造价中占有相当大的比重,对于混凝土方桩码头约为1/2,对于大管桩和钢管桩码头甚至占1/2～2/3。基桩布置是高桩码头设计的重要内容。

1. 横向排架中桩的布置

横向排架中桩的数目和布置决定于桩台的宽度和码头荷载。对于摩擦桩,为了充分发挥单桩的承载力，桩与桩的净距不宜小于6倍桩的直径或桩宽，桩的间距一般取3～5m。对于受有船舶作用力的桩台（前方桩台），在横向排架中一般布置一组叉桩或半叉桩；当码头可能承受其他较大的水平力，如地震作用、在软土地基上大量回填土或抛填块石棱体产生的水平推力、无掩护码头的波浪力和水流力等，沿受力方向宜布置叉桩或斜桩。

当码头上设有门座起重机或其他轨道式装卸机时，应在轨道梁下直接布置基桩。如荷载较大，一根桩不够时，则前轨道梁下面可布置两根直桩或一组半叉桩，后轨道梁下面布置一组叉桩或半叉桩。两轨道梁之间是否加设基桩，根据轨道梁间距和荷载情况确定。叉桩和半叉桩中的斜桩位于泥面以上的部分不得超出码头线，以免船舶碰撞。斜桩的坡度宜尽量放缓以增大承受水平力的能力。但高桩码头的桩在泥面以上的部分很长，如桩的坡度过缓，桩自重产生的弯矩则很大，工程中采用的最缓坡度一般为3:1。

考虑到打桩机替打的外形尺寸比桩大，相邻两根桩在桩顶处的净距不宜小于300mm。当斜桩与其他桩在地面以下交叉时，它们在交叉处的净距不宜小于500mm，以免打到另一根桩上。为此，横向排架中的斜桩在设计时应在平面内扭转一个小的角度。

2. 横向排架间距和桩的纵向布置

横向排架间距的选择与码头结构的经济性有很大关系。对较大的工程，往往需要进行技术经济比选来选定。增大排架间距，可以降低桩基的造价，但会使上部结构构件尺寸增大，上部结构的造价要相应地增加。横向排架间距过大，也会给靠船构件的设置和防冲设备的布置带来一定的困难。对于混凝土方桩和800mm以下的PHC桩码头，前方桩台的横向排架间距一般取5～7m；对于大直径PHC桩、大管桩和钢管桩码头，前方桩台的横向排架间距一般取8～10m，个别工程取过12m和14m。后方桩台堆货荷载较大，横向排架间距小些，一般取3～5m。随着大承载力桩的应用，横向排架间距有增大的趋势。为了减少构件的类型，整个码头的横向排架间距应尽量相同。

沿码头长度方向是否布置纵向叉桩或半叉桩，应根据纵向受力情况和对结构纵向刚度的要求而定。对于码头中间的结构分段，由于两侧有邻段的约束，一般不设纵向叉桩或半叉桩。码头两端的分段，由于其中一端无约束，通常要在无约束一端的横向排架中设置1～2组纵向半叉桩或不对称叉桩。在普通系船柱的下面，通常不设置纵向叉桩，而在风暴系船柱或舾装码头中的试车系船柱的下面，往往需要设置纵向叉桩。

3. 桩长的确定

桩的长度，除根据桩力由桩基承载力计算确定外，尚应考虑以下几点：

(1)满足在地基中的嵌固条件，如是岩面或打入困难的土层的高程较高，需采用钻孔栽桩的方法来满足嵌固条件；

(2)为了提高桩的承载力和减小沉降，应尽量将桩打入硬土层，一般打入硬土层0.5～1.0m；

(3)如地基为软土，下卧硬土层很深，桩可以不打入硬土层；但同一桩台的所有桩，应打入同一土层，桩尖高程最好一致，以避免出现不均匀沉降使结构遭到破坏。

三、上部结构系统及其布置

在拟定上部结构系统，进行构件布置和选择构件型式时应遵守下述原则：①结构系统简单；②结构受力明确、合理；③结构整体性好并有足够的刚度；④有条件时尽量采用预制和预应力构件；⑤构件类型少，便于预制和安装，现浇混凝土工作量小。

1. 结构系统

在梁板式上部结构中，面板和横梁都是不可缺少的。因此，结构系统的拟定取决于纵梁的设置。是否设置纵梁和设几根纵梁，主要取决于码头面上荷载的性质和大小。

对于不设门机（或其他轨道式装卸机）和铁路的梁板式码头，码头面上只有堆货荷载和流动机械的轮压力，可以不设纵梁，即将面板直接放在横梁上（图 4-23a）。这种结构系统简单，其面板为单向板，受力明确，便于采用预应力结构和预制安装的构件；构件类型少，施工简单。一般用于中小码头和大码头的后方桩台。它的缺点是板的跨度较大，板较厚。

对于只设门机或其他轨道式装卸机、不设铁路的梁板式码头，结构系统中至少要设两根纵梁（前后轨道梁），可以不设其他纵梁，将面板直接放在横梁上（图 4-23b）；也可在轨道梁之间加设几条纵梁或采用Π形板（图 4-23c）。前者的优缺点与不设纵梁的结构系统相同，后者的优点是面板为双向板或横向单向板（跨度小），板的工作条件好，板的厚度较薄；其缺点是结构系统复杂，构件类型多或复杂，一般用于均匀荷载较大或有大型流动起重运输机械行驶的码头。

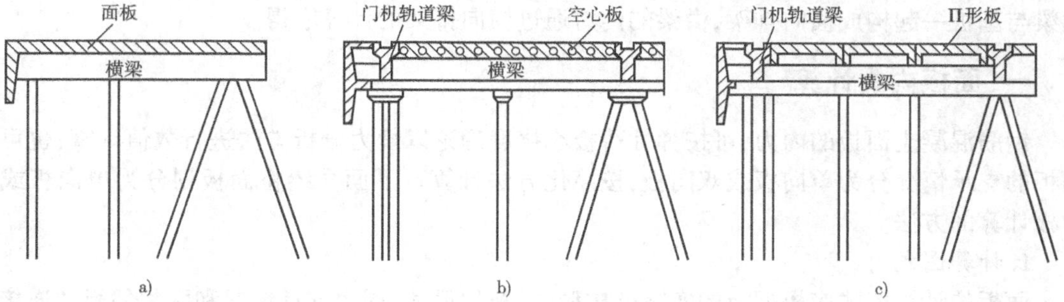

图 4-23　上部结构系统

a）无纵梁系统；b）两根纵梁系统；c）多根纵梁系统

对于设有门机或其他轨道式装卸机和铁路的梁板式码头，由于铁路荷载较大，除轨道梁下面外，一般在铁路下面也需要设置纵梁。纵梁的设置应与桩基布置相对应，等间距布置或布置在铁路中心线下面。这两种布置方式的铁路荷载都是通过面板传到纵梁上，对面板工作不利。为了改善面板的工作状况，有的码头设置四根纵梁，每条轨道下设一根。每条铁路下面的两根轨道梁与面板一起在预制场做成Π形构件。

2. 梁型和板型的选择

梁型包括简支梁、连续梁和悬臂梁，板型包括单向板和双向板。单向板又分为简支板、连续板和悬臂板；双向板在码头中常见的有四边简支板、三边简支一边自由板、四边固定板和三边固定一边自由板。

悬臂梁或板的工作条件不好，应尽量不用或少用。在必须使用时，对悬臂的长度应予以限制，使其支座弯矩小于或等于与其连接的构件中的最大弯矩。

简支梁或板仅有正弯矩而无负弯矩，其内力不受两侧各跨荷载的影响。简支梁或板只需在下侧配受力筋，上面配分布筋，配筋简单，如采用预应力，可充分发挥预应力的效应。但简支梁或板的整体性和刚度差。因此，在对上部结构的整体性和刚度要求不高的情况下，从受力、材料使用和施工条件来说，采用简支梁或板是比较有利的。码头的后方承台可采用简支梁板结构。

连续梁或板内有正负弯矩，其内力受两侧各跨荷载的影响。连续梁或板的跨中配筋可减少，但支座需配筋且不能采用预应力，因此配筋复杂。连续梁或板的整体性和刚度好，当对上部结构的整体性和刚度有较高要求时（如前方桩台），采用连续梁板结构是有利的。组成前方桩台横向排架的横梁必须采用连续梁，纵梁也宜采用连续梁。板型视荷载情况，根据整体性的要求和施工方法而定。有地震设防的码头，最好采用连续板或四边固定板。

单向板可以采用预应力结构，其施工简单。但单向板承受集中荷载的能力较差，一般不适用于大集中荷载的情况。

双向板是双向承受荷载，因此内力比单向板小。双向板需双向配受力钢筋，一般只能采用非预应力结构。当要求有良好的整体性或作用有较大集中荷载时，宜采用双向板。

第四节 梁板式高桩码头上部结构的计算

梁板式高桩码头上部结构构件的计算包括面板、纵梁（包括轨道梁）、横梁和靠船构件。横梁与基桩一起构成横向排架，横梁的内力通过横向排架的计算求得。

一、面板内力计算

钢筋混凝土面板的内力，可按弹性薄板小挠度理论以静力分析方法进行数值计算；也可按面板的支承情况分为单向板或双向板，按简化方法计算。下面介绍将面板划分为单向板或双向板计算的方法。

1. 计算图式

面板的计算图式应根据板的实际结构型式、板的尺寸、周边支承情况和两相邻板的连接构造等情形确定。

两对边支承两对边自由的板按单向板计算。四边支承的整体板，按长边 l_a 和短边 l_b 的计算跨度之比判定为单向板或双向板（图 4-24），当 $l_a/l_b \geqslant 2$ 时，按单向板计算，沿长边方向取单宽作为板宽，短边方向为板跨；当 $l_a/l_b < 2$ 时，按双向板计算。

根据板在支座处的连接构造，可判定为简支板、连续板或悬臂板。当板在支座上自由搁置或进行简单连接时（只焊接下面的钢筋），按简支板计算。当板在支座处进行整体连接时，按连续板计算。当板的一边与梁整体连接，另外三边自由时，按悬臂板计算。

2. 计算跨度

确定板的计算跨度时，应考虑支座支承对板内力的影响。

(1) 计算弯矩时：

对于简支板，取 $l = l_0 + h$，如 $h > e_1$，取 $l = l_0 + e_1$；

对于连续板，当 $B_1 \leqslant 0.1l_c$ 时，取 $l = l_c$；当 $B_1 > 0.1l_c$ 时，取 $l = 1.1l_0$

(2) 计算剪力时，无论是简支板还是连续板，一律取 $l = l_0$。

以上各符号的意义如图 4-25 所示。

l——板的计算跨度（m）；

l_0——板的净跨（m）；

l_c——板的中心间距（m）；

h——板的厚度(m);

e_1——板的搁置长度(m);

B_1——梁的上缘宽度(m)。

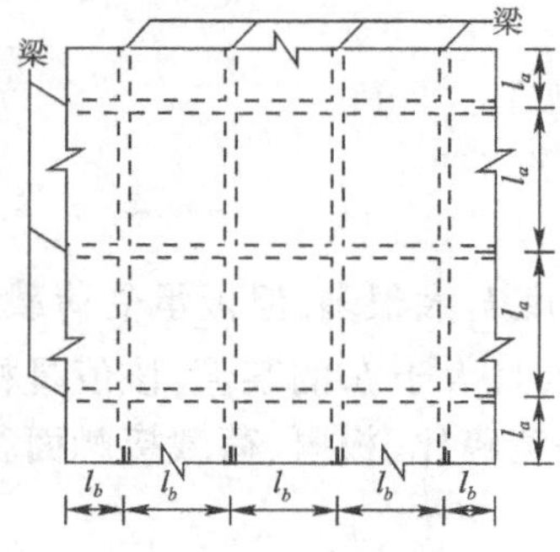

图 4-24 板的梁格布置

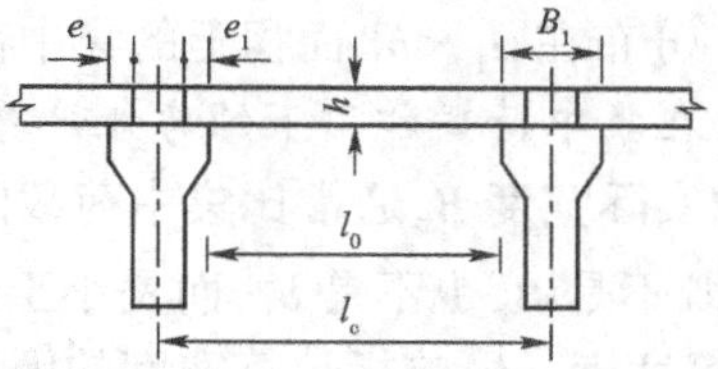

图 4-25 板的计算跨度

3. 板上集中荷载的传递宽度

作用在码头面上的集中荷载,如汽车、火车和轮胎式起重机的轮压力,经过垫层(面板表面以上的非承重层,如磨耗层或路面)传到面板上。假定荷载在垫层内按45°线扩散,则荷载的传递宽度按以下方式考虑。

单轮时荷载的传递宽度(图 4-26a):平行板跨方向,$a_1 = a_2 + 2H$;垂直板跨方向,$b_1 = b_2 + 2H$。

多轮且轮距较小,各轮压力的传递宽度重叠时(图 4-26b),荷载的传递宽度:平行板跨方向,$a_1 = a_2 + y + 2H$;垂直板跨方向,$b_1 = b_2 + x + 2H$。

如多轮的传递范围不重叠时,传递宽度按单轮情况计算。

以上各符号的意义如图 4-26 所示:

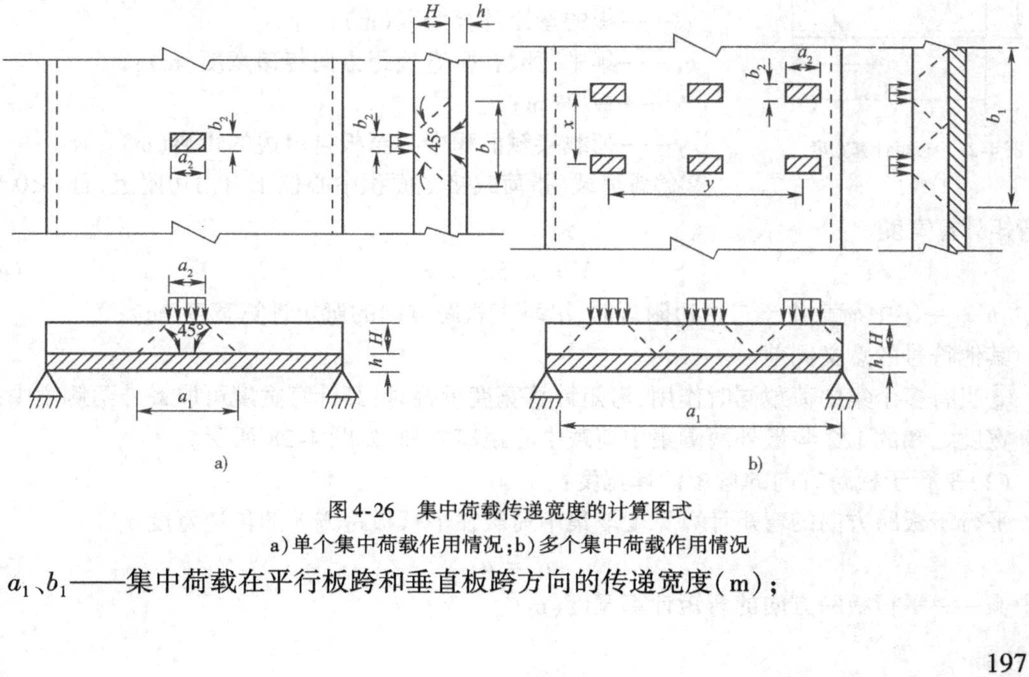

图 4-26 集中荷载传递宽度的计算图式

a)单个集中荷载作用情况;b)多个集中荷载作用情况

a_1、b_1——集中荷载在平行板跨和垂直板跨方向的传递宽度(m);

a_2、b_2——集中荷载在平行板跨和垂直板跨方向与地面的接触宽度(m)；

y、x——平行板跨和垂直板跨方向最外两个轮的中心距(m)；

H——垫层厚度(m)。

传递以后的荷载强度 q_0 按下式计算：

$$q_0 = \Sigma P/(a_1 b_1) \tag{4-1}$$

式中：ΣP——分布在 $a_1 \times b_1$ 面积上的集中荷载的总和。

4. 单向板在集中荷载作用下的弯矩计算宽度

单向板的实际宽度 B，通常比集中荷载的传递宽度 b_1 大很多，但板承受荷载的宽度(垂直于板跨方向)既不是 B，也不是 b_1，而是小于或等于 B，且大于 b_1 的某值，该值是板的有效工作宽度，称为计算宽度。影响板计算宽度的因素主要是宽跨比、板厚、荷载接触面积及其作用位置等。可按下列式子来确定单向板的计算宽度。

(1)垂直板跨度方向的弯矩计算宽度：

①中置荷载(指作用在板上的荷载，其接触面积中心位于1/2板宽度至 $y \geqslant 0.5b_c$)的弯矩计算宽度(图4-27)

$$b_c = \frac{kl}{0.8 + 0.1l/x} + b_1 + h \tag{4-2}$$

$$k = \frac{B/l}{1.0 + 0.9B/l} \tag{4-3}$$

当计算宽度 $b_c > B$ 时，取 $b_c = B$。

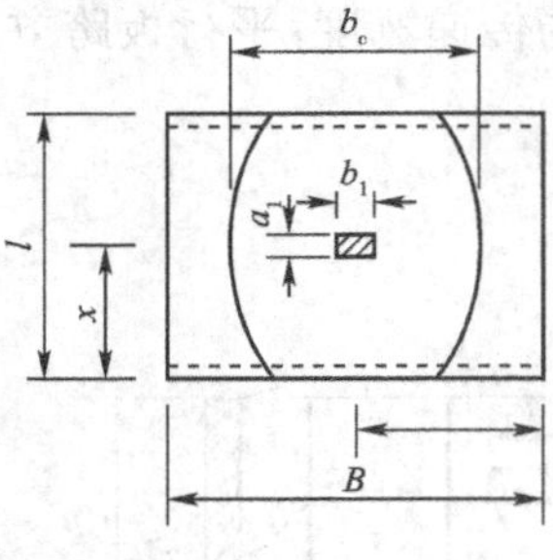

图4-27　弯矩计算宽度

式中：b_c——集中荷载在垂直板跨方向的弯矩计算宽度(m)；

k——与板的宽跨比有关的系数，当 $B/l \geqslant 2.5$ 时，取 $B/l = 2.5$；

B——板宽(m)，可参照计算跨度的计算方法确定；

x——荷载接触面积中心至支座边的距离(m)；

l——板的弯矩计算跨度(m)；

b_1——集中荷载在垂直板跨方向传递宽度(m)；

h——板厚(m)；

y——荷载接触面积中心至板自由边的距离(m)。

②偏置荷载(指荷载接触面积中心位于自由边附近，且 $y < 0.5b_c$)的弯矩计算宽度

$$b'_c = 0.5b_c + y \tag{4-4}$$

式中：b'_c——集中荷载位于自由边附近时，沿垂直板跨方向的弯矩计算宽度(m)；

其他符号的意义同前。

③当有多个集中荷载同时作用，弯矩计算宽度重叠时，其计算宽度可取最外两侧集中荷载计算宽度之和的1/2与最外两侧集中荷载中心距离之和，如图4-28所示。

(2)平行于板跨方向的弯矩计算宽度：

平行于板跨方向的弯矩计算宽度取集中荷载在平行板跨方向的传递宽度：

$$a = a_1 \tag{4-5}$$

式中：a——平行板跨方向的弯矩计算宽度(m)；

a_1——集中荷载在平行板跨方向的传递宽度(m)。

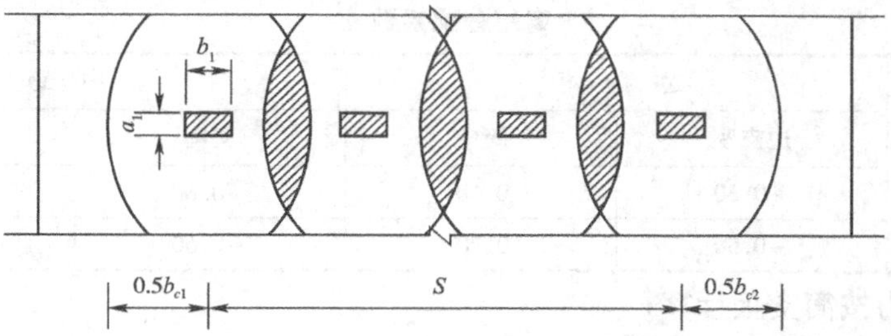

图 4-28　多个集中荷载的弯矩计算宽度

a_1-集中荷载在平行板跨方向的传递宽度；b_1-集中荷载在垂直板跨方向的传递宽度；

b_{c1}、b_{c2}-最外侧集中荷载垂直板跨方向的弯矩计算宽度；S-最外两侧集中荷载的中心距离

5. 单向板在集中荷载作用下的剪力计算宽度

(1)垂直板跨方向的剪力计算宽度：

①中置荷载(荷载位于 1/2 板宽附近，且 $y' \geqslant 0.3x + 1.8h_0$)的剪力计算宽度

$$b_s = b_1 + 3.6h_0 + 0.6x \tag{4-6}$$

式中：b_s——垂直板跨方向剪力计算宽度(m)；

h_0——板的有效高度(m)；

x——荷载接触面积中心至支座边缘的距离(m)；

y'——荷载接触面积边缘至板边的距离(m)。

②偏置荷载(荷载位于自由边附近，$y' < 0.3x + 1.8h_0$)的剪力计算宽度

$$b'_s = b_1 + 1.8h_0 + 0.3x + y' \tag{4-7}$$

式中：b_s'——偏置荷载时，垂直板跨方向的剪力计算宽度(m)。

(2)集中荷载作用下在平行板跨方向的剪力计算宽度：

集中荷载作用下在平行板跨方向的剪力计算宽度等于集中荷载在平行板跨方向的传递宽度：

$$a_s = a_1 \tag{4-8}$$

式中：a_s——平行板跨方向的剪力计算宽度(m)。

6. 内力计算

(1)单向板。单向板的计算宽度，在均布荷载下取单宽，在集中荷载作用下取前述方法确定的计算宽度。简支板、悬臂板和自由搁置在梁上的连续板的内力按一般简支梁、悬臂梁和连续梁计算。下面仅介绍与梁整体连接的板的内力计算方法。

对与梁整体连接的板，可以假定相邻板跨内的荷载对本跨的内力没有影响，但应考虑梁对板的变形有一定的约束作用，情况较复杂。此类板的内力，一般近似地按经验分配系数法计算出板的跨中和支座弯矩，即：

$$M = mM_0 \tag{4-9}$$

式中：M——板的跨中或支座的计算弯矩设计值(kN·m)；

M_0——按简支板计算时，跨中最大弯矩设计值(kN·m)(在计算 M_0 时，应考虑各项荷载作用效应组合)；

m——弯矩分配系数,应根据板厚与肋高之比 h/H'(图 4-29),按表 4-2 确定。

弯矩分配系数 m

表 4-2

板的位置 / h/H'	边跨板		中跨板	
	边支座	跨中	支座	跨中
<1/4	-0.50	0.60	-0.60	0.60
≥1/4	-0.50	0.70	-0.60	0.65

单向板的剪力按简支板计算。

(2)双向板。双向板内力的计算比较复杂,弯矩的计算一般采用系数查表法。

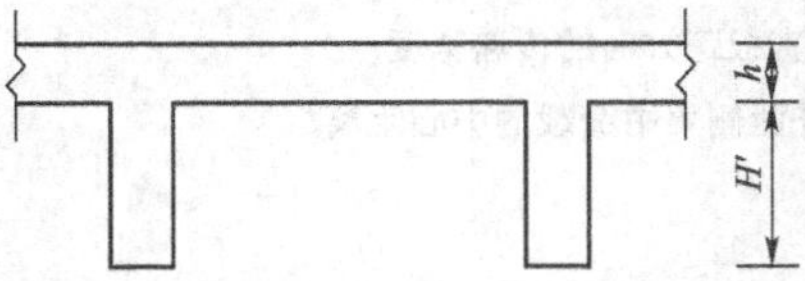

图 4-29 整体连接板的板厚和肋高示意图

①四边不同支承的双向板,承受均布荷载时,板内弯矩可用《建筑结构静力计算手册》第 4 章中的查表法计算。

②四边简支板承受集中荷载时,板内弯矩可按《高桩码头设计与施工规范》(JTS 167-1—2010)附录 B 介绍的方法计算。

③与梁整体连接的双向板,应考虑梁对板变形的约束作用,先按四边简支板算出两个方向的跨中最大弯矩 M_a 和 M_b,然后乘以考虑梁对板固结影响的分配系数。

两个方向的跨中最大弯矩分别为:

$$+0.525M_a \text{ 和 } +0.525M_b$$

两个方向的支座最大计算弯矩分别为:

$$-0.75M_a \text{ 和 } -0.75M_b$$

双向板的剪力计算更为复杂,四边支承板承受均布荷载所产生的剪力,可按跨中挠度相等的原则,把均布荷载分配于两个位于跨中且相互正交的单位宽度的板条上,板条按简支梁计算;对于四边支承板承受集中荷载所产生的剪力,按受冲切承载力计算,见《高桩码头设计与施工规范》。

二、纵梁计算

纵梁包括门机轨道梁和普通纵梁。

1. 计算图式

在支座处断开或只连接下面钢筋的纵梁按简支梁计算;在支座处整体连接的纵梁按连续梁计算。当纵梁高度比横梁高度矮时,它支承在下横梁上;当纵梁高度与横梁高度相同时,它与横梁一起支承在桩帽上。对于支承在横梁上的装配整体式纵梁,具有弹性支承性质,对于重要工程宜按弹性支承连续梁计算,一般工程可简化为刚性支承连续梁计算。对于支承于桩帽上的连续纵梁,其内力应按弹性支承连续梁计算,其支座反力系数取其支承处桩的轴向反力系数。对于搁置在横梁上的纵梁,其支座反力系数取搁置处横梁在单位力作用下的垂直变位值。

2. 计算跨度

(1)简支梁:

弯矩计算:取 $l=l_0+e$,但不大于 $1.05l_0$。

剪力计算:取 $l=l_0$。

(2)刚性支承连续梁:

弯矩计算:当 $B_2 \leqslant 0.05l_c$ 时,取 $l=l_c$;当 $B_2 > 0.05l_c$ 时,取 $l=1.05l_0$。

剪力计算:取 $l=l_0$。

(3)弹性支承连续梁:

弯矩计算:取 $l=l_c$。

剪力计算:取 $l=l_0$。

式中:l——计算跨度(m);

l_0——净跨(m);

l_c——横梁或桩帽中心间距(m);

e——纵梁搁置长度(m);

B_2——纵梁支座、横梁或桩帽宽度(m)。

3. 计算荷载

计算纵梁时应考虑下列荷载:纵梁自重力、直接作用在纵梁上的荷载、面板的支座力。

单向板的支座反力容易求得。双向板的支座反力比较复杂,一般采用近似方法计算。在集中荷载作用下,支座反力可按前述求双向板剪力的方法求得。在均布荷载作用下,可按图4-30所示将荷载分配到纵梁和横梁上。

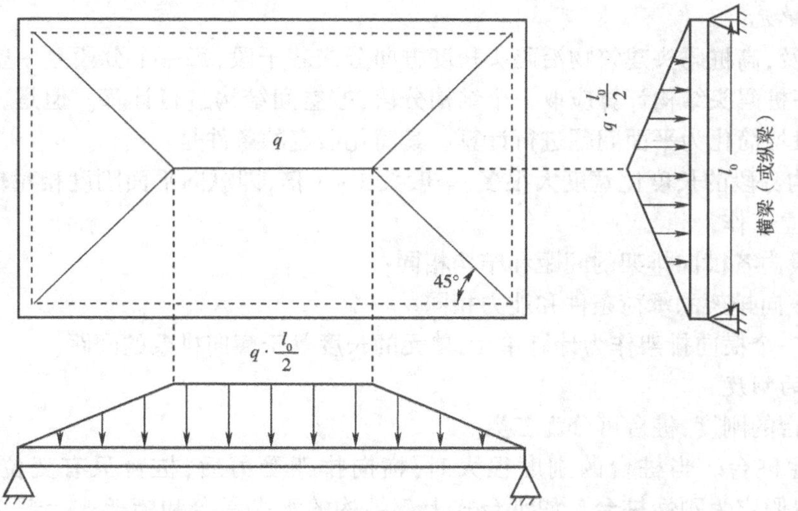

图4-30 双向板上均布荷载在纵、横梁上的分配

4. 内力计算

等跨等刚度刚性支承连续梁的内力可按查表法进行计算,不等跨不等刚度的刚性支承连续梁内力可按二弯矩方程式计算,弹性支承连续梁内力可按五弯矩方程式计算。在活荷载作用下,应按内力影响线求得各截面的最大内力。

三、靠船构件计算

作用在靠船构件上的荷载主要是船舶的撞击力和挤靠力,后者一般比前者小,并且两者不同时发生。在计算靠船构件时,通常只考虑船舶撞击力的作用。

船舶撞击力作用位置和作用面积,与设计水位、船舶干舷高度和缓冲设备的布置有关,应根据实际可能出现的最不利作用位置和最不利的组合考虑。如对悬臂式靠船构件,应考虑船舶撞击在设计低水位以上第一排缓冲设备的位置上,或在高水位时船舶可能同时撞击几个缓冲设备的情况。

第五节　高桩码头横向排架计算

横向排架是高桩码头的基本结构系统,它是由横向布置的基桩和将它们连成整体的上部结构(亦称桩台)组成。不同的上部结构,其构件不同,梁板式为纵横梁板,无梁板式为横向板带,承台式为水平承台,桁架式为桁架等。

进行高桩码头横向排架计算的目的是求解连接基桩的上部结构构件和基桩的内力。

一、计算图式

高桩码头结构比较复杂,为了便于计算,需对实际的码头结构作某些近似的假定,将其简化为既便于计算又基本符合实际受力情况的计算图式。在确定高桩码头横向排架计算图式时,需确定下述几个问题。

1. 计算单元

前已述及,高桩码头建筑物沿码头长度方向分成若干段,每一个分段是一空间整体结构。严格地说,高桩码头结构计算应取一个结构分段,按空间结构进行计算。但是,这样的计算比较复杂,一般均简化为平面问题进行计算。其简化假定的条件是:

(1)结构分段的长度比宽度大很多,一般大 3 ~4 倍,即纵向平面刚度相对较小,各横向排架基本上独立工作;

(2)分段内各横向排架的间距和结构相同;

(3)各横向排架的承荷条件和能力相同。

通常取一个横向排架作为计算单元,单元的长度等于横向排架的间距。

2. 桩台的刚度

根据桩台的刚度,桩台可分为三类。

(1)刚性桩台。当桩台的刚度很大时,横向排架受力后,桩台只有变位而无变形(图4-31a),可以假定为刚性桩台。如承台式上部结构的水平承台和桁架式上部结构的桁架等,通常可假定为刚性桩台。

(2)柔性桩台。若桩台有一定的柔度,则在横向排架受力后,桩台不仅发生变位,而且还发生变形(图4-31b)。梁板式上部结构横梁和无梁板式上部结构的横向板带,可认为是柔性桩台。

(3)非刚性桩台。此桩台在支座处(桩)的刚度很小,接近于零,桩台按简支梁工作(图4-31c)。

3. 桩端的约束性质

在确定桩端的约束类型(指铰接、固接和弹性嵌固)时,除考虑桩顶与桩台的连接和桩下端埋入地基的实际情况外,还要考虑桩端的约束性质与横向排架中各构件内力的相互影响。根据经验,对于钢筋混凝土高桩码头,可参考下述规定确定桩端约束类型。

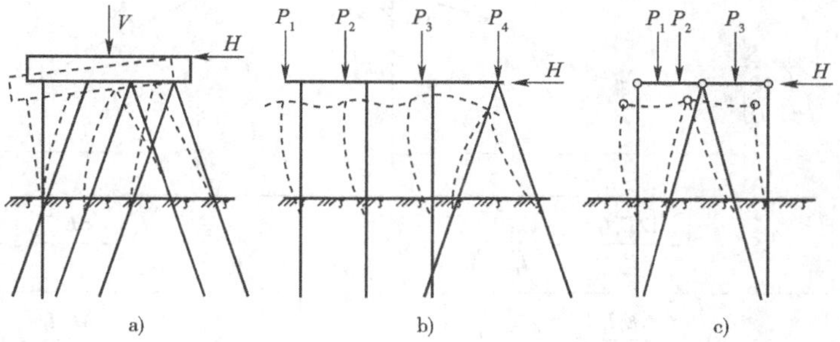

图 4-31 各种刚度桩台的变形图式

a)刚性 $EI=\infty$;b)柔性 EI=常数;c)非刚性 $EI=0$

(1)在计算刚性桩台横向排架时,宜假定桩与桩台为固接。但考虑到桩台的刚度比桩的刚度大很多,为简化计算,也可假定桩与桩台为铰接。

(2)在柔性桩台的横向排架中,如布置有叉桩,考虑到作用于桩台上的水平力绝大部分由叉桩承受,桩台水平位移较小,为简化计算,可假定桩与桩台为铰接。但是,当桩台的线性刚度与桩的线性刚度之比$\frac{E_lI_l}{l}/\frac{E_ZI_Z}{L}\leqslant 4$($E_lI_l$,$E_ZI_Z$分别为桩台和桩的刚度;$l$,$L$分别为桩台的计算跨度和桩的计算长度)时,桩对桩台变形的约束作用不可忽略,计算时桩与桩台应按固接考虑。

(3)在横向排架中只有垂直桩而无叉桩时,水平力全部由直桩承受,计算时桩与桩台应按固接考虑。

(4)对于摩擦桩,计算时桩的下端一般按弹性嵌固考虑。当桩的入土深度较小,桩尖支持在下卧硬土层(如岩层)上时,桩的底端应按铰接考虑。

4. 桩台的计算跨度

单桩以桩轴线与桩台底面或横梁中和轴的交点的距离作为桩台式横梁的计算跨度。门机梁下面通常布置两个直桩或叉桩或半叉桩,一般把它们作为一个支座考虑,此时应该把两根直桩轴线之间的中心线或从两斜桩轴线的交点引垂线与桩台底面或横梁中和轴的交点作为支承点(图 4-32)。

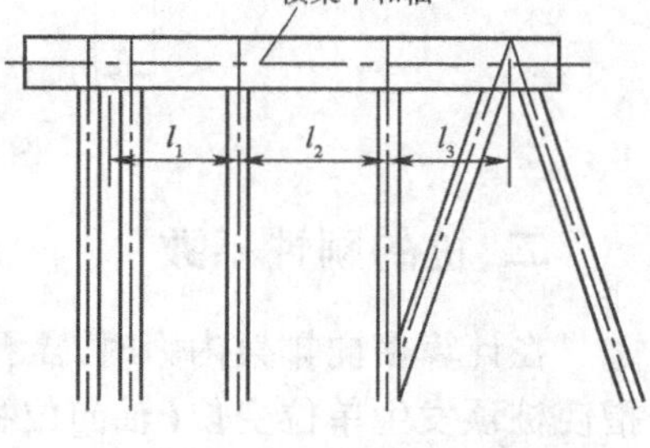

图 4-32 计算跨度

当有桩帽时,应考虑桩帽对计算跨度的影响,需对按上面确定的计算跨度算出的内力进行修正。内力修正有以下两种方法:第一种方法是对算出的弯矩乘以跨度折减系数 n,n 值按表 4-3 给出的公式计算;第二种方法是将计算的弯矩和剪力进行削峰处理,取计算值距支座中点 1/4 支座宽度处的值,如图 4-33 所示。

固端梁的形常数 表 4-3

变位情况 \ 形常数	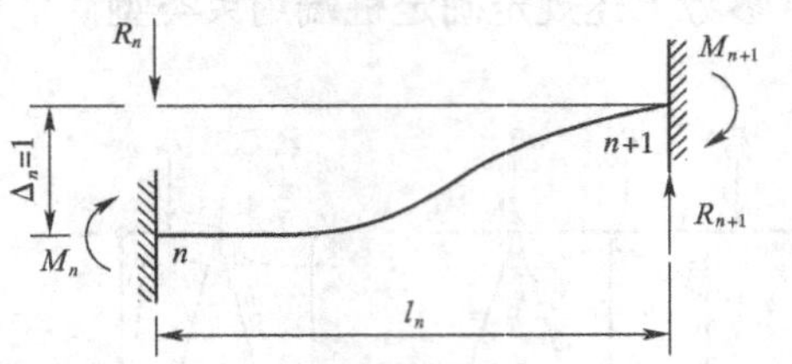	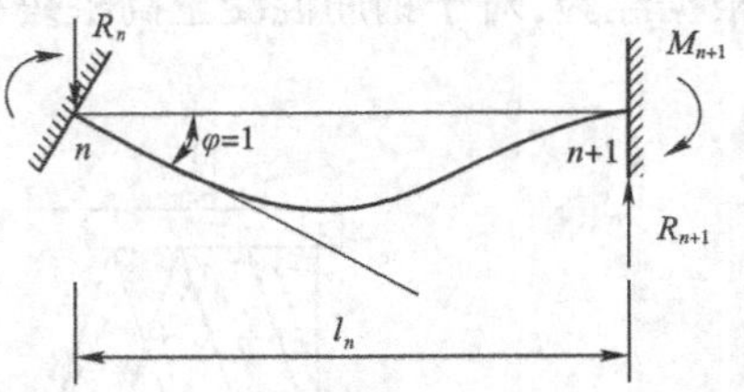
R_n	$-\frac{12E_lI_l}{l_n^3}=-\frac{12i_n}{l_n^2}$	$-\frac{6E_lI_l}{l_n^2}=-\frac{6i_n}{l_n}$
M_n	$\frac{6E_lI_l}{l_n^2}=\frac{6i_n}{l_n}$	$\frac{4E_lI_l}{l_n}=4i_n$
R_{n+1}	$\frac{12E_lI_l}{l_n^3}=\frac{12i_n}{l_n^2}$	$\frac{6E_lI_l}{l_n^2}=\frac{6i_n}{l_n}$
M_{n+1}	$\frac{6E_lI_l}{l_n^2}=\frac{6i_n}{l_n}$	$\frac{2E_lI_l}{l_n}=2i_n$

注：i_n——梁的线性刚度，$n=\frac{E_lI_l}{l_n}$。

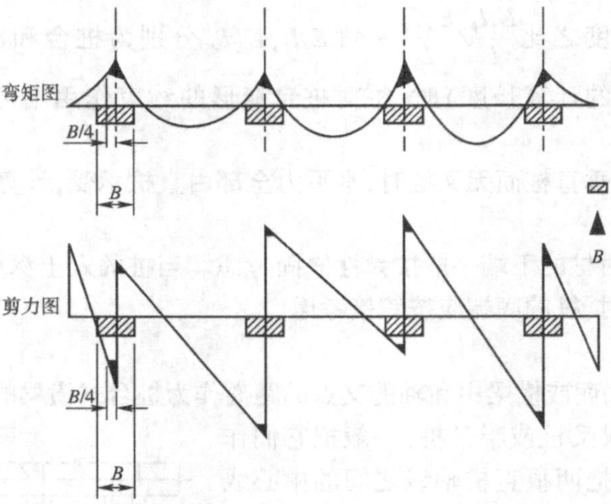

图 4-33　考虑桩帽影响对桩台内力的修正

二、桩的刚性系数

在计算横向排架内力时，需要知道桩的变形特征值——桩的刚性系数。桩的刚性系数是指使桩顶发生单位变位（轴向位移、法向位移或转角）时，需在桩顶所施加的力。刚性系数以 C 表示。

1. 轴向刚性系数 C_{eN}

其定义是桩顶发生单位轴向位移时，在桩顶所施加的轴向力，单位为 kN/m（图 4-34a）。

（1）对于支承桩，因桩尖支持在硬土层上，可假定桩尖不下沉，桩顶位移完全是由桩材料

的弹性变形所引起的，轴向刚性系数

$$C_{eN} = E_Z F_Z / L \tag{4-10}$$

式中：L——桩的全长(不包括桩尖长度)(m)；

E_Z——桩材料的弹性模量(kPa)；

F_Z——桩断面的面积(m^2)。

(2)对于摩擦桩，桩顶的轴向位移由桩自由长度段 L_0 的材料弹性变形和桩入土段的变形两部分组成，后者包括入土段桩的材料变形和桩尖下沉。桩的等效刚性系数为：

$$C_{eN} = \frac{1}{\dfrac{L_0}{E_Z F_Z} + \dfrac{1}{C_0}} \tag{4-11}$$

式中：C_0——桩入土段的刚性系数，C_0 一般由桩的静荷载试验给出，如无试桩条件，可按《高桩码头设计与施工规范》给的经验公式确定：

$$C_0 = (115 \sim 145)R \quad (\text{kN/m}) \tag{4-12}$$

式中：R——单桩的垂直极限承载力(kN)。

2. 其他刚性系数

如图 4-34b)、c)所示，这些系数包括：

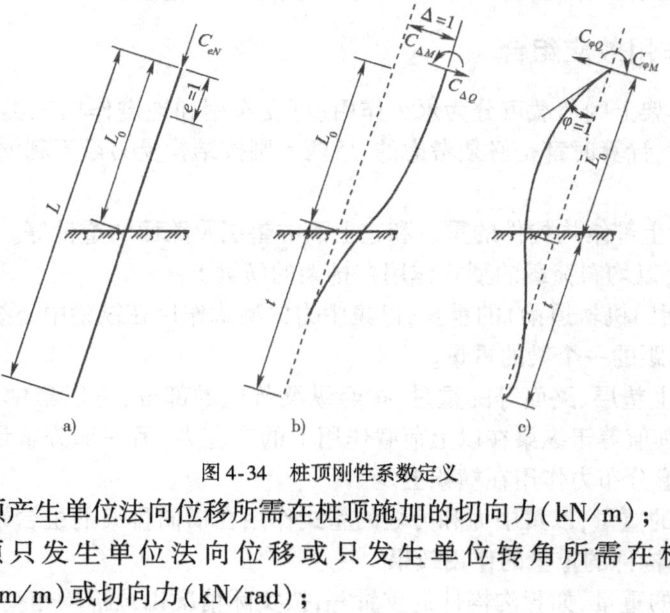

图 4-34 桩顶刚性系数定义

$C_{\Delta Q}$——使桩顶产生单位法向位移所需在桩顶施加的切向力(kN/m)；

$C_{\Delta M}$、$C_{\varphi Q}$——使桩顶只发生单位法向位移或只发生单位转角所需在桩顶施加的力矩(kN·m/m)或切向力(kN/rad)；

$C_{\varphi M}$——使桩顶产生单位转角所需在桩顶施加的力矩(kN·m/rad)。

在确定这些系数时，假定柱入土段受地基弹性嵌固，把桩入土段视为竖向弹性地基梁，按文克勒假定，应用工程中常用的"m 法"，可计算出相应的系数。下面给出计算公式：

$$C_{\Delta Q} = \frac{\delta_2}{\delta_1 \delta_2 - \delta_3^2} \tag{4-13}$$

$$C_{\Delta M} = C_{\varphi Q} = \frac{\delta_3}{\delta_1 \delta_2 - \delta_3^2} \tag{4-14}$$

$$C_{\varphi M} = \frac{\delta_1}{\delta_1\delta_2 - \delta_3^2} \tag{4-15}$$

其中

$$\delta_1 = \frac{L_0^3}{3E_Z I_Z} + \frac{1}{\alpha^3 E_Z I_Z}A_{x0} - \frac{2L_0}{\alpha^2 E_Z I_Z}A_{\varphi 0} - \frac{L_0^2}{\alpha E_Z I_Z}B_{\varphi 0}$$

$$\delta_2 = \frac{L_0}{E_Z I_Z} - \frac{1}{\alpha E_Z I_Z}B_{\varphi 0}$$

$$\delta_3 = \frac{L_0^2}{2E_Z I_Z} - \frac{1}{\alpha^2 E_Z I_Z}A_{\varphi 0} - \frac{L_0}{\alpha E_Z I_Z}B_{\varphi 0}$$

式中：　E_Z——桩的弹性模量（kPa），取 $E_Z = 0.8E_h$（E_h 为混凝土抗压弹性模量）；

I_Z——断面惯性矩（m^4）；

A_{x0}、$A_{\varphi 0}$、$B_{\varphi 0}$——无量纲系数；

α——系数，$\alpha = (mb/E_Z I_Z)^{1/5}$；

m——水平地基系数沿深度增大的比例系数（kN/m^4），按《港口工程桩基规范》附录 D 选用；

b——桩的工作宽度（m），采用两倍的实际桩宽（或直径）。

三、作用与作用效应组合

作用在横向排架上的荷载可分为永久作用、可变作用和地震作用三类。前者不管对结构受力有利还是不利，计算时都是必须考虑的；后两者则按结构受力最不利的情况考虑。

1. 永久作用

永久作用包括上部结构构件的重量和它上面的垫层及路面的重量等。

（1）横梁自重，以均布荷载的型式作用在排架的横梁上。

（2）纵梁（包括门机轨道梁）的重量，以集中力的型式作用在纵梁中心线位置上，其值等于长度为横向排架间距的一个梁的重量。

（3）面板及其上垫层、路面等的重量，指经纵梁传递的部分，它以集中力的型式作用在纵梁中心线位置上，其值等于纵梁在以上荷载作用下的支座力；另一部分重量直接传给横梁，以矩形、三角形或梯形分布力作用在横梁上。

（4）靠船构件的重量，以集中力和力矩的型式作用在横向排架的桩台端部，其值等于横向排架之间一个靠船构件的重量的作用效果。

（5）其他构件的重量，如管沟构件的重量等，按实际情况以局部均布荷载或以集中力的型式作用在横梁上。

2. 可变作用

可变作用包括堆货、流动起重运输机械、铁路、船舶、风、浪、水流、冰、温度、施工荷载、打桩应力等。

堆货荷载是均布荷载。流动运输机械、铁路、汽车等作用都属于集中荷载（或局部均布荷载），根据面板的不同型式分配给纵梁和横梁：分配给纵梁的部分以纵梁支座力的型式作用在横梁上；分配给横梁的部分以面板支座力的型式作用在横梁上。船舶系缆力或撞击力，由码头分段内的各排架按分配系数承担。其他的可变作用，根据实际发生的情况考虑。

3. 地震作用

应根据工程所在地区的抗震设防标准考虑。

上述的各种可变作用和地震作用，应按不同的设计状况和不同的极限状态，并根据可能同时出现的最不利情况进行相应的效应组合。不可能同时出现的荷载不应组合，如船舶靠码头时门机不工作，船舶撞击力与系缆力不是同时发生，有冰就没有波浪等。关于各种作用的最不利布置和效应组合的效果，有些事先估计不到，所以要先进行组合，然后取其内力最大值组成内力包络图。另外，组合时应考虑各荷载可能出现的机遇率，即有些荷载虽然可能同时出现，但概率很小，可以不组合或者降低组合等级。

四、刚性桩台横向排架的计算

刚性桩台横向排架是刚性横梁支承在弹性柱（桩）上的结构系统，计算图式见图 4-35a）。这种结构的内力计算方法很多，下面介绍常用的俄国 H. M. 格尔谢瓦诺夫（Герсеванов）教授的计算方法。

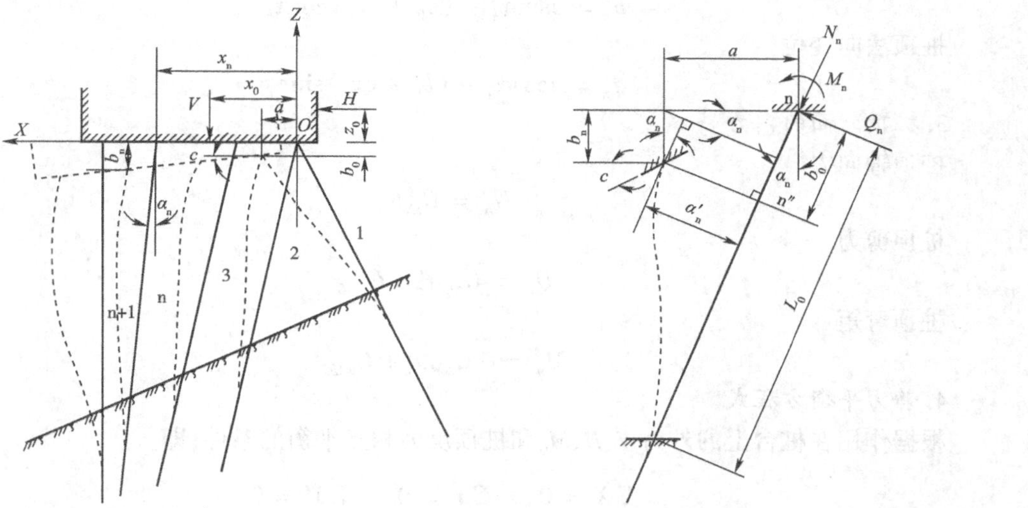

图 4-35　刚性桩台横向排架的计算图式

a）横向排架的计算图式；b）各桩桩顶的变位计算图式

1. 基本假定

假设桩与桩台为固接；桩台刚度为无穷大，在外力作用下只发生变位而无变形；所有桩顶均在同一水平面上。

公式采用的符号说明如下：

V——作用在桩台上的垂直合力（kN）；

H——作用在桩台上的水平合力（kN）；

M_0——V、H 对坐标原点 O 的总力矩（kN · m）；

x_n——各桩顶距坐标原点 O 的距离（m），坐标原点一般取在最后一根桩的轴线与桩台底面的交点，坐标原点以左的坐标距离为正；

α_n——各桩轴线和垂线间的夹角(°)，顺时针方向为正；

a——桩台的水平位移，向左为正(m)；

b_0——桩台在坐标原点处的竖向位移，向下为正(m)；

c——桩台转角(rad)；

N_n——桩的轴向力(kN)，受压为正；

Q_n——桩顶剪力(kN)，向左为正；

M_n——桩顶弯矩(kN·m)，逆时针方向为正。

2. 桩顶的变位

由于桩台不变形，所以桩台变位后各桩桩顶的相对位置不变。各桩桩顶的变位(参见图4-35b)如下：

水平位移 $a_n = a$

竖向位移 $b_n = b_0 + cx_n$

转角 $c_n = c$

桩顶轴向变位

$$b'_n = a\sin\alpha_n + (b_0 + cx_n)\cos\alpha_n \tag{4-16}$$

桩顶法向变位

$$a'_n = a\cos\alpha_n - (b_0 + cx_n)\sin\alpha_n \tag{4-17}$$

3. 桩顶断面的内力

桩顶轴向力

$$N_n = C_{eN}b'_n \tag{4-18}$$

桩顶剪力

$$Q_n = C_{\Delta Q}a'_n - C_{\varphi QC} \tag{4-19}$$

桩顶弯矩

$$M_n = -C_{\Delta M}a'_n + C_{\varphi MC} \tag{4-20}$$

4. 静力平衡方程式

根据作用在桩台上的外力 V、H、M_0 和桩顶反力相互平衡的条件，即

$$\Sigma X = 0,\quad \Sigma Y = 0,\quad \Sigma M = 0$$

得

$$\left.\begin{aligned}
&\sum_1^n N_n\sin\alpha_n + \sum_1^n Q_n\cos\alpha_n = H\\
&\sum_1^n N_n\cos\alpha_n - \sum_1^n Q_n\sin\alpha_n = V\\
&\sum_1^n M_n + \sum_1^n N_n x_n\cos\alpha_n - \sum_1^n Q_n x_n\sin\alpha_n = Hz_0 + Vx_0 = M_0
\end{aligned}\right\} \tag{4-21}$$

将式(4-18)、式(4-19)、式(4-20)中的 N_n、Q_n、M_n 值代入式(4-21)，整理后得静力平衡方程式如下：

$$\left.\begin{aligned}
&x_{aa}a + x_{ab}b_0 + x_{ac}c = H\\
&x_{ba}a + x_{bb}b_0 + x_{bc}c = V\\
&x_{ca}a + x_{cb}b_0 + x_{cc}c = Hz_0 + Vx_0
\end{aligned}\right\} \tag{4-21a}$$

其中

$$x_{aa}=\sum_1^n C_{eN}\sin^2\alpha_n+\sum_1^n C_{\Delta Q}\cos^2\alpha_n$$

$$x_{ab}=x_{ba}=\sum_1^n C_{eN}\sin^2\alpha_n\cos\alpha_n-\sum_1^n C_{\Delta Q}\sin\alpha_n\cos\alpha_n$$

$$x_{ac}=x_{ca}=\sum_1^n C_{eN}x_n\sin\alpha_n\cos\alpha_n-\sum_1^n C_{\Delta Q}x_n\sin\alpha_n\cos\alpha_n-\sum_1^n C_{\varphi Q}\cos\alpha_n$$

$$x_{bb}=\sum_1^n C_{eN}\cos^2\alpha_n+\sum_1^n C_{\Delta Q}\sin^2\alpha_n$$

$$x_{bc}=x_{cb}=\sum_1^n C_{eN}\cos^2\alpha_n+\sum_1^n C_{\Delta Q}\sin^2\alpha_n+\sum_1^n C_{\varphi Q}\sin\alpha_n$$

$$x_{cc}=\sum_1^n C_{eN}{x_n}^2\cos^2\alpha_n+\sum_1^n C_{\Delta M}x_n\sin\alpha_n+\sum_1^n C_{\Delta Q}x^2\sin^2\alpha_n+C_{\varphi M}$$

对于一般高桩码头，$C_{\Delta Q}\sin^2\alpha_n$ 的值相对其他项的值较小，可忽略不计。

当桩两端为铰接时，$C_{\Delta Q}=C_{\Delta M}=C_{\varphi Q}=C_{\varphi M}=0$，则式(4-21a)中带有这些刚性系数的项都变为零。

5. 桩内力的计算

求解联立方程式(4-21a)，得未知数 a、b_0 和 c，将它们代入式(4-16)、式(4-17)得 b'_n 和 a'_n；将 b'_n 和 a'_n 值代入式(4-18)、式(4-19)、式(4-20)，可分别求得桩的轴向力 N_n、桩顶剪力 Q_n 和桩顶弯矩 M_n。以桩顶的剪力 Q_n 和弯矩 M_n 作为桩顶外力，采用竖向弹性地基梁的"m 法"，可求得桩入土段的内力(弯矩和剪力)以及变形。

五、柔性桩台横向排架的计算

柔性桩台与刚性桩台相比，不同之处在于：结构受力后不仅产生变位，而且还发生变形；同时还要考虑柱(桩)的轴向弹性变形。柔性桩台横向排架的计算方法很多，有假定桩两端为铰接的计算方法，也有假定桩与桩台为刚接、桩下端为弹性嵌固的计算方法。计算方法的选择应根据具体的结构情况而确定。

1. 桩两端为铰接的计算方法

这种结构的计算方法主要有力法、变位法、逐次接近法和混合法。对于设有叉桩的横向排架，设计经验表明，采用简化算法得出的结构内力与精确算法相差甚微，能满足工程所需精度的要求。下面介绍简化算法。

(1)基本假定。简化算法假定：桩两端为铰接；作用在横向排架上的水平力完全由叉桩承受；横向排架中的横梁(或横向板带)只承受垂直力和弯矩的作用，按弹性支承连续梁工作。可采用五弯矩方程式进行计算支座反力和横梁(或横向板带)的内力。计算的基本体系见图4-36，第 n 支座的五弯矩方程为：

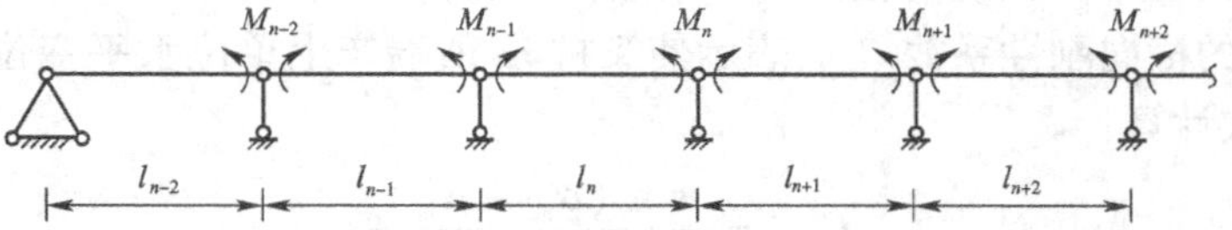

图 4-36　弹性支承连续梁

$$r_{n,n-2}M_{n-2}+r_{n,n-1}M_{n-1}+r_{nn}M_{n}+r_{n,n+1}M_{n+1}+r_{n,n+2}M_{n+2}+\Delta_{np}=0 \tag{4-22}$$

$$r_{n,n-2}=\frac{1}{l_n l_{n-1}}\cdot\frac{1}{C_{n-1,V}}$$

$$r_{n,n-1}=\frac{l_n}{6EI}-\frac{1}{l_n}\left(\frac{1}{l_{n-1}}+\frac{1}{l_n}\right)\frac{1}{C_{n-1,V}}-\frac{1}{l_n}\left(\frac{1}{l_n}+\frac{1}{l_{n+1}}\right)\frac{1}{C_{nV}}$$

$$r_{nn}=\frac{l_n}{3EI}+\frac{l_{n+1}}{3EI}+\frac{1}{l_n^2}\frac{1}{C_{n-1,V}}+\left(\frac{1}{l_n}+\frac{1}{l_{n+1}}\right)^2\frac{1}{C_{nV}}+\frac{1}{l_{n+1}^2}\frac{1}{C_{n+1,V}}$$

$$r_{n,n+1}=\frac{l_{n+1}}{6EI}-\frac{1}{l_{n+1}}\left(\frac{1}{l_{n+1}}+\frac{1}{l_{n+2}}\right)\frac{1}{C_{n+1,V}}-\frac{1}{l_{n+1}}\left(\frac{1}{l_n}+\frac{1}{l_{n+1}}\right)\frac{1}{C_{nV}}$$

$$r_{n,n+2}=\frac{1}{l_{n+1}l_{n+2}}\cdot\frac{1}{C_{n+1,V}}$$

$$\Delta_{np}=\frac{1}{EI}(B_n+A_{n+1})+\frac{1}{l_n}\cdot\frac{R_{n-1}^0}{C_{n-1,V}}-\left(\frac{1}{l_n}+\frac{1}{l_{n+1}}\right)\frac{R_n^0}{C_{nV}}+\frac{1}{l_{n+1}}\cdot\frac{R_{n+1}^0}{C_{n+1,V}}$$

式中：r_{nm}——基本体系中由于 m 支座处作用一单位力矩在 n 支座处产生的角变位；

Δ_{np}——基本体系中外荷作用在 n 支座处产生的角变位；

C_{nv}——n 支座的竖向刚度系数(kN/m)；

M_n——n 支座的弯矩；

l_n——第 n 跨的计算跨长；

A_n、B_n——外荷作用下，基本体系(简支梁)第 n 跨左支承及右支承的虚反力，常见荷载作用下的 A 和 B 见表4-2；

R_n^0——外力作用下，基本体系(简支梁)中第 n 支座的反力。

(2)支座的刚性系数：

①单桩支座的竖向刚性系数 C_{nv}，表示使单桩 n 顶端产生单位竖向变位需在桩顶施加的竖向力，按下式计算：

$$C_{nv}=C_{eNn}\cos^2\alpha_n \tag{4-23}$$

式中：C_{eNv}——n 桩的轴向刚性系数(kN/m)，按式(4-10)或式(4-11)计算；

α_n——桩轴线与垂线的夹角(°)。

②叉桩支座的竖向刚度系数 C_{mv}，表示使叉桩 m 顶端产生单位竖向变位需在叉桩顶上施加的竖向力，按下式计算：

$$C_{mv}=\frac{\sin^2(\alpha_m+\alpha_m')}{\dfrac{\sin^2\alpha_m'}{C_{eNm}}+\dfrac{\sin^2\alpha_m}{C_{eNm'}}} \tag{4-24}$$

式中：α_m、α_m'——叉桩中两根桩轴线与垂线的夹角(°)，皆取正值；

C_{eNm}、C_{eNm}'——叉桩中两根桩的轴向刚性系数(kN/m)。

③叉桩支座的横向刚性系数 C_{mH}，表示使叉桩 m 顶端产生单位水平变位需在叉桩顶施加的水平力，按下式计算：

$$C_{mH}=\frac{\sin^2(\alpha_m+\alpha_m')}{\dfrac{\cos^2\alpha_m'}{C_{eNn}}+\dfrac{\cos^2\alpha_m}{C_{eNn}'}} \tag{4-25}$$

(3)内力计算。对于N跨的弹性支承连续梁,由式(4-22)可建立 $N-1$ 个联立方程式,联立求解可得支撑弯矩 $M_1, M_2, \cdots, M_H$。支座弯矩求出后,再由下式求 N 跨梁中任意截面的弯矩:

$$M_{nx} = M_{nx}^0 + M_n x/l_n + M_{n-1}(l_n - x)/l_n \tag{4-26}$$

支座反力

$$R_n = R_n^0 + (M_{n-1} - M_n)/l_n + (M_{n+1} - M_n)/l_{n+1} \tag{4-27}$$

式中:M_{nx}^0——为外荷作用下基本体系(简支梁)第 n 跨 x 截面的弯矩(图4-37)。

由式(4-27)求出支座反力 R_n 后,可求得横梁各断面的剪力和桩的轴向力。

单桩轴向力

$$N_n = R_n/\cos\alpha_n \tag{4-28}$$

在垂直力 R_m 和水平力 H 作用下(图4-38),叉桩的轴向力

$$N_m = \frac{R_m \sin\alpha'_m + H\cos\alpha'_m}{\sin(\alpha_m + \alpha'_m)} \tag{4-29}$$

$$N'_m = \frac{R_m \sin\alpha_m - H\cos\alpha_m}{\sin(\alpha_m + \alpha'_m)} \tag{4-30}$$

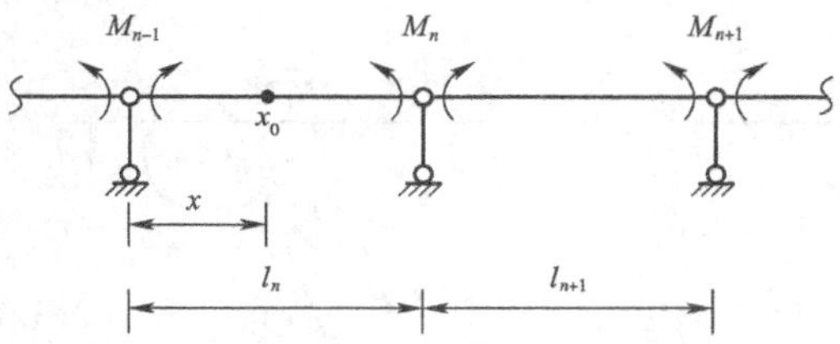

图4-37　n 跨的任意截面 x

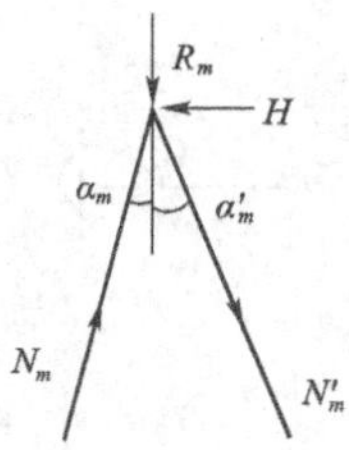

图4-38　叉桩支座

当横向排架中有两组以上叉桩时,水平力 H 按它们的横向刚性系数进行分配,分配给叉桩 m 上的水平力

$$H_m = \frac{c_{mH}}{\sum_{i=1}^{m} c_{mH}} H \quad (\text{kN}) \tag{4-31}$$

2. 桩与桩台为固接,桩下端为弹性嵌固的计算方法

(1)基本假定与计算图式。假设桩与桩台为固接,结点转动时组成结点的各构件之间相对角度不变,即各构件端转角相同;横梁只考虑弯曲变形,忽略轴向变形和剪切变形的影响,各结点水平位移相同;桩下端弹性嵌固于地基中。

为说明方便,现以实际工程常见的三跨结构(前方桩台)为例,阐述计算方法。图4-39为结构计算图式,荷载、内力、变位分别以图4-39a)、b)、c)所示方向为正。

(2)变位法方程式。为了约束各结点的线变位和角变位,在各结点处加设刚臂和链杆(即虚支承),构成结构的基本系(图4-40),以各结点的转角、竖向位移和水平位移为未知量,根据结点虚支承反力之和(由各结点变位和荷载产生的)等于零的条件,建立变位法方程式如下:

$$
\left.\begin{aligned}
&r_{11}\varphi_1 + r_{12}\Delta_2 + r_{13}\varphi_3 + \cdots + r_{18}\varphi_8 + r_{19}\Delta_9 + R_{10} = 0\\
&r_{21}\varphi_1 + r_{22}\Delta_2 + r_{23}\varphi_3 + \cdots + r_{28}\varphi_8 + r_{29}\Delta_9 + R_{20} = 0\\
&\cdots\cdots\\
&r_{91}\varphi_1 + r_{92}\Delta_2 + r_{93}\varphi_3 + \cdots + r_{98}\varphi_8 + r_{99}\Delta_9 + R_{90} = 0
\end{aligned}\right\} \tag{4-32}
$$

式中：r_{ki}——由于虚支承 i 发生单位变位（角变位或线变位）使支承 k 产生的反力或反力矩；

R_{k0}、M_{k0}——在结构基本系中由于外力作用使虚支承 k 产生的反力或反力矩；

φ_i、Δ_i——虚支承 i 的角变位和线变位。

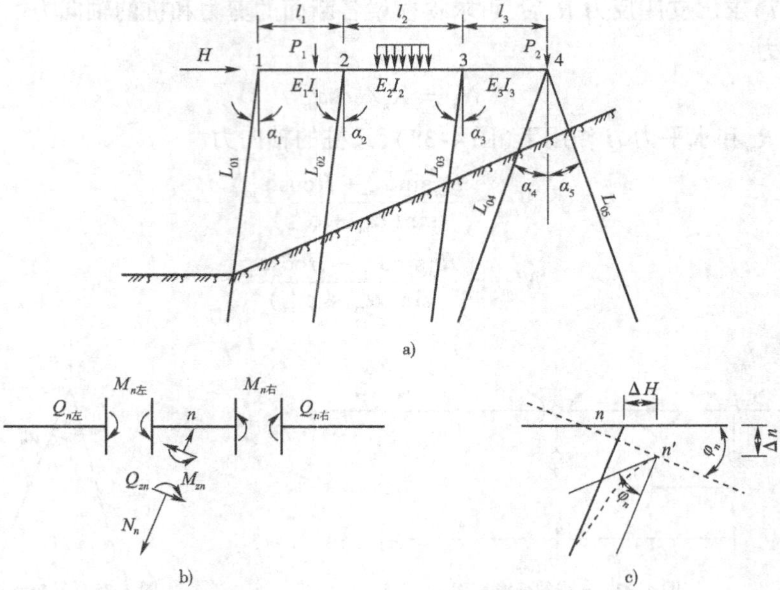

图 4-39　桩顶固接桩下端弹性嵌固的横向排架计算图式

a）横向排架的计算图式；b）内力图；c）变位图

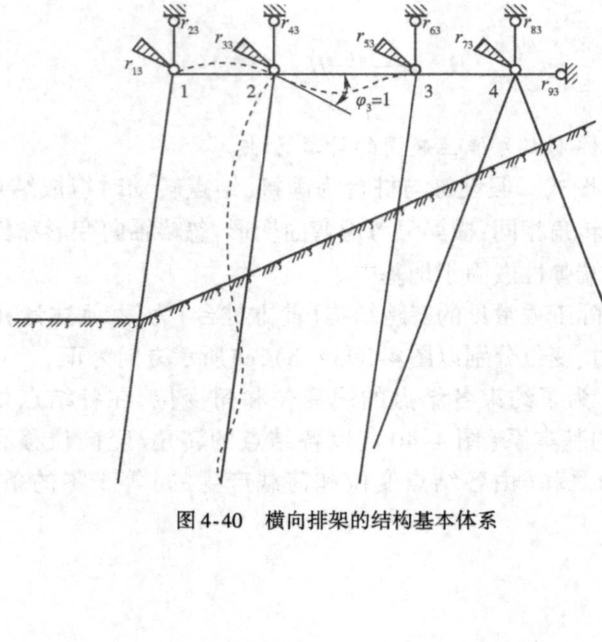

图 4-40　横向排架的结构基本体系

(3)系数 r_{ki} 和自由项 R_{k0}、M_{k0} 的计算。系数 r_{ki} 可用两端固定梁的形常数求得。梁一端发生单位变位(线变位或角变位)时,各端产生的反力和反力矩称为形常数。对于横梁来说,可按材料力学公式求得,表4-3列出了固端梁的形常数;对于桩来说,为一端固定一端弹性嵌固,桩顶的形常数为考虑土体弹性约束影响的桩顶的刚性系数,如前所述。

例如,放松约束3(结点2的转角约束),使结点2发生单位转角($\varphi_3=1$),根据力的平衡条件,可得各虚支承 k 反力或反力矩,即

$$r_{13}=2i_1, r_{23}=-6i_1/l_1, r_{33}=4i_1+4i_2+C_{\varphi M2}$$

$$r_{43}=-6i_2/l_2+6i_1/l_1+C_{\varphi Q2}\sin\alpha_2, r_{53}=2i_2$$

$$r_{63}=6i_2/l_2, r_{73}=r_{83}=0, r_{93}=C_{\varphi Q2}\cos\alpha_2$$

同理,可求得其余系数。

R_{k0} 和 M_{k0} 分别为实际荷载作用下基本系虚支承 k 产生的反力和反力矩。结点上的集中荷载(垂直力、水平力和力矩)直接由该结点的虚支承承受。作用在横梁跨中的荷载,使横梁两端虚支承产生的反力和力矩等于固端梁两端反力和力矩;虚支承9由荷载产生的反力为 $R_{90}=-H$。

(4)结构内力计算。解联立方程(4-32),可得横向排架各结点的转角 φ_n 和线位移 Δ_n。已知结点的变位,用一般材料力学的公式可求得各梁段梁端和桩顶的剪力和弯矩,以及支座反力和桩的轴向力。

已知梁端的弯矩和剪力及作用于梁上的荷载,可求出梁任意截面的弯矩和剪力。根据已知桩顶弯矩和剪力,按竖向弹性地基梁图式,用"m 法"计算桩内力(见第3章)。

3. 大直径全直桩横向排架的简化计算

全部由直桩组成的横向排架,一般是垂直荷载较大,水平荷载较小,并且多采用大刚度的桩,如钢桩、大管桩和灌注桩等。可近似地采用简化方法计算:横向排架的横梁按有垂直荷载和力矩作用的弹性支承连续梁计算;在水平荷载作用下,把横向排架视为一般刚架求解,即不考虑柱(桩)的轴向变形和沉降;将按连续梁和刚架算出的内力进行叠加,即为结构的计算内力。

第六节 无梁板式高桩码头的计算

无梁板式高桩码头的面板直接安设在桩帽上,具有点支承性质,系一空间问题。无梁面板的计算很复杂,通常采用近似的"代替框架法"进行计算。此法的基本思路是:把空间问题简化为平面问题,用线支承代替点支承;将面板划分为若干纵向和横向的板带进行计算;对算出的内力用经验系数进行修正。

一、计算图式

将无梁面板按横向桩排和纵向桩列划分为若干相互垂直的横向(垂直于码头线方向)和纵向(沿码头线方向)的板带,如图4-41所示。计算板带的宽度分别为:

$$b_i=(l_i+l_{i+1})/2, b_n=(l_n+l_{n+1})/2 \tag{4-33}$$

式中:l_i、l_{i+1}——纵向排架两相邻跨跨度(mm);

l_n、l_{n+1}——横向排架两相邻跨跨度(mm)。

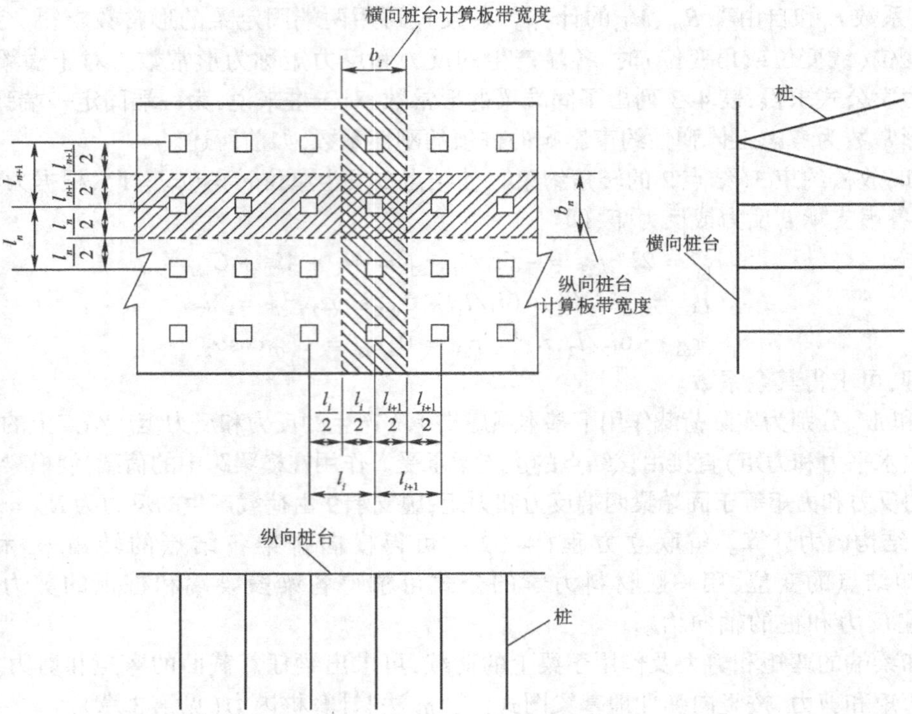

图4-41　无梁板式高桩码头建筑物计算图

计算板带与下面的基桩构成独立的排架，桩台（即板带）一般属柔性桩台，其厚度等于板厚（不包括磨耗层），计算跨度等于桩的中心距。纵、横向排架桩两端的约束性质按第五节所述的原则确定。

一般情况下，纵向排架只有竖向荷载而无水平荷载作用，可按弹性支承连续梁计算。当符合式(4-34)条件时，可按刚性支承连续梁计算。

$$\alpha = \frac{6E_b I_b K}{l^3} < 0.15 \tag{4-34}$$

式中：E_b——面板的弹性模量(kPa)；

I_b——计算板带的截面惯性距(m^4)；

l——纵向板带的计算跨度；

K——支座（桩）的轴向反力系数(m/kN)，$K = 1/C_{eN}$（C_{eN}是桩的轴向刚性系数，按式(4-11)确定）。

横向排架不仅有竖向荷载作用，而且有水平荷载作用，应按柔性桩台横向排架计算。

二、计算荷载

无论是计算纵向排架还是计算横向排架，作用在面板上的均布荷载（包括面板自重）都应分别予以考虑，可取作用在计算板宽度上的均布荷载数值。对其中的可变作用（堆货荷载）按最不利情况布置。

对于纵向排架，如果面板上的竖向集中荷载作用在纵向桩列中心线上，那么它全部由本桩列板带承受；如果集中荷载不作用在纵向桩列中心线上，可近似地按简支梁分配原则，将该荷载分配到两相邻纵向排架上，分别进行计算。对横向排架，当集中荷载不直接作用在横向排架上，则按纵向排架内力分析得出的支座反力，即通过试算找出的使横向排架产生最大内力的荷载及其位置为最不利组合时的支座反力作为集中荷载，并按原荷载位置作用在横向排架上进行计算。

三、计算板带弯矩的修正

按上述计算图式和计算荷载求得的板带弯矩 M 与板带的实际内力存在着差别，因为：

(1)在确定板带计算跨度时，取的是桩的中心距，而板是支承在较宽的桩帽上，实际的跨度小于计算跨度；

(2)在确定计算荷载(主要是均布荷载)时，没有考虑板的双向受力性质，而是假定纵、横板带各自独立受力。

为此，对算出的弯矩应按下式进行修正：

$$M_c = nmM \tag{4-35}$$

式中：M_c——计算弯矩；

M——计算求得的弯矩；

n——考虑桩帽影响的折减系数；

m——考虑板双向受力影响的折减系数。

n 和 m 值按表 4-4 选用。

m、n 值计算 表 4-4

荷载性质	m	n	备注
均布荷载	0.7	$(l_0-2B_c/3)^2/l_0^2$	l_0——计算跨度(m)； B_c——桩帽宽度(m)； 当 $B_c>l_0/3$ 时，取 $B_c=l_0/3$
集中荷载	1.0	$(l_0-2B_c/3)/l_0$	

四、计算弯矩沿板带宽度的分配

纵、横板带的计算图式是假定在支座处沿板带整个宽度内为线支承，实际上只支承在桩帽上，桩帽以外无支承。这必然造成板带沿宽度承载能力的不同，桩帽附近的板带承载能力大，距桩远的板带承载能力小，造成板带弯矩沿宽度不是均匀分布。为了解决此问题，将计算板带沿宽度分成两条板带：桩上配筋板带和跨中配筋板带，如图 4-42 所示。计算弯矩在这两种板带中进行分配，再按分配弯矩进行配筋。

有桩帽情况下的均布荷载产生的弯矩按以下比例进行分配。

支座弯矩：桩上板带占 75%，跨中板带占 25%。

跨中弯矩：桩上板带占 55%，跨中板带占 45%。

在集中荷载作用下，配筋板带弯矩的分配，是假定荷载产生的弯矩由计算宽度承受，其计算宽度按下列规定计算。

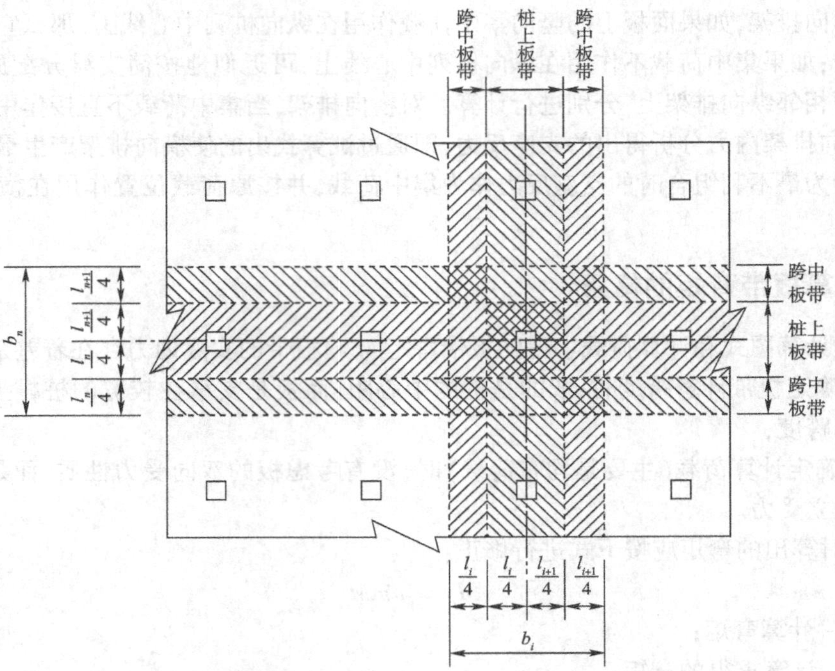

图 4-42　纵向和横向配筋板带的划分

(1)集中荷载位于跨中时

$$b_c = b_0 + 2h_s + l/3 \tag{4-36}$$

但不小于 $2l/3$ 亦不大于计算板带宽度。

(2)集中荷载位于支座附近时

$$b_c = b_0 + 2h_s \tag{4-37}$$

但不小于 $l/3$,亦不大于计算板带宽度。

式中:b_c——计算宽度(m);

b_0——集中荷载与码头面接触宽度(m);

h_s——垫层厚度(m);

l——计算跨度(m)。

(3)b_c 小于或等于桩上或跨中配筋板带宽度时,集中荷载产生的弯矩全部由 b_c 承受。

(4)b_c 等于计算板带宽度时,集中荷载产生的弯矩按均匀荷载时的分配原则,在桩上板带和跨中板带之间进行分配。

五、桩力计算

由于纵向排架计算时只考虑竖向荷载的作用,而在横向排架计算中,既考虑全部竖向荷又考虑了水平荷载,所以应取横向排架算出的桩力作为计算桩力。

第七节　高桩墩式码头设计与计算

高桩墩式码头主要由工作平台、靠船墩、系船墩、引桥和人行桥等几部分组成,如图 4-5 所示，有时还设有防冲桩，以保护系船墩和人行桥。工作平台供放置装卸机械之用，一般不承受船舶荷载；靠船墩供船舶停靠，承受船舶的撞击力、挤靠力和系缆力；系船墩上面设置系船柱，用以专门承受系缆力；人行桥供码头操作人员在各墩之间行走。

高桩墩式码头的主要结构是高桩墩台。本节主要介绍高桩墩台的结构型式、构造要求和计算方法。

一、高桩墩台结构型式

高桩墩台由基桩和上部结构（墩台）组成。图4-43为上海陈山5万吨级油码头靠船墩结构图，上部结构为钢筋混凝土实体墩台，墩台厚度为3000mm；桩基由24根直径1200mm、长44m的钢管桩组成，除2根直桩外，其余全是斜桩，坡度为3:1和4:1，与码头前沿线法线所形成的夹角为20°、30°和45°。

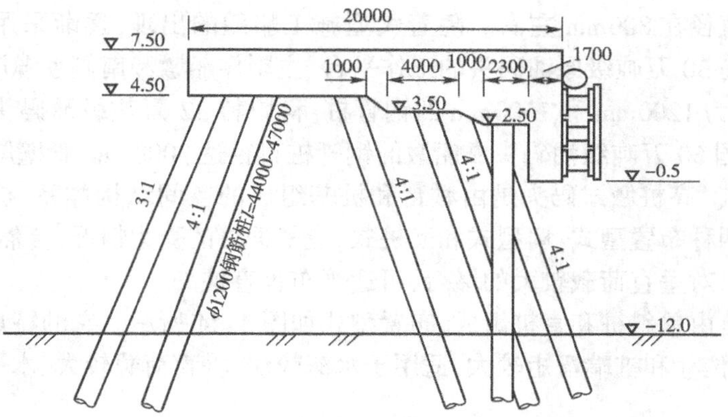

图4-43 陈山油码头靠船墩断面图（高程单位：m，尺寸单位：mm）

二、高桩墩台结构构造

1. 上部结构（墩台）

高桩墩码头的上部结构有实体式、空箱式、刚架式及桁架式等，应根据使用要求、施工能力和自然条件，并通过技术经济比较选用，实体式墩台应用较多。根据作业工艺需求，也可将工作平台设计成双层实体式结构，如宁波镇海石化总厂算山15万吨级原油码头。

实体式墩台由混凝土浇筑而成，墩台高度应根据使用要求和受力情况确定，且不宜小于1.5m。在墩台底部、顶部及四周布置有构造钢筋，必要时应在墩体内增设构造筋，构造钢筋的直径和间距应根据墩体的大小确定。墩体底板受力钢筋的最小配筋率可取0.15%，承受较大垂直荷载的墩体配筋宜根据计算确定。实体式墩台结构自重大、钢筋用量少、施工方便，且桩台刚度大、结构整体性好，适用于水位差较小的码头。

空箱式墩台为钢筋混凝土空箱，箱底板一般设进水孔，以减轻浮托力作用；箱顶板设排气孔和人孔，以便排气和检修。应对空箱的底板、侧板、顶板进行强度计算，底板厚度不宜小于800mm。与实体式墩台比较，空箱式墩台自重较轻、耗钢量较大、施工较麻烦。这种结构适合于垂直荷载较大、水平荷载较小的情况。

刚架式和桁架式墩台由钢管或钢筋混凝土杆件组成。刚架或桁架结构设置底部平台时，平台厚度应根据计算确定,且不宜小于800mm;受力或平面尺度较小的墩台,平台厚度可适当减小。刚架式和桁架式墩台混凝土用量少,但钢筋用量大,施工不便,一般适用于水位差较大的码头。

2.基桩及其布置

(1)基桩。基桩通常采用预应力混凝土桩或钢管桩。外海开敞式码头所处海域水深浪大,结构受到较大的波浪力和船舶撞击力作用,在冰冻地区还受到巨大的冰荷载作用,这些荷载都具有动力性质,基桩一般多采用钢管桩。钢管桩抗弯能力大、弹性好、易于施工,但缺点是造价高,易锈蚀。对于受水平力较小的桩墩,如工作平台,可考虑采用耐久性好、造价低的钢筋混凝土桩。大直径预应力混凝土管桩能承受较大的垂直荷载,同时具有较大的抗水平荷载能力。与钢管桩相比,大管桩具有耐久性好、抗腐蚀能力强、成本低(约为钢管桩的1/3~1/2)、使用年限长、维修费用低等优点,但大管桩打桩及施工比钢管桩复杂。

一般钢管桩直径在800mm左右。随着大型施工船舶的出现,逐渐采用较大直径的钢管桩。如舟山册子岛30万吨级原油码头的工作平台、主副靠船墩和南侧系缆墩采用高桩墩式结构,桩基采用直径为1200mm和1500mm的钢管桩;科威特32万吨级油码头靠船墩钢管桩直径为1830mm;法国50万吨级油码头靠船墩的钢管桩直径达3000mm,管壁厚70mm。

(2)桩基布置。高桩墩式码头是由墩台和桩基组成的空间结构体系,桩基的布置甚为重要。桩基一般有两种布置型式:扇型式和叉桩式,应根据桩的受力情况、自然条件、使用要求及施工能力等选择。对垂直荷载较大的墩台,可适当布置直桩。

扇型式桩基是由单斜桩和直桩组成,布置型式如图4-44所示。它的特点是各桩的轴向力比较均匀,但墩台位移和桩端弯矩较大,适用于水深较浅、垂直荷载较大、水平力和扭矩较小的情况。

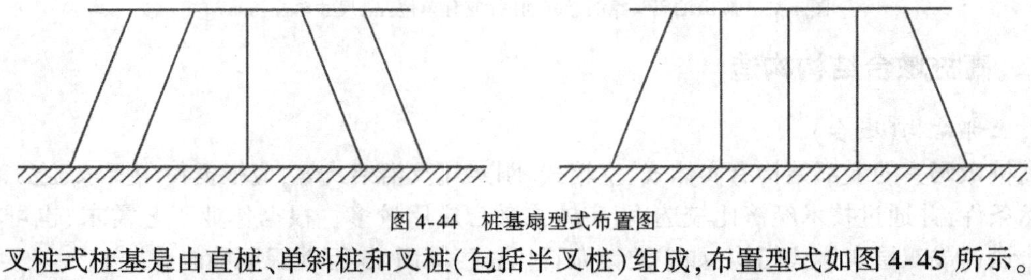

图4-44 桩基扇型式布置图

叉桩式桩基是由直桩、单斜桩和叉桩(包括半叉桩)组成,布置型式如图4-45所示。它的特点是沿设有叉桩方向的上部结构位移和桩端弯矩较小,但叉桩轴力较大,适用于水较深、水平荷载较大、垂直荷载较小的情况。

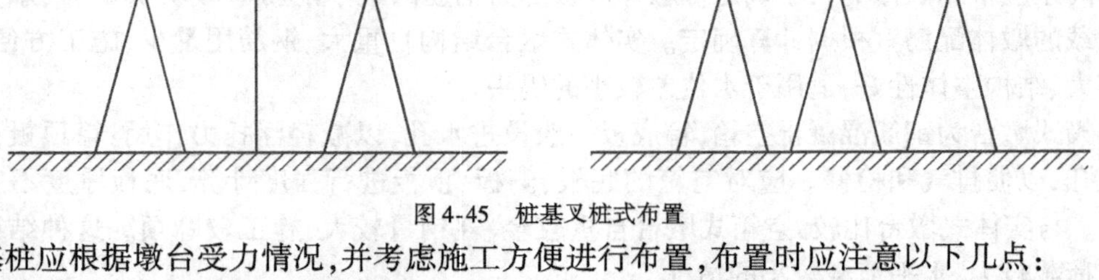

图4-45 桩基叉桩式布置

基桩应根据墩台受力情况,并考虑施工方便进行布置,布置时应注意以下几点:

①尽量采用对称布置,包括位置、坡度及桩端嵌固等,这种布置结构简单,计算容易,施

工方便。

②基桩采用钢管桩时,在满足强度要求的前提下,宜采用扇形布置,其优点是墩台位移量大,弹性好,有利于减小船舶撞击力。

③对于承受扭矩的桩墩,应避免各基桩轴线的延长线在平面上交于一点,因为这种布置使桩轴向力产生的扭矩为零,墩台扭矩只能靠桩端弯矩来抵抗,抗扭刚度小。

④桩墩的基桩多而密,方向复杂,布置时应考虑各桩施打的可能性和方便。

(3)桩与墩台的连接。墩台结构边缘至最外一排基桩外边缘的距离,当桩径或桩宽小于等于600mm时,不小于300mm;当桩径或桩宽大于等于1000mm时,不小于0.4倍桩径或桩宽,且不小于300mm。

墩台底部沿桩周应设加强构造筋,必要时应对底板和基桩连接处的挤压应力和剪应力进行验算。当桩伸入墩台,墩台底部主筋被部分切断时,应增设补强受力钢筋。

桩与墩台连接的构造要求应符合现行行业标准《港口工程桩基规范》(JTJ 254—98)的有关规定。

三、高桩墩台结构计算

1.荷载

高桩墩台是空间结构,不仅要考虑垂直荷载和与码头线垂直方向的水平荷载,还应考虑顺码头线方向的水平荷载以及上述荷载产生的各向扭矩。

作用在墩子上的荷载主要有:墩台自重、墩台上的装卸设备重(如装卸机械重、输油管道重等);墩台顶面上的活荷载(如堆货荷载,人群荷载);引桥和人行桥的支座反力;船舶撞击力、系缆力和挤靠力;波压力、波浪使船舶横摇产生的撞击力及波浪作用在上部结构底面的浮托力、水流力、冰荷载;风荷载(通过装卸机械作用在台架上)等。

假设墩台是刚性的,为了便于计算,通常将上述荷载换算为平行于 x、y、z 三个轴向的集中力 P_x、P_y、P_z 和对三个轴的力矩 M_x、M_y、M_z,如图4-46所示。

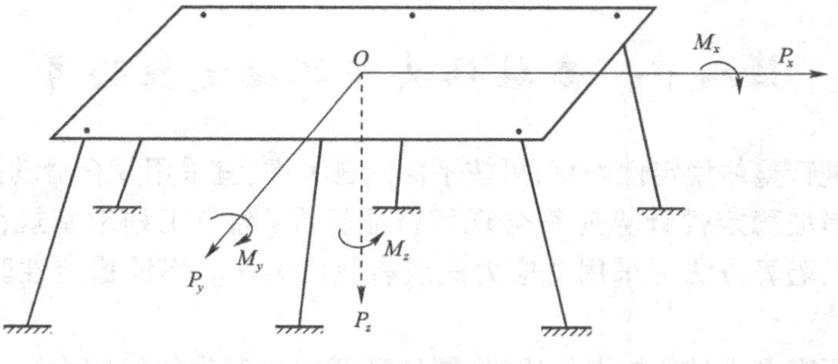

图4-46 高桩墩台计算模型

2.基桩计算

(1)计算模型。高桩墩台是由墩台和基桩组成,基桩多而密,且方向复杂,是一空间结构体系,应按空间结构计算,计算模型如图4-46所示。

(2)墩台刚度。墩台刚度与结构型式和尺寸有关。由于上部结构的平面尺寸一般不大,高度较高,通常可将上部结构视为刚体,即在荷载作用下,墩台本身只有位移而不发生变形。

(3)桩两端的连接性质。桩两端的连接性质根据桩与墩台和地基的实际连接情况及荷载和位移情况确定。桩顶与墩台一般采用整体连接,钢筋混凝土桩顶留有足够长度的钢筋伸入墩台内锚固,钢桩顶也埋入墩台内一定长度,计算时桩与墩台可作为固结。桩与地基的连接,当桩打入地基较深时,桩与地基为弹性嵌固,计算时可按竖向弹性地基梁考虑;当桩打入土中较浅时,或桩支撑在硬土(如岩石)上时,桩与地基可作为铰接处理。

实际上,桩两端的连接性质即不是完全固结,也不是完全铰接。除考虑实际的结构构造外,尚应考虑结构的位移情况,位移大小决定于桩基布置和荷载性质及大小。对于叉桩式布置,当两个方向都布置有叉桩时,墩台水平位移较小,桩端弯矩不大,为简化计算,桩上下两端也可按铰接考虑。对于扇形布置,墩台水平位移较大,桩端弯矩不可忽略,桩上端应按固结考虑,桩下端按弹性嵌固考虑。当垂直荷载很大、水平荷载很小时,如固定式装煤机墩式码头,垂直荷载近千吨,而水平荷载约为几十吨,此时墩台水平位移不大,为简化计算,桩上下两端亦可按铰接考虑。

(4)计算方法。高桩墩台结构的计算较为复杂,根据上述假设和计算模型,可采用大型通用有限元软件计算。近年来,国内许多单位开发了高桩墩台专用计算软件,使得该问题的空间计算已很方便。

按上述方法计算出桩顶的轴力、剪力和弯矩后,桩入土段的内力(剪力和弯矩)及位移(线位移和角位移)可按埋在地基中的竖向弹性地基梁的"m"法或"$P \sim y$"曲线法计算。

3.上部结构(墩台)计算

实体墩台上部结构一般不需要进行强度计算,按构造确定其尺寸;当墩台较高需分层浇注时,应对分层浇注各阶段底板进行强度计算。

空箱式墩台上部结构应对底板、侧墙、顶板进行强度计算,侧墙应考虑已浇筑底板对侧墙的约束力。

刚架式墩台和桁架式墩台,设置底部平台时,平台厚度应由计算确定;设有平台的刚架结构,可按刚架底端嵌固在底板上的平面刚架计算;设有平台的桁架结构,可按刚性支承上的平面桁架计算。对无平台的桁架结构,应取桁架和基桩作为一个杆件系统,计算基桩和桁架杆件的内力。

第八节　高桩码头整体稳定性验算

高桩码头需进行整体稳定性验算,可按平面问题考虑,宜采用复合滑动面法或圆弧滑动简单条分法验算。岸坡稳定性计算应符合现行行业标准《港口工程地基规范》(JTS 147—1—2010)的有关规定,验算方法可采用总应力法或有效应力法。岸坡稳定性验算不宜计入桩的抗滑作用。

当特殊情况下需考虑桩的抗滑作用时,要计算截桩力产生的稳定力矩。该稳定力矩可按下式计算:

$$M_p = R\frac{\sum P_n \cos\beta_n}{l} \tag{4-38}$$

式中:M_p——截桩力产生的稳定力矩(kN·m);

P_n——第 n 桩的截桩力(与桩轴线垂直)(kN);

β_n——截桩力与滑弧切线的夹角;

l——横向排架的间距(m)。

R——滑弧的半径(m)。

截桩力 P_n 按下面介绍的近似方法计算。此法依据下述两个基本假定:

(1)考虑桩在地基中有良好的嵌固条件,当发生整体滑动时,认为桩在滑动面 A 上下等距离(都是 $a/2$)处固定,即这段桩的工作图式为两端固定的梁(图 4-47a);梁的中点 A(滑动面)为反弯点,此点弯矩为零,剪力即截桩力为 P_n(图4-47b)。

(2)取滑动面以下桩段为隔离体,其顶端作用有垂直于桩轴线的集中力 P_n,即顶端有集中水平力作用的埋在地基中的单桩(图 4-48a)。

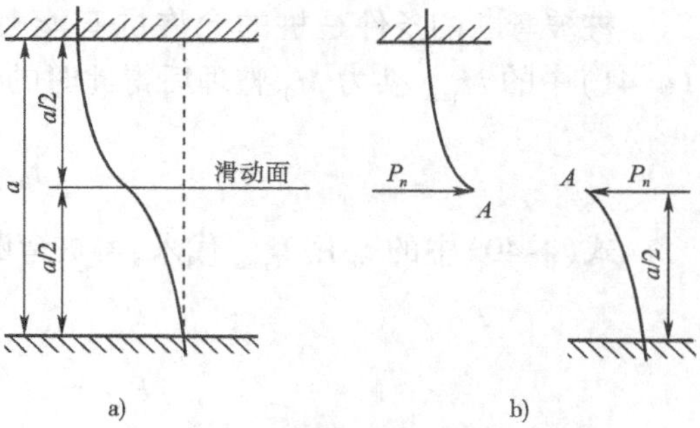

图 4-47 滑动面附近桩段的工作图式

为简化计算,采用如图 4-48b)所示的土压力图,如右侧土压力用等值的集中力 E_p 代替,最后成为简支梁的计算图式(图 4-48c)。

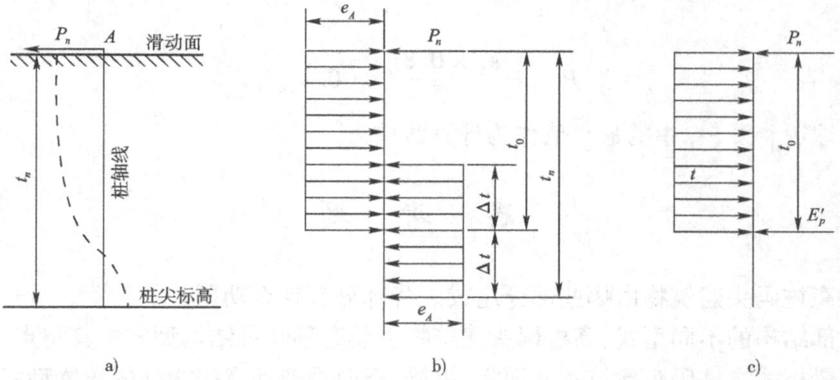

图 4-48 截桩力的计算图式

A 点土压力强度 e_A 按下式计算:

$$e_A = q_A(K_p - K_a)Kd \tag{4-39}$$

式中:q_A——A 点的垂直荷载(等于单位面积的土柱重量力)(kPa);

K_a、K_p——被动和主动土压力系数;

d——桩的宽度或直径(m);

K——考虑桩发生位移时带动两侧土体使土压力增大的系数,一般取 $K = 1 \sim 3$,软土取小值,硬土取大值。

简支梁的支座反力和跨中最大弯矩分别为:

$$P_n = E'_p = \frac{e_A t_0}{2} \tag{4-40}$$

$$M_{\max} = \frac{e_A t_0^2}{\delta} \tag{4-41}$$

$$t_0 = t_n - \Delta t = t_n - \frac{t_0}{4} \tag{4-42}$$

$$t_0 = 0.8t_n \tag{4-43}$$

桩段 t_n 在顶端集中力 P_n 作用下,可能有两种破坏型式: t_n 较大时,桩被弯断; t_n 较小时,桩被翘起。

桩被弯断的条件是桩的允许抗弯能力 M_0 小于上述简支梁的跨中最大弯矩 $M_{\max}$,将式(4-41)中的 $M_{\max}$ 换为 M_0 整理后得此时的最小跨度:

$$t_{0\min} = \sqrt{\frac{8M_0}{e_A}} \tag{4-44}$$

式(4-40)中的 t_0 用 $t_{0\min}$ 代入,得桩弯断时的截桩力:

$$P_{n1} = \frac{e_A\sqrt{\frac{8M_0}{e_A}}}{2} = \sqrt{2e_AM_0} \tag{4-45}$$

如果实际的 $t_0 = 0.8t_n$,小于桩段弯曲破坏所需的最小跨度 $t_{0\min}$,则不发生弯曲破坏,即可能发生被掘出的破坏。将 $t_0 = 0.8t_n$ 代入式(4-40),即可得翘起式破坏时桩顶所需加的力 P_{n2}:

$$P_{n2} = \frac{e_A \times 0.8t_n}{2} = 0.4e_At_n \tag{4-46}$$

设计时取 P_{n1} 和 P_{n2} 中的最小值作为计算截桩力。

思　考　题

1. 试述高桩码头建筑物由哪些部分组成。各部分有什么功用。
2. 按上部结构的不同型式,高桩码头建筑物主要有哪几种结构型式?其特点是什么?
3. 说明梁板式高桩码头建筑物的面板、纵梁、横向排架和靠船构件的布置型式及计算方法与计算图示。
4. 刚性桩台横向排架计算与柔性桩台横向排架计算有何差别?简述其计算要点。
5. 试述高桩码头整体稳定性验算的要点。
6. 高桩墩码头的上部结构有哪几种型式?简述其特点和适用条件。
7. 简述高桩墩台的受力特点和基桩计算要点。

第五章　斜坡码头和浮码头

第一节　概　　述

一、斜坡码头和浮码头的概念

斜坡码头和浮码头是内河大水位差港口中常用的一种码头结构型式，浮码头是客运码头或以客运为主的客货码头中常用的一种码头结构型式。

斜坡码头和浮码头普遍采用趸船作为靠船、设置起重运输机械和临时堆存货物等用途。当水位变化时，趸船沿斜坡道方向移动，即趸船的平面位置随水位变化沿岸坡前后移动，这种码头一般称为斜坡码头，如图5-1所示。若趸船与岸之间的联系是通过在活动引桥及固定引桥上的运输车辆或管道，且趸船只在原位置随水位变化而垂直升降，趸船的平面位置不变，这种码头称为浮码头，如图5-2所示。另外，有的码头即有固定的斜坡道又有可沿斜坡移动的引桥，这种码头可称为混合式斜坡码头，也可称为浮码头。

二、斜坡码头和浮码头的特点

1. 斜坡码头的组成及特点

斜坡码头结构由斜坡道、趸船、移动引桥和坡顶挡土墙等组成，其中斜坡道为斜坡码头的基本结构，其他结构可根据具体需要设置，如图5-3所示。

这种码头结构简单，建造速度快，工程造价低，且趸船还可沿斜坡道方向移动，对水位变化的适应性强，适用于水位变化大的河流中、上游河段及水库港。但斜坡码头的趸船需经常移动，当水位涨落幅度较大时，需重新抛锚固定趸船，移泊作业麻烦，工作量较大；此外，斜坡码头的装卸作业增加了一个斜坡运输环节，且装卸机械安装在趸船上，使装卸作业受风浪、水流的影响较大，码头装卸效率低，泊位通过能力有限。

随着装卸机械的不断革新及货运量的加大，这种码头已有逐渐被直立式码头所取代的趋势，如重庆港寸滩集装箱码头采用了架空直立式码头，设计水位差达30余米，泊位通过能力可达传统斜坡式集装箱码头的3～4倍。在大水位差地区建造直立式码头，技术上虽可行，但工程量大，造价很高，且枯水期装卸作业也存在一些问题。经济技术比较表明，对于设计水位差在17m以上的通用码头和设计水位差8～17m的进口散货码头，仍以采用斜坡式码头为宜。

2. 浮码头的组成及特点

浮码头，如图5-2所示，主要由趸船、活动引桥、固定引桥、撑杆、撑墩等部分组成。活动引桥可以是一跨，可以是多跨（不宜多于3跨），一般采用钢引桥。引桥一端搁在趸船上，另一端搁在墩台或桥台上（图5-2），引桥的高度和坡度可根据水位变化调节。

浮码头固定建筑物少，设备简单；趸船可以移动，引桥可以拆除，也可增减，机动灵活；工程造价低，在施工等临时码头中应用较多。此外，在地质复杂、河床不稳定的河段，不宜建筑固定式码头时，也宜采用浮码头。

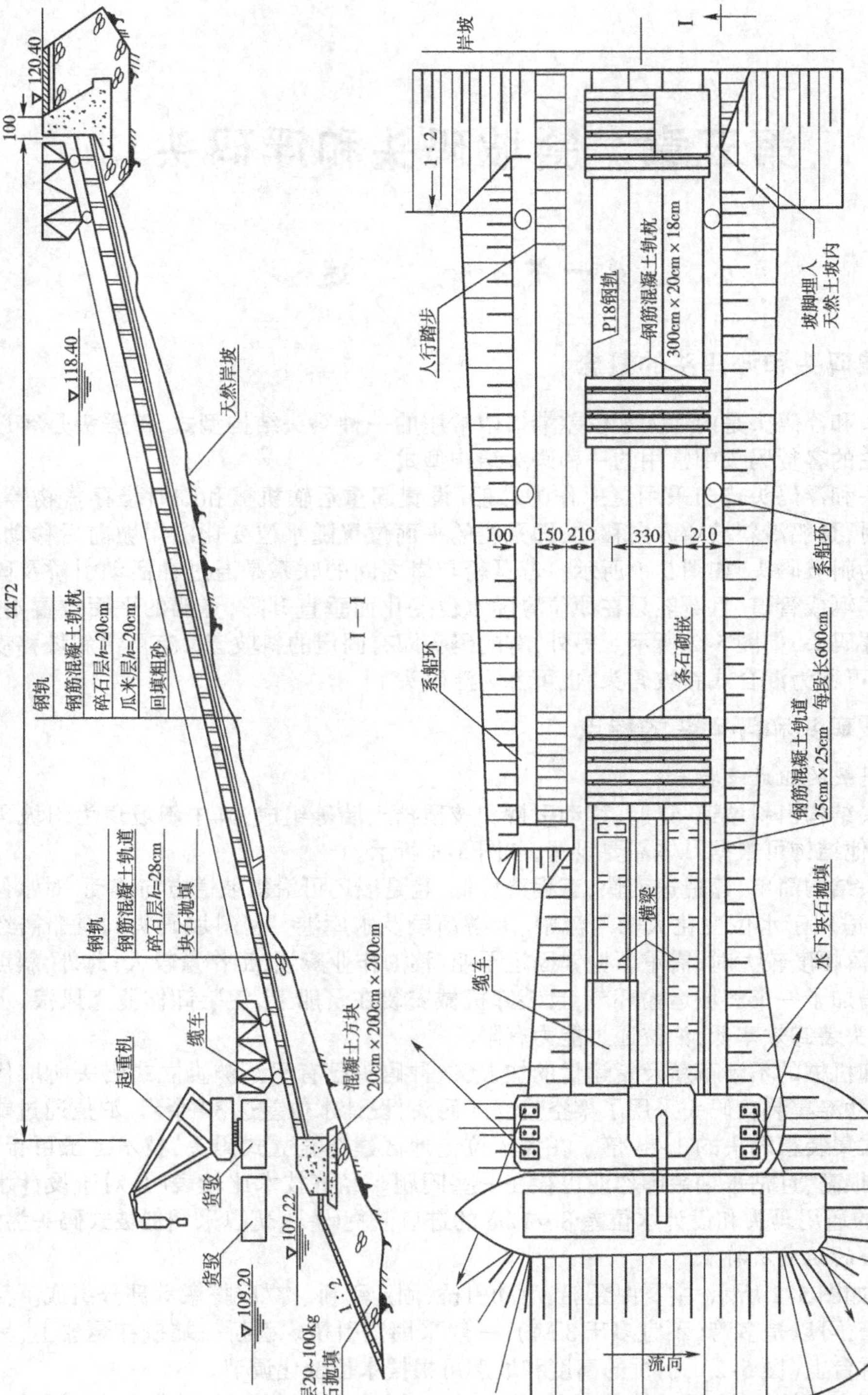

岸坡
I
1：2
P18钢轨
钢筋混凝土轨枕
300cm × 20cm × 18cm
坡脚埋入
天然土坡内
人行踏步
系船环
100
150
210
330
210
条石砌拢
系船环
钢筋混凝土轨道
25cm × 25cm 每段长600cm
水下块石抛填
横梁
缆车
流向
I
▽120.40
100
▽118.40
天然岸坡
4472
钢轨
钢筋混凝土轨枕
碎石层h=20cm
瓜米层h=20cm
回填粗砂
I—I
钢轨
钢筋混凝土轨道
碎石层h=28cm
块石抛填
起重机
缆车
混凝土方块
20cm × 200cm × 200cm
货驳
货驳
▽107.22
▽109.20
1：2
面层20~100kg
块石抛填

图5-1 实体斜坡道码头

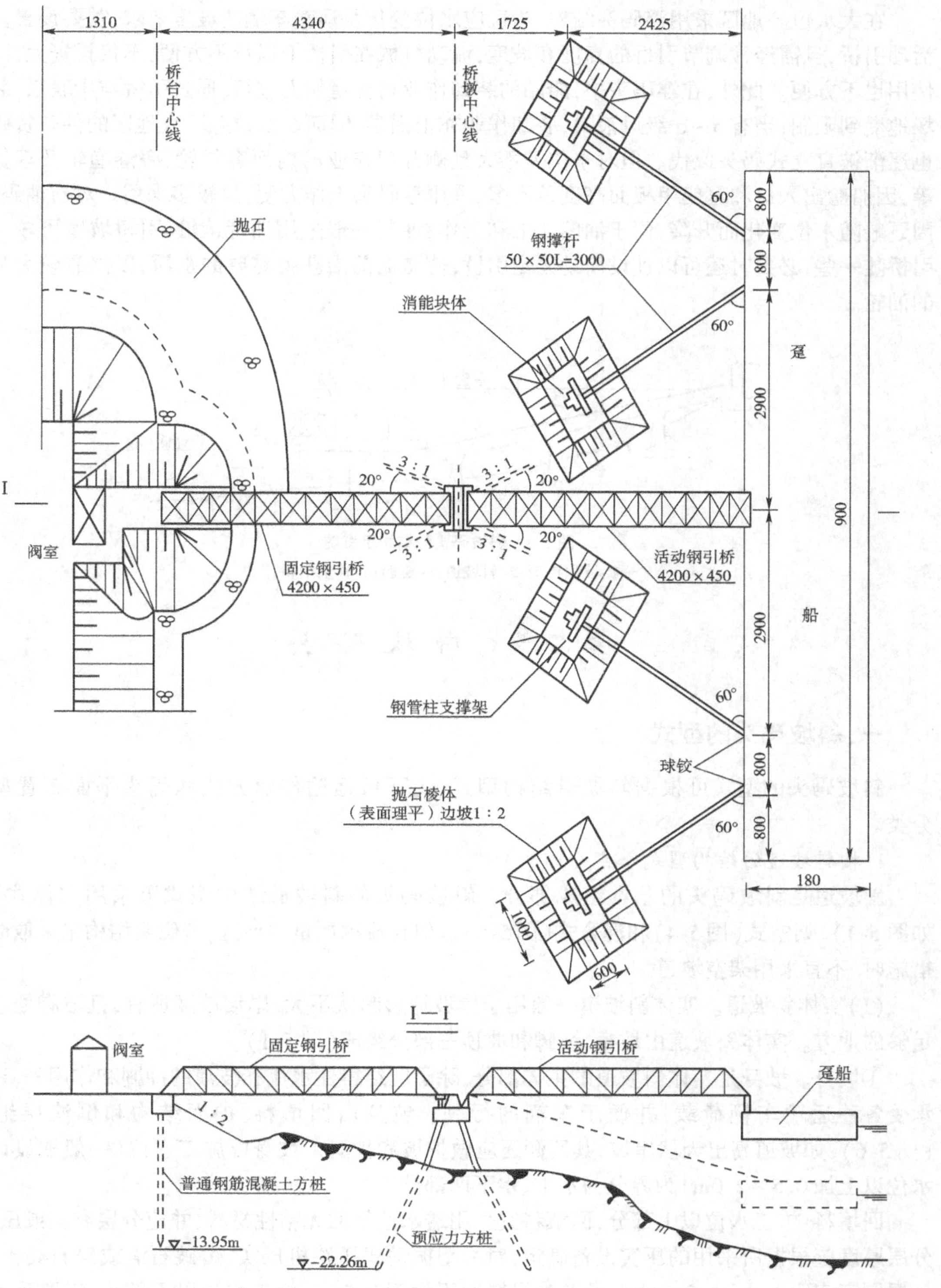

图 5-2　浮码头结构示意图

在大水位差地区采用浮码头结构，为适应水位变化及运输车辆的坡度要求，需要设置多跨活动引桥，且需经常调节引桥的高度和坡度，流动机械在引桥上运行不方便，不仅投资大，而且使用也不方便。此外，在浮码头中，船舶的装卸作业均在趸船上进行，通过引桥与岸联系，装卸场地受到限制；当有5~6级风浪时，装卸作业亦很困难，因而在水位差不大地区的件杂货码头也逐渐被直立式码头取代。但对水位差不大且侧开门作业的内河客货轮、海港渔轮及客货轮等，因船舱出入口和趸船甲板面高度差不多，采用浮码头工作方便，故较多采用。对石油码头，因趸船随水位变化而升降，便于油船靠泊和工作；油气一般采用油管运输，引桥坡度可较一般引桥陡一些，必要时还可以加设简易固定引桥，使趸船前沿获得需要的水深，以停靠较大吨位的油轮。

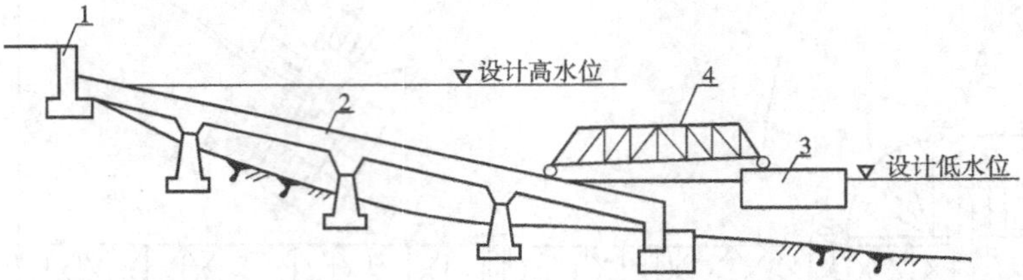

图5-3 斜坡码头的结构示意图

1-坡顶挡墙；2-斜坡道；3-趸船；4-移动引桥

第二节 斜坡码头

一、斜坡码头的型式

斜坡码头的型式可根据斜坡道结构型式、上下坡运输作业方式和码头平面布置型式分类。

1. 按斜坡道的结构型式分类

斜坡道是斜坡码头的基本组成部分。斜坡码头的斜坡道结构型式可采用实体式（如如图5-1）、架空式（图5-4）和混合式（图5-5）。但在流冰严重的地区，若码头结构未采取防冰措施时，不宜采用架空坡道。

（1）实体斜坡道。实体斜坡道一般用于岸坡地形起伏不大，岸坡坡度适宜，且坡脚处水深足够的地方。实体斜坡道由坡身、坡脚和坡顶三部分组成（图5-1）。

①坡身。坡身是实体斜坡道的主体部分，除了能经得住水流和波浪的冲刷和作用外，还需承受各种运输车辆荷载，并便于车辆的行驶。坡身由回填料、护面结构和倒滤层组成（图5-6），如坡道高出天然岸坡，其两侧还应做护坡和护脚。坡身以施工水位（一般取设计低水位以上加0.5~2.0m）为界分为水上、水下两部分。

回填料：施工水位以上部分，回填料宜采用透水性好的无粘性材料，并应分层夯实或压实，分层厚度应根据所采用的压实设备确定；对大型振动式压路机压实、爆破石渣或碎石类土石，分层厚度宜取1.0~1.5m，小型设备分层厚度不大于0.3m。施工水位以下部分，需要采用水下施工，一般宜采用块石抛填。

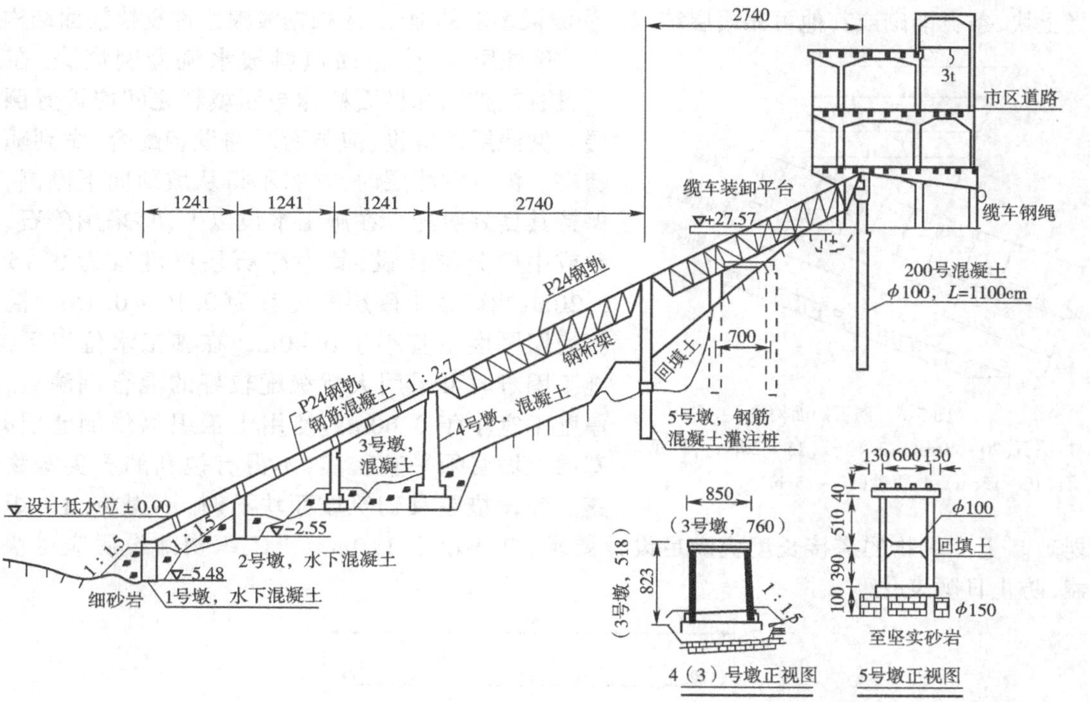

图 5-4　架空斜坡道码头

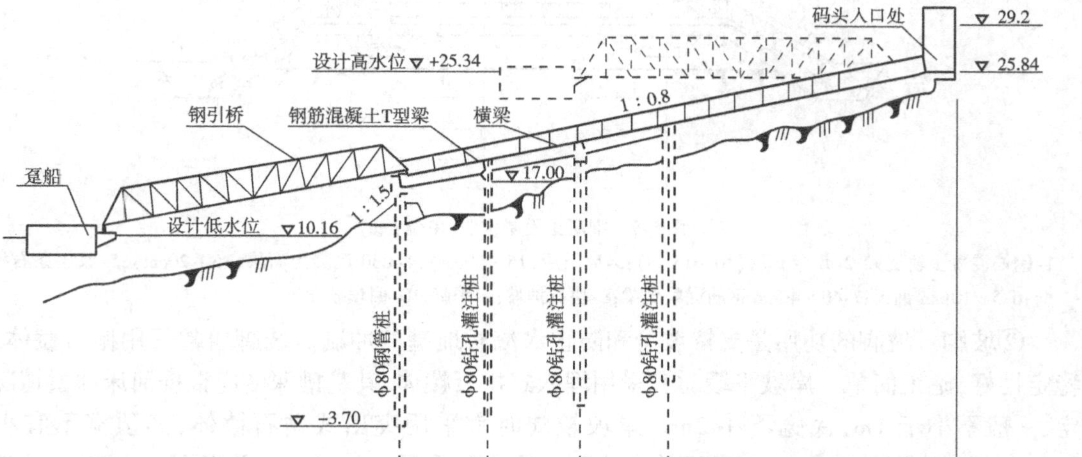

图 5-5　混合斜坡道斜坡道码头

护面结构：实体斜坡道的坡面宜略高出天然地面，其两侧边坡不宜陡于 1∶2，并设置护面和护脚防止坡面和坡脚受到水流、波浪的淘刷。实体坡道的坡面结构在施工水位以上，可采用干砌块石、浆砌块石、浆砌条石（图 5-6）或混凝土面层（图 5-7）等；砌石面层厚度可为 0.25 ~ 0.40m，混凝土面层厚度应符合现行行业标准《港口道路、堆场铺面设计与施工规范》的有关规定。在施工水位以下，当无行车要求时宜采用抛埋块石面层；当有行车要求时，宜采用预制混凝土块、条石铺砌或其他可靠面层结构。受波浪影响的地区,应根据波浪条件复核铺面结构。

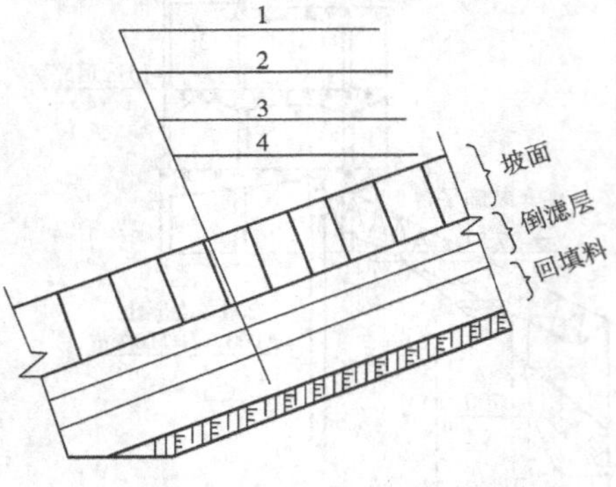

图 5-6 砌石护面构造

1-块石(20~40cm);2-碎石(15~20cm);3-瓜米石(10~15cm);4-粗砂(10~15cm)

倒滤层:为防止回填料被水流淘刷流失,在护面、护被、护脚和抛石棱体与回填料之间应设置倒滤层。倒滤层的铺设,应与面层铺设相配合,做到随铺随砌。铺设倒滤层时,材料不得从坡顶向下倾倒,以保持其良好级配。在施工水位以上,宜采用碎石、粗砂或中砂分层铺设,其中碎石层厚度宜为0.15~0.20m,粗砂或中砂层厚度宜为0.10~0.15m,混合倒滤层厚度不宜小于0.40m。在施工水位以下,当施工困难时可采用天然级配较好的混合倒滤层,其厚度不宜小于0.60m。使用土工织物作倒滤层时,基层土坡必须平整密实,不得有锐利的石尖等物外露。铺设垫层及砌筑坡面块石时,不得将土工织物划破。土工织物的搭接长度应满足设计要求,并不小于1.0m。土工织物铺设后应尽快覆盖,防止日晒老化。

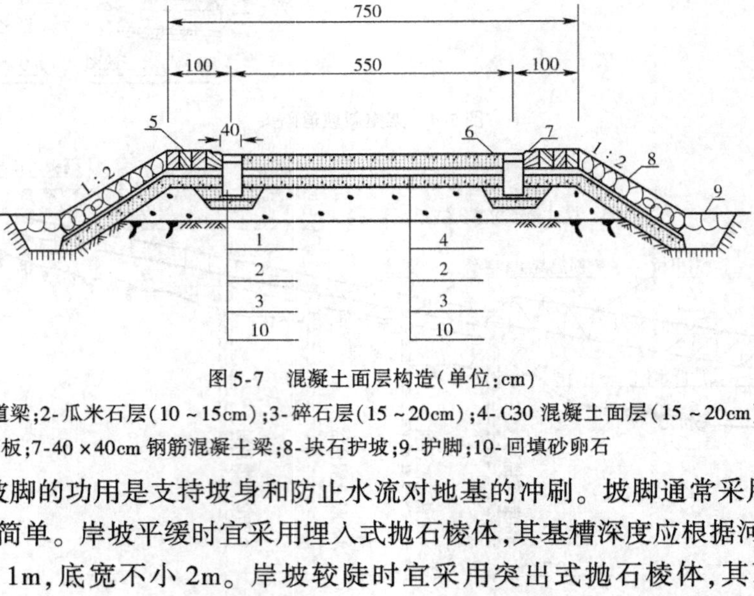

图 5-7 混凝土面层构造(单位:cm)

1-钢筋混凝土轨道梁;2-瓜米石层(10~15cm);3-碎石层(15~20cm);4-C30 混凝土面层(15~20cm);5-浆砌条石护肩;6-δ=10mm 钢板;7-40×40cm 钢筋混凝土梁;8-块石护坡;9-护脚;10-回填砂卵石

②坡脚。坡脚的功用是支持坡身和防止水流对地基的冲刷。坡脚通常采用抛石棱体,它稳定性好,施工简单。岸坡平缓时宜采用埋入式抛石棱体,其基槽深度应根据河床冲淤情况确定,一般不小于1m,底宽不小2m。岸坡较陡时宜采用突出式抛石棱体,其顶宽不宜小于1.5m,外坡不宜陡于1∶1.5。抛石棱体块石的重量宜采用10~100kg,并根据水流流速、波浪大小进行复核。如果河床土质松软、地下渗流量较大、岸坡较陡,可采用低桩承台式坡脚。如河底较陡、土质松软且有剧烈冲刷,可先在坡脚处作柴排护底,在柴排上抛填棱体,或采用其他型式的坡脚,如图5-8所示。

③坡顶。坡顶是斜坡道与岸衔接部分,一般建造混凝土或砌石挡土墙,并在墙上埋有固定缆绳用的耳环(图5-9)。坡顶挡土墙应根据地形和地基情况设变形缝,非岩石地基缝距宜为10~15m,岩石地基缝距可适当增大。当有缆绳沟通过坡顶挡土墙时,宜将坡顶挡土墙断面局部放大,作为安设立式转向滑轮的基础。当坡顶挡土墙置于堤防范围内时,挡土墙底部和背后

不得采用透水性材料作为垫层和回填料。

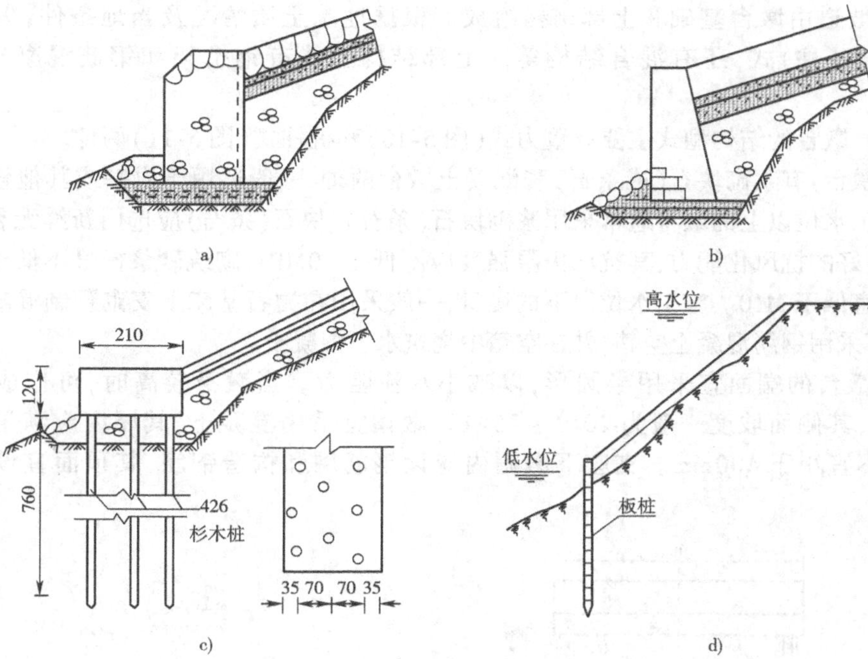

图 5-8　实体斜坡道其他型式坡脚

a)方块坡脚;b)挡土墙坡脚;c)低桩承台坡脚;d)板桩坡脚

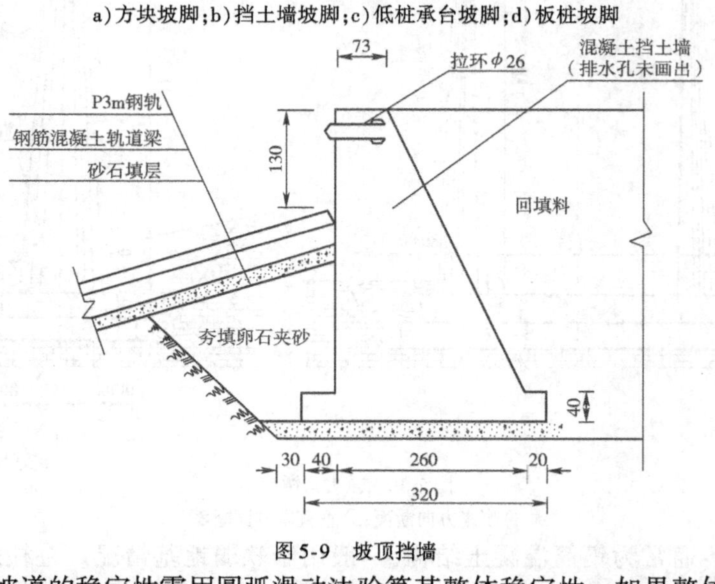

图 5-9　坡顶挡墙

为了确保斜坡道的稳定性需用圆弧滑动法验算其整体稳定性。如果整体稳定性不足,应采取可靠的加固措施。

(2)架空斜坡道。架空斜坡码头类似一座斜轿,如图 5-4 所示。其结构比实体斜坡码头复杂,造价也较高。优点是透水性好,对沿岸水流影响小。在河岸较陡,河床平缓的凹形河岸或修建实体斜坡码头影响水流或造成洪水壅高较大、可能造成港区回淤的地区,修建架空斜坡码头较为合适。

架空斜坡道由墩台基础和上部结构组成。根据地基土质情况及当地条件，墩台基础有重力式和桩(柱)式，还有混合结构等。上部结构型式有钢桁架和钢筋混凝土梁(图5-4)等。

①墩台。墩台的结构型式主要有重力式(图5-10)和桩柱式(图5-11)两种。

重力式墩台：有浆砌块石(或条石)和混凝土墩台两种，一般适用于岩基或其他较好的地基条件。施工水位以上的墩身通常采用浆砌块石(条石)，块石(条石)应选用新鲜无裂隙的硬质岩石，有良好的抗风化能力，其抗压极限强度应不低于30MPa，砌筑砂浆标号不低于M7.5，勾缝砂浆不宜低于M10。施工水位以下的堤身，一般采用在抛石基床上安砌预制混凝土方块的型式，也可采用钢筋混凝土空箱，并在空箱中浇筑水下混凝土。

重力式墩台的端面宜采用半圆形，以减小水流阻力。当墩身较高时，可作成上小下大的锥体形，其侧面坡度一般为20:1～25:1。墩帽宜采用混凝土，其厚度应满足支座锚固要求，且不宜小于400mm。支座下墩帽内应设钢筋网和构造钢筋，其顶面宜设排水坡(图5-10)。

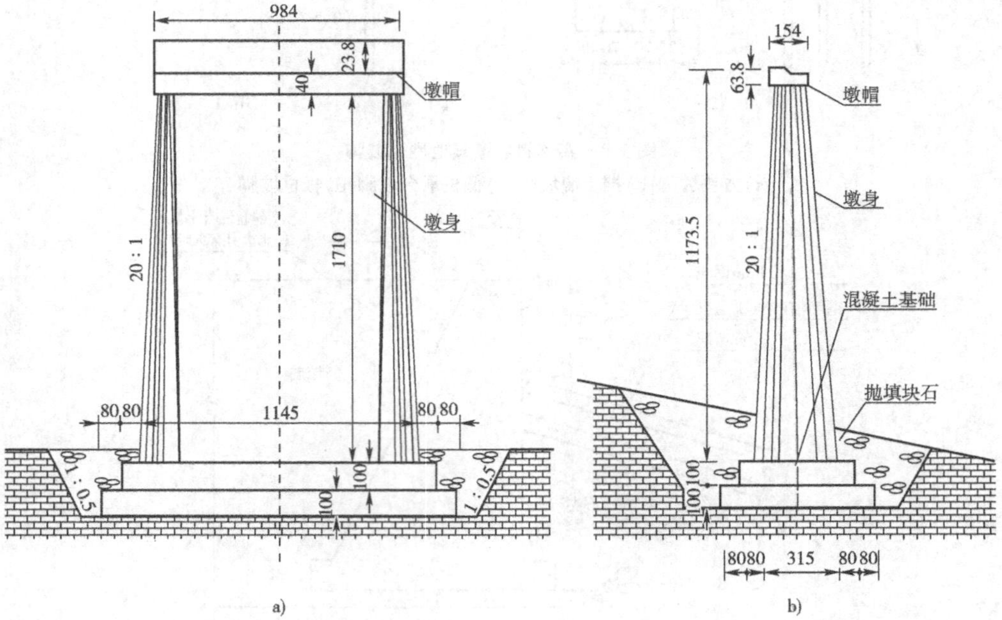

图5-10　重力式墩台

a)顺岸方向断面；b)垂直岸方面断面

桩柱式墩台：通常为钢筋混凝土结构，一般用于软弱地基情况。桩柱式墩台有单桩柱式和双桩柱式两种。当码头的桥面较宽时，宜采用双柱排架墩台，其型式有直桩式、斜桩式、框架式、桁架式等(图5-11)。当桩柱的计算高度大于桩柱间距的1.5倍时，应设联系梁或斜撑。

②上部结构。一般采用钢筋混凝土梁板结构或钢桁架结构。

钢筋混凝土梁板结构：钢筋混凝土梁板结构多采用装配式，耐久性好，施工方便。非预应力钢筋混凝土梁的跨度一般不大于15m，当梁跨较大时，可考虑采用预应力钢筋混凝土梁。架空斜坡道一般采用非整片式结构（即没有面板），纵梁的断面通常为T形或矩形。为增加上部结构的横向整体性，无面板的纵梁之间用横向联系梁连接起来（图5-12），其间距一般取3～5m。Π形梁和T形梁之间的两端宜设置端隔板，每隔3～5m加设横隔板。纵梁一般采用简支梁，支座底面宜做成水平的，以便安装方便平稳，消除梁自重产生的纵向水平力，忽略缆车的纵向冲击力及车轮纵向摩阻力的作用。纵梁的搁置宽度规定为，水上不小于20cm，水下不小于25cm。梁高由计算确定，当梁高在1.5m以上时，一般采用预应力结构。纵梁主肋的高度约为跨度的1/18～1/16，普通钢筋混凝土简支梁高可为跨度的1/15～1/12。为增加上部结构的整体稳定性，无面板的两矩形梁之间应设置横撑，其间距一般为3～5m（图5-13）。

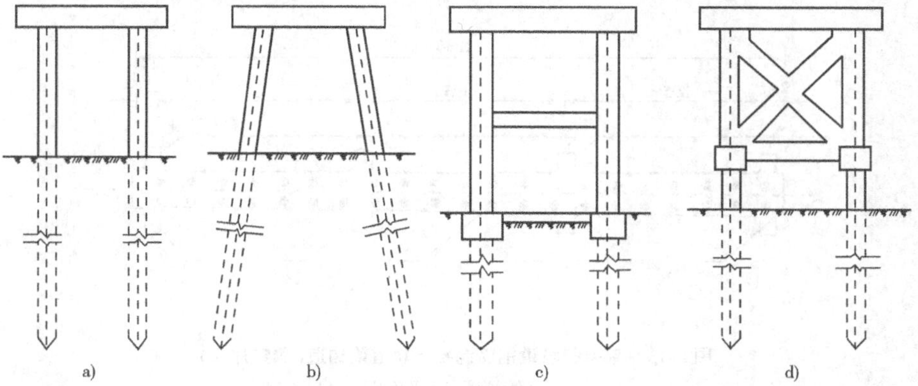

图5-11 双柱式墩台

a）直桩式；b）斜桩式；c）框架式；d）桁架式

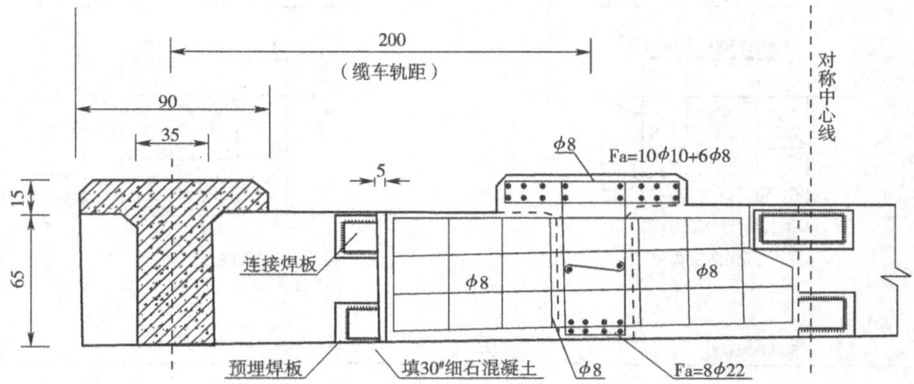

图5-12 纵梁之间的横向联系梁

此外，架空斜坡道纵梁一般会被水淹，当梁高较大时，在流速大于3.0m/s的情况下安装，必须验算梁在水流力作用下的稳定性。

钢桁架结构：钢桁架由主桁架和纵、横向联系杆件组成（图5-14），在两榀主桁架之间设纵、横水平联系杆。供缆车行驶的钢桁架，缆车轨道宜按安置在主桁架的上弦杆上，相邻缆车运用桥面联系。钢桁架结构的优点是重量轻、强度高，可采用大跨度，目前多采用24～35m。其缺点是维修工作量大、造价高，一般只在地质和施工条件受限制时采用。

（3）混合式斜坡道。根据工程场地的地形、地质、水文等条件，架空与实体斜坡道还可混

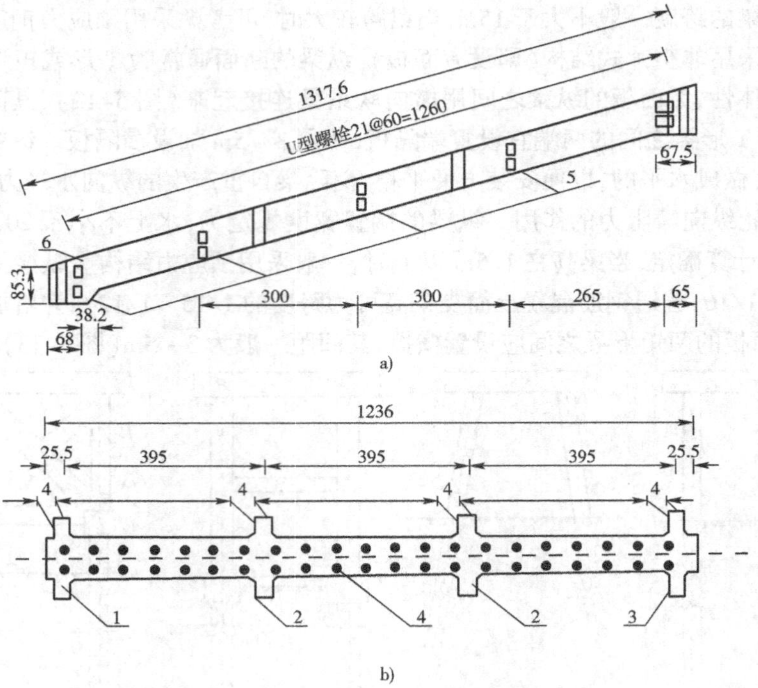

图 5-13 架空斜坡道钢筋混凝土轨道梁构造(非整片式)

a)俯视图;b)平面图

1-下端肋;2-中间肋;3-上端肋;4-预埋钢板甲;5-预埋钢板乙;6-2ϕ22 吊耳

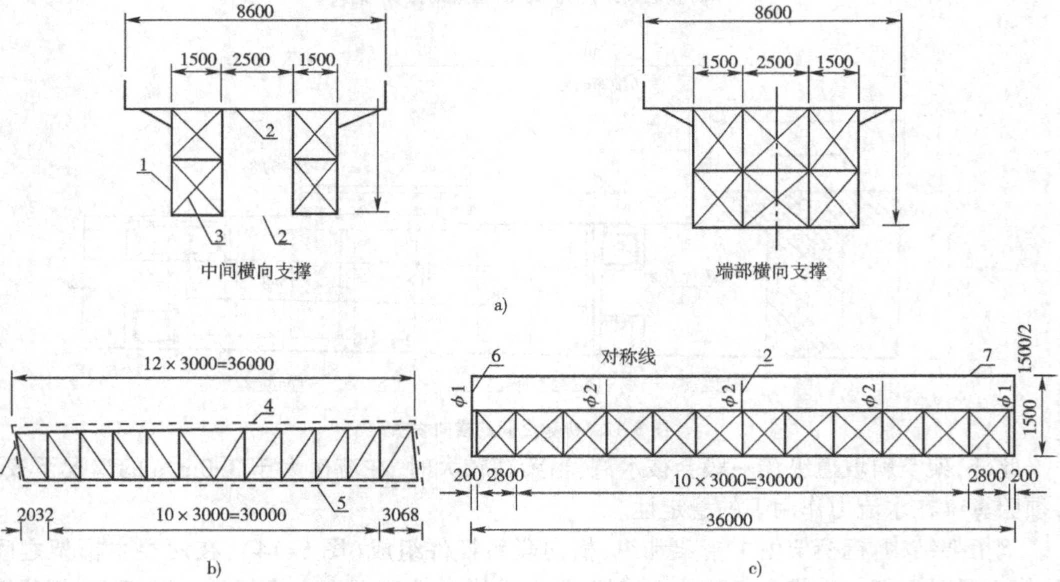

图 5-14 双缆车钢桁架联系构造图

a)钢桁架横断面;b)钢桁架侧视图;c)纵向上水平联平面图

1-主桁架;2-桥间横向联系;3-中间横向联系;4-上水平纵向联系;5-下水平纵向联系;6-端部横向联系;7-中心对称线

合使用,即一部分为架空斜坡道,一部分为实体斜坡道,称为混合式斜坡道,如图 5-5 所示。它适用于一部分岸坡平缓、一部分岸坡陡凹起伏的地方。

2. 按上下坡运输作业方式分类

由于货种不同,装卸工艺不同,其上下坡运输作业方式也不同。

按上下坡运输作业方式,斜坡码头分为:缆车码头、皮带机码头、汽车下河码头和滚装码头。斜坡道应与上下坡装卸运输作业方式协调。

装卸工艺是港口码头的基本生产工艺,是码头、港区总平面设计、仓库及码头结构设计的重要依据。设计时应根据货种、运量、流向、船型、车型、使用要求及自然条件(如水位差、岸坡陡缓)等,拟定几个装卸工艺流程方案进行比选。

(1)缆车码头。主要用于装卸件杂货、重件和集装箱等货物。它的装卸工艺系统由浮式起重机、缆车、坡顶起重机和流动运输起重机等组成。坡下用浮式起重机进行船—缆车作业,坡顶配置适当的流动式或固定式起重机进行缆车装卸。

(2)皮带机码头。对于大宗标准小件货(水泥、化肥等)或散货通过的专业码头,可采用皮带式连续输送机械系统,它由浮式起重机、皮带机(或移动式皮带车)、坡顶起重机或装卸料机等组成,如图5-15所示。

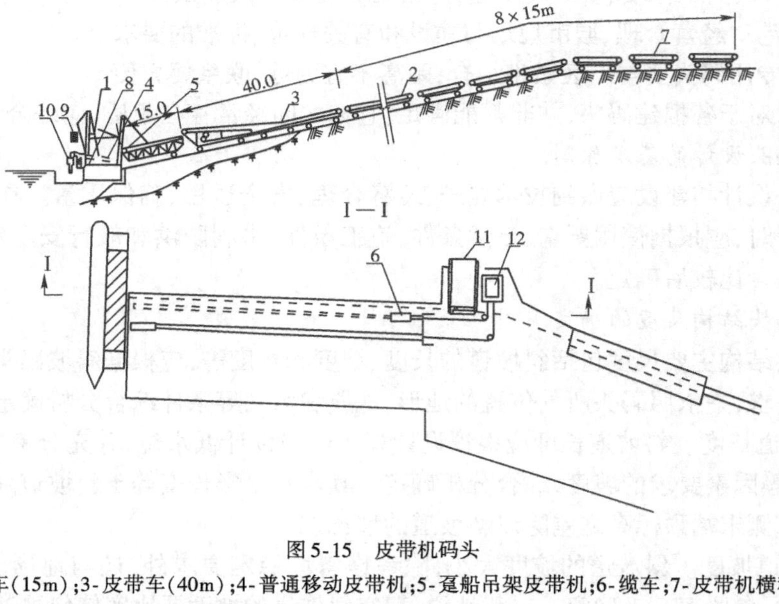

图 5-15 皮带机码头

1-趸船;2-皮带车(15m);3-皮带车(40m);4-普通移动皮带机;5-趸船吊架皮带机;6-缆车;7-皮带机横移车;8-趸船吊架;9-防雨棚;10-人字形岔漏板;11-皮带机停车场;12-绞车房

(3)汽车下河码头。汽车通过斜坡道直接开在趸船上进行装卸作业的斜坡码头,可用于件杂货或散货等装卸。

(4)滚装码头。供汽车直接开上或开下滚装船,或汽车通过斜坡道和趸船直接开上或开下滚装船的码头。在内河大水位差地区一般通过斜坡道开上开下滚装船。

滚装船的特点是装卸效率高,船舶周转快和水陆直达联运方便。但其缺点是重心高,稳性较差;横格舱壁少而影响抗沉性,甲板的强度也受到影响等。

3. 按平面布置型式分类

可分为横向斜坡码头和纵向斜坡码头。

横向斜坡码头是指斜坡道轴线或中心线与岸坡垂直的斜坡码头(图 5-1)。这是缆车码头、皮带机码头常见的布置型式。

纵向斜坡码头是指斜坡道轴线或中心线与岸坡平行或成锐角的斜坡码头,一般顺水流方向布置。当河道狭窄或水位差很大或受地形限制时采用这种布置型式。汽车下河道码头和滚装码头常采用这种布置。

二、斜坡码头布设的基本要求

1. 斜坡码头位置选择的主要因素

斜坡码头位置的确定需要考虑下列主要因素:

(1)码头所在河段河床稳定、水流平顺、有足够水深的水域可供布置泊位和锚地,并保证在通航期内为船舶靠离码头及转头提供方便、安全的水域条件。

(2)码头应选在地质条件好、岸坡稳定的河段。

(3)具有足够的岸线长度及陆域宽度,用以布置前方作业地带、道路、库场及生产辅助设施,以保证港口码头工作便利,周转迅速,并使之具有远景发展条件。

(4)符合港口经营管理、城市规划与建设和有关规范、标准的要求。

(5)企业专用码头要与厂区紧密结合,距离不宜太远,联系要方便。

上述要求对于各拟建码头,并非都能满足,它们之间经常存在矛盾,应综合考虑确定。

2. 斜坡码头设计的基本原则

斜坡码头设计与建设应做到技术先进、经济合理、安全适用、确保质量。在进行斜坡码头结构型式选择时,应根据使用要求、自然条件、施工条件、水利防洪和航行安全等因素,通过技术经济分析综合比较后确定。

3. 斜坡码头结构尺度的确定

斜坡码头结构主要尺度包括斜坡道的长度、坡度和宽度等,应根据斜坡码头的平面布置及工艺设计的要求,并依照码头所处位置的地形、地质和水文等条件综合分析确定。

(1)斜坡道长度。斜坡道长度应根据设计高水位和设计低水位,并充分考虑货种、装卸工艺、码头型式等因素要求的坡度,综合分析确定。其水平投影长度等于斜坡道陆侧末端顶标高减去斜坡道江侧末端顶标高之差除以斜坡道的坡比。

(2)斜坡道坡度。斜坡道的坡度大小,除考虑斜坡稳定要求外,还与地形、装卸工艺要求有密切关系,可参照表 5-1 确定。一般地说,架空斜坡道的坡度要比实体斜坡道陡。

(3)斜坡道的宽度。斜坡道的宽度主要根据装卸工艺确定。例如,实体缆车道一般采用双线或四线缆车道,架空缆车码头一般为双线缆车道。可参照表 5-1 确定。

斜坡码头斜坡道的坡度和宽度 表 5-1

斜坡道名称	坡 度	宽度(m)
缆车道	陡于 1:8	据工艺要求确定
重件拖拉道	不陡于 1:4	据工艺要求确定

续上表

<table>
<tr><td colspan="2">斜坡道名称</td><td>坡　度</td><td>宽度(m)</td></tr>
<tr><td colspan="2">普通带式输送机道</td><td>不陡于1:8</td><td>据工艺要求</td></tr>
<tr><td colspan="2">管线道</td><td>据自然条件及工艺要求确定</td><td>据工艺要求确定</td></tr>
<tr><td colspan="2">汽车道</td><td>不陡于1:10</td><td>单车道≥5,双车道≥7.0</td></tr>
<tr><td rowspan="4">人行道</td><td rowspan="2">货运码头</td><td>坡道不陡于1:6</td><td rowspan="2">≥0.8</td></tr>
<tr><td>踏步陡于1:6</td></tr>
<tr><td rowspan="2">客运码头</td><td>坡道不陡于1:7</td><td rowspan="2">≥3.5</td></tr>
<tr><td>踏步1:7～1:2</td></tr>
</table>

注:①汽车道纵坡在困难条件下不应陡于1:9;

②汽车渡口码头的坡道宽度应根据汽渡船靠泊需要、汽车掉头要求和陆上连接公路的宽度等因素综合考虑确定。

4.轨道结构的组成及构造要求

轨道结构包括钢轨、轨道基础和钢轨固定件等。

(1)钢轨直接承受的轮压力,其型号根据轮压力的大小按表5-2选用。

缆车、皮带车和移动钢引桥的钢轨类型选用表　　表5-2

设备名称	载重量(t)					皮带车	移动钢引桥
	3	5	8或10	15或20	25或30		
钢轨类型(kg/m)	8～15	15～18	18～24	24～38	≥38	12～15	≥24

(2)轨道基础一般有轨枕道碴基础、钢筋混凝土轨道梁和架空结构三种。

轨枕道碴基础:与铁路上用的基本相同,见图5-1,应用比较广泛。轨枕间距根据轮压力大小选定,一般为50～70cm;当轨距大于3m时,每根轨下面铺设短轨枕,每隔3～5m设一长轨枕,以保证钢轨在平面上的相对位置。轨枕道碴基础结构简单、施工容易、造价低,能较方便地调整轨道的不均匀沉降。缺点是结构抵抗横向力的能力差,轨枕容易位移。

钢筋混凝土轨道梁:见图5-1,轨道梁的长度一般为8～20m。由于轨道梁的刚度较大,轨距不易改变,轨顶不易变形。这种结构可承受较大的荷载,一般用于重件码头上。为了使各轨道梁共同承受缆车产生的横向力,轨道梁之间应设置横撑,共间距一般为3～5m。

架空结构:一般适用于软基或天然岸坡较陡的情况,其结构与构造见前述。

轨枕道踏基础和钢架混凝土轨道梁都适合于较好的地基。对于岩基,轨道梁也可直接安装在用混凝土或砂浆找平的岩基上。当地基承载力不足时,轨枕和轨道梁下面可设较厚的碎石或块石基床,基床的厚度由计算确定。如果地基很软,可采用人工换砂等方法来加固地基。对于施工水位以下的轨道,为了便于施工,多采用整体式预制钢筋混凝土轨道梁,见图5-16。

(3)钢轨在钢筋混凝土轨枕或轨道梁上的固定方法一般有两种,一种是预埋U螺栓,并用相扣板和螺帽固定在垫板上，见图 5-17a)；第二种方法是预留螺栓孔，用活动螺栓固定，见图 5-17b)。

钢轨在钢桁架的上弦杆上的固定，通常采用在钢轨两侧互相交错的钩头螺栓固定，见图 5-17c)。

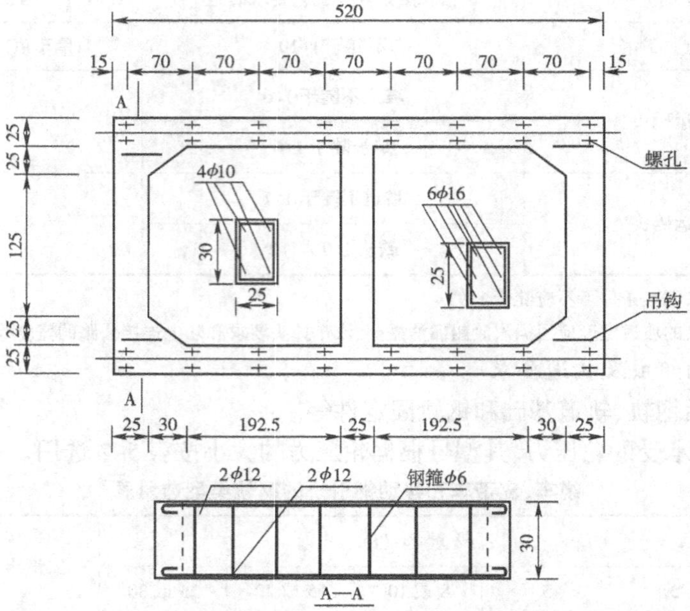

图 5-16　整体式预制钢筋混凝土轨道梁

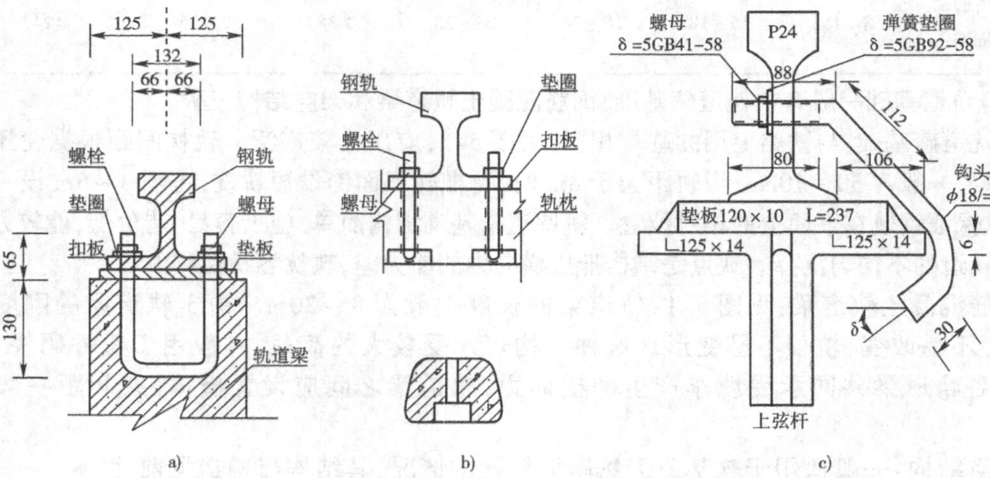

图 5-17　钢轨的固定方法

a) 预埋 U 螺栓；b) 预留螺栓孔；c) 钩头螺栓

5. 缆车、卷扬机及其他附属设施

(1) 缆车。缆车是缆车码头货物或旅客上下坡的运输工具，一般为钢结构，主要由钢面板、车架、轮轴、联结器等组成，如图 5-18 所示。缆车按载重量一般划分为轻型缆车(3～5t)、中型缆车(5～15t)和重型缆车(20t 以上)，我国装卸特大重件用的缆车载重量最大已达150t。

缆车的轮数和轮距直接影响轮压力的大小及其分布。我国的缆车码头大多数采用轻型和中型缆车,一般为四个轮子,轨距1.5~2.5m,轮距3.5~5.5m,大多为刚性支承,结构比较简单。重型缆车轮子多于4个。为使轮压力分布均匀,在车轮与车架连接处安设橡胶垫或弹簧,形成弹性支承。

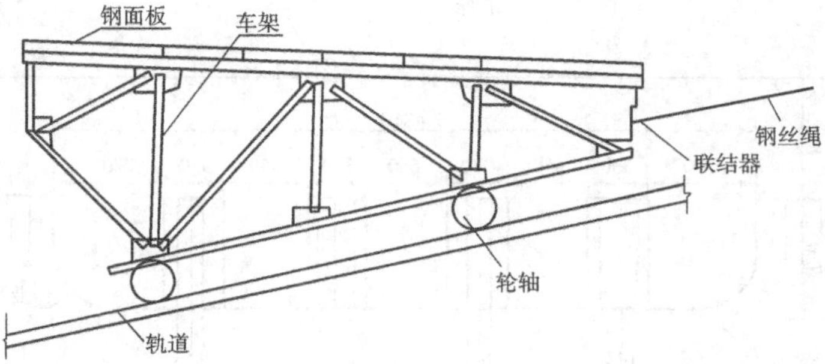

图5-18 缆车结构图

缆车的载重量、台面尺寸和轮压等参数,应根据货物的单件重量、外形尺寸、装卸机械类型和轨道坡度等来选择。

缆车的牵引有单筒卷扬机和双筒卷扬机两种,多采用双筒卷扬机牵引(图5-19),在牵引重载缆车的同时,将空车下放,两缆车的白重力相互平衡,可减小卷扬机的功率。对于重件缆车码头,可采用两条单线缆车道,分别设两条单筒卷扬机,拉重件货上坡时,可并排使用。

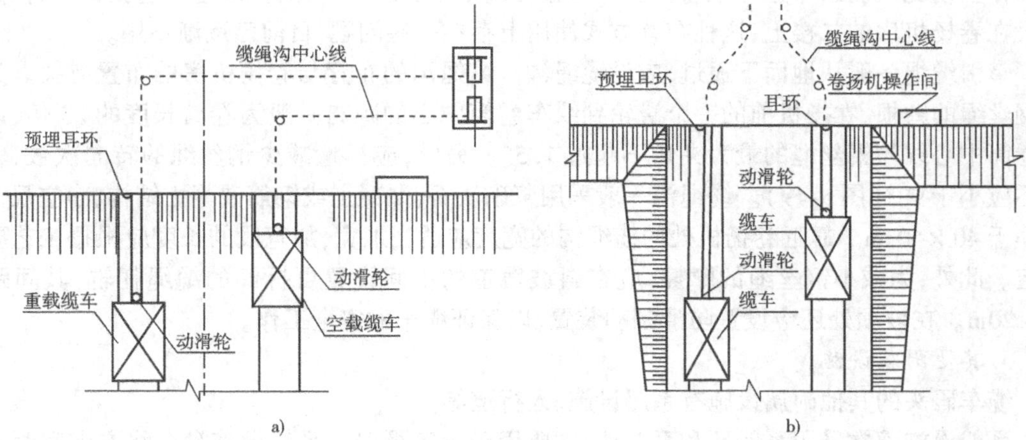

图5-19 缆车的直式布置

a)卷扬机房侧式布置;b)卷扬机房直式布置

(2)缆车码头的装卸工艺及平面布置。缆车码头的装卸工艺,过去一般是在趸船上和岸上各设置一台吊车,装卸操作次数多,装卸效率低而成本高。为了提高装卸效率,降低装卸成本,目前已逐步改为流动运输机械直接上缆车。

根据缆车与陆域的衔接方式,缆车有直式布置(图5-19)和侧式布置(图5-20)两种,多采用直式布置。直式布置流动运输机械是从缆车正面端面进出,适用于小型流动运输机械(如电瓶车、铲车等),其特点是布置紧凑,占陆域的作业面积小。侧式布置是在缆车侧面布置作业平台,运输机械从缆车两侧进出,操作方便安全,比较适合运输长大件的汽车和拖头平板车上缆车,但占用前方作业地带面积较大。

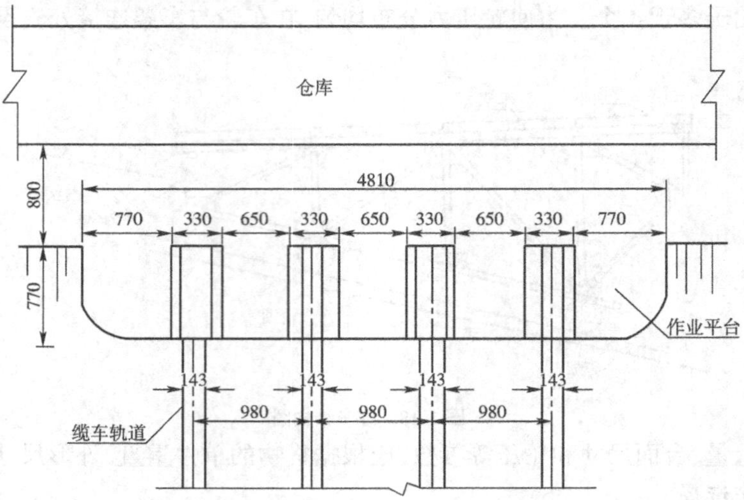

图 5-20　缆车的侧式布置

卷扬机房应根据陆域条件布置,也有直式布置(图 5-19b)和侧式布置(图 5-19a)两种。前者是把卷扬机房布置在缆车道中心线端部,在码头前沿另设操纵室,以保证司机通视缆车的装卸作业情况。侧式布置是把卷扬机房布置在缆车中心线的一侧,操纵室与卷扬机房合并,一般设在卷扬机房的二楼上,这种布置方式使用上存在一些问题,目前已逐渐不用。

牵引缆绳一般从地面下通过,应设缆绳沟。缆绳沟的布置与卷扬机房的布置有关。为减少钢丝绳的磨损,卷扬机前的一个滑轮到绞车卷筒中心的距离一般为卷筒长度的 20 倍,以保证卷筒中心线与钢丝绳的最大夹角不超过 1.5°。另外,应尽量减少钢丝绳的转向次数,转向角不应小于 90°(图 5-19)。缆绳沟一般采用浆砌块石、混凝土或钢筋混凝土结构,净空尺寸不宜小于 40×40cm。靠近卷扬机处的缆绳沟的宽度应适当加宽,加宽段的长度应根据工艺要求确定。此外,为减小钢丝绳的摩擦,应在斜坡轨道的中间设置可拆卸的缆绳托辊,其间距取 10~20m。在坡项处还应设置防滑制动装置,以保证缆车的安全工作。

6. 其他附属设施

缆车码头的其他附属设施有系船设施、人行道等。

系船设施通常采用系船环和系船柱,主要用于固定趸船。系船设施沿岸线方向间距一般采用 15~25m,沿岸坡方向间距采用 4~8m,且宜对称于缆车道布置。系船环或系船柱固定在系船块体(又叫地牛)上。系船块体除自重力外,还承受系缆力、主动和被动土压力,其验算内容与墩台相同。

人行道宽度不宜小于 1.4m,踏步一般高 12~15cm,宽 25~30cm。如斜坡道很长,台阶很多,则每隔 3.0m 左右应设置宽度不小于 1.0~1.5m 的休息平台。斜坡较缓时(坡度小于 1:8),可不设踏步。

三、斜坡码头的计算

斜坡码头的斜坡道、引桥桥墩、坡顶挡土墙、桥台以及岸坡等均应进行稳定计算，必要时还应进行沉降等计算。当横向作用于架空斜坡道和固定引桥桥墩及上部结构上的风荷载和水流力等较大时，还应验算结构横向强度及稳定。

1. 实体斜坡道结构的计算

实体斜坡道结构的计算内容主要包括以下几个方面：

(1)斜坡道的整体稳定性计算。斜坡道的整体稳定性计算按我国现行行业标准《港口工程地基规范》的有关规定执行。

(2)坡顶挡墙计算。坡顶挡墙计算包括挡墙的滑移稳定性、倾覆稳定性和地基承载能力等验算。坡顶挡土墙设计应符合我国现行行业标准《重力式码头设计与施工规范》的有关规定。

(3)实体斜坡码头缆车、皮带车和移动钢引桥的轨枕计算。根据装卸工艺要求，实体斜坡道上安设有供缆车、皮带车和移动钢引桥行驶的轨道，轨道下铺设有轨枕。轨枕结构应按弹性地基梁计算。

2. 架空斜坡道结构的计算

(1)上部结构计算。架空斜坡码头的上部结构，一般为支承于墩台上的简支钢筋混凝土梁或钢桁架，亦称为人工地基上的轨道梁。作用于其上的荷载主要有：结构自重、缆车荷载、人群荷载、动水压力及风压力等。由于缆车速度较小，为简化计算，冲击力和波动摩阻力可忽略不计。

①缆车轮压力。作用在轨道上的主要荷载是缆车轮压力，对于不同型式的结构，还可能作用有结构自重力、人行荷载、水流力、风荷载等，有时还需考虑船舶荷载、地震荷载等。这里仅介绍缆车轮压力计算，其余荷载的确定见第一章。

缆车轮压力的精确计算比较复杂，工程上缆车的计算轮压力 P(kN)一般按下式计算：

$$P = \frac{1}{n}(G + Q)K \tag{5-1}$$

式中：G——缆车的自重力(kN)；

Q——缆车设计载重力(kN)，货物由两辆缆车共同运输时，其值为平均载重量乘以荷载分配不均匀系数1.1～1.2；

n——缆车总轮效；

K——轮压不均匀系数，与货物、汽车或流动机械在缆车台面上的重心位置、缆车结构和自重力分布、车轮与钢轨的接触情况等有关，一般取 $K=1.2\sim1.5$。

②简支梁计算跨度。架空斜坡道纵梁计算跨度为支座中心线间的水平距离。弯矩计算跨度为 $L_n = L_0 + e$ 和 $1.05L_0$ 中的小值；剪力计算跨度为 $L_n = L_0$(L_0为梁的净跨，e 为梁的搁置长度)。

③内力计算。荷载及梁的计算跨度确定后，可按相关方法计算结构的内力。对于缆车荷载、汽车荷载等移动式装卸工艺，其轮压是移动荷载，设计时轮压力是移动集中荷载，应按内力影响线方法求出梁各断面内力影响线，再求出相对应各断面最大弯矩，进而作出弯矩包络图。

同样,求出每个断面剪力包络图。弯矩和剪力包络图是设计和验算轨道梁的重要数据。

(2)下部结构的计算:

①计算内容。下部结构主要是指墩台。墩台有重力式墩台和桩柱式墩台,它们的工作原理不同,计算内容和计算方法也不相同。

重力式墩台的计算包括:墩台的滑移稳定性、倾覆稳定性、截面强度、地基承载力、地基沉降等验算内容。在进行地基强度和稳定性验算时,由于顺轨道方向和垂直于轨道方向的荷载不同,应分别考虑。

桩柱式墩台的计算内容主要包括构件的强度和稳定性计算。

②作用在墩台上的荷载。作用在墩台上的荷载主要包括:由上部结构自重力产生的支座压力;墩身和基础自重力(包括基础上的填土重力);由缆车荷载及人群荷载等产生的垂直压力;由上部结构传来的风力、水流力;作用在墩台上的风力、水流力;缆车轮压力在固定支座上产生的水平分力;水对墩台的浮力;由于上部结构温度变化在支座上产生的摩阻力,当相邻桥孔跨径相等时可以不计,跨径不等时,按摩阻力之差计算,即用上部结构相邻两跨结构自重产生的反力之差乘支座摩阻力系数。各种荷载的确定方法,请参见《斜坡码头及浮码头设计与施工规范》。

此外,桥墩还受到土压力的作用,当基础埋置不深,地面坡度平缓时,桥墩两侧土压力可忽略不计,当坡度超过30°,则应考虑倾斜土体产生的主动和被动土压力。

③计算方法。重力式墩台计算方法按我国现行行业标准《重力式码头设计与施工规范》和《公路钢筋混凝土及预应力混凝土桥涵设计规范》及《公路砖石及混凝土桥涵设计规范》的有关规定进行计算或验算。

对于单桩柱式墩台,按嵌固于地基土中的悬臂梁计算,并按压曲受弯构件对桩柱进行验算;对于双柱(桩)式墩台,有斜撑时按桁架计算,其他情况按刚架计算。设计时应按现行《高桩码头设计与施工规范》和《港口工程桩基规范》的有关要求进行。

当横向荷载作用时,独桩墩可按悬臂结构计算,单排桩墩可按平面刚架计算,多排桩墩可按空间桩台结构计算;当有较大顺桥方向的荷载作用时,独桩墩和单排桩墩可按悬臂结构计算,多排桩墩可按空间桩台结构计算。

第三节　浮　码　头

一、浮码头的组成和分类

1.浮码头的组成

浮码头主要由趸船、引桥和支撑系统等组成(图5-21)。趸船的作用与斜坡码头中的趸船相同,引桥是趸船与岸之间的联系通道。为保证趸船不致产生过大的位移和摆动,浮码头的趸船除用锚链锚泊外,通常还设置撑杆来固定。此外,浮码头还常作有护岸,护岸可采用斜坡式、半直立式或直立式。对于经常有风浪的港口,应注意半直立式和直立式护岸产生波浪反射对作业的影响。

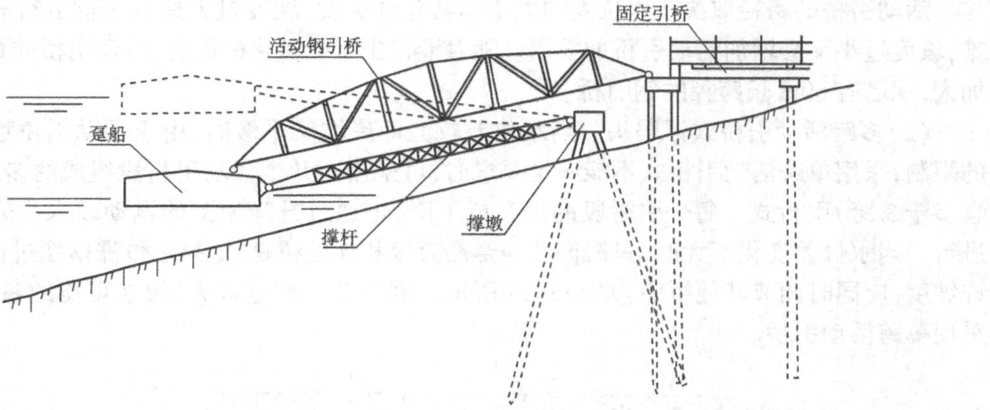

图 5-21　浮码头的组成

2. 浮码头的分类

根据趸船与陆域的连接方式，浮码头有如下几种型式：

(1) 单跨活动引桥式浮码头。单跨活动引桥(图 5-22a)一般适用于水位差不很大而岸坡较陡的地区；当岸坡平缓时，就需加筑固定式引桥与岸相连(图 5-22b)。

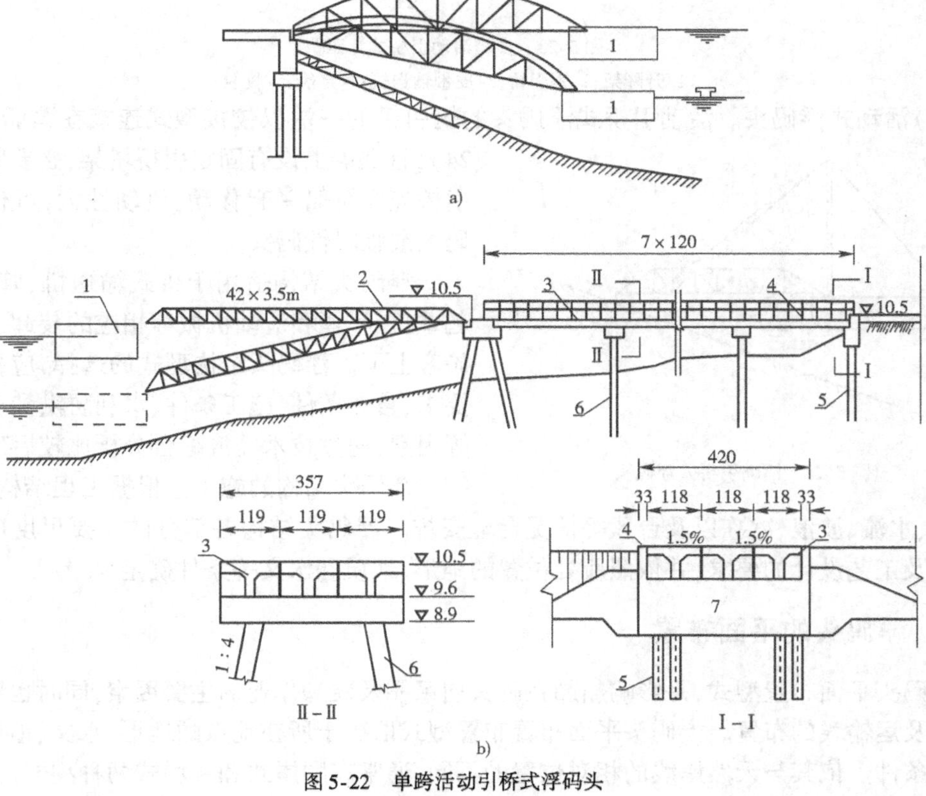

图 5-22　单跨活动引桥式浮码头

a) 无固定引桥；b) 有固定引桥

1-趸船；2-活动引桥；3-固定引桥的钢筋混凝土 T 型梁；4-栏杆；5-管柱；6-方桩；7-桥台

活动引桥的跨径取决于水位差的大小和其允许坡度,坡度过大造成车辆运行和装卸的困难;坡度过小又会增加活动引桥的投资。随着港口施工机械化的提高,活动引桥的跨径也逐渐加大,现已有60m长跨径的钢引桥。

(2)多跨活动引桥式浮码头。当水位差较大而岸坡又平缓时,由于活动引桥坡度和跨径的限制,采用单跨活动引桥式不能满足要求时,可采用由几个活动引桥段组成的多跨(一般不宜多于3跨)引桥式。每个引桥段的提升或下降,可通过升降架上的电动或人力升降装置来进行。当水位差变化不大时,只需调节与趸船直接相连的桥跨;如果水位涨落超过该引桥的允许坡度,应同时调节其他桥跨,如图5-23所示。因调节工作量较大,故在可能的条件下,尽量采用单跨活动引桥。

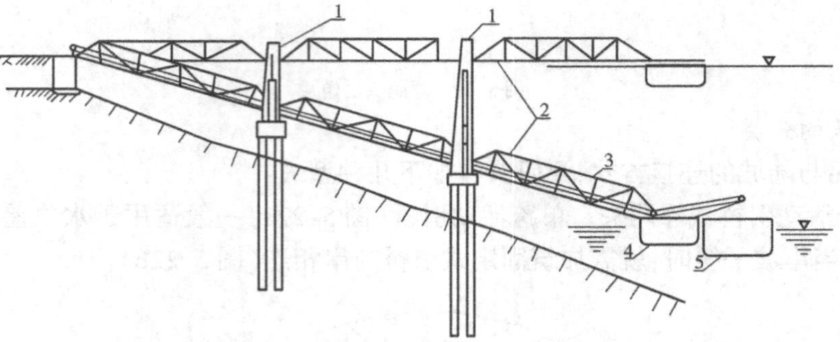

图5-23 多跨活动引桥式浮码头

1-升降架;2-钢引桥;3-皮带输送机;4-趸船;5-货驳

(3)活动式浮码头。活动引桥式浮码头的钢引桥的一端以铰接型式连接在趸船上(图5-24),且趸船上设有固定引桥塔架,必要时可提起引桥连同趸船一起移动,机动性大,可作为战备码头或临时性码头。

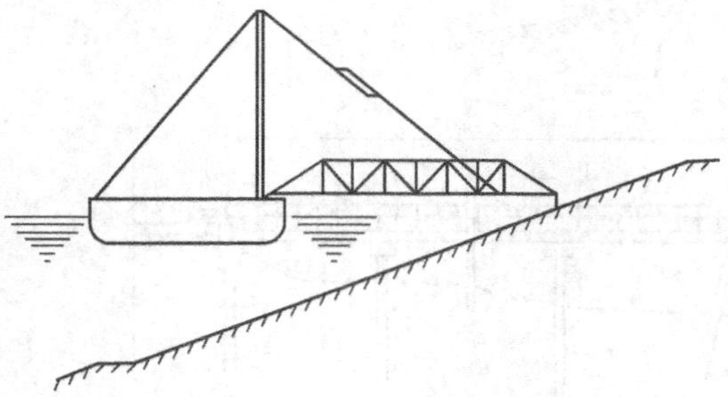

图5-24 活动引桥式浮码头

浮码头结构适用于带式输送机、管道、浮式起重机、车辆和流动机械等相应的装卸工艺以及旅客上下。浮码头结构型式的选择,应根据使用要求、自然条件、施工条件、水利防洪和航行安全等因素,通过技术经济综合分析比较后确定。

浮码头结构的施工应根据工程结构特点、水位变化、水流、波浪、冰冻以及台风等情况合理安排。浮码头结构各部分的主要尺度应根据平面布置及工艺设计的要求,并依照所处位置的地形、地质和水文等条件确定。

二、浮码头的平面布置

浮码头平面布置型式,是影响船舶在码头前系靠及装卸作业的主要因素,同时也影响港区内库场及运输线的布置。浮码头平面布置布置型式取决于所在地点的地形、水文、地质等因素及营运条件。依其与天然岸线的相对位置的不同,通常有顺岸式和突堤式两种型式。

1. *顺岸式*

顺岸式浮码头趸船采用顺岸布置,当同类型趸船较多时,可将趸船连接成连片式(图

5-25)。组成浮码头的趸船个数,我国多采用 1 ~3 个,日本也多采用 1 ~3 个,最多 6 个,其他国家有连接 60 个趸船的例子。趸船尺度与引桥的数目主要取决于装卸工艺方案。

对中小型客货运浮码头、石油码头及只布置一线固定皮带机或非机动车道的货运码头,宜采用单引桥。当装卸运输车辆需要上趸船时,宜设双引桥,以方便车辆回转。

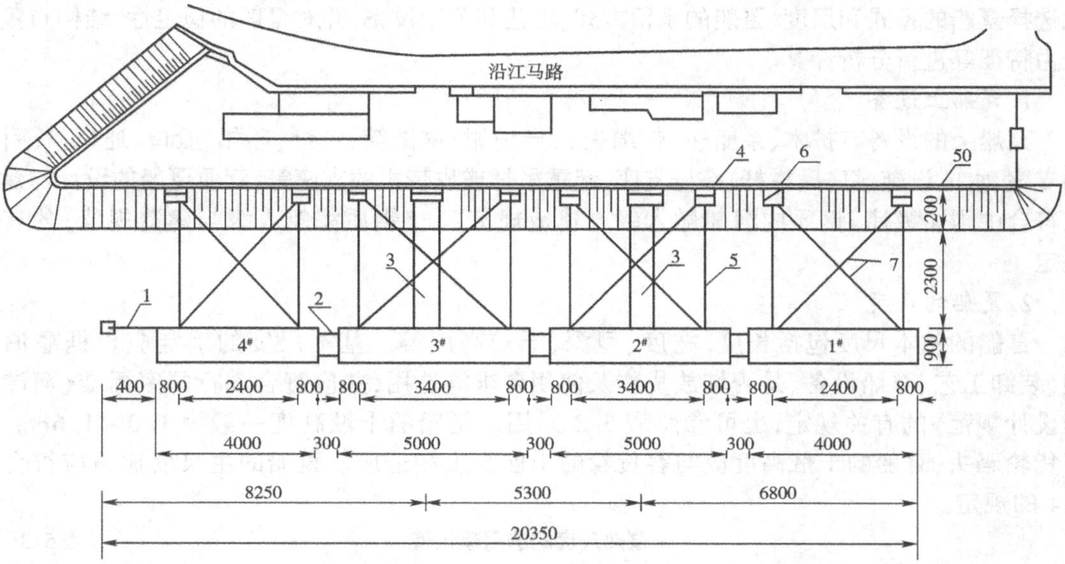

图 5-25 连片式浮码头(单位:cm)

1-人行钢引桥;2-趸船连接桥;3-钢引桥;4-系船柱;5-撑杆;6-撑座;7-十字链

对连片式浮码头可根据装卸工艺及使用要求设置双引桥成多引桥。

2. 突堤式

突堤式浮码头趸船垂直岸线布置(图 5-26),船舶系靠于趸船两侧,一般多用于海港渔轮码头。在河港中,由于河面宽度的限制及水流的影响,突堤式布置的趸船犹如丁坝,影响水流及船舶的航行、系泊,因此很少采用。

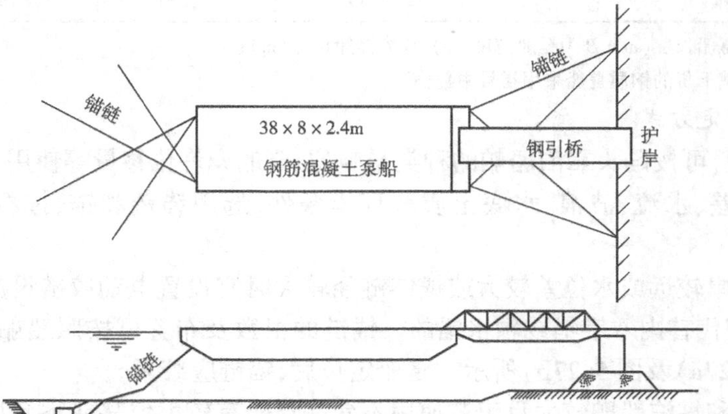

图 5-26 突堤式浮码头

三、趸船设计基本要求

趸船供船舶直接停靠，是浮码头的重要组成部分。趸船一般采用钢质趸船，它不仅是码头前方作业场所，又具有适应水位变化、机动灵活、便于调动转移的特点。因此，在设计中应合理地选择趸船的型式和尺度、趸船的系留方式、工艺和公用设备，并对趸船的稳定性、结构布置及受力特征等进行分析计算。

1. *趸船上设备*

趸船上的设备有护木、系船柱（带缆桩）、导缆钳、锚链筒、绞盘、环扣、舱口、通风筒、引桥的支座、水电设施、灯杆、栏杆、撑杆支座、起重吊杆或皮带机的支座等，钢质趸船的设计与建造应符合中国船级社《钢质内河船舶入级与建造规范》和《钢质海船入级与建造规范》的有关规定。

2. *趸船的尺度*

趸船的基本尺度包括长度、宽度、型深、干舷高度等。基本尺度的确定应根据靠泊船型、装卸工艺、趸船设备、是否堆放货物及使用要求等选用，并应符合现行国家标准《河港工程设计规范》的有关规定，也可参照表5-3采用。趸船的干舷高度一般为1.0～1.6m。对客货轮码头，趸船的干舷高度应与客货轮的干舷高度相适应。趸船的主尺度比值应符合表5-4的规定。

趸船尺度的选用建议值 表5-3

码头类别	长度		宽度/长度
	一般长度	最小长度	
货运码头	$(0.7\sim0.8)L_C$	$0.65L_C$	0.15～0.25
客运码头	$(0.8\sim0.9)L_C$	$0.70L_C$	0.15～0.20

注：L_C——设计标准船型长度。

趸船主尺度比值 表5-4

趸船类别	L/D	B/D
钢质趸船	≤45(35)	≤7(6.5)

注：①表中L为趸船长度(m)，B为趸船宽度(m)，D为趸船型深(m)；

②甲板下装载干货的钢质夏船采用括号中数值。

3. *趸船的固定方式*

趸船的系留，可按码头靠泊船舶的种类与吨位、趸船允许位移量等使用要求和趸船所处的水域限界、水位差、水流、波浪、水底土质等环境条件，选用锚链和锚、撑杆系统或定位墩等方式。

(1)趸船距岸较远或水位差较大或锚链链径较大时宜设置电动绞链设施。长江上游一些码头还有用带缆代替内八字锚或领水锚的。锚链的根数及布置可按照船舶大小、水流流速流向确定，如图5-27a)及图5-27b)所示。趸船定位后，锚链应绞紧。

(2)对海港和靠泊船舶较大且工艺使用不允许趸船有较大位移或不允许抛外锚的河港浮码头，可采用撑杆系统系留趸船。如图5-27c)、图5-27d)及图5-27e)所示。

(3)当由于水域限界或水底土质等原因不允许抛锚，或靠泊船舶较大而趸船不允许有较大的位移时,可采用定位墩系留趸船。定位墩可布置于趸船两端,如图5-27f)所示;也可布置于趸船内舷后侧。

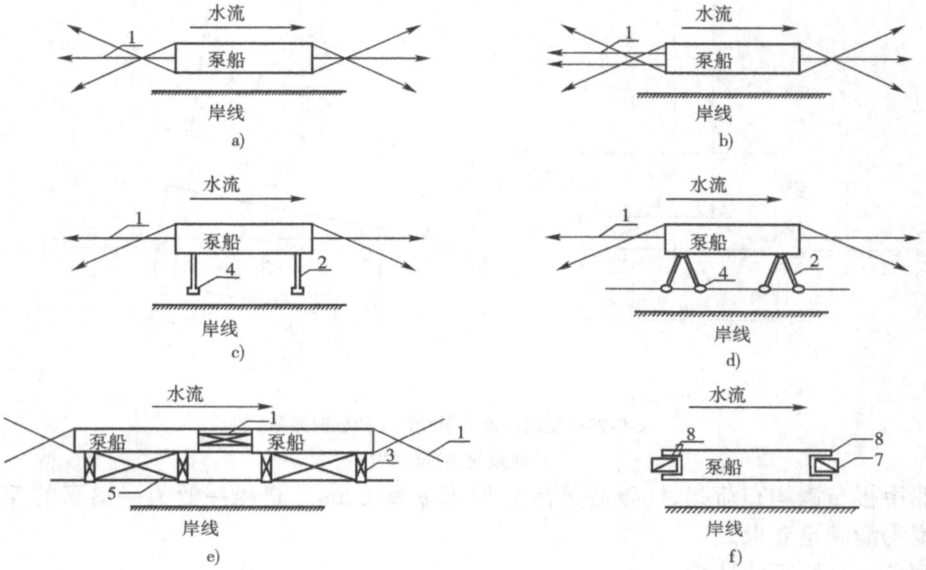

图5-27　趸船系留方式示意图

1-锚链;2-撑杆;3-钢引桥兼撑杆;4-撑杆墩;5-十字链;6-联桥;7-定位墩;8-消能设施

锚链的布置有前四后四、前四后三、前二后三、前三后二、前二后二等型式,如图5-28所示。

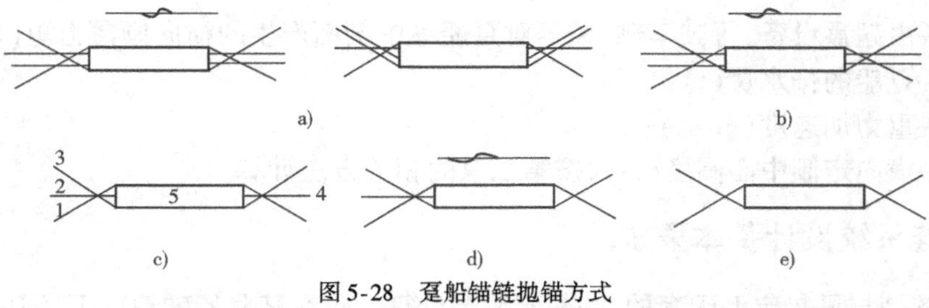

图5-28　趸船锚链抛锚方式

a)前四后四;b)前四后三;c)前三后三;d)前三后二;e)前二后二

1-内八字锚;2-船首领水锚;3-外八字锚;4-尾领水锚;5-趸船

4. 趸船的横向稳定性

对于甲板上面设有起重设备或行驶车辆的趸船,为满足装卸作业要求,必须验算趸船的横向稳定性。横向稳定性主要由横向倾角的大小来衡量。

趸船在偏心荷载作用下,绕定倾中心 m 偏斜,原浮心由 C_1 移至 C_2,如图5-29所示,C_1m 与 C_2m 的夹角 θ 就是静倾角,它也等于趸船甲板面与水平面的夹角。横向力矩突然发生变化时,趸船产生摆动,摆动时的最大倾角为动倾角 θ'。一般要求静倾角 θ 不大于3°,动倾角 θ' 不大于6°。

趸船正浮时,横向的定倾高度(或称稳距)按下式计算:

$$m = \rho - a \tag{5-2}$$

式中:a——重心在浮心以上的高度;

ρ——定倾半径,其计算见第二章沉箱浮游稳定性计算相关内容。

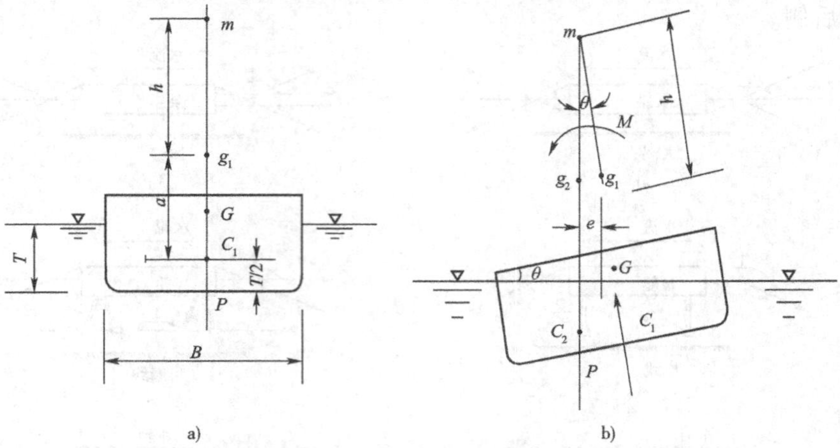

图 5-29 趸船由偏心荷载产生的横向倾角

a)横倾前;b)横倾后

趸船甲板布满均布荷载时(重心最高),要求 $m \geqslant 0.6\text{m}$。趸船一般为一扁平的浮体,通常定倾高度均能满足要求。

静倾角 θ 可按下式计算:

$$\theta = \frac{M}{0.0175Dgh} \tag{5-3}$$

动倾角 θ' 可按下式计算:

$$\theta' = 2\theta \tag{5-4}$$

式中:M——由超重设备、行驶车辆、风等对趸船纵中剖面产生的横向倾覆力矩(kN·m);

D——趸船的排水量(t);

g——重力加速度(m/s^2);

h——横向定倾中心高度(m),按第二章的相关方法计算。

四、锚链系统设计基本要求

锚和锚链是与趸船定型配套的,一般不需要计算。仅在某些特殊情况下,需验算锚的重量和锚链直径。

固定趸船的锚链为一悬链曲线,计算时可近地用抛物线代替。为了保证所需要的锚泊能力,锚链应有足够的长度,其水平长度至少应大于四倍水深,此时曲线在水底的切线为水平线,锚链有一定的拖地长度。当锚链长度小于一定数值时,锚链没有拖地长度,此时,锚链除受水平力外,还承受竖向上拔力的作用。

趸船受波浪等动力作用,实际上属于动力学问题,计算相当复杂,一般可近似地按静力学方法求解。当波浪荷载较大,趸船及锚链系统的振幅偏移和动张力较大时,宜采用动力分析方法。当趸船的自振周期与波浪周期接近时,可能引起共振,使锚链内力增大很多,设计时应予以注意。

1. 锚链的静力分析

锚链的静力分析,可按悬链线进行计算(图 5-30)。根据锚链的自重力及趸船在平衡位置时锚链拉力的水平分力的静力平衡，用下列悬链线标准方程计算锚链的拉力。

$$F = \frac{T}{\cos\theta} = T + wH$$

$$l = \frac{T}{w}\operatorname{arccosh}\left(\frac{wH}{T} + 1\right) \tag{5-5}$$

$$L = \frac{T}{w}\sinh\left(\frac{wl}{T}\right)$$

式中：F——导链孔处锚链拉力(kN)；

T——锚链拉力的水平分力(kN)；

θ——导链孔处锚链轴线与水平线夹角(°)；

w——锚链的水下单位长度自重力(kN/m)；

H——导链孔至泥面垂直高度(m)；

l——L 的水平投影长度(m)；

L——导链孔处至着地点的锚链曲线长度(m)。

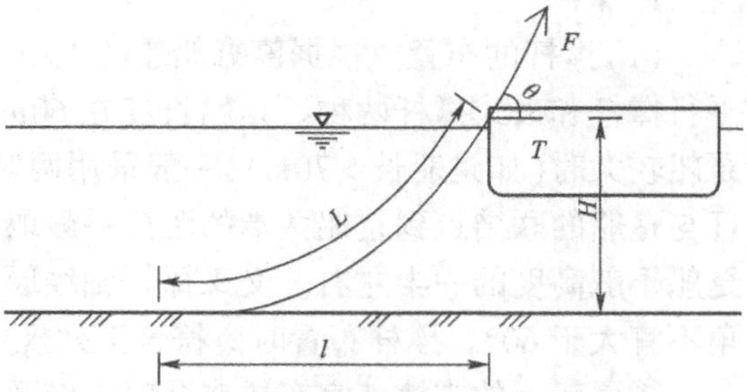

图 5-30　锚链计算图式

以上计算，水平力 T 与锚链曲线是在同一平面内，而实际上锚链都是与码头线成一定角度交叉布置的，所以必须先把作用在趸船上的力分解到各锚链上。

2. 锚链的选用

锚链的选用应按锚链的破断力大于或等于锚链设计拉力的 3 倍进行确定，应采用有档铸钢锚链，并应符合现行国家标准《铸钢锚链》的有关规定。

3. 锚重的计算

趸船用锚应根据趸船的工作性质、水文及地质条件等，按锚链拉力的水平分力和所采用锚型的抓力系数确定锚的质量，可按下式计算确定：

$$G \geqslant \frac{100T}{\eta} \tag{5-6}$$

式中：G——锚的质量(kg)；

η——锚的抓力系数，按表 5-5 选取。

锚的抓力系数　　　　表 5-5

锚的类型	土壤类别			
	淤泥	砂性土	砾石	粘性土
单抓锚	2.2(3.8)	3.0*(5.0**)	3.5*(7.0**)	4.0*(10.0**)
铸铁蛙锚	1.5(3.0)	2.0(4.0)	2.0*(4.5)	2.0*(5.0)
钢筋混凝土蛙锚	1.1(2.3)	1.5(3.0)	1.5*(3.5)	1.5*(3.5)

注：①表中括号内数值适用于挖坑抛锚情况，其余数值适用于锚抛于水底泥面情况；

②表中数值均适用于土壤中等密实状况，当土壤松散时数值可减少 1%～25%，密实时可增加 10%～25%，但带 * 号数值不应减少，带 * * 号数值不应增加。

五、撑杆、撑墩和定位墩设计基本要求

趸船的撑杆系统包括撑杆和撑杆墩，如图5-31所示。当系靠5000吨级以上的船舶，或虽为5000吨级以下船舶，但水流气象条件比较恶劣或工艺设计有特殊要求时，可设专门的消能设施。消能设施可采用弹性橡胶吸能、悬重块体能量转换及柔性撑杆墩吸能等型式。

1. 撑杆

(1)撑杆的布置。根据停靠船舶的大小、趸船的长度和使用要求，撑杆的布置型式一般有平行撑杆和叉式撑杆两种。趸船长度在60m以下时，一般采用两根平行撑杆；停靠的船舶和趸船较大时(如趸船长>70m)，一般采用两对交叉撑杆。撑杆应对称于趸船的中心线布置，撑杆与趸船的联结点到趸船两端的距离一般取趸船长的0.05~0.2倍，联结点到甲板的距离取趸船干舷高度的一半左右。交叉撑杆轴线原则上应交会于趸船的纵中线上，且叉杆之间的夹角不宜大于60°。撑杆布置时应符合下列规定：

①趸船上的支撑点宜布置在趸船内舷两端部附近，距趸船两端部5~10m。

②当趸船上一个支撑点采用叉式双撑杆时(图5-27d)，双撑杆的夹角宜为60°；当采用单撑杆时(图5-27c、e)，撑杆轴线应垂直于趸船的内舷线。

③撑杆长度和撑杆墩上支撑点高程按照设计高水位时撑杆斜度不陡于1:6、设计低水位时撑杆斜度不陡于1:4.5的原则确定。

(2)撑杆的设置。撑杆宜采用两个方向刚度相等的方形或圆形截面钢结构(格构型结构或箱形结构)。采用格构型结构时，距两端各1~2m范围内应用钢板封闭成箱形截面(图5-32)。钢撑杆两端应设置拉环，用链条分别与趸船和撑杆墩系联。撑杆有受淹没情况时，应在箱形或圆管形钢撑杆两端适当位置底部设进出水孔。撑杆两端支撑点可采用自由搁置、十字铰或球铰等型式。

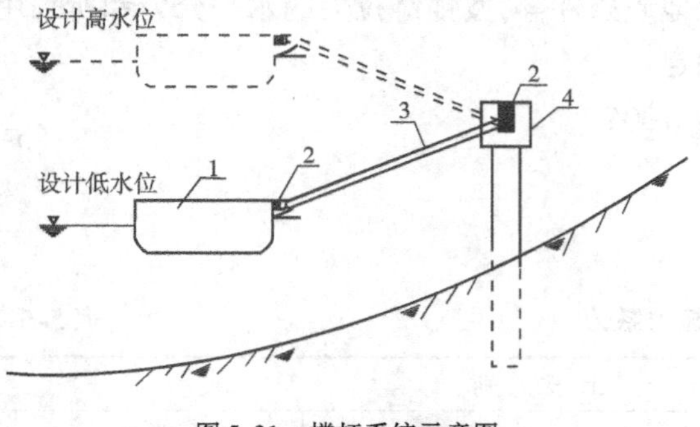

图5-31 撑杆系统示意图

1-趸船；2-消能设施；3-撑杆；4-撑杆墩

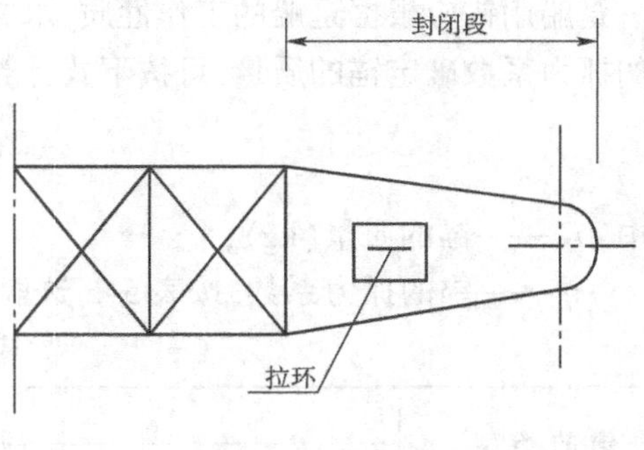

图5-32 撑杆端部

(3)撑杆的计算。撑杆的工作情况与两端铰接的受压柱相似，主要承受由船舶挤靠力和撞击力产生的轴压力，同时还承受其自重力产生的弯短。因此，撑杆一般按偏心受压构件设计。撑杆的轴向力与撑杆型式有关。撑杆的轴向力荷载按现行行业标准《斜坡码头及浮码头设计与施工规范》的有关要求计算，钢撑杆的结构计算应符合现行行业标准《港口工程钢结构设计规范》的有关规定。撑杆的设计应符合现行行业标准《重力式码头设计与施工规范》、《高

桩码头设计与施工规范》、《港口工程桩基规范》及《港口工程混凝土结构设计规范》等有关规范的规定。

2. 撑杆墩

(1)撑杆墩的型式。撑杆墩的作用是承受由撑杆传来的荷载(主要是船舶荷载)。撑杆墩有重力式和桩基式两种,一般情况下,宜采用桩基撑杆墩。在河港中,陆域离趸船较远,通常设置独立撑杆墩;河口港在浮码头后方多建有驳岸,且水位差较小,多采用单跨活动引桥,不设独立撑杆墩,由驳岸直接或通过传力块体承受撑杆力。这种型式结构简单,施工方便,造价较低。撑杆墩的型式可根据地形、地质及水流条件采用。撑杆墩不应作为风暴系缆墩使用。

(2)撑座的型式。撑杆与撑杆墩(或驳岸)的连接处为撑座。撑座的型式与撑杆的仰俯角度有关。在主要受潮汐影响的河口港和海港中,撑杆的仰俯角度较小,可将撑杆直接简支在搁斗上。撑杆的搁置长度、富余长度和每边的富余量应满足趸船允许位移量的要求(图5-33),同时用铁链将它们连系起来以防撑杆脱落,铁链内力按由恒载产生的支座反力的1.5倍采用。在河港中,由于水位变化大,通常采用十字铰撑座。撑杆和趸船的连接型式与撑杆的型式有关,一般多采用十字铰,叉式撑杆宜用球铰与趸船连接。

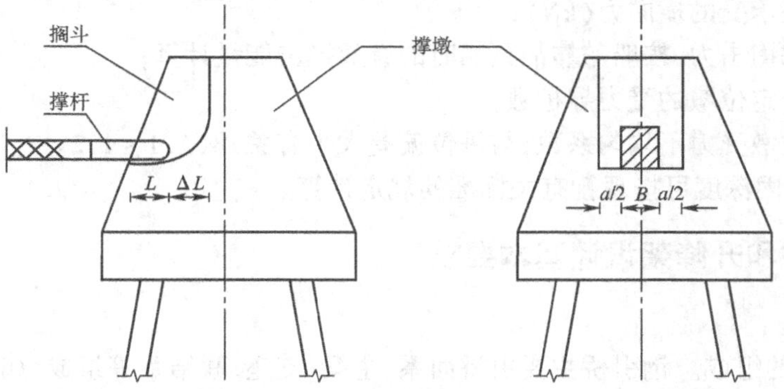

图5-33　撑杆搁斗尺寸

L-搁置长度;ΔL-富余长度;a-富余宽度;B-撑杆端部宽度

(3)撑座的高程。重力式撑墩的撑座的位置不宜过高,否则对撑墩的稳定性不利。桩基式撑墩的撑座位置可以高一些,以便墩台的施工,并能减少撑座的掩没天数。如要求在撑杆上有人员行走,撑杆的位置应放在平均高水位以上。一般情况下撑座的标高H,可按下式确定:

$$H = H_{min} + \frac{1}{2}(H_{max} - H_{min}) + \Delta H \tag{5-7}$$

式中:H——撑座高程(m);

H_{max}——设计高水位(m);

H_{min}——没计低水位(m);

ΔH——取1.0~2.0m。

3. 定位墩

定位墩宜采用直钢管桩导桩结构,并考虑船舶撞击力由一个定位墩承受。钢管桩导桩直接受撞击力作用的管段，管内宜加焊加劲横隔板，其间距宜为1.5~2.0m。钢管桩导桩的设计应符合现行行业标准《港口工程钢结构设计规范》、《高桩码头设计与施工规范》和《港口工程桩基规范》的有关规定。

定位墩的主要荷载为船舶撞击力，考虑船舶撞击力由一个定位墩承受，船舶靠泊趸船时的有效撞击能量可按下式计算：

$$E_0 \leqslant E_C + E_S \tag{5-8}$$

式中：E_0——船舶靠泊趸船时的有效撞击能量(kN·m)，按《港口工程荷载规范》的规定计算；

E_c——消能设施吸收的能量(kN·m)；

E_s——在不同计算水位时定位墩结构由于船舶撞击作用产生弹性变形所吸收的能量(kN·m)。

在船舶撞击力作用下，一般情况是船头或船尾冲撞趸船，趸船在平面上发生转动，故假定撞击力由船首或船尾的一根撑杆承受。当一个定位墩由两根以上导桩组成时，每根导桩承受的横向力可按下式计算：

$$Q = \frac{KP}{n} \tag{5-9}$$

式中：Q——单桩承受的横向力(kN)；

P——船舶撞击力，按船舶靠泊趸船时的有效撞击能量计算；

n——一个定位墩的受力导桩数；

K——定位墩受力不均匀系数，与桩位偏差大小有关，取1.1~1.2。

定位墩的嵌固深度可按现行有关标准的规定计算。

六、钢引桥和升降架设计基本要求

1. 钢引桥

(1)钢引桥的组成。钢引桥主要由桥面系、主梁、支座、联结系等组成，如图5-34所示。

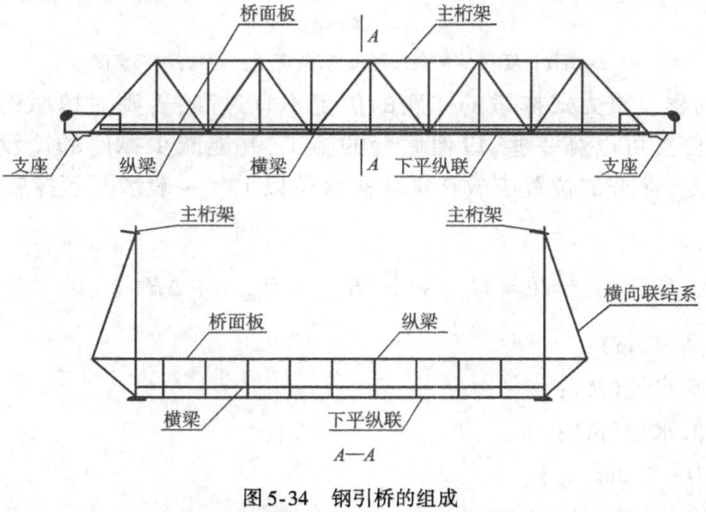

图5-34 钢引桥的组成

①桥面系。桥面系主要由纵、横梁和桥面板组成，直接承受使用荷载并将它传给主梁。为

了便于引桥两端与其他部分衔接，应尽量减小桥面系的高度，由槽钢或工字钢组成的纵、横梁一般采用等高连接，引桥跨度较小时也可采用叠接。根据跨度的大小或者是否有升降要求，桥面板可采用钢面板、木面板或钢丝网水泥板。

②主梁。承受由桥面系传来的全部荷载并将它传给支座。由于主梁的跨度和所承受的荷载都较大，为节约钢材，一般采用平行弦焊接桁架（又称主桁架）结构，其节间数采用偶数，以便布置单斜杆。主桁架梁用钢量少、自重小、制作简单、安装方便，但保养麻烦。如果荷载较大、桥面宽、跨度较小，可考虑采用组合式实腹梁。趸船之间的联桥宜采用由型钢组成的板梁结构。

③支座。支座的功用是将荷载传给趸船和墩台，并保证钢引桥在靠船时能自由移动，使引桥不承受船舶荷裁。支座主要有弧面滑动支座和滚动支座两种。弧面滑动支座构造简单，但在钢引桥移动时摩阻力大，移动范围也受限制，一般适用于水位差不大的浮码头。滚动支座的水平摩阻力小，一般用于沿斜坡道移动的钢引桥。

活动钢引桥两端的支座，趸船端可采用滚轮支座或自由搁置的型式，另一端可采用弧形支座、铰支座或自由搁置等型式。

④联结系。联结系有纵向和横向两种，用以保证钢引桥的空间稳定性和刚度。纵向联结系一般布置在主桁梁上弦和下弦（上翼缘和下翼缘）之间的水平面上。对于跨度较大的钢引桥，一般均设置上、下纵平联。横向联结系一般布置在主桁梁竖杆或端斜杆平面上。

（2）钢引桥型式。按钢引桥桥面系的布置，钢引桥分为上承式（图 5-35a）和下承式（图 5-35b、c）两种。下承式钢引桥的桥面系布置在钢引桥主桁梁的底面，使主桁梁离开水面，是一种最常用的型式。根据使用要求，需要采用开口下承式钢引桥时，在纵向只设下纵平联，主梁之间不允许布置横向联结系，只能在主梁外侧布置较简单的横向支撑（图 5-35c）。上承式钢引桥的桥面系是布置在钢引桥主梁的上面，适用于引桥的趸船一端需做成喇叭口的情况。按钢引桥主梁的型式，可分为平行弦桁架、空腹桁架结构和实腹板梁式结构。

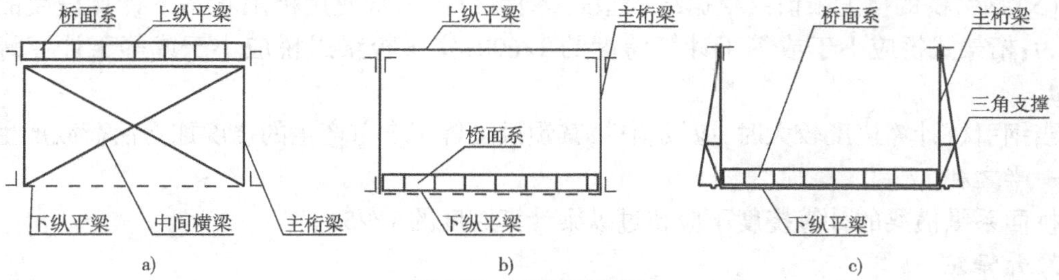

图 5-35　钢引桥的类型

a）上承式；b）设上、下纵平联的下承式；c）只设下纵平联的下承式

（3）钢引桥的尺度：

①钢引桥的跨度。钢引桥的跨度应根据地形、水文条件、船舶吃水和工艺要求等确定。现已有钢引桥的定型设计跨度，其系列规定以 3m 为模数，跨度分别有 15m、18m、21m、24m、27m、30m、33m、36m、39m 和 42m 等。

②钢引桥的高度。钢引桥的高度应根据主梁的高跨比由计算确定。不同结构型式主梁的

高跨比范围一般是:平行弦桁架为1/15~1/8;空腹桁架为1/10~1/6;实腹板梁为1/18~1/12。

③钢引桥的宽度。钢引桥的宽度应根据工艺布置和使用要求等确定,可按表5-6选取。钢引桥应具有必要的横向刚度,钢引桥的宽度不应小于其跨度的1/20。在强风和大浪地区,钢引桥的宽度应适当加宽。

钢引桥宽度 表5-6

序号	使用条件	宽度(m)	说明
1	客货码头	4.5~5.5	
2	中小客运码头	3.5~4.5	
3	单线固定皮带机、电瓶车或非机动车	3.0~4.0	
4	双向电瓶车或非机动车	3.5~4.5	
5	汽车、拖车或叉式装载车	4.0~5.5	
6	液体货物码头	4.5~5.5	按管线布置确定,其人行道宽度不小于1.0m

④钢引桥的坡度。活动钢引桥的设计坡度应满足工艺和使用的要求,对不通行汽车的货运码头不宜陡于1:3.5;对客运码头不宜陡于1:7;对汽车轮渡码头,其坡度不宜陡于1:10。当钢引桥设活动踏步时,其坡度可以适当放陡。

(4)钢引桥的计算。钢引桥的结构设计应符合现行行业标准《港口工程钢结构设计规范》的有关规定。钢引桥不宜直接承受船舶荷载。当需要承受船舶荷载时,应验算结构的强度、稳定性和变形。

钢引桥实为空间结构,但一般可近似地按平面体系计算,即将整体结构分解为桥面系、主桁梁及纵横联结系,然后作为平面构件计算。对于两个平面体系垂直相交处的共同杆件,分别按两个平面计算,将算出的应力进行代数相加。

(5)钢引桥的挠度限值。根据结构型式,钢引桥在正常使用极限状态下计算挠度的限值规定为:桁架式桥应小于或等于计算跨度的1/600;实腹板梁式桥应小于或等于计算跨度的1/400。

当钢引桥计算挠度较大时,应设预拱,其预拱度等于自重产生的挠度加上活荷载产生的挠度的一半之和。

桥面系纵横梁的计算挠度不应超过纵梁计算跨度的1/250。

2. 升降架

活动钢引桥升降架由基础结构、升降架结构和提升设施三部分组成(图5-36)。升降架基础有重力式和桩式两种,工程中一般采用桩式结构,此时基桩承台的厚度可根据计算确定,且不宜小于1000mm。钢引桥升降工艺主要采用托板提升系统、浮趸提升系统和液压提升系统。

采用浮式提升设施时,基桩承台顶面应设垫墩并预留安放千斤顶的位置。采用托板式提升设施时,升降架立柱上应设多级支承牛腿,牛腿的数量应根据码头区全年水位差及水位变化情况、钢引桥的允许坡度等确定,牛腿与牛腿之间的高差宜取3~5m。升降架净空的确定应满足钢引桥的调整幅度和操作人员安全的要求。钢筋混凝土升降架可按空间结构进行计算,并应符合现行相关行业标准的有关规定。

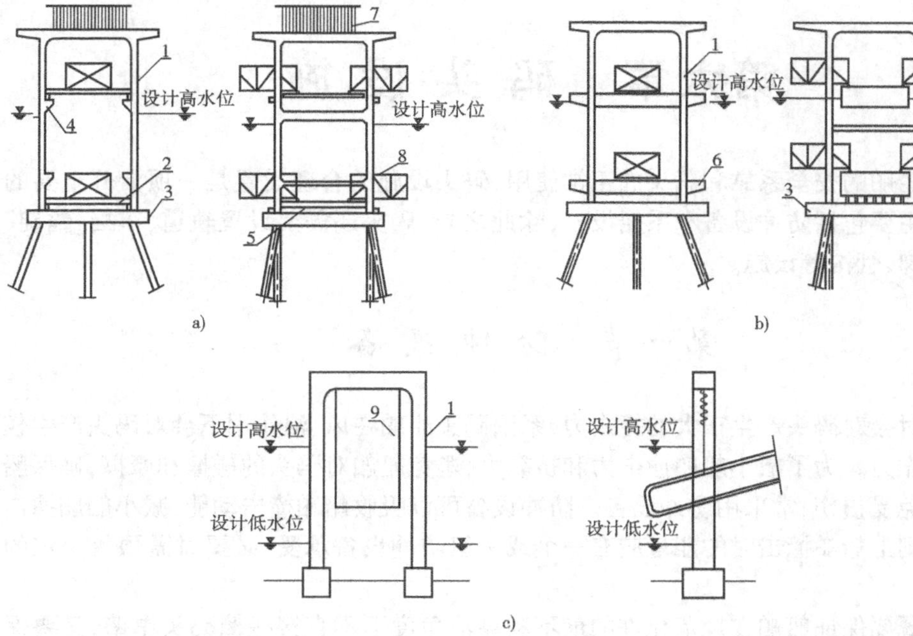

图 5-36　升降架结构示意图

a)托板提升系统;b)浮趸提升系统;c)液压提升系统

1-升降架结构;2-托板;3-基础结构;4-支承牛腿;5-搁置横梁;6-浮趸;7-卷扬机房;8-活动钢引桥;9-液压装置

思　考　题

1. 斜坡码头和浮码头各有何特点和适用条件?
2. 斜坡码头和浮码头设计对所采用的趸船有哪些要求?
3. 实体斜坡道和架空斜坡道可能作用的荷载有哪些?
4. 重力式墩台和桩柱式墩台的计算主要有哪些内容?
5. 试述趸船的系留方式和锚链系统的计算方法。
6. 撑杆的轴向力如何确定?
7. 定位墩横向力如何确定?
8. 钢引桥的结构尺度如何确定?

第六章　码头设施

为了保证船舶的安全系靠和码头的正常使用，码头设施的合理设置是一项十分重要的工作。码头设施主要包括防冲设备和系船设施；除此之外，码头还需要设置轨道、车挡、锚碇、顶升、爬梯、登船梯、管沟等设施。

第一节　防冲设备

船舶靠泊时会对码头产生很大的撞击力，系泊码头船舶在风、浪作用下会对码头产生较大的撞击力或挤靠力。为了减小船舶撞击力和挤靠力，避免船舶对码头的碰撞和摩擦，确保船体和码头结构物免受损伤，常采用防冲设备。防冲设备可以吸收船舶撞击动能，减小船舶撞击力和挤靠力。原则上船舶撞击时的能量应有一个或一组防冲设备承受，必要时需预留一定的安全储备。

防冲设备既要保证船舶在规范允许的最不利靠泊角度下不直接碰撞码头岸壁，又要保证船舶在不同潮位、不同吃水的情况下安全靠泊，要求具有较强的适用性。其功能是吸收船舶停靠码头时产生的撞击能量，减小码头受到的撞击力；防止船舶与码头接触产生磨损。

船舶靠岸时，多是船首部呈曲面的舷侧段先接触码头；船舶系泊时，由风、浪、流等自然因素及装卸作业作用，船体在码头前出现三维运动。船舶斜向靠泊时，护舷吸能量和反力均有所降低。根据靠船角度，应对护舷吸能量和反力进行折减，折减系数可从护舷生产厂家的产品技术规格书中查取。

防冲设备主要有护木、橡胶护舷、钢护舷和防冲桩等。早期常用护木作为防冲设备，护木的特点是弹性小、吸能低、耐磨性差、易腐蚀且维修任务较重。随着船舶的大型化，护木已不能适应码头的使用要求，现在多被橡胶护舷所代替。橡胶护舷以其吸能高、反力小、面压低、耐久性好等优点得到普遍使用。钢护舷一般设置在浮式码头趸船前沿；高桩码头排架间距较小时，有时采用钢护舷与橡胶护舷间隔布置，或沿码头前立面上部设置钢护舷，以防护码头结构物。此外，防冲设备还有防冲桩和防冲簇桩，以及一些特殊的防冲设备，如重力式和液压式等防冲设备。

根据防冲设备的设置特点，防冲设备有固定式、漂浮式和转动式等。固定式防冲设备是固定在码头上的橡胶护舷、轮胎护舷、聚氨酯护舷、木护舷和钢护舷等；漂浮式防冲设备是系在码头上可随水位升降漂浮在水上的充气囊型或充填泡沫型橡胶护舷；转动式防冲设备是安装在码头上的可转动的轮胎型橡胶护舷。

一、橡胶护舷的型式

目前世界各国采用的护舷，按吸收能量的方式可分为压缩型、充气型、转动压缩型、剪切型等。我国各个港口目前采用的护舷大部分为压缩型和充气型护舷。其中,压缩型橡胶护舷利用护舷本体的压缩变形吸收船舶的有效撞击能量,这种橡胶护舷应用最为广泛,常用的有D型、圆筒型、V型和鼓型四种型式。压缩型橡胶护舷包括传统的压缩型(靠橡胶护舷制品的结构变形和材料的压缩变形吸收船舶的冲击能量,包括D型和圆筒型)和压曲型(以挠曲和材料压缩变形为主吸收能量,包括V型、鼓型、Π型等)。充气型橡胶护舷则利用压缩空气作为缓冲介质吸收船舶的撞击能量,主要适用于外海过驳和大型码头,常用的有悬挂式和固定式两种。充气型橡胶护舷构造复杂,需经常充气,保养维修麻烦且还易漏气,故相对应用较少。转动型橡胶护舷主要用于滚装码头和船坞等,剪切型的橡胶护舷应用很少。

1. 典性橡胶护舷

(1)D型(半圆型)护舷。断面形状为半圆形,一般高度 H 和底宽 B 大致相等,见图6-1。规格表示为 $H \times L$,常用高度为200~600mm。由于其底宽较小,一般宜用在具有窄形构件的框架式和板梁式码头或实体式中小型码头中,亦可水平布置在大型码头的码头面附近。

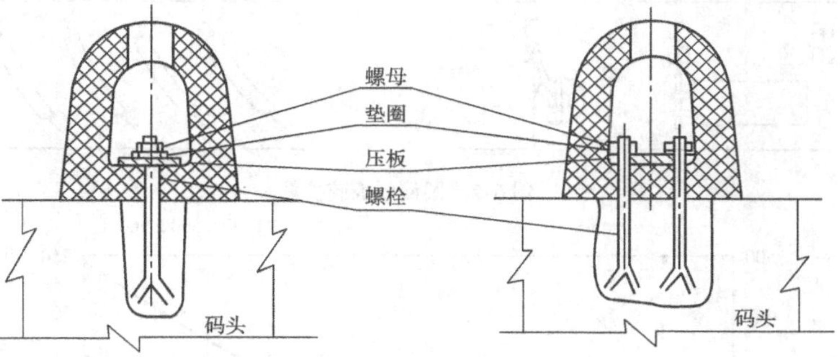

图6-1 D型橡胶护舷

D型护舷的特点是安装、维修、更换较方便,底部宽度尺寸较小,吸收能量比圆筒型护舷大,反力适中。但抵抗垂直于长度方向的切向力的能力小,竖向使用时易损坏。

(2)圆筒型(Y型)橡胶护舷。图6-2为中空的圆筒型橡胶护舷。这种护舷对船舶横摇和纵摇适应性强,不受船舶大小影响,用途广,安装维修方便,特别适于老式码头。

圆筒型橡胶护舷一般内孔的直径是外圆直径的1/2,规格通常表示为"$\phi \times \phi \times L$"(外径×内径×长度)。我国现有 ϕ150mm×ϕ75mm至 ϕ600mm×ϕ800mm共14个规格。圆筒型橡胶护舷一般采用铁棒和铁链吊挂,常设置在码头上部结构的前沿。设置多采用横挂方式,根据需要亦可采用竖挂和斜挂。当竖向设置和横向设置的护舷较短时,也可采用固定式。

图6-3为圆筒型橡胶护舷的反力—变形—吸能量性能曲线。

吸能量等于 $P \sim \delta$(反力—变形)曲线下面积,即 $E = \int_0^{\delta} P \cdot d\delta$,圆筒型变形曲线大致上呈线性。D型的变形曲线则呈下凹形,同样的变形量,圆筒型防冲设备吸收的能量较小。

圆筒型橡胶护舷的特点是制造简单、安装方便、反力低、面压小,变形曲线呈直线;它不受船舶、码头大小影响,用途广泛,可为各类船舶、码头作为悬挂式防冲装置。缺点是橡胶用量大,单位重量吸能小,价格高。由于其安装维修方便,一般适用连片式码头的上部结构和老码头改造。

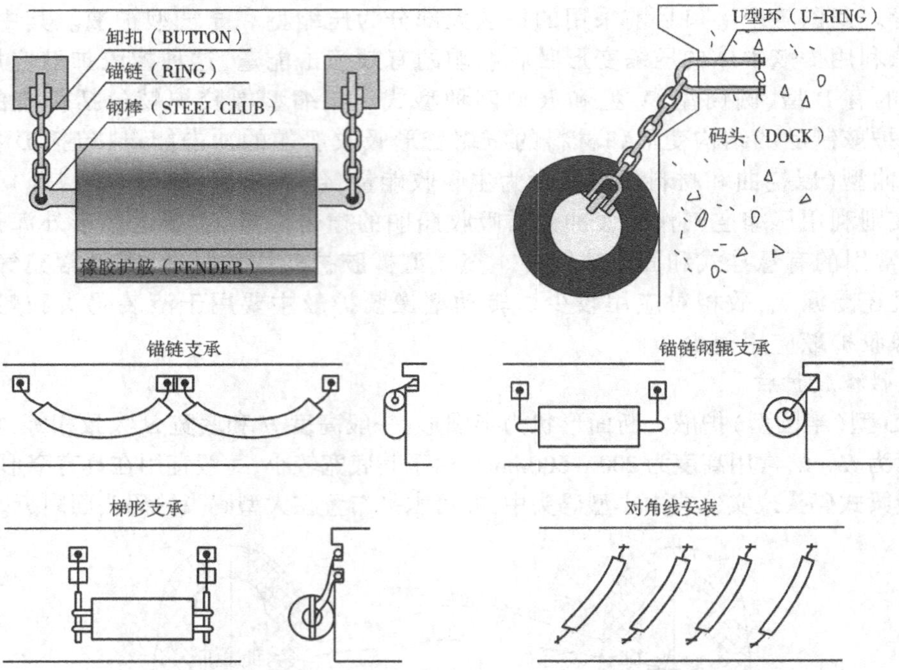

图 6-2 圆筒型橡胶护舷

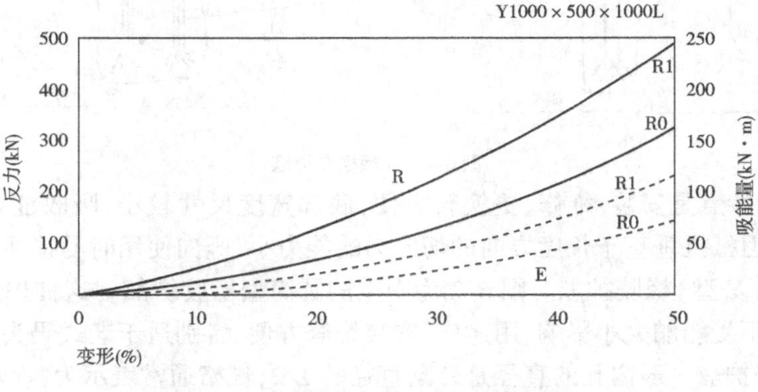

图 6-3 圆筒型防冲设备工作性能曲线

(3)拱型(V 型)护舷。断面形状如字母“V”形状，见图 6-4，在海港码头中广泛使用。规格表示为 $H \times L$(高度 × 长度)，常用的规格为高 300mm 到 800mm，长 1000mm、1500mm、2000mm。根据不同长度每侧固定螺栓的孔数为 2 ~4 个，水平安放较多，亦可竖向布置。

V 型橡胶护舷具有反力适中，弹性好，吸能高，安装牢固方便，橡胶用量少，价格便宜等优点。但 V 型橡胶护舷强度较差，压缩变形不宜过大。V 型橡胶护舷适用于各类码头、船坞、船舷。

(4)鼓型橡胶护舷。鼓型橡胶护舷由鼓型橡胶筒、防冲板和贴面板组成，见图 6-5。

鼓型橡胶护舷的规格常用直径 × 高度表示。目前我国生产的鼓型橡胶护舷从 650mm × 400mm 至 3350mm × 3000mm，共 14 个规格，每种规格还分为高反力型、标准反力型、低反力型三种。鼓型橡胶护舷可以单个使用，也可以成组使用。成组使用时一般由 2 ~ 6 个鼓型橡胶筒组成。鼓型防冲设备其吸能量—变形—反力性能曲线是凸型的,其吸能性能优良。

图 6-4 拱形(V 型)护舷

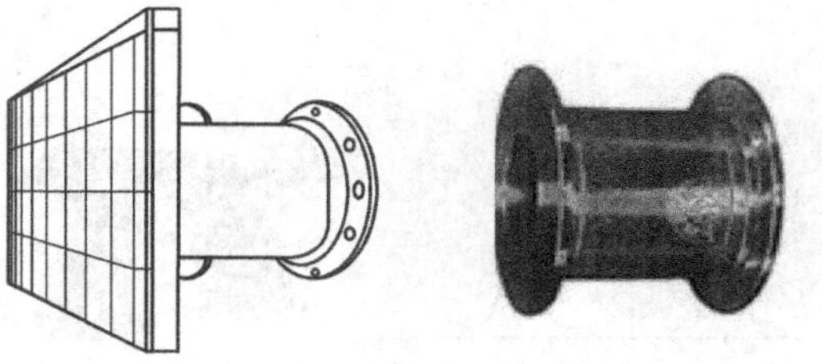

图 6-5 鼓形橡胶护舷

鼓型橡胶护舷除用螺栓与码头上部结构固定外,上端两侧还用铁链拉住,如图 6-6 所示。鼓型橡胶护舷受力后经纬两个方向变形,内部压力均匀,吸能大,反力小,橡胶用量较少,面压低;鼓型防冲设备在前面贴一块有一定刚度的面板,以分布作用在船体上的荷载,护舷不与船体直接接触;不易磨损和撞坏,使用年限长。但此种护舷构造复杂,安装麻烦。此种护舷适用于大型码头,特别是外海开敞式码头。

(5)超级拱形(DA 型)橡胶护舷。超级拱型(DA 型)橡胶护舷(图 6-6)是目前应用最广泛的护舷品种之一,它具有吸能量高、布置灵活、安装尺度适宜等诸多优点。其单位制品重量吸能量在压缩型护舷中仅次于超级鼓型护舷,比圆筒型护舷高 3.5 倍,比 D 型护舷高 2.3 倍,节省材料。

超级拱型(DA 型)护舷由于护舷工作面(橡胶)与船舶傍板(钢板)的摩擦系数高达 0.6,使用中常常造成护舷根部撕裂、损坏。

超级拱型(DA 型)橡胶护舷的特点是:设计压缩变形大,比 V 型护舷提高 20%,比 M 型护舷提高 8%,吸能量大;具有更高的应力分散性,使用寿命长,前端设置的防卫板可降低面压,更换方便。

(6)LMD 型橡胶护舷。LMD 型橡胶护舷(图 6-7)的特点是:反力较低,吸能量优于 V 型;形状简单,结构合理;安装牢固、方便;适用于各类码头、船坞。

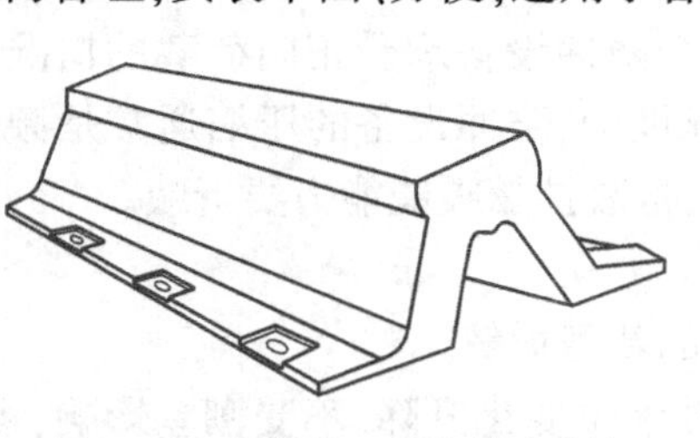

图 6-6 超级拱形(DA 型)橡胶护舷

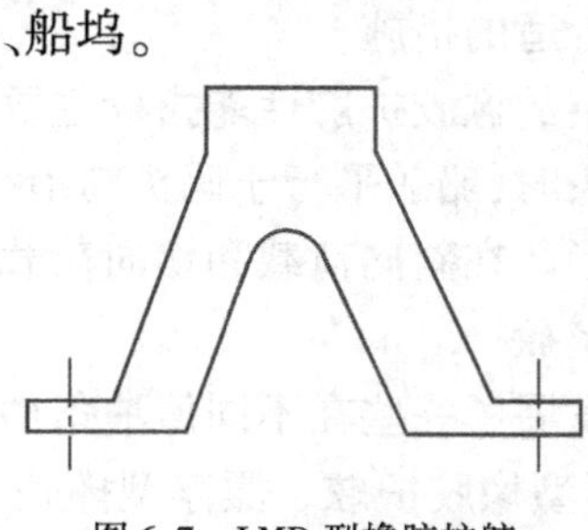

图 6-7 LMD 型橡胶护舷

(7)Π 型橡胶护舷。Π 型橡胶护舷,见图 6-8,两条压曲支腿分开设置,并通过前面的框架板连在一起,支腿变形时呈 S 型,压曲应力分布较为均匀,其吸收能量大,反力相应较小。

Π 型橡胶护舷防冲设备的反力曲线型式同 V 型和鼓型一致。

(8)GD 型橡胶护舷。GD 型橡胶护舷的形状,如图 6-9 所示。

GD 型橡胶护舷是在 D 型护舷基础上开发的一种变形产品,原 D 型护舷为中间锚固,使用时容易造成护舷脱落。GD 型护舷为内埋整体钢板,双排锚固,锚固螺栓加大,其锚固力比原 D 型护舷增大 2 倍左右。

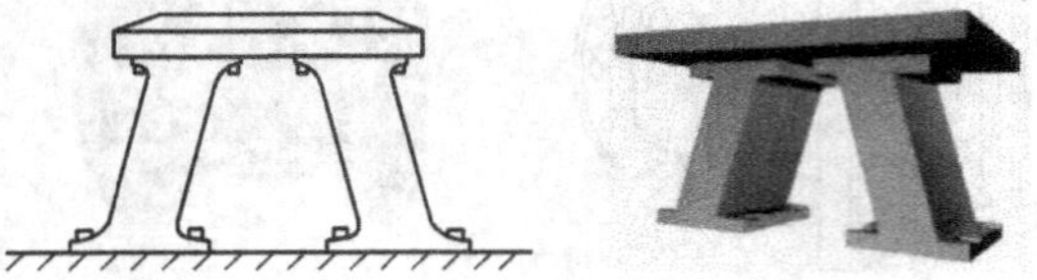

图 6-8　Π 型橡胶护舷

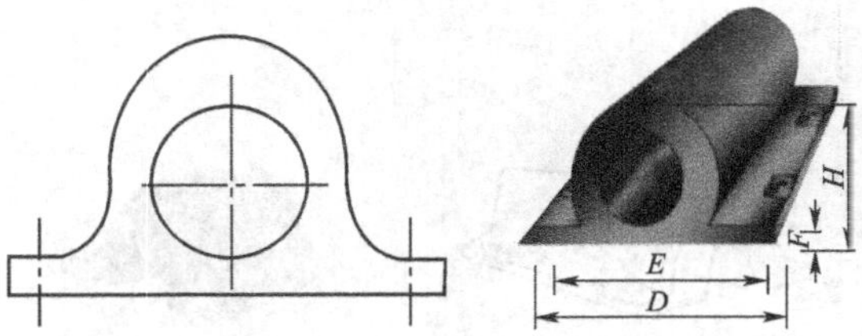

图 6-9　GD 型橡胶护舷

GD 型护舷除小型码头设计采用,在码头上部前沿作为码头二级防护(与其他护舷一并布置)也多被采用,一般为连续布置。当船舶非正常靠泊时,可避免船舶直接撞击码头。

(9)橡胶舷梯护舷。拱型护舷(TD-B)单位重量吸能量高、锚固性好、应用范围广,但作用于船舶傍板面压力大,对船舶傍板强度较低的船舶(如油轮等)不宜采用。

TD-BB 型护舷前部(工作面)设置防冲板和 PE 贴面板,可降低面压力并减少与船板的摩擦系数,使靠泊剪力大大降低。当船舶傍板不平整(小船或有突出物)时,在靠泊中常常造成 TD-BB 护舷防冲板变形而损坏,TD-BPE 护舷就是为适应这种需要而设计的,从而达到降低摩擦系数,减少靠泊剪切力的目的。

舷梯型橡胶护舷,见图 6-10,是在 TD-B 拱型橡胶护舷的基础上设计制作的,它主要供港口作业的小型船舶使用,具有护舷吸收能量和登船上岸爬梯双重功能,不锈蚀,使用方便,安全可靠。

此外,还有 U 型橡胶护舷、SUC 鼓形橡胶护舷和 D 型转动护舷等。

对于充气型防冲设备,主要指在胶囊中充气的气囊式防冲设备。大尺寸气囊式防冲设备吸能量可以很大,但它是通过较大的变形获得的,它的变形—反力性能曲线形状属凹形。当用于大码头时,胶囊的直径较大,增加了装卸机械的吊臂长度。海上过驳或转船时采用气囊式防冲设备是最合适的措施。

以上介绍的橡胶护舷性能指标主要针对单个防冲设备承受正向荷载的情况。实际上,当船舶撞击码头时,船舶平行于码头前沿线的情况极少,防冲设备的压缩通常是倾斜的,有剪力和有剪切变形。在斜向荷载和切向荷载作用下,橡胶护舷吸能能力要折减。

2. 新型护舷

近几年发展了一些在不同停泊条件下使用的新型护舷。

(1)漂浮型橡胶护舷。漂浮型橡胶护舷可随水位变化升降,不受潮差影响,可保持在理想的吃水线位置;不需检查充气,具有免维护性;没有爆破危险,具有安全性;采用法兰联接,安装方便快捷。

漂浮型橡胶护舷适用于重力式(墩式))码头,特别是潮差大的码头使用;作为船靠船的护舷,选用漂浮型护舷最为理想;在台风季节,当船舶不能拖离码头时,大型漂浮护舷可作为应急防护措施;当发生靠船事故,码头防护装置损坏时,漂浮护舷可紧急启用作为码头防护备品,使停产损失减为最小。

(2)TD-Z 转动型橡胶护舷。转动型橡胶护舷利用滚轮的转动和压缩变形吸收船舶撞击能量。当船舶靠泊时,护舷可以转动并变形,吸收其部分冲击能量。护舷(滚轮)在三轴上转动,可限制并减小船舶运行速度,有利于船舶安全靠泊;TD-Z 转动型橡胶护舷压缩变形可达40%,较传统转动护舷吸能量提高一倍以上;转动护舷能适应船体的移动而转动,船体与护舷不产生滑动摩擦,因此不易损坏船体油漆。

转动护舷适用于船厂、船坞、滚装船码头、码头护角及要求限制船舶运动方向和靠泊速度的场合使用。

(3)TD-A 型橡胶护舷。TD-A 型橡胶护舷压缩变形后呈鼓形状态,又称鼓型护舷。TD-A 型护舷为鼓型护舷的第二代产品,应用广泛,具备以下特点:在反力不增加的情况下,变形距离增大 13%,吸能量提高 17%,单位反力吸能量比值($E/R \cdot H$)提高 15%;在压缩型护舷系列中,TD-A 型护舷单位重量吸能量高;护舷前沿设有防冲钢架,大大降低作用于船舶傍板的面压力,特别适于大型船舶靠泊;由于单位反力吸能量高,适于外海码头的需要,特别是墩式码头;在压缩型橡胶护舷系列中,TD-A 鼓型护舷倾斜压缩性能变化小;防冲钢架前安装 PE 贴面板,减小摩擦系数,使靠泊剪切力大大降低。

(4)W 型橡胶护舷。W 型橡胶护舷,如图 6-11 所示,其特点是吸能高,反力低;安装维修方便。

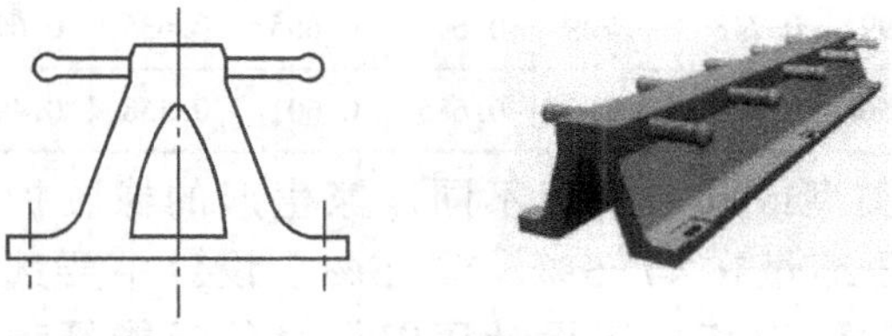

图 6-10 橡胶舷梯护舷

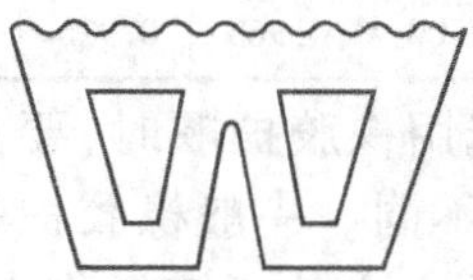

图 6-11 W 型橡胶护舷

(5)拖轮橡胶护舷/船用护舷。拖轮橡胶护舷适用于各种港作拖轮和推轮。

(6)游艇用 DO 型护舷。DO 型反力吸能比 D 型护舷高;安装强度大大增加,使用寿命长;适用于框架式码头。

此外,还有填充式橡胶护舷、彩色夜光拖轮型橡胶护舷、高分子橡胶护舷、彩色夜光半圆型橡胶护舷、拱形彩色夜光橡胶护舷、浇铸式填充橡胶护舷等。

二、橡胶护舷的性能和选型

1. 橡胶护舷的性能

橡胶护舷的力学性能主要是压缩量与吸能量和反力的关系曲线。不同型式和规格的橡胶护舷有各自的性能曲线,它由各个生产工厂根据试验绘制。设计时应根据力学性能曲线和有效动能选用橡胶护舷。

2. 选型

对橡胶护舷来说,其在码头造价中所占的比例已高达 5% ~10%,合理选择护舷是非常重要的。各种护舷性能各不相同,各个码头的自然条件和使用环境也千差万别。在选择护舷时,有必要对护舷的吸能量、反力、变形、耐久性、维修安装的难易程度和价格高低等因素进行综合评价，然后决策使用。一般说来，橡胶护舷可用于任何型式、任何吨级的码头；轮胎护舷可用于3000吨级以下的中、小型码头；木护舷可用于1000吨级以下的小型码头；钢护舷可用于特定条件下的码头。

选择护舷时一般应考虑并满足下列技术要求：

(1)任意一种橡胶护舷(单体或组合体)在达到护舷设计变形时的总吸能量必须大于船舶的有效撞击能量，对应的护舷总反力必须小于码头的允许水平承载力。在确定护舷的吸能时，尚应考虑计入产品的性能公差，一般厂家该值均为±10%。

(2)橡胶护舷的面压值应小于船舶侧板的容许面压值。船舶的面压值一般依据船舶结构给出，当缺乏实际资料时，对货船可取0.34～0.4MPa，对大型油船可取0.2～0.4MPa。

(3)船舶与护舷间的摩擦力应小于橡胶护舷的抗剪能力。护舷抗剪能力包括橡胶与钢板的粘合强度，锚固部件的强度。计算时，橡胶与钢板的摩擦系数一般取0.3～0.4。

(4)应考虑船舶靠岸时的角度对护舷的影响。当橡胶护舷受斜向压缩时，有些型式的护舷吸能量将下降。因此要对反力与吸能量进行修正，表6-1给出某橡胶厂鼓形橡胶护舷的斜向压缩修正系数。

鼓形橡胶护舷斜向压缩修正系数 表6-1

倾角	0°	1°	2°	3°	4°	5°	6°	8°	10°	12°	15°	20°
反力	1.00	0.949	0.899	0.848	0.799	0.748	0.729	0.692	0.655	0.635	0.603	0.550
吸能	1.00	0.963	0.925	0.888	0.850	0.813	0.770	0.685	0.601	0.558	0.495	0.385

(5)选用橡胶护舷时，要注意不同类型或同一类型不同厂家生产的橡胶护舷的设计压缩量的不同。一般橡胶护舷的设计压缩量在47.5%～52.5%。设计中要选用允许吸能量高、反力小的压缩量作为设计压缩量，取相应于设计压缩量时的吸能量和反力作为设计依据。

(6)在选择门座起重机等起吊机具的最大吊距时必须考虑橡胶护舷的高度。

(7)轮胎护舷可采用旧轮胎(各种车辆弃用的、没有割痕破损)制作。1000吨级以下的码头可采用9.00～20型填料轮胎、11.00～20型或12.00～20型空心轮胎；1000～3000吨级的码头应采用尺寸不小于14.00～20型的空心轮胎。1000吨级以上的码头不用填料轮胎。

3. 护舷的布置

橡胶护舷的布置主要是确定码头靠船面竖向和水平向的布置方式、范围和间距。

橡胶护舷沿码头前立面竖向布置，是为了避免靠泊船舶因摇摆或水位涨落时船舷对护舷产生的刮、卡、顶托现象。大中型船舶的干舷较高，采用间断布置；小型船舶，特别是驳船的干舷较低，为避免发生上述现象，宜采用连续布置。

护舷的位置一般应使船舶在各种水位时均能安全靠泊作业，布置在设计高水位和设计低水位之间。我国各海港设计高低水位之间的差值不太大，一般在2～4m左右，见表6-2。若港口潮差大于4m，需要采取一定的措施。5万吨级以上的船舶，由于船体较大，护舷尺寸也较大，对不同水位的适应性较好。1～2万吨级船舶对不同水位的适应性要差一些。

我国各海港设计高低水位之间的差值　表 6-2

地区	青岛港	日照港	广州黄埔	深圳	三亚	天津港	秦皇岛	大连	上海港九区	上海中华船厂
差值(m)	3.83	4.14	3.60	2.50	2.26	3.80	1.91	3.18	3.30	3.60

河港水位差很大,达 10m 左右,有些超过 30m。这些河港码头或船闸可采用浮式靠船设施。浮式系靠船设施一般结构都比较复杂,造价高,故内河小型码头多采用垂直连续布置护舷或分层布置护舷。

护舷受力复杂,容易损坏,安装时应注意做到:护舷的附属配件不能触及靠泊船舶,护舷锚固和吊架系统结构简单、坚固;构件要耐腐蚀,易维护和便于更换;与护舷配套的螺栓、螺母、链索、卡具和铁件等,其规格、材质及耐久性要满足使用要求,并进行防腐处理。

护舷在码头长度方向的布置间距与护舷的型式和尺寸、码头结构型式、船舶尺度、船舶靠泊角度等有关。对于墩式码头,护舷布置在靠船墩上;对于连片式码头,一般采用等间距布置,间距常取 5 ~20m。

三、其他防冲设备

1. 柔性防冲簇桩

柔性防冲簇桩是一种应用于大型码头的防冲系统,兼有防冲设备和靠船建筑物两种功能,在某些情况下是一个简单、经济的设计方案。在柔性防冲簇桩上一般均附加橡胶防冲设备,以提高其吸能量。柔性防冲桩一般采用钢管桩组成簇桩,也有用大直径单根桩。

2. 柔性靠船墩

靠船墩分为刚性和柔性两大类,柔性靠船墩具有平缓地吸收靠船冲击能的优点。弹性钢管桩靠船墩是一典型的柔性靠船墩,钢桩下部打入土层中,类似一悬臂梁。通过选择钢桩的直径、壁厚及悬臂长度,来设计其反力、变形和吸能量。

柔性靠船墩往往与橡胶防冲设备结合使用,共同负担吸能任务。总的吸能量 E,等于橡胶防冲设备吸收的能量 E_1 和钢靠墩吸收的能量 E_2,即 $E = E_1 + E_2$。吸能量相同时,橡胶防冲设备方案比钢管靠船墩(桩)方案的价格便宜,尽量使防冲设备吸收更多能量。

柔性靠船墩的桩数最多用到 5 根,一般用 3 根。在靠船墩几何尺寸相等的情况下,靠船墩的吸能量几乎随钢材的弹性极限强度的平方成正比,因此钢材以使用高弹性极限强度钢材为好。上海金山码头位于杭州湾北岸,停靠 5000 吨级船舶,柔性钢桩靠船墩有 3 根直径 1.2m、壁厚 20mm、长 40m 的 16 锰钢管桩。设计撞击能为 107kN · m,钢桩靠船墩能提供的弹性变形能为 155kN · m,极限应力应变能为 450kN · m。采用 H600V 型橡胶护舷,每个吸能量为 30kN · m,上下设 5 道。

四、防冲设备新材料及发展趋势

目前国内外最常用的橡胶护舷具有弹性好、吸收撞击能量大、反力低、耐腐性好、不怕虫蛀、维修量小、对海水和低温的耐久性好、寿命较长等优点。但橡胶护舷在使用过程中也发现橡胶护舷存在一些缺点和不足,主要表现在以下几方面:

(1)设计压缩变形一般仅在 50% 左右,对提高吸收船舶的撞击能量产生影响。

(2)压缩型的橡胶护舷一般为中空结构,抗剪能力较差,在船舶斜向作用时,较易被撕裂。

由于船舶总是斜向靠泊码头,致使许多橡胶护舷被剪力破坏。

(3)橡胶与钢板的摩擦系数较大,船舶靠泊时产生较大的摩擦力,易造成护舷损坏。

(4)橡胶护舷的重量较大,更换不方便;耐油性较差,颜色单一。

(5)护舷配件配置不合理,造成配件损坏、护舷脱落。

(6)船舶的非正常靠泊造成平行于码头立面的剪切力过大,将锚链扯断;橡胶护舷与船体的摩擦系数较大,产生的侧向剪力过大,造成护舷脱落。

船舶的大型化对码头防冲设备提出了更高的要求,防冲设备应具有:弹性好、吸能潜力大、反力小、面压低、耐腐蚀性好、耐久性好、使用寿命长、维修安装方便等性能。聚氨酯护舷适应了这种要求发展趋势。

1. 聚氨酯护舷新材料的特点

制成聚氨酯护舷的基材是聚氨酯弹性体,是介于橡胶和塑料之间的一种高分子材料。聚氨酯弹性体属于微孔弹性体,具有很大的吸能潜力。在受到外力冲击作用时,能有效地吸收撞击能量,使外力有效衰减,使结构减缓强烈的外力冲击而得到有效保护。经测试,聚氨酯弹性体的扯断强度大于26.7MPa、扯断伸长率大于600%、钢胶粘合强度大于5.8MPa,耐磨性好,比天然橡胶的耐磨性高9倍左右,Taber磨耗值0.5～3.5mg(天然橡胶146mg、氯丁橡胶280mg),尤其在有水、油等液体介质存在的湿摩擦过程中,其耐磨性更优于其他材料。聚氨酯弹性体与钢板的摩擦因数小,仅为0.12,而橡胶与钢板的摩擦因数为0.3～0.4。同样的船舶靠泊情况,由于摩擦系数的不同,橡胶护舷的侧向剪力是聚氨酯护舷的2～4倍。此外,聚氨酯材料耐腐蚀、耐油性好,不溶于酸碱油等有机溶剂,特别适合油码头。聚氨酯弹性体密度小,在水中呈漂浮状态。

聚氨酯护舷作为新产品得到较多应用。从实际应用效果看,充分体现出其材料及结构的优越性。以大窑湾集装箱码头为例,原先安装的筒型护舷,经使用发现,聚氨酯护舷有较小的摩擦系数;浮于水面,随潮起潮落置于最佳位置;鲜艳醒目的颜色以及附缆的进一步保护等优点,使其避免了橡胶护舷在非正常靠泊及剪切力过大时脱落的现象。

聚氨酯护舷已形成D型、鼓型、V型、筒型等系列护舷,但还有很多产品有待于开发。聚氨酯弹性体用于护舷的历史很短,使用经验也不多,尚未形成产品系列化。现有型号虽然受到用户的良好反映,但适用范围有限,还需要不断地积累经验,形成系列产品。虽然聚氨酯弹性体有比橡胶优良得多的特性,尤其是有微孔的聚氨酯弹性体是护舷的理想材料,但其缺点是耐热老化性能较差,在高频作业时,生热大、散热慢、易老化。但作为护舷使用时却不存在这个问题。目前,聚氨酯护舷的制作成本较高。

2. 聚氨酯护舷性能指标

聚氨酯护舷的技术指标包括反力和吸能量。

护舷性能评价指标E_h可表示为:

$$E_h = \frac{E}{F \cdot H} \tag{6-1}$$

式中:E——护舷吸能量(kJ);

F——护舷反力(kN);

H——护舷尺寸(高度,m)。

作为码头上使用的护舷，在受到船舶撞击时，护舷达到设计变形时所吸收的能量应不小于靠泊船舶的有效撞击能，而相应的反力必须不大于码头的允许水平承载力，对船舶的面压也必须不大于船钢板允许的面压。一般货船，允许面压在 350 ~ 400kN/m^2。因此，理想的护舷应该吸能量较大而反力较小。

下面对相同外形尺寸、不同材质的两种护舷的性能指标进行比较。

聚氨酯筒型护舷 JHX-Y600 × 1000 标准型：压缩比 50%，吸能量 $E = 29$kJ，反力 $F = 162$kN，性能评价指标 $E_h = 0.298$。

橡胶筒型护舷 Y600 × 1000 标准型：压缩比 50%，吸能量 $E = 24$kJ，反力 $F = 179$kN，性能评价指标 $E_h = 0.223$。

相同尺寸的筒型护舷，聚氨酯护舷的吸能量高于橡胶护舷的吸能量，而反力却小于橡胶护舷的反力。从性能评价指标可知，聚氨酯筒型护舷的性能优于橡胶筒型护舷的性能。

此外，聚氨酯护舷还具有以下优点：

(1)除采用传统安装方式外，聚氨酯护舷还可以根据其具有漂浮性特点，利用中、高潮位进行人工安装；

(2)聚氨酯护舷本身的重量轻，可有效地降低锚链间的磨损，增加锚链的使用寿命；

(3)聚氨酯筒型护舷增加了一条尼龙附缆，可防止意外脱落的护舷不被风浪卷走；

(4)聚氨酯筒型护舷的配件采用特殊方式进行连接，有效地防止护舷脱落；

(5)聚氨酯 D 型护舷的压板，预埋在聚氨酯护舷本体中，既增加压板的防腐性能，又有利于护舷安装。

以上这些特性，决定了聚氨酯护舷在港口工程中具有广阔的应用前景。

第二节 系船设施

码头系船设施种类很多，主要有系船柱、系船环、系船浮筒及快速脱缆钩和绞盘等。

一、系船柱

系船柱包括普通系船柱和风暴系船柱。

普通系船柱供靠泊船舶栓系缆绳之用，其中心位置距码头前沿线一般为 0.5 ~ 1.2m，间距一般为 15 ~ 45m。对于集装箱码头，系船柱的间距一般取 20m 左右。系船柱的布置应结合码头结构段一并考虑，对称布置。码头端部宜设置系船柱。为了防止船舶沿纵轴方向的移动，系船柱的布置应使船舶首、尾缆与船舶纵轴所成角度小些，但一般不小于 25° ~ 30°。在连续泊位的交界处，可设双头系船柱。当大型码头需停靠小型船舶时，可在大船系船柱之间加设小型系船柱或系船环。

风暴系船柱供大风时不离开码头的船舶系缆之用。它应具有足够的水平抗力，其位置应使船舶轴线与船缆所成的角度尽可能为直角，以减小船舶的横向移动。由于风暴系船柱平时不使用，故应将其设置在距码头前沿线较远且不影响码头装卸作业的地方。一个泊位宜设置两个风暴系船柱。对于强风风向固定，且强风不可能是离岸风或强风时期船舶不靠码头的港口,也可以不设风暴系船柱。有些码头将风暴系船柱和普通系船柱统一考虑,将全部或部分普通系船柱的吨位加大,兼作风暴系船柱使用。

系船柱的布置合理与否,直接影响所靠船舶的系泊安全和码头的正常运转。系船柱的布置应结合泊位功能,码头结构型式及结构分段等综合考虑。系船柱布置间距应满足船舶系泊作业需要,可参照表6-3确定。

系船柱布置间距 表6-3

船舶总长	<100	100~150	>150
系船柱间距	20	25	30

不同船长受力系船柱数目可参照表6-4确定。

不同船长受力系船柱数目 表6-4

船舶总长 L	≤100	120~150	150~200	200~250	250~300
受力系船柱数目	2	3	4	5~6	7~8

系船柱布置的最基本原则是满足船舶靠离码头、停泊、移泊和掉头等作业安全可靠和使用方便的要求,应充分考虑泊位功能、停靠船舶的特点、护舷和码头受力情况等。

(1)由于大型或特殊船舶的干舷一般较高,建议系船柱布置应保证缆绳的垂直角度尽可能的小,最好不大于25°,可只在码头前沿线布置用于系倒缆的系船柱。

(2)对于停靠大型或特殊船舶的泊位,应在船首和船尾集中布置系船柱,泊位中间可不布置系船柱。如果泊位兼顾停泊中、小型船舶,泊位前沿位置也要布置一排系船柱。系船柱间距可取规范规定的数值,系船柱数目根据计算确定。

(3)建议码头多采用倒缆系船柱,倒缆对于约束船舶沿码头方向的纵移效果明显,缆绳能充分发挥作用。在船舶干舷较高的情况下不存在缆绳交叉情况。另外,倒缆可以减少码头长度,减少投资,经济效益也比较明显。

(4)平行于码头前沿线方向的作用力主要由倒缆承担,设计缆绳及系船柱时可按全部由倒缆承担来计算;对于大型船舶特别是满载情况下,浪和流可能是系缆的控制因素;在吹岸风、吹开风、波浪、流的不同组合下,不同的系泊方式及船舶吃水对系缆力的影响是不同甚至相反的,计算时应分不同荷载组合分别计算;对于潮差较大的港口,涨落潮对船舶吃水和缆绳的松紧及角度有很大的影响,同时应注意潮流对船舶特别是满载船舶的影响。

系船柱由柱壳、定位板、锚板、锚栓和螺母及其垫圈组成,安装以后,柱壳内浇筑C20混凝土。

柱壳一般由铸铁制成,大吨位系船柱的柱壳可采用铸钢。柱头的形状多按习惯选用,一般分为单挡檐型、羊角型和全挡檐型。单挡檐型适用于一般的码头;羊角型适用于以流为主的河港;全挡檐型适用于多向带缆情况,例如外海孤立建筑物以及纵、横两船位交角处等的系船柱。柱头宽度及脖高应满足带缆要求和解缆方便。脖子过高会增加系缆力对码头产生的力矩;柱头过宽不便于解缆;脖子过矮及柱头过窄容易造成压缆和脱缆。

交通部1978年颁布的系船柱通用图,将各吨级的系船柱定型化,按吨级分为5、15、25、

35、45、55、65、75、100、150、200t 计 11 个等级，按系船柱的容许系缆力大小、柱壳材料、结构型式编制了 7 个系列，选用时可依据船舶吨级的大小由设计系缆力确定，使设计系缆力不大于系船柱的容许系缆力。当在一个系船柱上同时系带两条船时，设计系缆力应为两条船系缆力的矢量和。

系船柱在使用中经常出现的问题是系船柱颈萎造成脱缆。因此，选用系船柱时既要考虑檐宽和脖高满足带缆和解缆作业的方便，还要考虑系船柱壳体容易磨损和锈蚀的问题。

二、系船环和系船浮筒

1. 系船环

系船环主要用于直立式码头的小船带缆和斜坡式码头的系船。系船环的承载能力较小，一般能承受 10 ~ 50kN 的系缆力，最大可达 150kN。

对于有小船停靠且水位变化较大的内河码头或潮差较大的沿海直立式小码头，由于船小甲板低，船在系船柱上带缆很不方便，而且缆绳的垂直角度也太大，因此在设计这种码头时，应在低水位以上每隔一定高度设置一定数量的系船环。内河的斜坡式码头一般也都采用系船环带缆。

一般沿码头长度方向每隔 10 ~ 20m 设置一个系船环。根据使用要求，可在码头顶面两个系船柱间设置系船环；也可在码头前沿竖直面上设一排或多排系船环，上面一排系船环一般设在码头面以下 1 ~ 2m 处，上、下排间距一般为 1.5 ~ 2.0m，最下面一排系船环设置在设计低水位附近。系船环应卧入码头立面内，以免与船舶相碰。

系船环常用铸钢制成，其结构型式有圆环形、带挂钩的圆环形及卡环形等型式。

2. 系船浮筒

系船浮筒是浮于水面的圆筒状系船设施，是一密封的钢制筒，俗称水鼓。由系船环、筒体、锚链和锚构成。系船环，有平放式和插入式两种，用于系住舰船缆索，将系船力传给锚链的钢质环。筒体，具有较大的正浮力，将锚链一端浮出水面连接系船环，并承受系船后的拉力，有陀螺形筒体、圆柱形筒体和方形筒体以及不旋转、倾斜小的偏心槽式筒体、可逆双锥圆柱式筒体、偏心水平可逆式筒体等。锚链，连接锚与系船环、筒体，传递系船力，其本身受拉力作用。锚固定于海底，承受系船拉力，有铁质锚和钢筋混凝土锚。铁质锚有海军锚、霍尔锚、火箭埋设锚等，钢筋混凝土锚有梯形块、蛙块、叠块、排泥自沉锚等，可平放或埋入海底。常用的锚碇型式有沉锤式、锚链式和沉锤锚链式三种型式，如图 6-12 所示。

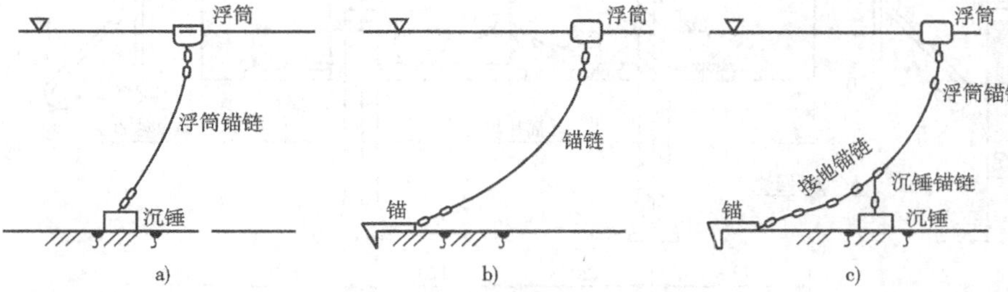

图 6-12 系船浮筒的锚碇型式

a) 沉锤式；b) 锚链式；c) 沉锤锚链式

三、快速脱缆钩和绞盘

1. 快速脱缆钩

快速脱缆钩是安装于码头用于船舶绞缆、系缆的专用设备，与系缆柱相比，减轻了工人劳动强度，提高了劳动效率、安全性和可靠性。

快速脱缆钩主要由脱缆机构及绞缆机构组成。特别适用于大型码头，要求操作人员少，风浪大，系缆及脱缆要求迅速的场合。在码头或船舶发生火灾险情等紧急情况时，需要船舶迅速离开停泊码头，此时操作人员操纵手柄使锁定机构快速脱开，系泊缆绳迅速脱钩解缆，从而保证码头和船舶的安全，避免巨大损失。快速脱缆钩是大型(5 万吨级以上)油气码头必需的系缆设施。

2. 绞盘

绞盘是超大型船舶必须的设施。

第三节　其他码头附属设施

码头上常用的其他附属设施包括轨道结构、码头供水供电管沟、扶梯和阶梯、码头路面、护轮槛和系网环。

一、轨道结构

码头装卸运输机械轨道是指门座起重机、装卸桥、装船机、卸船机、火车和斜坡码头缆车等装卸运输机械行走的轨道。轨道结构包括钢轨、轨道基础和轨道扣件等。

1. 钢轨

在码头上铺设的钢轨有起重机钢轨和火车钢轨，它直接承受起重设备和火车的压力。钢轨型号的选择一般按照轮压的大小通过计算确定。钢轨一般采用竖向方法固定，图 6-13 为火车轨道固定方法。

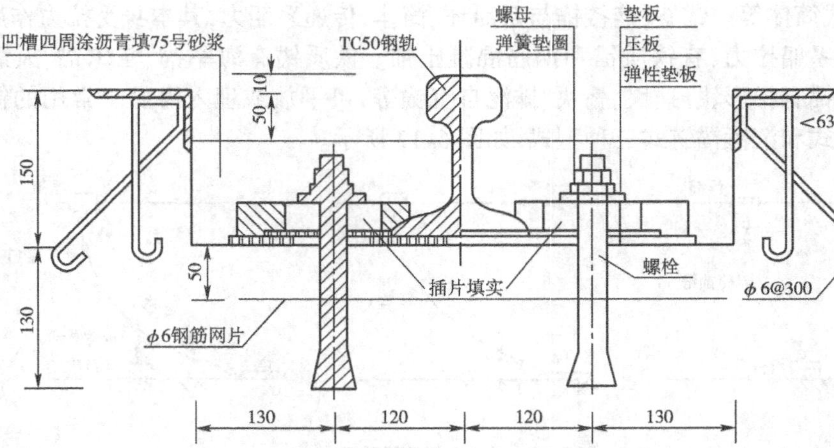

图 6-13　火车轨道固定(单位：m)

目前某些港口的起重机轨道采用无缝钢轨，即轨道接头采用焊接，但我国目前尚无针对起重机轨道焊接的标准。各港口无缝钢轨的安装，有的是参照铁道部行业标准或采用国外的技术标准。

2. 轨道基础

轨道基础是指支撑钢轨及埋设联结件的结构，一般是轨道梁或轨枕。轨道的铺设主要有以下两种情况：一种是直接铺在码头结构上，如高桩码头的门机轨道直接安装在轨道梁上；另一种是采用单独的轨道基础，包括轨枕道碴基础和钢筋混凝土基础梁。决定轨道基础型式时，需考虑车轮荷载、基础的允许沉降量、维修的难易程度以及地基的状况确定。

3. 钢轨锚固件和车挡

为了将钢轨牢固地固定在轨道基础上，必须用锚固件进行固定。火车轨道锚固件有弹性调高扣件、木枕K型分开式扣件、钢筋混凝土轨枕70型扣板式扣件和76型拱形弹片式扣件等，根据需要选用。

为了安全，轨道式起重装卸机械轨道的两端和斜坡码头缆车道底端应设置车挡，如图6-14所示。车挡结构应按机械配套要求进行设计、制作与安装。有的门机有配套使用的车挡，可以直接使用。没有配套车挡的门机，需根据门机可能对车挡的撞击力来设计车挡。车挡结构可采用直立式或弯曲式。直接承受水平力作用的部分应设置橡胶垫板，当水平力较大时，宜选用较厚的橡胶垫板或其他缓冲装置。车挡可安装在钢轨上或安装在混凝土基座上。车挡安装在钢轨上时，可采用焊接或用螺栓联结。独立混凝土基座稳定性验算包括抗滑、抗倾和地基承载力的计算。

对门机码头来说，门机是码头生产作业的重要装卸机械，轨道沉陷造成门机不能正常行驶时有发生，对码头生产作业影响很大。为了保证门机正常运行，根据施工和使用经验，对轨道安装和使用有如下要求：

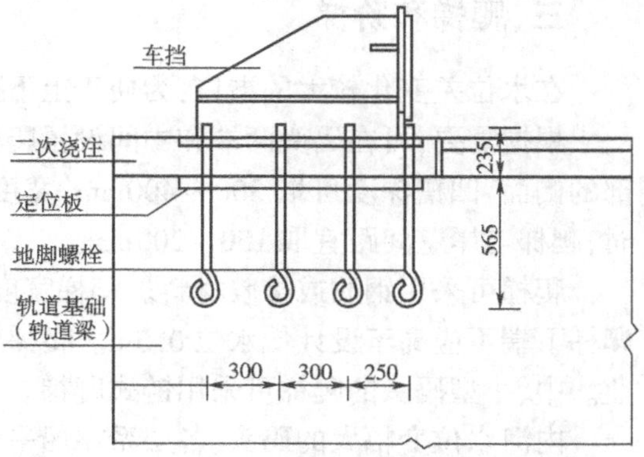

图6-14 门机车挡

(1)轨顶需高出码头面上，不允许轨道有过大的沉降、横向移动和倾斜等；

(2)钢轨与钢筋混凝土轨枕或轨道梁间联结螺栓的安装宜使用后埋式，且宜用硫磺砂浆或高强胶泥等锚固螺栓，以方便维修；

(3)轨道凹槽宽度不宜过大，以减小运输机构通过时产生的振动，但应便于清扫和拆卸检修轨道锚固件；

(4)轨道凹槽槽侧底应设排水孔，排水要畅通，以防止钢轨、铁件的锈蚀，轨道凹槽外露边角宜设置护角钢；

(5)钢轨安装后必须进行试用并再次拧紧联结件；

(6)在凹槽内宜填充细粒沥青混凝土、砂浆或细石混凝土，填高不应影响机械行走；

(7)为了保持轨距不变，必要时可在两轨轨道基础之间设置连系梁或连系杆，在轨道基础结构型式改变处，应进行特殊处理并设置过渡段，以免发生断轨。

(8)码头面的排水应通畅，以免积水渗入轨道基础造成局部沉降，对门机车挡应进行经常性检修，确保车挡安全有效。

二、供水供电管沟

一般码头前沿都要求铺设为船舶供水和供电等管线，修船、舾装码头则需有压缩空气、氧气、乙炔等工艺管线。这些管线都安放在专用的管沟内。

对于重力式码头，通常将管沟设在胸墙内。

对于高桩码头，可利用上部结构构件之间的空隙设置管沟，一般设置在前边纵梁（或靠船板）和起重机轨道梁之间。

对于板桩码头，由于胸墙较窄，在胸墙内只可设置较小尺寸的管沟。

管沟按尺寸大小分为大尺寸管沟和小尺寸管沟。大尺寸管沟，考虑便于工人在管沟内进行铺设和修理管线工作的需要，管沟的宽度不宜小于1.0m，深度不宜小于1.2m。小尺寸管沟，由于工人在地面上铺设和修理，尺寸相对可以较小，但宽度不宜小于0.4m，深度一般采用0.6m，且一般用于单一管线。

为了保证安全，水管和电缆应尽可能分沟设置，特别是乙炔管和氧气管严禁设在同一沟内。为了防止管沟被水淹没，管沟的底面高程宜高于平均高潮位。为了排除管沟内的积水，管沟应有一定的坡度并在沟底设置排水孔。为了检修的方便，小尺寸管沟的盖板应全部做成活动的；对于大尺寸的管沟一般是一部分盖板作成固定的，一部分为活动的。设计管沟盖板尺寸时要考虑人工能够掀得动。

三、爬梯和阶梯

在水位差变化较大的港口，为便于上下码头，通常都需要在码头前沿设置爬梯或阶梯。

根据需要，可在码头两端和中间设置爬梯。爬梯宜设置在码头前沿临水面的凹槽内或端部的侧面，凹槽深度可取300～400mm，宽度不宜小于600mm。当爬梯突出码头前沿临水面时，爬梯与岸壁间距宜取150～200mm。

爬梯可采用钢质或橡胶材料。爬梯宽度不应小于500mm，梯级间距一般为250～300mm，爬梯下端不应高于设计低水位0.5m。爬梯应在码头面上设置扶手，并不应影响系缆、带缆作业。中、小型码头的爬梯可采用链式爬梯。

内河水位变幅大的码头，各层系靠船平台间应设置斜爬梯。

上下人员频繁的小型码头，宜在码头前沿或端部不影响装卸作业的地段设置阶梯。斜坡式缆车客运码头和斜坡式货运码头应设置阶梯人行通道。阶梯一般顺着码头长度方向顺级上下，水位变幅大的码头，应根据需要设置中间平台，平台的宽度宜取1500mm。阶梯宽度根据交通量大小确定，货运码头可取700～2000mm，客运码头可取2000～5000mm。踏步高度宜取150～200mm，宽度宜取250～300mm。踏步应采用糙面，常采用浆砌块石、混凝土或钢筋混凝土结构。阶梯一般应凹于码头前沿线以内。

四、登船梯

登船梯是大型油气船舶在停靠码头作业过程中，装卸作业人员和船员安全顺利上下船舶的装置。传统的登船装置是依靠船舶自身携带的舷梯来完成，大型码头，特别是处于无掩护海域的墩式码头，码头面不是连续的，而且标高较高，船舶在作业过程中的颠簸、游动频繁，且幅度比较大。由于码头护舷大，停在在码头上的船舷至码头岸线的距离较大。这种条件的船与岸联系是油船携带的舷梯难以解决的。大型油气码头为了加速船舶装卸作业和确保人员上下船的安全，以登船梯取代船舶舷梯。登船梯是大型油气码头必配的设施。

五、护轮槛和系网环

1. 护轮槛

为了防止在码头上行驶的车辆不慎掉入水中，同时为了给站在码头前沿的人以安全感，常在码头前沿设置护轮槛。护轮槛在码头结构伸缩缝处应断开。系船柱底盘与护轮槛顶面齐平时，护轮槛可持续布置；系船柱底盘与码头面齐平时，为了不妨碍船舶系缆，应在系船柱附近断掉护轮槛，断掉范围根据设计船型及系缆角度确定，并用钢板护角。

护轮槛主要是对车辆、装卸机械、生产人员起安全防护作用，其断面型式有直角型、外坡型、内坡型。高度一般为150～300mm，底宽300～400mm。护轮槛因频繁受到机械和船舶撞击，很容易损坏，需经常维修加固。在使用和维修时可采用如下措施：

(1)护轮槛可后移布置，但后移不宜大于500mm；或采用外坡型，以防船舶撞击；

(2)护轮槛的边角应修圆，可采用钢板护角，断开端部可采用圆弧形钢板全包防护；

(3)对于集装箱等大型专业化码头，可采用不连续布置的型式，或在需要的地方布置活动式护轮槛；

(4)护轮槛应涂刷醒目标志，如采用黑和黄、红和黄、红和白等颜色油漆相间搭配标识，或采用荧光材料标识。

2. 系网环

在装卸件杂货时，为避免货物不填掉入水中，通常在船舶与码头之间系挂网兜，并在码头前沿设置系网环。系网环沿码头长度方向布置，间距一般为2～3m。为了不妨碍码头面上的交通和人行安全，系网环应卧入码头地面，避免被杂物掩埋和妨碍交通。码头无护轮槛时，系网环宜布置在距码头前沿线300～600mm范围码头面凹坑内；当码头有护轮槛时，系网环宜布置在护轮槛的内侧立面上，且宜采用螺栓式锚固。

3. 护栏

码头引桥、操作平台、靠船墩、系船墩和码头其他需要防护的地方，宜设置固定式或活动式护栏，且不应影响装卸作业。

护栏可采用钢结构或钢筋混凝土结构，高度宜取1000～1200mm。开敞式油码头作业平台前沿设置护栏时，护栏高度不宜大于500mm，护栏的立柱间距宜为1500～2000mm。当采用钢结构护栏时，扶手横栏和立柱钢管直径应通过计算确定，并不宜小于48mm，下横栏钢管的直径不宜小于30mm。采用拉链时，链径不宜小于8mm。

六、其他码头附属设施

1. 靠泊仪等监控设施

大型专业化码头宜配置靠泊仪等监控设施。靠泊仪一般可以监测船舶至码头的距离、靠泊的速度、船体与泊位的夹角、船舶靠泊时的撞击能量等。目前靠泊仪有激光、声纳、雷达和空气声波等多种型式。

2. 夜间和雾天指示灯

大、中型码头前沿宜设置夜间和雾天指示灯。指示灯可采用固定式或移动式,固定式指示灯可设在护轮槛上。

3. 缆车断绳保护装置

对于有特殊使用要求的缆车,如客运缆车和集装箱缆车,为避免缆车在电气限位开关失效时造成绞车失控,钢丝绳被拉断,需在缆车道坡顶端设缆车断绳保护装置。

4. 安全警示标志

码头上应设置下列明显的安全警示标志:①限制荷载标志;②非作业车辆停泊标志;③集装箱码头行车道标志;④接电箱、上水栓井盖识别标志。

5. 防风抗台装置

有防风抗台要求时,码头上应设置装卸运输机械防风抗台拉索的系拉装置和锚旋板的锚旋装置。

思 考 题

1. 码头设施包括哪些?各自的功用是什么?
2. 为什么要在码头上设置防冲设备?为什么码头上常用橡胶护舷作为防冲设备?
3. 橡胶护舷按吸收能量的方式可分为哪几种?如何选择和布置橡胶护舷?
4. 系船设施有哪几种?各用于什么情况?根据什么条件来选择系船设施?

参考文献

[1] 陈万佳. 港口水工建筑物. 北京:人民交通出版社,1989.
[2] 邱驹. 港工建筑物. 天津:天津大学出版社,2002.
[3] 韩理安. 港口水工建筑物. 北京:人民交通出版社,2008.
[4] 韩理安. 港口水工建筑物(Ⅰ). 北京:人民交通出版社,2000.
[5] 王云球. 港口水工建筑物(Ⅱ). 北京:人民交通出版社,2005.
[6] GB 50158—2010. 港口工程结构可靠度设计统一标准. 中华人民共和国交通运输部,北京:中国计划出版社,2010.
[7] JTS 144-1—2010. 港口工程荷载规范. 中华人民共和国交通运输部,北京:人民交通出版社,2010.
[8] JTJ 213-98. 海港水文规范[S]. 北京:人民交通出版社,1998.
[9] 李玉成,腾斌. 波浪对海上建筑物的作用. 北京:海洋出版社,2002.
[10] 王元战,王文良. 大圆筒结构计算及工程应用. 北京:人民交通出版社,2008.
[11] 张子樵. 圆筒防波堤立波波压力试验研究. 天津大学学报,1991,24(s2):107－112.
[12] 王元战,龚薇,及春宁,李元音,谢善文. 基于粘性流模型的筒型基础防波堤波浪力数值分析. 海洋工程,2008,26(3):1－6.
[13] JTS144-1—2010. 港口工程荷载规范. 中华人民共和国交通运输部,北京:人民交通出版社,2010.
[14] Q/HSn 3000—2002. 中国海海冰条件及应用规定. 中国海洋石油总公司企业标准,2002.
[15] JTJ 254—98. 港口工程混凝土结构设计规范. 中华人民共和国交通运输部,北京:人民交通出版社,1998.
[16] JTS 146—2012. 水运工程抗震设计规范. 中华人民共和国交通运输部,北京:人民交通出版社,2012.
[17] JTS 167-2—2009. 重力式码头设计与施工规范. 中华人民共和国交通运输部,北京:人民交通出版社,2012.
[18] JTS 167-3—2009. 板桩码头设计与施工规范. 中华人民共和国交通运输部,北京:人民交通出版社,2009.
[19] JTS 167-1—2010. 高桩码头设计与施工规范. 中华人民共和国交通运输部,北京:人民交通出版社,2010.
[20] JTS 165-4—2011. 海港集装箱码头设计规范. 中华人民共和国交通运输部,北京:人民交通出版社,2011.
[21] Port and Harbours Bureau(Ministry of Land, Infrastructure, Transport and Tourism, Japan), etc. Technical standards and commentaries for port and harbour facilities for port and harbour facilities in Japan [M], 2009.
[22] JTS 151—2011. 水运工程混凝土结构设计规范. 中华人民共和国交通运输部,北京:人民

交通出版社,2011.
[23] JTS 147-1—2010. 港口工程地基规范. 中华人民共和国交通运输部,北京:人民交通出版社,2010.
[24] JTJ 254—98. 港口工程桩基规范. 中华人民共和国交通运输部,北京:人民交通出版社,1998.
[25] 交通部第一航务工程勘察设计院编. 海港工程设计手册(中册). 北京:人民交通出版社,1994.

第二篇

防波堤与海岸建筑物

第七章 防 波 堤

第一节 防波堤概述

一、防波堤的功用与分类

1. 防波堤及其功用

防波堤是为阻断波浪传播、围护港池、维持水面平稳，以便船舶安全停泊和作业而修建的水中建筑物。图7-1所示为某港防波堤图片。

建造在开敞海岸或海湾的港口，通常要建造防波堤来形成有掩护的水域。防波堤的功能主要是防御波浪对港域的侵袭，维护港内水域的平稳，以保证船舶在港内安全停靠、系泊和正常进行货物装卸作业及上下旅客。防波堤还具有防流、导流，阻挡泥沙流入港内、减轻港内淤积的作用；在有冰冻的海域，防波堤还可阻止流冰进入港内，维护港口设施安全和船舶正常通行；近年来，兼有发电功能的防波堤、供人休闲观光的亲水防波堤等，也得到发展。

图7-1 某港防波堤图片

2. 防波堤类型

按平面布置型式，防波堤分为突堤和岛堤两种类型，如图7-2所示。突堤是防波堤一端（堤根）与陆地相连，另一端（堤头）伸向水域；岛堤是整个防波堤位于离岸水域中，两端均不与陆地相连，有两个堤头。

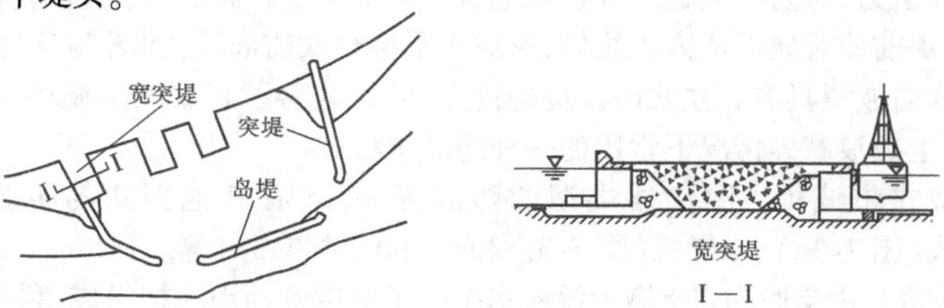

图7-2 突堤与岛堤

按结构型式，防波堤分为斜坡式、直立式、混合式和其他型式，如图7-3所示。

（1）斜坡式防波堤。斜坡式防波堤（图7-3a）的结构断面为梯形，通常采用天然块石、人工混凝土块体或袋装砂等筑成堤心，堤心外面常用自身稳定性强、消波效果好的各种人工块体护面。

斜坡式防波堤的优点是：波浪在斜坡面上发生破碎，大部分波能在斜坡面的行进过程中被吸收和耗散，堤前波浪反射小；对地基沉降量控制、地基承载力要求低；结构简单、施工方便，不需要大型起重设备；损坏后易于修复。其主要缺点是：材料用量大致与水深的平方成正比，水深较大时造价高；不适用于兼作码头、波能发电、亲水休闲、海水交换等多功能开发利用。

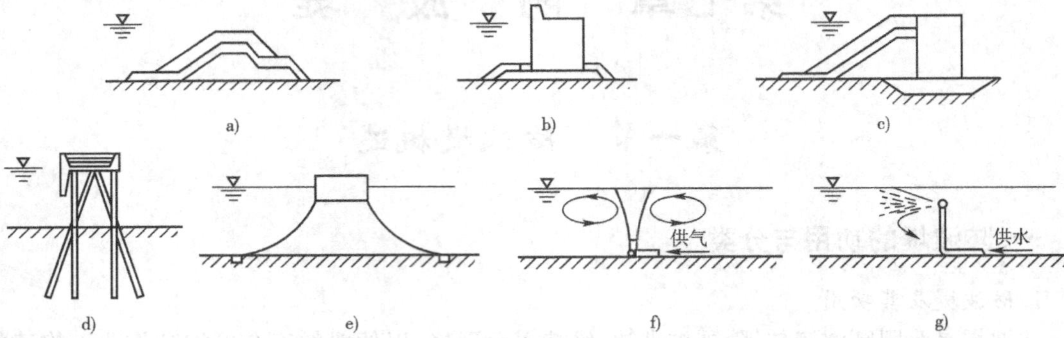

图 7-3　防波堤结构型式

a)斜坡式；b)直立式；c)水平混合式；d)桩基透空式；e)浮式；f)压气式；g)水力式

(2)直立式防波堤。直立式防波堤(图 7-3b)的结构断面内外两侧均为直立或接近直立的墙面，主要有重力式和桩(或板桩)式两种类型。重力式直立堤一般建造在抛石基床上，根据抛石基床高度的不同，又将其分为低基床、中基床和高基床。堤身一般采用混凝土方块或钢筋混凝土沉箱结构，上部多采用现浇混凝土平台和防浪墙。

直立式防波堤的优点是：当水深较大时，堤心材料的工程量比斜坡堤大幅度减少；堤内侧可兼作码头，并易于进行波能发电、亲水休闲、海水交换等多功能开发利用。直立式防波堤的缺点是：需要大型专门的施工机械；中、高基床直立堤前有出现近破波的可能，会产生较大的近破波冲击力；堤前波浪反射严重，可能影响港内水面平稳；一旦发生破坏，修复困难；对地基承载力要求高。

直立式防波堤一般适用于水深较大的情况。

(3)混合式防波堤。抛石基床上的直立式防波堤也称为常规的混合式防波堤，是从抛石斜坡式防波堤演变而来。随着斜坡堤上防浪墙高度增加、斜坡堤堤顶高程降低，演变成常规的混合式防波堤。

由于作用于直立堤上的破浪力较大，特别是当中、高基床直立堤前出现近破波时，将产生巨大的近破波冲击力，对防波堤稳定性造成危害。为消减入射波能量，减小作用在防波堤上的波浪力，在直立堤前放置块石或人工块体，形成水平混合式防波堤，如图 7-3c)所示。

水平混合式防波堤具有直立式防波堤的优点，同时改善了直立式防波堤前产生较大波浪力的条件，是发生破浪破碎情况下常用的一种防波堤型式。

(4)其他型式防波堤。除上述类型的防波堤外，还有其他型式的防波堤，如透空式(图 7-3d)、浮式(图 7-3e)、压气式(图 7-3f)和水力式(图 7-3g)等。

透空式防波堤是由支墩和在支墩上没入水中一定深度的挡浪结构组成，利用挡浪结构挡住波能传播，以达到减小港内波高的目的。支墩可采用桩基式或重力式，挡浪结构可采用箱式或立板式。研究表明，波浪能量大部分集中在水体的上层，在表层 2～3 倍波高的水层厚度内集中了约 90% 以上的波能。因此，挡浪结构没入水中的深度可取在设计低水位以下 2～3 倍波高处。

浮式防波堤是由浮体和锚链系统组成，利用浮体反射或限制波面运动消散波能，以减小堤后的波高。浮体型式有箱式和水平板式，箱式浮体没入水中的深度可参照透空式防波堤挡浪结构没入水中的深度确定；水平板浮式防波堤的消浪效果与水平板相对宽度（水平板宽度与入射波的波长之比）有关，应通过综合经济技术比较确定。

压气式防波堤是利用敷设在水中的带孔管道释放压缩空气，形成空气帘幕来达到降低堤后波高的目的。

水力式防波堤是利用在水面附近的喷嘴喷射水流，形成与入射波逆向的水平表面流，以达到降低堤后波高的目的。

上述类型的防波堤，具有结构较简单、造价低廉、施工速度快、便于拆迁，对海域的自然条件和生态环境影响小等优点。但是，这些类型的防波堤的防浪效果要差一些，不具有阻挡泥沙流入港内、减轻港内淤积的作用，压气式和水力式防波堤运行费用较高。

（5）近年防波堤结构型式的发展。近年来，为适应恶劣水文地质条件、维护自然生态环境、满足不同功能要求等，开发了多种结构型式的防波堤，如适用于软土地基的沉入式大圆筒防波堤或导流堤（图7-4）、半圆形轻型重力式防波堤（图7-5）和箱筒型基础防波堤（图7-6）等，可耗散波能、减小波浪力和波浪反射的开孔沉箱防波堤（图7-7），可进行海水交换、维护港内自然生态环境的透空沉箱防波堤（图7-8），兼有观光休闲功能的亲水防波堤（图7-9）等。有些防波堤结构型式已在港口工程建设中得到广泛应用。

①沉入式大圆筒防波堤。沉入式大圆筒防波堤是由依次排列的无底、大直径钢筋混凝土圆筒或钢圆筒构成，圆筒的下部沉入地基中，上部悬出海底面形成防浪、防砂或导流的直立墙壁，沉入地基中的部分构成结构的基础，图7-4为某海岸工程沉入式大圆筒导流堤断面。

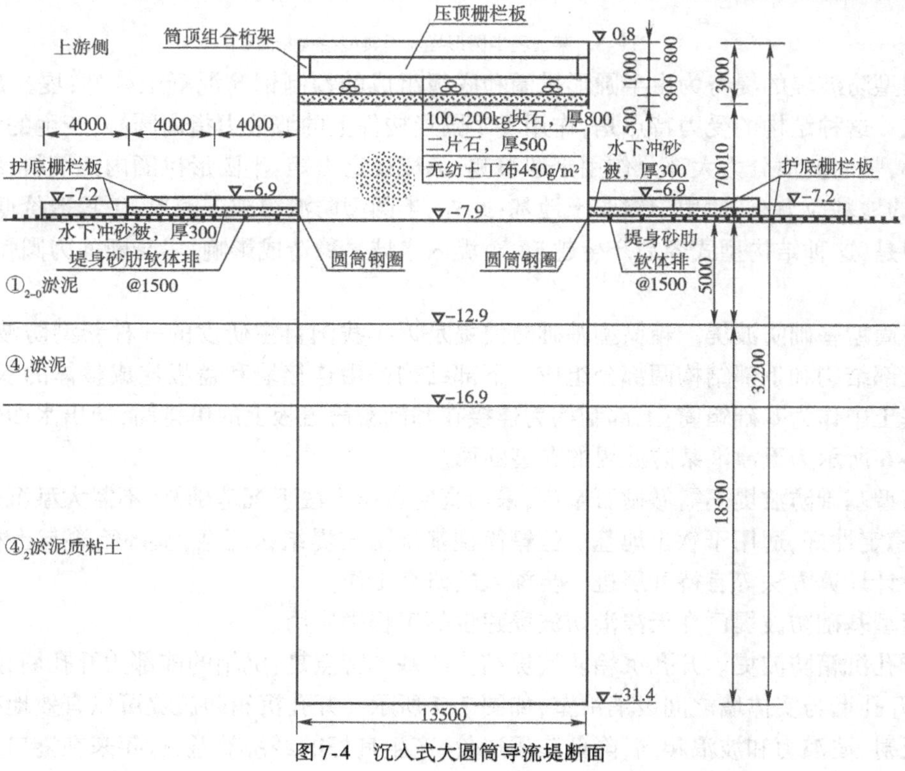

图7-4　沉入式大圆筒导流堤断面

沉入式大圆筒防波堤的优点是：结构型式简单、受力合理、材料用量省、施工速度快、工程造价低，适用于软土地基条件。但是，沉入式大圆筒结构施工需要大型起重运输设备，设计计算方法和施工技术等有待进一步完善和实际工程的检验。

港珠澳大桥海底隧道人工岛维护结构采用沉入式大圆筒结构。

②半圆形轻型重力式防波堤。半圆形轻型重力式防波堤是20世纪90年代初日本提出的一种新型防波堤结构，在日本宫崎港建造了长度为36m的半圆型防波堤试验段。这种结构型式在我国得到进一步发展和应用，1995年在天津港北大防波堤初步设计中最早推荐采用半圆型防波堤结构方案，1997年在天津港南疆建成了长度为527m的半圆型结构，1998年开始建设的长江口治理工程导流堤大规模采用了半圆堤结构，如图7-5所示。

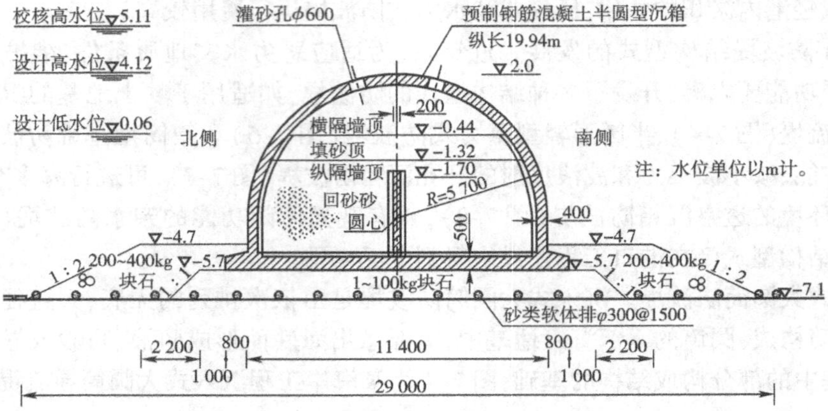

图7-5 某工程半圆形导流堤典型结构断面

半圆型防波堤的堤身为由半圆形拱圈和底板组成的预制钢筋混凝土构件，堤身放置在抛石基床上。这种结构的受力特点是：作用于半圆形构件上的波浪力指向圆心，产生的水平向波浪力较小，竖向波浪分力大部分作用于迎浪侧，形成稳定力矩；半圆形拱圈内无填料，结构重量轻，产生的地基应力小，适用于软弱土地基；此外，半圆型防波堤施工简单，工程造价低，景观效果好。但是，这种结构型式容易产生越浪，对堤内水域平稳造成影响；堤身断面为圆弧形，不能兼作码头。

③箱筒型基础防波堤。箱筒型基础防波堤是近年我国自主研发的一种新型防波堤结构，主要由上部结构和下部结构两部分组成。下部结构是由连接墙和盖板连成整体的双排圆筒，沉入地基土中作为基础箱筒；上部结构为连接在基础箱筒盖板上的单排筒，伸出水面作为挡浪墙。图7-6所示为天津港某防波堤的典型断面。

箱筒型基础防波堤不需做抛石基床，采用真空负压方法下沉基础筒，不需大型沉放施工设备；结构稳定性好，适用于软土地基。但箱筒型基础防波堤结构复杂，基础箱筒与土相互作用机理和设计计算方法等有待开展进一步深入的研究工作。

箱筒型基础防波堤已在天津港防波堤建设等工程中应用。

④开孔沉箱防波堤。开孔沉箱防波堤结构的基本特点是：沉箱的前部为开孔墙，后部为实体墙，在开孔墙与实体墙之间设消浪室，如图7-7所示。开孔沉箱防波堤可以有效地减小结构的波浪反射、波浪力和波浪爬高，降低工程造价，产生良好的经济效益，近年来在港口和海岸防

护工程中得到推广应用。

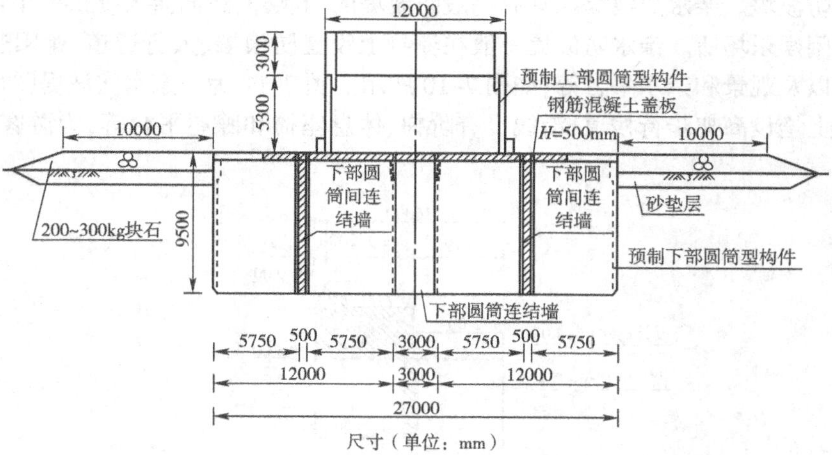

图 7-6　箱筒型基础防波堤

开孔沉箱防波堤的消能效果主要与消浪室相对宽度(消浪室有效宽度与平均波长之比)、开孔率(开孔面积与开孔范围总面积之比)和开孔部位等因素有关。我国《防波堤设计与施工规范》规定,消浪室相对宽度可采用0.078~0.266;开孔率可取20%~40%;开孔部位宜控制在设计高水位上、下1倍波高范围内,下限不宜超过设计高水位以下2倍设计波高。

⑤透空沉箱防波堤。透空沉箱防波堤是在沉箱适当位置开设孔洞,使防波堤内外水体流通,如图7-8所示。透空沉箱防波堤的主要特点是增强港内外水体交换,保护港内水域生态环境;此外,还可以解决在海湾湾口建设防波堤后,由于过流宽度减小使港口水域口门潮流流速增大的问题。

图 7-7　开孔沉箱防波堤

图 7-8　透空沉箱防波堤示意图

在大连港大窑湾港区防波堤工程建设中,工程前大窑湾湾口过流宽度为4000m,防波堤工程建设后湾口过流宽度减小为700m,潮流流速增大明显。为解决即要防浪、又要过流的问题,采用了透空沉箱(梳式)防波堤,其断面如图7-9所示。该梳式防波堤结构的主要特点是,沉箱长12m,在沉箱两侧伸出3m长的翼板,翼板底部距海底有7m的距离,两沉箱对接后,每间隔12m(沉箱长度)在翼板下部形成过流面积为6m×7m透流孔。解决了由于过流宽度减小使港口水域口门潮流流速增大的问题。

⑥亲水防波堤。亲水防波堤除具有一般防波堤的功能外,还向游人提供一个接近海水、游览观光的休闲娱乐场所。亲水防波堤一般在堤身上设置防浪墙、人行通道、遮阳避雨走廊、休闲娱乐场所以及观景和亲水平台等,如图 7-10 所示。图 7-11 为一亲水防波堤图片,该亲水防波堤在堤身上增设高架步行栈道,沿线设有阶梯、休息座椅和瞭望平台等,为游客提供散步赏景通道。

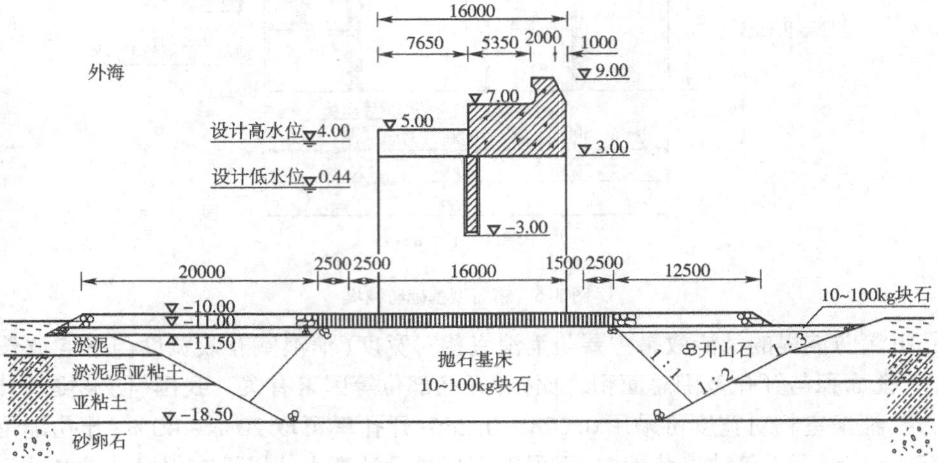

图 7-9　大连港大窑湾港区透空沉箱(梳式)防波堤断面

图 7-10　亲水防波堤设计效果图

图 7-11　某亲水防波堤图片

2008 年我国天津港东疆港区东海岸一期工程防波堤工程,南堤采用了半圆体亲水消浪结构,弧线半径为 1150m,长度约为 1075m。

二、防波堤沿纵轴线布置

1. 防波堤纵轴线

防波堤的纵轴线由一段或几段直线组成,各段之间用圆弧或折线相连接。在布置防波堤时,防波堤轴线一般应向港内拐折,尽可能避免向港外拐折形成凹角,造成波能集中。如果堤轴线必须向港外拐折时,两段堤轴线的外夹角不宜小于 150°,并用圆弧连接,凹角堤段的结构应适当加强。

突堤式防波堤沿纵轴线一般分为三段：堤头段、堤身段和堤根段。岛式防波堤沿纵轴线只有堤头段和堤身段。

2. 堤头

防波堤堤头处一般水深大，波浪、水流流速也大，且堤头受力复杂，堤头水底水流冲刷剧烈。此外，两条堤的堤头之间形成港口口门，堤头断面型式对此处的波浪形态有很大影响，关系船舶进出港的安全。

堤头断面型式有斜坡式和直立式两种，堤头的结构型式一般与堤身相同，但有时堤头也采用与堤身不同的结构型式，这种情况多为斜坡式堤身采用直立式堤头。

(1)斜坡式堤头。斜坡式堤头段长度一般为15～30m，对水深较大的防波堤，堤头段长度应适当加大。堤头段宽度比堤身段大，一般为堤身段宽度的1.5～2.0倍。

斜坡式堤头受到的波流力复杂，护面块石更容易出现失稳破坏，堤头护面块石重量应比堤身增大20%～30%；当采用块石护面时，也可放缓堤头段内、外两侧的坡度。

斜坡式堤头的优点是：波浪在斜坡上破碎，波浪反射小，口门附近的水域比较平稳，船舶进出港安全。斜坡式堤头的主要缺点是：斜坡式堤头口门宽度决定于最低通航水位，在高水位时口门的实际宽度增加较大，对港内水域掩护不利。为解决此问题，可在斜坡式防波堤的堤头段采用直立式结构，直立式堤头要伸入斜坡式堤身一定长度，如图7-12所示。

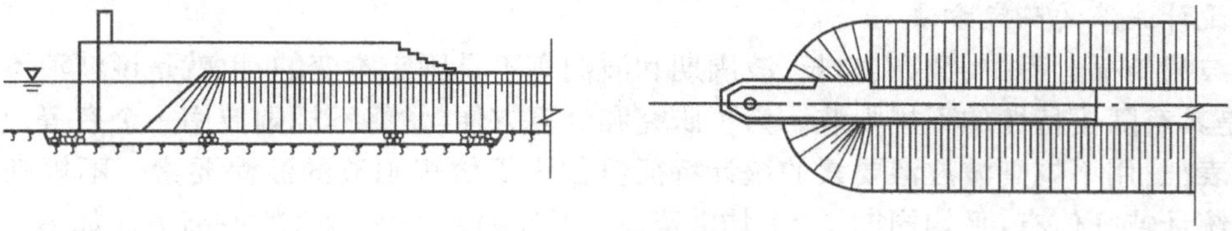

图7-12 斜坡式防波堤的直立式堤头

(2)直立式堤头。直立式堤头段长度一般取堤头段宽度的1.5～2.0倍，在堤头段与堤身段连接处应设置变形缝。堤头段内侧须加宽，其宽度有时可达堤身段宽度的1.5～2.0倍。

直立式堤头的平面形状多采用半圆形与矩形拼合的型式，也有采用圆形、矩形或多边形等形状，如图7-13所示。堤头一般向港内侧加宽，以减轻转角处强烈波浪和水流对建筑物的作用。

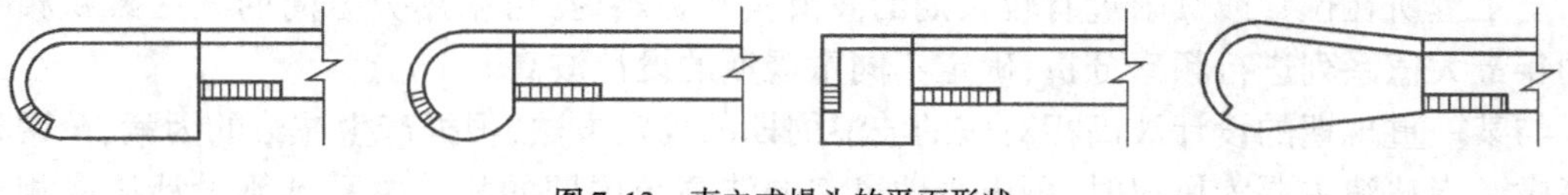

图7-13 直立式堤头的平面形状

直立式堤头的优点是：口门水面宽度较窄，有利于对港内水域的掩护；其缺点是：波浪反射严重，在口门附近容易产生激浪，船舶进出口门操控困难。

3. 堤身

一般堤身段长度较大，沿其轴线地形不断变化，各处的水深和波浪条件也不同。因此，在直立式防波堤设计时，应根据海底高程和地基土层的变化情况，并考虑构造要求，将堤身段划分为若干标准段。每一标准段的长度一般可取20～30m，各标准段以等长为宜。为适应地质、水动力条件,各标准段也可采用不同的长度和不同的结构断面型式。关于结构断面设计,将在后面章节介绍。

4. 堤根

堤根是突堤与陆地的连接部分,一般处于浅水区,通常以设计高水位时的水深等于波浪破碎水深处作为堤根段与堤身段的分界面。堤根段一般水深较浅,多采用斜坡式结构;如果为岩石海岸,堤根处水深较大,且堤身为直立式,也可采用直立式堤根。

在砂质或淤泥质海岸,由于岸滩坡度较缓,波浪在离岸较远处就已破碎,堤根处的波浪较小;此外,破碎波和沿岸流带来的泥沙常在堤根处淤积,波浪作用将逐渐减弱。因此,堤根段不需加强。但对于岩石海岸,如岩岸较陡,堤根处水深较大,则可能由于破浪在海岸上的反射,造成堤根段的波能集中,此时应对堤根段和相邻的海岸地带采取加强措施。

三、设计波浪的确定

防波堤是在海洋环境条件下工作的建筑物,其作用是改变防护水域的海洋动力环境,同时也受到海洋动力环境的作用。在防波堤设计中考虑的海洋水动力因素主要包括:潮汐、波浪、海流等,其中波浪是最重要的海洋水动力因素。波浪力是作用在防波堤上的主要荷载,主要与波高 H、波长 L、周期 T 和波向等有关,波高、波长、波周期和波向统称为设计波浪要素。设计波浪的确定,主要是确定设计波浪要素。

1. 设计波浪的确定方法

在波浪传播过程中,波高、波长、波周期和波向等不是固定不变的,也就是说波浪不是规则波,而是具有随机特性的不规则波。为了研究和计算方便,常将不规则波用一个有等效作用的规则波表征,用不规则波波浪要素的统计特征值作为等效规则波的波浪要素。不规则波波浪要素的统计特征值有:平均周期 $\overline{T}$、平均波高 $\overline{H}$、累计频率为 $F(\%)$ 的波高 H_F(如 $H_{1\%}$ 为累计频率为 1% 的波高)及 $1/P$ 大波的平均波高(如有效波高 $H_{1/3}$ 为 1/3 大波的平均波高)。

设计波浪的周期一般采用平均周期 $\overline{T}$,平均波长 L 由下式确定:

$$L=\frac{g\overline{T}^2}{2\pi}\tanh\frac{2\pi d}{L} \tag{7-1}$$

式中:g——重力加速度;

d——水深。

当工程所在位置或其附近有较长期的波浪实测资料时,可采用分方向的某一累积频率波高的年最大值系列进行频率分析,确定不同重现期的设计波高。

与某一重现期的设计波高相对应的波浪周期的确定方法,根据产生波浪的因素,分两种情况考虑。当波浪主要为风浪时,可由当地风浪的波高与周期的相关关系推算设计波高相对应的波浪周期,或按表 7-1 确定相应的波浪周期;当波浪主要为涌浪或混合浪时,可采用与波浪年最大值对应的周期系列进行频率分析,确定与设计波高为同一重现期的周期值。

风浪的波高与周期的近似关系 表 7-1

$H_{1/3}$(m)	2	3	4	5	6	7	8	9	10
T_s(s)	6.1	7.5	8.7	9.8	10.6	11.4	12.1	12.7	13.2

在进行波高或周期的频率分析时,连续的资料年数不宜少于 20 年。必要时可用历史天气

图对当地历史上大的台风等情况和个别年份缺测大浪的情况进行波浪要素计算，以延长和插补实测波浪系列。

若采用工程附近观测台站的波浪资料进行频率分析，应采用适当的方法考虑地形和水深对波浪传播及波浪设计要素的影响。

当工程所在位置及其附近没有较长期的波浪实测资料时，可在历史天气图上选择每年最不利的天气过程，采用适当的方法计算波浪要素的年最大值，再通过频率分析确定某一重现期的设计波要素。

2. 设计波浪的标准

设计波浪的标准包括：设计波浪的重现期和设计波浪的波列累积频率。

设计波浪的重现期是指某一特定波列累积频率的波浪平均多少年出现一次，它代表波浪要素的长期（以几十年计）统计分布规律。重现期标准要根据建筑物的重要性、使用年数和投资效益来确定。我国《海港水文规范》（JTJ 213—98）规定，在进行直立式、墩柱式、桩基式和一般的斜坡式建筑物强度和稳定性计算时，设计波浪的重现期应采用 50 年；斜坡式护岸等非重要建筑物，破坏后不致造成重大损失者，其设计波浪的重现期可采用 25 年；对于特殊重要的建筑物，如海上灯塔等，当实测波高大于重现期为 50 年的同一波列累积频率的波高时，可适当提高标准，必要时可按实测波高计算。表 7-2 给出不同建筑物设计波浪的重现期标准。

设计波浪的重现期标准　　表 7-2

结构型式	建筑物等级	重现期
直立式	Ⅰ、Ⅱ、Ⅲ	50 年一遇
墩柱式	Ⅰ、Ⅱ、Ⅲ	50 年一遇
桩基式	Ⅰ、Ⅱ、Ⅲ	50 年一遇
斜坡式	Ⅰ、Ⅱ	50 年一遇
	Ⅲ（破坏后不致造成重大损失）	25 年一遇

设计波浪的波列累积频率是指相关设计波浪要素在实际不规则波列中出现的概率，代表波浪要素的短期（以几十分钟计）统计分布规律。在该统计期内，可认为海面处于定常状态，或者说波浪要素的平均状态不随时间变化。设计波浪的波列累积频率标准，应根据波浪对不同类型建筑物及其不同部位的作用效果来确定。我国《海港水文规范》（JTJ 213—98）规定，在进行直墙式、墩柱式、桩基式和斜坡式建筑物的强度和稳定性计算时，设计波高的波列累积频率标准按表 7-3 采用。

设计波浪的波列累积频率标准　　表 7-3

建筑物型式	部位	设计内容	波高累积频率 F(%)
直墙式、墩柱式	上部结构、墙身、墩柱、桩基	强度和稳定性	1
	基床、护底块石	稳定性	5
斜坡式	胸墙、堤顶方块	强度和稳定性	1
	护面块石、护面块体	稳定性	13(注)
	护底块石	稳定性	13

注：当平均波高与水深的比值 $H/d<0.3$ 时，F 宜采用 5%。

第二节　斜坡式防波堤

一、斜坡式防波堤的结构型式

斜坡式防波堤，简称斜坡堤，结构型式主要有三类：抛石（或方块）斜坡堤，砌石护面斜坡堤和人工块体护面斜坡堤。

1. 抛石（或方块）斜坡堤

抛石斜坡堤有分级和不分级两种类型。

不分级抛石斜坡堤是一种古老的结构型式，它是利用开采出来的大小不等的块石，不经分选，混在一起抛填而成，如图 7-14 所示。不分级抛石斜坡堤堤身密实，孔隙率在 25% ~ 30%，波浪和泥沙不易透过；施工简单，可充分利用石料。但这种斜坡堤海侧坡面上的块石易被波浪打落，需要经常补抛块石，养护费用高。不分级抛石斜坡堤一般适用于波高不超过 2m 的情况，且多用于施工技术条件较差的地区。

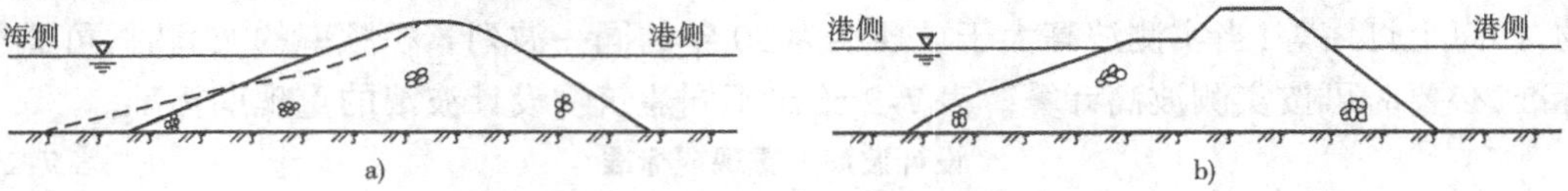

图 7-14　不分级抛石堤

a）单坡面；b）多坡面

分级抛石斜坡堤，如图 7-15 所示，是按波浪对堤身各部位作用程度的大小，采用不同重量的块石。较小块石堆放在堤心和堤身的下部，较大块石抛放在坡面和堤顶。分级抛石斜坡堤抗浪作用能力较不分级抛石斜坡堤有很大的提高，但块石分级抛填，施工复杂。为简化施工，分级不宜过多，一般为三级，有的只分堤心和护面层两级。

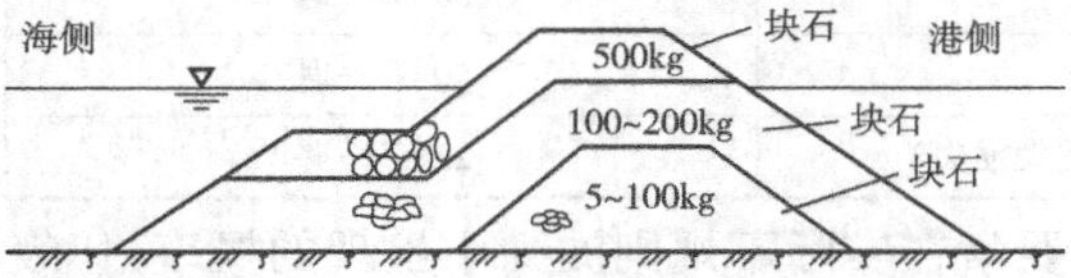

图 7-15　分级抛石堤

另外一种分级抛石堤是宽肩台式抛石堤。这种堤只分堤心和护面两级，在设计高水位以上采用较宽的肩台，肩台宽度一般大于 6m，图 7-16为美国圣乔治港宽肩台式抛石堤。它的特点是容许堤身断面（外侧部分）在波浪作用下发生变形，直至外坡达到稳定坡面为止。宽肩台式抛石堤的肩台宽，且空隙率较大，波浪的大部分能量将消散在肩台上。由于允许坡面变形，对其坡面上块石的稳定条件要求较低，护面块石重量可以较轻。宽肩台式抛石堤可抵御较大的波浪作用，国外宽肩台抛石堤的设计波高有的已达 7.0m。我国 1996 年初建造的第一座宽肩台抛石堤，其设计波高为 4.2m。

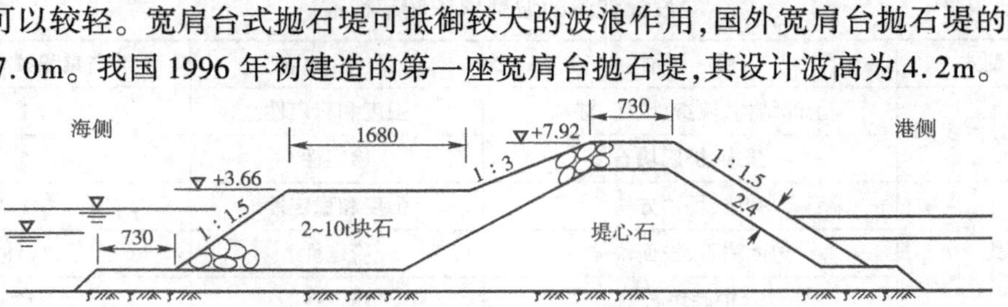

图 7-16　宽肩台式抛石堤

如果当地石料缺乏，且具有起重施工装备时，可采用抛填混凝土方块斜坡堤，如图 7-17 所示，其堤身全部为混凝土方块。方块的重量根据施工设备能力确定，可达 60 ~ 80t；坡面坡度也可陡些，通常为 1∶1 ~ 1∶1.25。抛填混凝土方块斜坡堤可抵御较大的波浪作用，但水泥用量大，造价较高，需大型起重设备。

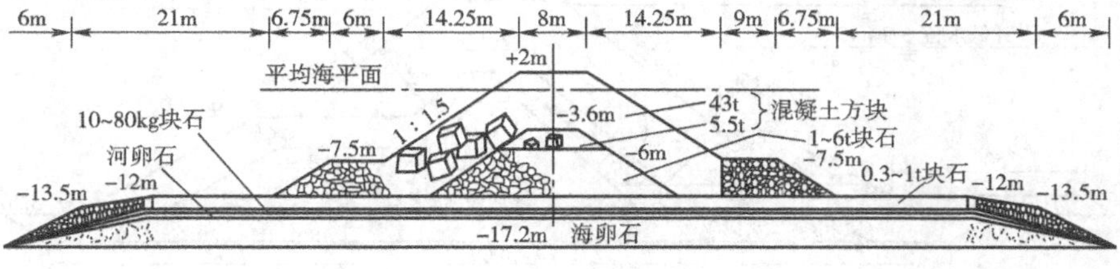

图 7-17　抛填混凝土方块斜坡堤

2. 砌石护面斜坡堤

当抛石斜坡堤的护面块石采用人工砌筑时，即为砌石护面斜坡堤。由于人工砌筑，因此砌石护面需设在施工水位以上。砌石护面一般有干砌块石、干砌条石和浆砌块石三种。

干砌块石护面分层砌筑，块石长边应垂直于坡面，这样块石受波浪作用面积小，比较稳定；同时块石间应密实嵌固，避免缝隙过大，且在坡面上要相互错缝。

干砌条石护面采用长条石砌筑，长条石断面较小，高度较大，因而稳定性好。它适合于当地能采出长条石，且护面层要求又较厚的情况。

浆砌块石护面宜采用坐浆法砌筑，砌缝应填满沙浆，避免块石间直接接触。为防止堤身不均匀沉降而使护面层开裂，或因波浪作用而使护面层产生过大内压力，浆砌块石应设置变形缝和排水孔。变形缝间距可取 5 ~ 10m，横向间距可取 5m 左右，排水孔纵、横向间距可取 2.0m，孔径不宜小于 10cm。

与抛填块石护面斜坡堤相比，砌石护面斜坡堤有较好的整体性，但施工较繁。砌石护面斜坡堤适用于波高不超过 3 ~ 4m 的情况。

3. 人工块体护面斜坡堤

当斜坡堤护面采用人工块体时，称为人工块体护面斜坡堤。护面人工块体采用抗浪性能好，稳定性高的异型人工混凝土大块体，常用的有四角锥体、三柱体、四足锥体、扭王字块体、六角锥体、合掌块体、四角空心方块、铁砧体和扭工字块体等，如图 7-18 所示。我国采用人工块体护面的斜坡堤断面示例如图 7-19 ~ 图 7-21所示。

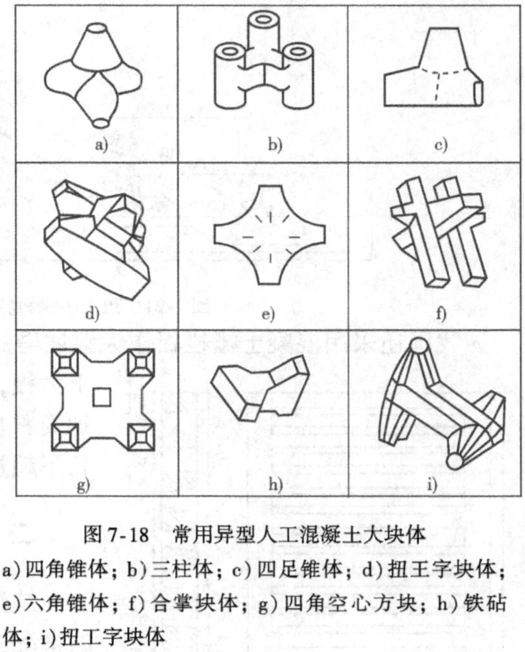

图 7-18　常用异型人工混凝土大块体

a）四角锥体；b）三柱体；c）四足锥体；d）扭王字块体；e）六角锥体；f）合掌块体；g）四角空心方块；h）铁砧体；i）扭工字块体

人工块体的形状具有高度的不规则性，有利于块体之间互相咬合，增大护面块体的稳定性。另外，块体之间的空隙率及其表面糙率也较大，因此防波堤护面有很好的透水性和水力糙度。前者可使大部分波能消耗在护面层内，有利于块体稳定；后者可加快波浪破碎，消散波能，减小波浪爬高和反射。其缺点是块体形状复杂，预制比较麻烦，有些块体的肢体连接部位较弱，在施工和使用过程中容易断裂，从而失去块本的防护作用。

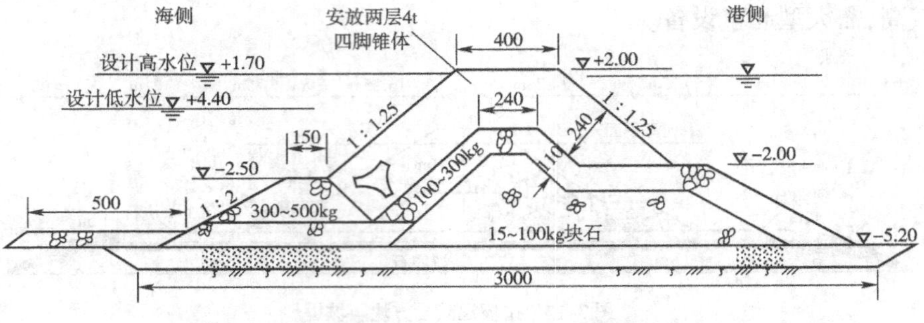

图 7-19　四脚锥体斜坡堤(尺寸单位:cm;高程单位:m)

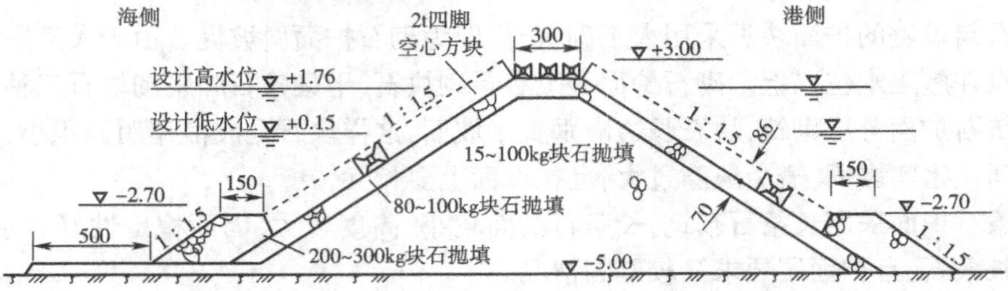

图 7-20　四脚空心方块斜坡堤(尺寸单位:cm;高程单位:m)

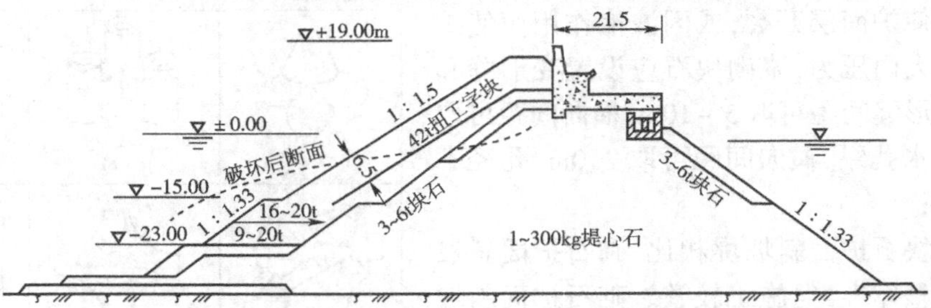

图 7-21　扭工字块斜坡堤(尺寸单位:cm;高程单位:m)

我国还采用混凝土栅栏板作为斜坡堤的护面层。混凝土栅栏板是带长条孔的长方形混凝土大板，空隙率约为33% ~39%，如图 7-22 所示。栅栏板护面斜坡堤，波浪爬高和反射系数均较大，一般适用于波高不超过 3m 的情况。

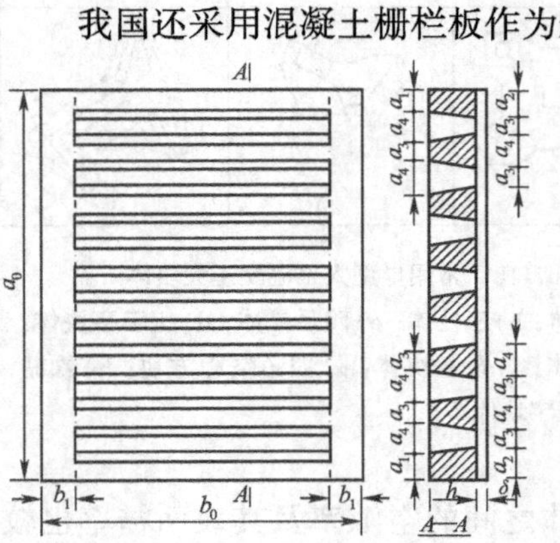

图 7-22　栅栏板结构图

二、波浪对斜坡式防波堤的作用

波浪在斜坡上运动有两种形态，破碎和反射，其发生的情况主要取决于斜坡的坡度。当坡度较缓(坡面与水平面夹角 $\alpha<45°$)时，波浪从斜坡上推进到波浪破碎的临界水深后会发生破碎。当坡度较陡(坡面与水平面夹角 $\alpha\geqslant 45°$)时，波浪将大部分反射，较少发生破碎。

1. 波浪在斜坡上破碎的临界水深

波浪在斜坡上破碎的临界水深 d_b，如图 7-23 所示，可按下列经验公式确定：

$$d_b = H\left(0.47 + 0.023\frac{L}{H}\right)\frac{1+m^2}{m^2} \tag{7-2}$$

式中：H——设计波高(m)；

L——设计波长(m)；

m——坡度，$m=\cot\alpha$，α为斜坡堤角度(°)。

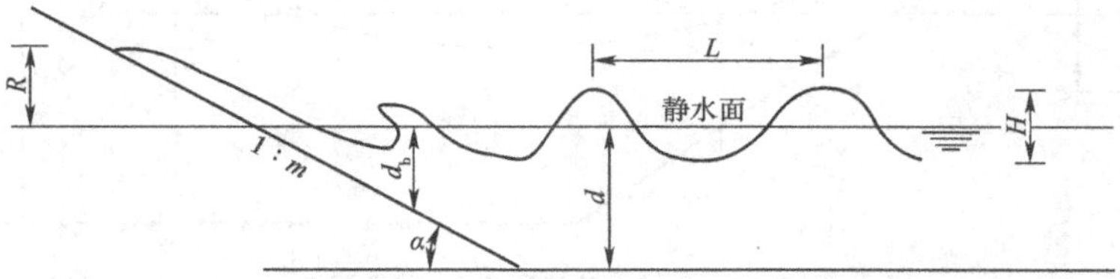

图 7-23 波浪在斜坡上的变形

2. 波浪在斜坡上的爬升高度 R_u 与回落深度 R_d

波浪破碎后会形成一股冲向斜坡面的水流，部分水体继续沿斜坡面向上爬升一定高度而停止，通常称此高度为波浪爬升高度 R_u。当下一个波谷在斜坡面上出现时，上爬水体在自重力作用下沿斜坡面退下，形成回流。这股回流一方面对后一个波浪的推进造成阻碍，另一方面对斜坡面造成冲刷，剧烈冲刷集中在回流的回落深度 R_d 以上。波浪作用剧烈的区域在爬升高度 R_u 和回落深度 R_d 之间。

(1)规则波。当波浪正向作用时，规则波在斜坡上的爬高 R_u 和落深 R_d（从静水面起算，如图 7-24 所示），按下式计算：

$$R_u = K_\Delta R_{u1} H \tag{7-3}$$

$$R_d = K_\Delta R_{d1} H \tag{7-4}$$

$$R_{u1} = K_{u1}\tanh(0.432M) + [(R_{u1})_m - K_{u2}]R_u(M) \tag{7-5}$$

$$R_{d1} = K_{d1}\tanh(0.432M) + [(R_{d1})_m - K_{d2}]R_d(M) \tag{7-6}$$

$$(R_{u1})_m = \frac{K_{u3}}{2}\tanh\frac{2\pi d}{L}\left(1+\frac{\frac{4\pi d}{L}}{\sinh\frac{4\pi d}{L}}\right) \tag{7-7}$$

$$(R_{d1})_m = \frac{K_{d3}}{2}\tanh\frac{2\pi d}{L}\left(1+\frac{\frac{4\pi d}{L}}{\sinh\frac{4\pi d}{L}}\right) \tag{7-8}$$

$$R_u(M) = 1.09M^{3.32}\exp(-1.25M) \tag{7-9}$$

$$R_d(M) = 0.35M^{1.954}\exp(-0.42M) - 7.80M^{2.02}\exp(-2.69M) \tag{7-10}$$

$$M = \frac{1}{m}\left(\frac{L}{H}\right)^{\frac{1}{2}}\left(\tanh\frac{2\pi d}{L}\right)^{-\frac{1}{2}} \tag{7-11}$$

式中： H——设计波高(m)；

K_Δ——与斜坡护面型式有关的糙渗系数，按表 7-4 取值；

R_{u1}、R_{d1}——$K_\Delta=1$ 和 $H=1$(m)时的爬高 R_u 和落深 R_d;

$(R_{u1})_m$、$(R_{d1})_m$——d/L 时的爬高 R_u 和落深 R_d 的最大值;

K_{u1}、K_{u2}、K_{u3}——爬高系数,按表 7-5 取值;

K_{d1}、K_{d2}、K_{d3}——落深系数,按表 7-5 取值。

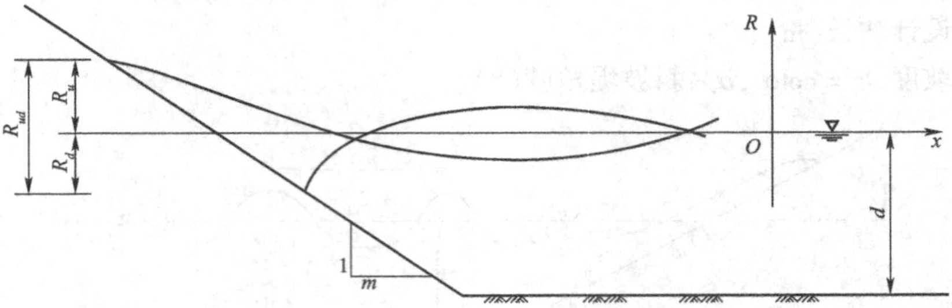

图 7-24　斜坡上波浪爬高 R_u 和落深 R_d

糙 渗 系 数 K_Δ　　表 7-4

护面结构类型	K_Δ
整片光滑不透水护面(沥青混凝土)	1.00
混凝土护面	0.90
砌石护面	0.75~0.80
块石护面(安放一层)	0.60~0.65
四脚空心方块护面(安放一层)	0.55
块石护面(抛填二层)	0.50~0.55
混凝土方块护面(抛填二层)	0.50
四脚锥体护面(安放二层)	0.40
扭工字块体护面(安放二层)	0.38
扭王字块体护面	0.47

系数 K_{u1}、K_{u2}、K_{u3} 和 K_{d1}、K_{d2}、K_{d3}　　表 7-5

K_{u1}	K_{u2}	K_{u3}	K_{d1}	K_{d2}	K_{d3}
1.240	1.029	4.980	-0.760	-0.735	-2.760

当波浪斜向作用,即波峰线与堤轴线的夹角 $\beta>0$ 时,规则波在斜坡上的爬高 $R_{u\beta}$ 可近似采用下式计算:

$$R_{u\beta} = R_u\cos\beta \tag{7-12}$$

(2)不规则波。在风直接作用下,不规则波在斜坡坡面上的爬高可按下式计算:

$$R_{u1\%} = K_\Delta K_W R_{u1} H_{1\%} \tag{7-13}$$

式中:$R_{u1\%}$——累积频率为 1% 的爬高(m);

K_w——与风速 μ 和波速 $c=L/T$ 有关的系数,见表 7-6。

为确定累积频率为 $F\%$ 的波浪爬高 $R_{uF\%}$,可将 $R_{u1\%}$ 乘以表 7-7 中的换算系数 K_F,即:

$$R_{uF\%} = K_F R_{u1\%} \tag{7-14}$$

系　数　K_w　　　　表 7-6

μ/c	≤1	2	3	4	≥5
K_w	1.0	1.10	1.18	1.24	1.28

系　数　K_F　　　　表 7-7

F(%)	0.1	1	2	4	5	10	13.7	20	30	50
K_F	1.17	1	0.93	0.87	0.84	0.75	0.71	0.65	0.58	0.47

(3)反射后堤前波高。斜坡式建筑物前经过反射以后的波高为：

$$H' = H + H_R \tag{7-15}$$

$$H_R = K_\Delta H'_R \tag{7-16}$$

式中：H'——建筑物前经过反射以后的波高；

H——入射波高；

H_R——反射波高；

H_R'——$K_\Delta=1$ 时的反射波高，与斜坡坡度和波陡有关，在不发生越浪情况下，由图 7-25 曲线查得。

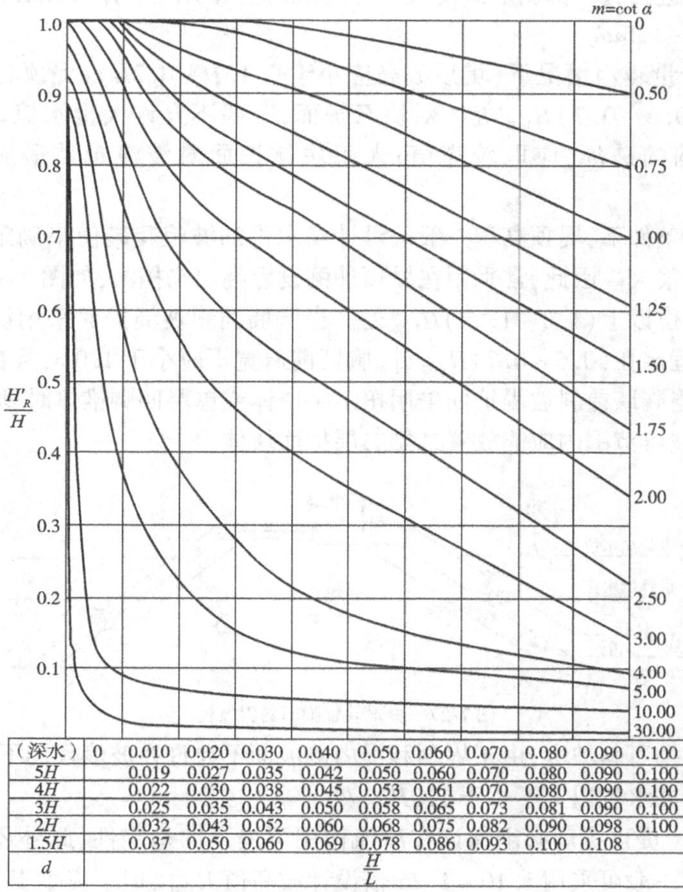

(深水)	0	0.010	0.020	0.030	0.040	0.050	0.060	0.070	0.080	0.090	0.100
5H		0.019	0.027	0.035	0.042	0.050	0.060	0.070	0.080	0.090	0.100
4H		0.022	0.030	0.038	0.045	0.053	0.061	0.070	0.080	0.090	0.100
3H		0.025	0.035	0.043	0.050	0.058	0.065	0.073	0.081	0.090	0.100
2H		0.032	0.043	0.052	0.060	0.068	0.075	0.082	0.090	0.098	0.100
1.5H		0.037	0.050	0.060	0.069	0.078	0.086	0.093	0.100	0.108	
d	$\frac{H}{L}$										

图 7-25　$K_\Delta=1$ 时的反射波高比 H_R'/H

三、斜坡式防波堤的断面设计

1. 斜坡式防波堤的断面尺度

斜坡式防波堤的主要结构类型是有护面层的抛石堤,其断面由堤心、垫层和护面组成,如图7-26所示,港外侧通常设置水下抛石棱体,用以支撑护面块体。当水深较浅且地基较好时,也可以不设置抛石棱体。

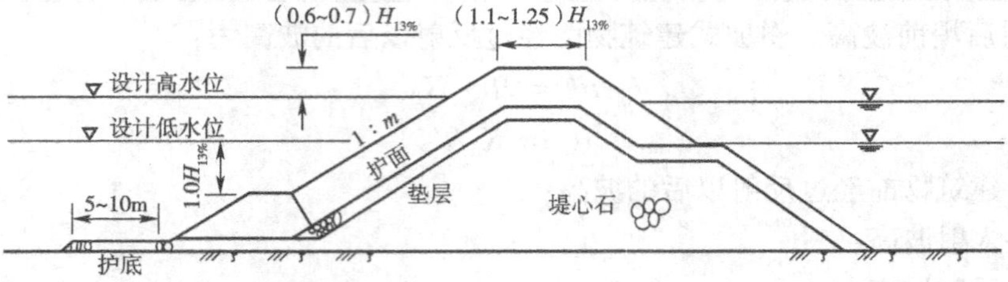

图7-26　斜坡堤一般断面

(1)堤顶高程。斜坡堤的堤顶高程主要根据对港口水域所要求的防护程度和施工方法确定。对采用陆上推进法施工的斜坡式防波堤,为保证施工的作业时间,堤心石的顶高程一般需高于设计高水位1~1.5m。

在堤顶允许少量越浪情况下(堤后波高应小于$0.15H \sim 0.2H$),堤顶高程可定在设计高水位以上不小于$(0.6 \sim 0.7)H_{13\%}$处。对块石护面,一般不允许大量水流越顶,以免造成堤顶及内侧坡面结构的破坏,应取较高值;人工块体护面对波浪越顶适应性较强,可取较低值。

在不允许越浪条件下,堤顶高程一般按设计高水位加波浪爬高值来确定。但这样确定的堤顶高程和断面会很大。因此,常采用在堤顶外侧设置胸墙来挡浪,如图7-27所示,胸墙顶高程可定在设计高水位以上$(1.0 \sim 1.25)H_{13\%}$处。当胸墙前斜坡堤护面采用块石或单层四脚空心方块时,坡顶高程定在$(0.6 \sim 0.7)H_{13\%}$处,胸墙前肩宽不应小于1.0m,且在构造上至少能放置一排护面块体;当胸墙前斜坡堤护面采用扭工字块体或单层四脚锥体时,坡顶高程宜与胸墙顶齐平,且在墙前坡肩范围内应能放置二排二层护面块体。

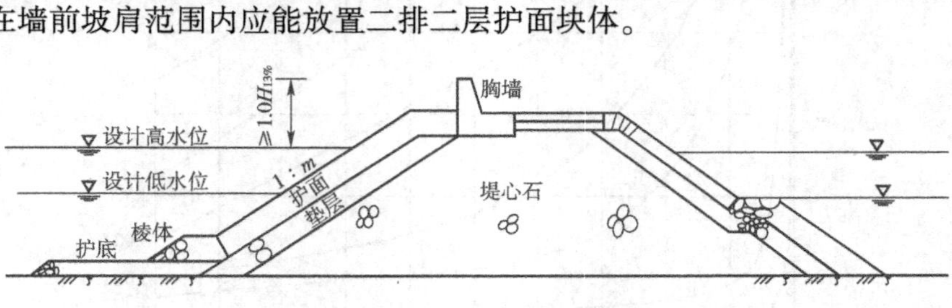

图7-27　堤顶设置胸墙的斜坡堤

对于宽肩台式抛石斜坡堤,由于堤顶和堤内侧坡面不允许在波浪作用下发生变形,因此堤顶高程应采用设计高水位以上不小于$1.0H_{13\%}$处。

(2)堤顶宽度。堤顶宽度必须保证在波浪作用下堤顶的稳定性,此外还应满足施工及使用要求。堤顶宽度一般可采用1.10~1.25倍设计波高值$H_{13\%}$,但不应小于2.0m,且在构造上至少能布放两排护面块体或随机安放3块人工块体。对有特殊要求的斜坡式防波堤,堤顶宽度要满足施工和使用要求。如采用陆上推进法施工的斜坡式防波堤,应考虑通行机具对堤顶宽度的要求,当堤较短时,可采用单车道,堤心石的顶宽一般不宜小于5.0m;当堤较长时,宜采用双车道,堤心石的顶宽一般不宜小于7.0m。

(3)抛石棱体和肩台尺寸。在斜坡式防波堤上,因波浪作用主要在设计水位上、下各1.0倍设计波高范围内,所以斜坡堤港外侧设置水下抛石棱体的顶面高程宜低于设计低水位以下1.0倍设计波高。这样棱体块石重量可以较轻。堤顶顶面宽度不宜小于2.0m,棱体厚度不宜小于1.0m。

干砌块石或浆砌块石护面的斜坡堤,通常设有肩台。为保证护面的施工条件,肩台高程宜设在施工水位附近。肩台宽度一般不宜小于2.0m。宽肩台式防波堤,肩台顶面高程可定在设计高水位以上1.0~3.0m处,肩台宽度宜取为2.3~2.9倍设计波高值,且不小于6.0m。

(4)斜坡堤的斜坡坡度。确定斜坡式防波堤斜坡坡度时应考虑作用波浪的大小、护面结构的类型和块体的重量等因素。通常,临海侧的坡度比港内侧的坡度缓;上部波浪作用区的坡度比下部坡度缓。一般情况下按表7-8所给范围选用。

斜坡堤的斜坡坡度 表7-8

护面结构的类型	坡　度
抛填或安放块石	1:1.50~1:3.00
干砌或浆砌块石	1:1.50~1:2.00
干砌条石	1:0.80~1:2.00
安放人工块体	1:1.25~1:2.00
抛填混凝土方块	1:1.00~1:1.25

注:对宽肩台斜坡堤,其肩台以上和以下的边坡坡度分别为1:1.50~1:3.00和1:1.00~1:1.50。

2. 斜坡式防波堤的构造

斜坡式防波堤断面由堤心、护面块体和垫层等构成,有些斜坡堤还在堤顶设置胸墙。

(1)堤心。堤心是斜坡式防波堤的主体,通常采用重10~100kg的不分级块石堆积而成;通过经济技术论证后,也可采用开山石、石渣或袋装砂等代用材料作为堤心。开山石填料的最大颗粒重量可采用300kg,对深水斜坡堤可采用800kg,开山石应有适当的级配,山石和石碴的含泥量宜小于10%。在代用材料与垫层块石之间宜有足够厚度的10~100kg重的块石夹层,以防堤心代用材料流失。

(2)护面块体。我国常用的人工护面块体有:四角锥体、四角空心方块、扭工字块体、扭王字块体和栅栏板等。

①四角锥体。如图7-28所示,与天然块石比较,各个体之间相互咬合钳制较好,稳定性高;空隙率大,消波性能好。

四角锥体护面一般应安放二层,下层正放,一列锥体的一脚朝向坡顶,相邻一列锥体的二脚朝向坡顶,间隔放置,彼此紧密相接,如图7-28所示;上层锥体插空正放。二层锥体的总厚度大致为$4h/3$,h是锥体的高度。当四角锥体的重量大于40t时,应考虑配置钢筋。

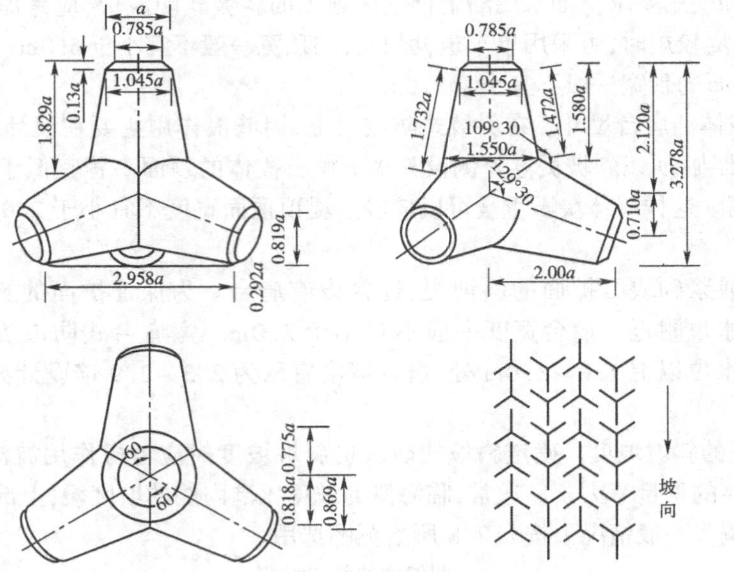

图 7-28 四角锥体

②四角空心方块。如图 7-29 所示，重心低、消波性能好、节省混凝土用量。

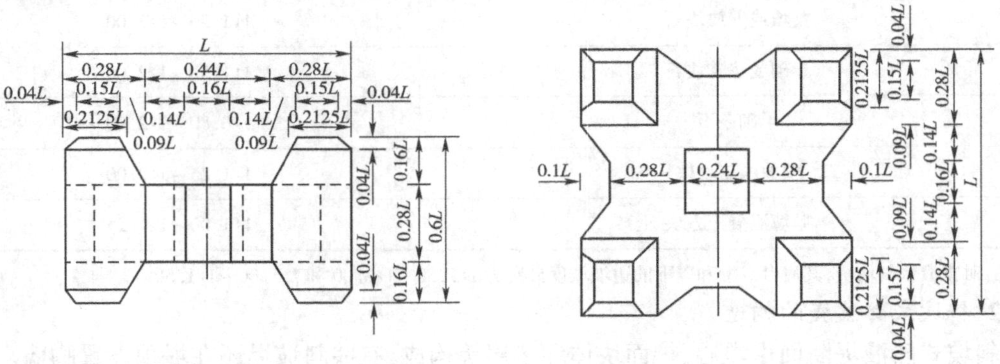

图 7-29 四角空心方块

四角空心方块护面一般单层铺放，要求排列整齐、相互靠紧，通过块体之间的摩擦力增强其稳定性。必须保证方块不被波浪抽出，否则会危及整个护面层。

四角空心方块护面层适用于堤身坡度不陡于 1:1.25、设计波高 4m 以下的情况。

③扭工字块体。如图 7-30 所示，表面粗糙、空隙率高、消波性能好、稳定性高，能抵御较大波浪。

扭工字块体护面一般安放二层，安放方法有两种，即定点随机安放和规则安放。定点随机安放的方法是：先按设计块体数的 95% 计算安放网点的位置进行安放，完成后进行检查，遗漏处用预留的 5% 块体进行补放。规则安放的方法是：垂直杆朝坡面下方，并压在前块体的横杆上；横杆平放在垫层块石上，腰杆跨在相邻的横杆上，且不使垫层块石外露。

扭工字块体的腰杆容易产生拉应力，造成块体断裂。当扭工字块体的重量大于 20t 时，应考虑配置钢筋或加大腰杆的尺度。

④扭王字块体。如图 7-31 所示，由三个杆件组成，两端杆件平行，中间的杆件正交于两端杆件。扭王字块体的安装分为规则摆放和不规则摆放两种方式，以不规则摆放最为常见。

⑤栅栏板。栅栏板是带长条孔的长方形混凝土大板，空隙率约为 33% ~39%，如图 7-22 所示。

栅栏板应采用钢筋混凝土板。栅栏板护面层对水下支撑棱体的稳定性和垫层块石的平整度要求较高。

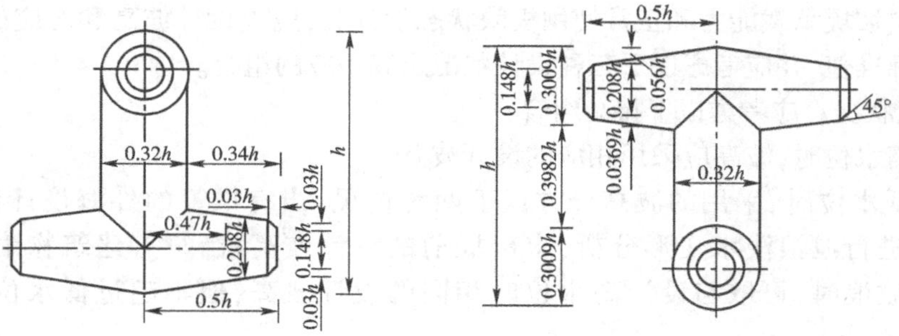

图 7-30 扭工字块体

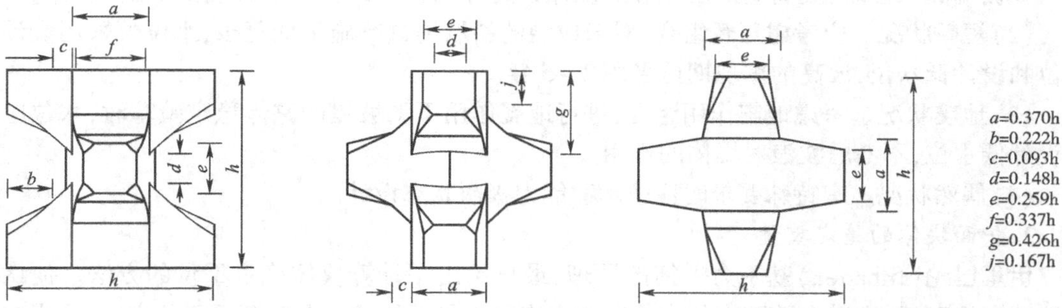

图 7-31 A 型扭王字块体(h 为王字块体高度)

(3)外坡护面块体下的垫层。异形混凝土护面块体要有良好的支承面，因此护面块体下面要铺设块石垫层。此外，垫层的另一作用是保护堤心石在防波堤施工期间不被波浪冲散，在使用期间不被波浪抽走。垫层块石的重量一般应不小于护面块体重量的 1/20 ~1/10；当有困难时，也不得小于护面块体重量的 1/40，并保证施工期稳定。垫层的厚度至少应有两层或三层块石的厚度。

在可冲刷地基上建造斜坡堤，其护面块体或水下棱体的大块石均不应直接抛于海底面上，而应在海底面上铺设一层厚度不小于 0.5m 的 10 ~100kg 重的块石垫层。

(4)堤底垫层及堤前护底块石。在可冲刷地基上建造斜坡堤，堤底应铺设垫层。垫层可采用石料，也可采用土工织物软体排。垫层石料应有一定程度的级配，一般可用 0.5 ~20kg 重的混合碎石，碎石垫层的厚度通常在 50cm 以上。

为保护堤基不被冲刷，斜坡堤前应设护底块石层。护底块石层的宽度根据堤前水深和底流速的大小确定，堤身段可采用 5 ~10m，堤头段可采用 10 ~15m。护底块石铺设 1 ~2 层，厚度要大于 0.5m。对砂质海底，护底块石层宜设置厚度不小于 0.3m 的碎石层。

(5)堤顶胸墙。堤顶胸墙，可以现场浇筑，也可以是由浆砌块石构成。胸墙通常采用梯形断面,断面尺寸应根据波浪力大小由稳定验算确定。

四、斜坡式防波堤的计算

1. 计算内容及其设计组合

斜坡式防波堤的设计计算包括:护面块体的稳定重量、护面层厚度、栅栏板的强度、堤前护底块石的稳定重量、胸墙强度与抗滑和抗倾稳定性、地基的整体稳定性和地基沉降。

在进行斜坡堤承载能力和正常使用极限状态设计时,应以设计波高和对应的波长确定的波浪力作为标准值,并应考虑以下三种设计状况及其相应的组合。

(1)持久状况。应考虑以下持久组合:

①设计高水位时,波高应采用相应的设计波高。

②设计低水位时,采用的波高分方以下两种情况:当有推算的外海设计波浪时,应取设计低水位进行波浪浅水变形分析,求出堤前的设计波高;当只有建筑物附近不分水位统计的设计波浪时,可取与设计高水位时相同的设计波高,但不超过低水位时的浅水极限波高。

③极端高水位时,波高应采用相应的设计波高;极端低水位时,可不考虑波浪的作用。

(2)短暂状况。应考虑短暂组合,对未成型的斜坡堤进行施工期复核,水位可采用设计高水位和设计低水位,波高的重现期可采用2~5年。

(3)地震状况。考虑地震作用组合,进行地震作用下斜坡堤的整体稳定验算时,水位应采用设计低水位,不考虑波浪对堤体的作用。

(4)偶然状况。有特殊要求时应按承载能力极限状态设计。

2. 护面块体的稳定重量

伊里巴伦(Iribarren)基于力平衡的原理,最早给出了计算块体稳定重量的方法。他认为波浪冲击堤面后,充满在孔隙中的水体释放出来的能量给块体一个离开堤面的力,这个力与块体在水中的重力合成。当块体向斜坡下滑动时,块体重力的下滑分力与垂直堤面分力产生的摩擦力达到极限平衡状态,由此得到极限平衡的临界表达式。

赫德森(Hudson)在伊利巴伦研究的基础上,通过大量试验研究,给出了块体稳定重量的计算式:

$$W = 0.1\gamma_b K_\gamma^3 \frac{1}{K_D}\frac{H^3}{m} \tag{7-17}$$

$$K_\gamma = \frac{\gamma}{\gamma_b - \gamma}$$

式中:W——单个护面块体的稳定重量(t);

γ_b——块体材料在空气中的重度(kN/m³);

γ——水的重度(kN/m³);

K_D——块体稳定系数;

m——斜坡坡度。

我国《防波堤设计和施工规范》块体稳定重量计算采用赫德森公式(7-17)。

稳定系数 K_D 与护面结构型式和稳定标准有关。稳定标准以容许失稳率 n(%)表示,即计算水位上、下1.0倍设计波高的护面范围内,允许被波浪打击移动和滚落的块体个数与块体总数的百分比。失稳率n(%)值系根据各种护面结构抵御波浪的能力、个别块体失稳对整个护面结构的影响及修复的难易等因素制定。表7-9给出不同护面型式的K_D值。

不同护面型式的失稳率 n 和稳定系数 K_D 表7-9

护面型式		n(%)	K_D
护面块体	构造型式		
块石	抛填两层	1~2	4.0
	安放一层	0~1	5.5
方块	抛填两层	1~2	5.0
四角锥体	安放两层	0~1	8.5
四角空心方块	安放一层	0	14
扭工字块体	安放两层	0	18
扭王字块体	安放一层	0	18

式(7-17)适用于波向线与斜坡堤纵轴线法线的夹角小于22.5^0且堤前波浪不破碎,在斜坡面计算水位上、下各一倍设计波高范围内的单个护面块体的稳定重量计算。斜坡式防波堤其他部位和其他情况下的块体稳定重量,按以下方法进行修正:

(1)堤顶护面块体的重量,一般情况下应与外坡的块体重量相同。当堤顶高程较低(在设计高水位以上不足0.2倍设计波高值)时,其重量不应小于1.5倍的外坡护面块体重量。

(2)当水下抛石棱体的顶面高程在设计低水位以下1.0倍设计波高值时,水下抛石棱体的块石重量可取式(7-17)确定的块石重量的0.3~0.4倍。

(3)内坡护面块体重量,若堤顶允许少量越浪,则从堤顶到设计低水位以下0.5~1.0设计波高之间的内坡护面块体重量应与外坡的护面块体重量相同;其下的内坡护面宜采用与外坡护面垫层相同重量的块石,但不宜小于150kg,且应按堤内波浪进行校核。若堤顶不允许越浪,内坡护面块体的重量应按内侧波浪计算确定,且不宜小于外坡护面垫层块石的重量。

(4)宽肩台抛石防波堤,由于允许坡面变形,因此坡面块石的稳定条件要求较低。其护面块石的重量可取按抛填块石计算得到的稳定重量的1/20~1/5。

(5)对于斜向波,当波峰线与斜坡堤轴线的夹角β小于22.5^0时,可近似视为正向作用;当夹角大于22.5^0,可参照我国《防波堤设计与施工规范》(JTS 154-1—2011)附录A的方法确定。但是,对于人工块体护面斜坡式防波堤,由于肢体突出坡面,斜向波破碎后产生的沿堤轴线方向的水流对块体作用仍然很强,因此一般不考虑折减。

(6)堤头段的波浪作用较堤身强烈,堤头段内外侧的护面块体重量可按式(7-17)计算的结果增大20%~30%。

(7)位于波浪破碎区(当$d/H<1.5$时,波浪在到达斜坡式防波堤前已经破碎)的斜坡式防波堤,其堤身和堤头的护面块体均应增大。堤身段的块体重量,按式(7-17)计算结果增大10%~25%;堤头段的块体重量,按式(7-17)计算结果增大30%~55%,必要时可通过模型试

验确定。

3. *砌石护面厚度*

在波浪对护面层作用过程中，在护面层上、下出现压力差，在某个瞬间可能出现护面层底面压力大于表面压力，从而产生一股向上的推力。由于砌石护面块石间相互挤紧，形成一个面层，一般不会出现单个块石脱出的情况，而是由一片护面层的重力来平衡此上推力。砌石护面的稳定性由护面层的厚度来控制。

(1)干砌块石或浆砌块石护面。干砌块石或浆砌块石护面的稳定厚度由下式确定：

$$h = 1.3K_{\gamma}H(K_{md} + K_{\delta})\frac{\sqrt{m^2+1}}{m} \tag{7-18}$$

式中：h——护面层厚度(m)；

H——设计波高(m)，当 $d/L \geqslant 0.125$ 时，取 $H_{5\%}$；当 $d/L < 0.125$ 时，取 $H_{13\%}$；

m——护面坡度；

K_{md}——与护面坡度 m 值和堤前相对水深 d/H（d 为堤前水深）值有关的系数，按表 7-10 选用；

K_{δ}——波坦系数，按表 7-11 选用。

系　数　K_{md}　　表 7-10

d/H		1.5	2.0	2.5	3.0	3.5	4.0
m	1.5	0.311	0.258	0.242	0.235	0.229	0.226
	2.0	0.238	0.180	0.164	0.156	0.151	0.147
	3.0	0.130	0.087	0.076	0.070	0.067	0.065

系　数　K_{δ}　　表 7-11

L/H	10	15	20	25
K_{δ}	0.081	0.122	0.162	0.202

(2)干砌条石护面。在 $m = 0.8 \sim 1.5$、$d/H = 1.7 \sim 3.3$、$L/H = 12 \sim 25$ 情况下，干砌条石护面的稳定厚度由下式确定：

$$h = 0.744K_{\gamma}\frac{\sqrt{m^2+1}}{m+A}\left(0.476 + 0.157\frac{d}{H}\right)H \tag{7-19}$$

式中：A——系数，斜缝干砌可取 1.2，平缝干砌可取 0.85；

其他符号意义同前。

对 $d/H = 1.7 \sim 3.3$、$L/H = 12 \sim 25$，坡度系数 $m = 2 \sim 3$ 的加糙干砌条石护面，其厚度也可按式(7-18)计算，但应乘以折减系数。当平面加糙度为 25% 时条石凸起高度宜取条石计算厚度的 1/3，折减系数可取为 0.85。

4. *人工块体护面层厚度和所需块体数量*

人工块体护面层厚度 t(m) 和所需块体数量 N 分别按下式计算：

$$t = nc\left(\frac{W}{0.1\gamma_b}\right)^{\frac{1}{3}} \tag{7-20}$$

$$N = Anc(1-P)\left(\frac{0.1\gamma_b}{W}\right)^{\frac{2}{3}} \tag{7-21}$$

式中：t——人工块体护面层厚度(m)；

W——单个护面体的稳定重量(t)；

γ_b——块体的重度(kN/m^3)；

n——护面块体层数；

c——块体形状系数，按表 7-12 选用；

N——人工块体个数；

A——垂直于厚度的护面层平均面积(m^2)；

P——护面层的平均空隙率(%)，按表 7-12 选用。

形状系数 c 和护面块体空隙率 表 7-12

护面块体	构造形式	c	P(%)	备 注
块石	抛填两层	1.0	40	
	立放一层	1.3～1.4	—	
四脚锥体	安放两层	1.0	50	
扭工字块体	安放两层	1.2	60	随机安放
		1.1	60	规则安放
扭王字块体	安放一层	1.3	50	随机安放

5. 栅栏板护面

栅栏板护面计算主要包括：栅栏板的厚度、平面尺寸及其波压力。

(1)栅栏板的厚度。当斜坡式防波堤的坡度 $m=1.5\sim2.5$ 时，栅栏板的厚度可按下式计算：

$$h = 0.235K_\gamma\left(0.61 + 0.13\frac{d}{H}\right)\frac{H}{m^{0.27}} \tag{7-22}$$

式中：符号意义同前。

(2)平面尺寸。栅栏板的平面尺寸宜采用长方形，其长边和短边的比值可取 1.25。栅栏板的平面尺寸与设计波高的关系可按下式确定：

$$\begin{aligned} a_0 &= 1.25H \\ b_0 &= 1.0H \end{aligned} \tag{7-23}$$

式中：a_0——栅栏板的长边边长(沿斜坡方向布置)；

b_0——栅栏板的短边边长(沿防波堤轴线方向布置)。

栅栏板的细部尺度(图 7-22)可取为：

$$a_1 = \frac{a_0}{15} - \frac{h}{16};a_2 = \frac{a_0}{15} + \frac{h}{16};a_3 = \frac{a_0}{15} - \frac{h}{8};a_4 = \frac{a_0}{15} + \frac{h}{8};b_1 = 0.1b_0;\delta \geqslant 0.1 \tag{7-24}$$

当需调整栅栏板的平面尺度时，长边与短边的比值保持不变，当短边增加或减少 1m 时，厚度可相应减少或增加 0.05m。

(3)波压力。作用在栅栏板表面的最大波压强度发生在静水面附近，其最大正向波压强度设计值 p_m 可按下式计算：

$$p_m = 0.85\gamma H \tag{7-25}$$

根据波压强度设计值 p_m，对栅栏板进行强度和抗裂验算。

当设计波高大于 4m 时，不宜选用栅栏板护面型式。

6. 堤前护底块石重量

当堤前波浪底流速大于地基土起动流速时，堤前海底将受到冲刷，因此需在堤前一定范围内的海底抛填护底块石。

堤前最大波浪底流速 V_{max}（m/s）按下式计算：

$$V_{max} = \frac{\pi H}{\sqrt{\frac{\pi l}{g}\sinh\frac{4\pi d}{L}}} \tag{7-26}$$

式中：符号意义同前。

护底块石的稳定重量，可根据堤前最大波浪底流速按表 7-13 采用。

护底块石的稳定重量表 表 7-13

底流速（m/s）	2.0	3.0	4.0	5.0
块石稳定重量（kg）	60	150	400	800

7. 堤顶胸墙波压力及稳定性

斜坡堤堤顶胸墙波压力的形成机理比较复杂，波压力计算公式是基于模型试验研究成果建立的，有其适用条件。

引入无因次参数：

$$\xi = \left(\frac{d_1}{d}\right)\left(\frac{d}{H}\right)^{2\pi\frac{H}{L}}, \xi_b = 3.29\left(\frac{H}{L} + 0.043\right) \tag{7-27}$$

式中：d_1——胸墙水深，为静水面高程与斜坡堤堤顶高程的差值，如图 7-32 所示。当静水面在斜坡堤堤顶以上时，d_1 为正值；反之，d_1 为负值。

其他符号意义同前。

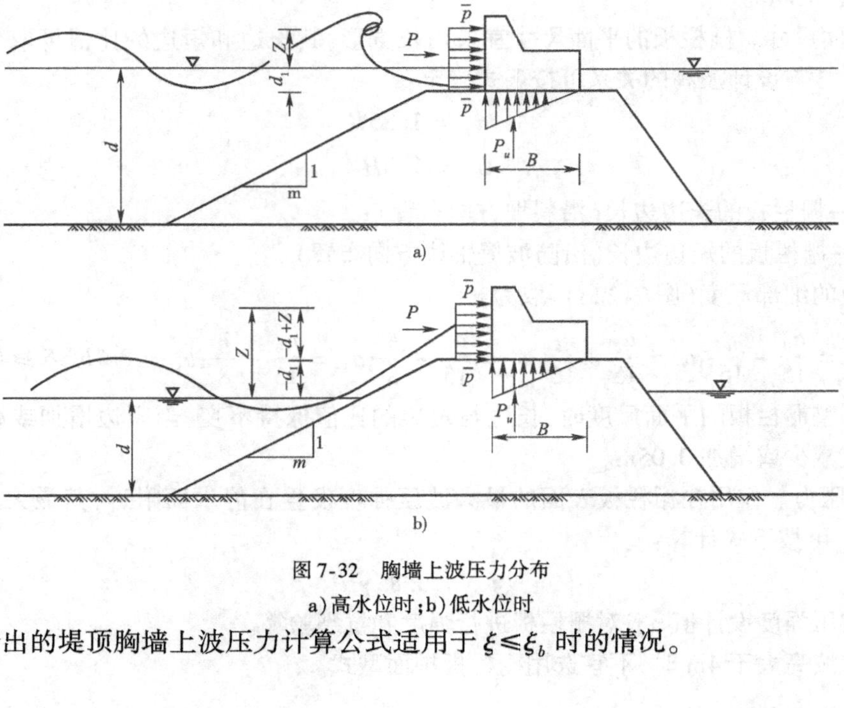

图 7-32 胸墙上波压力分布

a）高水位时；b）低水位时

下面给出的堤顶胸墙上波压力计算公式适用于 $\xi \leqslant \xi_b$ 时的情况。

波峰时作用在胸墙上的平均波压力强度(kN/m²)为:

$$\bar{p} = 0.24\gamma HK_P \tag{7-28}$$

胸墙上平均波压力强度 $\bar{p}$ 作用的总高度(m)为:

$$d_1 + Z = HK_z\tanh\left(\frac{2\pi d}{L}\right) \tag{7-29}$$

单位长度胸墙上的总波压力 P(kN/m)为:

$$P = \bar{p}(d_1 + Z) \tag{7-30}$$

胸墙底面上的总波浪浮托力 P_u (kN/m)为:

$$P_u = \mu\frac{B\bar{p}}{2} \tag{7-31}$$

式中:γ——水的重度(kN/m³);

K_p——与无因次参数 ξ 和波坦 L/H 有关的平均压强系数,由图 7-33 曲线查得;

K_z——与无因次参数 ξ 和波坦 L/H 有关的作用高度系数,由图 7-33 曲线查得;

μ——波浪浮托力分布折减系数,可取 0.7;

B——胸墙底宽(m)。

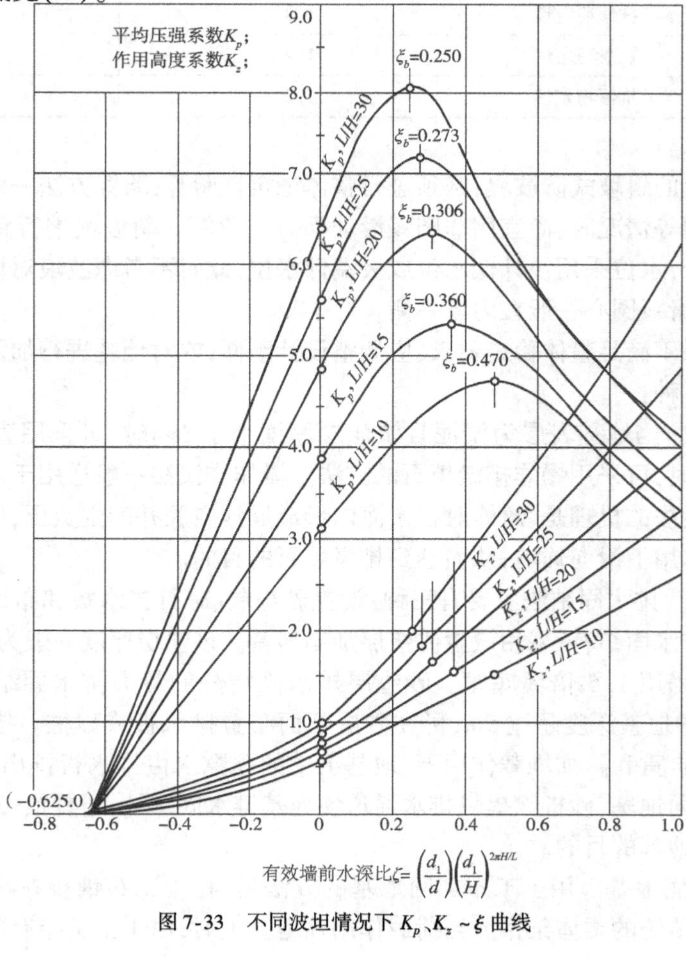

图 7-33 不同波坦情况下 K_p、K_z ~ ξ 曲线

堤顶胸墙波压力确定后，即可对斜坡式防波堤堤顶胸墙进行抗倾和抗滑稳定性验算，验算方法与直立堤基本相同，将在第十章介绍。但计算中应注意以下几点：

(1)当胸墙前有人工块体掩护，且掩护的宽度和高度满足并列两排和两层时，作用在胸墙上的水平波浪力和波浪浮托力可乘以0.6~0.7的折减系数；

(2)胸墙埋入堤顶的深度大于1.0m时，应考虑港内侧填石产生的被动土压力的有利作用，被动土压力可取计算值的30%作为标准值；

(3)稳定性设计表达式中的结构重要性系数γ_0值按表7-14选用，各分项系数按表7-15规定的值选用。

结构重要性系数γ_0 表7-14

安全等级	一级	二级	三级
结构重要性系数γ_0	1.1	1.0	0.9

分 项 系 数 表7-15

组 合 情 况	验 算 内 容	水平波浪力分项系数γ_p	波浪浮托力分项系数γ_u
持久组合	抗滑稳定性	1.3	1.1
	抗倾稳定性	1.3	1.1
短暂组合	抗滑稳定性	1.2	1.0
	抗倾稳定性	1.2	1.0

8. 地基稳定性

建造在软基上的斜坡式防波堤，必须进行整体稳定性验算，验算方法一般采用圆弧滑动方法。当有软土夹层等情况时，尚宜用非圆弧滑动面方法验算。斜坡堤进行整体稳定性计算应考虑地震作用组合，水位采用设计低水位或极端低水位，此时不考虑波浪对堤体的作用。防波堤内坡通常较陡，滑弧圆心一般在内坡一侧。

如果验算结果不满足整体稳定要求，应调整设计断面，或对地基进行加固处理。地基加固处理方法有以下几种：

(1)抛石挤淤。当地基表层为淤泥且淤泥层厚度小于3m时，可采用直接抛石挤淤的方法；当淤泥层较厚时，可采用爆炸排淤填石的方法。爆炸排淤法一般适用于从陆上推进填石的斜坡堤。爆炸排淤法的机理是，爆炸时在淤泥内形成爆炸空腔并产生负压，使靠近炸坑的堆石体在自重和负压作用下滑向炸坑，从而达到排淤填石的目的。

(2)排水固结。排水固结法主要有三种：设置砂垫层、施打排水板和布设砂桩。如果地基表层为软土且易排水固结，可采用设置砂垫层加固地基。砂垫层厚度一般为1~2m，宽度应大于堤底宽度，一般采用1.5倍堤底宽。砂垫层排水固结法的最大排水固结深度一般不超过5m。如需要加固的地基深度超过5m，可在砂层下面布置排水板或砂桩。排水板加固地基的机理是，在地基土自重和附加堆载作用下，地基土中的孔隙水由排水板排出，从而达到加固地基的目的；砂桩加固地基，砂桩除提供排水通道使地基排水固结外，还置换一部分土体，形成复合地基，达到加固地基的目的。

(3)土工布加固地基。用土工布加固地基的方法是，将土工布铺设在欲加固的地基表层上，其作用相当于传统的柔体柴排。当荷载作用在地基上时，由于土工布有限制地基变形的作用,因此荷载在地基中产生的应力有一个再分配的过程,使地基应力更加均匀。另外,在织物层处还能形成良好的排水区,可加快固结排水速度。土工布法可单独采用,也可与砂垫层法等结合使用。

地基加固方法应根据地基情况、堤的高度和施工条件等,经过经济技术比较选定。

第三节 直立式防波堤

一、直立式防波堤的结构型式

直立式防波堤,简称直立堤,其结构型式主要有重力式、桩基式和筒基式等。

1. 重力式直立堤

重力式直立堤是靠自身重量来维持稳定性,其主要组成部分包括:基床、墙身和上部结构。按墙身结构型式,重力式直立堤可划分为钢筋混凝土沉箱、混凝土方块和基床式大圆筒直立堤等几种型式,如图7-34所示。

(1)沉箱式直立堤。沉箱式直立堤的墙身由钢筋混凝土沉箱构成,如图7-34a)所示,沉箱中充填块石或砂等材料。沉箱断面一般为矩形,也可采用梯形。

沉箱式直立堤的优点是:结构整体性好,水上安装时间短,施工速度快,不需大型起重设备。但沉箱壁较薄,在水位变化区易受海水侵蚀而损坏;需要有沉箱预制场。

(2)方块式直立堤。方块式直立堤的墙身由预制的混凝土方块砌筑而成,方块类型有普通方块(图7-34c)和巨型方块(图7-34b)两种。普通方块每块重量为30~100t左右,巨型方块的长度等于堤身的宽度。巨型方块直立堤可在方块上下分别做出凸榫和凹槽,或在方块中留有竖井,在井孔中插上钢材,再浇灌混凝土,以防止上下层方块间的滑动。

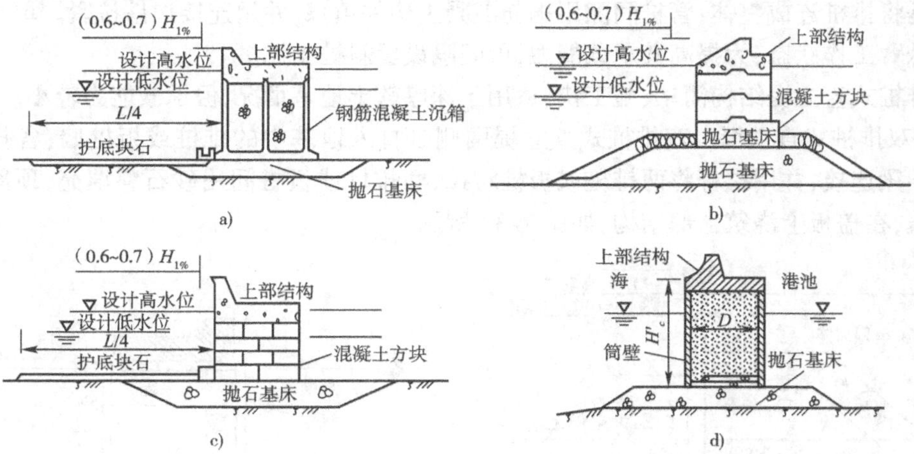

图7-34 重力式直立堤

a)沉箱式直立堤;b)巨型方块直立堤;c)普通方块直立堤;d)基床式大圆筒直立堤

方块式直立堤的优点是:耐久性好,施工容易。但普通方块直立堤结构整体性较差,对地基不均匀沉降比较敏感;巨型方块直立堤需要较大的起重安装设备。

(3)基床式大圆筒直立堤。大圆筒直立堤的墙身由大直径无底钢筋混凝土圆筒或钢圆筒组成,筒中填充砂石料。圆筒可以置于抛石基床上,称为基床式大圆筒直立堤,如图7-34d)所示。图7-35为岚山港基床式大圆筒防波堤断面。

基床式大圆筒直立堤的优点是:结构型式简单,造价低,受力合理;连续圆筒形成的墙面为连拱形曲面,波浪力合力比平直墙面小10%左右。但基床式大圆筒直立堤的基床局部应力较大,需要大型起重运输设备。

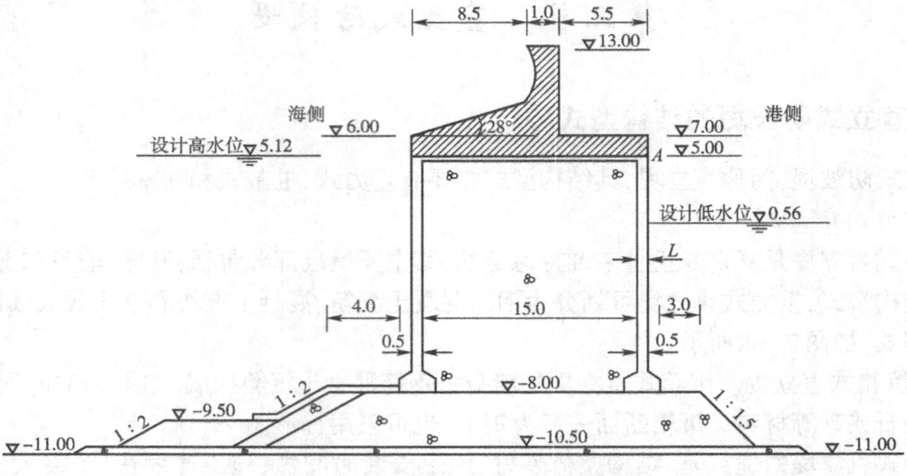

图7-35 山东岚山港基床式大圆筒防波堤

2. 桩基式直立堤

桩基(或筒基)式直立堤结构主要有单排桩(图7-36)和双排桩(图7-37)等结构型式。

(1)单排桩式直立堤。单排桩式直立堤是由打入地基中的排桩、桩顶帽梁和连接构件组成,如图7-36所示。桩可采用钢筋混凝土桩或钢管桩;帽梁多采用现浇混凝土或钢筋混凝土,其作用是将排桩连成整体;管桩间隙用钢筋混凝土构件填塞,并用连接构件拉紧。单排桩式直立堤是悬臂工作状态,为提高其承载能力,可间隔设置斜桩支撑。

单排桩式直立堤结构简单、施工快,适用于深厚软土地基情况,但承载能力较小。

(2)双排桩式直立堤。双排桩式直立堤两侧是打入地基中的排桩或板桩墙,各排桩或板桩墙用导梁连接,并用拉杆将两排桩或板桩对拉,两排桩或板桩间用砂石料填充,顶部用混凝土板覆盖,在盖板上浇筑上部结构,如图7-37所示。

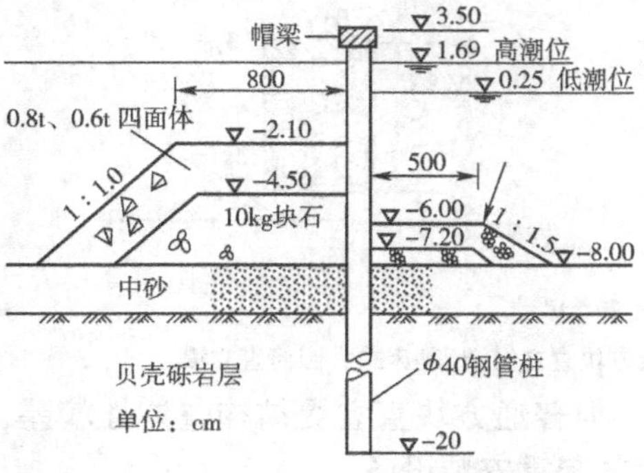

图7-36 单排桩式直立堤

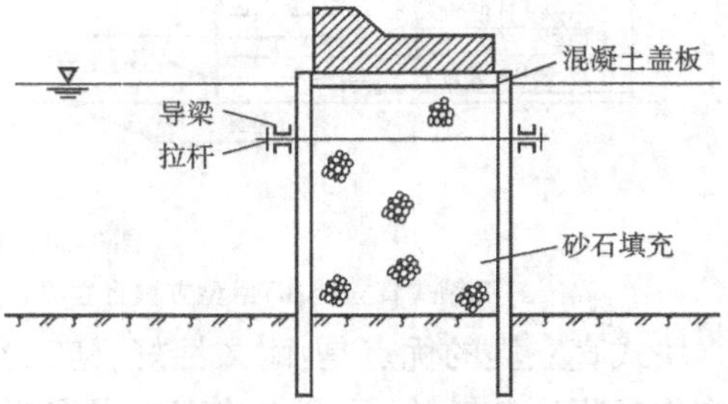

图7-37 双排桩式直立堤

双排桩式直立堤适用于软土地基情况。

3. 筒基式直立堤

筒基式直立堤结构主要有：格形钢板桩、沉入式大圆筒和箱筒型基础防波堤等。

(1)格形钢板桩直立堤。格形钢板桩直立堤是由钢板桩围成的格形挡浪墙，如图 7-38 所示。格形结构由钢板桩在施工现场组装成整体，再用打桩设备依次打入地基中，格仓内用砂、石等材料填充，形成具有设计承载能力的挡浪墙。

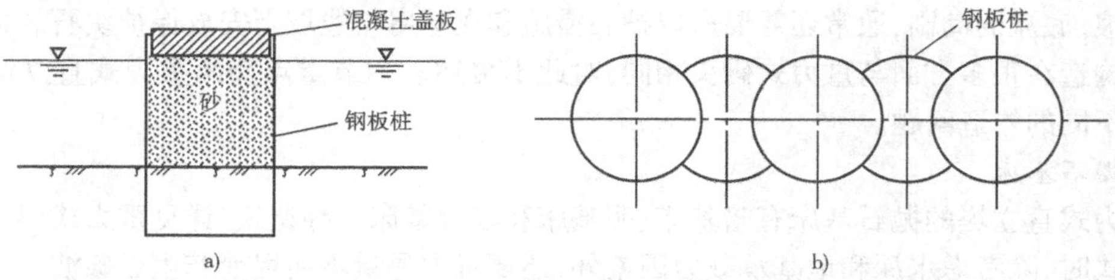

图 7-38　格形钢板桩直立堤

a)格形板桩结构横断面图；b)格形板桩结构平面图

格形钢板桩直立堤整体稳定性好，对地基条件适应性强，可应用于水深较深、波浪较大的情况。但格形钢板桩直立堤易锈蚀，需采取防腐措施。

(2)沉入式大圆筒直立堤。沉入式大圆筒直立堤由大直径无底钢筋混凝土圆筒或钢圆筒组成，筒内填充砂石料。圆筒下部沉入地基中作为基础，地基以上部分作为防浪墙，如图 7-39 所示。

沉入式大圆筒直立堤适用于软土地基情况。

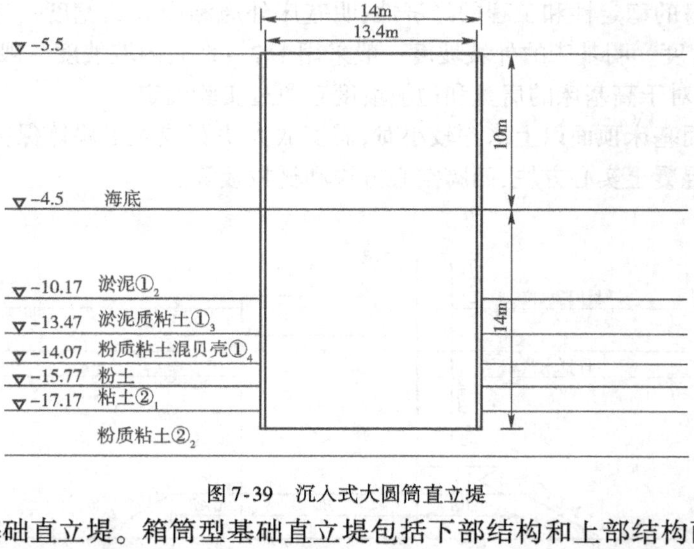

图 7-39　沉入式大圆筒直立堤

(3)箱筒型基础直立堤。箱筒型基础直立堤包括下部结构和上部结构两部分，下部结构是带顶板的双排筒，靠其自重和真空负压将其沉入地基中构成基础；上部结构为固定在基础筒顶板上的单排筒，构成防浪墙。如图 7-6 所示。

箱筒型基础直立堤稳定性好，靠自重和真空负压沉入地基中，下沉施工简单。但结构型式较复杂，基础筒之间的连接构件容易出现破坏。

箱筒型基础直立堤适用于软土地基情况。

二、重力式直立堤的构造

直立式防波堤结构型式主要包括重力式直立堤、桩基式直立堤和筒基式直立堤等，其中重力式直立堤是广泛应用的结构型式。本节仅介绍重力式直立堤的构造。

重力式直立堤一般由抛石基床、墙身和上部结构三部分组成。为了保护海床和抛石基床免受波浪、底流的淘刷，通常还需要采取护底措施和在基肩与边坡上安放保护块石。重力式直立堤的构造在很多方面与重力式码头相同，对此不赘述。本节重点介绍重力式直立堤与重力式码头不同的构造问题。

1. 抛石基床

重力式直立堤的抛石基床有暗基床、明基床和混合基床三种型式，详见重力式码头。选择基床型式时，除考虑水深和地基承载力因素外，还要考虑尽量不使堤前产生近破波。在堤址处水深较大、地基承载能力较好的情况下，一般采用明基床；当堤址处水深较浅时，宜采用暗基床，以免出现近破波；在地基表面有不厚的软土层需要挖除的情况下，若水深较浅宜采用暗基床，若水深较大宜采用混合基床。当地基土质很差时，可采用换砂、设置砂垫层和布置排水砂井或排水板等方法加固地基。

抛石基床一般采用 10 ~ 100kg 的块石抛填而成；基床厚度较大时，顶面 3m 以下可采用级配良好、含泥量小于 5% 的开山石。基床可采用重锤或爆炸夯实。

确定抛石基床厚度时，除考虑地基承载力因素外，尚应考虑避免堤前出现近破波。因此，应保证基床顶面在设计低水位时的水深不小于 1.5 ~ 2.0 倍设计波高值。

综合考虑堤身的稳定性和工程的经济性，明基床外肩和内肩的宽度一般分别采用 0.6 和 0.4 倍堤身计算宽度。明基床的外坡坡度一般采用 1:2 ~ 1:3，内坡坡度一般采用1:1.5 ~ 1:2，如图 7-40 所示。对于高基床的肩宽和边坡坡度宜通过实验确定。

当波浪较大而基床顶面以上水深较小时，需安放大块石或人工块体保护基肩和边坡。人工块体通常采用混凝土实心方块、四脚空心方块和栅栏板等。

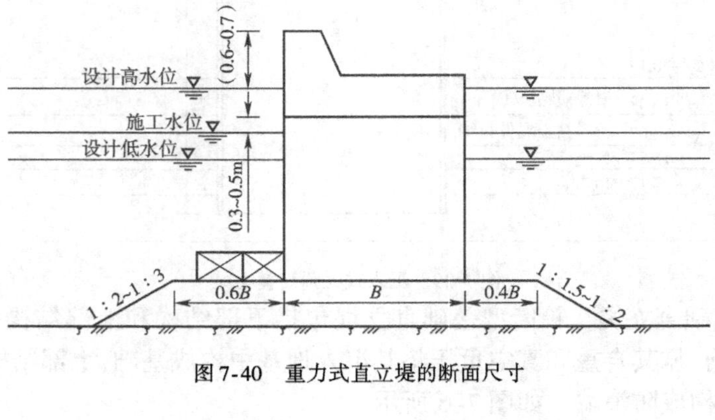

图 7-40 重力式直立堤的断面尺寸

2. 堤身

(1) 宽度和高程。堤身宽度由稳定性计算确定，初步可采用 0.8 倍堤身高度（从基床顶面到胸墙顶面）。

堤身顶面高程，当上部结构为现浇混凝土时，主要决定于浇注混凝土的施工水位。考虑到施工期波浪的影响，堤身顶面宜高出施工水位0.3~0.5m。施工水位是根据当地潮位变化和现浇混凝土工程量以及施工能力等条件来选定，一般可取小潮平均高潮位。当堤身采用沉箱结构时，堤身顶不宜太高，否则施工水位与沉箱顶高程的水位差太小，船只往沉箱内填充填料的施工时间较短，影响工程进度。

(2)结构型式。堤身是重力式防波堤建筑物的主体部分，其结构型式主要有钢筋混凝土沉箱、混凝土方块和大直径钢筋混凝土圆筒或钢圆筒等。

重力式防波堤用的沉箱与码头建筑物中的沉箱基本没有什么区别，不同之处是沉箱可以采用梯形断面。

重力式防波堤所用的方块，其重量可根据起重设备能力来确定，但不宜小于表7-16中的数值，以防止因块体重量太轻而被波吸力抽出。随着起重船的起重能力增大，目前已有采用180~450t重的大方块。这样，在横断面宽度上可以只摆一块，免去了横向错缝，有利于结构的整体性；同时，方块厚度增大，减少了方块层数。为了增大方块的尺寸和减小混凝土用量，可以采用大厚度的空心方块或钢筋混凝土空箱。

关于方块尺寸和错缝要求，基本上与重力式码头相同。

最小方块重 表7-16

设计波高 $H_{1\%}$(m)	2.6~3.5	3.6~4.5	4.6~5.5	5.6~6.0	6.1~6.5	6.6~7.0
方块重量(t)	30	40	50	60	80	100

大圆筒防波堤所用的大圆筒的构造与大圆筒码头基本相同，设计时可参照《重力式码头设计与施工规范》或有关资料。

3.上部结构

重力式防波堤上部结构一般由平台和胸墙（防浪墙）两部分整体浇筑而成。平台的作用是增强方块防波堤结构的整体性和保护沉箱防波堤沉箱内填料不被波浪淘刷。胸墙的作用是防止波浪水体越顶。当堤上有交通、装卸作业和其他工作要求时，胸墙应保证这些工作和作业能够正常进行。

防波堤顶面（防浪墙顶）的高程，是根据对堤后水域的平稳度要求和堤上有无作业要求确定的。在堤上或堤后没有任何作业时，可以允许少量波浪水体越顶，一般不会影响水域的平稳，此时防波堤顶面的高程宜定在设计高水位以上0.6~0.7倍设计波高值处，如图7-40所示，采用削角上部结构时取大值。当堤上或堤后有作业时，一般不允许越浪，此时防波堤顶面应高于设计波浪壅高，一般取设计高水位加1.0~1.25倍设计波高，采用削角上部结构时取大值。但波浪溅水高度有时达几米甚至十几米，为了减少溅水越顶，有的胸墙将临水面做成弧线形。

三、重力式直立堤的计算

重力式直立堤的设计计算内容包括：沿堤底和堤身各水平缝及齿缝的抗倾稳定性；沿堤身各水平缝、堤底和基床底面的抗滑稳定性；基床和地基承载力；整体稳定性；地基沉降；明基床的护肩块石和堤前护底块石的稳定重量等。关于结构强度计算，与重力式码头相应的结构型式基本相同，详见第2章有关部分。

1. 作用和作用效应组合

施加在重力式直立堤上的作用有永久作用(建筑物自重力)、可变作用(波浪力)以及地震力等,其中主要是建筑物自重力和波浪力。重力式直立堤承载能力和正常使用极限状态设计应以设计波高及对应的波长确定的波浪力作为标准值。

对重力式直立堤,应考虑以下承载能力和正常使用极限状态的设计状况及相应组合:

(1)持久状况。持久状况应按承载能力和正常使用极限状态设计,水位和波高取值应遵循下列规定:

①计算水位采用设计高水位(高潮累积频率10%或历时累积频率1%的潮位)时,波高采用相应的设计波高。

②计算水位采用设计低水位(低潮累积频率90%或历时累积频率98%的潮位)时,波高按以下两种情况采用:当有推算出来的外海设计波浪时,应取设计低水位进行波浪浅水变形分析,求出堤前的设计波高;当只有建筑物附近不分水位统计的设计波浪时,可取与设计高水位时相同的设计波高,但不得超过低水位时的浅水极限波高。

③如果设计高水位时堤前为立波,而在设计低水位时堤前为破碎波(远破波或近破波),尚应取设计低水位至设计高水位之间可能产生最大波浪力的水位情况进行计算。

④计算水位采用极端高水位(重现期为50年的年极值高水位)时,波高应采用相应的设计波高;计算水位采用极端低水位(重现期为50年的年极值低水位)时,可不考虑波浪的作用。

⑤防波堤两侧都受有波浪作用,但是港内波浪通常是由港外波浪经口门绕射进港和波浪越顶造成的,一般来说波高不会很大。因此,进行直立式防波堤稳定性计算时,一般不考虑堤内波浪与堤外波浪组合的情况,即堤内按静水面考虑。

(2)短暂状况。短暂状况应考虑下列的短暂组合:当对未成型的重力式直立堤进行施工期复核时,水位可取设计高水位和设计低水位,波高的重现期采用5~10年。

(3)地震状况。地震状况应按承载能力极限状态设计,水位可采用设计低水位,不考虑波浪与地震作用的组合。

(4)偶然状况。有特殊要求时应按承载能力极限状态设计。

2. 沿堤底和堤身各水平缝及齿缝的抗倾稳定性验算

沿堤底和堤身各水平缝及齿缝的抗倾稳定性验算极限状态设计表达式为:

$$\gamma_0(\gamma_p M_P + \gamma_u M_u) \leqslant \frac{1}{\gamma_d}\gamma_G M_G \tag{7-32}$$

式中:M_G——结构自重力标准值对计算面后踵(波峰作用时)或前趾(波谷作用时)的稳定力矩(kN·m);

M_P——水平波浪力标准值对计算面后踵(波峰作用时)或前趾(波谷作用时)的倾覆力矩(kN·m);

M_u——波浪浮托力标准值对计算面后踵(波峰作用时)或前趾(波谷作用时)的倾覆力矩(kN·m);

γ_o——结构重要性系数,见表7-14;

γ_d——结构系数,取1.25;

γ_G——自重力分项系数,取1.0;

γ_p——平波浪力分项系数,见表7-17;

γ_u——波浪浮托力分项系数,见表7-17。

分 项 系 数 表7-17

作用效应组合	γ_p	γ_u
持久组合	1.3	1.3
短暂组合	1.2	1.2

抗倾稳定性计算时,尚应注意以下两点:

(1)计算波浪浮托力时应分水上和水下两种情况。水面以下结构各水平缝中的波浪浮托力,假定按三角形分布,海侧边缘的浮托力强度等于该处水平波浪压力强度,港侧边缘的浮托力强度等于零;静水面以上各水平缝中的波浪浮托力,也假定按三角形分布,其最大强度等于该处的水平波浪压力强度,三角形的底宽(浮托力分布宽度)采用有效作用宽度B'(m):

$$B' = B\frac{Z_{max} - Z}{Z_{max}} \tag{7-33}$$

式中:Z_{max}——波峰在静水面以上的高度(m);

Z——计算点在静水面以上的高度(m)。

(2)齿缝中的竖缝墙面上的水平波压力强度等于该点的波浪浮托力强度值。

3. 沿堤身各水平缝、堤底和基床底面的抗滑稳定性验算

(1)沿堤身各水平缝和堤底的抗滑稳定性。沿堤身各水平缝和堤底的抗滑稳定性验算极限状态设计表达式为:

$$\gamma_0\gamma_P P \leqslant (\gamma_G G - \gamma_U P_U)f \tag{7-34}$$

式中:G——作用在计算面上的结构自重力标准值(kN);

P——计算面以上的水平波浪力标准值(kN);

P_u——作用在计算面上的波浪浮托力标准值(kN);

f——沿计算面的摩擦系数设计值;

其他符号意义同前。

(2)沿基床底面的抗滑稳定性:

①明基床。对于明基床,沿图7-41a)所示滑动面ABD的抗滑稳定性验算极限状态设计表达式为:

$$\gamma_0\gamma_P P \leqslant [\gamma_G(G + g_1) - \gamma_u P_u]f \tag{7-35}$$

式中:G——作用在基床顶面上的结构自重力标准值(kN);

g_1——基床$ABDC$部分的水下自重力标准值(kN);

P——防波堤底面以上的水平波浪力标准值(kN);

P_u——作用在防波堤底面上的波浪浮托力标准值(kN);

f——沿计算面的摩擦系数设计值;

其他符号意义同前。

当基床宽度较大时,应考虑在基床内部沿AD面滑动的可能性。

②暗基床。对于暗基床,沿图7-41b)所示滑动面$ABDE$的抗滑稳定性验算表达式为:

$$\gamma_0\gamma_p P \leqslant [\gamma_G(G+g_2)-\gamma_u P_u]f+\gamma_E E_P \tag{7-36}$$

式中：g_2——基床 $ABDK$ 部分的水下自重力标准值(kN)；

γ_E——土压力分项系数，取 1.0；

E_p——基床中 KD 面上的被动土压力(kN)，取其 30% 作为标准值。

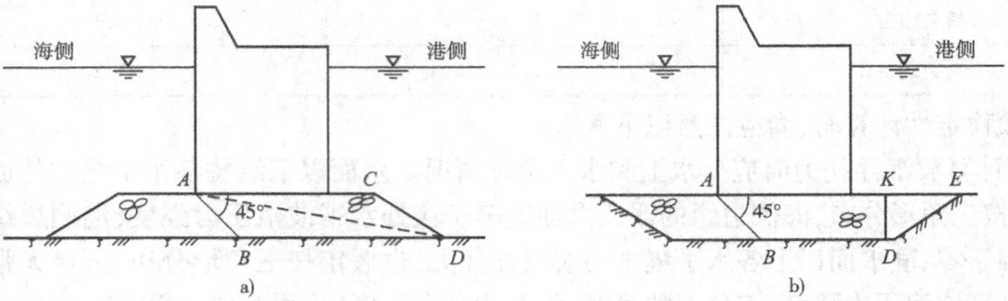

图 7-41　沿基床底面滑动计算图式

a) 明基床；b) 暗基床

在上述稳定性计算中，对持久组合中的极端高水位情况，其抗滑稳定性验算极限状态设计表达式中的分项系数，可采用短暂组合时的分项系数值。

4. 基床、地基承载力和整体稳定性及地基沉降量验算

基床顶面应力和地基表面应力按第二章重力式码头计算的相关方法进行验算。

非岩基上的直立堤的整体稳定性计算应按现行行业标准《港口工程地基规范》(JTS 147-1—2010)的有关规定执行。结构整体稳定性，一般可采用圆弧滑动面方法进行验算；当地基中有软土夹层时，尚宜用非圆弧滑动面方法进行验算。整体稳定性计算应计入波浪力的作用。

地基沉降量按《港口工程地基规范》(JTS 147-1)规定进行计算，但可不考虑由于水平力引起的沉降量。直立堤断面的平均沉降量不应超过下列数值：沉箱结构为 35cm；方块结构为 30cm；对深水直立堤，断面的平均沉降量可适当放宽。

5. 明基床护肩和坡面块体稳定重量

明基床护肩块体和坡面块体稳定重量可由图 7-42 来确定。图中，设计波高采用累积频率为 5% 的波高($H_{5\%}$)，基床外边坡坡度为 1:2，块体为块石或四脚空心方块。

由图 7-42 的右半图横坐标上的 d_1/d 向上引垂直线与相应的 d/L 线相交，自交点向左引水平线与左半图上的设计波高 H 线相交，自交点向下引直线在横坐标上查得块体的稳定重量 W。也可以从第一交点向左在纵坐标上查出系数 k 值，然后按下式计算块体的稳定重量 W：

$$W = kH^3 \tag{7-37}$$

在实际工程中，明基床的护肩块石一般采用安放。此时，块石重量可取抛填块石重量 W 的 0.6 倍。当基床边坡坡度为 1:1.5 时，块体的稳定重量可取 1.33W。

当明基床基肩和坡面块体采用栅栏板时，其平面形状宜采用长方形，长边 a(沿基床斜坡方向)与短边 b(沿堤轴线方向)的比值可取为 $a/b=1.25$，其中 b 可取为 $b \geqslant 0.5H$(H 为设计波高)。当明基床外边坡坡度不陡于 1:2时，栅栏板的厚度 t 可按下式计算：

$$t = \frac{K_\gamma}{1000}\left[140-\left(39+8.6\frac{d}{H}\right)\frac{d_1}{d}\right]H \tag{7-38}$$

式中：K_γ——重度系数，$K_\gamma=\dfrac{\gamma}{\gamma_b-\gamma}$（$\gamma$ 为水的重度，γ_b 为块体材料在空气中的重度）；

其他符号意义同前。

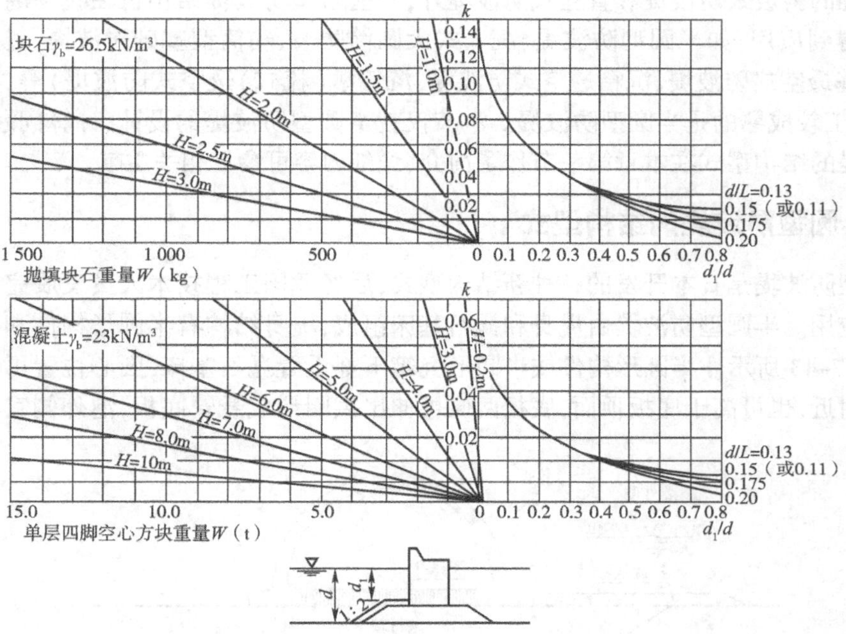

图 7-42　明基床基肩和坡面上的块体稳定重量计算图

6. 直立堤前护底块石的稳定重量和护底宽度

(1) 护底块石稳定重量。根据直立堤前波浪底流速的大小，确定是否要护底和护底块石的稳定重量。不同形态波浪的最大波浪底流速，分别按以下不同方法计算：

①直立堤前为立波时，最大波浪底流速可按浅水立波理论公式计算：

$$V_{max}=\frac{2\pi H}{\sqrt{\dfrac{\pi L}{g}\sinh\dfrac{4\pi d}{L}}}\qquad(7\text{-}39)$$

式中：H——累积频率为 5% 的波高（m）；

其他符号意义同前。

②直立堤前为远破波时，最大波浪底流速可按孤立波理论公式计算：

$$V_{max}=0.33\sqrt{g(H+d)}\qquad(7\text{-}40)$$

式中：符号意义同前。

③直立堤前为近破波时，最大底流速可按浅水波理论公式，即式(7-26)计算。

直立堤前护底块石的稳定重量，根据最大波浪流速参照表 7-13 采用。

(2) 护底宽度和厚度

直立堤前护底宽度一般采用 0.25 倍设计波长。当有充分论证时，可适当减小。

护底厚度可采用 1～2 层块石厚度，但不应小于 0.5m。

第四节　半圆型防波堤

除传统的斜坡式防波堤和直立式防波堤外，一些新型防波堤结构也在我国港口与海岸工程建设中得到应用，如半圆型防波堤、沉入式大圆筒防波、箱筒型基础防波堤、透空式防波堤（包括：桩基透空式防波堤、沉箱透空式防波堤、沉箱墩（梳式）透空式防波堤）等，其中应用最多、设计施工较成熟的是半圆型防波堤。本节仅就半圆型防波堤的设计、计算问题进行介绍，其他防波堤的结构型式在本章第一节作了简介，详细内容可参见相关文献。

一、半圆型防波堤的结构型式

半圆型防波堤是日本开发的一种新结构型式，后经我国工程技术人员发展完善后在我国得到大量应用。半圆型防波堤由堤身和抛石基床组成，堤身结构有半圆形构件和半圆形沉箱两种，如图7-43所示。半圆形构件或半圆形沉箱下部设置抛石基床，圆心位置可在底板的顶面或底面附近，也可高于底板顶面，底板两侧可伸出拱圈形成悬臂底板，港外侧宜有护坡和护底块石。

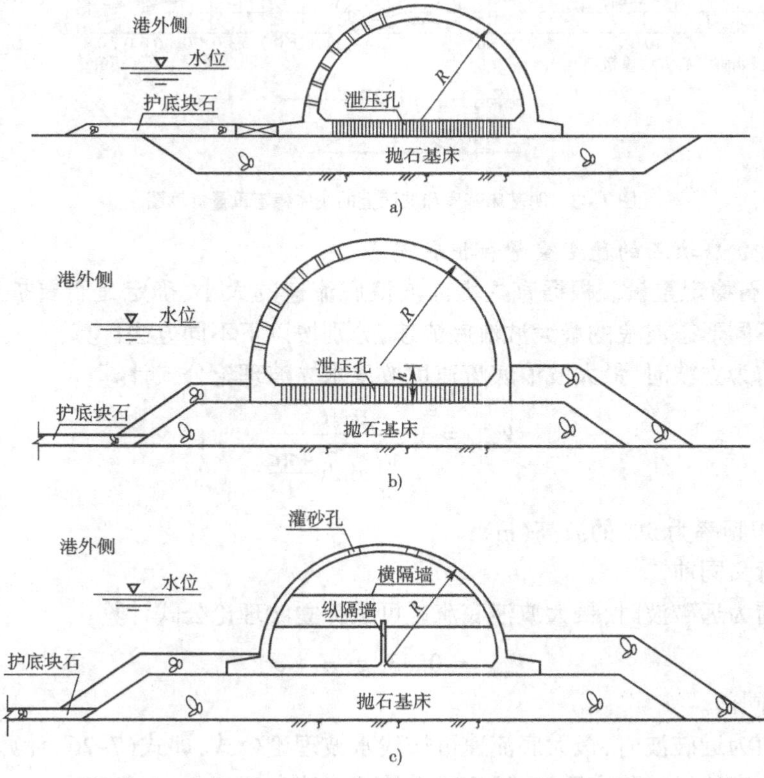

图7-43　半圆型防波堤的断面型式

a）半圆形构件（暗基床）；b）半圆形构件（明基床）；c）半圆形沉箱

半圆型防波堤也称为轻型重力式结构，半圆形构件内无填料，半圆形沉箱内可填适量砂料，结构重量轻，对地基承载力要求低；作用于半圆形构件或半圆形沉箱上的波浪力均指向圆心，产生的总水平力小，有利于结构的抗滑、抗倾稳定性；半圆形构件底板可设孔使波浪浮托力大为减小；半圆型防波堤施工简便、景观效果好。但这种结构的越浪爬高较大。

二、半圆型防波堤结构构造

1. 抛石基床

半圆形防波堤抛石基床的构造要求与重力式直立堤基本相同，可参照相关要求确定。

2. 堤身

堤顶高程，对允许越浪的半圆型防波堤，堤顶高程宜定在设计高水位以上不小于0.7倍设计波高值处；对基本不越浪的半圆型防波堤，堤顶高程宜定在设计高水位以上不小于1.25倍设计波高值处。

堤身宽度根据结构抗滑、抗倾稳定性和地基承载力等，由计算确定。分段长度可根据起重设备能力确定，分段长度和高度之比不宜小于0.5。半圆形构件或半圆形沉箱的拱圈厚度不宜小于300mm，底板的厚度宜大于拱圈厚度。

当半圆形构件或半圆形沉箱的圆心位于底板底面以上时，圆心到底板底面的距离不宜大于构件总高度的1/3。

半圆形构件或半圆形沉箱间垂直缝的宽度可采用40～50mm。

半圆形构件的底板宜开设竖向泄压孔，拱圈宜开设排气孔。当采用半圆形沉箱且箱内填砂时，半圆形沉箱的顶部可开设灌砂孔，在灌砂后应妥善封盖。

半圆型防波堤的堤头段采用斜坡式或直立式结构时，堤头段应与半圆型堤身平顺衔接。

三、半圆型防波堤结构计算

半圆型防波堤设计计算内容包括：沿堤底的抗倾稳定性、沿堤底的抗滑稳定性、沿基床底面的抗滑稳定性、整体稳定性、地基承载力、地基沉降、明基床的护肩块石和堤前护底块石的稳定重量等。

1. 半圆型防波堤抗倾稳定性

半圆型防波堤抗倾稳定性可按下式验算：

$$\gamma_0(\gamma_p M_{PH} + \gamma_u M_u - \gamma_V M_{PV}) \leqslant \frac{1}{\gamma_d}\gamma_G M_G \tag{7-41}$$

式中：M_G——半圆形构件或半圆形沉箱自重力标准值波峰作用时对设计面后踵的稳定力矩（kN·m）；

M_{PH}——半圆形构件或半圆形沉箱的水平波浪力标准值波峰作用时对计算面后踵的倾覆力矩（kN·m）；

M_u——波浪浮托力标准值波峰作用时对计算面后踵的倾覆力矩（kN·m）；

γ_0——结构重要性系数，见表7-14；

γ_d——结构系数，取1.35；

γ_G——自重力分项系数，取1.0；

γ_p——水平波浪力分项系数，见表7-18；

γ_v——竖向波浪力分项系数，见表7-18；

γ_u——波浪浮托力分项系数,见表7-18。

分 项 系 数 表7-18

作用效应组合	γ_p	γ_v	γ_u
持久组合	1.25	1.25	1.25
短暂组合	1.2	1.2	1.2

2.半圆型防波堤沿底面的抗滑稳定性

半圆型防波堤沿底面的抗滑稳定性可按下式验算:

$$\gamma_0(\gamma_P P_H - \gamma_v P_V f) \leqslant (\gamma_G G - \gamma_u P_u)f + \gamma_E E_b \quad (7\text{-}42)$$

式中:G——半圆形构件或沉箱自重力标准值(kN);

P_H——半圆形构件或沉箱水平波浪力标准值(kN);

P_u——作用在计算面上的波浪浮托力标准值(kN);

P_v——半圆形构件或沉箱上的竖向波浪力标准值(kN);

E_b——半圆形构件或沉箱内侧抛石压肩的被动土压力(kN),可按有关公式计算并乘以折减系数0.3作为标准值,当压肩厚度小于1m时,可不计;

γ_E——土压力分项系数,取1.0;

f——沿计算面的摩擦系数设计值;

其他符号意义同前。

3.半圆型防波堤沿基床底面的抗滑稳定性

对于明基床(图7-44),沿滑动面ABD的抗滑稳定性可按下式验算:

$$\gamma_0(\gamma_P P_H - \gamma_v P_V f) \leqslant [\gamma_G(G + g_1) - \gamma_u P_u]f \quad (7\text{-}43)$$

式中:g_1——$ABCD$间基床水下自重力标准值(kN);

其他符号意义同前。

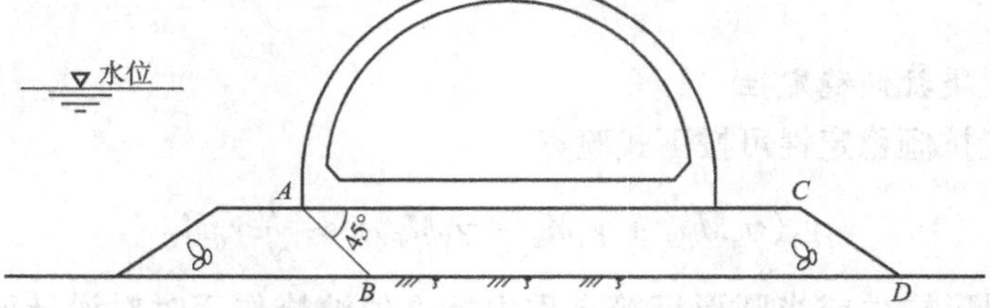

图7-44 明基床滑动面示意图

对于暗基床(图7-45),沿滑动面$ABDE$的抗滑稳定性可按下式验算:

$$\gamma_0(\gamma_P P_H - \gamma_v P_V f) \leqslant [\gamma_G(G + g_2) - \gamma_u P_u]f + \gamma_E E_b \quad (7\text{-}43a)$$

式中:g_2——$ABDK$间基床水下自重力标准值(kN);

其他符号意义同前。

4.其他计算

半圆型防波堤的地基承载力、整体稳定性和地基沉降计算应按现行行业标准《港口工程地基规范》(JTS 147-1—2010)的有关规定执行。整体稳定性计算应计入波浪力的作用。半圆型防波堤护肩块石和堤前护底块石的稳定重量计算中,堤前的波浪底流速度,可按本章第2节的有关公式进行计算，但设计波高应采用 $H_{5\%}$。

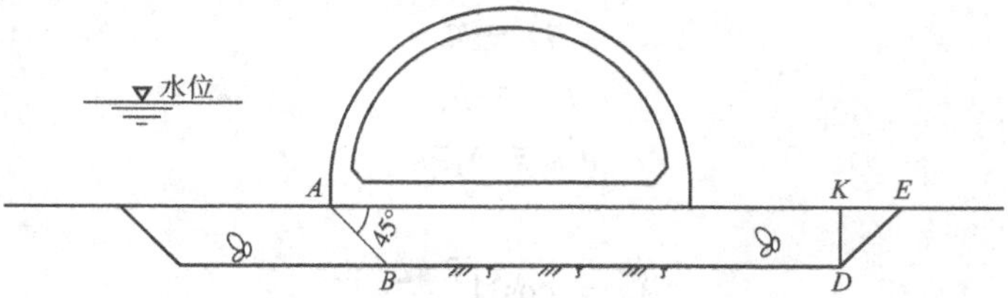

图 7-45　暗基床滑动面示意图

半圆形构件或半圆形沉箱在进行结构强度计算时，可将其作为弹性地基上的结构物进行整体有限元分析。

四、半圆型防波堤波浪力计算

半圆型防波堤迎浪面为圆弧面，在结构设计计算中，波浪力计算与直立墙面有些差异。在此给出半圆型防波堤波浪力计算方法。

1. 当堤顶高程高于计算水位 0.7 倍设计波高时

当半圆型防波堤的堤顶高程高于计算水位 0.7 倍设计波高时，波峰作用下波浪力强度可采用先按与半圆型堤相同水深、相同基床高度和相同堤顶高程的直立堤计算，再按下列步骤进行相位修正和角度修正。

(1)波峰时作用于直立堤上的波压力。波压力分布如图 7-46a)所示，计算水位以上的高度、计算水位处的波压力强度以及直立墙底面处的波压力强度按下列公式计算：

$$\eta = 1.5H \tag{7-44}$$

$$p_s = \alpha_s \gamma H \tag{7-45}$$

$$p_b = p_u = \alpha_b p_s \tag{7-46}$$

其中

$$\alpha_s = 0.6 + \frac{1}{2}\left[\frac{\frac{4\pi d}{L}}{\sinh\left(\frac{4\pi d}{L}\right)}\right]^2 ;\alpha_b = 1 - \frac{d_1}{d}\left[1 - \frac{1}{\cosh\left(\frac{2\pi d}{L}\right)}\right] \tag{7-47}$$

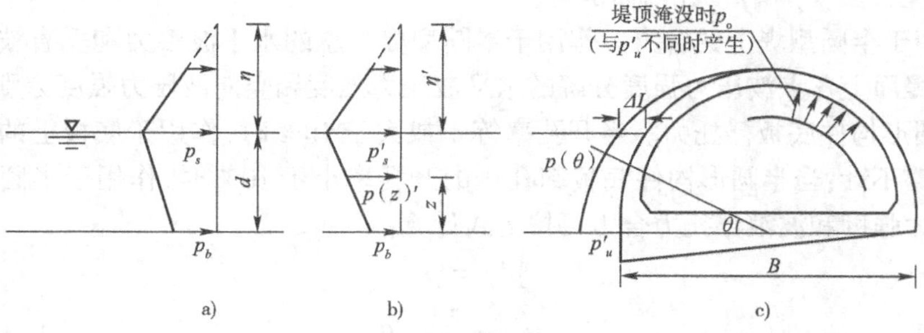

图 7-46　半圆型堤上的波压力

a)直立墙波压；b)相位修正后波压；c)角度修正后波压

(2)波峰时作用于半圆型堤面上的波压力。波压力分布如图 7-46b)和 c)所示，计算水位以上的高度、计算水位处的波压力强度以及半圆型堤底面处的波压力强度按下列公式进行修正：

$$\eta' = \eta \tag{7-48}$$

$$p'_s = p_s \tag{7-49}$$

$$p'_b = \lambda_p p_b \tag{7-50}$$

其中

$$\lambda_p = \cos^4\left(\frac{2\pi\Delta l}{L}\right) \tag{7-51}$$

(3)波峰时作用于半圆型堤面法线方向的波压力。波压力强度按下式进行角度修正：

$$p(\theta) = p(Z)'\cos\theta \tag{7-52}$$

式中：η——计算水位以上的高度(m)；

H——设计波高(m)；

p_s——计算水位处的波压力强度(kPa)；

p_b——直立墙底面处的波压力强度(kPa)；

p_u——直立墙底面海侧的波浪浮托力强度(kPa)；

α_s、α_b——计算系数；

d——堤前水深(m)；

L——设计波长(m)；

d_1——基床上水深(m)；

η'——半圆型堤上的波压力图形零点在计算水位以上的高度(m)；

p'_s——半圆型堤上的计算水位处的波压力强度(kPa)；

p'_b——半圆形构件底面处的波压力强度(kPa)；

λ_p——相位修正系数；

Δl——半圆型堤面上的 p'_s 与 p'_b 作用点间的水平距离(m)；

θ——波压作用点的圆心角(°)；

$p(\theta)$——经角度修正后的堤面波压力强度(kPa)，即半圆型防波堤上波压力强度；

$p(Z)'$——经相位修正后 Z 点的波压力强度(kPa)，Z 为自半圆形构件底面起算的垂直高度，由 p'_s 和 p'_b 经内插求得。

(4)作用于半圆型堤上的合力。作用于半圆型堤上总的水平波浪力和垂直波浪力可由垂直于半圆堤堤面上各点波压力强度分解的水平波压力强度和竖向波压力强度分别求得。

(5)半圆形构件底板浮托力。当开孔率等于或大于10%时，作用于底板上的波浪浮托压力强度可忽略不计；当半圆形构件底板卸孔压的开孔率小于10%时，作用于半圆形构件底板上波浪浮托力强度和波浪浮托力合力可按下式计算：

$$p'_u = p'_b \tag{7-53}$$

$$P_u = \frac{1}{2}p'_u B \tag{7-54}$$

式中：p'_u——半圆形构件底面外边缘的波浪浮托力强度(kPa)；

p'_b——半圆形构件底面处的波压力强度(kPa)；

P_u——半圆形构件底面的波浪浮托力(kPa)；

B——半圆形构件的底宽(m)。

2. 当堤顶高程位于或低于计算水位时

当半圆型防波堤的堤顶高程位于或低于计算水位,且半圆形构件的外半径与波长之比不大于0.085时,波峰作用下的波浪力可按下述方法确定。

(1)波峰时作用于直立堤上的波压力。先按公式(7-44)~(7-47)计算与半圆型防波堤相同水深、相同基床高度和相同堤顶高程的直立堤波压力强度,再按下列步骤进行相位修正和角度修正,确定半圆型防波堤的波浪力。

(2)波峰时作用于半圆型堤面上的波压力。波峰作用时计算水位以上的高度、计算水位处半圆型堤面上的波压力强度以及半圆型堤底面处的波压力强度按下列公式进行修正:

$$\eta' = \eta \tag{7-55}$$

$$p'_s = p_s \tag{7-56}$$

$$p'_b = \lambda'_p p_b \tag{7-57}$$

其中

$$\lambda'_p = \cos\left(\frac{2\pi(\Delta l)'}{L}\right) \tag{7-58}$$

式中:λ'_p ——堤顶淹没时的相位修正系数;

$(\Delta l)'$——p'_b 作用点与堤顶间的水平距离(m);

其他符号意义同前。

(3)波峰时作用于半圆型堤面法线方向的波压力。波峰作用时垂直于半圆型堤面的波压力强度按式(7-52)进行角度修正。

(4)作用于半圆型堤上的合力。作用于半圆型堤上总的水平波浪力和垂直波浪力可由垂直于半圆堤堤面上各点波压力强度分解的水平波压力强度和竖向波压力强度分别求得。

(5)半圆形构件底板浮托力。当半圆形构件底板泄孔压的开孔率等于或大于10%时,作用于底板上的波浪力浮托压力强度可忽略不计,作用在半圆型拱圈内侧方向向外的波浪压力强度可按下式计算:

$$p_0 = \frac{1}{2}p'_b \tag{7-59}$$

式中:p_0——作用在半圆型拱圈内侧方向向外的波浪压力强度(kPa)。

思 考 题

1. 防波堤的基本功能是什么?
2. 按平面布置和结构型式划分,防波堤建筑物有哪些类型?各自的特点是什么?
3. 防波堤沿纵轴线布置的基本原则是什么?
4. 防波堤沿纵轴线分为几部分?它们是如何划分的?
5. 设计波浪要素包括哪些内容?设计波浪标准如何确定?
6. 斜坡式防波堤主要有哪些结构型式?它们各适用于什么情况?
7. 斜坡式防波堤断面主要由哪些几部分构成?各部分的设计要点是什么?

8. 我国常用的护面块体有哪几种型式？各自特点是什么？
9. 波浪对斜坡式建筑物的作用有哪几种动力形态，其计算方法是什么？
10. 设计斜坡式防波堤时，应进行哪些方面的计算？计算要点是什么？
11. 直立式防波堤的主要结构型式有哪几种？各自的特点是什么？
12. 重力式直立堤由哪几部分组成？构造设计的要点是什么？
13. 重力式直立堤设计计算包括哪些内容？采用的计算方法是什么？
14. 半圆型防波堤的结构型式和特点是什么？波浪力如何计算？

第八章　海岸与近海建筑物

第一节　护岸与护坡

一、护岸

护岸是在河口、海岸地区对原有岸坡进行加固的工程措施，用以防止波浪、水流的侵袭和淘刷，保护海岸和陆域不被侵蚀。在港口中，除系靠船的码头岸壁以及修造船建筑物之外，凡港口陆域与水域相接的部分以及保护陆域的措施均可称作护岸。

护岸作为河道、海滨陆域的边界，其作用之一是使岸滩不能向其后侧蚀退，作用之二是防止陆域形成时回填料的流失。

按外坡型式护岸可分为斜坡式护岸、直立式护岸和斜坡式与直立式组合式护岸等。影响护岸结构选型的条件有地质、水深、潮差、波浪等自然条件以及石料来源、使用要求和施工条件等因素。护岸的结构型式应根据水深、波浪、水流、地质和地形等条件的变化进行分段，采用不同断面尺度或不同的结构型式。

1. 护岸顶高程确定原则

护岸顶高程主要决定于允许的越浪量和防洪要求，受水文条件、护岸结构型式、防护区域、使用功能和地区设防标准等诸多因素影响。对于海滨城市功能护岸，主要是考虑越浪标准；对于河道护岸，主要是考虑防洪标准；对于河口海岸，要同时考虑越浪和防洪标准。允许越浪量一般与护岸防护范围的使用功能有关，对港口护岸、城市护岸、旅游景区护岸和大型厂矿护岸等，应根据不同功能确定设计标准。如当陆域有景观要求时，为了减小对陆域视线的影响，应尽量避免修建过高的挡浪墙，可采用增加平台等措施，减少越浪量。关于防洪标准，除国家规范外，有些省市也制定了地区规范。在综合考虑各种因素后，根据相关规范或标准确定护岸顶高程。

2. 斜坡式护岸

对岸坡较缓、水深较浅、地基较差、用地(海)不紧张的地段和就地修坡的岸坡，宜采用斜坡式护岸。斜坡式护岸主要由堤心、护面和胸(挡浪)墙等组成，堤心可采用袋装砂、开山石、10～100kg 块石等；护面可根据波浪、水流条件采用混凝土人工块体、块石(抛石、干砌石或浆砌石、细骨料混凝土灌砌石等，如图 8-1 所示)、混凝土板和模袋混凝土等。

(1)斜坡式护岸断面型式。斜坡式护岸可分为堤式护岸和坡式护岸两类。堤式护岸是在水上先筑成岸堤，然后回填后方形成陆域，并对岸堤进行防护，一般由堤身、护肩、护脚和护底结构组成，如图 8-2 所示。坡式护岸是对陆域已有的自然岸坡或陆域向水侧回填形成的自然岸坡，一般由岸坡、护肩、护面、护脚和护底结构组成，如图 8-3 所示。

(2)斜坡式护岸顶高程。如前所述,影响护岸顶高程的因素很多,其中包括防护范围的使用功能。此处,仅介绍一般港口护岸顶高程的确定方法。

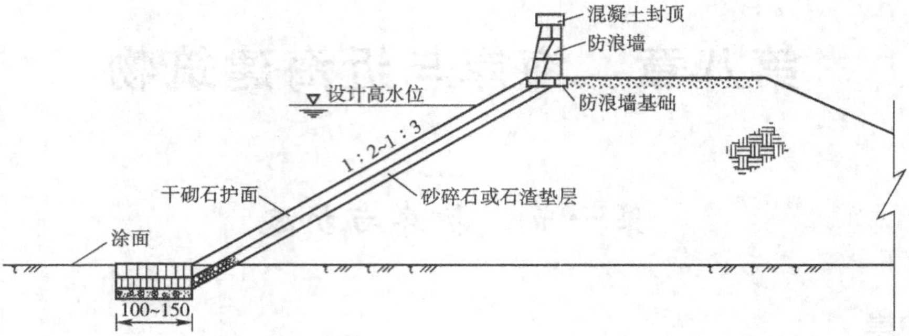

图 8-1　砌石护坡结构示意图

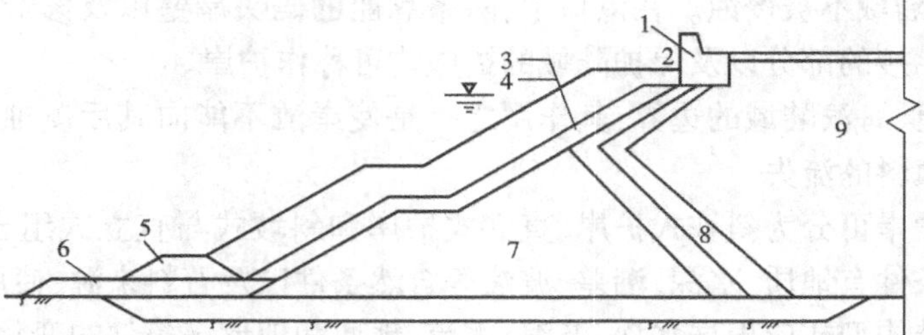

图 8-2　堤式护岸

1-胸墙;2-护肩;3-护面层;4-垫层;5-护脚;6-护底;7-堤身;8-倒滤层;9-回填料

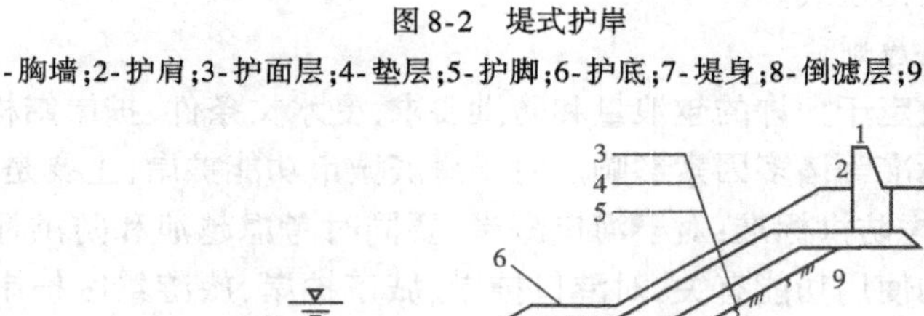

图 8-3　坡式护岸

1-胸墙;2-护肩;3-护面层;4-垫层;5-倒滤层;6-肩台;7-护脚;8-护底;9-岸坡

护岸顶部高程主要决定于波浪爬坡高度和越浪量。当波浪较小时,护岸的顶高程可取与陆域高程一致;当陆域的高程不满足爬坡高度和越浪量要求时,可设置挡浪墙,挡浪墙的顶高程由越浪量决定。越浪量的影响因素较多,如护岸的断面型式、护面结构的消浪性能、水深、波高、周期等,越浪量的各种计算公式偏差比较大,一般情况下应通过物理模型试验来确定岸顶高程。前期设计阶段,可先按下述规定拟定顶高程,并通过越浪量计算进行调整。初步设计阶段宜通过物理模型试验来确定顶高程。

①允许上浪的沿海港口护岸,岸顶高程宜定在设计高水位以上 0.8~1.0 倍设计波高处,

并高于极端高水位。

②不允许上浪的沿海港口护岸，岸顶高程可按下式确定：

$$Z_c = H + R + \Delta \tag{8-1}$$

式中：Z_c ——岸顶高程（m）；

H ——设计高水位（m）；

R ——波浪爬高（m），沿海港口按《海港水文规范》（JTJ—213）确定；

Δ ——富余值，根据使用要求和护岸的重要性进行确定。

③内河港口护岸的顶高程应按设计高水位加 0.1 ~ 0.5m 的超高确定。

（3）斜坡式护岸构造要求。护岸的边坡和平台的宽度一般由岸坡的整体稳定性和越浪量要求确定，坡度一般采用1:1.5 ~ 1:3.5。沿海港口护岸采用变坡或不同的护面块体时，其分界点宜定在设计低水位以下 1.0 倍波高值处。

为了防止沥水渗入护面形成压力，在护坡的顶部设置护肩，其宽度为 1.0 ~ 3.0m，厚度根据使用要求确定。

坡肩位于坡面的顶部，受爬坡水流的作用，将影响护面结构的稳定。对可能遭受破波水流打击的坡肩亦需进行保护，当胸墙前斜坡护面为块石或人工块体时，墙前坡肩宽度不应小于 1.0m，且至少能安放一排护面块体；设置肩台的护岸，肩台宽度不宜小于 2.0m，其顶高程可根据护岸整体稳定和施工条件确定。

护脚的作用有两个：一是支承护面结构；二是防止波浪淘脚。前者要求护脚对护面有足够的支承能力；后者要能防止底脚被淘刷，或发生淘刷时仍有足够的能力支承护面结构。护脚根据护坡坡体的稳定需要可选择抛石棱体、脚槽、基础梁和板桩等型式。当海岸受波浪作用为主时，一般在设计水位上、下一倍设计波高范围内的护面块体受波浪的作用最剧烈。因此，当采用抛石棱体护脚时，棱体顶高程宜按低于设计水位减 1.0 倍设计波高确定，内河护岸宜取最低通航水位或多年平均枯水位。棱体的顶宽不宜小于 2.0m，厚度不宜小于 1.0m，外坡坡度不宜陡于 1:1.5。

对于易冲刷地基上的护岸，应采取护底措施。护底的范围根据波浪、水流、冲刷强度和土质条件确定，护底宜采用块石、软体排和石笼等结构。采用块石护底时，海港护岸工程护底块石层的宽度、层数与厚度等与防波堤相同；内河港口护岸工程的护底宽度根据河势分析和岸坡稳定性要求确定，护底块石层的厚度不宜小于 2 倍的护底块石粒径。可冲刷地基上的斜坡式护岸，当采用抛石棱体护脚时，应设置厚度不小于 0.5m 的 10 ~ 100kg 块石垫层。

斜坡式护岸的护面结构可采用抛埋块石、混凝土人工块体、干砌块石、干砌条石、浆砌块石、栅栏板、混凝土板及模袋混凝土等。护面层的厚度与采用的护面结构有关，可按《防波堤设计与施工规范》中有关的公式计算，但不宜小于表 8-1 所列数值。

护面层厚度表　　　　表 8-1

护面结构	现浇混凝土板块预制混凝土板块	模袋混凝土	浆砌块石	干砌块石	水下抛石
厚度（mm）	≥80	≥150	≥200	≥250	≥600

海港护岸护面垫层块石的重量可取护面块体重量的 1/20 ~ 1/10，不得小于 1/40。采用四角空心方块和栅栏板护面时，其垫层块石不应小于护面结构的空隙尺度。海港护岸的块石垫层厚度不宜小于 400mm，内河港口护坡的块石垫层厚度不宜小于 150mm。必要时可采用土工织物垫层。

浆砌块石、现浇混凝土板和模袋混凝土护面,需设置纵横变形缝和排水孔,防止岸坡不均匀沉降造成护面层断裂和减小渗流水压。变形缝的纵向间距,海港护岸取5~10m,内河港口护岸不宜大于5m;横向间距为5m左右。排水孔的位置应避开板块中轴,其纵横间距可取2~5m,孔径可取50~100mm,并应设置倒滤层。

护岸结构还应设置倒滤层,可采用碎石倒滤层、土工织物倒滤层或碎石与土工织物结合使用的倒滤层。具体要求可参见重力式码头部分的相关内容。

对不允许越浪的护岸,岸顶应设置防浪胸墙,胸墙或防浪胸墙应设置变形缝。变形缝间距根据气温、结构型式和地质条件等确定,一般取10~20m,缝宽取20~40mm。

当允许较大的越浪量时,陆域一定范围内应采取措施防止越浪水流的冲击,保护的范围和措施应通过物理模型试验确定。对于允许较大越浪量的护岸和挡浪墙高程较高的护岸,应注意施工过程中堤后坡或陆域被越浪冲击破坏的可能性,采取必要的保护措施或合理安排施工工期和工序。

(4)斜坡式护岸计算。斜坡式护岸设计计算或验算内容包括:护面块体的稳定重量和护面层厚度;栅栏板、预制板块和现浇混凝土板的强度;护底块石的稳定重量;胸墙和挡浪胸墙的抗滑、抗倾稳定性及结构强度;岸坡及地基的整体稳定性;沉降量等。可参照防波堤部分的有关公式计算。但是,在胸墙和挡浪胸墙抗滑、抗倾稳定性分析中,要增加验算波谷时在波吸力和墙后主动土压力作用下胸墙和挡浪胸墙的抗滑、抗倾稳定性内容。

3. 直立式护岸

对岸坡较陡、水深较深、地基较好、岸线纵深较小、用地(海)紧张的地段或有特殊的景观要求时,可采用直立式护岸。

(1)直立式护岸结构型式。我国已建的直立式护岸工程,墙体结构以现浇混凝土、浆砌块石、混凝土方块、板桩、扶壁和沉箱结构最为常见。直立式护岸上部结构可采用现浇混凝土或钢筋混凝土,结构临水面根据挡浪情况可采用直立面或弧面。

图8-4为墙体采用现浇混凝土(或浆砌块石)结构的护岸断面,适用于干地施工条件。图8-5、图8-6和图8-7分别为墙体采用混凝土方块、墙体采用扶壁和墙体采用沉箱结构的护岸断面,适用于地基承载力较高的情况。图8-8为墙体采用有锚板桩结构的护岸断面,由胸墙、板桩和锚碇系统组成;若护岸高度较小,墙体可采用无锚板桩结构。图8-9为墙体采用加筋土结构的护岸断面,加筋土护岸由胸墙或帽梁、墙面板、加筋体和基础等组成。

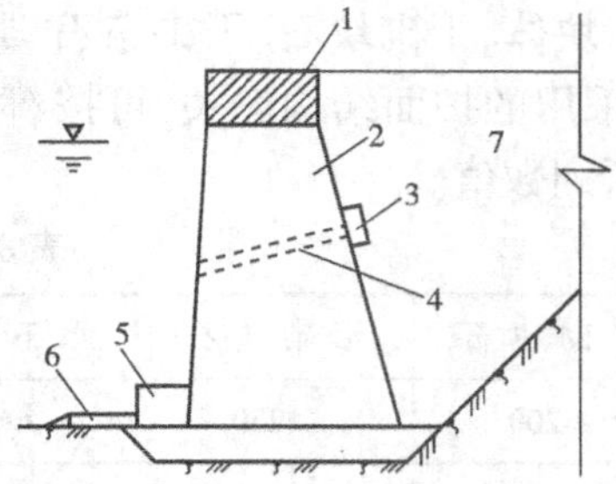

图8-4　现浇混凝土(或浆砌块石)结构护岸

1-压顶;2-墙体;3-倒滤设施;4-排水孔;5-护脚;6-护底;7-回填料

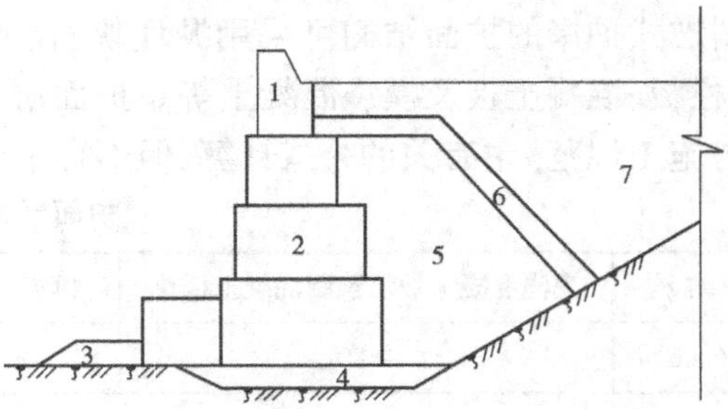

图8-5　混凝土方块结构护岸

1-胸墙;2-墙体;3-护底;4-基床;5-抛石棱体;6-倒滤层;7-回填料

(2)直立式护岸顶高程。护岸顶高程的确定与直立防波堤的堤顶高程确定基本相同。对于港口护岸顶高程，前期设计阶段，可先按下述规定拟定顶高程，并通过越浪量计算调整顶高程。初步设计阶段宜通过物理模型试验来确定顶高程。

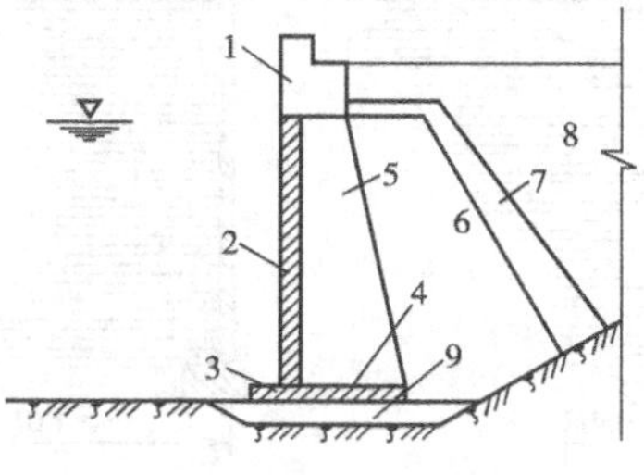

图 8-6　扶壁结构护岸断面

1-胸墙；2-立板；3-趾板；4-底板；5-肋板；6-抛石棱体；7-倒滤层；8-回填料；9-基床

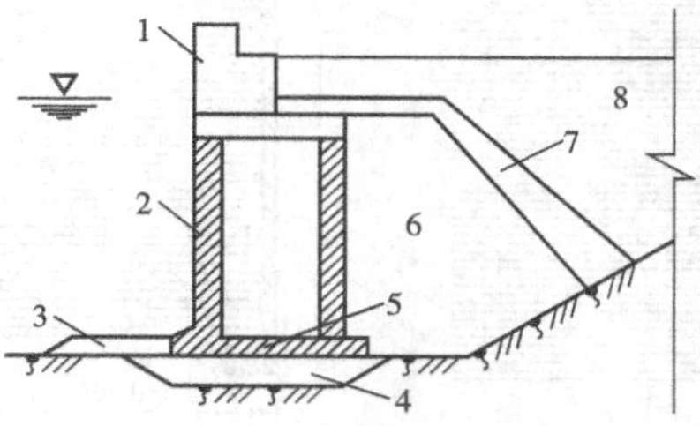

图 8-7　沉箱结构护岸断面

1-胸墙；2-外壁；3-护底；4-基床；5-底板；6-抛石棱体；7-倒滤层；8-回填料

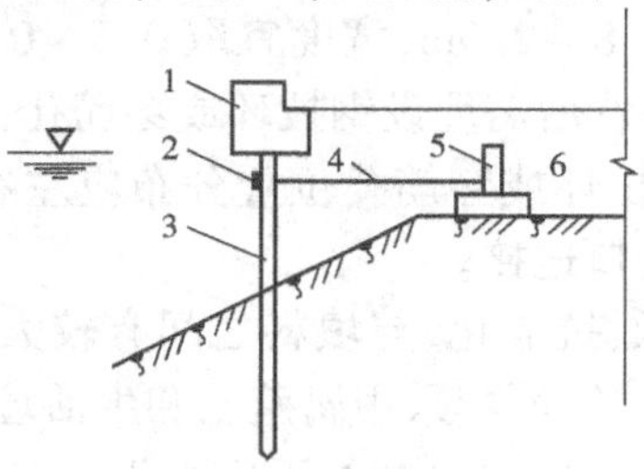

图 8-8　有锚板桩护岸断面

1-胸墙或帽梁；2-导梁；3-板桩；4-钢拉杆；5-锚碇结构；6-回填料

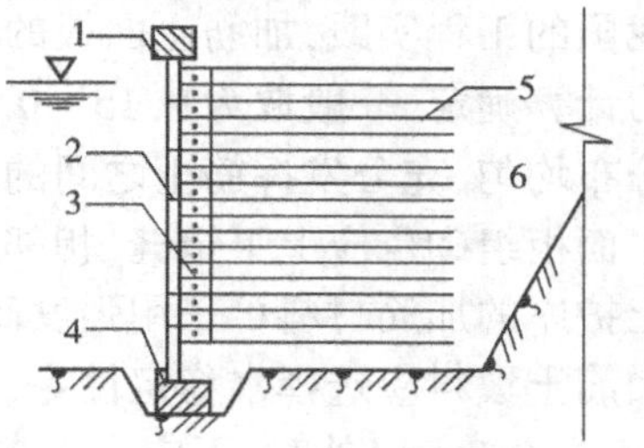

图 8-9　加筋土护岸断面

1-胸墙或帽梁；2-墙面板；3-倒滤层；4-基础；5-加筋体；6-回填料

①当允许越浪时，海港护岸顶高程宜定在设计高水位以上 0.6～0.7 倍设计波高处，并应高于极端高水位。

②当不允许越浪时，海港护岸顶高程可定在设计高水位以上 1.0～1.25 倍设计波高处，并应高于极端高水位加超高值 0～0.5m。

③内河港口护岸顶高程与斜坡式护岸顶高程的确定方法相同，即取设计高水位加 0.1～0.5m 超高。

(3)直立式护岸断面设计与构造。现浇混凝土(或浆砌块石)护岸、混凝土方块护岸、扶壁护岸、沉箱护岸、板桩护岸的断面设计和构造，可参见相应结构型式的重力式码头的相关内容。在此，仅对加筋土护岸的断面设计和构造作一介绍。

加筋土护岸一般由预制的钢筋混凝土墙面板、填料、加筋体、胸墙(或帽梁)、基床、倒滤层等部分组成。加筋土护岸的墙面板起挡土作用，并形成直立墙面。加筋体是加筋材料与填料一起形成的柔性复合体，加筋材料与填料产生摩擦力并承受水平拉力，是维护加筋土内部稳定的重要构件。加筋体通过加筋材料与墙面板连在一起，维持岸壁的外部稳定。

根据岸高、地形、地质和稳定性要求等条件，加筋土护岸的加筋土体可采用矩形、梯形、倒梯形和锯齿形等型式，如图 8-10 所示。

加筋土护岸基础宜采用钢筋混凝土条形结构，主要考虑使墙面板的安砌质量和整体性得到保证，同时可减小墙面板的不均匀沉降。为了保证护岸工程有较高的安全度，条形基础的宽度不应小于500mm,厚度不应小于400mm。

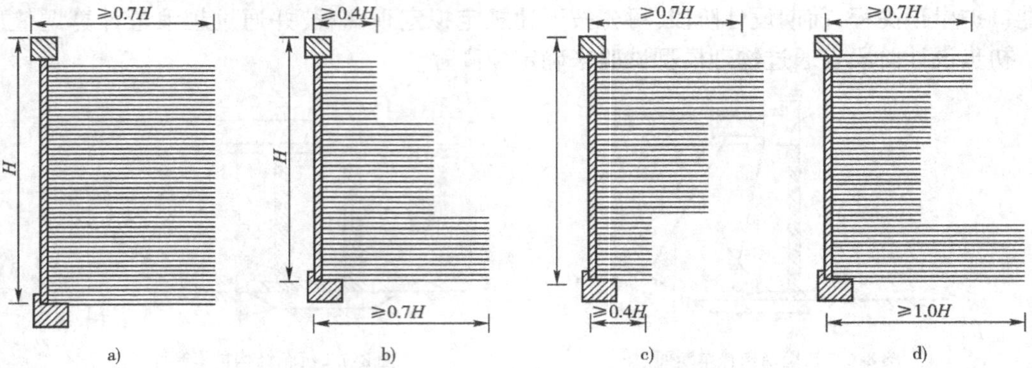

图8-10 加筋土岸壁断面示意图

a)矩形;b)梯形;c)倒梯形;d)锯齿形

根据我国的工程实践,加筋土面板的长度宜取0.8~2.0m,宽度宜取0.5~0.6m,厚度应由结构受力计算确定,一般取为0.15~0.25m。面板背后需埋设钢拉环或穿筋孔,为了使筋材在土体中分布均匀,充分发挥筋土之间的相互作用,拉环或穿筋孔位置分布应左右均匀,上下层间交错。面板组砌也应上下错缝,相邻面板宜设企口连接。

加筋土护岸的加筋材料可采用强度高、延伸率低、抗老化、与填料之间有较大摩擦系数的土工带。加筋土填料应选择水稳定性好,易压实的土类,严禁采用腐殖土和生活垃圾。填料的压实度,距面板0.8m以外时,不应小于93%;距面板0.8m以内时,不应小于90%。

加筋土护岸的面板及基础长度方向上必须设置沉降缝。沉降缝为竖向设置的通缝,其间距根据地基条件确定,岩石地基一般为20~30m,土基不宜大于15m。沉降缝的缝宽一般为20~30mm,缝内填充弹性材料。加筋土岸壁的面板还应设置排水缝或排水孔,可避免面板后的剩余水压力过大,有效地保障护岸稳定。排水缝或排水孔的间距一般为4~6m。为了防止回填土料不从缝中流失,排水缝处面板内侧应贴铺无纺土工布滤层并设置厚度不小于300mm的碎石排水层。

(4)直立式护岸计算。直立式护岸结构的计算按照《港口及航道护岸工程设计与施工规范》(JTJ 300—2000)进行。

加筋土岸壁计算和验算内容包括:

①内部稳定计算(加筋材料拉力和锚固长度计算);

②外部稳定计算(加筋土基底及变截面上的抗滑移验算、抗倾覆验算、地基承载力验算、整体抗滑动验算);

③沉降量计算;

④墙面板计算。

外部稳定验算及沉降量计算可分别按《重力式码头设计与施工规范》(JTS 167-2—2009)和《港口工程地基规范》(JTS 147-1—2010)的有关规定进行,在计算时将加筋体视为重力式刚性墙。其他可按《水运工程土工合成材料应用技术规范》(JTJ 230—2005)的有关规定进行。

二、护坡

护坡是指对河岸、海岸地区原有岸坡进行加固的工程措施,其坡度较缓,接近或稍陡于天然岸坡的坡度。

护坡一般由坡面、坡肩和坡趾三部分组成,如图 8-11 所示。

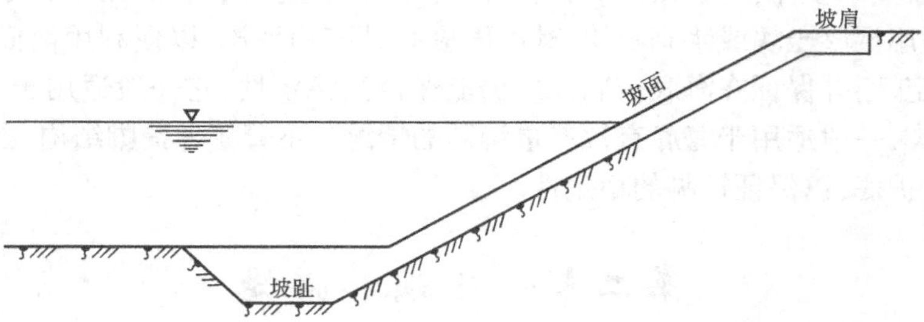

图 8-11　护坡组成部分

坡面是护坡的主体,它由护面层和倒滤层组成。护面层的功能是抵抗波浪的作用,保护岸坡稳定;倒滤层的功用是防止波浪和地下水渗流将岸坡土从护面缝隙中带走。护面结构型式一般有干砌块石、浆砌块石、安放混凝土异形块体和混凝土板等,如图 8-12 所示,要根据波浪大小、施工条件(水施工或水下施工)和当地的建筑材料等来选择。如当地有便宜的石料,在波浪不大时,水上部分的护面宜采用干砌块石或浆砌块石。在当地缺乏石料时,可采用混凝土板护面,一般采用预制安放的混凝土板,水上部分也可采用现浇混凝土板。当波浪较大时,上述两种护面结构都不能承受巨大的波浪作用,应考虑混凝土异形块体护面,它们与斜坡式防波堤护面相同。

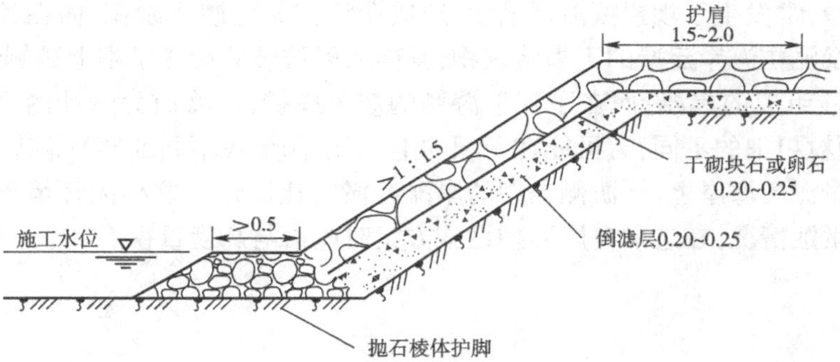

图 8-12　护坡结构型式

当岸坡为细颗粒土料时,护面的下面必须设置倒滤层。倒滤层型式和构造与重力式码头中用的倒滤层基本相同,由于此处倒滤层是干地施工,厚度可薄一些。对于不透水的护面结构,例如浆砌块石和现浇混凝土板等,为消除和减小剩余水压力的作用,在护面内应设置一定数量的排水孔。

护肩位于坡面的顶部,受到爬波水流的作用,特别是可能遭受破波水流的打击,故需对护肩采取保护措施,否则将影响护面结构的稳定。护肩宽度一般取 1.5 ~ 2.0m。当波浪爬坡高度高于坡肩时,为防止水流漫陆,可在坡肩设置挡浪墙。挡浪墙应从坡肩退后一段距离设置,即在挡浪墙前留一戗台,其宽度一般采用 1.0 ~ 2.0m,以减轻挡浪墙前产生的激浪。为保证挡浪墙的稳定性,墙基应埋入坡顶以下一定深度。另外,墙后的地面应做一定宽度的护面,以防越顶水流的淘刷而影响挡浪墙的稳定。

护脚的作用主要是支承护面结构，防止波浪淘刷坡趾。护脚一般有三种结构型式，一是在坡趾处设置抛石支承棱体，它的结构简单，工作可靠，一般适用于岸坡前水深较大的情况；二是用埋块护脚，可用混凝土块或浆砌石块，其底面应有足够的埋深，以便利用前面的被动土压力维持埋块的稳定性，并保证在海底被刷深后仍能保持其稳定性，它一般适用于干地施工条件；三是板桩墙护脚，一般适用于海底有被严重淘刷的情况。不管哪种护脚结构，当海底有冲刷可能时，均宜设置护底，以保证护脚的稳定性。

第二节　丁坝和潜堤

一、丁坝

1. 丁坝及其作用

丁坝与岸线成丁字形相交，故称丁坝。丁坝由坝根、坝头和坝身三部分组成。坝根与堤岸或滩肩连接，坝顶沿坝身长度方向为水平面，根部切入滩肩内，坝高至少要等于滩肩高。坝身向外延伸，其顶面顺坝身长度方向倾斜，坡度大致等于原滩面的坡度。坝头伸入海域一定距离，其顶面是水平的，顶高略高出平均低水位，坝头一般延伸至波浪破碎的地方。丁坝一般垂直于岸线布置，其作用是促使泥沙在坝格内淤积，从而使海滩拓宽，以达到保护岸滩的目的。丁坝在斜向波浪作用下可以起到拦截泥沙的作用，正向波浪作用时其拦泥效果甚微。

在砂质海岸，常发生丁坝拦截沿岸输沙，造成泥沙在其上游侧淤积，而在其下游侧引起冲刷的现象。在淤泥质海岸建造的丁坝建筑物，斜向入射波破碎后在丁坝上游侧形成水流，将冲刷由细颗粒泥沙组成的岸滩；而在丁坝下游侧的波浪掩护区，将成为悬沙的沉积区。由此可见，因为泥沙颗粒粗细的不同，有可能在丁坝的上、下游侧形成不同的冲淤形态。图 8-13 给出了砂质海岸和淤泥质海岸上、下游侧典型的岸滩冲淤对比图形。这种因环境条件不同所出现的截然不同的淤蚀情况，在选取海岸防护设施方案时应给与高度重视。

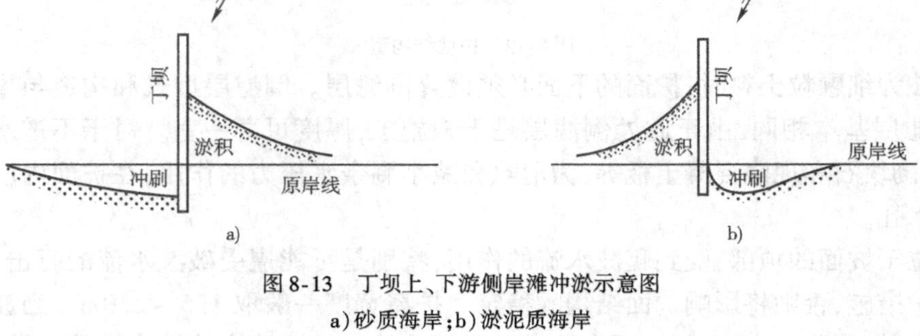

图 8-13　丁坝上、下游侧岸滩冲淤示意图

a) 砂质海岸；b) 淤泥质海岸

2. 丁坝的分类

按透沙性丁坝可分为基本不透沙和透沙两种，按坝顶高程丁坝可分为高丁坝和低丁坝，按其长度丁坝可分为长丁坝和短丁坝。大部分丁坝为固定式建筑物，但也有少数为可活动的结构。

大部分丁坝,包括抛石结构,属于基本不透沙的类型。透沙丁坝是允许部分被截的沿岸输沙通过丁坝,以减缓坝后的冲刷。透沙的目的也可通过降低坝顶高程来达到。

可活动丁坝的主要型式为在间隔的桩上安设长条形预制板的结构。可通过增、减板块以调整丁坝的顶高程,使部分泥沙输至坝后。但当这种结构发生变位后,增、减板块将难以实施。

3. 丁坝的布置

丁坝是由岸边伸向河(航)道中的河(航)道整治建筑物。丁坝的布置有与沿岸水流成正交、上挑和下挑三种方式,坝轴线和水流方向垂直的丁坝称为正交丁坝,坝轴线坝头方向与水流夹角大于90°者称上挑丁坝,小于90°者称下挑丁坝。下挑丁坝与水流流向交角较小,坝头冲刷较轻;上挑丁坝挑流作用较明显,但坝头冲刷也较严重。丁坝淹没时,下挑丁坝表层水流偏向岸侧,底层水流偏向离岸方向;上挑丁坝则相反,表层水流偏向离岸方向,含沙量较高的底层水流偏向岸侧,这有利于泥沙在坝田淤积。往复水流或水流方向复杂时,丁坝方向宜采用正交。比如在有潮河口,由于双向流,丁坝一般布置成与水流正交。从减少坝头冲刷的角度出发,丁坝以迎向潮流速较小的方向为宜;从加速坝田淤积的角度出发,则丁坝以迎向含沙量较高的潮流方向为宜。具体布置仍应当根据当地潮流和含沙量等情况确定。图8-14是丁坝的几种平面布置图。

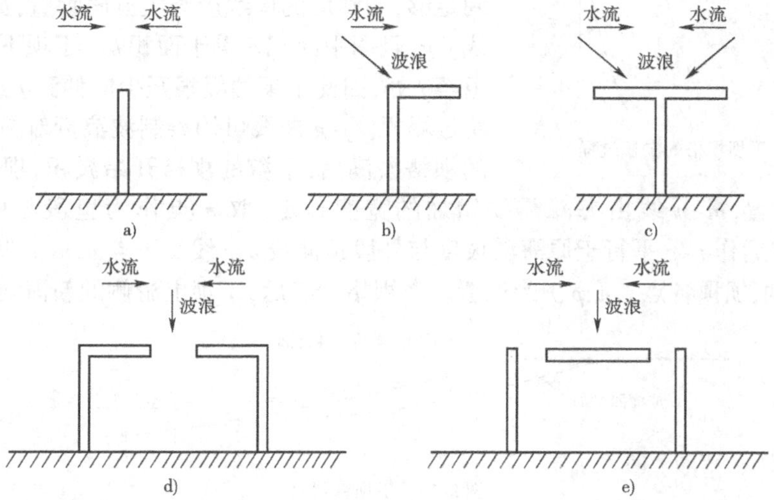

图8-14　常见的丁坝平面布置图

a)丁坝;b)钩坝;c)T形坝;d)双钩坝;e)丁顺连坝

丁坝用于防止海滩被波浪侵蚀时,其轴线一般与波向线斜交。丁坝轴线与波向平行时,丁坝不能起掩护作用,遇此情况可采用T形或L形丁坝,以增加防浪效果,但波浪对T形或L形坝头的冲刷较对常规直线形丁坝坝头的冲刷为大。丁坝多布置成坝群,单条丁坝常不能很好地起到保滩促淤作用,有时还会造成两侧岸滩局部冲刷。

丁坝一般都有保护滩地和促进淤积的作用。保滩丁坝指建造在海堤前,防止海堤堤脚被冲刷以保护海堤基础的丁坝;而促淤丁坝则主要指建造在坡度平缓的淤泥质滩地上,促使滩面淤高以符合围海开发要求的丁坝。保滩丁坝一般采用短丁坝,其长度约为50~150m,以100m左右最为适宜。促淤丁坝通常为长丁坝,其长度可为1000~2000m。

短丁坝群中相邻两丁坝的间距一般取丁坝长度的2~4倍,凹岸时可取2~3倍,平直海岸时可取3~4倍。促淤长丁坝群的坝距相对较小,一般要求不大于2倍坝长。丁坝长度与间距的具体尺度选取与滩地的泥沙特性有关,应根据当地的实际经验或水力模型试验来确定。

丁坝群中各丁坝坝头的连线,应与潮流流向大致平行。当丁坝采用勾头型式(相当于L形丁坝)时,勾头应朝向主要来沙方向。

对于促淤工程,为了增加促淤效果,长丁坝常与顺坝(离岸堤)结合使用。促淤丁坝的坝顶高程可大致定在平均高潮位处,这种情况坝间的淤积可达到平均潮位与平均高潮位之间的高程。当坝顶高程高于平均高潮位时,淤积量并不明显增加。

对于保滩丁坝,其主要目的是保护滩地不被冲蚀,坝顶高程可以较低,以降低工程造价。

沿丁坝顶面可设置自岸向海的纵坡,短丁坝纵坡坡度可取1%左右;长丁坝的纵坡较小。

丁坝沿长度一般分为三段:里段、中段和外段。各段的分界点、丁坝长度及丁坝的间距,可根据波浪作用下的淤积过程,通过绘制波浪的折射图和整体物理模型试验来确定。图8-15表示丁坝的促淤过程。丁坝建成后,坝格内的淤积逐个往下游发展。上游坝格未淤满前,下游坝格内不会淤积。此时,在波浪作用下,坝格内的岸线将进行调整,如果时间足够,调整后的岸线应与主波向垂直,如图8-15的实线f-g,且图中面积a等于面积b。丁坝下游侧的岸线将退至f处,因此丁坝的堤根至少应伸到f点,以防止水流绕过堤根。f-g曲线可用绘制波浪折射图得到。当上游的坝格淤满后,下游的坝格开始淤积,坝格内岸线向前推进至m-n位置,m-n线由海滩需要增加的宽度确定,取n点作为里段与中段的分界点(图8-16)。然后作n-p平行于原海滩坡度与外段顶面线p-r线交于点p,n-p即为中间段。这样就得到了丁坝坝顶各点f、n、p、r的位置。在坝格淤满后,丁坝上游侧的新海滩剖面为n-p-s。

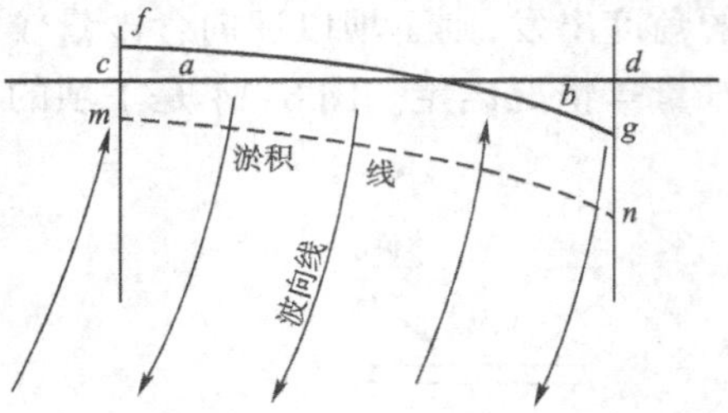

图8-15 丁坝坝格的淤积过程

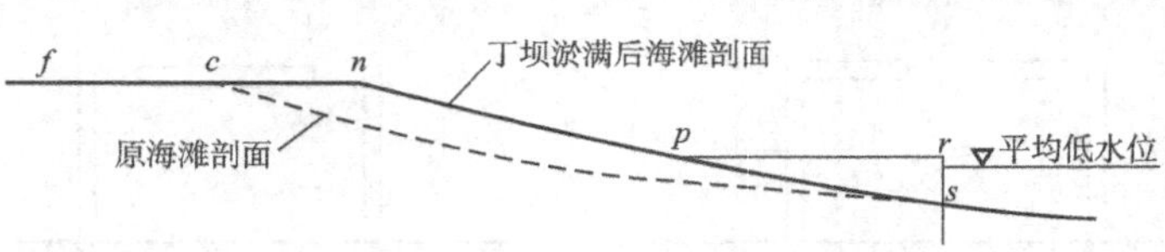

图8-16 丁坝纵剖面

在丁坝群的下游侧,除非岸线走向有显著变化,使得波能的沿岸分量明显减小,否则由于沿岸流的挟沙能力大于上游淤泥的供给量,因此下游侧岸滩将发生冲刷。解决下游侧岸线冲蚀的一种有效方法,是在丁坝群的上游侧和各丁坝间进行人工填沙,以使沿岸输沙基本不被拦截,而可通过丁坝群的坝头输向下游岸滩。

4. 丁坝的尺寸

丁坝的长度可自30m左右直至几百米甚至上千米,这主要取决于当地一般风暴浪的破波带宽度,以及计划拦截沿岸输沙量的比率,后者与岸滩要求的防护程度有关。由于绝大部分的沿岸输沙发生在沿岸破波带以内,因此把丁坝坝头伸出破波线是没有必要的。物理模型试验表明丁坝的长度可取为破波带宽度的0.4~0.6倍。若丁坝伸出岸线过长,丁坝或丁坝群下游侧岸滩的冲刷将比较严重。

在实际工程设计中,如何来确定所谓的“一般风暴浪的破波带宽度”,或是“破波带的平均宽度”,在一般有关海岸工程的论著中都无明确的规定。根据经验,推荐以下的潮位和波浪标准来确定“一般风暴浪的破波带宽度”。首先是潮位,取决于岸滩要求防护的程度,可选用平均高潮位或高潮累积频率10%的潮位,后者即海港工程的设计高水位,它大致相当于大潮平均高潮位。设计波浪的重现期可采用2～5年,其在波列中的特征值则定为有效波高 H_s 和平均周期 $\overline{T}$。由此即可根据波浪破碎的准则来确定破波水深,从而得出破波带宽度。

沿丁坝长度,通常可分为三段(图8-17):第一段是与岸相连的岸侧段(里段);第二段是坝顶纵向有坡度的中间段(中段);第三段是包括坝头的外侧段(外段)。

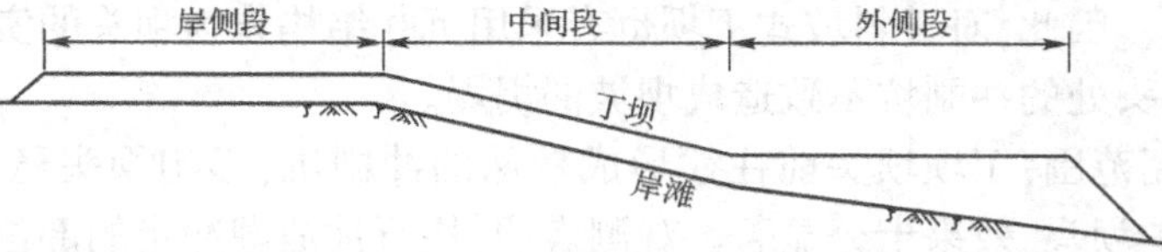

图8-17　丁坝的纵剖面图

岸侧段的起点通常位于岸滩剖面中滩肩(海滩平台)前缘向岸侧一定的距离,以防止丁坝坝根处被淘刷,具体规定在丁坝的平面布置中已经说明。

对于岸侧段的坝顶高程,美国《海滨防护手册》给出高、低两个标准:低标准为最高高潮位加上平常波浪在岸滩上的上爬高度,若为抛石丁坝,常需要再增加0.3m左右的超高以减少透沙;高标准适用于要拦截所有上游泥沙的丁坝,采用最高高潮位加上风暴浪在岸滩上的爬高度。由于最高高潮位通常是由重现期较长的风暴潮所引起,上述标准偏高,且所谓“平常波浪”和“风暴波浪”也无确切定义。在一般情况下,丁坝岸侧段的坝顶高程可采用高潮累积频率10%的潮位或大潮平均高潮位,加上重现期2～5年有效波高 H_s 极限破碎值的0.6～0.7倍,即(0.6～0.7)H_{sb}。若对岸滩的防护程度要求较低,则岸侧段的坝顶高程取上述潮位加上1.0～1.5m的超高即可。

中间段的坝顶高程是渐变的,其坝顶纵坡应大致与该段的滩面坡度相平行,可取1%～3%。斜坡低端的高程取决于使用的建筑施工方法、阻挡沿岸泥沙运动的程度或游泳者及乘船者的需要。

外侧段的坝顶高程应高于其上游侧拦沙后的滩面或海底高程。这个断面是水平的,通常在平均高潮位以下(但促淤丁坝坝头高程较高)。提高坝头高程对促淤有利,但容易使坝头在波浪、水流作用下损坏。此坝段顶高程也取决于丁坝的施工方法,若采用陆上推进法施工,则高程不宜过低,以免受施工期的潮、浪影响。

5. 丁坝的结构型式

丁坝常用的结构型式有砌石坝或堆石坝、钢筋混凝土沉箱坝、栏栅坝和网坝等,网坝和栏栅坝为透水坝。栏栅坝需打桩,水深较大时施工困难,目前仅用于水浅地区。网坝造价低,但促淤效果稍差,风浪较大地区挂网结构易损坏,也仅用于浅浪小地区。堆石坝属于半透水坝,透水性较小,沉箱坝则不透水。目前,工程中应用较多的是砌石坝。丁坝的结构型式及其构造与防波堤结构基本相同。

丁坝冲刷往往比防波堤严重,应加强护底措施,必要时护底宽度应通过物理模型试验确定。在水流作用较强烈的河口地区建造护岸丁坝,往往需要设置柴排护底,现在多用土工布沙袋排。柴排能适应坝基因冲刷引起的变形，起着保护坝基的作用，并可使滩基受力均匀，对地基和坝身的稳定都有利。柴排底宽应按估算的冲刷范围确定。根据上海地区经验，沙土滩基护底宽度要比坝基宽0.5倍波长，粉砂土要宽0.75倍波长。如果滩基土质较好，可仅在坝头部分使用柴排护底。在淤涨型海岸建造促淤丁坝，可以不设柴排护底，只在坝头做成缓坡并加抛石护底。

丁坝头部冲刷是工程的要害与难题，应予足够重视。为改善头部水流冲刷状况，也有将丁坝头改成Γ型或T型，使头部顺水流方向，稍增加工程量但效果较好。在强潮地区，护岸丁坝头部将承受巨大作用力，须采用特殊结构。建造在强潮河口的丁坝，其坝头处可形成较深的冲刷坑，影响坝头稳定。因此，对于斜坡式丁坝也有采用沉井结构作为坝头的实例。沉井沉入海底面一定深度，使坝头处的冲刷坑不致造成坝坡的坍塌。

钱塘江涌潮作用范围，丁坝坝头前往往形成较深的冲刷坑，影响坝头稳定。1969年开始在萧山试用沉井保护坝头，效果十分显著。观测表明，块石被涌潮冲走的部位是在低水位以下几米深度的范围以内，在更深的部位块石可以保持稳定。因此，沉井只要沉到低水位以下一定深度即可，在此深度以下，仍采用块石保护。图8-18采用的沉井高度为10～14m，近似为椭圆形，长轴10～14m，短轴6～7m，多用浆砌块石砌筑，也有直径达20m的圆形大沉井。沉井自重600～1200t，加上回填石，总重可达1000～2500t。目前杭州湾已建成沉井坝头数十座，使用情况良好。

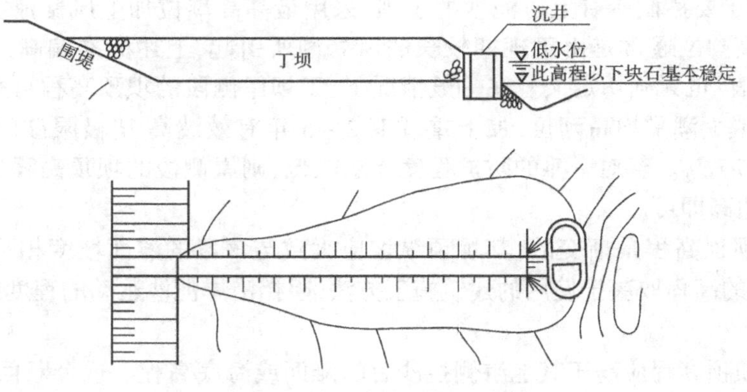

图8-18　沉井保护坝头

根据波浪作用的强弱程度，丁坝的坝顶最小宽度为1～2m，该宽度还应考虑施工时作为通道等要求。丁坝坝身的边坡一般为1:1.5～1:2，坝头的边坡宜放缓至1:3～1:5。

由于每座丁坝下游侧都要受到岸滩被冲蚀的影响，因此在斜坡式丁坝的坡脚外至少应有2m宽的抛石护底层。坝头处冲刷较严重，护底层的宽度应不小于5m。

二、潜堤

潜堤为淹没在水面下的堤，堤顶多在平均水位附近，一般在高潮时淹没，低潮时露出。它的功能与一般的离岸堤不同，既可阻挡部分波浪袭击海岸，又可让一部分泥沙随波浪越过堤顶进入堤后淤积，既保滩又促淤。波浪越过坝体时发生破碎或剧烈变形，坝后水域波动大为减弱，岸滩波浪作用明显降低，越坝波浪水体挟带的泥沙将沉积于坝后滩涂，保滩效果十分显著，但潜堤对水流没有阻挡作用，不能影响水流侵蚀危害。

离岸的潜堤距岸边应有合适的距离，一般采用 8 ~ 20 倍的设计波高值。潜堤处的水深也多选择在不少于 1 倍波高的地方。

用于堤岸防护，潜堤一般采用离岸 60 ~ 100m；用于滩地促淤，潜堤离岸可达 1 ~ 2km。潜堤长度须根据防护堤岸范围确定。

为了拦断沿岸流，也可采取潜堤和丁坝相组合的布置方式。丁坝与潜堤结合布置，称之为锁坝（图 8-19）。锁坝可由潜堤带一条丁坝或带二条以上的丁坝。带一条丁坝的潜堤可用于沿岸有较强大的泥沙流的情况，在平面上潜堤和丁坝可布置成 L 形，其开口面向泥沙流来向。带多条丁坝的潜堤可用于沿岸有砂质泥沙流的情况，在平面布置上潜堤和丁坝将成为封闭型。这种布置的防浪和淤积效果较好，但闭合水域内的水质将会越来越差，尤其在坝身为不透水时更甚。

潜堤结构型式与丁坝相类似，常用抛石堤断面，也有用板桩、木桩墙或沉箱构筑。坝体有透水或不透水，木桩坝或拦栅坝为轻型透水坝，水流与波浪阻力小，坝体荷载小，但防护效果也差。

丁坝和潜堤结构设计的原则和方法，可参照防波堤等建筑物的设计，但应注意以下几点：

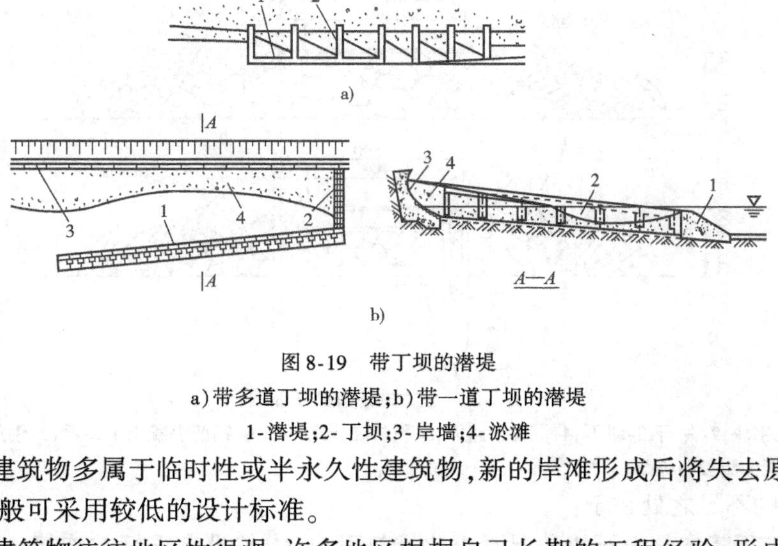

图 8-19　带丁坝的潜堤

a）带多道丁坝的潜堤；b）带一道丁坝的潜堤

1-潜堤；2-丁坝；3-岸墙；4-淤滩

（1）上述建筑物多属于临时性或半永久性建筑物，新的岸滩形成后将失去原有的作用，因此在设计时一般可采用较低的设计标准。

（2）上述建筑物往往地区性很强，许多地区根据自己长期的工程经验，形成一些独特的、但并不一定合理的习惯做法，需在深入调查研究基础上，总结、提炼和加以改进。

（3）无论丁坝还是潜堤，其受力最大和最复杂的是堤头或坝头部分，潜堤的堤顶部位也是一个薄弱环节，设计时应从结构和构造上适当加强。

第三节　通（跨）海路桥

通（跨）海路桥是连接大陆与岛屿、岛屿与岛屿、海湾或海峡两岸的运输通道，也是亲近大海、休闲娱乐的通海道路。通（跨）海路桥主要包括跨海大桥、海底隧道和进海路等，本节仅对进海路和跨海大桥作简要介绍。

一、进海路

在滩海和近海浅水区开采地下油气资源,通常采用"海油陆采"的开发方式,先修建进海路和海上人工井场,然后在海上人工井场上采用陆地上的开采工艺来开采海上油气资源。这种开发模式是一种经济、快捷开发滩海石油的途径。滩海道路的高程、路宽及其结构,要适应油田生产行车密度小、单车载重大的特点,又要考虑到海潮冲刷的环境条件。

目前,进海路结构包括重力式、箱涵式、板桩式和栈桥式等四种型式。本节仅对进海路的结构型式进行介绍,相关的计算可以参看有关规范。

1. 重力式

这种型式的进海路(图 8-20)类似于防波堤,构造简单,施工方便,不需要专门的技术设备。在水深较小时,由岸边向海里抛石筑堤,逐步向水深处推进。当水深大于 2m 时,抛石位置无法固定,此时可在堤的两侧打钢筋混凝土桩,上下用钢筋混凝土梁连接,桩两侧插钢筋混凝土侧板,形成框架结构。框架内外抛石,顶面浇注 30cm 厚的混凝土进行封顶,形成路堤。两侧根据水文情况摆放混凝土扭工字块以防浪击。

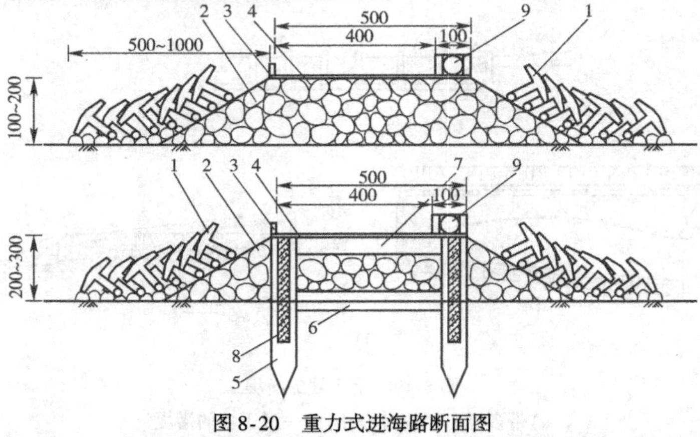

图 8-20 重力式进海路断面图

1-混凝土扭工字块;2-片石;3-缘石;4-混凝土路面;5-预制混凝土方桩;6-钢筋混凝土下系梁;7-钢筋混凝土上系梁;8-钢筋混凝土侧板;9-管道

这种型式的不足之处在于:

(1)整个工程基本是由石块和混凝土块堆筑而成,内部没有很好的连接,在遇大风暴时,易造成局部失稳。

(2)为了保证海浪和潮流作用下路基的稳定,往往路基两侧的边坡较缓,横断面较大,工程造价高,且结构自重大,对地基承载力要求高。维护工作量大,资金投入多。

(3)填海筑路对海洋环境破坏性较大,影响了海水及海洋生物的流动。

大膜袋装固化土也是一种重力式进海路型式,如图 8-21 所示。进海路以固化水泥土充填的大型土工布膜袋为堤心,栅栏板做路堤防护(30cm 厚栅栏板,空隙率 37%,垫层为单层抛石)。膜袋为机织土工布,长度 20 ~ 40m,厚度 50 ~ 60cm。固化土中固化剂含量在 10% ~ 12%。在相邻两层充填袋之间空隙处用袋装碎石找平。护底块石稳定质量由计算确定,一般为60kg,也可采用袋装固化土代替块石。护底层宽5m,厚0.4m。路面为C20混凝土块体。

这种型式的进海路强度高,整体稳定性好,软基适应性强;工程所在地淤泥土丰富,可就地取材制备固化土;施工速度较快,造价低,施工期间安全性高。但堤底的固化土膜袋较长,需要特殊机具进行装填施工。

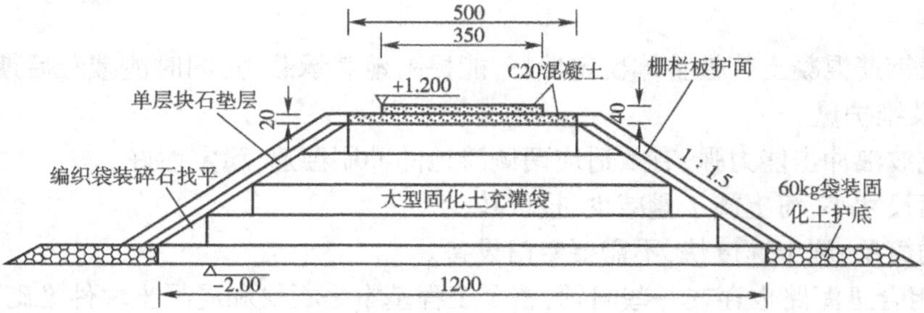

图8-21　大膜袋装固化土方案断面
(图中尺寸单位为cm,标高单位为m)

2. 箱涵式

箱涵式进海路结构,如图8-22所示,是一种适用于软土地基的轻型海上路基结构,相对于重力式结构,箱涵式进海路具有现场施工量小、稳定性和承载能力较好,施工方便快捷,造价低的优点。箱涵式进海路结构,一方面依靠透空结构来减小波浪力,增加抗滑抗倾能力;另一方面可充分利用周边软土的粘聚力和摩擦阻力来保证结构的抗滑和抗倾稳定性,利用插入埋深来提高地基的承载力和整体稳定性。此类结构可以减小对海洋环境的影响。

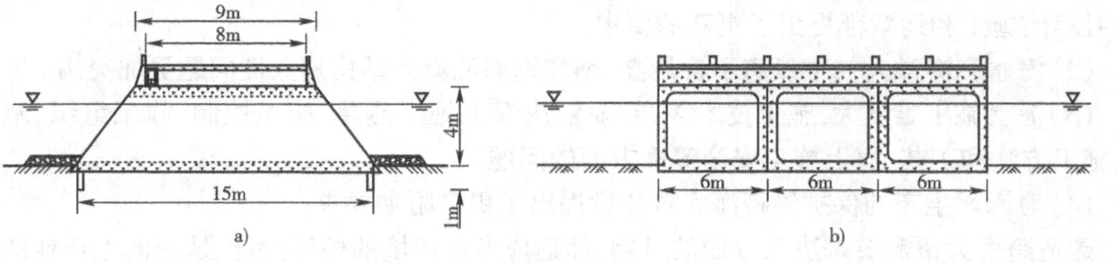

图8-22　箱涵结构的断面图
a)横断面图;b)纵断面图

3. 桩板式

随着水深的增加,海水的动力作用增强,对地基的要求也会变高,这种情况下进海路可采用桩板组合结构型式,如图8-23所示。沿进海路纵向打入两排高强钢筋混凝土管桩,在纵向管桩之间采用钢筋混凝土预制板封堵缺口;在混凝土预制板上放置预制好的钢筋混凝土联系横梁,同时在横梁的两侧各设置一个向下的混凝土柱,防止混凝土预制板在风浪作用下向内倒塌;然后在管桩顶部现浇钢筋混凝土纵向联系梁将管桩联系成一个整体,并可有效保护管桩顶部的钢箍免遭海水腐蚀;整个路堤的基本框架构成后,在管桩及混凝土预制板内抛石,形成直立堤结构;管桩及混凝土预制板外采用抛石护底。

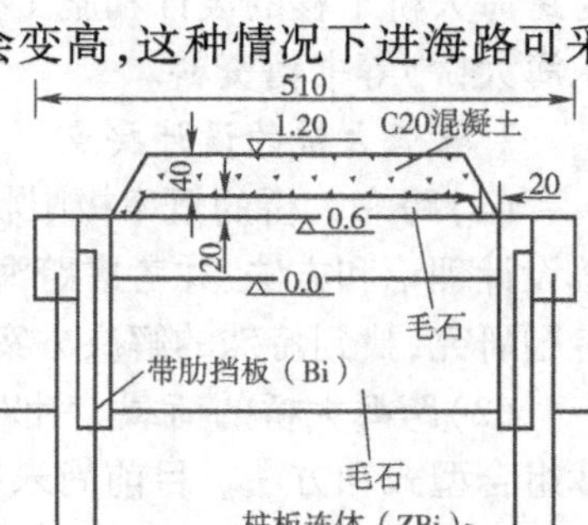

图8-23　板桩式进海路断面图
(图中尺寸单位为cm,标高单位为m)

桩板组合结构路面标高的确定原则同重力式结构路面。

桩板组合结构型式具有以下特点：

(1)纵横向有钢筋混凝土梁连接，两个方向整体性好，刚度大。

(2)预制横梁相当于管桩的拉杆，横梁位置降低，管桩的锚碇点降低，管桩长度与入土深度减小。

(3)高强钢筋混凝土管桩整体稳定性好，能提高地基承载力，同时能减轻后期由车辆荷载引起的沉降及维护量。

(4)抵抗波浪冲击能力强，有效适应两侧滩地的冲刷蚀退，稳定性好。

(5)断面尺寸小，海上施工量减少，投资较少。

(6)结构简单，施工速度快，不需要专门设备。

但桩板组合进海路也存在一些问题，整个工程基本是石块和混凝土块件堆砌而成，石块和混凝土的用量大；内部缺少很好的横向连接，尤其是在施工期间遇到大风浪时易出现局部失稳和整体失稳。

二、跨海大桥

1. 跨海大桥的特点

与一般桥梁相比，跨海大桥有其自身的特点，主要表现在以下几方面：

(1)海洋自然环境复杂多变，水深、流急、风大、浪高，北方还有流冰、冰冻等问题，海洋地质构造复杂，在海湾、河口等海底有深厚的淤泥质软土地基，有些海峡地震活动强烈，对跨海大桥的设计、施工和运营都提出了更高的要求。

(2)海水和海洋大气中氯离子含量高，钢和钢筋混凝土结构耐久性问题更加突出。

(3)海上施工难度大，施工技术复杂，要解决海上施工测量、施工控制、施工组织、施工设备、施工方法和工艺、海上施工安全等多方面的问题。

(4)对海洋生态的保护给跨海大桥建设提出了更多附加要求。

建造跨海大桥需要解决三方面的难题，即适应海洋环境的桥梁设计、适应海上作业的施工技术和对海洋环境的保护。

跨海大桥的建造是一项非常复杂的庞大工程，需要考虑众多因素。由于篇幅限制，本节仅对跨海大桥工程的设计和施工要点作简要介绍。更详细内容，可参看《跨海大桥施工与设计：东海大桥》等书籍资料。

2. 跨海大桥的设计要点

(1)跨海大桥的概率极限状态设计计算原理。目前，我国跨海大桥设计采用概率极限状态设计理论和方法，并考虑跨海大桥结构的特殊性和重要性，需对其中部分设计计算方法进行专题研究，找到特殊的解决方案。

(2)跨海大桥的荷载。针对跨海大桥所处的特殊海洋环境，有时可能需要考虑特殊的荷载组合型式和方法。目前尚未有现成的规范供参考，设计时可以参照我国现有的《公路桥涵通用设计规范》(JTG D60—2004)(以下简称《桥通规 2004》)中对一般的桥梁设计作用组合方法和原则的规定。

除了结构自身的恒载外，跨海大桥需要考虑的环境作用至少包括以下几种：车辆、风、地震、水、船舶等,其中水作用包括:海流、海潮、海浪、海冰等;车辆荷载作用包括:车辆荷载、汽车冲击力、汽车离心力、汽车制动力、汽车撞击等;有些跨海大桥可能还需要考虑特殊的车辆荷载及其作用型式。

(3)跨海大桥的车辆作用。在跨海大桥中,除了根据规范要求取用设计汽车荷载计算其各种效应外,考虑到跨海桥梁的特殊重要性和特殊用途,有时还需考虑一些特殊的汽车荷载型式,如桥上发生事故造堵车和车辆对护栏的碰撞作用。

考虑车辆型式、作用位置、行驶速度等问题,车辆对桥梁的作用本质上是动力过程,且具有高度随机性。为了简化设计过程,各国规范都采用了简化的标准荷载型式和将空间动力过程转化为多个平面静荷载过程的基本思路,将汽车荷载转化为车道荷载(车列荷载)、离心力、制动力、冲击力等。各种荷载的计算方法可参见《桥通规 2004》。

(4)跨海大桥水作用及其计算方法。水对结构物既有物理作用又有化学作用,物理作用表现在水对结构物的力学作用,即水对结构物表面产生的静压力和动压力,化学作用表现在水对结构物的腐蚀或侵蚀作用。

海水对跨海大桥的作用包括海流、潮汐、海冰、波浪等作用。跨海大桥的水作用设计方法是一个需要深入研究的课题。目前,对跨海大桥的水作用设计问题,总体上还是需要采用规范指标和专题科研相结合的方法。海流对大桥的作用力计算可以参看《桥通规 2004》。潮汐的作用力应该利用潮汐动力学的理论来计算。

冰对结构物的作用是复杂的,其影响因素主要有:海冰的特性,如冰的几何尺度、冰的物理、力学性质及冰的极限抗压强度等;结构物的型式,如结构物的形状、尺寸以及结构物的刚度、变形等;海洋环境条件,如气温、水温等。对冰荷载的计算,可以参考《桥通规 2004》。

波浪对构筑物的作用不仅和波浪的特性有关,还和结构物的型式与受力特性有关。而且当地的地形地貌、海底坡度等也对其有很大影响,一般均按照相关规范给出的方法进行计算,如计算小尺度建筑物波浪力的莫里森公式。

海洋环境中,海水的强腐蚀性对结构耐久性影响非常显著,需要从材料、结构等多方面综合考虑。

(5)跨海大桥的风荷载及其计算方法。风的作用是跨海桥梁设计中的关键问题。针对不同的区段、不同的桥梁、不同的施工方法,需要考虑的抗风问题各有不同。解决桥梁抗风设计问题的方法,主要有根据规范计算和试验研究两种。设计过程中,针对不同的问题、在桥梁设计的不同阶段,采用不同的计算分析方法和试验手段进行研究。设计过程中,可以参看我国的《公路桥梁抗风设计规范》(JTGT D60-01—2004)。

跨海大桥需要经受海上恶劣环境的考验,风影响是其中最为显著的问题之一。在热带风暴、台风等强风的影响下,跨海桥梁的抗风设计需要开展更加深入和细致的工作,同时需要深入考虑各种桥梁不同的施工特点和施工过程中的抗风问题。

(6)跨海大桥的抗震设计。基于合理安全度原则确定桥梁工程的抗震设防标准时,一般应考虑以下三方面的因素:根据桥梁的重要性程度确定该结构的设计基准期;地震破坏后桥梁结构功能丧失可能引起的次生灾害损失;建设单位所能承担抗震防灾的最大经济能力。

在进行抗震设计时,应尽量符合下列要求:选择桥位时,应尽量避开抗震危险地段,充分利用抗震有利地段;避免或减轻在地震作用下因地基变形或地基失效造成的破坏;本着减轻震害和便于修复(抢修)的原则,合理确定设计方案;提高结构与构件的强度和延性,避免脆性破坏;加强桥梁结构的整体性;在设计中提出保证施工质量的要求和措施。

在设计中,可参看我国《公路桥梁抗震设计细则》(JTGT B02-01—2008)。

(7)跨海大桥船撞作用及其计算方法。船撞问题是影响跨海大桥安全的重要作用之一。船撞桥事故发生时不但可能造成桥梁的重大损伤,直至倒塌,而且可能造成对船舶及乘客的严重伤害。跨海大桥线路长、跨越水域面积大,而且海洋船舶较内河船舶吨位大,因此跨海大桥需要更加全面和细致地考虑船撞问题,有时需要将设计手段和管理手段结合起来考虑跨海大桥的防船撞对策问题。

3. *典型跨海大桥工程*

(1)东海大桥。我国于2005年建成通车的东海大桥(图8-24),是上海国际航运中心洋山深水港区一期工程的配套工程,为洋山深水港区集装箱陆路集疏运和供水、供电、通信等需求提供服务。东海大桥位于杭州湾口无遮蔽海域,连接远离陆域逾30km的外海孤岛。大桥北端起始于上海南汇芦潮港,通过沪芦高速公路与市区连通,南至浙江嵊泗崎岖列岛,通往上海洋山集装箱深水港区,是洋山集装箱深水枢纽港陆集疏运的通道,并兼顾社会交通运输功能。

(2)杭州湾跨海大桥。我国另一大跨海大桥——杭州湾跨海大桥(图8-25),于2008年5月1日试运营通车。这座桥由我国自行设计、建设、管理,全长36km,是目前世界上最长跨海大桥。

(3)世界已建的主要跨海桥梁。目前世界各地已建和在建的主要跨海大桥达到了40多座,全长超过220km,跨径从几十公里到几百米不等,桥型有大跨径的悬索桥、斜拉桥,也有连续小跨径的低引桥。表8-2中列出了世界已建成的主要的跨海桥梁。

图8-24　东海大桥图

图8-25　杭州湾大桥

世界主要已建成跨海大桥　　表8-2

序号	桥梁名称	国家(地区)	建成年代	主要桥型	跨径布置(全长)	主跨
1	杭州湾跨海大桥	中国	2008	斜拉桥	36km	448m
2	东海大桥	中国	2005	斜拉桥	32.5km	400m
3	法赫德国王大桥	巴林沙特	1986	斜拉桥	24.86km	150m
4	联邦大桥	加拿大	1997	T构	12.93km	250m
5	第二里斯本桥	葡萄牙	1998	斜拉桥	11.18km	420m
6	马拉开波桥	委内瑞拉	1962	稀索斜拉桥	8.678km	235m
7	厄勒海峡大桥	丹麦瑞典	2000	公铁两用斜拉桥	7.845km	490m

续上表

序号	桥梁名称	国家(地区)	建成年代	主要桥型	跨径布置(全长)	主跨
8	大带海峡东桥	丹麦	1998	悬索桥	6.79km	1624m
9	大袋海峡西桥	丹麦	1994	双箱分离梁桥	6.6114km	110.4m
10	海沧大桥	中国	1999	悬索桥	5.926km	648m
11	深圳湾公路大桥	中国	2006	斜拉桥	5.545km	180m
12	高集海峡大桥	中国	1991	连续箱梁桥	4.552km	45m
13	湛江海湾大桥	中国	2006	斜拉桥	3.981km	480m
14	明石海峡桥	日本	1998	悬索桥	3.91km	1990m
15	南/北备赞濑户桥	日本	1988	悬索桥	1.538km/1.648km	990m/1100m
16	来岛桥	日本	1999	悬索桥	4.045km	1030m
17	多多罗桥	日本	1999	斜拉桥	1.48km	890m
18	下津井濑户桥	日本	1988	悬索桥	1.4km	940m
19	大岛桥	日本	1988	悬索桥	0.84km	560m
20	柜石岛、岩黑岛桥	日本	1988	斜拉桥	0.79km	420m
21	生口桥	日本	1992	斜拉桥	0.79km	490m
22	友谊大桥	中国澳门	1994	斜拉桥	3.9km	
23	关西国际机场联络桥	日本	1994	公铁两用,钢桁架桥	3.75km	150m
24	岩石大桥	中国	1999	斜拉桥	3.5km	518m
25	奥克兰西桥	美国	1936	悬索桥	3.14km	704m
26	新奥克兰东桥	美国	2004	自锚式悬索桥	3.075km	385m
27	女姑山大桥	中国	1995	连续箱梁桥	3.06km	50m
28	镇海湾大桥	中国	2002	连续钢构桥	2.896km	190m
29	铁山港大桥	中国	2001	梁桥	2.898km	50m
30	金门桥	美国	1937	悬索桥	2.78km	1280m
31	朱家尖海峡大桥	中国	1999	连续钢构桥	2.706km	138m
32	海口世纪大桥	中国	2003	斜拉桥	2.664km	340m
33	澳函大桥	中国澳门	1974	梁桥	2.570km	73m
34	汕头海湾大桥	中国	1995	悬索桥	2.50km	452m
35	青马大桥	中国香港	1997	公铁两用悬索桥	2.16km	1377m
36	韦拉扎诺海峡大桥	美国	1964	悬索桥	2.04km	1298.45m
37	里斯本4月25日桥	葡萄牙	1966(1999扩)	公铁两用悬索桥	1.98km	1012.88m

续上表

序号	桥梁名称	国家(地区)	建成年代	主要桥型	跨径布置(全长)	主跨
38	汀九桥	中国香港	1998	三塔式斜拉桥	1.875km	475m
39	西湾大桥	中国澳门	2005	斜拉桥	1.825km	180m
40	霍加柯斯顿桥	瑞典	1997	连续悬索桥	1.8km	1210m
41	小带海峡二	丹麦	1970	悬索桥	1.7km	600m
42	莲花大桥	中国	1999	刚构桥	1.667km	96m
43	沙霍斯海峡北霍特岛桥	挪威	1994	低浮桥＋斜拉桥	1.599km	163m
44	伊斯坦布尔桥	土耳其	1973	悬索桥	1.56km	1074m
45	悉尼港桥	澳大利亚	1932	公铁两用双铰桁架拱桥	1.1491km	503m
46	曼墨脱桥	土耳其	1988	悬索桥	1.09km	1090m
47	关门海峡大桥	日本	1973	悬索桥	1.068km	712m

第四节　人工岛与围海水工建筑物

一、人工岛

1. 人工岛的建设发展

虽然在水中建造人工岛的历史可追溯至几百年前，但较大规模的现代化人工岛建设则始于20世纪60、70年代。20世纪70年代中期，美国需在其东海岸建设深水散货港，由于拓深已有港口航道存在的困难，因此由一些咨询公司和大学着重研究了建造综合性港口和工业人工岛的问题。荷兰组织了一些工业、工程和疏浚公司，于1975年提出了在北海地区建设综合性人工岛的详尽的可行性研究报告，设计的人工岛上包括了码头、仓库、原油罐区、石油化学工业、液化天然气和气体分离设施、油船清洗设施以及公用事业和居住设施等。除了工程技术问题外，还对人工岛建设的经济、营运、环保以至法律问题进行了探讨。

日本在20世纪80年代就进行了在20～35m水深的人工岛上建造300万kW燃煤发电厂的可行性研究。日本神户港于1981年建成的大型人工岛，历时15年，耗资约23亿美元。岛上除作为港口作业区外，并具有海上城市的生活、工作、娱乐等一切功能。1992年建成的日本关西国际机场人工岛，位于大阪湾内，离海岸约5km，水深16.5～19m，面积为511万m^2。地基为约20m厚的软粘土层，采用排水砂井和挤实砂桩等方法进行加固。人工岛的护岸有抛石斜坡式、钢板桩格形围堰式和钢筋混凝土沉箱式等。

在美国阿拉斯加和加拿大北部的波弗特海，自1972年开始已建造了30座以上的人工岛，主要用于钻采海底石油和天然气。这些人工岛大部分由挖泥船吹填而成，人工岛的护岸有以下4种型式：缓坡岸滩式；砂袋水下棱体式（在水下部分用砂袋筑成棱体，水上部分为砂砾缓坡）；砂袋护坡式；以及沉箱斜坡式混成式（水下为斜坡，其上安放沉箱结构）。

为了开发浅海的气资源，我国于20世纪90年代初开始，在渤海埕岛油田兴建了第一座浅海人工岛。1995 年建成由我国设计和施工的澳门国际机场人工岛。2009 年 12 月 15 日开工建设的港珠澳大桥工程，全长 50 余公里，海底隧道长 6648m，包括 2 个口岸人工岛，2 个桥隧连接人工岛。

2. 人工岛的功能和分类

人工岛是指为了一定的目的和用途，在海中人工建造的岛屿。一般而言，狭义的人工岛是指在海中填筑而成的陆地，而广义的人工岛则包括桩式和漂浮式等能在海域中形成一定使用场地的各种海上建筑物。

人工岛可按使用功能和结构类型进行分类。从使用功能来说，人工岛可用作海港作业、海上机场、海上发电厂、海上工业基地、海上钻采和储存石油、海上旅游城市以及海上军事设施等。按结构类型分类，人工岛可分为固定式和漂浮式两大类。固定式人工岛包括填筑式、桩基式和重力式等，其中最常见的是填筑式人工岛。漂浮式人工岛可分为浮体式和半潜式两种。

根据国外对约 350 座人工岛的统计结果，各种类型人工岛在总数中所占的比例为：填筑式为 38%，桩基式（包括导管架桩基式和自升式平台）为 18%，重力式为 13%，漂浮式为 31%。钻采石油常用的导管架桩基式平台、自升式平台、沉垫桩基式重力平台以及在较深水中采用的半潜式平台等，主要属近海工程技术范畴。本节所述人工岛主要限于海岸工程常用的填筑式人工岛。

3. 人工岛的形状和布置

人工岛的位置，首先决定于其使用功能，如钻采石油的人工岛，其位置取决于海底的地质构造。此外，人工岛选址尚应考虑尽可能选择有利的自然环境条件，不影响海上航道和锚泊地，并避开海底电缆和管线带等。对于较大的人工岛与主要航道间的距离，最好能达到 10km 左右。

人工岛的平面形状可为圆形、方形、矩形、梯形等。在充分分析波浪、水流等海洋环境条件的基础上，也可以确定更合理的布置，使得在防止岛周围的局部冲刷，以及在岛后提供泊船条件等方面较为有利。

对于矩形人工岛，为了防止对波浪和水流引起过大的紊动而增加局部冲刷，岛的四角宜做成圆角，或削成八角形，如美国加利福尼亚州的 Esther 人工岛。

图 8-26 为一座用作工业港的人工岛设计示意图。人工岛大致呈圆形，较短的岛周护岸长度提供了较大的使用面积。码头岸线布置在主要来波方向的北侧，并有一道岛式防波堤掩护码头和港池。岛上可布置炼油厂和石油化工厂等，并设置有直升机飞机停机坪。

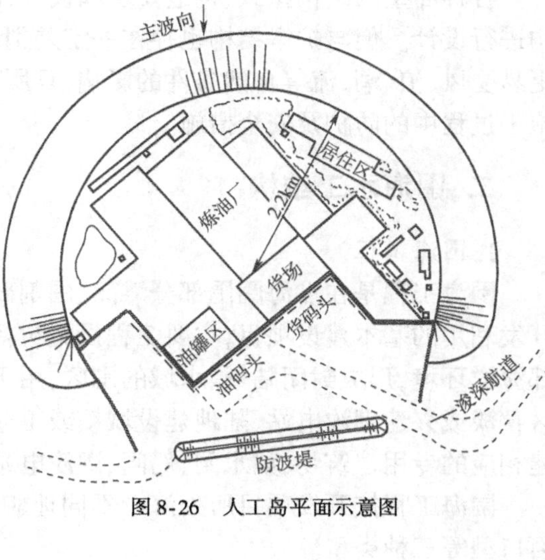

图 8-26　人工岛平面示意图

当人工岛离岸较近时，可建跨海桥梁与岸相连，也可采用隧道与岸相连。人工岛与陆岸距离较远时，采用连桥或隧道的投资太大，维护费用也太高，岛与陆两处建设海上轮渡设施，通过船舶来解决交通运输问题是有效的方案。在有条件时,人工岛需布设直升机专用停机坪,以备岛上急救或其他突发事故用,这也是人工岛岛陆联系的特殊需求。

4. 人工岛的结构型式

填筑式人工岛岛心部分通常由土石材料填筑而成,所谓人工岛的结构型式主要是指岛周围的岛壁围护结构的型式。岛壁结构型式可分为斜坡式和直立式(包括混合式)两大类。在斜坡式中又可分为由砂砾组成的缓坡型(或称岸滩型)和由大块石或各种混凝土消浪块体作护面的陡坡型两种,图 8-27 为澳门国际机场人工岛陡坡型围护结构断面图。直立式包括重力式(块体结构、沉箱结构、扶壁结构、大圆筒结构等)、板桩式、沉井式、沉入式大圆筒式等。

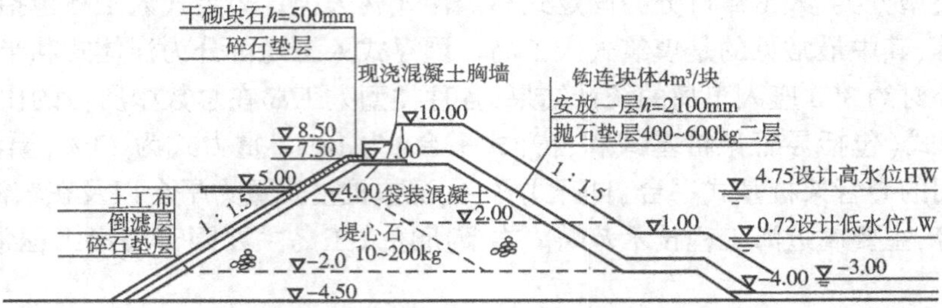

图 8-27　澳门国际机场人工岛护岸断面图

当人工岛尺度较小时,也可采用单个钢或钢筋混凝土沉井筑成。图 8-28 为埕岛人工岛的桩基沉井结构图,沉井为圆筒形钢壳结构,外壳直径 60m,内壳直径 57m,壁厚 1.5m,其内浇注 200 号混凝土;沉井总高 17.3m,沉入地基 7m;在沉井下面布置 36 根钢管桩,桩径 1.2m,入土深 30m。图 8-29 和图 8-30 为张巨河人工岛和桩基沉井结构图,沉井也是圆筒形钢壳结构,钢壳外径 63.6m,内径 60m,其内浇注混凝土;岛壁总高 13.97m,其中入土深度 4.87m,泥面以上 9.10m;岛心分为两层,自海底向上填土 3.0m,构成下层岛面,用钢筋混凝土高桩承台做成上层岛面,以减少填土对软土地基的压力,保证地基的稳定性。

各种岛壁的结构型式、构造要求和设计计算等,与相应结构型式的护岸相同,可按护岸结构进行设计。但与护岸结构也存在一定差别,主要区别是人工岛为离岸结构,建造环境比护岸更易受风、浪、潮、流等自然条件的影响,且所有的施工都在离岸水域进行,设计时需特别注意施工过程中的防护及安全措施。

二、围海水工结构

1. 围海工程

围海工程是在沿海圈围部分滩涂、围割部分海域,挡潮防浪、控制水位,有利于资源的综合开发利用的基本建设项目,主要工程设施包括围堤、堵坝、水闸等。围海工程也是人工改造局部海洋环境,形成封闭陆域、水域的围区,用于发展多种经营、盐田晒盐、开发盐卤化工工业、库区蓄淡或兴建潮汐电站、陆地建设城镇或工业、建设港口陆域等。按开发利用的需要,还须修建相应的专用建筑物,如水闸、船闸、潮汐电站、抽水站、鱼道等。

围海工程按开发项目所处海岸不同地貌形态条件,可分成顺岸型、海湾型(或泻湖型)和河口型等三种类型。

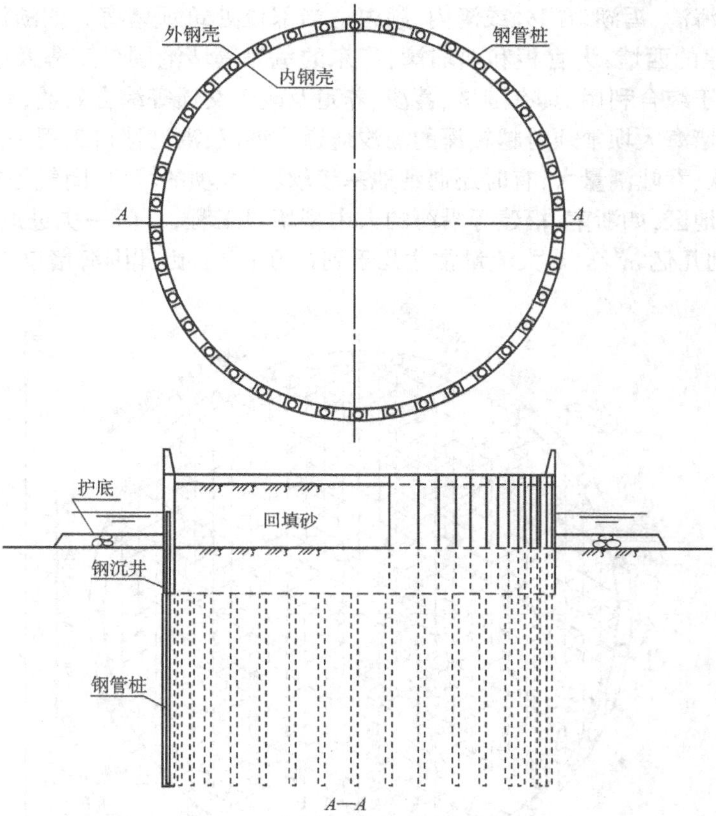

图 8-28　堤岛人工岛示意图

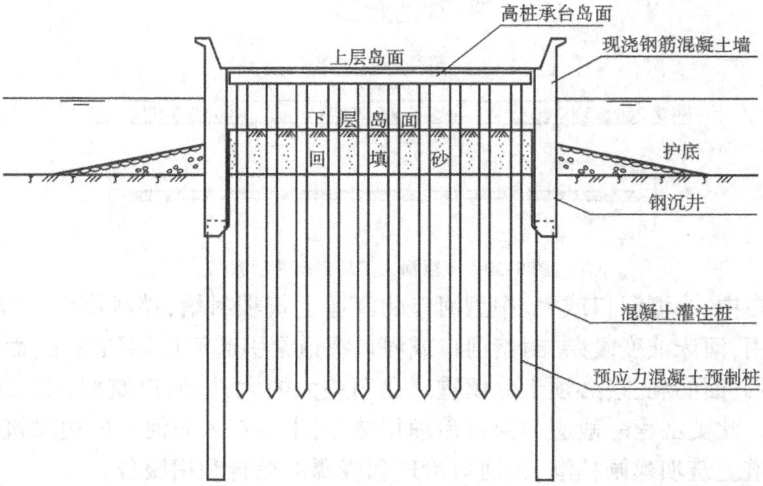

图 8-29　张巨河人工岛示意图

顺岸型指在较平顺海岸的潮间带或以上范围内滩涂的圈围。一般所围面积滩面高程差较小，围堤较矮，滩涂出水时间多并且土质稍硬，筑堤和基础问题较易处理。我国已建围海工程和所围土地中顺岸滩涂所占比例较大，苏北沿海的滩涂围垦多属此类。此类围垦一般为长条形，堤线与岸线大致平行，滩涂较高，海堤堤身较矮，堤线较长。

海湾型指在海湾、泻湖口门处或湾内、湖内适当部位处筑坝堵海。如浙江的大塘港、胡陈港和江厦港，福建的西埔、大官板和西埔湾，广东的龟海等堵港围垦工程及厦门杏林海堤等。此类工程都着眼于综合利用，具有围垦、蓄淡、养殖及改善交通等综合效益，有的工程还可进行潮汐发电。由于堵海大坝常须跨越较深的潮汐通道或港汊，港湾堵口工程一般堤线较短，但口门港道深、地基软、吞吐潮量大，有时还遇到地基较软弱，大坝的堵口、闭气等技术问题较复杂。尤其是潮差大的地区，如浙南、福建等沿海的大中型堵口工程，口门一次进退潮的吞吐水量很大，可达几千万到几亿 m^3/s，最大流量常达几千到几万 m^3/s，因此围海堵口工程的难度较大。

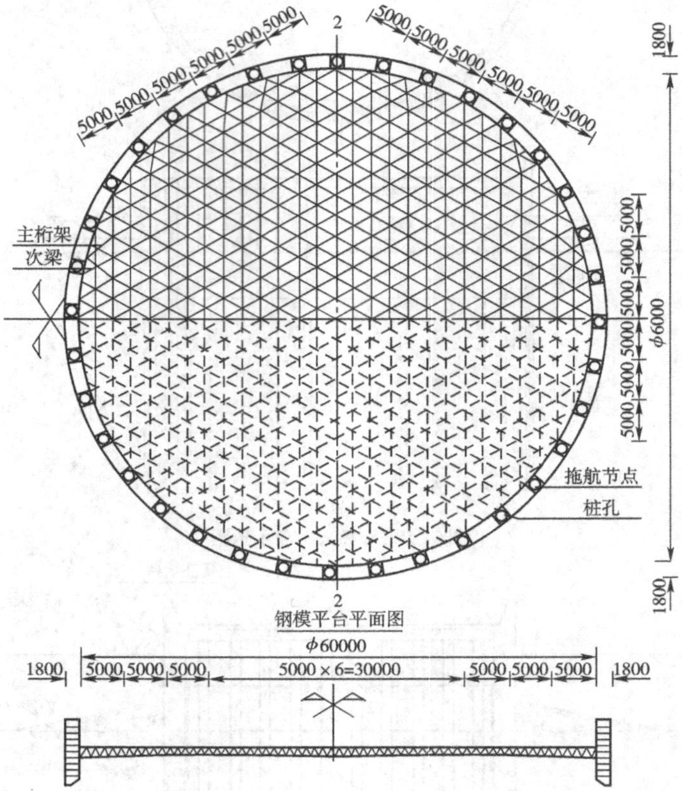

图 8-30　张巨河人工岛钢沉井示意图

河口型指在中、小型河口或大、中型河口的汊道上筑坝封堵，挡潮围海。潮汐河口受径流和潮流共同作用，河床演变复杂，封堵河口或河口汊道常引起河口剧烈变化，而河口涉及水利、航运、水产等多方面的利益，必须十分慎重。在潮差大的大、中河口筑坝，施工难度较大，常需采用专门技术。此类工程一般应与河口治理相结合，主要在入海河口的边滩筑堤围垦，也有在河口或河口汊道上筑坝建闸挡潮，为河口治理和资源的综合利用服务。

围海工程一般由海堤和水闸组成。此外，根据实际需要，还要兴建相应的专用建筑物，如抽水站、船闸、鱼道、潮汐电站等。对于低滩，为了促其淤高，加速围垦开发，常采用促淤工程措施或生物措施。

2. 海堤

海堤是围海工程的主体，也是海岸防护的主要工程设施。海堤的作用是保护沿海地带免遭风浪、暴潮的侵袭，并保障河口地区防洪安全。海堤直接承受风浪、暴潮、急流的作用，而且围海工程的海堤多建于淤泥质海涂上，海堤断面较大，工程量亦较大。

围海工程的海堤，一般可分为非堵口段海堤（即一般海堤）和堵口段海堤（也有称为围涂段和跨港汊段）。一般海堤段地基较软，多为淤泥质土，顶面高程较低。海堤堵口段水深大，需要承受的风浪流作用大于相邻的海堤，堵口与闭气使其成为海堤施工最困难、最关键的地段。在围海工程中，海堤的防浪护坡、软基处理和围海堵口是关键技术问题。

封堵港汊的难易主要决定于潮汐的强弱，也和封堵海域的规模大小有关。强潮地区大潮情况下大海湾湾口潮汐吞吐量大，涨急、落急时刻潮流流速大，封堵难度将很大。潮汐大小有周期性变化，通常应选择小潮情况下进行。封堵的规模也要根据需求进行技术经济分析后确定。

围堤施工一般先从围涂段修筑海堤开始，逐渐向跨港汊段推进。跨港汊段堵坝施工复杂，有一个分阶段缩窄过程。缩窄到某一特征宽度时的口门（龙口），需采用专门的封堵措施。跨港汊段缩窄使潮流量增大，流速上升到2m/s时，两侧土堤已难以推进，开始采用堆石截流坝，相应口门称作大龙口。以后多数情况下，采用结合土、石料继续缩窄口门，以小潮推进、大潮巩固的填筑方法进行。最后压缩为利用一个小潮低潮时段就能封堵合龙截流的口门，称作小龙口。此小龙口尺度又必须能安全地吞吐大潮流量。具体龙口位置应根据围堤堤线上的地形、地质、水深以及施工条件等因素选定。

堵口施工一般从大龙口开始，分步骤压缩，包括缩窄和抬高，到小龙口时最后合龙截流。应根据龙口水力条件、地基稳定要求、封堵材料性能和施工条件等，合理安排堵口程序，划分具体步骤及相应的龙口尺度、完成时间、工程量以及有关技术措施等，以保证封堵顺利完成。图8-31为堵口程序示意图。与封堵步骤有关的堵口有三种方法：平堵、立堵和平立结合堵。

（1）平堵：从龙口底部或底槛向上分层逐步堆高称为平堵，见图8-31中①。平堵水力条件较好，水流分散，流速增长慢，对基床冲刷缓和，有利于堤身稳定与固结、密实，但施工时间短，效率低，要注意堆抛均匀，防止形成缺口。

（2）立堵：从龙口两侧或一侧向堤头推进缩窄宽度称为立堵。立堵水力条件容易恶化，水流集中，流速增长快，对基床冲刷力强。虽然立堵陆上施工方便、效率高、时间长、成本低，但在实际施工中不宜单独采用，防止对坝身稳定不利。

（3）平立结合堵：发挥平堵龙口水力条件与地基稳定性好和立堵陆上施工好的优点，两者密切联系，共同使用称为结合堵，见图8-31中②和③。实际上最后合龙④也是两者结合进行，保证一次完成。

在跨港汊段围堤采用堵坝结构，须满足三个方面的需求：堵口截流、防渗闭气、护面抗冲。护面抗冲功能与海堤相似，但防护标准较高，保护范围较宽。前两个方面需求是堵坝特殊承担的功能，须采用特殊的结构与措施。

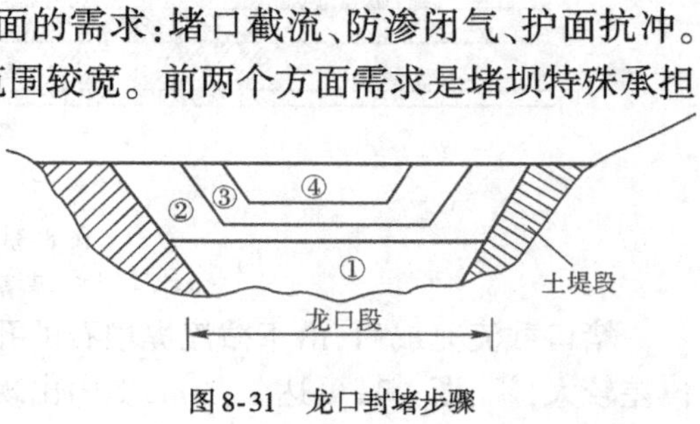

图8-31　龙口封堵步骤

截流堤是龙口进行截流封堵用的关键设施，是堵坝临海一侧重要支撑结构，为一种实体戗堤的型式，见图8-32。截流堤常采用梯形断面的抛堆块石结构，块石尺度应与龙口最大流速 v_{max} 相适应。浙、闽一带围海堵口时常用重200kg以下的块石,施工方便,对软基较适用。流速较大时,须采用铁丝或钢筋石笼、人工块体等材料,才能形成稳定的截流堤断面。

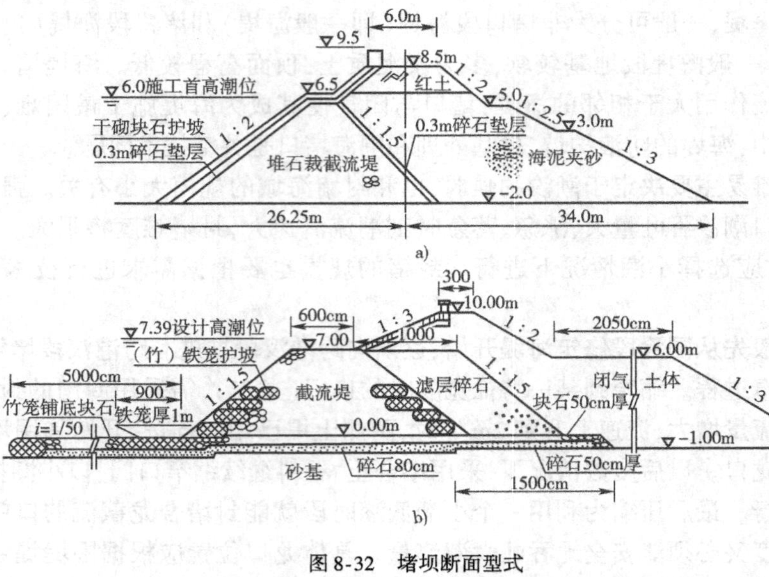

图 8-32　堵坝断面型式

a)岩基;b)砂基

在软土地基上围海堵口是工程难题,合理的断面型式是采用主堤和子堤相结合的截流堤,见图 8-33。主堤是溢流的,也应考虑压载、护底的要求,堤顶高程一般在中潮位或小潮高潮位上下。在主堤顶上筑子堤并形成小龙口,最后进行合龙截流。子堤断面小,易封堵合龙,对主堤和地基稳定有利。

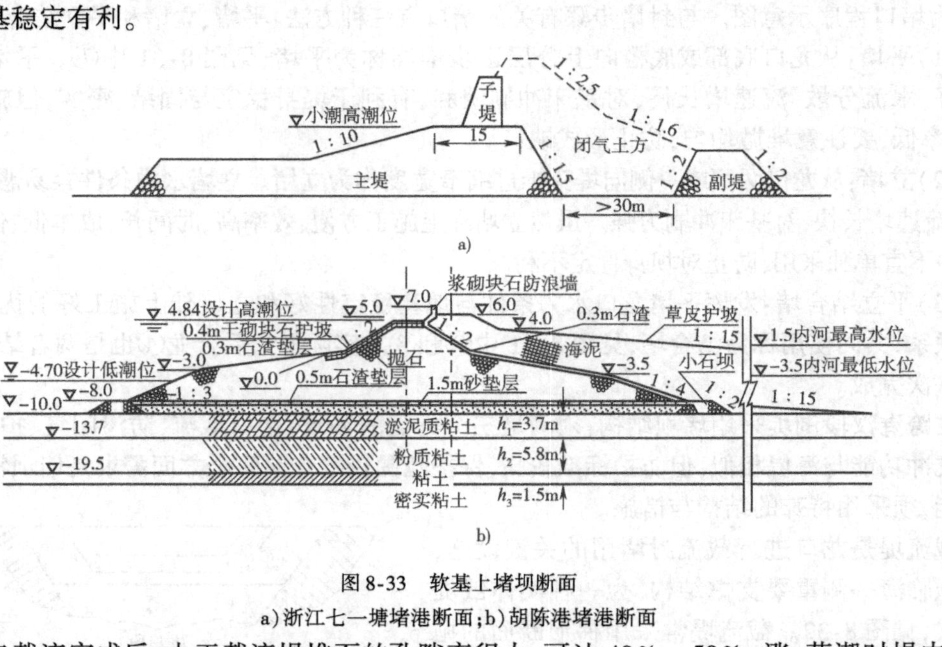

图 8-33　软基上堵坝断面

a)浙江七一塘堵港断面;b)胡陈港堵港断面

堵口截流完成后,由于截流堤堆石的孔隙率很大,可达 40% ~50%;涨、落潮时堤内、外水位差较大,闽、浙一带可达 2 ~3m,堤内出现渗流,流量与流速都较大,对在截流堤后继续加填沙土、抬高培厚、完成防护标准要求的设计断面带来很大困难。渗流也对堤身安全和围内蓄淡带来不利影响。截断或限制渗流的措施称为闭气。

根据水位变化、风浪特征以及抛填材料与施工方法等因素，闭气方法有在截流堤面两侧进行的外闭气和内闭气二种可供选择。内闭气是指在截流堤港内一侧闭气，外闭气是指在截流堤港外一侧闭气。目前较多采用的方法是内闭气，如图 8-32 和图 8-33 所示。抛填材料采用海泥和砂或黄土与砂，效果较好，易固结、流失量小。为了减少水中抛沙土的流失量，可以在主堤后一定距离处筑副堤。在外侧风浪作用下，截流堆石堤中渗流是处于动态的，堤后沙土易被吸出，常需在截流堤内坡铺碎石垫层防护。围内水域宽阔也可能有风浪，水位也会变动，暴雨渗水等，副堤同样需在内坡铺防渗滤层。

堵口截流、防渗闭气施工完成后，根据防护标准要求，进行临海侧外坡的防浪护面、坝顶墙和堤脚护坦施工，及堤顶和内坡的护面施工，全面完成堵坝的设计断面。

3. 水闸

水闸是传统的水利工程设施，用于引水或排水、挡水、控制水位等。在围海工程及其开发利用中，水闸也是一重要建筑物，可以挡潮御卤、排涝泄洪、排咸蓄淡，也可以纳潮养殖与晒盐等；此外，水闸还具有控制围区水位的功能，特别是在堵口截流施工过程中有重要的分流功能。

围海工程中的水闸有其自身的特性，海洋动力环境给围海工程中的水闸带来复杂严峻的工作条件。潮汐影响使水闸要适应双向水流和非恒定流的特点，台风、暴潮、风浪、冰凌袭击等作用对水闸有剧烈影响，有时闸下还会发生严重泥沙淤积。因此，这些水闸带有突出的海洋特色。

围海工程中水闸的闸址，应根据围区综合利用的需要，与海堤堤线及围内河网布置统一规划，并根据水闸的特点和运用要求，综合考虑地形、地质、水流、泥沙、风浪、施工及管理运行条件等因素进行选择。通常要求闸址地基坚实，地势较低，水流顺畅，有效控制范围大，岸滩稳定，泥沙淤积少，上游有冲淤水源。从排水效果看，闸设在中心河出口，以中心河为排水干河，有利于整个河网的排水，闸的有效控制范围也较大。鉴于已建水闸中因地基条件不好而失事及闸下淤积严重而报废的教训，应优先考虑岩基及闸外为深水无淤积之患的闸址。在自然淤涨较快和人工促淤的区域应避免设闸。若在规划堤线外侧有岛屿或礁石，具有良好闸址时，可将闸外移，并增建保护排水干河延伸段两侧的围堤。

在淤泥质海岸、河口地区等软土地基情况，土质松软，承载力低，压缩性大，易引起不均匀沉降。软基常用的处理方法有换土（砂）垫层、桩基础、沉井基础及振冲砂（碎石）桩等。除对软基采取加固措施外，还可采用轻型结构。

应用于围海堵口截流工程的分流闸是一种控制水闸，在封堵港汊前预先建成。围堤向跨港汊段推进时，分流闸即开始运行，开闸分流，使跨港汊段以及大龙口压缩过程中，吞吐潮流量减少，龙口流速降低，有利于施工和加固封堵设施。特别是在小龙口最后合龙封堵阶段，小潮高、低潮位短的平潮时刻到来之前，分流可显著地减少潮流吞吐，保证小龙口安全。在合龙紧张过程中，分流闸仍是控制潮流量的重要安全保障，合龙完成同时关闭水闸，实现围区水域的封闭。以后分流闸就成为控制潮汐吞吐、控制围区内水位的控制水闸。分流闸的规模要根据围区纳潮量的大小和堵口截流的需求确定，分流闸的位置需进行规划论证和实地选址，须保证具有良好的基础和运行管理条件。规划中须尽量考虑水闸的综合利用,一闸多用。

挡潮(排涝)闸外侧高潮位比正常泄水位高,闸孔型式多采用胸墙式或涵洞式,以减小闸门高度和启闭力。

影响闸孔尺寸(闸槛高程、闸孔净宽)确定的因素很多。闸槛高程主要应满足排涝、排咸的要求,从排水效果看,闸槛高程应定低些,以保证将涝水迅速降至计划高程。但闸槛过低会增加闸其他部分的工程量和施工困难,而且枯水时长期关闸,泥沙易于沉积,将影响排水能力。目前浙闽一带围垦工程中挡潮闸的闸槛高程,一般要求低于耕地田面以下2m左右,在平均低潮位附近或略低于平均低潮位,但不低于最低潮位。

闸孔净宽与设计洪水、设计潮型、围区内调蓄库容、河网布置及作物的耐淹能力(包括允许淹没历时,允许淹没水深)等有关,应根据排涝标准通过水力计算确定。要求所定闸孔净宽在选定的设计洪水和潮型情况下,能满足在规定时间内将洪水排出,或满足围内作物受淹时间和水深不超过其承受能力。排涝标准常以围区所能抗御的一定重现期的暴雨表示。排涝标准的高低,关系到工程投资和经济效益,要根据当地条件和发展趋势,按照有关规定或通过技术经济论证确定。目前排涝闸孔水力计算一般有两种方法:以围区库容作为洪水主要调蓄库容者,可根据水量平衡原理计算;以河道及河网作为洪水主要调蓄库容且河网干河比降≥1/10000者,应按非恒定流计算。

4. 海堤堤线布置

堤线的涂面高程和平面布置应服从海岸带综合开发的要求,同时应考虑到对邻近水域或地区产生的影响。具体布置应根据当地的自然条件(地形、地质、水文、海岸动力等)和技术经济条件,全面考虑用地、蓄淡、防洪、排涝、航运、水产及施工等方面的需要,保证堤身安全,力求提高工程的综合效益。不宜片面追求单位堤长所围面积较大而使堤线定位不当。

我国过去的围垦工程,堤线的涂面高程一般在平均高潮位附近。在这个高程筑堤,堤身较矮,一般2~4m左右;可供施工的潮位持续时间较长;堤基土质较好,施工过程中困难较少;施工后围垦区内土地的洗盐养淡时间短,收效快。但单位堤长所围的面积较小。随着围垦事业的发展,围垦的涂面高程逐步降低,有的已降到平均低潮位附近或更低。在这种情况下筑堤,水深大,堤身高,露滩时间短,土质差,涂面淤泥稀软,施工较为困难,地基处理和堵港方面的问题都比较复杂。若涂面高程在小潮平均低潮位以下,自然排水就比较困难,须与机械排水相结合。过去围垦与水产存在一定矛盾,局部岸段将优良的滩涂养殖地和苗地围成垦区,使贝类养殖受到损失。为了保护水产资源,在沿海宜养殖贝类的滩涂上围垦时,堤线涂面高程一般仍以设在平均高潮位附近为宜。我国滩涂贝类养殖或保护管理(指对自然生长贝类的护养)的各种品种和紫菜的养殖区,一般都分布在潮间带的中、低潮区或潮下带的浅海区,高潮区养殖的为数很少。此外,在土地资源紧缺需要促淤围垦的岸段,促淤工程顺潜坝的涂面高程,以及港湾堵口工程中堤坝的底面高程一般均较低。

选择堤线时应同时考虑一般海堤、堵口段和水闸的位置,以及与陆上交通线路的连接。海堤的平面布置应使堤线顺直,尽量避免曲折过多、凹凸变化过大,以免波能在凹入部分集中,造成海堤破坏或越浪;尽可能避开强风向和水流的正面袭击;有条件时堤线宜通过岛屿或礁石,以利于分段施工和布置水闸及堵口段;宜避开古河道及古冲沟,以利于施工及维护。

总之,堤线高程和平面布置的选择,影响因素很多,一般应拟定几条堤线方案进行工程布置(包括水闸),根据技术经济条件进行综合论证比较,确定最优的堤线位置或分期开发方案。

第五节　近海平台结构

一、海洋工程

海洋工程有广义和狭义两个方面的定义,广义的海洋工程是应用海洋基础科学和有关的技术学科开发利用海洋的一门新兴的综合性技术学科,其开发利用海洋的主要内容是海洋资源开发、海洋能利用以及海洋防护和海洋环境防护等。狭义的海洋工程是为了海洋资源开发利用建造结构物的总称。

海洋工程涉及的范围较广,人们按海洋开发的海域深浅将海洋工程分为海岸工程、近海工程和深海工程三个学科。三者有区别,同时内容上又有重叠,有着内在的联系。

(1)海岸工程是整治海洋国土、开发海洋资源而在海岸兴建的工程。传统的海岸工程主要包括护岸工程、海洋能源开发工程、围海工程、港口及航道工程、河口整治工程、滩涂和海上养殖工程、海上疏浚工程、环境保护设施工程和海岸带调查研究等建设工程。

(2)近海工程又称离岸工程,是在近海水域(主要在大陆架)为海洋开发所建造的各种海上设施和装置的总称,主要包括近海较浅水域的海上平台、人工岛等建设工程;在近海较深水域的半潜式平台、钻井船、牵索塔式平台、张力腿式平台、浮式炼油厂和浮式飞机场等建设工程。

(3)深海工程主要包括无人的深海潜水器和遥控的海底采矿设施等建设工程。

二、近海平台结构

1.近海平台分类

近海工程结构物,是为近海石油勘探与开发所研制建造的各种结构物的总称,即为在海上进行钻井、采油、贮存、物料装卸、集运、施工等活动提供生产和生活设施的建筑物的总称,包括各种近海平台、海底管道、单点系泊、海底储油罐及运输设施和人工岛等。

近海平台结构复杂,要承受风、波浪、海流、海冰、潮汐和地震等恶劣海洋环境作用。按照结构特点和工作状态,近海平台分为固定式、活动式、半固定式和特殊简易平台四种类型。

(1)固定式平台。海上固定式平台是一种借助于桩、扩展基础支承于海底,上部结构露出水面,为预定目的长时间保持固定不动的结构,称为海上固定式平台。固定式平台分为导管架式和重力式两种。

①导管架式平台。导管架式平台是一种在软土地基上应用较多的固定式平台结构,也是我国海上平台应用最为成熟的结构型式,如图8-34所示。导管架式平台主要由上部结构和支承结构两部分组成,上部结构包括甲板及其上的设施和设备,作为收集和处理油气、人员生活及其他用途的场所;支承结构由导管架和钢管桩组成,是用来支承上部设施与设备的基础结构。

导管架是由腿柱和连接腿柱的撑杆所构成的空间框架。腿柱(或称导管)是中空的,钢管桩通过腿桩打入海床,将上部荷载传递给地基;腿柱之间的纵向与横向联系称为支撑,用于传递荷载,保证结构整体稳定。腿柱、桩和纵横撑杆共同构成了导管架式平台的支承结构。

钢管桩是一根细长的焊接圆管,通过导管打入海床。由若干单桩组成的群桩基础把整个平台牢牢地固定于海床,以承受平台在整个使用期间所承受的使用荷载和海洋环境荷载。

导管架式平台是目前最为成熟的平台结构,在世界各地得到广泛应用。美国墨西哥湾的导管架式平台 COGNAC,钢管桩打入土中 150m,最大工作水深达到 415m。

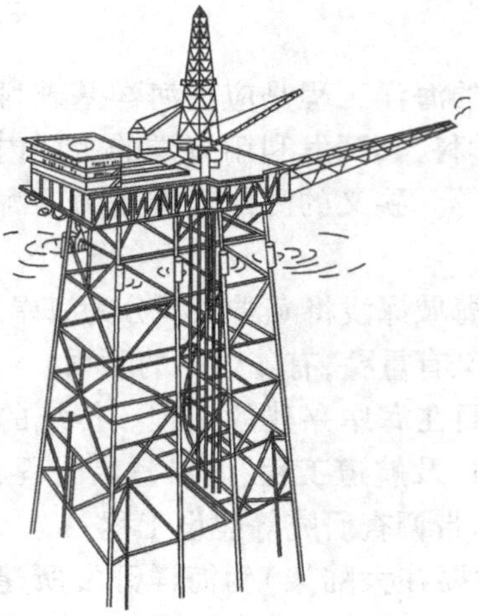
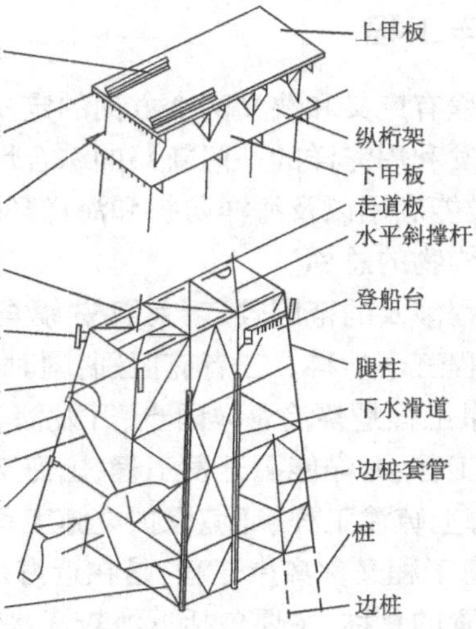

图 8-34 导管架式平台

②重力式平台。重力式平台是一种依靠自身重量维持稳定的结构物,主要由上部结构、腿柱和基础底座三部分组成,如图 8-35 所示。

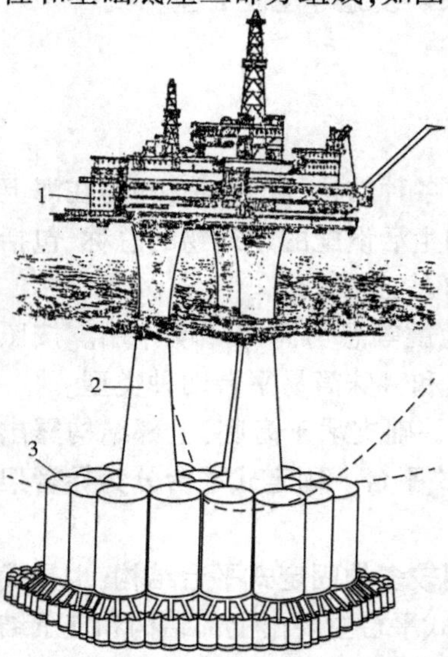

图 8-35 混凝土重力式平台

1-上部甲板;2-腿柱;3-沉箱

基础分整体式和分离式两种,整体式基础一般是由若干圆筒形的舱室组成的大沉箱,或采用与港口工程相类似的方型大沉箱;分离式基础用若干个分离的舱室做基础,它地基适应性强,受力明确,抗动力性能好,腿柱间距大,在拖航及下沉作业时较安全。

腿柱的作用是支承上部甲板,并将其上的荷载传递到下部基础及海底地基,同时也可作为钻井导管和采油立管直通海底的通道等。

上部结构是海上油田生产和生活的主要场所。

重力式平台的材料可以采用钢,也可以采用混凝土,应用最广泛的是混凝土重力平台(图 8-35)。目前世界上已有大约 20 座混凝土重力式平台,主要用于英国北海,其中 STATFJORD 平台最大工作水深达 273m,设计的波浪高度为 30 多米,可以容纳 200 多人在平台上工作生活。

(2)活动式平台。平台的主体结构漂浮于海面,平台可以从一个位置移到另一个位置的海上结构物称为活动式平台。按照和海底的接触方式不同,活动式平台可分为着底式平台(坐底式平台、自升式平台)和漂浮式平台两类(钻井船、半潜式平台)。

①着底式平台:

坐底式平台:坐底式平台亦称“沉浮式钻井平台”,一般由平台甲板、立柱和沉垫三部分组成,如图8-36所示。沉垫位于下部,是某种形状的箱形结构;立柱下端支撑在沉垫上,上端支起上部的平台甲板。坐底式平台在钻井前先往沉垫内灌水,沉垫落到海底后,甲板结构仍露出海面用作钻井作业场地。完成钻井作业后,把沉垫里的水排出,整个平台浮到海面上,可浮运至指定海域。坐底式平台一般不能自航,需用其他动力船拖航,多用于勘探钻井。这种平台工作水深一般为3~30m,最大水深可达53m。

自升式平台:自升式平台由平台甲板、腿柱和升降机构等组成,如图8-37所示。平台甲板实质就是驳船型壳体,驳船型壳体是浮体结构,能浮起钻井设备以及各种设施。驳船型壳体的四周是若干个能沿其升降的腿柱,腿柱一般是用钢结构制造的塔架,可以由气动、液压或电动升降机构驱动。自升式平台正常作业时,腿柱支承于海底,腿柱将驳船型壳体(平台甲板)顶起并升出至海面以上不受波浪影响的高度,在平台甲板上进行钻井作业。自升式平台需要转移时,升降机构将驳船型壳体降回海面,腿柱升起,由拖轮拖航。自升式平台的特点是移位灵活方便,作业水深通常在百米左右,钻井效率较坐底式平台高,成为近海油气田勘探开发的主要结构型式。

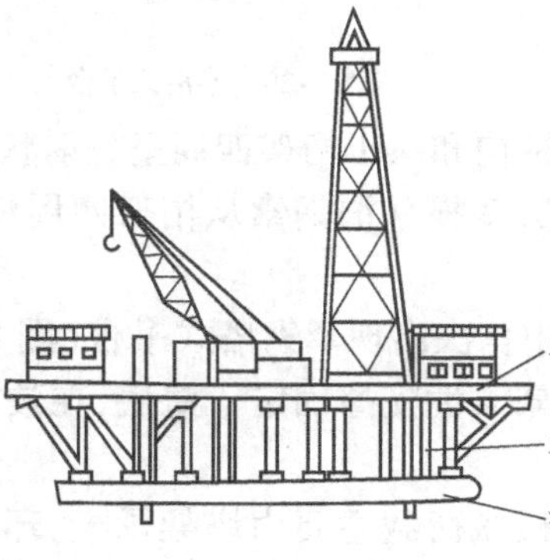

图8-36 坐底式平台

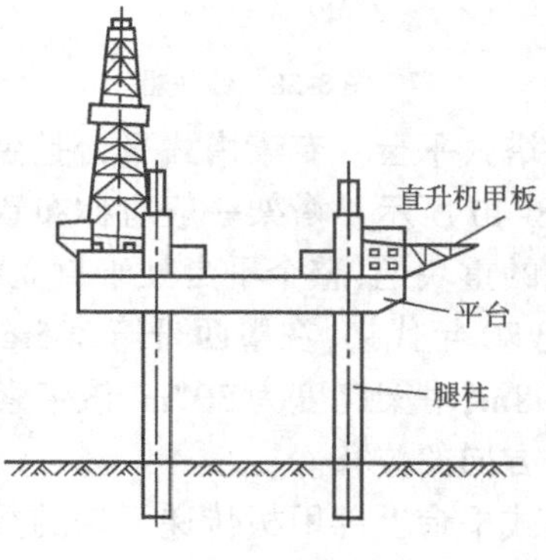

图8-37 自升式平台

②漂浮式平台:

钻井船:在20世纪50年代出现了最早的钻井船,这种钻井船安装有钻井设备和其他所需的设施,通过锚泊定位或动力定位在海上进行钻井作业。钻井船为自航式,在较好的风浪条件下,可适应不同的水深,工作水深可达上千米左右。由于钻井船是在漂浮的状态下进行钻井作业,其抗风浪性能差,出现上下升沉和前后、左右摇摆运动,停工率高。当风力超过7级、波高超过3m以上时,钻井船需停止作业。钻井船通常是对船体结构进行改建的一种结构物(图8-38)。

半潜式平台:半潜式平台是运输和作业都处于一种漂浮状态的海洋平台,它主要由上部平台甲板结构、立柱和沉垫(下潜体)组成,如图8-39所示。在外形上和坐底式平台相似,只是加大了沉垫和平台甲板的间距,沉垫又称为下潜体。水浅时,沉垫可坐于海底,此时与坐底式平台相同;当工作水深达到一定深度时,向沉垫和立柱内灌水,沉垫和立柱下沉,沉垫只是沉没漂浮于水中,并不沉到海底,平台甲板海面以上,呈一种半潜的状态,故称为半潜式平台。平台依靠立柱的小水线面保持漂浮稳性。半潜式平台有自航、半自航和非自航式等型式,既可采用动力定位,也可用锚定位,它的最大特点是可在深水中作业,抗风浪较钻井船好。

(3)半固定式平台。对于水深超过300m的海域,建造导管架式平台和重力式平台工程造价高,海上的工程施工难度也加大。为了适应深水油气田开发需要,开发出顺应式平台结构——牵索塔式平台和张力腿式平台。利用缆索、张力装置、万向接头等柔性支撑固定于海底,并对海上结构物在荷载作用下产生的6个自由度的运动加以限制与约束,外力大部分被惯性力所消耗,以达到对定位和运动的要求,并根据需要可重复使用上部主体结构的平台结构物称为半固定式平台。

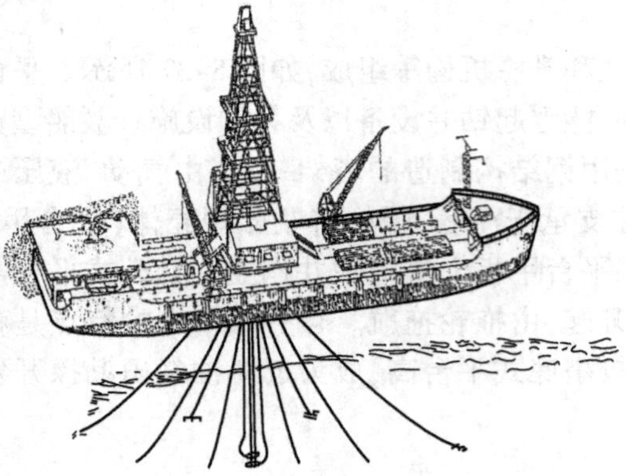

图8-38 钻井船

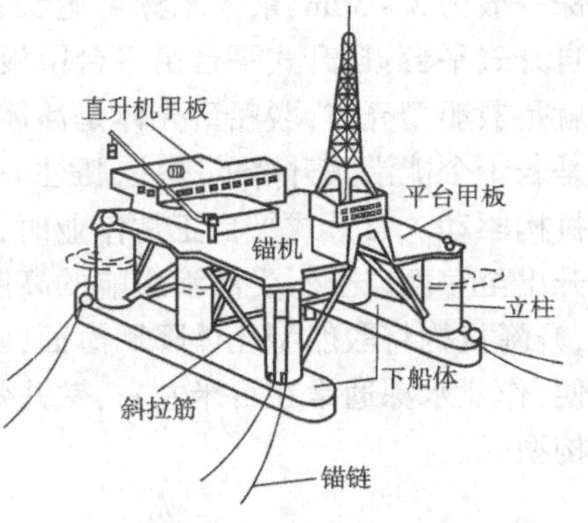

图8-39 半潜式平台

①牵索塔式平台。牵索塔式平台是由塔形桁架结构和系于桁架四周呈放射状的数根钢索组成,如图8-40所示。塔架一般对称布置,立于海底,多根系泊钢索从桁架四周将其固定,钢索系在海底的重块上,整个平台处于直立状态。

20世纪80年代初,在墨西哥湾305m深的水域中首次出现牵索塔式平台(图8-40),平台总高度为398m,塔架高度为307m,该牵索塔式平台靠柔性支撑固定于海底,在波浪的作用下会产生水平方向的位移。

牵索塔式平台上部甲板传递下来的重量和其他机械荷载主要由塔架承担,环境荷载的作用主要由钢索承受,塔架沿全长设计成正方形等截面。牵索塔式平台的特点是:能承受环境荷载产生的作用力;构件尺寸小,结构简单,重量轻;牵索塔式平台节省钢材,工作水深较大,能适应深水的钻采作业,工作水深范围在300~600m之间。

②张力腿式平台。张力腿式平台一般由甲板、浮体和张力缆索三部分组成,如图8-41所示。甲板的作用是安放钻井、采油设施和收集石油的工艺设施等,浮体依靠浮力支撑上部甲板,张力缆索将浮体定位。

通常处于漂浮状态的张力腿式平台的浮体结构受到的浮力很大,这个浮力要大于浮体结构和上部甲板的重力,剩余浮力一般由张力缆索来承受。通常把这种处于张力状态的缆索以及其上部结构称为张力腿式平台。张力腿式平台的优点是当平台受风、浪等环境荷载作用时,平台的垂直运动得以限制,在非张力控制方向有一定的漂移,漂移和摇摆比一般半潜式平台要小得多。张力腿式平台的垂荡、横摇和纵摇运动的自振周期通常为2~4s,远低于典型海况的特征周期;而纵荡、横荡和首摇周期约在100s左右,远大于典型海况的特征周期。因而,可有效地避免张力腿式平台系统在波浪中的共振发生。

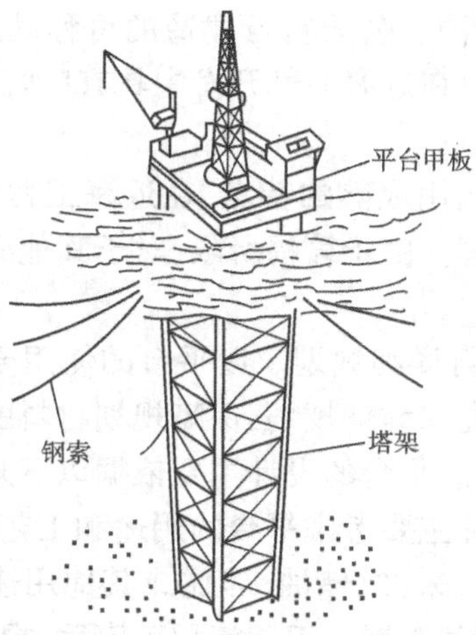

图 8-40　牵索塔式平台

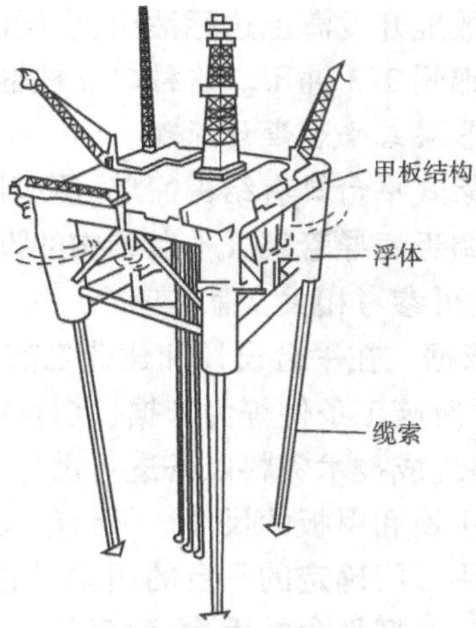

图 8-41　张力腿式平台

张力腿式平台可用于勘探钻井、修井和浮式生产系统。与固定式平台不同，有些张力腿式平台可以移动，上部的浮体可以重复使用，现场建造时间较导管架式平台短。张力腿式平台的经济作业水深在 450 ~ 600m 之间。

(4)特殊简易平台。提高浅海区边际油田的经济效益是油田开采的重要课题。边际油田是指那些在现有开发技术和经济条件下经济性相对较差，但经过努力可以达到预定的最低经济指标的油田。常规平台的设计和建造使边际油田不具备开发价值，特殊简易平台是指适用于边际油田开发的平台结构。

特殊简易平台起源于美国。20 世纪 80 年代，墨西哥湾安装了一批低成本、临时性简易平台(图 8-42)。美国 CBS 工程公司开发 MOSS 的系列平台，至今已建成近 100 座。MOSS Ⅱ型平台由 2 个斜撑和沉箱组成，2 个斜撑的顶部支承在沉箱的水线以上部位，斜撑底部高于海底，2 个斜撑之间夹角为 90°角，与海床成 60°角。美国休斯敦大西洋能源公司设计的安装在墨西哥湾的 Seahorse 轻型平台，是由钻井隔水套管和桩管组成 4 桩腿的金字塔式平台，其最大工作水深可达 90m；有两层甲板，每天可生产 85 ~ 113 万 m^3 天然气。

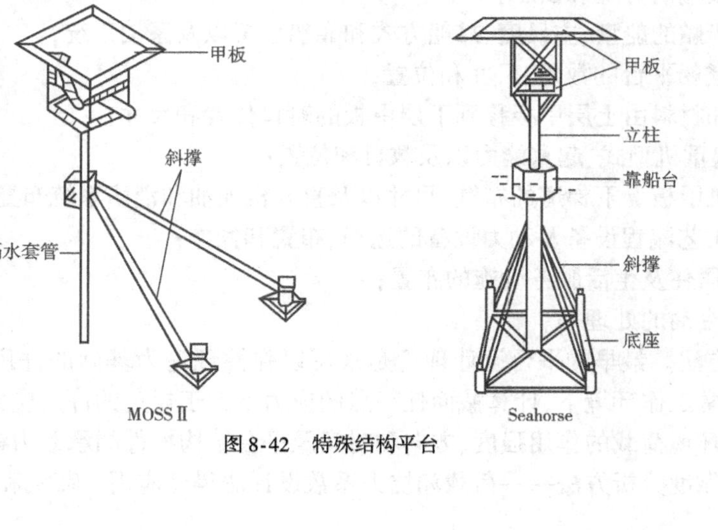

图 8-42　特殊结构平台

为经济有效地开发海上边际油田，中国海洋石油总公司自行建造的可移动式桶形基础平台已用于渤海锦州 9-3 油田。这种单立柱桶基平台在近海油气开发中具有广阔的应用前景。

2. 近海导管架式平台设计原理

近海导管架式平台具有结构简单、适应性强、应用成熟的特点，在近海工程中占有重要地位。这里仅介绍近海导管架式平台结构的设计原理。由于篇幅所限，对于其他海洋平台型式，本书不作详述，可参考相关文献。

(1) 设计依据。在平台设计和建造之前，要进行详细规划。以平台的使用要求、海洋环境资料、场地土质及施工条件等为依据，进行深入研究和详细规划，保障规划材料的可靠性、连续性和代表性，整理成技术资料以备进行设计和建造。平台的设计主要依据以下几点：

①平台的用途和甲板的尺寸。平台的使用条件主要考虑平台的用途和工艺要求。平台的功能是指由使用部门确定的平台的用途，例如钻井、采油、储油、居住或其他用途，或是其中几项用途的组合。根据平台的用途，确定其工艺要求和布置。工艺流程确定后，根据需要确定平台甲板的尺寸，设备之间应有必要的间距和净空。

②平台的位置和方位。设计平台之前，应确定平台所处的位置、建造场地的位置以及运输所经过的海域，以便在设计中确定环境和基础条件以及运输、供应和集输的方式。平台的方位就是指在标明正北方向的平面图上，平台的主轴方向与正北方向间的夹角。平台的方位一般应根据风向、流向、波向、流冰方向或者使用要求确定。

③油田所在位置的水深和平台甲板高程。油田所在水深应尽量根据平台所在的位置或附近的多年潮汐资料精确地确定，以便在设计中确定靠船构件、登船平台、飞溅区区域、防腐设施以及甲板的高程。

④平台总体布置。应对平台上的主要设备、材料和设施（如钻井、采油设备、材料、储油罐及生活设施）进行合理的布置，并估算其重量，或根据平台的总体布置作出包括荷载传递方式的荷载图，以便在设计中决定支撑这些荷载的结构型式和尺寸。设计平台前，应对以下各项做出规划：

(a) 人员上下和材料装卸的方式和要求；

(b) 原油集输的方式和要求；

(c) 供应船舶的船型、主尺度、靠船方式和靠船位置以及系泊系统；

(d) 确定登船平台的数量、尺寸和位置；

(e) 设备和材料由上层甲板移到下层甲板的舱口位置和尺寸；

(f) 平台起重机型式、起重能力以及数目和位置；

(g) 直升机甲板上下梯道的布置、尺寸以及直升机加油和消防系统布置等；

(h) 平台工艺流程设备及动力设备的选择、布置和操作；

(i) 办公、居住及生活服务设施的布置；

(j) 废水、废油的处理等。

(2) 设计方法。最早的平台设计理论是采用以弹性理论为基础的许用应力计算法，要求在平台结构正常工作环境下，计算截面任一点的应力不大于规定的许用应力。

由于海洋环境荷载的作用强度、方向和时间及平台结构构件的承载力都有随机性，海洋平台结构体系可靠度分析方法——荷载和抗力系数设计法得到应用。荷载和抗力系数设计法是在施工及使用的各个阶段,在工作和极端环境条件最不利的荷载组合作用下,结构构件的荷载效应不大于相应抗力的设计方法。按照这种方法,基于非线性逐步破坏数值模拟的结构体系的可靠度可以归结为以下的计算公式:

$$P_{SS} = P\{L_S \leqslant SC\} \tag{8-2}$$

式中:P_{SS}——结构体系的可靠度;

SC——结构体系的抗力,可以用结构的基底剪力或倾覆力矩来表示;

L_S——与结构体系抗力相应的荷载效应。

荷载和抗力系数设计法,应用于墨西哥湾和加利福尼亚海域的桩基导管架式平台。这种设计理论和方法虽然在我国没有得到广泛地采用,但在某些地区性海域,以合理的系统可靠度分析为基础,按照自身海域的特点,探索性地修改和开发了荷载和抗力系数设计法,可参见相关文献。

(3)设计荷载。导管架式平台结构承受的荷载包括使用荷载、施工荷载和环境荷载。

①使用荷载。使用荷载主要是指平台在使用期间所受到的除环境荷载以外的其他荷载,分为固定荷载、活荷载和动力荷载。设计时应根据平台的类型和使用要求,考虑有可能作用于结构的使用荷载。

固定荷载是指作用在平台上的不变荷载,当水位一定时荷载为一定值。固定荷载主要包括:平台在空气中的重量,如结构自重(包括导管架、上部结构、桩、浇注填充物)、防腐阳极块重量、附属结构重量,以及固定不变的机械设备、管道、容器重量等;作用在平台水下部分的浮力。

活荷载是指在平台使用期间作用的荷载,它可能在一种作业型式期间就发生变化,也可能从一种作业型式到另一种作业型式时发生变化。活荷载包括:可能加到平台上或从平台移走的生活住房、直升机平台和其他的生活供应设备、救生设备、潜水设备和公用设备的重量;消耗品和储罐中液体的重量;由钻井、器料装卸、船只停靠和直升机降落等作业时作用在结构上的力;在使用甲板吊机时作用在结构上的力等。

数值或作用位置变化缓慢的活荷载可作为固定荷载处理,如:可移动的钻井设备和生产设备重量;存放的套管、器材等供应品重量;储备的液体、消耗品、生活给养和堆货重量;有影响的海生物附着和冰的聚积所增加的重量。

动力荷载为对平台结构或构件动力作用显著的荷载。包括由对周期性激励的响应,或由对冲击的反作用而作用在平台上的荷载。为了计算方便,对作用于平台结构上的动荷载通常采用动力放大系数,把动荷载处理为等效静荷载。因此,要考虑动力荷载对结构物最不利的作用状态。

②施工荷载。施工荷载是指平台在施工期间受到的荷载。平台的施工荷载是发生在建造、装船、运输、下水、安装等阶段的暂时性荷载。设计时应验算施工过程中各阶段的荷载作用。

③环境荷载。平台在建造、施工和使用期间可能遭遇的自然环境条件有:风、浪、潮、流、冰、地震、海啸、雨、雪、雾、霜、温度、湿度、地基土壤、海水腐蚀以及海生物附着等。

(4)平台结构受力分析。导管架式平台设计,应根据其承受的荷载进行结构分析,求得各构件位移和内力,进行构件截面选择和连接计算。

①结构总体受力分析。计算平台内力时通常采用三维计算模型，一般情况下是将导管架式平台结构简化为空间梁系模型，对结构进行相应的静力和动力分析。确定结构计算模型时，对结构总体刚度有较大影响的构件均应考虑；附属件如立管、扶梯、靠船构件等在结构整体分析中通常不考虑其刚度，但应考虑其所受的外力和其自身的质量。对于设计泥面以上的杆件，凡杆件交叉点、集中荷载作用点、杆件横剖面性质突变点、桩与设计泥面交接点一般应设置节点；设计泥面以下的桩基应合理反应桩土相互作用问题。

②桩基础设计。应对桩体结构的强度和稳定性以及桩基承载力进行分析验算。此外，桩基础设计还应包括打桩过程中的桩体强度校核，以及桩可打入性分析。同时，桩基础应能承受静力的、循环的和瞬时的荷载而平台不致产生过大的变形或振动。更要特别注意考虑循环荷载对支撑土壤强度的影响以及对桩结构响应的影响。

桩基础在设计条件下，不仅要承受巨大的轴向荷载，而且还要承受由于环境荷载在泥面附近引起的水平力和力矩。因此，单桩在轴向荷载作用下受力分析、单桩在横向荷载作用下受力分析以及群桩效应是要解决的主要问题，可参考相关文献。

③圆管构件与管节点设计：

圆管构件强度和稳定：平台结构的每个构件，在工作及极端环境条件的荷载作用下，除需满足强度条件外，还应满足整体和局部稳定要求。影响圆管构件稳定的因素很多，如圆管构件的初始缺陷、残余应力、边界条件和圆管构件的几何参数等。美国、挪威等国的平台规范所推荐的圆管构件稳定性计算方法，一般都是根据大量模型试验所得出的规律性的公式。关于导管架式平台圆管构件的稳定分析问题，可参考相应的计算公式。

管节点静强度设计：导管架是由圆管构件焊接而成的空间框架结构，若干圆管构件的汇交点称为管节点。管节点的主要作用是传递撑杆的荷载给弦杆或其他撑杆，汇交于节点的各圆管交接线处的应力状态是极为复杂的，按结构总体受力分析求出的各构件的名义应力远远低于材料的屈服强度，在节点处却有很高的局部应力和与之相应的塑性变形，节点的局部热点应力，往往导致裂纹出现，引起结构失效。导管架式平台设计除了根据结构的总体受力分析选择构件的截面尺度外，还必须根据局部应力分析对管节点进行构造设计、静强度设计和疲劳设计。

用于简单管节点静强度设计的方法，比较实用的已被公认的设计方法主要有冲剪应力法、名义荷载法。其中，冲剪应力法最有权威性，如 API、DnV 及中国平台规范等建议采用此法。名义荷载法是通过名义荷载来表示荷载强度，概念清楚，表达直观，只要荷载准确，安全系数选择恰当，该法被认为是比较可靠和安全的。

管节点疲劳强度分析：处于海洋环境中的导管架式平台，长期在恶劣的海洋环境里作业，承受随机波浪荷载的作用，管节点应考虑交变荷载作用下的疲劳效应。大量实践和试验研究表明，焊接管节点微裂纹多半是由于焊接部位初始缺陷引起的，管节点的疲劳破坏是起源于节点高应力区的缺陷。到目前为止，对管节点的疲劳强度分析方法有很多种，通常包括简化分析方法、详细分析方法和断裂力学分析法等，可参考相关文献。

三、海上油气田生产系统

海上油气田生产系统是指与海上油气集输系统相适应的海上结构物的综合体。可分为海上固定式平台生产系统、浮式平台生产系统和水下生产系统。

1. 固定式平台生产系统

固定式平台生产系统是以固定式平台为主体的集石油集输、处理和输运为一体的结构物的总体。这种固定式平台一般为导管架式平台或重力式平台。

图 8-43 所示为某固定生产系统平面布置图。该油气田是我国海洋开发中比较早的海上油气田，目前已进入持续生产阶段。油气田位于渤海湾内，水深 15m 左右，油气田为椭圆形，长 4000m，宽 2000 多米。油气田分甲乙两个区域，甲区在西，乙区在东。甲区包括一座生产平台和一座生活平台。乙区包括一座生产平台、一座储油平台和一座海上输油码头，海上输油码头又由两个系船墩和工作平台组成，各平台间以栈桥相连。甲乙区之间有长 1600m 输油管线，甲区生产出的石油经这条管线到乙区储油平台上，然后通过工作平台装船外运。

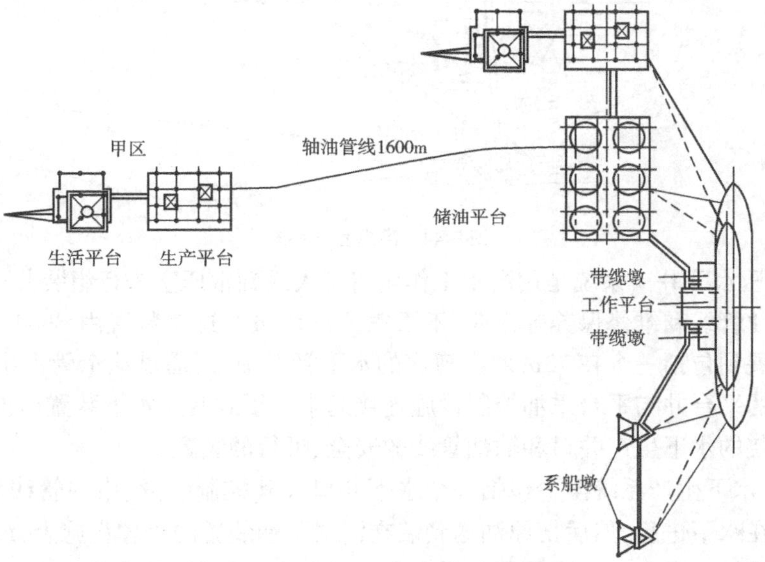

图 8-43　某固定生产系统平面布置图

2. 浮式生产系统

由于固定式平台的应用受到水深限制，浮式生产系统便应运而生。它以半潜式平台或改装的大型油轮为活动式平台或半固定平台为主体，来进行油气集输、处理和输运的结构物总体。因其开发费用低，回收投资快而得到广泛使用。图 8-44 所示为我国某浮式生产系统的示意图，是由半潜式生产平台、单点系泊、生产储油轮、海底管线组成的常规浮式生产系统。

3. 水下生产系统

水下生产系统目前主要是水下完井系统，一般包括海底采油树、海底管线以及控制管线的设施等。水下生产系统并不是深水采油的产物，从现在安装的水下生产系统看，还没有几口井超过固定式平台已经达到的水深。这种体系大多数是与固定式平台和浮式平台结合使用，而且是浮式生产系统必不可少的组成部分。水下完井系统已得到广泛使用。

国外最著名的水下生产系统有“阿奇尔”系统。20 世纪 80 年代初，英国在北海安装使用了“阿奇尔”系统，这个生产系统是以一条改造的半潜式平台为核心，该系统有许多的水下井口,水下井口作业主要由潜水员来完成,有时人们称之为“湿井”。开采的原油通过输油管线流入可回收的水下管汇,经过采油立管输到半潜式平台上进行处理,再将合格的油品通过输出立管送到单点系泊的输油轮运走。

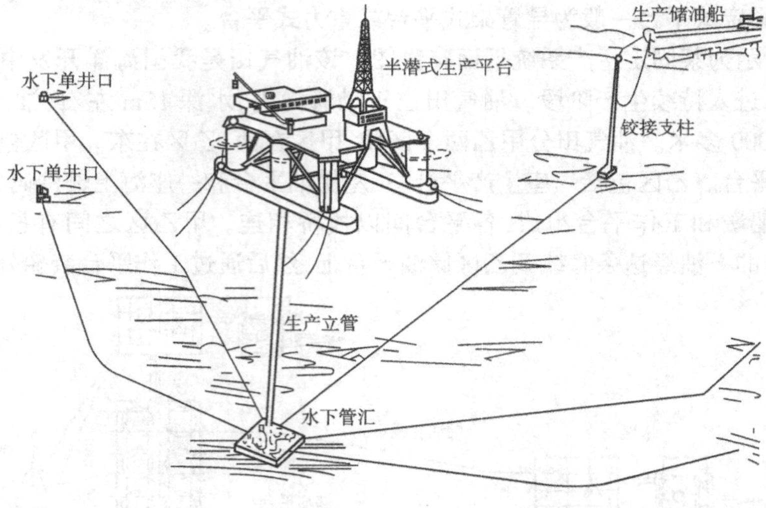

图 8-44　浮式生产系统

“干”式常压水下井口系统是用潜水工作舱将工人送到常压室进行组装井口,取代了“湿”井口。拖曳输油管线和维修保养等作业,不再需要潜水员。这个装置由 Shell 公司发明,1975 年这种装置发展到包括一个在 73m 水深海底的水下管汇中心,通过这个管汇中心把两口水下井和一口附近的平台井与平台采油控制设施连接起来。干式常压水下装置已被公认为是一种取代潜水员安装的水下生产井口和输油管线的安全、可行的装置。

综上所述,水下生产系统至少包括一个水下井口及其控制装置、出油管线和立管系统,它使采油作业可在水下进行,然后把原油送到装在浮式采油装置的处理设施上,或者在水浅的情况下送到自升式钻井平台上。这些活动平台在油田寿命结束时,可重新改为勘探设施,或者在其他地方再投入开采作业。

第六节　单点系泊系统

单点系泊系统属于一种浮式系泊码头,有单点系泊和多点系泊两种型式。“单点系泊”来源于英文“Single Point Mooring”,简称 SPM,或称 SBM(Single Buoy Mooring),它是海上运输终端站的一种。应该说 SPM 是一个总的概念,泛指所有的单点,而 SBM 则是指主结构为浮筒(Buoy)的单点。与固定式码头相比,它最大的特点是系泊方式是“点”系泊,就是说超大型油轮可以将其系泊于一个“点”上然后进行卸货操作。因此,大多数情况下,这类设施多修建于近岸的内海湾或开阔海上。随着近海石油勘探开发的发展,单点系泊技术从最初的海上加油逐渐运用于近海采油平台、原油中转等用途。

单点系泊的构造和计算都是很复杂的,且我国这方面的实践经验不足,这里仅做一个基本知识的描述。

一、单点系泊系统的分类

从构成来分,单点系泊系统可以分为悬垂式锚泊系统、塔式单点、多点系泊、铰接式装卸平台、单浮筒仓储系统、单锚腿系泊、敞海单浮筒系泊系统和立柱式浮筒储油系统等几类。

1. 悬垂式锚泊系统 CALM(Catenary Anchor Leg Mooring)

即通常所说的 CALM 系统,如图 8-45 所示。这种类型的单点是单点系泊中数量分布最多的一种,全世界有单点 400 余座,其中 CALM 系统有 300 多座。该类型单点的特点是浮筒由多根放射状分布的锚链固定,浮筒与海底管汇之间用软管连接。单点系统中允许带有一定的流体通过并能 360°旋转而不泄漏的部件——“产品分配器”(PDU,Production Distribution Unit)装在浮筒的中央,油品通过漂浮软管、PDU、水下软管、PLEM 和海底管线输送到岸罐。水深由 15 ~450m 不等,可以说这是单点设计的基本原形。

2. 塔式(Fixed Tower)单点

塔式单点是一座根基固定于海床上的塔式钢结构,与塔式钢结构连接的是一艘仓储油轮,多作为近海油田的采油平台和中转终端使用。通过海底管线把单点附近的油井连接,原油从油井中输送到仓储油轮中,通过漂浮软管或其他管线实现原油的过驳,如图 8-46 所示。我国南涠 10-3 油田就采用了这种类型的单点,选取了一种带支柱的固定打桩结构,系泊头采取了紧凑型设计,其旋转台上装有缆绳,使油轮在遭遇台风情况下能迅速脱开。另外,该结构还采用了一种“自行车轮式”环形防撞圈,对撞击能量的吸收能力强。

图 8-45　典型的 CALM 系统

图 8-46　塔式单点

3. 多点系泊 MBMS (Multi-Buoy Mooring System)

MBMS 系泊方式与其他单点不同,一般的单点通过硬或软连接与一浮筒或平台连接,而多点则是船只进入一定泊位,用多根系泊缆与周围的多个系泊点连接,油轮也下锚;不论潮汐、风向如何变化,船舶的位置相对固定。因此,它是一种相对固定的系泊方式,与码头十分相似。

4. 铰接式装卸平台 ALP (Articulated Loading Platform)

实际上这是一种海上油田的采油中转平台,原理与塔式单点结构非常类似。它的主体是一个垂直的钢质塔柱或塔架,下端用万向接头与基座铰接在一起,靠近海平面的地方有主浮力舱,使主体力图保持垂直,下部为压载舱,塔的顶部设有转台、输油臂及直升机平台。基座靠重力和桩固定在海底，原油沿着管道经万向接头升到顶部转台内的输油旋转接头（PDU）处，而后通过输油臂和软管为油轮装油。

5. 单浮筒仓储系统 SBS（Single Buoy Storage）

SBS 系统是在 CALM 系统的基础上发展起来的。这种类型单点的特点是用刚臂系泊取代系泊缆将系泊浮筒与油轮连接在一起。油轮的作用是作为海上浮动式储油库，常用于距岸较远，铺设海底管道既不经济也有技术难度的大陆架油田的开采建设。由于用刚臂取代了系泊缆，减少了油轮的自由度，改善了作业状况。同时，系泊油轮与浮筒的刚性连接，可以避免在较恶劣海况下，油轮对浮筒的碰撞和失控漂移以及船和浮筒之间的剧烈振荡。在油轮上可以进行油水预分离、脱水、脱气处理，经过预处理的油品可以通过穿梭油轮过驳运往炼厂。

为了适应不同环境的海况，如台风等，又发展了可拆卸式的 FPSO 系统，如图 8-47 所示，当环境恶劣影响设备及人身安全时，油船可与系统脱离离开现场。我国南海东部的流花、陆丰油田都已安装了这种类型的单点。如陆丰 22-1 油田 FPSO“睦宁号”使用的是可脱解的沉没式转塔生产系统，这种装置将储油轮系泊在沉没式浮筒上，在浪高达到 7m 时可以解脱，解脱后浮筒沉入水下 45m 处，大大地改善了单点对恶劣环境的适应性，拓宽了单点的应用领域。

6. 单锚腿系泊 SALM（Single Anchor Leg Mooring）

这类单点固定浮筒的锚链只有一根，故称为单锚腿系泊。整个 SALM 系统看起来像一个倒置的摆，浮筒为细长形，直径通常为 6～7m，高度为 15m 左右，下面用一锚链将其固定在海底基座（PLEM）上，锚链与浮筒、基座由万向接头连接。浮筒靠剩余浮力保持在某个平衡的位置上，浮筒设计成细长的圆柱形可以保证它在波谷位置时也有足够的浮力。浮筒的唯一作用是系泊油轮，因为浮筒具有正的剩余浮力，所以锚链始终保持一定的张力。与 CALM 系统不同，SALM 系统的 PDU 不装在浮筒上而是在 PLEM 上，软管直接与 PLEM 相接。因其结构简单，安装起来十分方便，常用于军事方面。

图 8-47　FPSO 系统

为了承受浮筒的正浮力和最大系泊荷载，SALM 系统的基座可以设计成重力或者桩基式，或二者兼用。SALM 系统既适用于浅水，也适用于深水。在浅水环境下，旋转接头直接安装在 PLEM 上，PLEM 与油轮输油管汇之间使用软管连接；对于深水情况，连接 PLEM 与浮筒之间的锚链由立管来代替，这时 PDU 则安装在立管的顶部。如果水深较大，可根据中间情况增加铰接点，以减少立管的弯矩。和 CALM 系统一样，在系泊状态下油轮可以绕浮筒作 360°旋转。

这种单点的分布远没有 CALM 系统广泛，主要原因是它有一个很大的缺陷：所有的可能拆卸的部件，特别是 PDU 不是装在浮筒上而是在水下，因而检查维护起来更困难，尤其是水深流急，潜水作业困难的区域，这种缺陷就更为突出。显然，由于大部分的维护检测作业都涉及到潜水作业，这类单点的维护费用是相当高的。但不可否认，因为 SALM 系统的浮筒上没有任何重要的部件与管线,并且与 PELM 只有一根锚链连接,因此浮筒有较大的自由度,也就是有较强的避碰能力,在一定程度上解决了塔式单点易被油轮碰撞的问题。

7. 敞海单浮筒系泊系统 ELSBM(Exposed Location Single Buoy Mooring)

这种类型的单点原理和结构与 CALM 系统十分相似,浮筒也是由均布的锚链固定,如图 8-48 所示。不同之处在于:①ELSBM 的浮筒体积庞大,吃水往往达到数十米以上;②ELSBM 的浮筒结构复杂,浮筒整体呈圆柱形,为增加稳性,底部设有压载舱,中部有浮力舱和平衡舱;③ELSBM 的顶部设有直升机平台,便于人员的维护保养;④在系统不使用时,软管和系泊缆由绞车卷存起来,这样可以减少因破损而引起的维修费用。

ELSBM 系统实际上是 CALM 系统在深水海域应用的改型,当浮筒吃水超过 50m 时,水下软管就处于波浪影响区域以外,因而不容易受涌浪影响而破损,适合恶劣的海洋环境。

8. 立柱式浮筒储油系统(Spar)

该系统的外形和结构与 ELSBM 系统相似,它被设计为一个中储油容器和泵站,浮筒为巨大的圆柱形,顶部装有平台和吊机,可对软管进行检查和维修,如图 8-49 所示。1976 年这种系统在北海布伦特油田投入使用。

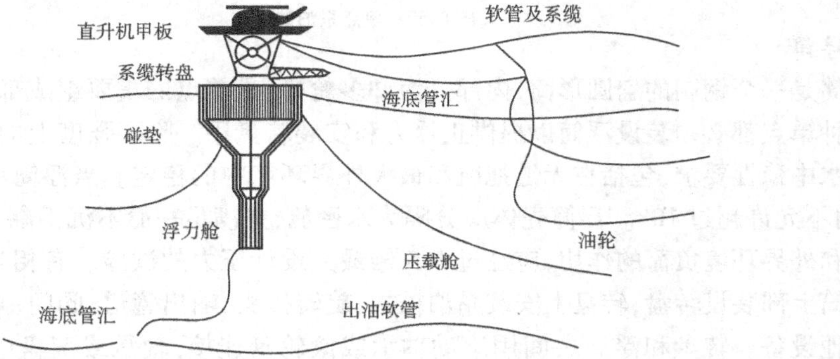

图 8-48 ELSBM 系统

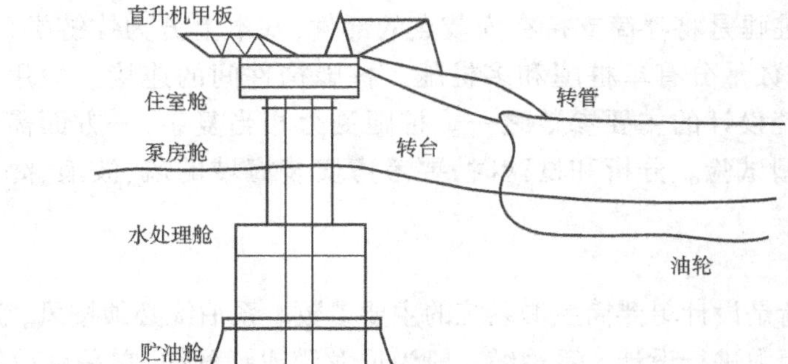

图 8-49 立柱式浮筒储油系统

二、单点系泊的组成

海洋石油开发的单点系泊，如图 8-50 所示，主要由浮筒、桩腿构件（锚链）、系泊缆、输油软管和海底管汇等部分构成。

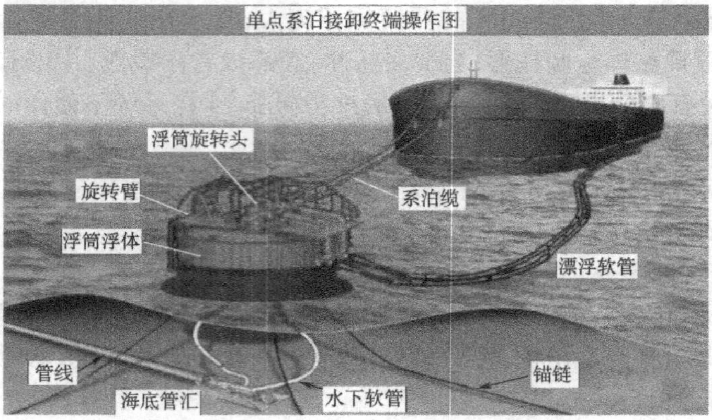

图 8-50　单点系泊的组成

1. 浮筒

浮筒是一个钢制的扁圆形筒，内部分为许多舱格，是单点的重要组成部分。除固定塔外，其余各种单点都必须装设浮筒以提供正浮力和安装转盘用。除了强度上的要求外，浮筒还必须满足水中稳性要求，包括在无链拖航和最大外界环境中的稳定。当浮筒承受最大系泊荷载时，倾角不允许超过 10°。浮筒壳体应分隔为水密舱，并满足一舱不沉不翻。浮筒应能承受系泊负荷和外界环境负荷的作用，应经过 1.5 倍最大设计压力的试验。有相当多的系统中都需要在浮筒上部装设转盘，转盘上安装系泊桩柱、旋转接头、输出管道、阀门、航行设备和必要时装的其他设备。转盘和浮筒之间用滚动轴承或滚轮盘连接，轴承或滚盘应能承受全部系泊荷载。

2. 桩腿构件

单点系泊的桩腿是将浮筒支持在安装点的部件，基本上分为锚链类（或锚链—立管）和刚性构件两种，按数量分有单桩腿和多桩腿。桩腿构件间的连接一般用万向接头，桩腿负荷是单点系泊系统设计的主要参数之一。桩腿受力相当复杂，一方面需进行动态分析，一方面还需进行模型试验。分析和试验时，要考虑安装海域的风、波浪、海流、潮汐和系泊等作用。

3. 系泊缆

系泊缆的负荷是设计单浮筒系泊系统的主要参数。系泊缆必须按风、浪、流最不利组合时所受到的最大作用力进行设计。系泊缆一般为尼龙缆或钢丝缆，它是系泊船只的部件。首缆最多为两根，由系泊载荷决定。系泊载荷由计算分析与模型试验比较修正给出。北海的大多数系统，使用周长为 53cm 的尼龙绳，工作极限应力在 98kN 至 196kN 之间。

4. 输油软管

就悬垂式锚泊系统而言，软管有两段，一段为水下软管，另一段从旋转接头到输油船的管汇，称漂浮软管串。为了安装和存放的方便，软管分节制成，现场安装时用法兰接头连成一串，置于水中或浮于水面。浮漂软管外层包有浮力材料，使其具有浮力以漂浮安置。浮管端部拴有识别浮标，以便油船发现和打捞浮管头，接头船上管线。水下软管形状设计是单点系统设计的重点和难点，在静态条件下，在软管一定位置设置具有一定浮力的高强度塑料浮子来保持其形状。管线中要装截止阀，口径已从首台的10cm到76cm，允许最大流速为12m/s。

5. 旋转接头

旋转接头的内压不大，但外部有海浪冲击作用，加上海上湿度大、盐分高、内部油流成分复杂、流速高、腐蚀性强，接头的结构又受到系泊负荷的作用，旋转接头要做到内外不漏，对旋转接头的密封、材料、设计、制造都带来了困难，是单点系泊设施的关键部件。

6. 储油船

如果装置本身没有储油能力，必须要有储油船，一般是购买旧油船改装成储油船。根据有关规范要求，这些旧油船必须有原油洗舱设备和惰性气体发生装置；同时，对于油船的稳性和运动特性，必须满足当地海洋环境的要求，要进行重新校核；当然，对结构强度和疲劳问题也要满足相应的要求。

除了储油船外，还有生产储油船和穿梭油船。海上装载要求这些油船上要安装一些特殊的设备，越是大型油田，对储油轮的要求越高。例如北海的贝利油田，油船上特殊设备有：一台艏部推力器，专用的艏部装卸和系泊设备；一个艏部控制室，用以集中控制螺旋桨、推力器、舵、系泊绞车、缆绳和软管的辅助设备、泵的应急停止装置、系泊缆张力监测和记录设备、高压力报警器和其他各类的导航、通讯设备等。

三、单点系泊的适用性

单点系泊技术在海上油田开发和提高石油海上运输效率等方面存在很多优点，而且这种技术还在不断的发展之中。一般而言，这种技术适用于如下几方面：

(1)可作为进出口原油的中转终端，以供大型或超大型油轮系泊和装卸原油，能充分发挥大型油船经济运输的优越性，不必花费巨额投资去建设深水码头。

(2)海上大型油田的开发是十分复杂的，固定生产设备的投资大、建设时间长，在储量尚未充分掌握之前，很难作出切合实际的技术决策。采用以单点系泊装置为核心的早期生产系统，可以提早开发油田，为油田永久性开发的技术决策提供依据。

(3)单点系泊装置是边际油田、深海油田与离岸遥远油田经济开采的先进技术手段。

(4)可在经济上或技术上不宜敷管的海域代替水下输油管道。

(5)能系泊海上加工厂，回收和利用石油伴生气，使海洋资源得到合理的利用。

另外，在军港建设落后于舰船大型化发展的前提下，或在战争时期作为燃料补给终端，单点系泊技术也是一项很有用的系泊装置。它能系泊舰船，从岸上对舰船输油、输水和供电；或在陆地上建立临时燃料库，通过单点系泊中转燃料。在煤炭和各种矿砂运输方面，当深水港口建设尚有困难时，单点系泊转运货驳技术也是非常有用的。

总之，单点系泊系统的作用和应用范围还在不断扩大过程中，型式也不断多样化，必将在海洋开发和石油海运等领域中得到更广泛的应用。

四、单点系泊技术的发展

单点系泊技术起源于20世纪50年代末60年代初，发展至今已50余年的历史，它的诞生和发展，与海上石油运输业和石油化工工业的快速发展有着密不可分的联系。单点系泊系统从简单的CALM系统到目前结构、工艺技术都相当复杂的FPSO系统，水深从10余米到860余米，靠泊油轮从2000余吨（DWT）到目前的数十万吨，说明新一代的单点系泊结构更先进、更合理、适应环境范围更广。

1. 结构更加多样化，类型更加齐全

单点系泊技术发展至今，结构已由最初的一种，发展至数十种。随着技术的进步，单点的生存环境限制也会越来越松，未来还会诞生新的结构，类型会越来越多。

2. PDU及转子部分将会不断进步与完善

PDU是单点系泊系统的核心部件，随着技术的进步及单点系泊独有的优势越来越显著，PDU的变革将是大势所趋。

3. 更加环保、更易于维护

环保问题一直是单点设计人员重点考虑的问题，未来的单点将是“绿色环保型”单点。另外，由于大部分单点距岸较远，单点建设完毕后，维护费用将会非常巨大。为了使单点系泊系统投资少的优势更加突出，维护费用小且维护方便的单点将是技术变革的一个重点。

思　考　题

1. 护岸工程有哪些类型？分别适用于什么情况？
2. 斜坡式护岸的顶高程怎么确定？
3. 斜坡式护岸的计算都包括哪些？
4. 丁坝的作用主要包括哪些？
5. 丁坝的分类方法主要有哪些？按照不同的分类方法各自分为哪几种型式？
6. 丁坝的布置原则是什么？布置型式有哪些？
7. 丁坝的结构型式有哪些？其优缺点各为什么？各自适宜于何种工程情况？
8. 潜堤的作用主要包括哪些？
9. 潜堤的定义及其布置原则是什么？
10. 进海路的型式大致可以分为几种？各自的优缺点是什么？
11. 跨海大桥的设计施工与一般的桥梁工程有哪些异同？
12. 跨海大桥的设计要点主要有哪些？
13. 人工岛的分类有哪几种，各自可以分为哪几类？
14. 人工岛常见的结构型式有哪几种？各自适用于哪种工程情况？
15. 围海水工结构可以分为哪几种类型？各自的特点是什么？
16. 围海水工结构包括哪几个组成部分？
17. 围海水工结构中水闸选址原则是什么？

18. 海堤堤线的布置原则是什么？
19. 近海工程结构物分类有哪些？其主要受力特点是什么？
20. 近海导管架式平台设计的依据是什么？其主要的设计方法包括哪些？
21. 简述如何对近海导管架式平台进行结构受力分析。
22. 什么是海上油气田生产系统？简要叙述三大油田生产系统的特点。
23. 单点系泊系统的分类有哪些？
24. 简述单点系泊系统的组成。
25. 浮筒的作用是什么？

参考文献

[1] JTJ 213—98. 海港水文规范[S]. 北京:人民交通出版社,1998.

[2] JTS 154-1—2011. 防波堤设计与施工规范[S]. 北京:人民交通出版社,2011.

[3] 邱驹. 港工建筑物. 天津:天津大学出版社,2002.

[4] 韩理安. 港口水工建筑物(Ⅰ). 北京:人民交通出版社,2000.

[5] 王云球. 港口水工建筑物(Ⅱ). 北京:人民交通出版社,2005.

[6] 韩理安. 港口水工建筑物. 北京:人民交通出版社,2008.

[7] 李玉成,腾斌. 波浪对海上建筑物的作用. 北京:海洋出版社,2002.

[8] 王元战,王文良. 大圆筒结构计算及工程应用. 北京:人民交通出版社,2008.

[9] 张子樵. 圆筒防波堤立波波压力试验研究. 天津大学学报,1991,24(s2):107-112.

[10] 王元战,龚薇,及春宁,李元音,谢善文. 基于粘性流模型的筒型基础防波堤波浪力数值分析. 海洋工程,2008,26(3):1-6.

[11] U. S. Army Coastal Engineering Research Center. Shore Protection Manual. U. S. Government Printing Office, Washington, D. C., 1984.

[12] Goda, Y. New wave pressure formulae for composite breakers. Proceedings of 14th Conference on Coastal Engineering, ASCE, New York, N. Y., 1, 1974, 1702-1720.

[13] Goda, Y. Random seas and design of maritime structures. University of Tokyo, Press, Tokyo, Japan, 1985.

[14] 肖忠,王元战,及春宁,李元音,谢善文. 筒型基础防波堤稳定性有限元数值分析. 土木工程学报. 2009,42(7):119-125.

[15] 王元战,肖忠,李元音,谢善文. 筒型基础防波堤土压力性状的有限元分析. 岩土工程学报,2009,31(4):622-627.

[16] 王元战,肖忠,迟丽华,谢善文,李元音. 筒型基础防波堤稳定性简化计算方法. 岩土力学,2009,30(5):1367-1372.

[17] JTJ 300—2000. 港口及航道护岸工程设计与施工规范. 中华人民共和国行业标准,北京:人民交通出版社,2000.

[18] 陈万佳. 港口水工建筑物[M]. 北京:人民交通出版社,1989.

[19] 交通部第一航务工程勘察设计院,海港工程设计手册(中册)[M]. 北京:人民交通出版社,1994

[20] 严恺. 海港工程[M]. 北京:海洋出版社,2002.

[21] 交通部第一航务工程勘察设计院. 港口工程结构设计算例[M]. 北京:人民交通出版社. 2000.

[22] 薛鸿超. 海岸及近海工程. 北京:中国环境科学出版社,2003.

[23] 王御华. 河口海岸工程导论. 北京:海洋出版社,2004.

[24] 李巨川. 滩海油田进海路断面结构优化及防护措施研究[J]. 石油工程建设,2008.

[25] 李静. 滩海油田进海路设计浅析[J]. 中国海洋平台,2007.
[26] 韩利. 箱涵进海路结构的设计研究[J]. 桥梁隧道,2009.
[27] 王培元. 小跨度栈桥式进海路在滩海油田的应用[J]. 胜利油田职工大学学报,2007.
[28] 林金兰,朱晓飞,王禔卿. 极浅海进海路的设计探讨[J]. 石油工程建设,2005.
[29] 张书敏,王宗玉. 胜利滩海油田进海路的水中施工[J]. 石油工程建设,1998.
[30] 黄融. 跨海大桥设计与施工:东海大桥. 北京:人民交通出版社,2009.
[31] 陆文发,李林普,高明道. 近海导管架平台. 北京:海洋出版社,1991.
[32] 聂武等. 海洋工程钢结构设计. 哈尔滨:哈尔滨工业大学出版社,2007.
[33] 欧进萍,段忠东,肖仪清. 海洋平台结构安全评定. 北京:科学出版社,2003.
[34] 李玉成,缪国平,孙昭晨. 海岸和近海工程研究的进展[J]. 港工技术. 1998,2:6-12.
[35] 邱大洪. 海岸和近海工程学科中的科学技术问题[J]. 大连理工大学,2000,40(6):631 -637.
[36] 许亮斌,陈国明. 简易平台技术的发展和展望[J]. 中国海上油气(工程). 2001,13(2):1-5.
[37] 王惟城,孙绍述,宋玉普. 近海混凝土平台. 北京:海洋出版社,1992.
[38] 安国亭,卢佩琼. 海洋石油开发工艺与设备. 天津:天津大学出版社,2001.
[39] 李志彬. 海洋工程结构物. 哈尔滨:哈尔滨工业大学出版社,1999.
[40] 孙东昌,潘斌. 海洋自升式移动平台设计与研究. 上海:上海交通大学出版社,2008.
[41] 杨永祥. 船舶与海洋平台结构. 北京:国防工业出版社,2008.
[42] 国家海洋局科技司海洋大辞典编辑委员会. 海洋大辞典. 沈阳:辽宁人民出版社,1998.
[43] 肖祖骐,等. 海上油气田集输工程. 北京:石油工业出版社,1994.
[44] 姜萌. 近海导管架平台. 大连:大连理工大学出版社,2009.
[45] 中国船级社. 浅海固定平台建造与检验规范. 北京:人民交通出版社,2004.
[46] SY/T 10030—2004. 海上固定平台规划、设计和建造的推荐方法——工作应力设计法. 北京:石油工业出版社,2004.
[47] 张淑茳,等. 海洋工程结构的疲劳与断裂. 哈尔滨:哈尔滨工业大学出版社,2007.
[48] 聂武,刘玉秋. 海洋工程结构动力分析. 哈尔滨:哈尔滨工业大学出版社,2002.
[49] 王惟城,孙绍述,宋玉普. 近海混凝土平台. 北京:海洋出版社,1992.
[50] 罗传信,等. 海洋桩基平台. 天津:天津大学出版社,1988.
[51] 杨克己,等. 实用桩基工程. 北京:人民交通出版社,2004.
[52] 孙东昌、潘斌. 海洋自升式移动平台设计与研究. 上海:上海交通大学出版社,2008.
[53] Q/HS 3003—2002. 渤海海域钢质固定平台结构设计规定. 北京:中国海洋石油总公司,2002.
[54] 许向东. 单点系泊技术及 CALM 系统的操作维护和管理[M]. 企业管理出版社,1998.
[55] SY/T 10032—2000. 海上单点系泊装置入级与建造规范[M]. 中国石油与化学工业局,2000.

第二篇

修造船水工建筑物

第九章　修造船建筑物概述

第一节　船舶的建造与修理

修造船水工建筑物是供船舶建造和修理用的水工建筑物，是修造船厂的基础设施。随着我国水运事业的发展，船舶工业也相应发展，已形成了自己的修造船工业体系，船舶的建造数量和营运数量不断增加，在造船工艺和修理能力上也不断地完善、改进和提高，造船能力及技术水平已步入世界前列。

一、船舶的建造

缩短造船周期，提高造船能力，降低造船成本是提高造船工艺水平的目的。分段造船法是目前采用的造船工艺，它的整个过程大致有三个主要阶段。

1. 构件加工及装配

将船体划分为若干平面分段和立体分段，先在车间内将钢材加工成各种构件（肋材、外板等），再将构件焊接成若干平面分段和立体分段，如图 9-1 所示。

2. 整体装配及下水

将船体分段运至装配船体的场地，船台或者船坞，焊接成船体。然后对双层底、船首尾尖舱及外板等进行水密性试验，并油漆船体。再将船体由船台移至水中（称为“下水”）。

3. 舾装与试验

船体下水后，将其拖至舾装码头前，安装各种机械设备和上部建筑并进行油漆。这些工作统称为“舾装”。舾装工作也可能于下水前在船台上进行。舾装完毕后，船舶即建成。先系在试车码头前进行主机试车，然后试航，改正发现的问题，最后交付使用。

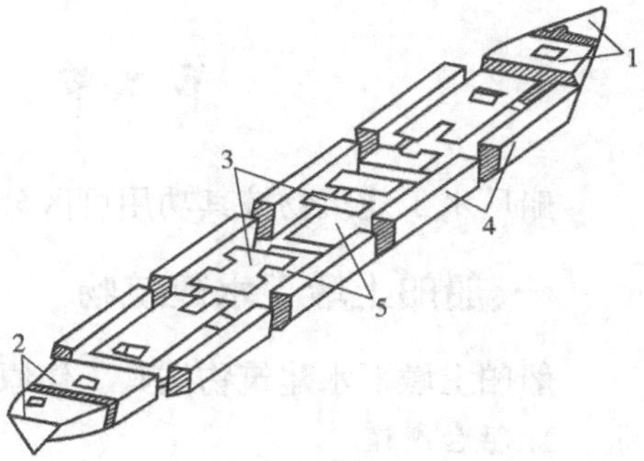

图 9-1　船体分段划分示意图

1-船首立体分段；2-船尾立体分段；3-上甲板平面分段；4-船舷平面分段；5-船底平面分段

二、船舶的修理

在营运过程中，由于船体锈蚀、零件磨损、事故损坏等原因，船舶需要进行修理，以保持良好的航行性能。船舶可按“修船条例”规定的周期进厂进行大、中、小修，也可根据所修理的内容按检修、小修、坞修三级修船制进行修理。

船舶修理过程是：待修船舶进厂后先在修船码头前停靠，将所需修理的机械设备拆下，送至车间内进行修理；船体则用专门的设备升举出水，支承在支墩上（称为“上墩”，或将船移入船坞内,排干坞内的水,船舶坐在支墩上),进行船体水下部分的修理;水下部分修好后,再到修船码头前修理船体水上部分并安装修好的机械设备,然后试车出厂。如不需拆卸大型机械设备,则待修船舶进厂后直接上墩。

三、船厂的组成

船厂的组成,特别是车间组成,视生产任务性质和规模而不同。不但造船厂(以造船为主)与修船厂(以修船为主)有所不同,即使同是修船厂,也因所修船舶类型不同(钢制船或木制船,机动船或非机动船等)而组成各异。一般船厂的组成部分(图9-5和9-6)主要包括:

(1)水工建筑物:防波堤、船台滑道、船坞、舾装码头等。

(2)直接生产车间:船体车间(负责船体构件加工和分段的装配焊接)、轮机车间(负责机械拆装和加工)、管子铜工车间(负责船舶管系和铜制件的加工和装配)、木工车间(负责船舶木制件的制造和装配)、帆缆油漆车间(负责帆篷、索具和油漆工作)、舾装车间(负责船舶舾装和试车)等。

(3)间接生产车间:铸工车间(负责铸件制造)、锻工车间(负责锻件制造)、锯木车间(负责锯原木)、烘干房(负责木料烘干)、起重运输车间(负责船舶上墩下水及原材料运输)等。

(4)辅助设施:动力站(包括变电站、锅炉房、压缩空气站、氧气站、乙炔站、给水站)、试验室(材料试验、金相试验和化学分析等)、修理车间(负责船厂机械及电气设备的修理)、工具车间(负责厂用工具、量具的制造和修理)、仓库和堆场等。

(5)管理及生活设施:办公室、宿舍、食堂等。

第二节　修造船建筑物的型式

船厂水工建筑物按其功用可区分为上墩下水建筑物和建筑物码头两大类。

一、船舶上墩下水建筑物

船舶上墩下水建筑物按其工作原理可归纳为三种类型:船台滑道、船坞和升降机。

1.船台滑道

船舶利用机械设备沿岸坡斜面上墩或下水,或者靠船舶自重沿岸坡斜面滑行下水。斜面上供船舶上墩下水的专用轨道称为滑道,船舶在岸上修造的场地称为船台。在船舶上墩下水过程中,滑道中心线与船舶纵轴一致时称为纵向滑道,与船舶纵轴垂直时称为横向滑道。

根据滑道的用途及其设备,目前采用的主要有木滑道、涂油滑道和机械化滑道三种。

(1)木滑道。木滑道是在天然地基上铺上木梁作为滑道,梁上放置滑板,船体支承在滑板上,用手摇的或电动的绞盘或绞车拖曳船舶上墩或下水。木滑道有纵向和横向两类。船舶的修造工作在倾斜的船台上进行。木滑道的优点是结构简单,造价低;缺点是使用不便,一般用作升降自重在500t以下的小型船舶的临时设备。

(2)涂油滑道。涂油滑道是由木滑道发展而来的。由于船舶重量的增大,木滑道地基承载力不足,就需在天然地基或人工地基上建造一个钢筋混凝土的基础来支承木质下水滑道并构成岸上船台。船体造好后,在下水滑道上涂上一厚层油脂,油上放滑板,使船体坐落在滑板上,为了控制滑板的滑行,可采用液压制滑机。当油缸内液压降低后,制滑机转动,滑板失去控制,船体即凭自重力带着滑板滑下水。这种控制设备沿船长成对布置,一般用1~3对。这种滑道不设牵引设备,只能用于造船时下水,不能用于修船时上墩,所以又称为“造船台”。它的特点是结构比较简单,造价比较低廉,在国内外获得广泛应用。国内已用于10万吨级以下的船舶下水,国外已用于32万吨级船舶下水。

(3)机械化滑道。上述两种滑道仅为一个船台服务,如果船台很多,就要占用很长的岸线,造价也大为增高,而滑道利用率则很低,且在斜面上工作,涂油滑道还要耗费大量的油脂,因此在成批生产情况下,目前常采用机械化滑道。

机械化滑道用钢轨代替木质轨道,用车子代替滑板,采用机械操作,利用一个下水滑道可以为若干个船台服务,同时修造几条船舶,因而船台集中,船厂总平面布置较紧凑,每个船台的造价亦可降低。机械化滑道具有操作方便、营运费用低等优点,是目前成批修造船舶时广泛采用的一种设备,本书第十章将作专门介绍。

2. 船坞

船坞是用控制水面涨落的方法升降船舶的修造船水工建筑物,一般分为干船坞和浮船坞两类。

(1)干船坞。干船坞通过利用灌排水系统控制水面升降的方法使船舶座墩或上浮。现代干船坞通常为低于地面的三面封闭坞室结构,迎水面设置坞门供船舶进出。船舶进出船坞时,先利用灌排水系统使船坞内、外水位保持相同,再开启坞门使船舶进出,然后关闭坞门,排干坞内水体进行船舶修理或制造。干船坞是目前修造万吨以上大型船舶常用的一种水工建筑物。

在有潮地区,在滩地上四面用土堤围成“船坑”,在“船坑”内进行船舶的建造和修理。船舶修造完成后,拆除临水面的土堤,在高潮时引船出坞。这是比较原始的干船坞,称为土坞。后来为了改善船舶的进出坞条件,在土坞中设置水泵以控制水位涨落,成为现代干船坞的雏型。这种型式的主要优点是施工简单,就地取材,适用于临时性的修造船任务,或作为建造沉箱、水泥囤船、浮船坞、海上平台等的施工场地。

图9-2是带有船台的灌水干船坞,在其一侧(亦可为两侧)有与厂区地坪等高的上台阶(称上坞室)。船舶进入下坞室后,将坞门关闭,向坞内灌水(故称灌水船坞),船舶随水位升至设计水位时,将船横曳至上坞室,然后排水使船舶坐落在上坞室的龙骨墩上,以进行修理工作。船舶出坞时操作程序相反。为了增加船位数以降低造价,可将上坞室的上首靠岸一端的坞墙改为上首坞门,并在上坞室坞底上铺设轨道,轨道上放置船台车,船坞泄水时,船舶即坐落在车上,等上坞室排干水后,开启上首坞门,拖船出坞,通过横移车将船移至两侧船台上。由于横移车系统在技术上和经济上的限制,这种型式仅适用于5000吨级以下船舶的成批修造。

(2)浮船坞。浮船坞是在水中将船舶进行升降,并在底板上进行修理用的设备,实际上是一种特制的平底船舶,由坞墙、底板和锚系等部分组成。现在广泛采用双墙式浮船坞,其断面为槽形,两端开敞。船舶上墩时先向浮坞的舱室内灌水,使坞下沉至满足船舶吃水后,将船舶从坞的一端曳入坞内，然后用水泵排出压舱水，船坞托船上浮，使船体水下部分及浮船坞底板露出水面，便可进行修船。图9-3是船舶进坞过程示意图，船舶修造（也可在浮船坞内造船）完成出坞下水时，操作程序相反，这种浮船坞型式适用于较大型船舶的修理。

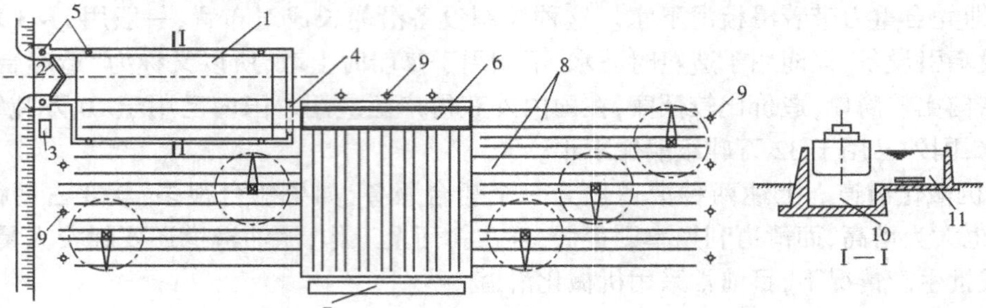

图9-2　带有船台的灌水船坞示意图

1-灌水船坞；2-下首坞门；3-水泵站；4-上首坞门；5-电动绞盘；6-横移车；7-绞车室；8-船台；9-地牛；10-下坞室；11-上坞室

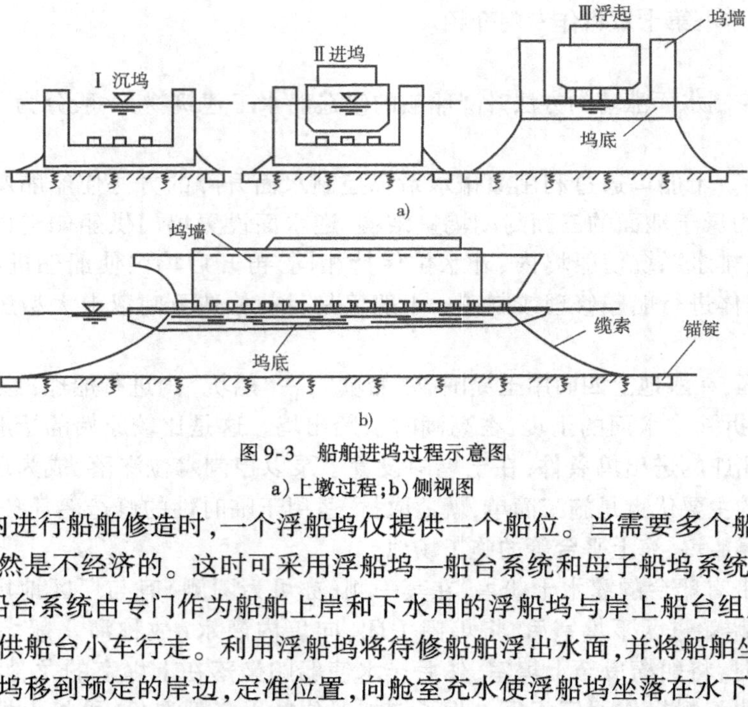

图9-3　船舶进坞过程示意图

a）上墩过程；b）侧视图

在浮船坞内进行船舶修造时，一个浮船坞仅提供一个船位。当需要多个船位时就要建造多个浮船坞，显然是不经济的。这时可采用浮船坞—船台系统和母子船坞系统。

浮船坞—船台系统由专门作为船舶上岸和下水用的浮船坞与岸上船台组成，在浮船坞底板上铺设轨道，供船台小车行走。利用浮船坞将待修船舶浮出水面，并将船舶坐落到船台小车上，然后将浮船坞移到预定的岸边，定准位置，向舱室充水使浮船坞坐落在水下支墩上，连接船坞底板上轨道与岸边轨道，用船台车将船舶拖向岸上船台。这种型式与单纯浮船坞比较，可提高船坞本身的利用率，而与船台滑道相比，则可避免高精度的水下滑道施工。然而，浮船坞落墩和接轨的工作比较复杂，并且在确定设计水位时，还应充分考虑浮船坞的吃水和支墩顶面高程的密切关系，对支墩结构要求较高，施工技术也相对复杂。这种型式在国外已用于载重量万吨级的船舶，国内已用于载重量5000吨级的船舶。

母子船坞系统由一个母坞和若干个子坞组成，母坞专门用于船舶的上墩下水，子坞专门承载船舶并修造。母船坞和双墙式浮船坞相似，也有抽水设备。子船坞类似趸船，其甲板上设有船舶支墩和脚手架，但没有抽水设备。船舶上墩时，子坞置于母坞内，在母坞和子坞的舱室内同时灌水，使之下沉到所需水深，将船舶引入子坞内，然后母坞与子坞先后排水上浮，使子坞载船浮于水上。把载有船舶的子坞拖至码头前系定，进行修船工作。这种系统比较适合用于中小型船舶的修理。

3. 升降机

升降机是利用机械设备垂直升降船舶，有卷扬式和液压式两种。对于小型船舶，甚至可用起重机垂直升降船舶。图 9-4 是一座 2000 吨级卷扬式升降机，在内、外码头之间用 20 根钢缆悬挂着一个钢制的升降平台，钢缆的一端由绞车引出，绕过吊点处的定滑轮组和升船平台上的动滑轮组吊住平台。船舶上墩时，升降平台先放在图中虚线的位置，将船舶曳进船池，开动两侧的电动绞车使平台升起，船舶即坐落在平台的支墩上。平台提升至与码头顶面齐平后，将船台车移至船舶下面并用车上的千斤顶将船顶起，船重就移到了船台车上。撤除平台支墩，沿轨道将船舶移至船台上进行修理。船舶下水时操作程序相反。

升降机的特点是占用水域和陆域面积小，操作简便，一台升降机可供许多船台使用。但造价较高，特别是在船体较重和地质条件差时，这个缺点更为突出。

液压式升船机的组成部分与卷扬式相同，区别是提升船舶不用卷扬机而用油压机。

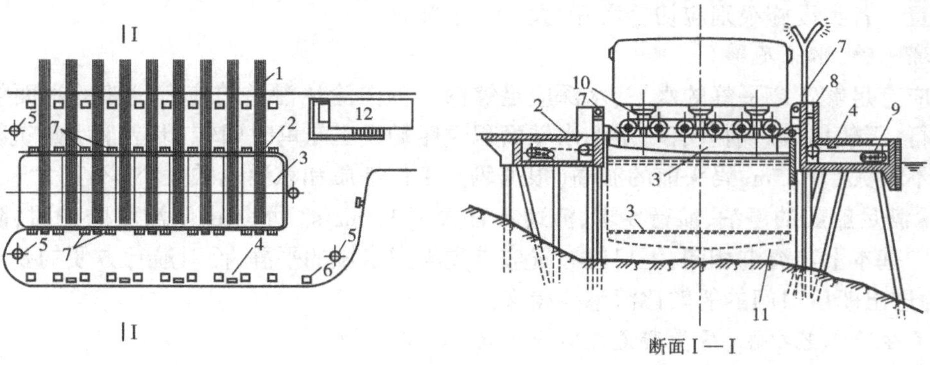

图 9-4　卷扬式船舶升降机

1-轨道；2-内码头；3-升降平台；4-外码头；5-绞盘；6-系船柱；7-吊点；8-导轮；9-绞车；10-船台车；11-升船池；12-操纵室

二、船厂码头

船厂码头按用途分为系泊码头、材料码头、舾装码头和试车码头四种。

系泊码头用来进行待修船舶的勘验，竣工船舶的验收，工作船的系泊。系泊码头可考虑停靠 2 ~ 4 排船舶。

材料码头供运输材料的船舶系泊和装卸，与货运码头相同。

舾装码头或修船码头供船舶舾装和水上修理时系泊，要求有良好的起重运输条件和必需的动力设施，通常采用 5 ~ 30t 高架起重机，在码头前可考虑停靠 2 ~ 3 排船舶。码头平面型式可采用连片式或引桥式。舾装码头上的运输不频繁，因此布置少量引桥即可满足要求。

试车码头专供船舶试车之用，要求有较大的水深及较强的系缆设备。根据试车工作量的大小，可设置专门的试车码头，也可将舾装码头中的一个泊位与试车码头合并考虑，加大水深，利用风暴系船柱或单设1~2个大拉力的系船柱。

第三节　修造船厂的平面布置

一、布置原则

修造船厂厂址的选择及总体布置直接影响船厂的生产运营和工程投资,应根据地形、地质、水文、波浪、气象等自然条件进行综合考虑及方案比选。厂址选择侧重于考察水域的面积和水深、岸线的长短和可用性、陆域是否宽广平坦、水文条件是否良好等,总体布置则侧重于船厂规模确定及平面布置的合理性,以最小的生产运营成本(包括投资)满足船舶修造的需求。船厂的总平面布置应遵循以下原则:

1. 规模合理,留有发展余地

船厂的规模既要满足市场需求,又要留有发展空间。修造船能力是确定船厂各种设施规模的依据,必须在对船舶运输市场、造船业及社会经济等发展状况进行详细调查与分析后确定。船厂设施规模主要是船台、船坞、滑道、码头泊位、各类车间等的数量及大小,其他辅助设施配套设置。各类设施级别应切合实际,大、中、小并举。

2. 水域平稳,水深足够

船厂应有足够宽广平静的水域,水深应足够深。纵向涂油滑道前应有足够的水面供船体下水后滑行;干船坞口门前应有一定的水域面积供船舶进出船坞时回转;上墩下水建筑物前的波高一般不宜大于0.5m,码头前的波高(根据码头工作性质和靠泊船舶大小)不宜大于0.5~1.0m,水深满足船舶的停泊、航行要求,流速不宜大于1.0m/s。水域由防波堤防护时,防波堤的布置原则基本上与海港相同,但口门布置应首先考虑水域的平静,而对航行方便的要求则属次要,因为进出船厂口门的船舶比海港少得多。

3. 满足生产工艺要求,尽量避免或减少干扰

先进的生产工艺流程、合理的总体布置可充分发挥各设施的作用,提高生产效率,从而有效地降低修造船厂的运营成本。各种建筑物的平面布置在满足生产工艺要求的前提下,要相互配合、协调一致、互不干扰。

4. 合理使用岸线

岸线是宝贵的资源,应合理利用,船坞、滑道、码头等水工建筑物的布置要遵循深水深用、浅水浅用的原则,避免浪费深水岸线。

5. 充分利用自然条件

在平面布置中,充分利用自然条件可有效地降低工程造价。如船台、滑道、船坞、码头等建筑物尽量布置在地质条件较好的区域;防波堤口门尽量布置在深水区,其余部分尽量布置在浅水区;船舶上墩下水建筑物尽量避免船舶受较大的横风、横流作用等。

二、水域布置

水域是船厂的重要组成部分,船厂应有满足设计水深要求的、宽广平静的水域。船坞的坞口、滑道的末端、码头前沿等应尽量布置在天然水深满足设计要求的水域,尽量减少疏浚量,尽

可能不改变流向，以减少淤积。船厂常与港口相邻，总体布置时，修造船建筑物尽量布置在港口作业区以外，以避免过往船舶对上墩下水船舶的干扰。

纵向滑道前船舶下水后滑行水域宜取 2～3 倍船长，采用气囊下水的船台，滑行水域适当增大。船坞前操作水域应有良好的防浪掩护条件，水域长度一般不小于 2 倍船长，宽度不小于 1.5 倍船长。舾装码头泊位长度取设计船长加一定的富余量，宽度一般取 2 倍船宽。船舶回旋水域直径一般为 1.5～2 倍的船长。

船舶上墩下水建筑物布置时，应尽量避免常风向垂直于船舶纵轴线，以免造成上墩下水困难。如果风向正对船坞口门而风力又较大，就会在坞门前形成反射波，增大坞门高度和受力，最理想的是把船坞口门布置在下风向。对于内河船坞还应避免船舶顺流进坞。

滑道的末端虽有一定的水深要求，并距岸线有一段距离，但只要末端水深基本能满足要求即可，应优先将沿岸自然水深较大的地段留作布置舾装码头，以便充分、合理地利用自然水深条件。

地质条件对水工建筑物造价影响很大，承受较大荷载的建筑物应尽量避开软弱地基。对船坞来说，还应优先选择透水性较小的地基，船坞各分段尽量布置在相同性质的土层上，以减小不均匀沉陷。

三、陆域布置

厂区陆域应根据生产工艺流程要求，与水工建筑物配合布置。

造船船体车间由钢料库经船体加工、船体装配等车间至船台，布置成流水线。修船船体车间布置在船坞和滑道附近，以便于船体钢料的换修。轮机管子铜工、电工、油漆帆缆等车间的工作，均在靠泊舾装码头前的船舶上进行，这些车间宜布置在码头附近。修船工作大部分是在修船码头上进行的，修船厂往往需要很长的码头岸线。

地形条件对平面布置影响很大，有时甚至影响到工艺和滑道型式的选择。直线形的岸线往往使船厂总平面布置偏于松散，如果厂区有两面或三面临水，厂区布置就可以较为紧凑。在岸线较短而纵深较大的厂区，适宜布置占用岸线较短的纵向滑道或船坞，这样可留出其余的岸线作为布置码头之用。也可在陆上布置较多的船台，适当放长船舶在船台上的建造或修理周期，减少船舶下水后停泊码头的作业周期，以弥补岸线的不足。在岸线较长而陆域紧张的情况下，可以压缩船舶在船台上的修造周期，将尽可能多的舾装工作在码头上完成，充分发挥岸线长的特点。

图 9-5 所示为某沿海修船厂平面布置，利用防波堤取得了两条直交的岸线，使厂区两面临水、布置紧凑。利用一部分防波堤内侧兼作码头，减少了投资。该船厂平面布置的主要缺点是厂房不能集中，厂内运输线较长。

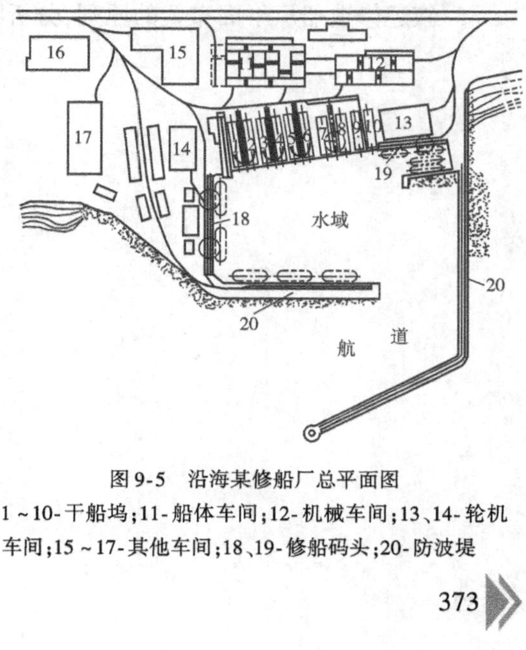

图 9-5 沿海某修船厂总平面图

1～10-干船坞；11-船体车间；12-机械车间；13、14-轮机车间；15～17-其他车间；18、19-修船码头；20-防波堤

图9-6所示为某内河修造船厂平面布置，利用了小河入口处的曲折岸线，使厂区两面临水，分别用来布置码头和滑道，从而厂区布置紧凑。

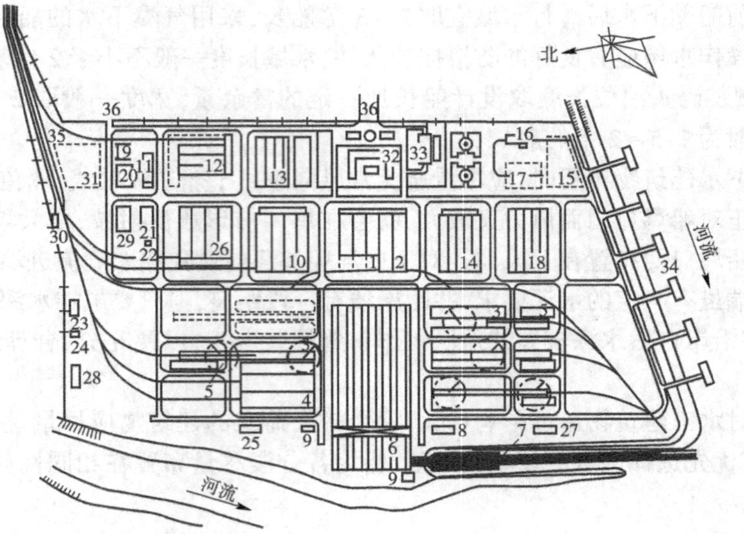

图9-6 内河某修造船厂总平面图

1-钢料仓库；2-船体车间；3、4-船台；5-分段装配平台；6～9-滑道及绞车室；10-机械装配车间；11-锻工车间；12-铸工车间；13-修理车间；14-舾装车间；15～17-木堆场及锯木车间；18-木工车间、烘房、帆缆车间；19～37-动力站、仓库、码头及其他建筑物

思考题

1. 修造船厂由哪几部分组成？说明各部分的功用。
2. 船舶上墩下水建筑物有哪几种类型？说明各自的基本工作原理。
3. 叙述修造船厂平面布置的原则，分析图9-5和图9-6两船厂平面布置的优缺点。

第十章　机械化滑道

第一节　机械化滑道的型式

一、机械化滑道

机械化滑道是成批修造船舶时最常用的一种上墩下水设施。移船用船排小车进行,省力方便。同时,一条滑道可为若干个船台服务,占用岸线短,工程量少,滑道的使用率高,且船台布置比较集中紧凑。

根据船舶上墩下水时船舶纵轴线与滑道中心线的相对位置,机械化滑道可分为纵向滑道和横向滑道两大类。两类滑道一般均由滑道区、横移区和船台区三部分组成,如图 10-1 所示。滑道区是船舶上墩或下水的通道,滑道是倾斜的;横移区是船舶从滑道区到船台区的过渡区,通过横移区将船舶移到各船位上;船台区是船舶修造的场地,通常设有多个船位,船台区一般是水平的。

船舶的上墩过程一般为:拖曳船舶至滑道末端水域附近,进行水上定位,然后将待修船舶落在滑道的小车上;用机械设备将载船的船排小车沿倾斜轨道上移至横移区;借助横移车将船舶沿横移区轨道移至指定的船台位置;移入船台、落墩。下水过程则相反。移船过程如图 10-1所示。

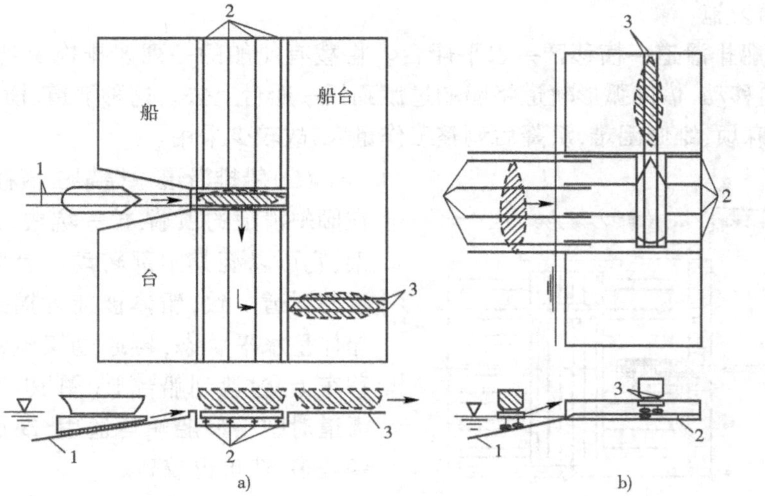

图 10-1　移船示意图

a) 纵向滑道;b) 横向滑道

1-下水轨道;2-横移轨道;3-船台轨道

机械化滑道有各种不同的型式，其主要区别在于船舶从滑道区上的倾斜状态过渡到横移区上的水平状态的方式。

二、纵向机械化滑道

1. 船排滑道

在纵向船排滑道上，船舶直接搁置在滑道的船排小车上进行修造（图 10-2）。船排小车分整体式和分节式两种，船排小车之间整体式用刚性连杆连接，分节式用链索连接。分节式船排小车之间的距离可以根据需要调整，适应性较强。船排小车的顶面与轨道面平行，由绞车牵引船排小车完成船舶上墩或下水工作，纵向船排滑道一般水上段兼作船台用。

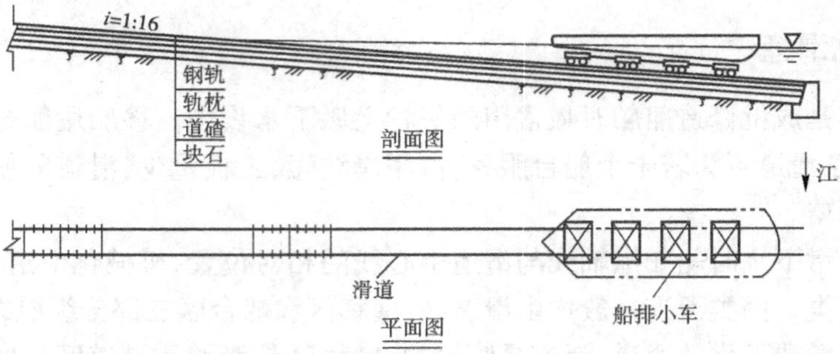

图 10-2　纵向船排滑道

船排滑道的优点是：船排小车高度低，滑道短，便于施工和维护；结构和设备简单，投资少，建设期短。其缺点是：一条滑道只能建造或修理一艘船，而且船舶处于倾斜状态，作业条件较差；船排高度低，船底工作不便；船舶下水艉浮时会产生较大的船艏压力。纵向船排滑道主要用于中小型船舶的修造，且工作量不大、投资有限的情况。

为使船舶能过渡到布置有多个船位的船台上，在纵向船排滑道的基础上，目前采用以下几种类型的移船设施：

（1）弧形船排滑道—横移区—水平船台。将载有船舶的一列船排拖曳到横移架上，通过横移架的横向移动，借助弧形轨道将船舶过渡到任一船台上去。这种滑道、横移架面和船台都是弧线，施工麻烦，维修困难，沉降后调整工作量大，故较少采用。

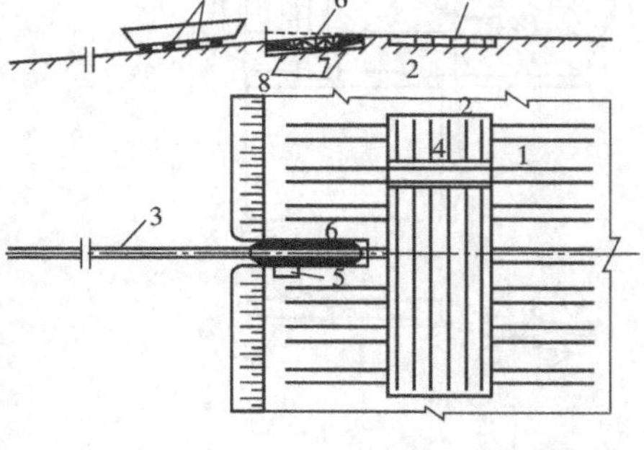

图 10-3　船排滑道—摇架—横移架—水平船台布置图

1-船台；2-横移坑；3-滑道；4-横移架；5-绞车房；6-摇架；7-摇架支撑铰点；8-摇架的前后液压千斤顶；9-随船架

（2）船排滑道—摇架—横移架—水平船台。在倾斜滑道的顶端，挖一坑槽，其中安设钢制摇架，它可以绕其中部转动。上墩时摇架顶面坡度与滑道一致，船体被拖上摇架后，摇平摇架，船体呈水平状态，再通过绞车将船体牵引到横移车上，过渡到船台上（图 10-3）。这种型式的滑道对中小型船舶均适用，缺点是所需机械设备较多，造价也较高。

（3）船排滑道—转盘—横移架—水平船台。该型式的滑道又称转盘式滑道。在滑道的顶端设置转盘架，架面轨道坡度与滑道坡度相同，将载船的船排小车经滑道拖曳到转盘架上就位固定，转动转盘，使转盘架达到设计预定位置，呈水平状态。转盘型式有两种：一种是螺旋转盘式，在转盘架由斜面转到水平面状态的过程中，转盘下端支点是边旋转边上升，而转盘上端支点是边旋转边下降，直至转盘呈水平状态为止。在水平面与预定的横移架对齐后，就可以将载船的船排小车牵引到横移架上，再通过横移架过渡到船台上。另一种是摇架转盘式，转盘架既能旋转，又能上下摇动，最后可将船排小车直接牵引到船台上。

该类滑道对中小型船舶均适用。但转盘区的构造较复杂，所需要机械设备较多，施工较困难，造价也较高。一般除特殊地形外较少采用。

(4)船排滑道—变坡横移架—水平船台。该型式的滑道又称自摇式滑道。其特点是船舶从倾斜位置过渡到水平位置，或由水平位置过渡到倾斜位置的过程是在横移区内的变坡过渡段进行的，即船舶是在横移过程中完成这个过渡的(图 10-4)。

这种滑道的横移区分为变坡过渡段和水平段。横移轨道一般采用奇数，其中间轨道为水平的(断面 *D—D*)，其以下各轨(断面 *C—C*)是向上倾斜过渡到水平，以上各轨(断面 *E—E*)是向下倾斜过渡到水平。为保持横移车的横向(宽度方向)台面在过渡段移动过程中一直处于水平位置，过渡段采用一高一低的双轨。

自摇式滑道的船舶上墩过程为水上定位、沿滑道移船、横移摇平和移船到船台上，如图 10-4 所示。

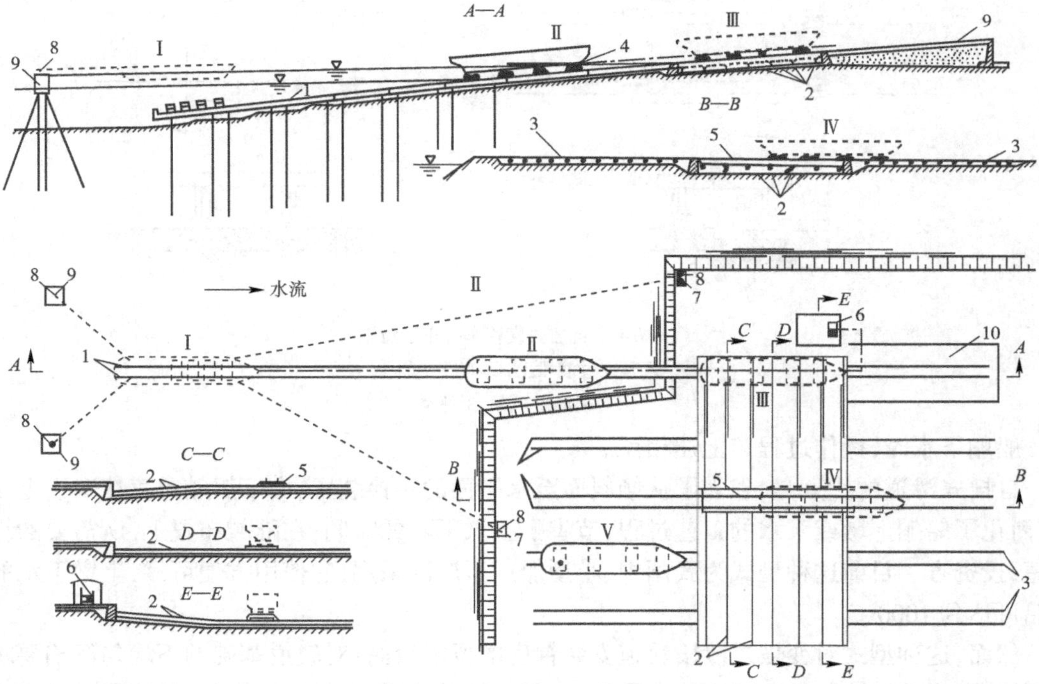

图 10-4　自摇式滑道

Ⅰ-水上定位；Ⅱ-沿斜轨移船；Ⅲ-横移；Ⅳ-移船至船台；Ⅴ-修船

1-下水轨道；2-横移轨道；3-船台轨道；4-船排小车；5-横移车；6-绞车；7-电动绞盘；8-系船柱；9-定位墩；10-倾斜船台

①水上定位:先将船排小车沿滑道滑至滑道末端,然后将上墩的船舶用拖轮拖至滑道前,定位、上墩,将船舶固定在船排小车上。

②沿滑道移船:将载有船舶的船排小车沿滑道一直拉到横移车上。

③横移摇平:自摇式滑道横移车的构造特点是,走中间轨的只有两个走轮,一前一后,并位于同一高程;走两侧轨的轮子都有一个附加轮,各轨上附加轮的位置不同,陆侧在前,海侧在后;附加轮的用途是保证横移车在倾斜过渡段轨道上行驶时车顶在宽度上始终保持水平。以图 10-4 的断面 $C—C$ 轨道为例,如图 10-5a)所示,车在倾斜轨道上,前轮走低轨,附加轮走高轨,后轮悬空;由于高低轨顶的高差 h 与轮距 b 之比等于过渡段横移轨道坡度 i(即 $h=ib$),所以车在任一位置时车顶都保持水平;横移车移到水平段后(图10-5b),前后轮都在轨道上,附加轮悬空,在水平段每条线只需一根轨道;横移车常用车上的两台横移绞车牵引,沿横移轨道移动。

④移船到船台上:横移车至船台前,对准所停船位的轨道,放下横移车上的过桥轨,与船台轨道连接,然后开动横移车上的纵移绞车,牵引载船船排小车至船台上。

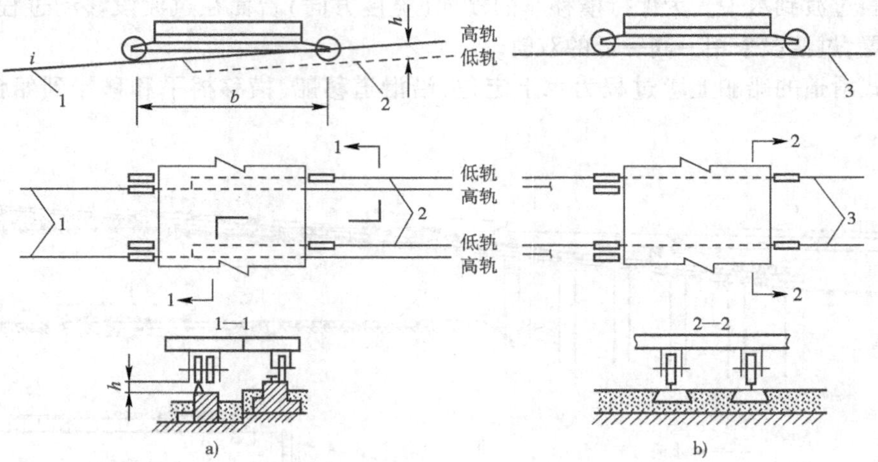

图 10-5 自摇式横移车行车示意图

a)车在过渡段上;b)车在平轨上

1-高轨;2-低轨;3-平轨

船舶下水时,操作过程与上述相反。

自摇式滑道的优点是,省去了从倾斜面至水平面的转换装置;由于船舶是直接牵引上横移车,简化了船舶上墩或下水的工艺过程,节省了上墩下水的时间;在陆域布置上,所需要的纵深较短;投资省。目前这种型式为我国中、小型船厂所广泛采用,它使用方便可靠,上墩下水的最大船可达到 1000t。

然而,这种型式对变坡过渡段轨道安装精度的要求较高;对轨道基础的不均匀沉陷要求比较严格,在变坡过渡段的两侧不能布置船台;随着船舶的增大,横移车增长,过渡段的长度也要相应增加,轨道数目增多,易引起横移车轮卡轨或磨损加剧的现象。

上述四种类型的滑道,船舶下水时均采用船排小车,当船舶下水艉浮时,都存在船艏压力大的问题。

2. 两支点滑道

船舶上墩或下水时，只用两台小车支撑，可以从滑道的斜坡段直接拖曳到水平段上（图10-6）。小车之间可用拉杆或链条连接。简单的两支点滑道布置是将船舶从滑道斜坡段拖曳到水平段后，直接在该段修理（或建造）。为了提高效率，考虑多船位布置，可有以下几种方式：①在水平段串联布置两个船台位置；②滑道上端设水平横移区和船台区，船舶拖曳到滑道上端水平段后，过渡到横移轨道的自动或非自动船台小车上，再横移到侧向的船台上；③滑道上端设带坑的横移架，船舶拖曳到横移架上后，通过横移过渡到任一船台上。

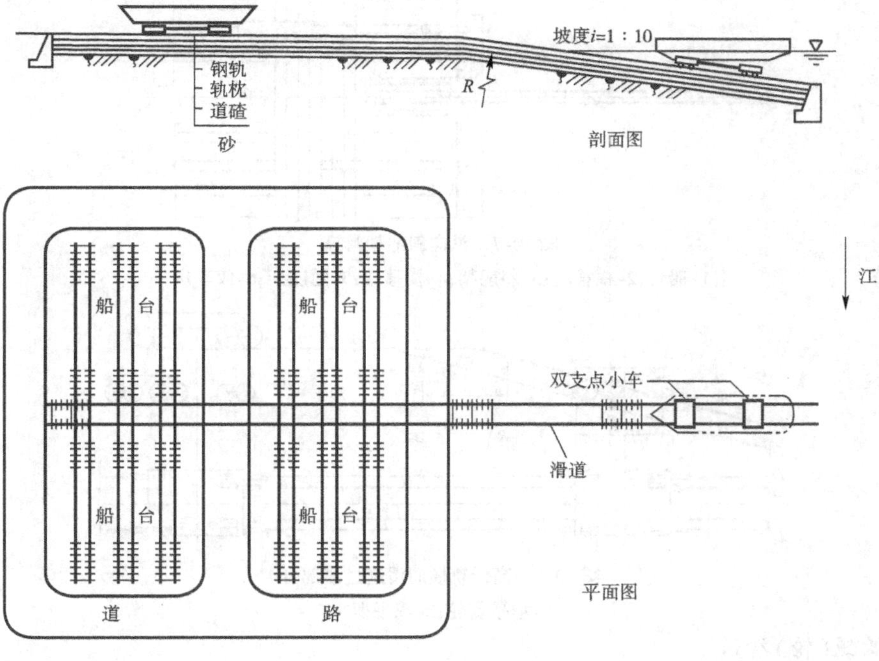

图10-6 两支点滑道

两支点滑道具有施工方便、设备简单、滑道可变坡、修造船方便及节省投资等优点。但船舶上墩下水过程中只有两点支撑，下水艉浮时纵向弯矩较大，故只适用于船舶纵向强度大的小型船舶，如小型渔轮、拖轮等。

3. 斜船架滑道

船舶在楔形斜船架和一列随船架的双层车上上墩或下水，船体在上墩下水过程中始终保持水平状态，使承载船舶的随船架通过布置于同一高程的轨道，将船舶直接载运到水平船台上或通过横移区运载到任意水平船台上。这种型式的滑道，船舶上墩下水安全可靠，不存在船艏压力，机械化程度高，操作比较简单，适用于大型船舶的上墩下水作业，能适应不同类型的船舶。但由于斜架面是水平的，架尾较高，故要求滑道末端水深较大，滑道长，投资大。为了缩短滑道的长度，可采用弧线形滑道，使滑道末端部分坡度变陡或将斜架面做成较小的坡度，以减小滑道末端的水深。图10-7为具有多船位和横移区的纵向斜船架滑道布置图。

三、横向机械化滑道

1. 高低轨滑道

高低轨滑道由滑道斜坡和横移区两部分组成。下水车在滑道斜坡部分上，临水与靠岸侧的走轮各自行走在不同高程的轨道上，从而使车架面处于水平状态。斜坡部分的高低轨道和横移区的相应轨道用同一半径的圆弧平滑地连接起来，如图 10-8 所示。

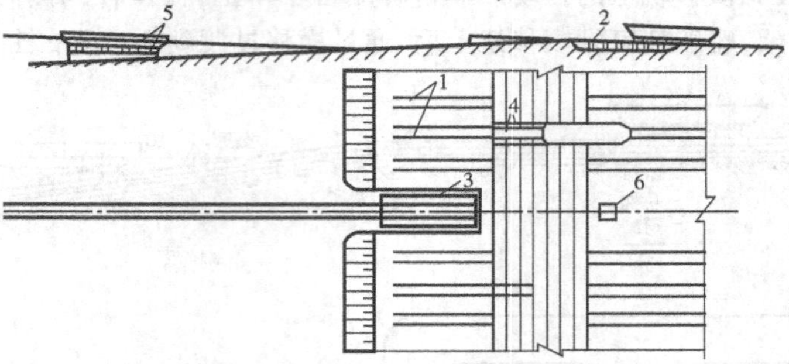

图 10-7 纵向斜船架滑道

1-船台；2-横移坑；3-斜船架；4-横移架；5-随船架；6-绞车房

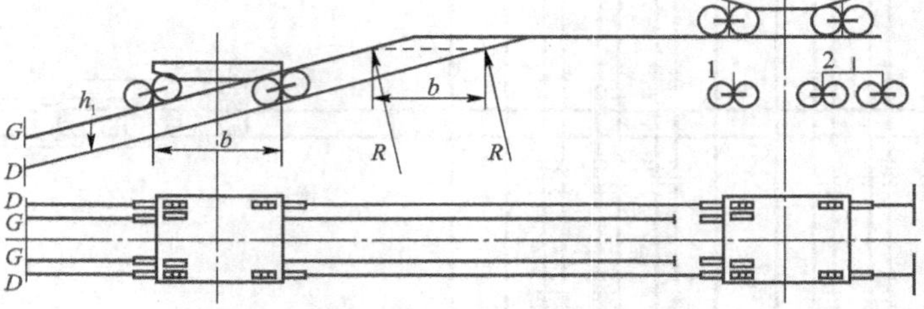

图 10-8 高低轨横向滑道过渡部分

1-单平衡轮；2-双平衡轮

2. 高低腿(轮)滑道

该滑道是由横向高低轨滑道演变而来(图 10-9)。其特点是在斜坡和横移区交接处每组轨道为四根互为交错，形成由滑道转换到横移区的过渡段。为适应这种轨道布置，下水车的每组轮子为八个平衡轮，临水侧的四个平衡轮中，两个高的在内侧悬空，两个低的在外侧支撑于斜面钢轨上，见图 10-10。当下水车拖到过渡段时，外侧平衡轮将船舶重量转换到内轨的两个平衡轮上，使下水车在斜面上和在水平面上行走时，架面始终保持水平状态。

横向高低轮滑道的优点是滑道和横移区的每组轨道都在同一平面上，仅在过渡段有局部低轨，从而减少了施工的复杂性。其缺点是临水侧的下水车架较高，要求滑道末端水深较大；在横移区轨道下留出下水车外侧高腿的凹槽，也给施工带来麻烦。

3. 梳式滑道

梳式滑道(图 10-11)也是由滑道区、横移区和船台区三部分组成。这种滑道的特点是：

(1)船从斜坡滑道到水平横移区轨道用换车方法过渡，即从斜架车换到船台车上；

(2)为了换车需要，供斜架车行走的倾斜轨道和供船台车行走的水平轨道在岸边处互相间插，形如梳齿，故称梳式；

(3)船台区和横移区位于同一水平面，它们的轨道成直角平交；

(4)在横移区和船台区用同一组的船台车移船,在两区轨道交叉处用转轮(船台车轮)方法转向;

(5)下水车采用分段式斜架车,每段车由分设在斜坡滑道顶端的绞车牵引;

(6)在横移区和船台区不用绞车牵引移船,而是用机动船台车移船。

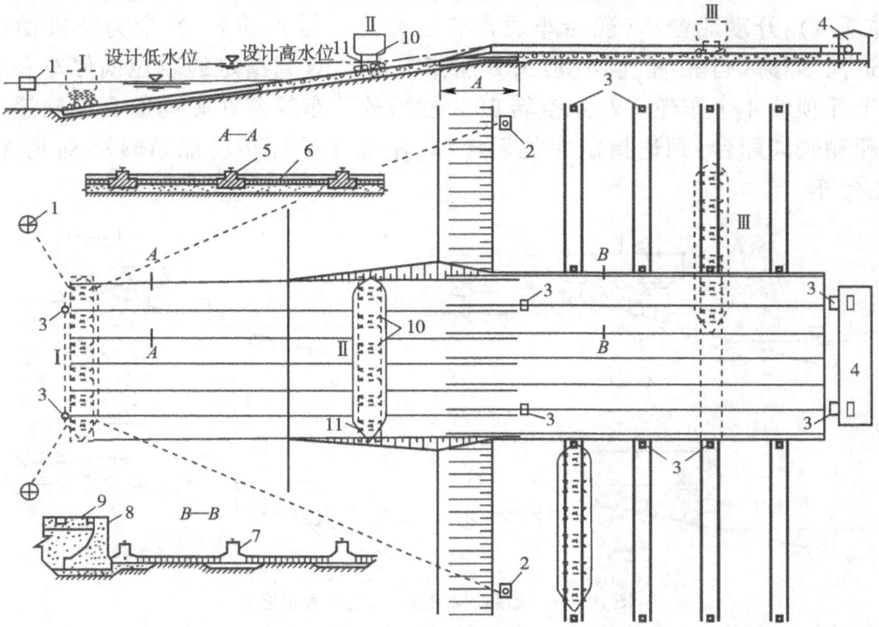

图 10-9　高低轮横向滑道

Ⅰ-水上定位;Ⅱ-沿斜轨移船;Ⅲ-移船至船台;1-定位浮筒;2-电动绞盘;3-地牛;4-绞车房;5-下水轨道及轨道梁;6-联系梁;7-横移区轨枕;8-横移区挡土墙;9-船台轨道;10-船排小车;11-高低轮下水车

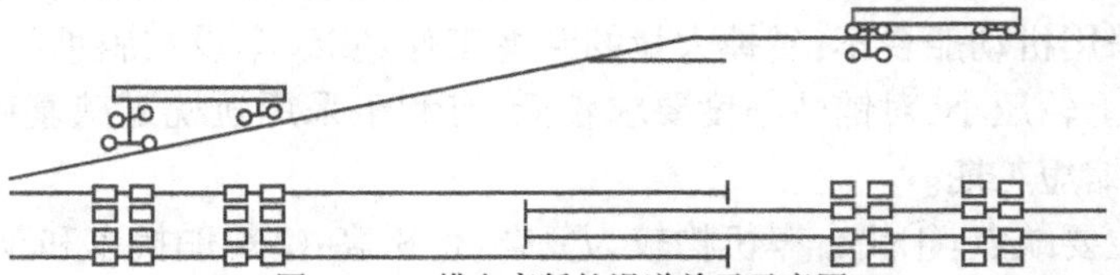

图 10-10　横向高低轮滑道单元示意图

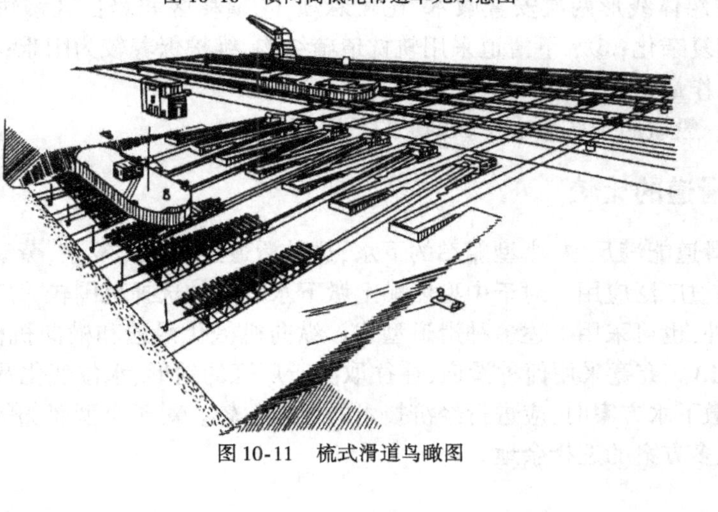

图 10-11　梳式滑道鸟瞰图

这种滑道船舶上墩工艺过程(图 10-12)是:将船定位后坐落在斜架车上;然后用设在倾斜轨道顶端的绞车牵引它沿滑道上行至倾斜滑道顶端(位置 1),此时船底高出船台车顶面;将船台车沿箭头 A 的方向开到船底下(位置 2);船台车用本身的油压千斤顶将台面和船顶起,使船舶重量转落在船台车上,斜架车即卸荷(位置 3);斜架车沿箭头 C 的方向下滑脱离船底(位置 4);开动船台车(船台车通常有三分之一是机动的,其余为非机动台车)沿水平横移轨道向横移区行驶(位置 4,箭头 B 所指方向),直到指定的船位前停车;利用船台车上的油压千斤顶使 4 个车轮一起悬空转 90°,然后放下车轮落在驶向船台的轨道上,开动船台车载着船舶驶向船台;到达指定船位后停车,用油压千斤顶将船重转移到龙骨墩和边墩上,抽出船台车。

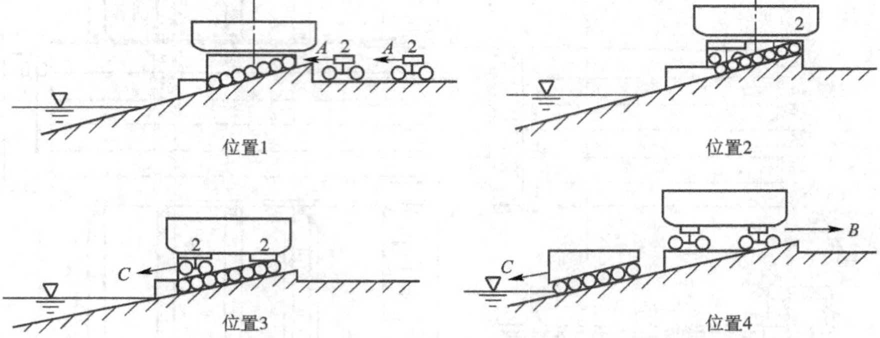

图 10-12　梳齿处船舶换车工艺过程示意图

梳式滑道的主要优点:①横移区与船台区高程一致,没有横移坑,场地平整,交通运输方便,船台两侧的起重机可调剂使用,必要时横移区也可兼作船台用;②由于滑道区和船台横移区有各自的移船车,如配备两套船台车,两艘船可同时进行移船作业,滑道利用率高;③横移区及船台区的移船采用机动船台车,省掉大量的穿绳工作;④绞车设在斜坡滑道的顶端,钢丝绳的长度短;⑤滑道上轮压小,对铺轨精度要求较低,有利于采用轨枕道碴基础,便于水下施工,可降低造价,并且缩短工期。

梳式滑道的主要缺点:①船台车机构较为复杂,价格高;②船舶换车和车轮转向费时;③对于尖底船,要按船体线形两次安置墩木,比较麻烦;④横移区和船台区钢轨多,轨道平面交叉多,使轨道基础复杂化;⑤水下滑道采用轨枕道碴结构,维护保养较为困难;横移区采用轨枕道碴结构,维护工作量也大。

梳式滑道一般适用于质量小于 3000t 的平底河船。

四、各种滑道的比较

纵向油脂滑道能满足中、小型船舶的下水,这种滑道虽然操作复杂,劳动量较大,但其一次性投资少,故仍被广泛应用。对于中型船舶上墩下水方法的选择范围较为广泛,除可采用纵向油脂滑道下水外,也可采用上述多种滑道型式。纵向机械化滑道和横向机械化滑道具有不同的特点(表 10-1)。究竟采用何种滑道,往往取决于厂区的地形、水位变化及施工条件等因素。在具体选择上墩下水方案时,应进行经济技术的详细比较。对于小型船舶的上墩下水,由于其重量小,则有更多方案的选择余地。

纵向机械化滑道与横向机械滑道的比较 表 10-1

	纵向机械化滑道	横向机械化滑道
占用岸线	短	长
滑道末端水深	大	小
水上定位	较方便	不便
船体移船过程受力情况	不受扭,纵向弯矩一般较大	受扭,船体纵向弯矩小
受水流影响	较大	较小
造价	下水滑道总长短,造价一般较低	下水滑道总长长,造价通常较高

选择船舶上墩下水方案时,一般应能满足下列要求:

(1)船舶上墩或下水的有关作业应达到最大限度的机械化。

(2)使用多船位船台时,应考虑合理的移船方案,在布置上应保证各个船位的船舶都能随时上墩或下水而不互相妨碍。

(3)拖曳设备应工作可靠且有调速可能,并在许多绞车同时工作的情况下应能同步化。

(4)船舶上墩或下水时应避免承受过大应力,如在纵向上墩下水时应避免过大的前支架压力。

(5)船舶上墩操作时应与水流逆向,并最大限度地减小水流对船体的作用,因此在流速较大地区,上墩构筑物的布置应使船舶与水流平行或成较小角度。横向滑道上墩船舶虽与水流平行,但流速过大也会影响船舶定位,故有时将横向滑道布置在人工开挖的港池内。

(6)将移船设备负荷不均匀性应减到最小程度,如在移船设备上装置滚轴平台和液压设施等,使轮压降低,从而降低轨道基础的造价。

(7)滑道结构应力求简单,以减少水下工程的复杂性。

第二节 机械化滑道的主要尺度

一、船舶上墩下水的设计水位

为了确定船台地面和滑道末端的高程,首先需要确定船舶上墩下水的设计高、低水位。确定设计高水位的原则和方法与码头相同,而设计低水位的确定则有其自身特点。由于船舶在滑道上的上墩或下水作业不是连续的,每次作业时间仅需 1 ~ 2h,因此在有潮地区,船舶上墩或下水可趁高潮进行。在水位资料整理分析时,根据船厂修造船生产所要求的每月上墩或下水次数,取具有一定保证率每次持续时间为 1 ~ 2h 的水位作为设计低水位。对于河流和湖泊地区,设计低水位应根据多年实测的枯水期水位进行统计,然后根据船厂修造船的要求选择相应保证率的水位作为设计低水位。

二、纵向机械化滑道

1. 滑道坡度和轨距

船排滑道坡度为 1/20 ~ 1/15,大型滑道取小值,小型滑道取大值。在水位差较大的地区,为缩短滑道长度,可选用 1/15 ~ 1/11 的坡度;在淤积严重、滩地平缓的水域,也可选用1/20更缓的坡度。滑道一般为两根轨道,但当船舶吨位较大时,为减小轨道轮压,亦可取 3 ~ 4 根。轨距一般为船宽的1/3～1/2,瘦小型船舶取大值,肥大型船舶取小值。

两支点滑道坡度一般为1/10～1/8,在滑道下端的一定范围内,也有取1/6左右的坡度。滑道小车的轨距和架面宽度一般取为1/3～1/2船宽。

纵向斜船架滑道坡度一般为1/22～1/8,船舶长度大或水位差小时取小值;反之取大值。轨距一般取1/2.5～1/2船宽。

2. 滑道顶高程和末端水深

滑道顶高程一般与船台高程统一考虑,即取设计高水位加一定超高值。滑道末端水深与滑道的型式有关。

用船排小车下水的纵向滑道(不包括纵向斜船架滑道)的末端水深H(图10-13)自设计低水位算起,按下式确定:

$$H = T_F + a + h_T + \Sigma l_T \cdot \sin\alpha \tag{10-1}$$

式中:T_F——上墩船舶的船艄吃水(m);

a——船底与船排小车垫木之间的富余值,取0.3m;

h_T——船排小车的高度(m)(包括车上垫木的高度,如为尖底船,取边墩垫木的高度);

Σl_T——船排小车在水下的总长度(m),等于(0.6～0.8)L_P,L_P为船舶两垂线间长度;对于两支点滑道,可取$0.5L_P$;

α——滑道斜面与水平面的夹角(°)。

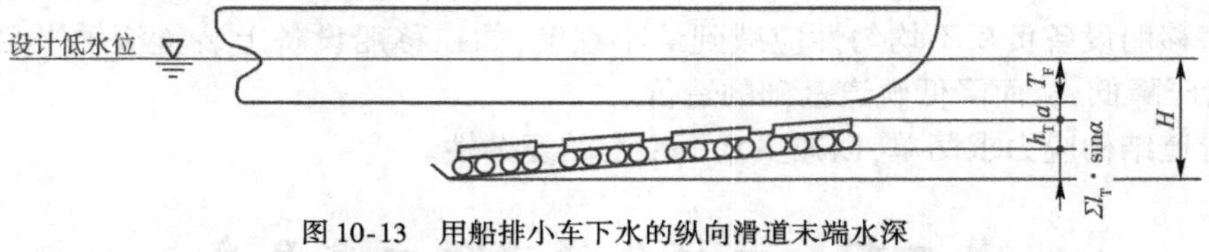

图10-13 用船排小车下水的纵向滑道末端水深

纵向斜船架滑道的末端水深H(以双层车为例,见图10-14)按下式确定:

$$H = T_A + a + h_T + h_A \tag{10-2}$$

式中:T_A——船舶上墩时的艉吃水(m);

h_A——斜架车尾端高度(m);

a、h_T——意义同前。

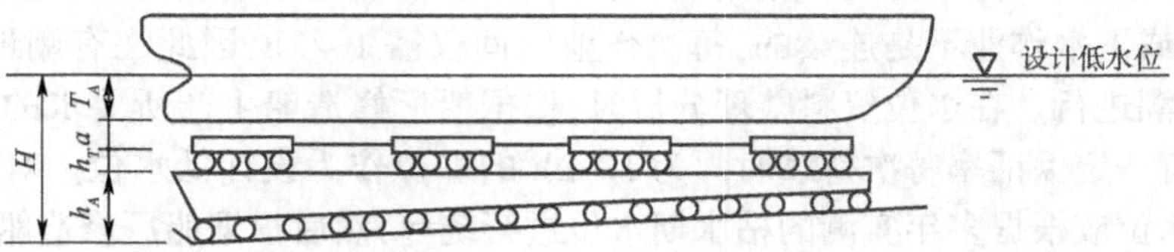

图10-14 斜船架滑道末端水深

三、横向机械化滑道

1. 滑道坡度

横向机械化滑道的坡度一般比纵向滑道陡,通常1/4.5～1/12;横向梳式滑道一般为1/8。

2. 滑道宽度

横向高低轨或高低腿滑道在使用整体下水的情况下,滑道宽度B可按下式计算:

$$B = L + 2b \tag{10-3}$$

式中：B——滑道上端宽度(m)；

L——整体下水车长度(m)；

b——整体下水车两端与滑道上端两侧挡土墙间间距(m)，一般取0.1m，当下水车长度小于船舶总长时，应避免挡土墙对上墩或下水船舶的障碍。

3. 滑道轨道组数

$$N = \frac{L_P}{B} + 1 \tag{10-4}$$

式中：N——滑道轨道组数；

L_P——船舶垂线间长(m)；

B——轨道组之间的中心距(m)；对横向高低轨(高低腿)滑道取6～8m，梳式滑道一般取8m。

梳式滑道的横移区轨道组数应比滑道区多一组(图10-11)。

4. 滑道末端水深

双层车高低轨滑道的末端水深H(图10-15)按下式确定：

$$H = T + a + h_T + h_1 + \frac{b_0}{2}i \tag{10-5}$$

式中：T——船舶上墩时的最大吃水(m)；

h_1——下水车高度(m)；

b_0——下水车平衡轮的轴距，一般为0.8～1.2m；

i——滑道坡度，$i = \tan\alpha$；

h_T、a——意义同前。

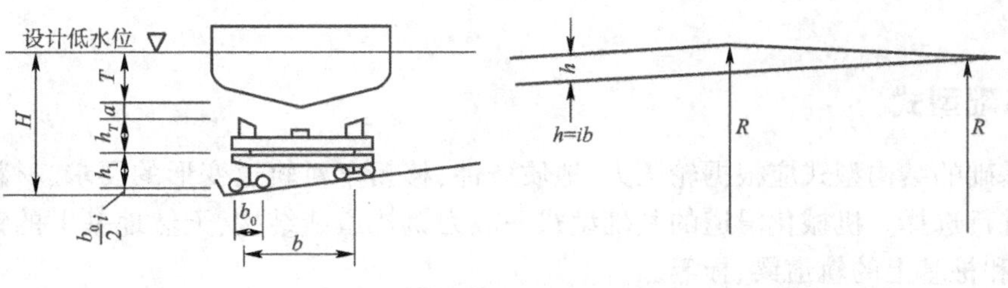

图10-15 高低轨(双层车)滑道末端水深

梳式滑道的末端水深H(图10-16)按下式确定：

$$H = T + a + h_1 \tag{10-6}$$

式中：h_1——斜架车临水一端(包括墩木)高度(m)；

T、a——意义同前。

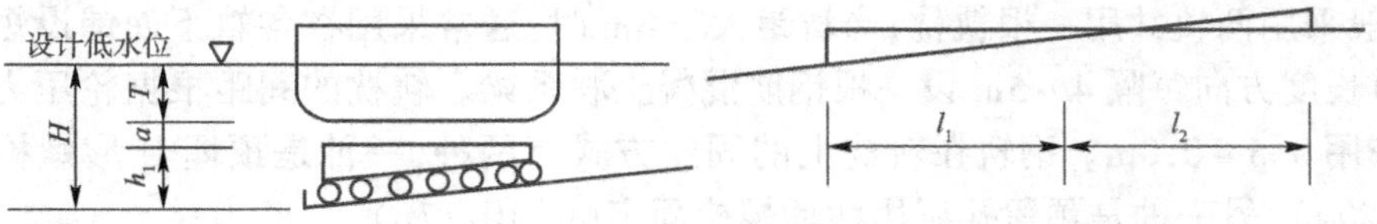

图10-16 梳式滑道末端水深

四、滑道区、横移区和船台区的尺度

1. 滑道区尺度

滑道的长度决定于其末端高程、顶高程及坡度。

滑道区的宽度决定于轨道组数和每组轨道中心距，在外轨道的两侧适当考虑一定的富余度；对于两侧有挡土墙的滑道段，其宽度决定于最大船宽（对于纵向滑道）或最大船长（对于横向滑道），船与挡土墙之间留有足够的富余量。

2. 横移区尺度

横移区的长度与滑道的类型、船台船位的数量和布置有关。

横移区的宽度决定于横移车的长度，横移车与两侧挡土墙之间应各留不小于 5cm 的间隙。

横移区与船台区的高差应等于横移车的高度。

3. 船台区尺度

为了便于布置交通运输线路，船台高程一般应与厂区高程齐平或接近；为了避免船台被淹没，船台应高出设计高水位约 0.5m。设计时应综合考虑确定。

船台平面尺寸决定于船位数量和每个船位的尺度。一个露天船位的长（宽）度为船舶总长（宽）度加两端（侧）搭设脚手架所需宽度（一般各为 1.5 ~ 2.5m）。两船位之间需设置起重机时，还应考虑起重机所占的宽度，其中应包括起重机吊杆或平衡器不致碰到脚手架所留的富余宽度。需要在起重机轨道与船台之间设工艺管道时，轨道与船台边线之间的距离不宜小于 3 ~ 4m。大型船位一般在两侧都布置起重机，中、小船位可在单侧布置。

第三节　轨道基础的结构型式

一、基础型式

轨道基础的结构型式应根据轮压力、地质条件、移船车对轨道变形的要求、材料供应和施工条件等进行选择。机械化滑道的基础型式一般为轨枕道碴结构、天然地基上的钢筋混凝土轨道梁、板和桩基上的轨道梁、板等。

1. 轨枕道碴结构

船台滑道的轨枕道碴结构与铁路上用的基本相同，也是由钢轨、轨枕及道碴三部分组成。

钢轨通常采用铁路轨或起重机轨，钢轨的型号根据轮压力选用，一般不宜小于中华 38 型。

轨枕一般采用钢筋混凝土轨枕，断面多为梯形，如图 10-17c）所示。当轨距小于或等于 3m 时，一般采用两轨共用一根轨枕；当轨距大于 3m 时，通常采用在各轨下面铺设短轨枕或纵梁；沿轨道长度方向每隔 4 ~ 5m 设一根钢筋混凝土联系梁。轨枕的间距根据轮压力的大小确定，一般采用 0.5 ~ 0.8m。钢轨在轨枕上的固定方式有两种，一种是预埋 U 形螺栓用压板固定（图 10-17a），另一种是预留孔洞用活动螺栓固定（图 10-17b）。

道碴一般采用 30 ~ 70mm 粒径的坚硬碎石。道碴厚度不得小于 0.2m。道碴宜铺至轨枕顶面,并伸出轨枕两端不小于0.2m。如果有几组轨道平行布置,相邻两组轨道之间的地面应用道碴或块石填至轨枕顶面,以保证道碴的稳定。

轨枕道碴结构的优点是:结构简单,用料少,造价低,轨顶高程调整方便。其缺点是:结构整体性较差,承载能力较低,地基沉降未终止前需经常调整高程。对于滑道的水下基础部分,一般采用基床抛石,如采用轨枕道碴结构,应对当地的冲淤情况作比较充分的调查分析,宜慎重对待。这种型式的基础在船台滑道中应用很广泛,但不适用于高低轨轨道。

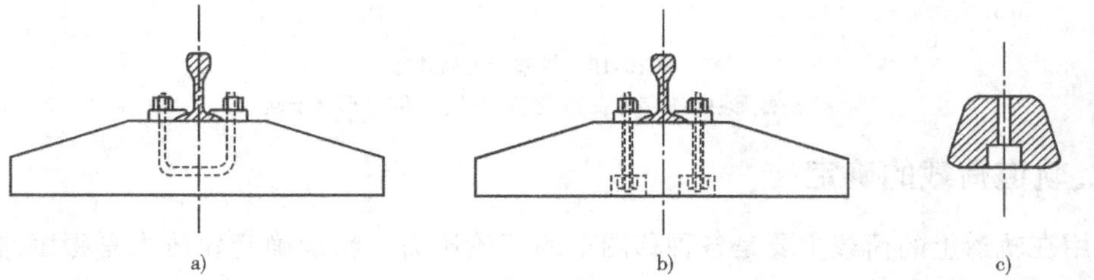

图 10-17 固定钢轨的方式

a)预埋U形螺栓;b)活动螺栓;c)轨枕横断面

2. 钢筋混凝土轨道梁、板

钢筋混凝土轨道基础有梁式和板式两种。

轨道梁的断面有矩形、倒T形及工字形等(图10-18)。为了防止梁横向变位,在一组轨道两个轨道梁之间用横向联系梁连接。轨道梁应分段,对于现浇梁,分段长度由变形缝的间距确定,变形缝的间距根据当地的温度差和地基情况有一定差异,一般采用30~45m;对于预制梁,分段长度还应考虑起重设备的起重能力。对于水下轨道部分,可采用预制的井字形构件,在水下安放在铺好的抛石基床上,构件的大小一般由起重设备能力确定。

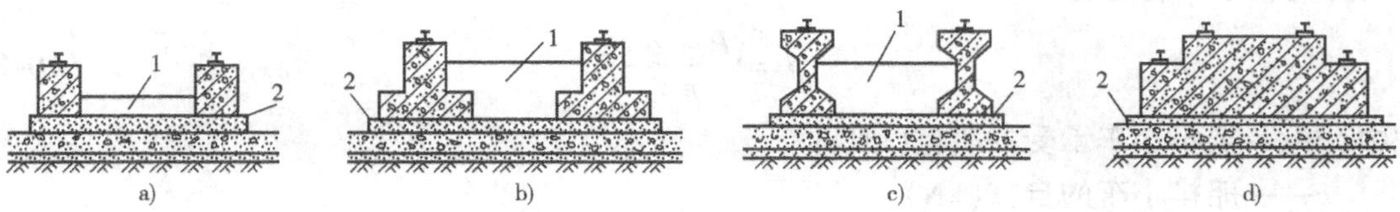

图 10-18 钢筋混凝土轨道梁

a)矩形;b)倒T形;c)工字形;d)对称高低轨轨道梁

1-横向联系梁;2-混凝土垫层

板式轨道基础有平板、肋形板等型式。肋形板受力较好,但施工较麻烦。板式轨道基础的变形缝间距一般采用15~20m。一般适用于轨距较小的情况。

钢筋混凝土轨道梁、板基础具有整体性好、刚度大、耐久、沉降较小等优点;但造价比轨枕道碴结构高,混凝土及钢材用量较大。适用于轮压力大或移船车行驶对不均匀沉降要求较高或轨道结构形状复杂(如自摇式滑道横移区的变坡段、高低轨轨道等)的情况。

3. 桩基上的梁

当地基软土层较厚、承载力不足时,一般可采用桩基础。地基较好,但天然岸坡陡,为减少滑道基础的填方,也可采用桩基础。在桩基上浇注或安装钢筋混凝土轨道梁。通常采用打入的钢筋混凝土桩(图10-19),也可采用钻孔灌注桩、管桩、沉箱或者方块支墩等。

桩基上的轨道梁承载能力高、沉降小,但造价高,一般多用于滑道区。

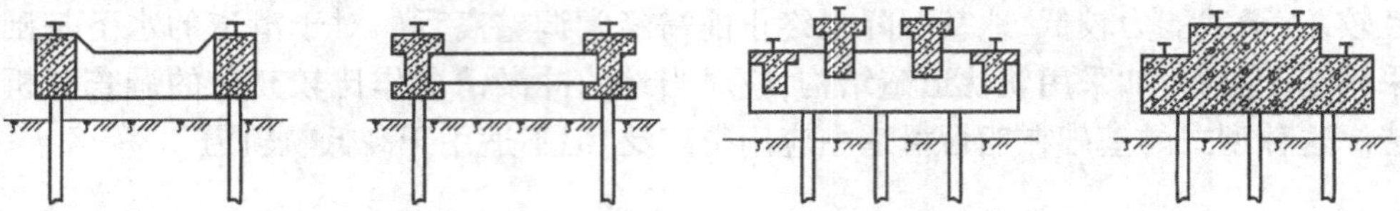

图10-19　桩基上的轨道梁

a)矩形;b)工字形;c)T形高低轨;d)倒T形高低轨

二、轨道荷载的确定

作用在轨道上的荷载主要是各种移船车的车轮压力。精确确定轮压力是很困难的,工程上通常采用平均荷载乘以经验性的不均匀系数的办法来确定轮压力。当移船车为分段式时,不均匀系数有两个:船重在车子之间的分配不均匀系数 K 和一台车的各轮轮压力不均匀系数 k。K 值决定于船舶的纵向刚度、船重在船长方向的分布,轨道结构型式及刚度,移船车的型式及构造和轨道施工精度等因素;k 值主要根据移船车的型式和轨道结构确定。

1. 单个船排小车承受的船重 P

$$P = \frac{Q}{N}K \tag{10-7}$$

式中:Q——船重(kN);

N——船排小车数量;

K——船重在小车分配的不均匀系数,可取1.2~1.8。

2. 船排小车轮压力 p

$$p = \frac{P + q}{n} \cdot k \tag{10-8}$$

式中:P——船排小车承受的船重(kN);

q——船排小车的自重(kN);

n——每台船排小车的轮数;

k——轮压力分配不均匀系数,取1.1~1.2。

3. 梳式滑道斜架车最大轮压力 p_{max}

$$p_{max} = \frac{P_{max} + q}{n} \cdot k \tag{10-9}$$

式中:P_{max}——一台斜架车的最大载重量(kN);

k——轮压力分配不均匀系数,取1.3~1.5;

q、n——意义同前。

4. 船艏压力分布

当载船的船排小车沿滑道纵向下水时,船舰浸水后受到浮力作用,产生艉浮力矩(浮力对船重心的力矩),使船重力在各小车之间的分配发生变化,其中船艏小车受到的压力最大,称此压力为船艏压力(图 10-20);船继续下行,艉浮力矩越来越大,船艏压力也随之增大,船到某一位置,船艉开始浮起,船仅与船艏小车接触,与其他小车全部脱离,此时船艏压力达到最大值,一般为船重力的 20% ~30%;船再下行,艉浮力继续增大,但其作用位置也逐渐靠近船的重心,艉浮力矩没有什么增大,船艏压力几乎不变;船到一定位置后,艉浮力矩开始减小,船艏压力也随之减少;当船舶浮到水平位置时,浮力的作用位置与船重心重合,艉浮力矩等于零,船艏压力也不存在了,船即脱离船艏小车。

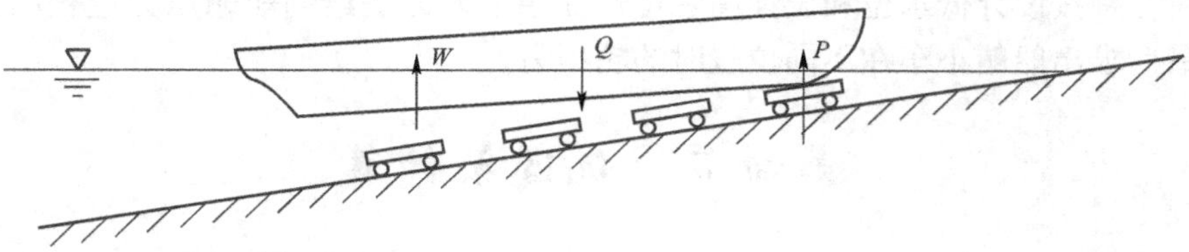

图 10-20　船舶艉浮时的受力情况

图 10-21 是下水滑道上船艏压力作用过程图,它是一种概括图式,实际的船艏压力作用过程图随水位、船型、船长和船重分布的不同而变化。图中各段的水平投影长度如下确定。

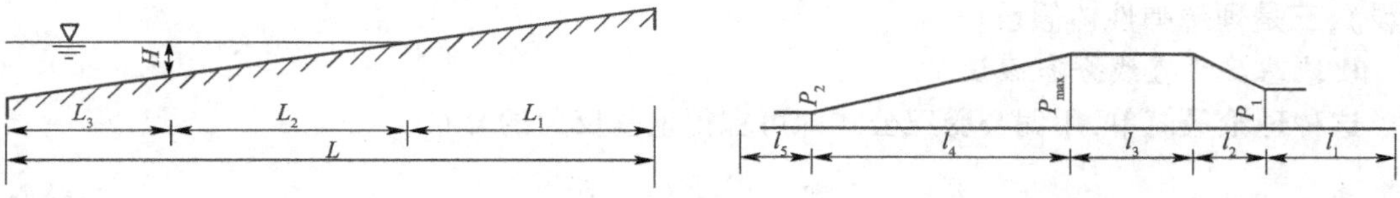

图 10-21　船艏压力过程图

船艏压力起始点到滑道顶端的水平距离:

$$l_1 = \frac{4}{5}L_1 + \frac{0.3}{i} \tag{10-10}$$

船艏压力区各段的长度:

$$l_2 = \frac{1}{5}\left(\frac{L_1}{5} + L_2\right) \tag{10-11}$$

$$l_3 = \frac{2}{5}\left(\frac{L_1}{5} + L_2\right) \tag{10-12}$$

$$l_4 = 0.85L_p \tag{10-13}$$

船艏压力终了点到滑道末端的水平距离:

$$l_5 = L - l_1 - l_2 - l_3 - l_4 \tag{10-14}$$

式中:L_P——船舶两垂线间长度(m);

L——下水滑道总长度的水平投影(m);

L_1——下水滑道水面以上的水平投影长度(m);

L_2——下水滑道水面以下到水深 H 处的水平投影长度(m),按下式计算。

$$L_2 = \frac{H}{i} = \frac{T_F + h_T}{i} \tag{10-15}$$

式中：T_F——船艏吃水深度（m）；

h_T——小车高度（m）；

i——滑道坡度。

船艏压力过程图起点的船艏压力 P_1 等于船艉入水前的船艏小车正常荷载，按式（10-7）确定；终点的船艏压力 P_2 等于船艏小车的水下重量；最大船艏压力 P_{max} 等于（0.2～0.3）Q（Q 为船重，其中也包括小车重量）。

设计时分别按设计低水位和设计高水位情况用上面方法绘制船艏压力过程图，然后组成包络图。最后求出船艏小车在不同位置时的轮压力。

第四节　轨道梁计算

一、基本理论

天然地基上的轨道梁是一种基础梁。关于基础梁的计算，关键在于根据已知外力求未知的地基反力。已知地基反力，便可用工程力学的方法求得基础梁的内力和变形。目前有三种常用的计算理论和计算假设，一是假设地基反力为直线分布，二是基床系数假设（亦称文克尔假设），三是理想弹性体假设。

1. 地基反力直线分布假设

这种理论最简单，用偏心受压公式即可求得地基反力的分布。

$$\begin{matrix} P_{max} \\ P_{min} \end{matrix} = \frac{\Sigma P}{bl}\left(1 \pm \frac{6e}{l}\right) \tag{10-16}$$

式中：ΣP——基础上的总垂直荷载（kN）；

e——垂直荷载的合力对基础中心的偏心矩（m）；

l、b——基础底面的长度和宽度（m）；

P_{max}、P_{min}——基础两端地基反力的最大值和最小值（kN/m²）。

但这种假设没有考虑基础梁与地基之间的相对刚度，仅能用于刚性基础梁的计算。对于柔性基础梁会产生相当大的计算误差。

2. 地基系数假设（或称基床系数假设，文克尔假设）

1867 年文克尔（E. Winkler）提出了地基每单位面积上所受的压力 p 与地基沉降 y 成正比的假设，即 $p = ky$，其中 k 称为地基系数。按照这个假设，地基表面某点的沉降量仅与该点所受的压力强度有关，即将地基模拟为无限多个各自孤立的弹簧，忽略了地基的整体性和连续性，地基的变形只发生在基础范围内，基础以外的地基变形则等于零，不能考虑边荷载对基础反力的影响，与实际情况不符。事实上，地基沉降不仅发生在基础底部有压力作用的地方，也发生在压力作用以外的地方。理论与实验研究表明，即使是同一种土，地基系数 k 值随着外力的大小、基础的平面形状和尺度等因素而变化，单一的地基系数 k 不能反映地基的固有性质，它只是一个经验值。这种假设尽管在理论上有缺陷，但考虑了基础与地基的弹性性质，比反力直线假设要前进一步。加之使用较方便，如果地基系数 k 值选用得当，计算结果尚能满足工程上的要求，因此获得广泛应用。

3. 理想弹性体假设

把地基视为连续的理想弹性体,可利用弹性力学解答来建立地基表面各点的压力和沉降之间的关系式,充分考虑了地基的整体性和连续性,在理论上比地基系数假设完善。但地基的性质与理想弹性体相距甚远,因此用弹性理论来描述地基还是有缺陷的。

目前我国在设计船台、滑道、干船坞时,大多采用地基系数假设(基床系数法)。

二、地基系数假设的弹性地基梁的基本解法

1. 基础梁基本方程的建立

图 10-22a)所示为一受荷的弹性地基梁变形情况,现取其中一长度为 dx 的梁单元,设该单元位于受分布荷载 $q(x)$ 的 bc 段梁上,作用在该单元上的力如图 10-22b)所示。考虑单元的垂直力平衡条件,利用受弯梁的挠度、弯距、剪力之间的微分关系,可得基础梁基本方程如下:

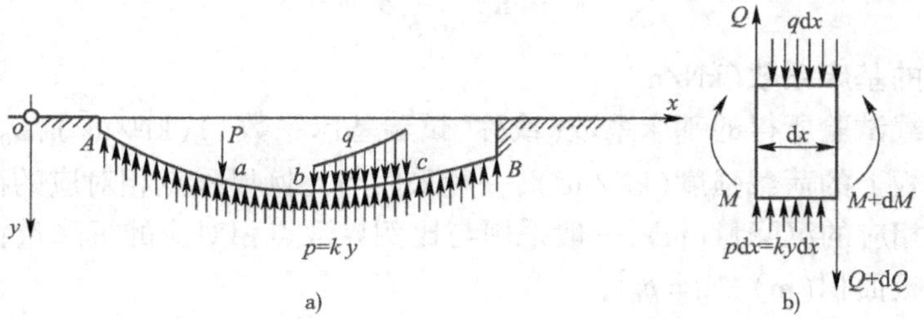

图 10-22　弹性地基梁的受力变形图

$$\frac{d^4y}{dx^4} + 4\alpha^4 y = \frac{q(x)}{EI} \tag{10-17}$$

式中:E——梁材料的弹性模量(N/cm^2);

I——梁截面的惯性矩(cm^4);

α——梁的相对刚度系数(cm^{-1}),$\alpha = \sqrt[4]{\frac{bk}{4EI}}$;

y——梁的挠度(cm),向下为正;

$q(x)$——梁上分布荷载强度(N/cm),向下为正;

b——梁截面的宽度(cm);

k——地基系数(N/cm^3)。

上式为常微分线性非齐次方程,其通解由相应齐次方程(即 $q(x)=0$)的通解加上一个特解组成,即:

$$y = e^{\alpha x}(C_1\cos\alpha x + C_2\sin\alpha x) + e^{-\alpha x}(C_3\cos\alpha x + C_4\sin\alpha x) + \frac{q(x)}{k} \tag{10-18}$$

由材料力学可知:

$$\frac{dy}{dx} = \tan\theta,\ -EI\frac{d^2y}{dx^2} = M,\ -EI\frac{d^3y}{dx^3} = Q \tag{10-19}$$

于是,关于弹性地基梁的弹性曲线倾角 $\theta \approx \tan\theta$、弯矩 M 和剪力 Q,以及地基反力 $p=ky$ 等的表达式都可由式(10-18)和式(10-19)得出。下一步的问题是根据梁的边界条件或连续条件确定待定的积分常数 $C_1 \sim C_4$。这些常数一般可以用所谓初参数 y_0、θ_0、M_0 和 Q_0 表示,即在

梁上所取的某一初始截面(如梁的两端)相应的挠度、转角、弯矩和剪力的各数值,详见相关书籍。

2. 地基系数的确定

地基系数(或基床系数)k 是基础梁板计算中的重要参数,其取值是否合适对计算结果的影响很大。由于地基系数除与地基土体的性质有关外,还与底板的面积、形状、刚度、地基应力的大小及荷载的性质(瞬时荷载、短期荷载、活荷载、静荷载)等有关,要准确取值很困难,应通过现场静荷载试验确定。但由于荷载试验承压板的面积、形状一般与轨道基础、船坞底板不同,故试验所得的基床系数必须根据实际情况进行修正,目前国内外尚无公认的计算方法。以下介绍《干船坞设计规范(圬工结构)》(JTJ 252—87)推荐的三种方法。

(1)基床系数计算:

$$K = K_0 \sqrt[3]{\frac{F_0}{F}} \alpha^{\ln \frac{B}{b_0}} \tag{10-20}$$

式中:K——采用的基床系数(kN/m^3);

K_0——静荷载试验所得的基床系数(或称"试验基床系数")(kN/m^3),$K_0 = p/s$;

p——承压板上的荷载强度(kN/m^2),一般采用与比例界限点相对应的荷载强度;

s——与 p 相应的沉降量(m),一般采用与比例界限点相对应的沉降量;

F_0——承压板面积(m),$F_0 = {b_0}^2$;

b_0——承压板的边长(m);

α——系数,$\alpha = 0.0046c + 1$,c 为土的粘聚力(kN/m^2);

F——底板计算面积(m^2)。

底板计算宽度为 B,当底板长度 l 值大于底板的特征长度 l_c 时,则按 l_c 计算面积。反之按 Bl 计算面积。l_c 值按下式计算:

$$l_c = 1.43h \sqrt[3]{\frac{E}{b_0 k_0}} \tag{10-21}$$

当 $l_c > H$ 时,取 $l_c = H$

式中:l_c——底板的特征长度(m);

h——底板厚度(m);

E——底板材料的弹性模量(kN/m^3);

H——地基压缩层厚度(m)。

(2)当地基压缩层厚度较大时,可按下式计算:

$$K = K_0 \left(\frac{F_0}{F_S}\right)^{0.17} \tag{10-22}$$

式中: F_s——底板实际面积(m^2);

K、K_0、F_0——意义同前。

(3)当地基压缩层厚度小于底板宽度的1/4至1/2时,可按下式计算:

$$K = \frac{E_0}{H(1 - \mu_0^2)} \tag{10-23}$$

式中:E_0、μ_0——地基压缩层的变形模量(kN/m^2)和泊松比。

在薄层条件下，式(10-23)为工程界公认较正确的公式。

如果没有试验资料，则需要根据地基的土质按经验选择 K 值。《干船坞设计规范》给出了 k 值，见附表 2，可供设计参考选用。

3. 有限长梁的解

图 10-23 所示是等截面有限长度的弹性地基梁，梁上作用有各种型式的荷载。取梁的左端为坐标原点 O，取梁的中和轴为 x 轴，x 轴向右为正，y 轴向下为正。

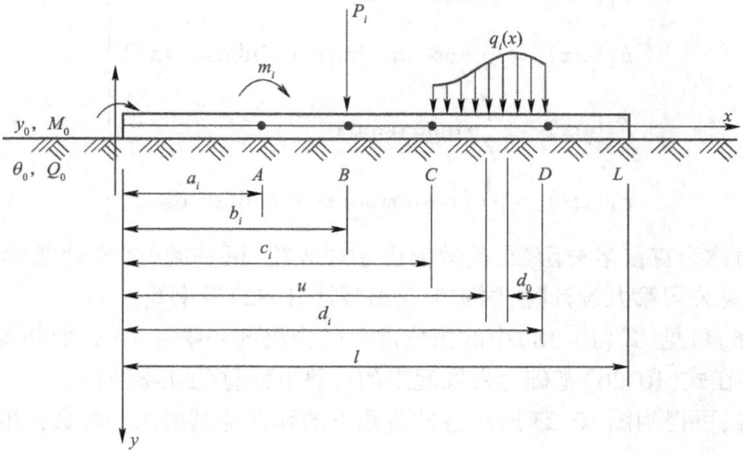

图 10-23　弹性地基有限长梁

对于梁上无荷载的区段，基础梁的通解为式(10-18)，其中 C_1、C_2、C_3、C_4 为 4 个待定常数，可由基础梁两端四个边界条件确定。

取 $x=0$，可得梁的左端条件为：

$$\left.\begin{aligned}
(y)_{x=0} &= y_0 = C_1 + C_3 \\
\left(\frac{\mathrm{d}y}{\mathrm{d}x}\right)_{x=0} &= \theta_0 = \alpha(C_1 + C_2 - C_3 + C_4) \\
\left(-EI\frac{\mathrm{d}^2y}{\mathrm{d}x^2}\right)_{x=0} &= M_0 = 2\alpha^2 EI(-C_2 + C_4) \\
\left(-EI\frac{\mathrm{d}^3y}{\mathrm{d}x^3}\right)_{x=0} &= Q_0 = 2\alpha^3 EI(C_1 - C_2 - C_3 - C_4)
\end{aligned}\right\} \tag{10-24}$$

从上式可求得未知值 C 的表达式为：

$$\left.\begin{aligned}
C_1 &= \frac{1}{2}y_0 + \frac{1}{4\alpha}\theta_0 + \frac{1}{8\alpha^3 EI}Q_0 \\
C_2 &= \frac{1}{4\alpha}\theta_0 - \frac{1}{4\alpha^2 EI}M_0 - \frac{1}{4\alpha^3 EI}Q_0 \\
C_3 &= \frac{1}{2}y_0 - \frac{1}{4\alpha}\theta_0 - \frac{1}{8\alpha^3 EI}Q_0 \\
C_4 &= \frac{1}{4\alpha}\theta_0 + \frac{1}{4\alpha^2 EI}M_0 - \frac{1}{8\alpha^3 EI}Q_0
\end{aligned}\right\} \tag{10-25}$$

将式(10-25)中 C 代入式(10-18),并将 $\frac{1}{2}(e^{\alpha x}+e^{-\alpha x})=\cosh\alpha x$ 及 $\frac{1}{2}(e^{\alpha x}-e^{-\alpha x})=\sinh\alpha x$ 代入,可得弹性曲线的一般方程式:

$$y(\alpha x) = y_0F_1(\alpha x) + \frac{1}{\alpha}\theta_0F_2(\alpha x) - \frac{1}{\alpha^2EI}M_0F_3(\alpha x) - \frac{1}{\alpha^3EI}Q_0F_4(\alpha x) \tag{10-26}$$

式中:

$$\left.\begin{aligned} F_1(\alpha x) &= \cosh\alpha x\cos\alpha x \\ F_2(\alpha x) &= \frac{1}{2}(\cosh\alpha x\sin\alpha x + \sinh\alpha x\cos\alpha x) \\ F_3(\alpha x) &= \frac{1}{2}\sinh\alpha x\sin\alpha x \\ F_4(\alpha x) &= \frac{1}{4}(\cosh\alpha x\sin\alpha x - \sinh\alpha x\cos\alpha x) \end{aligned}\right\} \tag{10-27}$$

这些函数通称为克雷洛夫函数,其数值已制成表格,可查阅《弹性地基梁及矩形板计算》(中国船舶工业总公司第九设计院,国防工业出版社,1982)等书籍。

从式(10-26)可见,式(10-18)中的积分常数已为梁的一端 $x=0$ 处的初参数 y_0、θ_0、M_0 和 Q_0 所代替,故将在式(10-26)基础上发展起来的计算方法称为初参数法。

进一步推导,可得到图 10-23 所示各种荷载下的弹性地基梁的初参数法的一般解答为:

$$\left.\begin{aligned} y_x &= y_0F_1(\alpha x) + \frac{\theta_0}{\alpha}F_2(\alpha x) - \frac{M_0}{\alpha^2EI}F_3(\alpha x) - \frac{Q_0}{\alpha^3EI}F_4(\alpha x) - \Sigma\frac{m_i}{\alpha^2EI}F_3[\alpha(x-a_i)] + \\ &\quad \Sigma\frac{p_i}{\alpha^3EI}F_4[\alpha(x-b_i)] + \Sigma\frac{1}{\alpha^3EI}\int_c^x q_i(u)F_4[\alpha(x-u)]\mathrm{d}u \\ \theta_x &= \theta_0F_1(\alpha x) - \frac{M_0}{\alpha EI}F_2(\alpha x) - \frac{Q_0}{\alpha^2EI}F_3(\alpha x) - 4\alpha y_0F_4(\alpha x) - \Sigma\frac{m_i}{\alpha EI}F_2[\alpha(x-a_i)] + \\ &\quad \Sigma\frac{p_i}{\alpha^2EI}F_3[\alpha(x-b_i)] + \Sigma\frac{1}{\alpha^2EI}\int_c^x q_i(u)F_3[\alpha(x-u)]\mathrm{d}u \\ M_x &= M_0F_1(\alpha x) + \frac{Q_0}{\alpha}F_2(\alpha x) + 4EI\alpha^2y_0F_3(\alpha x) + 4EI\alpha\theta_0F_4(\alpha x) + \\ &\quad \Sigma m_iF_1[\alpha(x-a_i)] - \Sigma\frac{p_i}{\alpha}F_2[\alpha(x-b_i)] - \Sigma\frac{1}{\alpha}\int_c^x q_i(u)F_2[\alpha(x-u)]\mathrm{d}u \\ Q_x &= Q_0F_1(\alpha x) + 4EI\alpha^3y_0F_2(\alpha x) + 4EI\alpha^2\theta_0F_3(\alpha x) - 4\alpha M_0F_4(\alpha x) - \\ &\quad \Sigma 4\alpha m_1F_4[\alpha(x-a_i)] - \Sigma P_iF_1[\alpha(x-b_i)] - \Sigma\int_c^x q_i(u)F_1[\alpha(x-u)]\mathrm{d}u \\ P_x &= kby_x \end{aligned}\right\} \tag{10-28}$$

式中:y_x、θ_x、M_x、Q_x、P_x——梁上各截面的挠度、转角、弯矩、剪力和地基反力;

y_0、θ_0、M_0、Q_0——梁左端的挠度、转角、弯矩和剪力,统称为初参数;

m_i、P_i、q_i——作用于梁上的力矩、竖向集中力和竖向分布力。

4. 无限长梁的解

图 10-24 是两端为无限长的等截面的弹性地基梁。在梁上作用有集中荷载 P,并设 P 的

作用点为坐标原点 O，此时梁的边界条件为：

(1)距离集中荷载的作用点无限远处，挠度 y 应趋于零，即当 $x \to \infty$ 时，$y \to 0$。

(2)从结构和荷载的对称性可知，在点 $x=0$ 处，梁的弯曲弹性线的切线应该是水平的，即 $\theta_0 = 0$。

(3)在集中力 P 作用点右方，$x = 0 + \varepsilon$ 处(ε 为任意小的数值)，剪力 Q 应等于 $-P/2$。

根据条件(1)，解方程式(10-18)时，$C_1 = C_2 = 0$。然后利用条件(2)和(3)，求得 C_3 和 C_4 值，可得到无限长梁的解为：

$$\left.\begin{aligned} y(\alpha x) &= \frac{\alpha P}{2bk}A_{\alpha x} \qquad & M(\alpha x) &= \frac{P}{4\alpha}C_{\alpha x} \\ \theta(\alpha x) &= -\frac{\alpha^2 P}{bk}B_{\alpha x} \qquad & Q(\alpha x) &= -\frac{P}{2}D_{\alpha x} \end{aligned}\right\} \tag{10-29}$$

式中，$A_{\alpha x}$、$B_{\alpha x}$、$C_{\alpha x}$、$D_{\alpha x}$ 等函数值已制成表格，可查阅附表1。式(10-29)中的挠度 y、转角 θ、弯矩 M、剪力 Q 的符号规则与材料力学的相同，且只适用于 $x>0$ 的情况；当 $x<0$ 时，转角和剪力公式右端应变号，即 $\theta(\alpha x) = \frac{\alpha^2 P}{bk}B_{\alpha x}$，$Q(\alpha x) = \frac{P}{2}D_{\alpha x}$，此时 x 均取绝对值。当 $\alpha x > 1.5\pi$ 时，函数 $A_{\alpha x}$、$B_{\alpha x}$、$C_{\alpha x}$ 和 $D_{\alpha x}$ 的值均小于0.01，而且随着 αx 的增加而迅速减小。这就是说，离荷载作用点为 $1.5\pi/\alpha$ 处，实际上甚至在 π/α 处，荷载的影响还是很小的，所以在实用上，当集中荷载距梁两端的距离均超过 π/α，即梁全长超过 $2\pi/\alpha$ 时，若梁的中点受有集中荷载，就可按无限长梁计算其变形及内力。

由式(10-29)可知，梁的变形和内力均与 P 成正比，适用叠加原理和互等定理。若在无限长梁上作用有多个集中荷载时，可以分别计算每个集中荷载的单独作用而将结果叠加。在计算每个荷载单独作用时，因梁是无限长的，故可将原点放在该荷载作用点上，利用式(10-29)计算。若为均布荷载，则可视为无穷多微小集中荷载而以积分法求其结果。按照单位力互等定理和力的叠加原理，可知图10-24的图形同时又是梁的地基反力、转角、弯矩和剪力的影响线。因而当梁上作用有一组集中荷载时，利用式(10-29)可得此时梁的挠度(或地基反力)、弯矩和剪力表达式为：

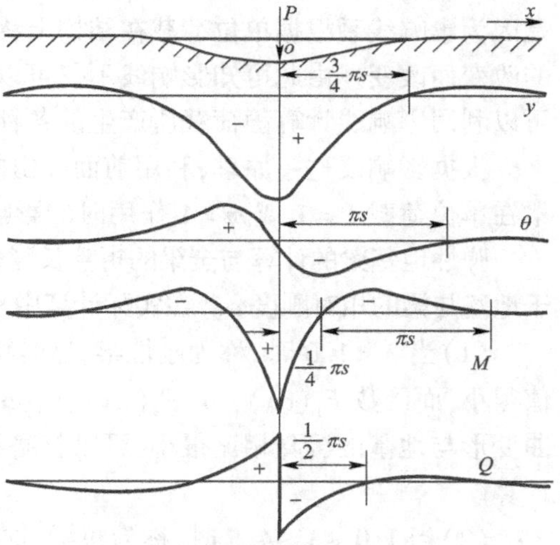

图10-24　无限长梁的计算图形

$$\left.\begin{aligned} p(\alpha x) &= \frac{\alpha}{2b}\sum_{i=1}^{n}P_i A_{\alpha xi} \\ M(\alpha x) &= \frac{1}{4\alpha}\sum_{i=1}^{n}P_i C_{\alpha xi} \\ Q(\alpha x) &= -\frac{1}{2}\sum_{i=1}^{n}P_i D_{\alpha xi} \end{aligned}\right\} \tag{10-30}$$

5. 半无限长梁的解

当梁的一端无限长，另一端为有限长时，称为半无限长梁，如图 10-25 所示。

梁的一端可能是各种支撑情况，如自由端、简支端或固定端。设半无限长梁一端为自由端，并受有集中荷载 P_0 和集中力矩 m_0。此时，可与无限长梁一样，利用有限长梁的解答和边界条件：$x\to\infty$ 时，$y\to 0$，$\theta\to 0$；$x\to 0$ 时，$M_0=m_0$，$Q_0=-P_0$。从而求得半无限长梁的解：

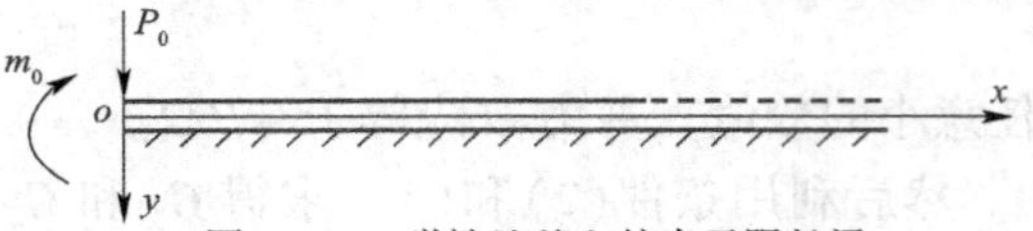

图 10-25　弹性地基上的半无限长梁

$$\left.\begin{aligned}
y(\alpha x) &= \frac{2\alpha}{bk}(P_0 D_{\alpha x} - \alpha m_0 C_{\alpha x})\\
\theta(\alpha x) &= \frac{2\alpha^2}{bk}(-P_0 A_{\alpha x} + 2\alpha m_0 D_{\alpha x})\\
M(\alpha x) &= -\frac{1}{\alpha}(P_0 B_{\alpha x} - \alpha m_0 A_{\alpha x})\\
Q(\alpha x) &= -(P_0 C_{\alpha x} + 2\alpha m_0 B_{\alpha x})
\end{aligned}\right\}\tag{10-31}$$

6. 利用影响线计算弹性地基梁

弹性地基梁在移动荷载作用下的影响线，就是单位荷载在梁上移动时，表示在某一指定截面上所产生的某项量值，诸如截面内力、挠度等变化规律的图形。像船台滑道工程等作用有移动荷载的基础结构，利用影响线进行计算是很方便的。影响线的优点，首先在于它非常清楚地表示出当荷载在结构物上移动时，它所代表的量值(如弯矩、剪力、挠度等)的变化情况；其次是因为影响线系根据单位荷载在结构上移动时所做作出的，既不决定于外荷载，又不随外荷载的改变而改变。由此可知影响线不仅可以根据叠加原理适用于任何类型的移动荷载，而且也可以利用影响线计算静荷载所产生的各种量值。

根据影响线这一原理，利用前面导出的弹性地基梁的一般解答模式，就可以绘制弹性地基梁在单位荷载 $P=1$ 或 $m=1$ 作用时的影响线。

弹性地基梁的计算与全梁的折算长度 $\lambda=\alpha l$ 的大小有关。λ 值既决定于梁的长度 l，又决定于地基与梁的相对刚度 α。在实际计算中一般根据 λ 值将弹性地基梁划分为以下几种类型：

(1)当 $\lambda<1.0$ 时，称为刚性梁，这时梁与地基比较，有很大的刚性，即梁截面的 EI 很大，α 值很小，而函数 $F_1(\alpha x)\to 1$，$F_2(\alpha x)$、$F_3(\alpha x)$ 和 $F_4(\alpha x)$ 都很小。经计算比较证明，这种梁的弯曲变形与地基的沉降相比很小，可以忽略不计，故地基反力可按直线分布计算，即按刚性基础计算。

(2)当 $1.0\leqslant\lambda\leqslant 4.5$ 时，称为短梁，这时梁为中等长度或称有限长梁。梁的变形和内力需按式(10-28)进行计算。

(3)当 $\lambda>4.5$ 时，称为长梁，这时可根据梁的端点距荷载作用点的距离大小，区分为无限长梁(即荷载距离梁的两端均大于 2.855)或半无限长梁(即荷载距离梁的一端大于 2.855)进行计算。

《弹性地基梁计算图表及公式》(中国船舶工业总公司第九设计院，国防工业出版社，1982)编著了 $\lambda>4.5$ 的长梁和 $\lambda=1.0\sim4.5$ 的短梁在单位集中荷载作用下的弯矩、剪力、地基反力和梁端转角的影响线，可供查用。

三、天然地基上轨道梁的计算

船台滑道中采用的天然地基上钢筋混凝土轨道梁,其上作用移动的轮压力。这种轨道梁的计算,可利用集中荷载影响线进行,计算要点如下:

1. 梁性质的判别

梁的相对刚度可用无因次折算长度 λ 表示:

$$\lambda = \alpha l \tag{10-32}$$

式中:λ——梁的相对刚度;

l——梁的长度(cm);

α——梁的相对刚度系数(cm^{-1})。

轨道梁可按 λ 值分为以下三类:当 $\lambda < 1.0$ 时,为刚性梁,地基反力采用直线分布;当 $1.0 \leqslant \lambda \leqslant 4.5$时,为有限长梁(短梁);当 $\lambda > 4.5$ 时,为长梁,即无限长梁或半无限长梁。

2. 考虑钢轨的影响

钢轨是跨越梁端伸缩缝连续铺设的,因此可认为由于钢轨的联系而相邻两梁端的沉陷相等。同时由于钢轨的刚度远比轨道梁小,不足以传递弯矩,但可以传递剪力,故可认为相邻两梁是用钢轨铰接起来的。因此,在计算轨道梁时,除考虑所有外力外,还应考虑钢轨剪力的影响,计算图式如图 10-26 所示。

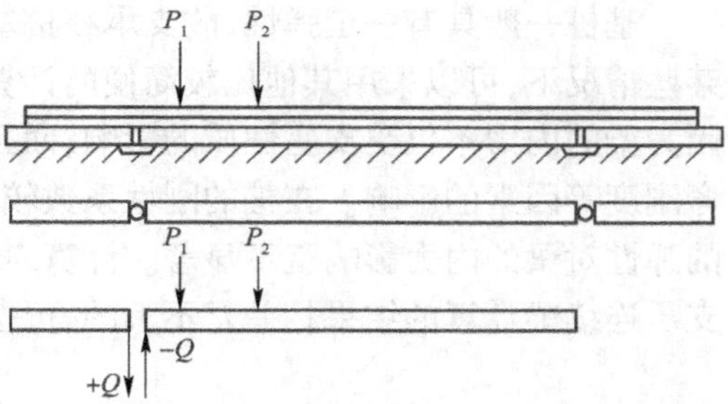

图 10-26　伸缩缝处的剪力计算图式

钢轨剪力 Q 可以根据相邻两梁端沉降相等的条件求得。当轮压位于伸缩缝的同一边时,由 $P_1y_1 + P_2y_2 - Qy_Q = Qy_Q$,得剪力:

$$Q = \frac{P_1y_1 + P_2y_2}{2y_Q} \tag{10-33}$$

式中:P_1、P_2——轮压力(N);

y_1、y_2——P_1、P_2 作用点上单位荷载作用时引起的梁端沉降量(cm);

y_Q——Q 为单位荷载时所引起的梁端的沉降量(cm)。

y_1、y_2、y_Q 值均可从上述的荷载影响线图上查得。计算轨道梁时,将 Q 视为梁上的一个荷载。

当轮压位于伸缩缝的两侧时,由 $P_1y_1 - Qy_Q = P_2y_2 + Qy_Q$,得剪力:

$$Q = \frac{P_1y_1 - P_2y_2}{2y_Q} \tag{10-34}$$

3. 内力包络图的绘制和最大地基反力的确定

作用在轨道梁上的轮压力是移动荷载,为此需绘制梁的弯矩和剪力的包络图作为梁断面设计的依据,并找出所有轮压作用时的最大地基反力值。研究表明:当荷载位于梁端时,在距梁端的换算距离 $r = ax = \pi/4$ 的截面处将出现最大负弯矩(图 10-27);随着荷载向跨中移动,出现最大负弯矩的截面也向跨中移动,但弯矩的数值却迅速减小,并逐渐趋近于无限长梁的负弯矩(该值远小于最大的负弯矩)。当荷载距端部的换算距离 $r = \pi/2$ 时,在荷载作用的截面上将发生最大正弯矩(其值略大于无限长梁正弯矩值),并随荷载向跨中移动而趋近于无限长梁的正弯矩。轨道梁(长梁)的弯矩包络图的一般型式如图 10-28 所示。

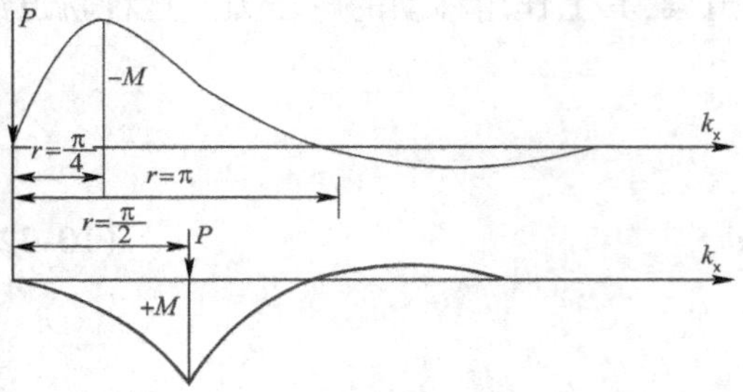

图 10-27　发生最大弯矩截面及荷载位置

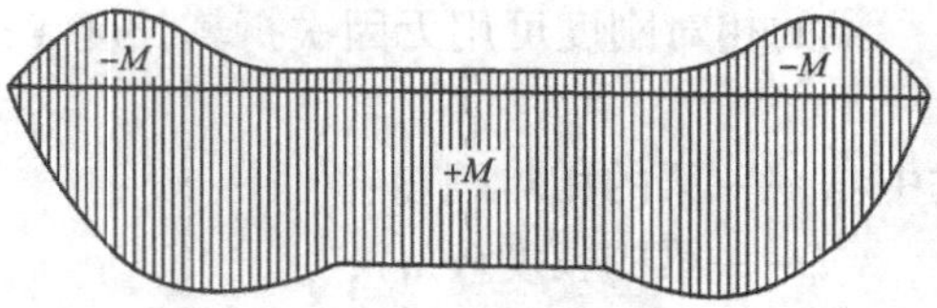

图 10-28　轨道梁的弯矩包络图型式

四、桩基上轨道梁的计算

基桩一般具有一定弹性,故支承在桩基上的轨道梁一般应按弹性支承连续梁计算。但在某些情况下,可以采用其他比较简便的计算简图而得到与弹性支承连续梁相近的结果。这是因为梁的内力不仅受支座性质的影响,而且也受其他因素,如支座的间距、支座的刚度、梁的抗弯刚度等因素的影响。在桩的刚性系数较大且间距很大、而梁的抗弯刚度不大的情况下,支座的弹性对梁的内力影响就不显著。计算表明:当 $\rho < 0.15$ 时,按刚性支承连续梁计算和按弹性支承连续梁计算的结果相差是不大的,可按刚性支承连续梁计算。

$$\rho = \frac{6EI}{l^3}K \tag{10-35}$$

式中:EI——梁的抗弯刚度;

K——桩的轴向反力系数(m/kN),意义与高桩码头基桩相同;

l——桩的间距(m),即梁的跨度。

在桩的间距很小而桩数很多的情况下,将桩基上的梁看作是支承在无数密布的弹簧上的梁,可按弹性支承连续梁计算。

第五节　轨枕道碴基础计算

在计算轨枕道碴结构时,首先根据轮压力的大小初步选定钢轨的型号、轨枕尺寸、轨枕间距和道碴厚度,然后分别对各构件进行验算。

一、钢轨的计算

钢轨支承在许多轨枕上,轨枕放在道碴和地基上(图 10-29a),它具有一定的弹性,故钢轨实为弹性支承连续梁(图 10-29b)。但考虑到轨枕布置得很密,计算时可以把它们化为连续的弹性地基,钢轨可以按基床系数法的弹性地基上的无限长梁计算(图 10-29c)。按弹性地基梁与按弹性支承连续梁算得的结果误差一般不超过 5% ~10%,但前法计算简便,故得到广泛应用。下面介绍弹性地基梁方法的计算公式。

首先确定轨枕的弹性系数 R(kN/cm),其定义是使轨枕下沉 1cm 时钢轨作用在轨枕上的压力(kN)。当轨枕上铺有两根钢轨时,R 按式(10-36)计算:

$$R = \beta \frac{bl}{2} C \tag{10-36}$$

当轨枕上铺有一根钢轨时,R 按式(10-37)计算:

$$R = \beta blC \tag{10-37}$$

式中:C——道床系数(kN/cm^3),定义为轨枕下沉 1cm 时轨枕作用于道碴的压强(kN/cm^2),对级配道碴可取 0.05~0.10kN/cm^3,重型轨道取大值,轻型轨道取小值;

b——轨枕的底宽(cm);

l——轨枕底面的长度(cm);

β——轨枕弯曲系数,等于轨枕的平均沉降 y_m 与最大沉降 y_{max} 之比值(图 10-30),对混凝土轨枕取 1.0,对木轨枕可取 0.81~0.92。

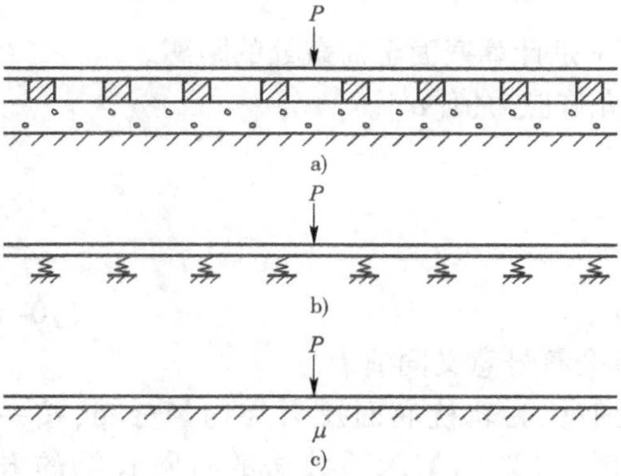

图 10-29 钢轨计算图式

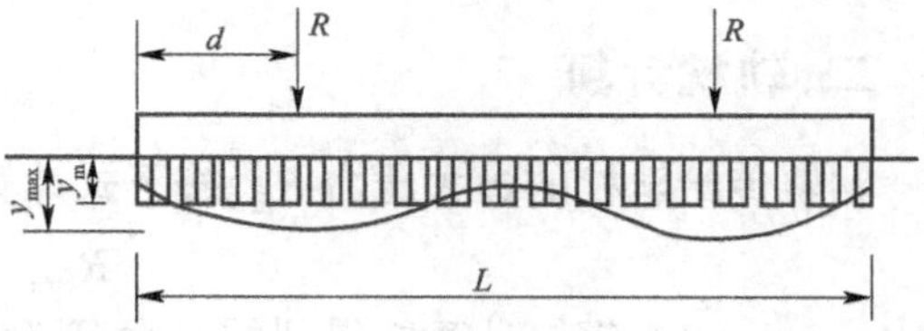

图 10-30 轨枕的变形

设轨枕中心距为 a,将轨枕的弹性系数 R 除以 a,得钢轨的轨道系数 μ(kN/cm^2),即:

$$\mu = \frac{R}{a} \tag{10-38}$$

式中:a——一般取 50~80cm。

这样,就把弹性支承近似地转化为连续弹性地基,钢轨即可按基床系数法的无限长梁进行计算。

钢轨的相对刚度系数:

$$a = \sqrt[4]{\frac{\mu}{4EI}} \tag{10-39}$$

式中:EI——钢轨的刚度。

根据无限长梁的解,可求得钢轨的挠度 y、弯矩 M 和剪力 Q 如下:

$$y = \frac{\alpha}{2\mu} \Sigma P_i A_{\alpha xi} \tag{10-40}$$

$$M = \frac{1}{4\alpha} \Sigma P_i C_{\alpha xi} \tag{10-41}$$

$$Q = -\frac{1}{2}\sum P_i D_{\alpha xi} \tag{10-42}$$

式中： P_i——作用在钢轨上的轮压力(N)；

$A_{\alpha xi}$、$C_{\alpha xi}$、$D_{\alpha xi}$——函数值，可由附表1查得。

已知钢轨的内力，即可用以验算钢轨应力。钢轨应力按下式计算：

$$\sigma_g = \frac{M}{W} = \frac{\sum P_i C_{\alpha xi}}{4aW_g} \tag{10-43}$$

$$P_i = K_T K_H P_K = 1.21 P_K \tag{10-44}$$

$$\sum P_i C_{\alpha xi} = P_1 C_{\alpha x1} + P_2 C_{\alpha x2} + \cdots + P_n C_{\alpha xn} \tag{10-45}$$

式中：K_T——考虑水平力和偏心竖向力作用的影响系数，取 $K_T = 1.1$；

K_H——考虑船舶在小车上偏心时的不平衡系数，取 $K_H = 1.1$；

P_K——单个走轮的轮压(N)；

W_g——钢轨的截面模量；

$C_{\alpha xi}$——函数值，见附表1，其值与 αx 有关，而 x 是计算截面至荷载处的距离。

根据上述公式求得的钢轨应力应小于钢轨的允许应力值[σ]。

二、轨枕计算

钢轨传给轨枕的最大压力 $R_{\max}$ 按下式计算：

$$R_{\max} = \mu a y_{\max} \tag{10-46}$$

式中：$y_{\max}$——在钢轨计算中得到的最大沉降值；其余符号意义同前。

对于一般常用的单轨轨枕和双轨轨枕，可近似认为轨枕底面反力为均匀分布，按一般静定梁计算轨枕内力。当采用柔性大的长轨枕时，可采用基床系数法的有限长梁的方法计算。

在求得轨枕最大弯矩与剪力后，即可对钢筋混凝土轨枕的配筋进行验算。

三、道碴应力验算

当采用短轨枕时，轨枕作用在道碴上的最大压应力 $p_{\max}$ 为：

$$p_{\max} = \frac{R_{\max}}{bl} \tag{10-47}$$

当采用长轨枕时(即轨枕上有两根钢轨时)，道碴上最大压应力 $p_{\max}$ 为：

$$p_{\max} = \frac{2R_{\max}}{bl} \tag{10-48}$$

道碴层上的最大压应力应小于道碴的允许应力。硬质碎石道碴的允许压应力为500kPa。

四、地基应力验算

由轨枕传给道碴的压力，可近似地假定在道碴中沿着与铅垂线成30°角向下传布至地基上(图 10-31)。当道碴厚度为 h 而相邻的传布线彼此不交叉时,地基上的平均压应力 σ_m 按下式计算:

$$\sigma_m = \frac{2R_{max}}{(b + 2h\tan30°)(L + 2h\tan30°)} \tag{10-49}$$

式中,当 $b + 2h\tan30° > a$ 时,取其等于 a 值,其中 a 为轨枕中心距。

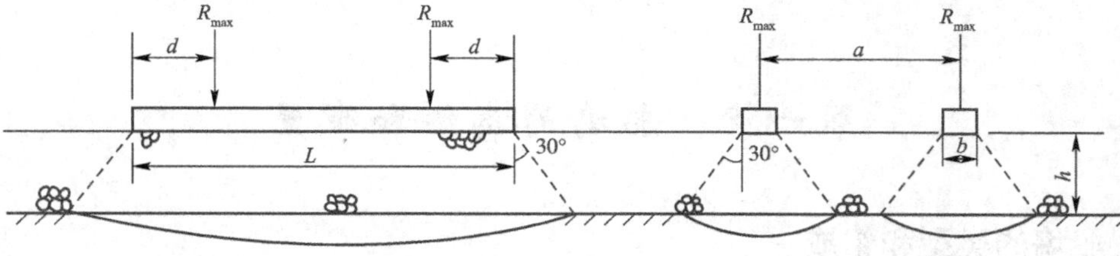

图 10-31　道碴中应力的传布

因地基上的实际压力分布呈抛物线形,故最大地基压应力 σ_{max} 要比平均压应力 σ_m 大,σ_{max} 按下式计算:

$$\sigma_{max} = \beta'\sigma_m \tag{10-50}$$

式中:β'——地基压应力不均匀系数,其值为 1.5 ~ 2.25,轨道情况良好者取小值,对于水下滑道及道碴层质量较差者取大值。

σ_{max} 值应小于地基容许承载力。

对于单轨轨枕,将式(10-49)中的 $2R_{max}$ 改为 R_{max}。

思考题

1. 画图说明自摇式滑道待修船舶的横移摇平原理。
2. 画图并定性说明船排车载船下水的滑道的船艏压力变化过程。
3. 简述横向高低腿(轮)滑道的工作特点。
4. 机械化滑道船舶上墩下水的设计水位如何确定?
5. 轨枕道碴结构与钢筋混凝土轨道梁、板结构各有何特点?
6. 弹性地基梁板的分析理论常有哪几种基本假设?各种假设的优缺点及适用条件?
7. 基床系数假设(文克尔假设)的基本要点是什么?简述初参数法的基本原理。
8. 有限长梁、无限长梁与半无限长梁,三种梁的主要区别在何处?如何判断?
9. 何谓影响线?在轨道梁的计算中常利用影响线,为什么?
10. 轨道梁的计算中如何考虑钢轨的影响?
11. 桩基上的轨道梁在什么条件下可按刚性支承连续梁计算?为什么?

第十一章　干　船　坞

第一节　船坞的类型和布置

一、船坞的类型和组成

1. 船坞的类型

按在坞内修造的最大船舶载重吨来分类,船坞可分为大型船坞、中型船坞和小型船坞。能修造超过10万载重吨(含10万载重吨)的船坞为大型船坞,5~10万载重吨(含5万载重吨)为中型船坞,小于5万载重吨的为小型船坞。

按船坞的功用可以分为干船坞类和浮船坞类。

(1)干船坞类。干船坞是用控制水面升落的方法升降船舶,干船坞类一般有干船坞、土坞和带有船台的灌水船坞三种型式。

①干船坞:干船坞(图11-1a)为一低于地面的常为三面封闭的坞空,迎水一面设置坞门,船进坞后用水泵抽出坞内水体,船即坐落在支墩上。它是目前修理万吨以上大型船舱常用的一种型式。

②土坞:土坞是一种临时性建筑物(图11-1b),这是比较原始的船坞。在有潮地区,在海滩上四面用土堤围成"船坑",在"船坑"内进行船舶的建造和修理。船舶修造完成后,拆除临水面的土堤,在高潮时引船出坞。后来为了改善船舶的进出坞条件,在土坞中设置水泵以控制水位,成为现代干船坞的雏型。这种型式船坞的主要优点是施工简单,就地取材,运用于临时性的修造船任务。现代海岸工程或建造跨海越江隧道常用来制作大型沉管、沉箱和海上平台等。

③灌水船坞:灌水船坞的构造与干船坞类似,但其一侧或两侧(或称上坞室)有与厂区地坪标高相同的上台阶(图11-1c)。船进入下坞室后,将坞门关闭,由水泵站向坞内灌水(故称灌水船坞),船舶随水位升至高水位时,将船横曳至上坞室,然后将上坞室内水泄出,船坐落在上坞室的龙骨墩上,进行修理工作。船出坞时操作程序相反。为了增加船位数以降低造价,可将上坞室的上首靠岸一端的坞墙改为上首坞门,并在上坞室坞底上铺设轨道。轨道上放置船台车,船坞泄水时,船舶即坐落在车上,等上坞室排干水后,开启上首坞门,拖船出坞,通过横移车将船移至两侧船台上。由于横移车系统在技术上和经济上的限制,这种型式仅适用于自重5000吨级以下船舶的修造。

(2)浮船坞类。浮船坞是在水中将船舶升出水面的设备,实际上是一种具有机动性的特殊船舶。它由塔墙和底囤两大部分组成。浮船坞类一般有浮船坞、母子船坞和浮船坞—船台等型式。

①浮船坞:此类浮船坞是供船舶上墩下水,并在底囤甲板上进行修理之用(图 11-2a)。广泛采用的是双墙式,其断面为槽形,两端开敞。船舶上墩前先向浮坞的舱室内灌水,使坞下沉,将船由坞的一端曳入坞内,然后用水泵排出压舱水,船坞托船上浮,使船体水下部分及底囤甲板露出水面,便可进行修船。船舶下水时,操作程序相反。这种型式适用于大型船舶的修理。

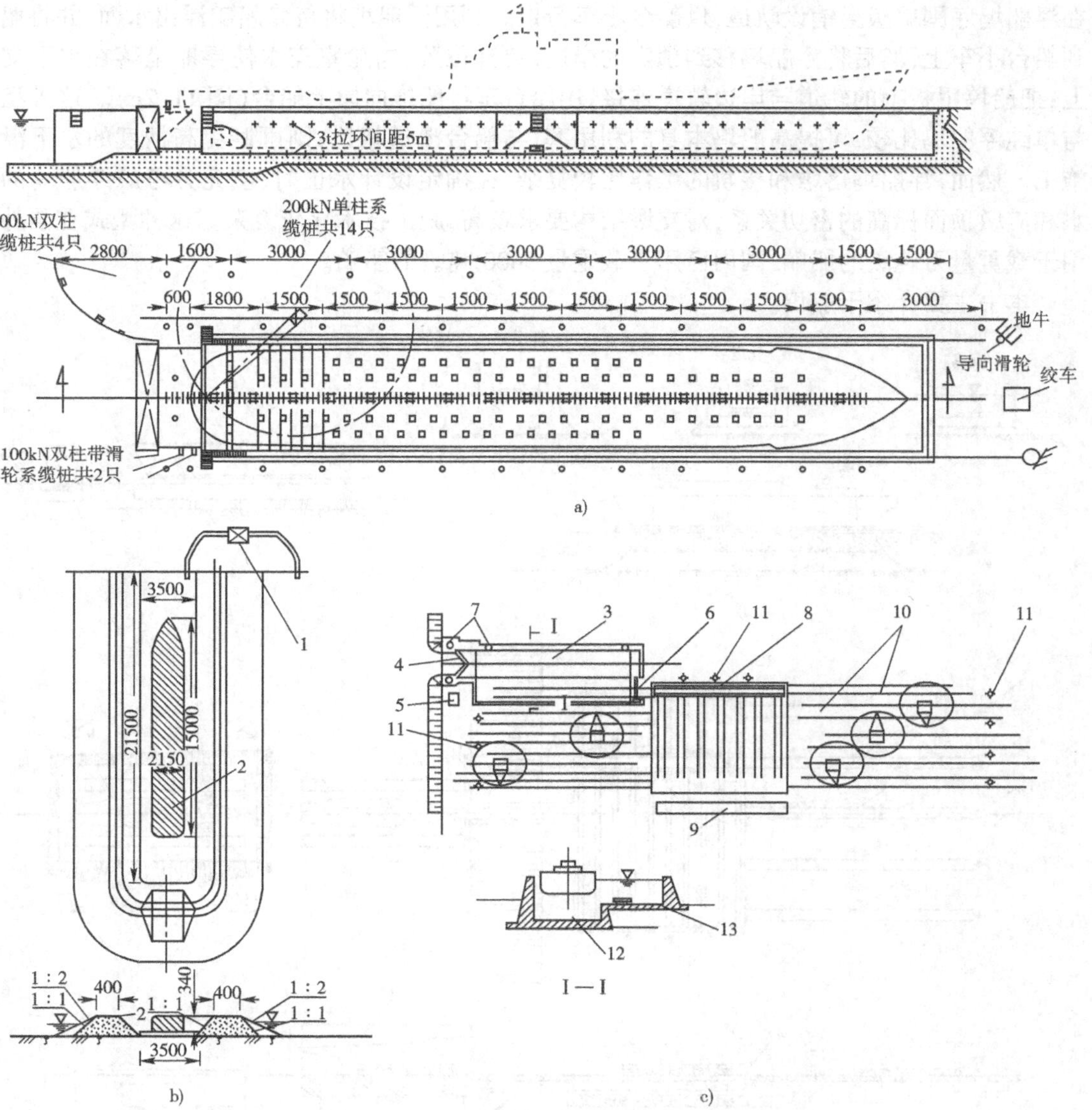

图 11-1 干船坞类

a)干船坞;b)土坞;c)带有船台的灌水船坞

1、5-水泵站;2-船;3-灌水船坞;4-下首坞门;6-上首坞门;7-电动绞盘;8-横移车;9-绞车室;10-船台;11-地牛;12-坞室下台;13-坞室上台

②母子船坞:为了提高浮船坞的利用率,可采用母子船坞(图 11-2b)。母坞专门用于船舶的上墩下水,子坞专门承载船舶并修造。一个母坞可为若干个子坞服务。母船坞和双墙式浮船坞相似,设有抽水设备。子船坞类似趸船,其甲板上设有船舶支墩和脚手架,但没有抽水设

备。船舶上墩时,子坞置于母坞内,在母坞和子坞的舱室内同时灌水,下沉到所需水深,将船引入坞内;然后母坞与子坞先后排水上浮,使子坞载船浮于水上。把载有船舶的子坞拖至码头前系定,进行修船工作。这种设备适用于中型船舶的修理。

③浮船坞-船台:浮船坞-船台由专门作为船舶上岸和下水用的浮船坞与岸上的船台组成。在浮船坞底囤甲板上铺设轨道,供船台小车行走。利用浮船坞将待修船舶浮出水面,并将船落到船台小车上;然后将浮船坞移到预定的岸边,定准位置,向舱室充水使浮船坐落在水下支墩上;把船坞甲板上的轨道与岸边轨道连接,用船台车将船拖向岸上船台(图 11-2c)。这种型式与单纯浮船坞比较,可提高船坞本身的利用率;与船台滑道相比,则可避免高精度的水下滑道施工。然而,浮船坞落墩和接轨的工作比较复杂,在确定设计水位时,应充分考虑浮船坞的吃水和支墩顶面标高的密切关系,对支墩结构要求较高,施工技术比较复杂。这种型式在国外已用于载重量万吨级的船舶,国内已用于载重量 5000 吨级的船舶。

本书主要介绍干船坞。

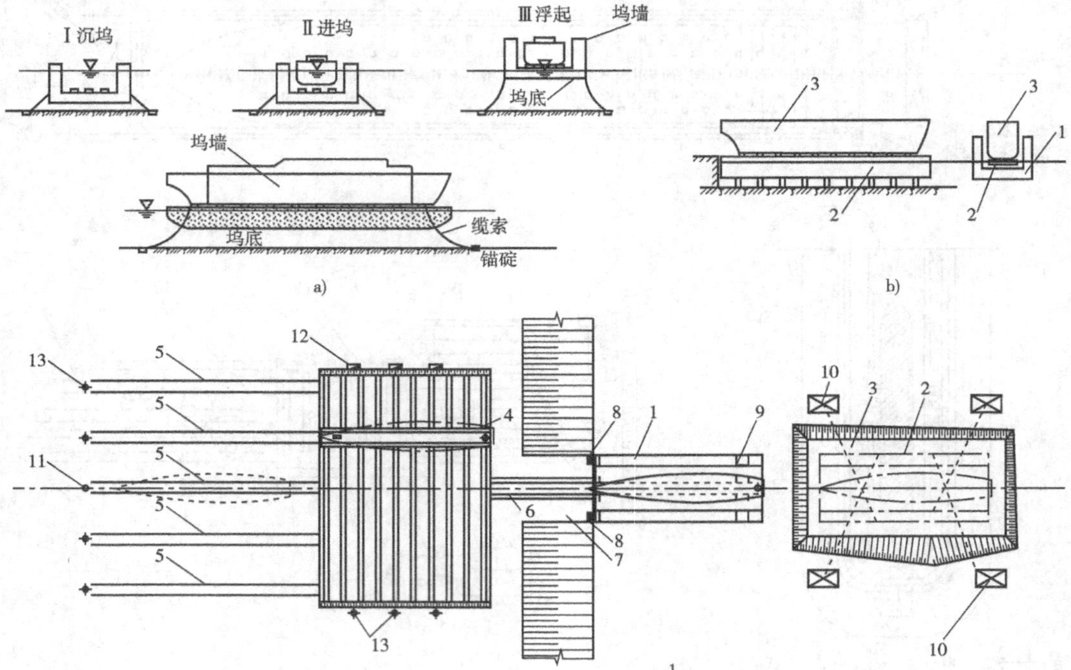

图 11-2　浮船坞类

a)浮船坞;b)母子船坞;c)浮船坞-船台

1-浮船坞,2-浮船坞在坑中,3-沉船坑,4-横移车,5-船台上的轨道,6-轨道,7-突出平台,8-定位装置,9-支座,10-锚,11-电动绞盘,12-电动绞车,13-定滑轮

2. 干船坞的组成和作用

干船坞是位于地面以下,有开口通向水域以进出船舶,并设有闸门,关闭后能将水排干以从事修造船的水工建筑物。干船坞包括坞室、坞口、坞门、灌排水系统、拖系缆设备、垫船设备、起重设备、动力及公用设施等。

坞室是干船坞中为修造船提供场地的区段,是干船坞的主体。

坞首是干船坞的一个区段,用来安放坞门。坞首在临河、海的一端设置坞门,构成船坞口门,称为坞口,另一端连接坞室。为了保证坞门关闭紧密和开启自如,坞首必须有足够的刚度和强度,以承受船坞坞门传递的作用。

坞门的作用是用来挡水,水密性要好。

灌水系统包括输水廊道和阀门等设备,它的作用是向坞内灌水。排水系统则包括明沟、输水廊道和泵站等,以排除坞内的水。

拖曳系缆设备包括牵引小车、绞车或绞盘、系船柱、滑轮、拉环等,用来拖曳船舶进出坞及固定船舶。

垫船设备是坞室中支撑船体的设施。主要由中龙骨墩(中墩)及边龙骨墩(边墩)组成。

起重设备主要有门座起重机和龙门起重机。

动力及公用设施主要有电力、压缩空气、氧气、乙炔、水和蒸气等管线。

3. 船舶的进、出坞过程

船舶出坞时,先将船缆系在系船柱或绞盘上,使船浮起时不致左右摇摆;然后打开进水闸门,向坞内灌水,至坞内外水位齐平时将船缆系在牵引小车上,开启坞门;用曳船小车牵引船艏缆绳,曳船外移(图 11-3,Ⅰ);待船艉到坞口附近,用拖轮协助拖曳(图 11-3,Ⅱ);船艏离开坞口时,松开缆绳,由口门旁的另一艘拖轮协助船舶进入舾装泊位(图 11-3,Ⅲ)。

船舶进坞时,先由拖船将船舶拖至坞口的操作水域,然后由坞口绞盘拖曳船艏缆绳并由拖轮在船艉协助船舶回旋、定位,使船舶对准坞口(图 11-3,Ⅳ);船艏进入坞口后,将船缆系在牵引小车上,由曳船小车牵引船舶向坞内移动(图 11-3,Ⅴ);船舶全部进坞后,关闭坞门,并将缆绳系在系船柱上(图 11-3,Ⅵ);然后开始抽水,至船底与龙骨墩接触时暂停抽水,检查船舶座墩情况,若座墩不正,应再向坞室内灌水使船浮起,校正船位,重新抽水座墩;待船坞抽干后,检查每一龙骨墩的接触情况,并楔紧垫木。

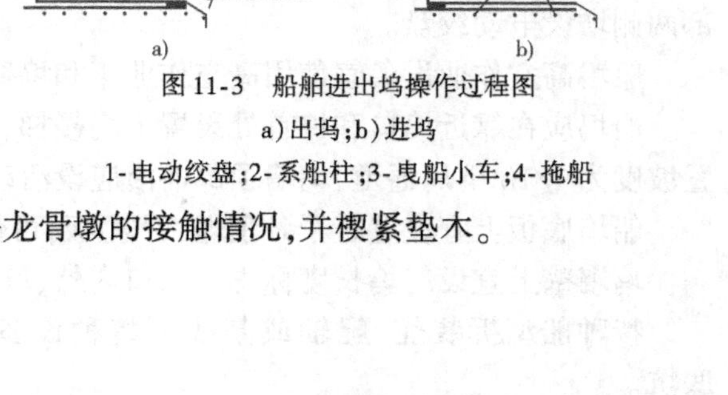

图 11-3 船舶进出坞操作过程图

a) 出坞;b) 进坞

1-电动绞盘;2-系船柱;3-曳船小车;4-拖船

二、干船坞的布置和主要尺度

1. 船坞位置

坞前水域应有良好的防浪掩护条件,以便船舶进出坞操作;应尽量避免船舶进出坞时受到较大的横向风、流的作用。在河岸船厂中,为了操船方便和安全,应避免顺流进坞。在我国现有的河岸船厂中,大多是坞轴线垂直于岸边,坞轴线与水流方向近似直交,这样对陆域的利用比较充分，平面布置也比较方正。也有船厂为了造成逆流进坞的条件，将坞轴线与岸边斜交，与水流方向有一个小于90°的夹角，在潮汐河段一般使坞口偏向上游，在无潮汐河段使坞口偏向下游。

坞口前应有足够的操作水域面积，其长度（沿坞轴线方向）一般不小于进坞船舶总长的2倍。若受水域条件制约，亦可不受上述要求限制，但应制定出具体的进出坞方案，并尽量避免过往船舶对进出坞船舶的干扰。

坞口前应避免发生有害冲刷或淤积，坞址应有良好的地质条件，船坞周围应有适当的拆装堆放面积。船坞的布置应符合工厂及总体工艺流程的要求，并应考虑远景发展的可能性。

2. 工艺布置

船坞工艺布置内容主要包括：起重设备、引船系统、墩木、系船柱、登船塔、下坞楼梯、下坞通道、栏杆、坞壁作业车、预埋槽钢、坞长度标志、中心线标志、水尺标志、拉环、坞底坑、船坞公用设施供应点、橡胶护舷等。

(1) 坞墩布置。坞墩分龙骨墩（中墩）和边墩。中墩一般布置在船舶中心线上，作用范围通常可取4～5m，边墩位于中墩两侧。中墩的布墩范围不宜小于代表船型的垂线间长，间距一般为1.5～2m，在船艉和荷载较大的区段适当加密。边墩应根据船舶重量、船宽及船体构造等进行布置，5万吨级以下船舶2～3行（每侧，下同），5万至10万吨级船舶3～4行，10万至15万吨级船舶4～5行，15万至30万吨级船舶5～6行，30万吨级以上船舶不少于6行。

(2) 起重设备。起重设备应根据工艺布置要求而设置，其临坞侧轨道距坞墙边线的距离应按通行引船小车、坞壁作业车及登船塔、活动栏杆、系船柱、坞顶动力接头箱、下坞楼梯等设施的布置需要而确定。

(3) 系船柱等。船坞一般都配备系船柱、引船系统、橡胶护舷等设施。

系船柱布置于船坞两侧顶面。前侧系船柱位于坞壁与临坞侧轨道之间，后侧系船柱距离坞壁较远，分别在船舶进出坞操作时和船舶定位时使用。

引船系统包括引船绞车、引船小车、电动绞盘、轨道及其配套设施。引船小车一般设于坞墙顶面的轨道上，引船绞车设于坞首的后方，电动绞盘设在坞口、坞首处，对大型船坞也可在中部两侧增设电动绞盘。

船坞高空作业设备宜使用高空作业车和坞壁作业车。

船坞应在靠近坞口和坞首处设置下坞楼梯，大型船坞可以在船坞中部增设。修船坞宜设置坡度为1/10下坞通道，坞墙顶部前沿应设活动式栏杆，其高度不应低于1.1m。

船坞底板上宜设置若干条预埋"T"型板，可作为中心线长度标志、临时拉点和接地。

坞墙壁上宜设船坞长度标志。坞口内外、坞首及坞墙两侧宜设水尺标志。

特种船型拆装舵、艉轴或基线下特种设备时，按需要可在坞底板一定范围内设置坞底坑。

船坞两侧应设橡胶护舷，进行并列修造船的船坞宜设滚动橡胶护舷。

3. 船坞的主要尺度及标高

船坞的主要尺度及标高应根据设计采用的船舶尺度、工艺设计原则、进出坞工艺要求和坞址的水文条件等确定。

(1)船坞有效长度。船坞有效长度系指坞门内壁外缘至坞尾墙底表面在坞底纵轴线上的投影距离。船坞有效长度按下式确定：

$$L_W = L_{OA} + l \tag{11-1}$$

式中：L_W——船坞有效长度(m)；

L_{OA}——设计代表船型总长(m)；

l——坞内船舶艏艉的修船工作间距(m)，按修船工艺一般取 10 ~ 15m。

采用半串联造船时的船坞有效长度应按下式计算：

$$L_W = L_{OA} + l_1 + l_d + 1.5l \tag{11-2}$$

式中：l_1——设计代表船型艉段长度(m)；

l_d——中间坞门占用船坞的有效长度(m)，一般取 10 ~ 14m，若不设中间坞门则为 0。

(2)坞室宽度。坞室宽度系指船坞中剖面处的坞底宽度，按下式确定：

$$B_W = B + 2b \tag{11-3}$$

式中：B_W——坞室宽度(m)，下同；

B——船舶型宽(m)；

b——船舷与坞壁外边线的距离(m)，应根据船舶大小及脚手架型式确定，一般取 4 ~ 5m。但对有防摇鳍的船舶及海损事故船舶的坞修工作，间距应根据具体情况另行考虑。

采用并列修造船时的船坞宽度应按下式计算：

$$B_W = B_1 + B_2 + 3b \tag{11-4}$$

式中：B_1、B_2——两船舶型宽(m)。

(3)坞口宽度。坞口宽度系指坞口内侧底宽。坞口宽度一般与坞室宽度相同。

(4)船坞顶标高。船坞顶标高应结合坞址水文、地形等条件，参照港口工程有关规范的规定来确定。当坞顶高程低于当地防汛标准时，需建造防汛墙。在船坞两侧一定范围内，由于起重设备的通行和船舶进出坞操作的需要，宜采用可拆装的活动防汛墙。

通常船坞顶标高比厂区标高高 0.1 ~ 0.15m，我国有些近海河口地区船坞是以 20 年一遇之洪水位以上 0.3 ~ 0.5m 或以历年最高水位再加一定的富余高度来定船坞顶标高；对沿海地区船坞，其坞顶标高一般取历年最高潮位加一定富余高度。

(5)进出坞设计低水位。船舶进出坞设计低水位的确定是船坞设计中的关键尺度，需要根据船坞功能和坞址的水文等条件，通过统计、分析、论证后确定。

目前，我国沿海地区及近海河口地区的船坞，宜选定持续时间不小于 2 ~ 3h、年保证率为 50% ~ 80% 的潮位为进出坞设计水位，同时应考虑潮位较低季节的进出坞要求。不受潮汐影响的内河取通航水位作为进出坞设计水位。

(6)坞室底标高。坞室底标高应按下式确定：

$$H_D = H_W - T_K - h - a \tag{11-5}$$

式中：H_D——坞室底标高(m)；

H_W——设计进出坞低水位(m)；

T_K——设计船舶进出坞时最大吃水(m)；

h——龙骨墩高度(m),一般取1.6~1.8m,对特殊船型,还需考虑曲线边墩的高度;

a——船舶最低点至龙骨墩顶面富余深度(m),一般取0.5~1.0m。

为了排水方便,船坞底板宜设横向排水坡,坡度可取0.5%~1.0%;若设纵坡,纵坡可取1‰~3‰。坞底应设置排水明沟。

(7)坞槛(坎)及坞口有关尺度。坞槛标高可与坞底齐平。若坞坎标高高于坞底,则坞槛标高至少应低于中龙骨墩顶面0.5m;具有基线下突出物的船舶在船坞中修造时,通常采用坞槛标高与坞底齐平的方式。坞槛宽度一般为1.0~3.0m,也有少数船坞坞槛宽度超过3.0m。

坞口顶标高主要视船坞一带水域的波浪情况而定,一般波高在0.5m以下时,坞口顶高可比坞室顶标高高0.1m左右或与坞室顶标高一致。

坞口纵向主要由槛前段和槛后支持段两部分组成,槛前段长度按坞门型式确定,槛后支持段长度按坞口整体稳定、排灌水设施的布置和构造等要求确定。

坞口门墩的厚度应综合考虑下列因素确定:

①满足结构承载能力和正常使用要求;

②满足坞门启闭机械、引船设备及公用设施的布置要求;

③如船坞泵房布置在门墩内,也应满足泵房、灌水廊道等的布置要求。

第二节　干船坞的结构型式与构造

一、干船坞的结构型式

1.概述

干船坞主要由坞室、坞口结构等组成,坞室结构由底板和两侧坞墙组成。根据坞墙和底板的连接方式,坞室可分为整体式、分离式和铰接式等型式。坞墙和底板刚性连接的称为整体式,两者用缝分开而相互独立的称为分离式。也有墙与底板铰接的,可认为是介于整体式和分离式之间的铰接式。

分离式坞墙常用的结构型式有:①重力式(包括实体式、悬臂式和扶壁式),适用于承载力较高的地基;②桩基承台式和板桩式,适用于承载力较低的地基;③衬砌式和混合式,适用于坞墙后全部或部分为岩体的情况。

影响船坞结构型式的因素很多,主要是地质条件、水文条件和船舶尺度。

船坞的结构型式按克服地下水浮托力的方式可分为三大类:①重力式,依靠结构的本身重量克服地下水的浮托力(图11-4a);②锚固式,用锚桩、锚索或锚杆将底板锚固于地基,依靠锚固力和结构自重克服地下水浮托力(图11-4b、c);③排水减压式,采用地下排水设施部分或全部消除地下水浮托力(图11-4d)。

不论采用重力式、浮箱式、锚拉式或排水减压式,干船坞的底板与坞墙均可考虑采用分离式、整体式和铰接式进行设计。

采用整体式底板时,在干船坞的横剖面上,外荷载所产生的内力,不论弯矩和剪力在底板与坞墙之间均可互相传递,干船坞的沉降作为一个整体来考虑。采用分离式底板时,底板与坞墙均作为独立的结构,内力并不传递,沉降也分别计算。采用铰接式底板时,墙与底板之间不传递弯矩,但传递剪力,沉降仍应按整体考虑。

坞口常用的型式有重力式、扶壁式和空箱式等。

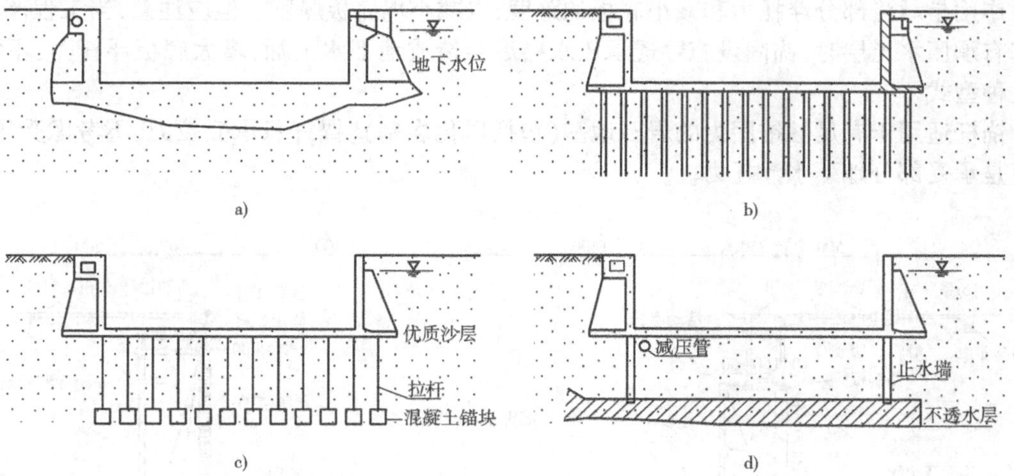

图 11-4 船坞坞室的结构型式

a)重力式;b)锚桩式;c)锚杆式;d)排水减压式

2. 坞室结构

(1)重力式坞室结构。重力式结构是干船坞的传统型式,它要求地基有足够的承载力,且地基土的透水性比较大,在设置排水减压设施有困难或不经济时,可考虑采用该型式。当天然地基的容许承载力过低或地基受荷后沉降量过大而影响使用时,也可采用换砂或桩基础。

老式的重力式船坞常用浆砌块石或素混凝土结构,完全依靠坞墙和底板的自重克服地下水浮托力,基坑开挖深,工程量很大,施工困难,目前已较少采用。随着现代船舶日益大型化,要求坞室尺度也相应加大,老式船坞已不能适应要求。目前在船坞工程中逐渐采用少筋混凝土和钢筋混凝土轻型重力式结构。在坞墙底部可设置向后伸出的悬臂,利用悬臂上的填土重量克服部分地下水浮托力,可减少船坞结构的混凝土用量(图 11-5)。

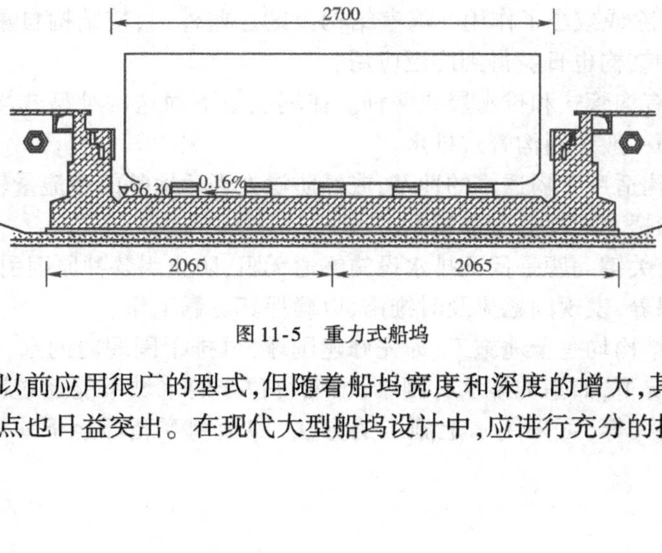

图 11-5 重力式船坞

重力式船坞是以前应用很广的型式,但随着船坞宽度和深度的增大,其工程量大、施工较困难和造价高的缺点也日益突出。在现代大型船坞设计中,应进行充分的技术经济论证,以决定采用重力式或其他结构型式。

(2)锚固式坞室结构。在现代大型船坞中,当底板下面的地基适合做锚固设施时,为了减小底板的厚度,可采用锚杆、锚索和锚桩等将底板锚固于地基上(图 11-6)。这些锚固设施的主要作用是承受部分浮托力和减小底板的跨度,以减小坞底板厚度。但应注意,当工程范围内地基有承压水土层时,锚固设施穿透承压水层后会造成地下水上涌,增大底板浮托力,不宜采用此种型式。

锚杆适用于有足够锚固力的岩石地基(包括风化岩基),锚杆只承受拉力,不考虑受压,因此只是承受部分地下水浮托力。

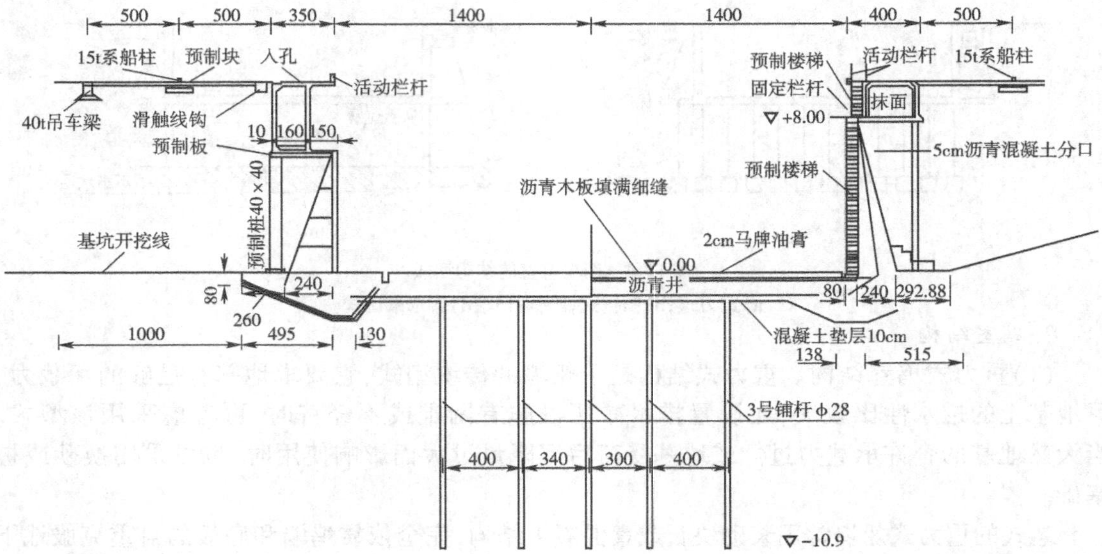

图 11-6　我国某 1.8 万吨级船坞坞室断面图

(3)排水减压式坞室结构。在坞室底板下面和坞墙后面设置排水设施,用以部分或全部消除作用在底板上的浮托力和墙后的地下水压力,这种结构称为排水减压式坞室结构(图 11-7)。由于消除或减小了作用在坞室结构上的这些外力,使结构自重显著减小,节省大量投资。因此,这种结构也日益得到广泛应用。

排水设施主要有沟管式和排水层式两种。在坞底板下面这两种型式均有应用,有时可同时使用,在坞墙后面一般多用沟管式排水。

排水减压式结构适用于弱透水的地基,或经防渗处理后地基的渗流量较小的情况,若渗流量太大,抽取地下渗透水消耗的电量较大。

设计这种坞室,关键问题是保证排水设施畅通无阻,防止因各种原因引起的淤塞。对排水系统应经常检查、保养,发现问题应及时维修,以确保其可靠工作。

上述三种坞室结构均是干地施工,即先修建围堰,再排干围堰内的水,在围堰内开挖基坑建造船坞。有些情况下,如基坑排水有困难,或船坞位于的水域不能建造围堰(如影响通航)或建造围堰投资过大等,可采用水上施工的方法,即预制浮箱浮运下水而形成浮箱式坞室结构。

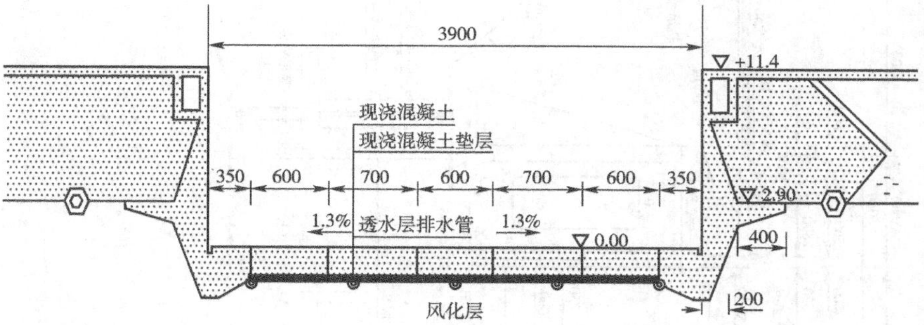

图 11-7 我国某船厂 5 万吨级干船坞坞室断面

图 11-8 和图 11-9 是近年来修建的北方某 10 万吨级船坞和我国南方某 30 万吨级船坞的施工断面图,从中可以了解比较详细的坞墙结构型式、地板分块、排水沟等结构布置和部分工艺布置情况。

3. 坞口结构

干船坞坞口是外海(江)和船坞相连接的部分,在坞口处设有坞门。坞口的结构型式可以与坞室相同,也可以不同。在选择坞口结构型式时,应考虑以下两点:

(1)坞口承受由坞门传来的很大水压力以及地下水浮托力。因此,坞口结构应有足够的重量以保证抗滑、抗倾和抗浮稳定性。

(2)为了保证坞门的水密性,有时在坞门墩外侧镶嵌条形金属板,在坞门上布置密封条,用以保证坞门关闭时不漏水。同时,要求坞口结构有较大的刚度和较小的变形,有时还要考虑在坞口门墩内布置水泵站、排水明沟、灌水廊道等。

坞口结构分为整体式和分离式。整体式是坞口门墩与底板结合为一体的坞口结构,以保证船坞工作的整体性。我国常用的实体式、扶壁式和空箱式结构(图 11-10a、b、c),均为整体式结构。所谓分离式是坞口门墩与底板分开的坞口结构,当地基土质较好或采用人工地基时,可考虑采用分离式结构,其中沉井式(图 11-10d)为分离式结构。

为改善底板的工作条件,减小温度应力,整体式坞口底板可设置闭合块。设置闭合块的目的是:

(1)改善底板的工作条件。坞口闭合块一般设置对称的二道,要求设在弯矩、剪力较小的地方。闭合块要在坞口底板和坞墩基本浇筑完再行封闭,封闭的时间宜选择在天气不热的季节。采取这些措施,可以减小整体式坞口由于不均匀沉降所造成的结构内力,同时,还可以减小结构在使用中的计算内力。

(2)减小温度应力。坞口底板的平面尺寸较大,厚度也比较大,相应的底板产生的混凝土温度应力也比较高。设置闭合块,使底板混凝土块体减小,可以降低或者不产生温度应力。

(3)方便施工。坞口底板分块浇筑混凝土,减小了浇筑强度,可以方便施工。

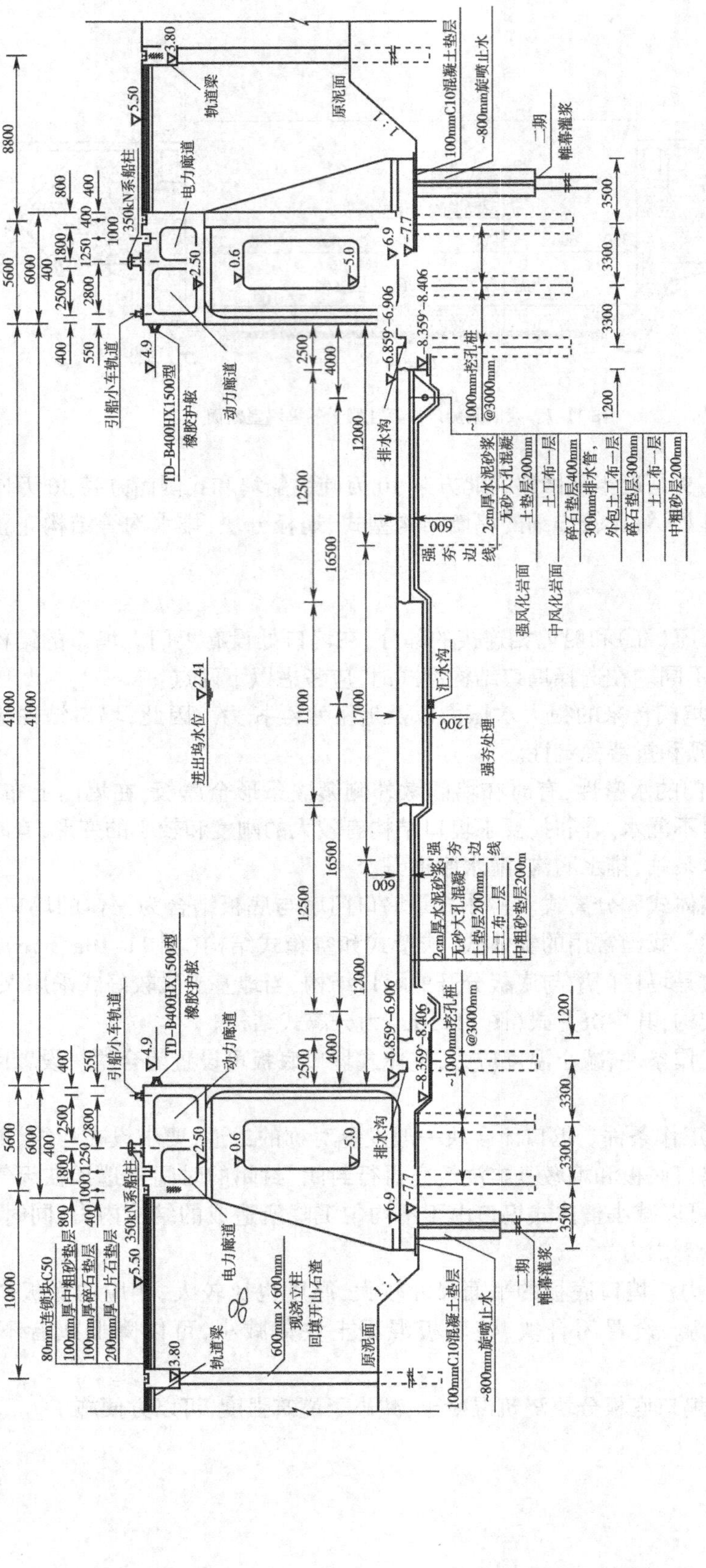

图11-8 我国北方某10万吨船坞

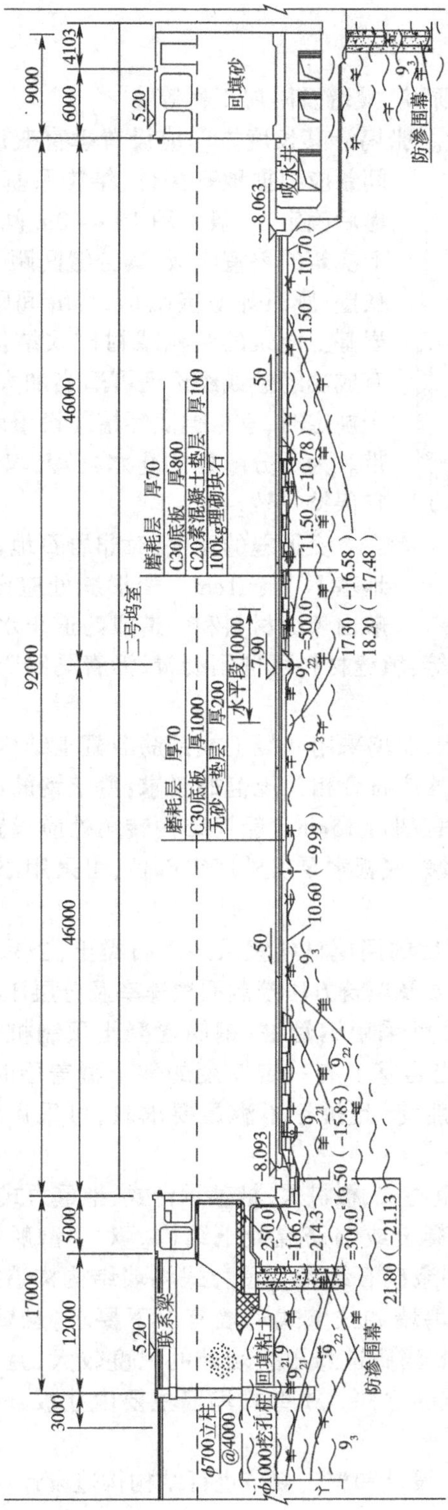

图11-9 我国南方某30万吨船坞

二、船坞的构造要求

船坞结构包括：坞室、坞口、水泵房、翼墙及附属工程等。

(1)船坞的分段和变形缝设置。船坞沿其长度方向应设置垂直变形缝，变形缝的位置和间距应根据地基条件、结构及基础型式等因素综合考虑后确定，一般采用15～40m间距。在软基上或桩基上浇筑的坞室底板，其分缝间距一般不超过40m；对于扶壁、廊道等薄壁结构，分缝间距一般不超过25m；对岩基上浇筑的结构或衬砌式结构不大于15m；在当地有成功经验或经论证可适当加大。但结构分缝间距大于规定时，宜根据实际情况设置闭合块、施工缝或后浇带。为了分缝处的止水处理，坞墙和底板的分缝间距宜保持一致。

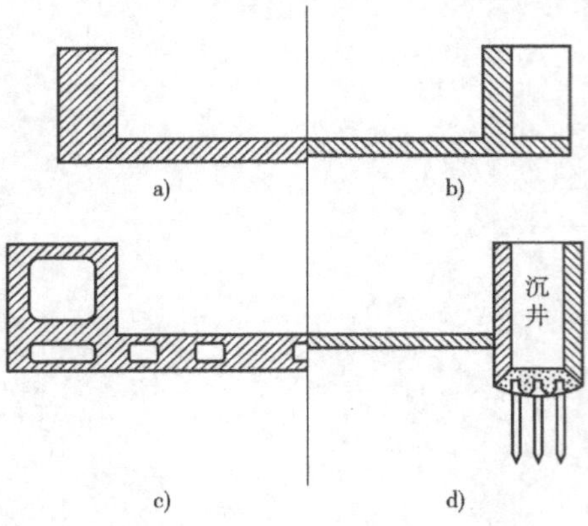

图11-10　坞口结构型式

a)实体式；b)扶壁式；c)空箱式；d)分离式

变形缝的宽度，对非岩石地基不小于2cm，对岩石地基不小于1cm。变形缝处应设置止水带，其构造一般由填缝材料和一道或两道止水带组成。止水带的材料选用耐腐蚀的金属、橡胶或塑料等，填缝材料可选用沥青、沥青马蹄脂、油毡和沥青木板、木丝板等。

船坞一般采用钢筋混凝土结构，船坞采用混凝土或钢筋混凝土结构时，混凝土的强度、抗冻、抗渗等要求以及钢筋的选用等均应符合相关规范的要求；薄壁钢筋混凝土结构，钢筋直径应尽可能选用小直径，钢筋间距不宜超过15cm。船坞结构转角处应设置加强角，为了减小大体积混凝土的初期裂缝，在坞口门墩、底板水泵房外墙等部位，可采用添加外加剂或附加防裂钢筋网片的措施。

(2)坞墙后的回填土。坞墙背后的回填材料宜采用砂石类土，当采用粘性土作为回填材料时，应根据回填土的物理力学性质及填筑方法控制回填速率及分层压实厚度。

(3)船坞的基桩。船坞的基桩可采用钢管桩、钢筋混凝土预制桩或先张法预应力管桩(PHC桩)，也可采用灌注桩等。当岩基上有一定厚度的软土覆盖层时，也可采用钻孔灌注桩、嵌岩桩；当不采用排水减压式船坞，且抗浮不满足要求时，可采用锚杆或其他型式的抗拔桩。

(4)坞墙。坞墙结构型式有：重力式、板桩式、桩基承台式、半重力式和衬砌式等。

重力式坞墙结构一般采用混凝土或钢筋混凝土结构。对小型船坞，若当地盛产石料，且施工技术可靠时，经论证可采用浆砌石结构。重力式坞墙结构构造按照相应型式的重力式码头进行构造设计。但悬臂式坞墙和扶壁式坞墙有以下要求：悬臂式坞墙主要由立墙、前底板和后底板组成(图11-11)。当廊道悬出立墙外的尺度较大，且廊道后壁顶部需设置起重机轨道时，尚应设置支持廊道的立柱。扶壁式坞墙主要由立板、肋板、前底板和后底板组成(图11-12)。

板桩式坞墙一般按照板桩码头设计和施工规范进行结构构造设计。

桩基承台式坞墙分为低桩承台式和高桩承台式。低桩承台式坞墙的承台部分可采用悬臂式、扶壁式或实体式。

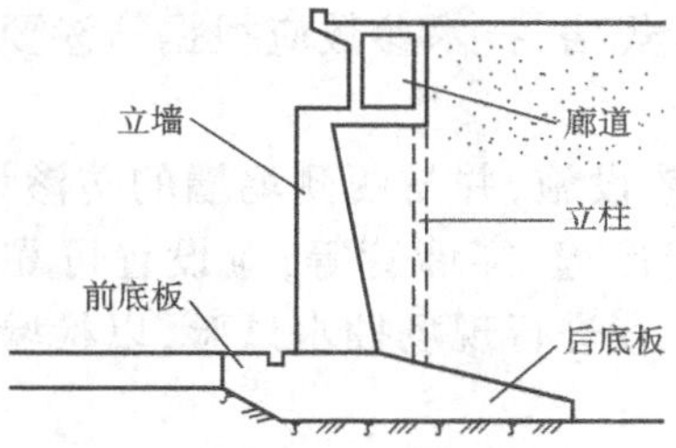

图 11-11 悬臂式坞墙

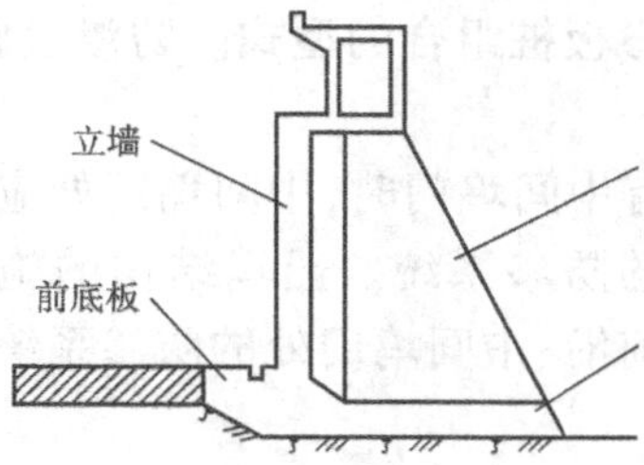

图 11-12 扶壁式坞墙

半重力式坞墙一般可采用格型钢板桩、钢筋混凝土沉井结构,或格型地下连续墙结构。

衬砌式坞墙用于岩面高于坞墙设计顶高程情况。衬砌式坞墙分有锚衬砌式和无锚衬砌式,当基岩坚硬、完整时,可采用有锚衬砌墙;当岩石质地松软或裂隙发育时,宜采用无锚衬砌墙。衬砌墙可采用钢筋混凝土、混凝土和浆砌块石结构。

当岩面处于墙高的中部时,坞墙可采用上部为重力式下部为衬砌式的混合式结构(图 11-13),混合式坞墙应保证上部重力墙和下部衬砌墙与基岩整体连接。

(5)坞室底板。分离式坞室底板可根据坞室尺度、荷载大小及其分布、施工条件以及底板下有关设施(如排水减压管沟等)的布置等因素进行合理分块。分离式坞室底板厚度应由计算确定。桩基底板厚度不宜小于 0.6m,岩基底板厚度不宜小于 0.2m。对于质地坚硬的岩基衬砌式底板,可不做强度计算,但对局部软弱带应做必要的处理。

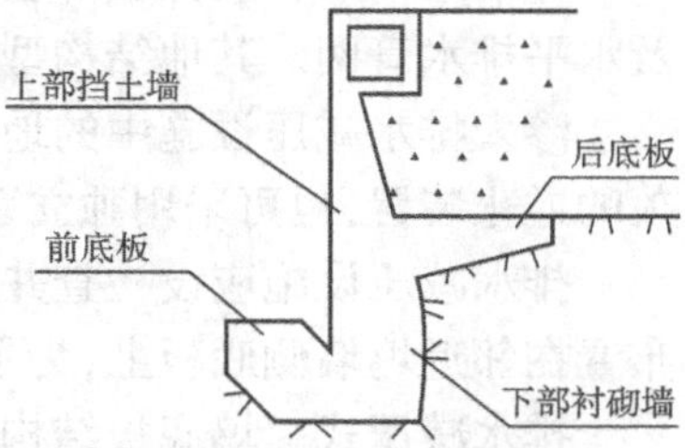

图 11-13 混合式坞墙

当地基条件较差或地震设防烈度较高时可采用整体式坞室。整体式坞室一般采用重力式结构。当天然地基容许承载力过低或地基受荷后沉降量太大影响使用时,也可采用地基处理措施或桩基础。整体式坞室底板宜设置施工闭合块,闭合块一般与坞轴线呈对称布置,宽度一般为 1.5m。

(6)坞口。坞口门槛和门槽宜采用花岗岩镶面,其整体平整度应符合坞门止水的要求。

坞口宜采用整体式结构型式,整体式坞口宜于底板的适当部位设置施工闭合块,宽度一般为 2.0 ~ 3.0m。坞口底板下的止水帷幕应选择可适应坞口结构位移的型式和材料,当坞口止水帷幕材料不能承受拉力时,帷幕处地基应力应符合 $\sigma_{min} \geqslant 0$ 的条件。

当整体式坞口施工条件受到限制,可考虑坞口底板与坞口门墩分离施工。分离施工的坞口门墩可采用实体式、空箱式、沉井式及板桩式等结构型式,坞口结构应采取预留插筋、预埋型钢等构造措施,使底板与坞口门墩连接可靠。

排水减压式船坞坞室结构宜采用分离式结构,当采用重力式坞口、坞墙时,其外荷载合力作用点到前趾的距离不应小于底宽的 1/3。

(7)防渗及排水减压系统。船坞防渗与排水设施应根据水文地质条件、水头、结构型式等因素综合考虑确定。

根据减少渗水量及满足渗流稳定的要求,设置可靠封闭的空间防渗设施。防渗设施可采用防渗墙、防渗板桩等结构型式。防渗墙可采用混凝土、钢筋混凝土、水泥土、水泥浆、粘土、复合防渗土工膜等材料，防渗板桩可采用钢板桩、钢筋混凝土板桩等。防渗设施也可采用防渗墙和防渗板桩组合的型式。防渗设施的设计规格、技术参数应根据防渗要求及受力情况确定。

当船坞设有中间坞门时，中间坞门处应设置防渗设施，并与两侧坞墙的防渗设施连接，形成相对独立的防渗系统。船坞结构的施工缝、变形缝、穿墙管等，应设置可靠的止水设施。船坞坞口前沿、中间坞门处的防渗系统封闭后，宜进行现场抽水试验，以检验防渗设施的有效性。

排水减压设施应根据坞址水文地质条件及防渗设施的设置情况等因素，在满足所要求的排水能力前提下，选择可靠、经济的排水系统。排水减压设施可根据不同情况分别布置在底板下、坞墙背后及其底部等不同部位。当船坞设有中间坞门时，船坞各分区应设置独立的排水减压系统。

底板下排水减压设施可采用四种型式，沟管式排水、排水层排水、减压井排水和同时采用前面三种排水型式组合的混合式排水。对于岩基或地下水为承压水且扬压力大于其上部土层和坞体重量的情况，建议采用减压井排水方式。

衬砌式坞墙背后及底部应设置排水减压设施，一般布置于岩体和衬砌墙之间，可采用竖向及水平排水管网。其他结构型式的坞墙，根据具体情况在墙后及底部布置排水减压系统。

渗入排水减压设施中的地下水，一般采用汇入船坞泵站排出的方式，对此应设置可靠、耐久的逆止装置，也可采用独立系统排水。

排水减压设施应设检查井，建立定期检修、保养制度，确保其正常安全运营。检查井一般布置在邻近坞墙侧底板上，为了全面了解水位情况，纵向间距每隔 20 ~ 40m 设置一个检查井。

排水减压式船坞底板结构下面应铺设垫层。采用沟管式排水型式时，垫层应尽量采用透水材料铺设，底板与透水材料之间应有隔离措施，防止施工过程中砂浆渗入透水垫层。排水减压设施的滤水管，可采用带孔钢筋混凝土管、带孔工程塑料管或无砂混凝土管等。滤水管周围应铺设反滤层，常用碎石反滤层，或土工织物滤层材料与碎石共同组成的反滤层。碎石反滤层可分层或不分层铺设，根据水位差大小分层铺设的反滤层，每层厚度可取 15 ~ 20cm，不分层铺设的反滤层应采用级配良好的碎石，总厚度不宜小于 45 ~ 60cm，滤料粒径应根据地基土的组成及滤水管开孔孔径确定。土工织物滤层材料可与碎石共同组成反滤层，要考虑其安全承受施工荷载的能力，其规格和性能指标可按现行《水运工程土工织物应用技术规程》(JTJ/T 239)规定进行。

设置排水减压设施时要注意防渗系统的物理淤积和化学淤积问题，必要时要采取适当的淤积防治措施，以满足渗流稳定的要求。

第三节　干船坞坞门

坞门是干船坞的重要组成部分，主要作用就是挡水。为了保证坞内船舶修造的安全，要求坞门必须具有良好的水密性，且启闭方便。目前采用的主要坞门型式有浮箱式坞门和卧倒式坞门。

坞门关系到坞内修造船的安全,坞门结构的安全等级应和船坞结构安全等级一致。设计坞门应满足结构安全、性能可靠、经济合理等基本要求。对坞门的各水密舱室、水密舱的舱盖、舱室内的各种管路需要进行水密性的试验。在北方寒冷地区,要考虑坞门潮汐舱、压载水舱和管路的防冻措施。在泥沙淤积会影响坞门使用的地方,则要考虑相应的清淤措施。根据国防科学技术工业委员会2011年5月发布的《干船坞设计规范》(CB/T 8524—2011),坞门结构设计采用容许应力法。

一、浮箱式坞门

浮箱式坞门是一个钢制的浮箱,浮箱分为若干个水密的隔舱,作为操纵舱、压载水舱和潮汐舱。操纵舱内设有阀门开关和水泵电机,用来控制压舱水的水位。压载水舱内灌水使坞门下沉,排水使坞门上浮。潮汐舱在临水侧设有孔洞,使舱内水位随同水域潮位涨落而升降,维持坞门的稳定。浮箱式坞门与坞口结构独立,坞门开启后,通常将它系在坞口外翼墙前;关闭坞门时,由坞口上的电动绞盘将其拖至坞口系缆定位,然后灌水下沉。

浮箱式坞门承受水压力的能力较大,维修方便,门顶较宽便于车辆通行。但浮箱式坞门操作较复杂,启闭时间较长,造价较高,水位、风、浪和冰冻对浮箱式坞门的启闭操作影响较大。当波高超过0.5m,风达到5~6级时,操作困难。由于造船周期较长,坞门启闭次数少,且坞门上可通行重型汽车,所以在以造船为主的船坞中应用较多。

1. *浮式坞门的一般要求*

浮式坞门坐落在门坎底面时,其两端面与坞口门槽侧壁间宜各有0.2~0.4m间隙,其上甲板顶面宜与坞口标高一致。上部设有潮汐舱的浮式坞门,轻载吃水线应在中甲板以下且不小于0.2m。浮式坞门轻载漂浮时的吃水深度,应保证底部最突出的构件与门坎底面至少有0.5m距离。

浮式坞门采用水泵排水方式起浮时,起浮时间可取15~45min;采用自灌水方式下沉时,下沉时间可取10~20min。

压载水舱应设通气管,并设置水位指示装置。

坞门设有向坞内灌水的灌水口时,灌水口的数量和孔径应按要求水位下的输水量和输水时间确定。

潮汐舱孔口面积应使潮汐舱水的自流速度与坞门的下沉和起浮的速度相适应,并在潮汐舱设置通气口。

浮式坞门在使用时期,应保证在最高水位时的总重量大于总浮力,其差值取浮式坞门总重量的4%~8%。上甲板应设带缆桩、导缆钳、栏杆及水密舱口盖等附属设施。门体舷侧应设钢、木护舷和拉耳,底部应设钢、木底座条等。泵阀舱室、操作台处应有照明、通风设施。

2. *浮式坞门分舱设计*

浮式坞门可采用两层或三层甲板型式。当为两层甲板时,上部为水泵舱,下部为压载水舱,固定压载应放在压载水舱舱底。当为三层甲板时,可采用下列分舱型式:

(1)上部为潮汐舱;中部的中间部位为水泵舱,两端为压载水舱;下部两端为固定压载舱,中间部位为中间水舱。

(2)上部为水泵舱;中部为压载水舱;下部两端为固定压载舱,中间部位为压载水舱。

3. 浮式坞门的稳定性要求

在下列情况下,坞门轻载吃水时其重心应在浮心以下,且不小于0.3m:

(1)长度不大于30m的桶形浮式坞门,上部设有两个或三个大潮汐舱;

(2)比重计形浮式坞门;

(3)浮式坞门中部(对三层甲板浮式坞门)或下部(对两层甲板浮式坞门)全部为压载水舱,且未设水密纵隔舱壁。

对长度不大于30m,未设潮汐舱或设小潮汐舱的浮式坞门,在轻载吃水时的初稳心高度应不小于0.6m;当长度大于30m时,应不小于1m。所有浮式坞门在整个沉浮过程中,经自由液面修正后的稳心高度应不小于0.3m。

对上部设有大潮汐舱的浮式坞门,应进行纵向稳定性验算。新建浮式坞门完工时应进行倾斜试验和沉浮试验。

4. 浮式坞门水泵配置、输水孔设计

浮式坞门的水泵、输水孔按给排水的方法进行设计计算、配置。

二、卧倒式坞门

卧倒式坞门的底部与坞槛用水平轴连接,启闭时坞门绕该轴转动,开启时坞门平躺在坞口的门座上,故称卧倒式坞门。卧倒式坞门结构简单,操作方便,需要操作人员少,启闭时间短,水密性好,在波浪较大时仍能启闭自如,风、冰冻对卧倒式坞门影响很小,造价也较低。但维修不如浮式坞门方便,承受水压能力也相对较差,门顶宽度较小,通行条件比浮式坞门差,而且卧倒式坞门门坑比水底泥面低,容易淤积,在淤积较严重的地区清淤工作量较大,需采取门坑清淤的措施。卧倒式坞门在坞门启闭频繁的以修船为主的船坞中使用较多。

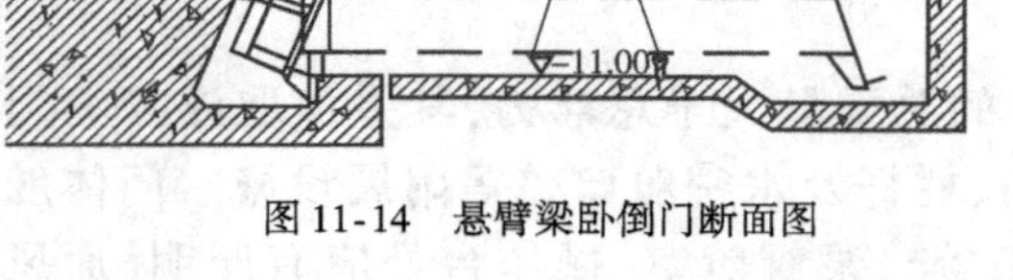

图 11-14　悬臂梁卧倒门断面图

根据操作方法,卧倒式坞门可分为气控式和机械式。大、中型坞门宜选用气控式,小型坞门宜采用机械式(图 11-14)。

机械式操作一般采用电动绞车,绞车通常设置在坞口侧地下室内。坞门支座偏心布置,开启时放松钢丝绳,当坞室内水位与水域水位齐平时,坞门靠自重作用向外倾倒,落在水中支墩上。关闭坞门时,用钢丝绳将坞门拉起,直到坞门完全关闭。将坞内水排空,坞门在水域静水压力的作用下与门框压紧。

气控式坞门设有潮汐舱、固定浮舱、备用舱、压载水舱及操作舱。坞门底部设有两个铰链,坞门的启闭是通过操作舱充气和灌水来实现的。

坞门设计需考虑的荷载主要有:坞门自重(包括压载)及浮力、静水压力、波浪力、上甲板通行荷载、卧倒门下卧时的撞击力等。

坞门结构应进行强度、刚度与稳定性验算,对浮箱式坞门还须进行浮游稳定验算。

第四节　干船坞灌排水系统

一、船坞灌、排水系统布置

干船坞的灌排水系统布置如图 11-15 所示。坞室排水时，打开阀门 6 关阀门 14，水由大明沟 5 经输水廊道通过阀门 6 进入水泵站下面的集水池 7，由主泵 8 加压经排水管 9 及阀门 10 排入指定水域。坞室灌水时，关阀门 6 打开阀门 14，水经灌水廊道 13 和大明沟 5 进入坞室。

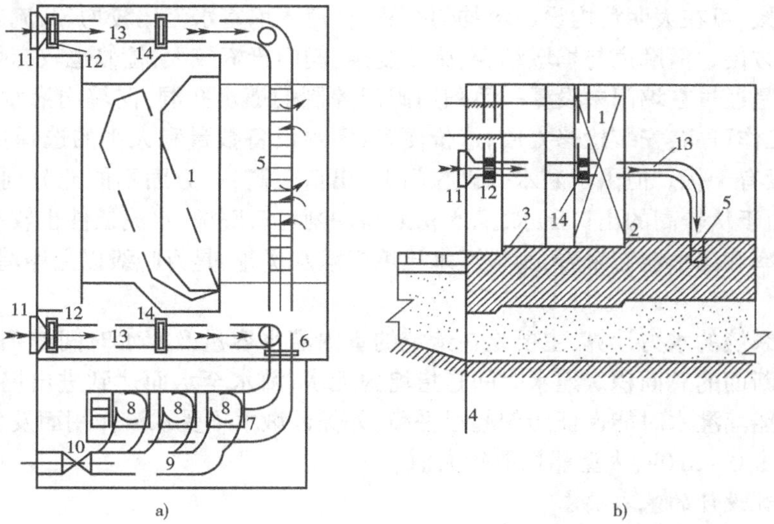

图 11-15　干船坞灌排水系统的布置

a）平面图；b）纵断面图

1-浮坞门；2-工作门槛；3-修理门槛；4-板桩；5-大明沟；6-排水管阀门；7-集水池；8-主泵；9-排水管；10-排水管阀门；11-拦污栅；12-修理阀门；13-灌水廊道；14-工作阀门

应根据船坞工艺要求、船坞及坞门结构型式、水文、气象等因素综合考虑后，确定船坞灌水和排水系统。设计灌、排水系统时，应保证系统和设备的运行安全可靠，便于操作和检修，力求技术先进，经济合理。灌水系统应满足工艺设计所确定的灌水时间和对坞室水流状态的要求。排水系统应满足两方面的要求：一是排水时间要满足工艺设计要求，排水时间是指主泵排水时间和辅泵排除坞内余水时间之和；二是排水系统能排除坞内的雨水、减压水（为减少排水减压式船坞底板扬压力而排除出的地基渗水）及各种废水、渗水。沿海地区灌、排水系统中的水泵、阀门及管道，要选用耐海水腐蚀的材料，否则必须采取有效的防腐措施。电动机、电器设备的选择，应考虑盐雾腐蚀的因素。灌水阀门井及泵站的通风和采暖标准可参照国标 GB/T 50265，防潮标准应符合电器设备防潮要求。水阀门连接管和大型水泵出水管，应有便于阀门和水泵拆装的措施，宜设置柔性接头。

当两座船坞共用一套灌水或排水系统时，应设置分隔门，分隔门宜采用双向止水平板闸门或大型专用阀门。

对大型船坞的廊道灌水、虹吸灌水和流态复杂的排水泵站进出水流道的布置，当无相关工程经验时,应通过水力模型试验确定。

二、灌水系统

船坞灌水方式有短廊道灌水、坞门灌水和虹吸等重力灌水。目前,国内外采用前两种灌水方式较多,下面主要介绍短廊道灌水和坞门灌水。

1. *短廊道灌水和坞门灌水的特点*

短廊道灌水是在坞首边墩内设置用阀门控制的灌水廊道,利用坞内外水位差引水绕过坞门,流入坞室。由于短廊道的出口一般设得比较低,可以充分利用灌水的起始水头,廊道出口与大明沟相连接,可在大明沟内设出流均匀装置,使流入坞室水流比较均匀,流态良好,廊道操作管理集中而方便。但廊道与坞墩结合,施工复杂,阀门投资较大,检修也较麻烦。

坞门灌水是通过在坞门中设置一系列用阀门控制的灌水孔洞,向坞内灌水。这种灌水方式结构简单,工作可靠,安装检修方便,造价便宜;灌水设备数量和大小的选择比较灵活;与坞口分开施工,没有干扰。但由于灌水孔设在门上,出口较高,一方面不能充分利用灌水起始水头,另一方面由于从较高的出口出水,灌水初期易冲刷坞口底板,水流条件也较差。

从灌水效率和灌水流态来看,廊道灌水比坞门灌水优越,是万吨级以上船坞应予推荐的一种灌水方式。

船坞灌水系统的水力计算,主要是在给定的室内灌水容量及灌水时间的条件下确定灌水孔口及廊道横断面的总面积。灌水时间是指坞内无水、灌水至水面达到进出坞设计水位所需的时间。为了船坞灌水时能保证船舶起浮平稳,并保证墩木不受水流作用而发生移动,船坞的灌水时间宜为1.0~3.0h,大型船坞取较大值。

2. *灌水系统设计的基本要求*

采用廊道灌水和坞门灌水时,控制阀门宜采用电动蝶阀或电动闸阀。灌水系统进口处应设置拦污装置。廊道灌水和虹吸灌水进口扩大处应设拦污栅,栅条净距取50~100mm,并应有便于清捞的措施。

廊道灌水进口扩大断面的平均流速不宜大于4.5m/s。进口处应呈弧形,圆弧半径一般取(0.1~0.15)B(B为廊道断面宽度),进口上缘至平均低水位的淹没深度不小于1.5m,进口下缘至坞前水域底标高的距离不应小于2.0m。廊道灌水系统的线形应力求简单,避免断面突变,转弯角$\alpha \leqslant 90°$,圆弧半径要大于等于廊道边长。大型灌水阀门宜设在排水泵房内,设于泵站外的灌水阀门应设置阀门井,阀门井应有排水设施。灌水廊道进口处应设置检修门槽,检修门槽与拦污栅槽合用。

廊道灌水闸门后收缩断面的最大流速不宜大于15m/s,超过的部位应采取防气蚀措施。廊道灌水阀门在开启过程中,阀门后的最大负压值不宜超过49kPa,超过时可采取以下措施降低负压:降低阀门的中心位置、增加阀门后的水流阻力、延长阀门开启时间、阀门后设置通气管,并在通气管上设控制阀门或采用可抗负压空穴损害的专用灌水阀门。

坞门灌水应采用直线圆管水平布置,灌水孔数不宜少于两个,出口中心标高应尽量降低。出口处可采用挡水板等消能设施。

当灌水廊道与大明渠相接时,大明渠内应有消力坎或消力横梁等消能设施。如采用双侧廊道灌水,两侧灌水廊道宜取相同的尺度。

输水廊道的横断面可采用圆形、带有抹角或圆角的矩形、马蹄形等型式。其面积除按水力计算确定外，还应考虑检修人员的通行，故一般高度不小于1.2m，宽度不小于1.0m。

当采用廊道灌水时，灌水系统的设计与计算应在船坞结构的静力计算之前进行，以便根据廊道面积考虑在土建结构中的位置，以及考虑被廊道削弱的结构部分如何加强等问题。

三、排水系统

船坞利用排水沟、集水池和泵站水泵来排干坞内的水，泵站内设有主泵、辅助泵、排渍泵、压舱泵、消防泵和坞地板减压排水泵。

1. 泵站型式选择

按照与坞体结构的相对位置，船坞泵房有整体式泵房和分离式泵房两种，整体式泵房是指泵房与坞体结构结合建造，分离式泵房是指泵房与坞体结构分开建造。按照泵房本身的结构型式，有地下式和半地下式两种，地下式泵房系指泵房整个位于坞面以下、无突出地面的建筑物，半地下式泵房系指泵房有突出地面的建筑物。按照所服务的数量，有公用式和单用式两种船坞泵房型式。

单用的单船坞泵房通常与坞体结合在一起，但在软弱地基建造的船坞，泵站如与坞口结合，可能会产生不均匀沉降导致坞口底板开裂，所以在软基上有可能采取独立结构泵站。公用式指双船坞甚至多船坞合用泵房的情况，双船坞合用泵房一般以贯通式廊道连接的合用泵房，两侧进水廊道交替(单边)使用，出水通道合一使用；多船坞合用泵房指各船坞通过各自分支廊道连接的合用泵房，各船坞进水廊道交替(单边)使用，出水通道合一使用。

应根据船坞规模、数量和相对位置、地质条件等因素综合考虑后，确定泵站型式。对于中小型船坞可采用潜水泵排水，不专设泵房。新建船坞在条件许可时通常采用整体式，这种泵房的优点是布置紧凑，可将各种管道、廊道的长度缩减到最低限度，费用较低。

在立面上，泵站应尽量采用半地下式。半地下式泵站配电设备可以设在地上建筑内，自然通风条件较好，工人操作条件也比较好。

2. 泵站设备选择

干船坞的排水主要由主泵承担，其工作特点是水头低，流量大。主泵应根据干船坞抽水量、排水时间、排干坞室水所需的最大扬程等因素进行选择。常用的有双进口离心泵、轴流泵和混流泵等三种型式，宜优先选用立式混流泵，主泵宜设2~4台，不另设备用泵。当主泵采用立式泵时，地下式泵站沿竖向可分为三层，即主泵电动机及其配电操作层、主泵层和主泵流道层；半地下式泵站沿竖向可分为四层，即配电操作层、主泵电动机层、主泵层和主泵流道层。当主泵采用立式混流泵时，主泵底座安装高度应根据其叶轮中心的淹没深度决定，并与坞底标高相近。立式水泵的电动机传动轴可采用刚性直联方式，在满足设备安装和检修的情况下，应缩短电动机传动轴的长度。

每台主泵应设置单独的出水管，辅泵和雨水泵宜合用出水管，出水管的允许流速采用2.5~3.0m/s。

船坞的排水时间根据船坞的功能计算确定，船坞的排水时间一般为：大型船坞4~12h，中型船坞2.5~4.0h。

灌排水系统的有关水力计算和排水管道的布置参见《干船坞设计规范》(CB/T 8524—2011)。

第五节 干船坞结构的计算

一、船坞结构的计算内容

船坞结构设计遵循《港口工程结构可靠度设计统一标准》的规定,《干船坞设计规范》(CB/T 8524—2011》采用以分项系数表达的极限状态设计法,坞门采用容许应力法设计。

1.作用

船坞水工结构上的作用可分下列三类:

(1)永久作用:包括建筑物自重力、固定结构上机械设备自重力、墙后填料产生的土压力、水压力、浮托力和渗透压力等;

(2)可变作用:包括地面使用荷载、流动机械荷载、坞口门墩荷载、引船设备荷载、施工荷载、冰荷载和波浪力等;

(3)地震作用。

作用在船坞上的地面荷载、起重设备荷载、坞墩荷载(包括船舶在搁墩、修船时船重和压载水重、试舱灌水等作用在坞墩上的荷载)、引船设备荷载及其他工艺荷载的标准值根据干船坞工艺设计确定。船舶作用荷载中的纵向荷载分布应根据各种船型的重量曲线等确定,船体重量曲线除考虑船舶自重外,还应考虑进、出坞时的压载水重量;横向荷载分布应根据船舶的横向构造、布墩方式等确定。

坞顶地面荷载应包括均布荷载和流动荷载。均布荷载轨前一般取10kPa,轨后不小于20kPa。流动荷载根据各种起重运输设备的要求确定,灌水荷载根据船坞的最大水深确定。其他工艺荷载(系船柱、橡胶护舷、登船塔、引船小车和坞壁作业车等)应经计算后确定。

2.计算内容

(1)船坞结构承载能力极限状态的持久组合应进行下列计算或验算:

①坞室和坞口的抗浮稳定性;

②坞口及分离式坞墙的抗滑抗倾稳定性;

③坞墙、底板、坞口门墩基底应力和地基承载力;

④坞墙、底板、坞口等结构的承载力;

⑤锚杆、锚索、锚桩的承载力;

⑥桩和柱的压屈稳定和桩的承载力;

⑦抗渗透稳定性。

(2)船坞结构正常使用极限状态的长期效应组合应进行下列计算或验算:

①钢筋混凝土构件的裂缝宽度验算,对有特殊要求的部位,则需进行抗裂验算;

②地基沉降及变形计算;

③结构变形计算。

船坞承载能力极限状态的短暂效应组合,应对施工、修理和事故时期进行稳定性验算。

本节主要介绍干船坞结构计算的基本内容,其他可参照《干船坞设计规范》(CB/T 8524—2011》中的有关规定进行设计计算。

二、船坞的稳定性计算

船坞的稳定性计算包括坞室和坞口的稳定性计算。

1. 坞室的稳定性计算

(1)分离式坞室坞墙的坞墙底面地基反力按前面重力式码头计算方法计算,抗滑、抗倾稳定性计算按以下方法计算。

天然地基的重力式坞墙沿基底水平滑动的抗滑稳定性按下式验算:

$$\gamma_0 \Sigma H_K \leqslant \frac{1}{\gamma_R}[(\Sigma G_K - U_K)f + \lambda E_{PK} + N_1] \tag{11-6}$$

式中:γ_0——结构重要性系数;

H_K——墙底以上除 E_{PK} 以外的所有水平力合力标准值(kN);

γ_R——抗力分项系数,当持久状况计算水位为设计水位时取 $\gamma_R = 1.3$,持久状况计算水位为极端水位及短暂状况均取 $\gamma_R = 1.2$,特殊组合取 $\gamma_R = 1.1$;

G_K——作用于墙底上的垂直合力标准值的数值(kN);

U_K——作用于坞墙的扬压力标准值的数值(kN);

f——基底滑动面的摩擦系数,当无实测资料时,可参照重力式码头规范取值;

λ——修正系数,取入 = 0.33;

E_{PK}——作用于墙前的被动土压力标准值的数值(kN);

N_1——考虑底板对坞墙顶撑作用时,底板对坞墙结构顶撑力标准值的数值(kN)。

计算坞墙抗滑稳定性时,如底板和坞墙结构之间采取了合理有效的传力构造措施,宜考虑底板对坞墙的顶撑作用。

沿墙底面的抗倾稳定性按下式验算:

$$\gamma_0 M_{OK} \leqslant \frac{1}{\gamma_R} \Sigma M_{RX} \tag{11-7}$$

式中:M_{OK}——倾覆力系对墙底前趾的总力矩标准值(kN · m),包括渗透压力产生的力矩标准值;

γ_R——抗力分项系数,当持久状况计算水位为设计水位时取 $\gamma_R = 1.6$,持久状况计算水位为极端水位及短暂状况均取 $\gamma_R = 1.5$,特殊组合取 $\gamma_R = 1.4$;

M_{RX}——稳定力系对墙底前趾的总力矩标准值(kN · m)。

(2)整体式坞室稳定性计算。整体式坞室必须进行抗浮稳定性计算:

$$\gamma_0 W_K \leqslant \frac{1}{\gamma_R} \Sigma G_K \tag{11-8}$$

式中:W_K——作用在坞室基底的浮力标准值(kN);

γ_R——抗力分项系数,取 $\gamma_R = 1.2$;

G_K——抵抗坞室上浮合力标准值(kN),不考虑坞墙侧面的摩阻力。

设有施工闭合块的整体式坞室,在施工期和分离式坞室一样,应采用分离式坞墙的方法验算施工期的地基反力和承载力。

2. 坞口的稳定性计算

(1)整体式坞口结构稳定性计算。整体式坞口结构必须按(11-8)验算抗浮稳定性;天然地基上的整体式坞口结构地基应力可按前面重力式码头计算方法验算，但如果坞口止水帷幕材料不能承受拉应力，要求帷幕处的地基应力必须大于零。

天然地基上的整体式坞口应按以下公式验算坞口沿基面纵向抗滑稳定性：

$$\gamma_0(P_W + P) \leqslant \frac{1}{\gamma_R}[(G - U_W - U_P)f + (E + F_E) + N_2] \tag{11-9}$$

式中：γ_R——抗力分项系数，当持久状况计算水位为设计水位时取 $\gamma_R = 1.3$，持久状况计算水位为极端水位及短暂状况均取 $\gamma_R = 1.2$，特殊组合取 $\gamma_R = 1.1$；

P_W——计算面以上的剩余水压力标准值(kN)；

P——计算面以上波峰作用时水平波压力标准值(kN)；

U_W——剩余水压力引起的作用在计算面上的扬压力(包括渗透力及浮托力)标准值(kN)；

U_P——波峰引起的作用在计算面上扬压力标准值(kN)；

G——作用在计算面上的坞口结构、坎前段水体和坞门自重力合力的标准值(kN)；

E——门墩后计算面以上的永久作用静止土压力标准值(kN)；

N_2——考虑坞室对坞口的顶撑作用时，计算面以上坞室结构对坞口顶撑力标准值(kN)；

F_E——计算面以上门墩侧面与回填土之间的摩擦力标准值(kN)，采用以下公式计算：

$$F_E = 2kE_\alpha \tan\frac{\varphi}{2} \tag{11-10}$$

其中：k——折算系数，一般取 0.5；

E_α——门墩侧面计算面以上永久作用主动土压力标准值(kN)；

φ——门墩侧面回填土的内摩擦角(°)。

这里有几点需要说明：

①天然地基上整体式坞口沿基底面向坞室的纵向抗滑稳定性计算，考虑后方坞室结构的顶撑作用时，在二者之间应采取合理有效的传力构造措施。

②桩基上整体式坞口沿基底面向坞室的纵向抗滑稳定性按(11-9)计算，抗倾稳定性计算时以坞口和坞室临界点为支点采用(11-7)计算。

③船坞施工期利用坞口结构挡水时，应按施工期分别进行坞口沿基底面向坞室的纵向抗滑、抗倾稳定性计算；底板设置施工闭合块的整体式坞口，应对施工期坞口门墩的稳定性、基底应力和结构内力进行验算。分离施工的坞口结构除按整体式坞口进行使用期验算外，还应按施工期坞口底板与坞口门墩分离的实际情况，对坞口门墩的稳定性、基底应力进行验算。

(2)分离式坞口结构稳定性计算。分离式坞口结构的稳定性计算包括抗滑、抗倾稳定性计算，天然地基上分离式坞口结构沿纵向基面抗倾稳定性，按式(11-9)验算，但 F_E 计算式(11-10)系数取为 1；分离式坞口结构还应参照分离式坞室结构验算横向抗滑、抗倾稳定性。

3. 地基应力的验算

天然地基上的分离式坞口门墩基底的地基反力和整体式坞口的地基反力均可按下式计算：

$$\sigma(x,y) = \frac{G - U}{A} \pm \frac{M_x y}{J_x} \pm \frac{M_y x}{J_y} \tag{11-11}$$

式中：G——作用于坞口门墩基底面以上的垂直合力(kN)；

U——作用于坞口门墩的扬压力(kN)；

A——计算地板的面积(m^2)；

$\sigma(x,y)$——基底面地基反力(kN/m^2)；

x,y——基底面纵、横向中和轴 $x-x$、$y-y$ 为坐标轴的坐标值(m)；

J_x,J_y——基底面对 $x-x$、$y-y$ 轴的惯性矩(m^4)；

M_x,M_y——作用于坞口门墩的合力对 $x-x$、$y-y$ 轴的力矩(kN·m)。

三、坞墙结构计算

坞墙结构计算主要是针对坞内无水、坞墙后出现最大荷载,即墙后为设计或校核地下高水位和坞墙顶部地面有使用荷载的情况。有时还需要考虑坞室内高水位、坞墙后出现最小荷载的情况。

对于整体式坞室,由于坞墙与底板为刚性连接,可按材料力学中的偏心受压构件计算。

分离式坞室中的重力式、桩基承台式、板桩式、衬砌式和混合式等坞墙,参照码头结构的计算方法计算。

对于排水减压式坞室,首先需进行船坞地下轮廓的渗流计算和防渗设计,以保证地基的渗流稳定性并减少渗流量。然后进行坞墙的稳定性计算和强度计算。

1. 重力式坞墙

(1)实体式坞墙的结构内力可按偏心受压构件计算。

(2)悬臂式坞墙,如图 11-9 所示,各构件分别按下列图式计算:①立墙按偏心受压构件计算;②前底板视坞墙是否考虑底板顶撑作用,分别按悬臂板或偏心受压构件计算;③后底板按悬臂板计算;④立柱一般按弯曲受压构件计算。

(3)扶壁式坞墙各构件按下列图式计算:①立板和后底板在距底板与立板交线 $1.5l$ 区段内(l 为肋板间距)按三边固定一边简支板计算,在 $1.5l$ 以外区段按连续板计算;②肋板按悬臂梁计算;③肋板与立板、肋板与底板的连接按中心受拉构件计算;④前底板视坞墙是否考虑底板顶撑作用,分别按悬臂板或偏心受压构件计算。

2. 板桩式坞墙

板桩式坞墙的计算可以参照前面板桩码头相关章节。

板桩墙计算时要注意坞室的施工程序。如果是先开挖基坑后下沉板桩,安装好锚碇结构和做好坞底板后进行板桩墙后的回填,在这种情况下,施工期的效应组合对墙稳定性和强度不起控制作用,只需按正常使用情况进行计算;如果施工程序是先下沉板桩和做锚碇结构,然后在坞室内挖土至坞底并浇注底板,在这种情况下,板桩坞墙应按施工和使用两种情况分别进行计算。

3. 混合式坞墙

混合式坞墙结构如图 11-16a)所示,《干船坞设计规范》推荐采用如图 11-16b)所示的简化计算图式,将其简化为弹性地基上的变截面梁,分别由前底板、坞墙和后底板三段组成,各段有不同的刚度,其中坞墙的抗弯刚度 EI_2 可视为无穷大。

图中 M 为作用于坞墙基底以上的所有水平力对基底的合力矩(kN·m),可按下式计算:

$$M = M_H - M_F$$

式中：M_H——作用于坞墙基底以上的水平荷载的合力对基底的力矩(kN·m)；

M_F——作用于后底板底面的阻滑力对坞墙基底 O 点的力矩(kN·m)。

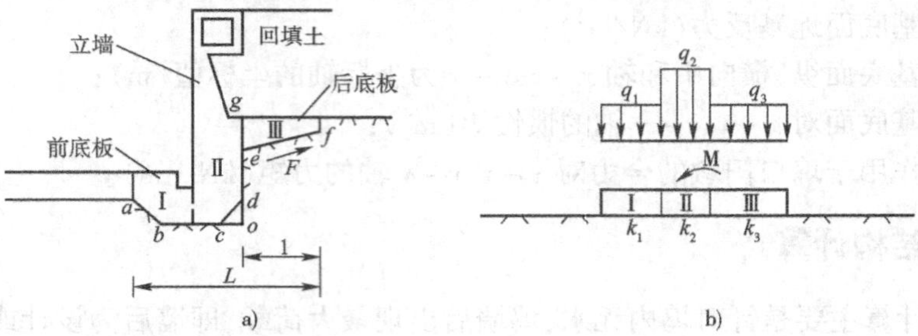

图 11-16 混合式坞墙的计算

a)结构型式；b)计算图式

当外荷载合力作用点到前趾的距离等于或大于基底总宽的 1/3 时，阻滑力可按下式计算：

$$F = \left(\frac{l}{L}\right)^2 H \tag{11-12}$$

式中：H——作用于坞墙基底以上的水平荷载的合力(kN)；

F——作用于后底板底面的阻滑力(kN)；

L——坞墙基底总宽度(m)；

l——坞墙后底板宽度(m)。

M 的作用点位于立墙与后底板的交界处。对于坞内满水，墙后低水位或开挖检修的计算情况，M 值可近似取为后底板顶面以上的水平荷载合力对其底面 e 点的力矩，见图 11-17。

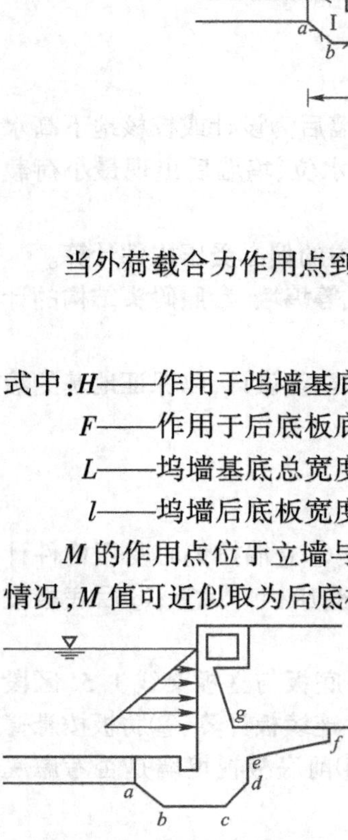

图 11-17 坞内满水情况

k_1、k_2、k_3 分别为前底板、立墙、后底板底面处地基的基床系数(kN/m^3)，当地基压缩层厚度较大时，可取 $k_1 = k_2 = k_3$。q_1、q_2、q_3 分别为作用于前底板、立墙、后底板上的竖直荷载(kN/m^2)。

对于特别重要的船坞或坞墙结构较为复杂时，可采用有限单元法计算。

四、坞室底板的内力和强度计算

1. 分离式坞室底板计算

天然地基或砂石垫层上分离式坞室底板内力，可按弹性地基上梁或板的理论进行计算。弹性地基梁(板)分析理论，在工程应用中的假定主要有两种，即基床系数(文克尔地基)假定和半无限弹性体假定。在国内船坞设计中，天然地基上的梁(板)计算一般采用基床系数法。

坞室底板需要承受很大的船重荷载，要求底板地基具有较高的承载能力和刚度。在梁或板的尺度相同情况下，地基刚度越大则基床系数越大，梁或板的折算长度也越大，亦即越符合基床系数法假定的适用条件。干船坞规范附录 F 给出了不同底板尺度和地基压缩层厚度影响的三种情况下的基床系数计算公式。

桩基上的分离式坞室底板内力，应按弹性支承板计算。当桩距较小且基桩呈等间距对称布置时，也可简化为弹性地基上的梁或板，用基床系数法计算，基床系数可参照规范附录D确定。

天然地基及砂、石垫层地基上的分离式坞室底板，应验算其抗浮稳定及地基承载力。

2. 整体式坞室底板计算

天然地基或砂、石垫层地基上的整体式坞室底板，应按弹性地基上的梁或板进行强度计算，并验算地基承载力。一般情况下，可采用基床系数法计算。

当地基的压缩层厚度大于底板全宽二分之一，地基具有足够的抗剪强度时，船坞底板也可采用弹性半无限体理论或弹性有限压缩层理论计算，计算时考虑墙后回填土边载的影响。边荷载的取值应考虑基坑边坡的形状、回填土的施工工艺及闭合块的浇筑顺序等因素。

天然地基或砂、石垫层地基上的整体式坞室，可按平面形变问题的变刚度横向截条梁计算；当坞室较宽，底板刚度较小，边墩的墩距较大时，则宜按变刚度板计算。

整体式坞室底板纵向断面及由坞墙传来的外力一般不变，故可按平面问题进行计算。计算分析表明，在中墩荷载（纵向连续荷载）作用下，沿纵向坞室底板截取单位宽的梁按基于基床系数法的截面法计算出的内力值与按弹性地基上的板算出的结果接近一致；但在纵向墩木不连续情况下，如在边墩荷载作用下，按梁或板法计算，结果相差甚多。在薄板情况下，应按弹性地基板计算。

当坞室较宽，底板刚度较小，承受船舶荷载不连续或非均布时，干船坞底板不再符合平面变形条件，此时宜按变刚度的板进行强度计算。

在一般情况下，桩基整体式坞室板可视为弹性或刚性支承连续梁或板进行计算。当桩基为较密较短的群桩时，也可采用基床系数法计算。

弹性地基梁和板的具体计算方法，可参阅文献[4]。

五、坞口结构的计算

坞口结构计算因不同的结构型式而不尽相同。整体式坞口宜考虑坞口结构和荷载的空间性，应按弹性地基上的空间结构进行内力计算。当底板设置施工闭合块时，应考虑闭合块施工的工期安排对底板内力的影响。由于坞口门墩同时承受纵向和横向荷载的作用，一般应考虑两个方向荷载的不利作用，按空间问题进行结构内力计算。

实际设计中，为简化计算，也可在纵、横向荷载的不利组合情况下，按偏心受压构件进行整体内力的计算。

坞口底板与坞室底板不同，其断面、跨度和荷载沿坞轴方向都有很大变化，从结构和荷载特点看，属于变刚度的空间结构。目前大多简化为平面问题进行计算，采用所谓剪力平衡法来考虑结构和荷载的空间性质。由于边墩和底板的共同工作，坞口纵向刚度很大，应力很小，底板的强度是由横向控制的。根据底板的刚度和受力情况，底板横向计算中将底板沿纵向分成几个特征段，分别按平面问题计算，各段间的互相作用则通过不平衡剪力来反映。剪力平衡法的计算步骤如下：

（1）将底板沿纵向分成数段，各段应有大致相同的断面、跨度和荷载；

（2）将坞口当作刚体，沿纵向按偏心受压构件求出地基反力，计算时考虑纵向水平力。

(3)作用于各分段上的不平衡剪力 Q_i 按下式计算:

$$Q_i = R_i - V_i \tag{11-13}$$

式中:R_i——作用于 i 段的地基总反力(kN);

V_i——作用于 i 段的总竖直荷载(kN)。

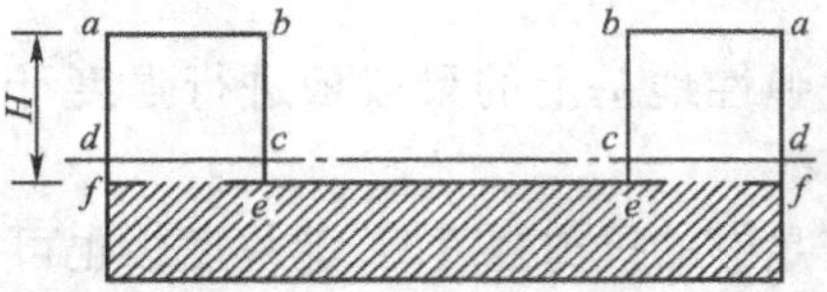

图 11-18　不平衡剪力计算示意图

(4)坞口门墩和底板各自承担的不平衡剪力数值,可由坞口横截面剪应力分布图确定,截面上的剪应力可近似按材料力学公式计算。当两坞口门墩断面相同时,坞口门墩、底板上的剪力分配值可分别按下列公式计算(图 11-18)。

$$Q_T = \frac{Q_i}{J_y}\left[H(S_y)_{abcd} - \frac{1}{2}(J_y)_{abef}\right] \tag{11-14}$$

$$Q_P = Q_i - 2Q_T \tag{11-15}$$

式中:Q_T、Q_P——坞口各分段横截面上坞口门墩和底板承担的不平衡剪力(kN);

J_y——坞口各分段横截面对形心轴 y-y 轴的惯性矩(m^4);

$(S_y)_{abcd}$——坞口各分段 $abcd$ 截面对 y-y 轴的静矩(m^3);

$(J_y)_{abef}$——坞口各分段 $abef$ 截面对 y-y 轴的惯性矩(m^4);

H——坞口各分段门墩高度(m)。

(5)分别将 Q_T、Q_P 沿坞口纵向均匀分配于坞口门墩、底板分段上,与作用于本段的垂直荷载和横向水平荷载组合,按平面变形问题计算各分段底板横向单位宽度的弯矩 $\overline{M}_i$ 和剪力 $\overline{Q}_i$。

(6)将各分段底边的横向内力 $\overline{M}_i$ 和 $\overline{Q}_i$ 进行整体化调整,各分段底板所采用的计算弯矩和计算剪力由下式求得

$$\overline{M}_{ip} = \frac{\overline{M}_i + \overline{M}_{cP}}{2} \tag{11-16}$$

$$\overline{Q}_{ip} = \frac{\overline{Q}_i + \overline{Q}_{cP}}{2} \tag{11-17}$$

$$\overline{M}_{cP} = \frac{\Sigma M_i b_i}{\Sigma b_i} \tag{11-18}$$

$$\overline{Q}_{cP} = \frac{\Sigma Q_i b_i}{\Sigma b_i} \tag{11-19}$$

式中:$\overline{M}_{ip}$、$\overline{Q}_{ip}$——各分段底板单位宽度的计算弯矩(kN·m/m)和计算剪力(kN/m);

$\overline{M}_i$、$\overline{Q}_i$——各分段底板单位宽度的横向弯矩(kN·m/m)和剪力(kN/m)计算值;

$\overline{M}_{cP}$、$\overline{Q}_{cP}$——底板单位宽度的横向弯矩(kN·m/m)和剪力(kN/m)的加权平均值;

b_i——各分段沿坞口纵向的长度(m)。

当坞口底板断面沿坞口纵向刚度变化较大(或断面较复杂)时,可采用其他合适的方法计算。

思 考 题

1. 比较干船坞类和浮船坞类的这两类船坞各有什么特点？各适用于何种情况？

2. 坞室、坞口有哪些结构型式？试述它们各自的工作特点并说明在适用何种情况。

3. 作用在船坞上的作用有哪些？应如何确定？

4. 船坞结构包括有哪些计算内容？船坞结构承载能力极限状态的持久组合应进行的稳定性计算公式和港口工程相应的稳定性所计算公式有什么不同？

5. 重力式、板桩式和混合式坞墙的计算特点是什么？

6. 坞口结构的计算内容有哪些？简述剪力平衡法计算坞口结构内力的计算步骤。

参考文献

[1] 中船第九设计研究院工程有限公司.《干船坞设计规范》(CB/T 8524—2011)(报批稿).中华人民共和国船舶行业标准,2007.

[2] 韩理安.港口水工建筑物(Ⅰ).北京:人民交通出版社,2000.

[3] 赵利平,等.灵昆船坞施工图设计咨询报告,2011.

[4] 中国船舶工业总公司第九设计院.弹性地基梁及矩形板计算.北京:国防工业出版社,1983.

[5] 中国船舶工业总公司第九设计院.船台滑道工艺设计.北京:国防工业出版社,1988.

[6] 中国船舶工业总公司第九设计院.船台滑道结构设计.北京:国防工业出版社,1988.

[7] 中国船舶工业总公司第九设计院.弹性地基梁计算图表及公式北京:国防工业出版社,1982.

[8] 邱驹.港工建筑物.天津:天津大学出版社,2002.

[9] 陈万佳.港口水工建筑物.北京:人民交通出版社,1989.

[10] [苏]B.N.格里高里耶夫,等.修造船干船坞.范加仑译.北京:人民交通出版社,1985.

[11] 席与耀.初参数法在船坞和船闸底板计算中的应用.水运工程,1983(9).

[12] 刘永绣.整体锚杆式船坞底板的计算.港口工程,1984(4).

附表

附表1 无限长梁和半无限长梁解中函数 $A_{\alpha x}$、$B_{\alpha x}$、$C_{\alpha x}$、$D_{\alpha x}$ 的数值表

αx	$A_{\alpha x}$	$B_{\alpha x}$	$C_{\alpha x}$	$D_{\alpha x}$
0.0	1.0000	1.0000	1.0000	1.0000
0.1	0.9907	0.0903	0.8100	0.9003
0.2	0.9651	0.1627	0.6398	0.8024
0.3	0.9267	0.2139	0.4888	0.7077
0.4	0.8784	0.2610	0.3564	0.6174
0.5	0.8231	0.2908	0.2415	0.5323
0.6	0.7628	0.3099	0.1431	0.4530
0.7	0.6997	0.3199	0.0599	0.3708
$\pi/4$	0.6448	0.3224	0.0000	0.3224
0.8	0.6354	0.3223	-0.0093	0.3131
0.9	0.5712	0.3185	-0.0657	0.2527
1.0	0.5083	0.3096	-0.1108	0.1988
1.1	0.4476	0.2967	-0.1457	0.1510
1.2	0.3899	0.2807	-0.1716	0.1091
1.3	0.3355	0.2626	-0.1897	0.0729
1.4	0.2849	0.2430	-0.2011	0.0419
1.5	0.2384	0.2226	-0.2068	0.0158
$\pi/2$	0.2079	0.2079	-0.2079	0.0000
1.6	0.1959	0.2018	-0.2077	-0.0059
1.7	0.1576	0.1812	-0.2047	-0.0235
1.8	0.1234	0.1610	-0.1985	-0.0376
1.9	0.0932	0.1415	-0.1899	-0.0484
2.0	0.0667	0.1231	-0.1794	-0.0563
2.1	0.0439	0.1057	-0.1675	-0.0618
2.2	0.0244	0.0896	-0.1548	-0.0652
2.3	0.0080	0.0748	-0.1416	-0.0668
$3\pi/4$	0.0000	0.0670	-0.1340	-0.0670
2.4	-0.0056	0.0613	-0.1282	-0.0669
2.5	-0.0166	0.0491	-0.1149	-0.0658
2.6	-0.0254	0.0383	-0.1019	-0.0636
2.7	-0.0320	0.0287	-0.0895	-0.0608
2.8	-0.0360	0.0204	-0.0777	-0.0573
2.9	-0.0403	0.0132	-0.0666	-0.0534
3.0	-0.04226	0.00703	-0.05632	-0.04929

续上表

αx	$A_{\alpha x}$	$B_{\alpha x}$	$C_{\alpha x}$	$D_{\alpha x}$
3.1	−0.04314	0.00187	−0.04688	−0.04501
π	−0.04321	0.00000	−0.01321	−0.01321
3.2	−0.04307	−0.00238	−0.03831	−0.04069
3.3	−0.04224	−0.00582	−0.03060	−0.03642
3.4	−0.04079	−0.00853	−0.02374	−0.03227
3.5	−0.03887	−0.01059	−0.01769	−0.02828
3.6	−0.03659	−0.01209	−0.01241	−0.02450
3.7	−0.03407	−0.01310	−0.00787	−0.02097
3.8	−0.03138	−0.01369	−0.00401	−0.01770
3.9	−0.02862	−0.01392	−0.00077	−0.01469
$5\pi/4$	−0.02786	−0.01393	0.00000	−0.01393
4.0	−0.02583	−0.01386	0.00189	−0.01197
4.1	−0.02309	−0.01356	0.00403	−0.00955
4.2	−0.02042	−0.01307	0.00572	−0.00735
4.3	−0.01787	−0.01243	0.00699	−0.00544
4.4	−0.01546	−0.01168	0.00791	−0.00377
4.5	−0.01320	−0.01086	0.00852	−0.00234
4.6	−0.01112	−0.00999	0.00786	−0.00113
4.7	−0.00921	−0.00909	0.00898	−0.00011
$6\pi/4$	−0.00898	−0.00898	0.00898	0.00000
4.8	−0.00748	−0.00820	0.00892	0.00072
4.9	−0.00593	−0.00732	0.00870	0.00139
5.0	−0.00455	−0.00646	0.00837	0.00191
5.1	−0.00334	−0.00564	0.00795	0.00230
5.2	−0.00229	−0.00487	0.00746	0.00259
5.3	−0.00139	−0.00415	0.00692	0.00277
5.4	−0.00063	−0.00349	0.00636	0.00287
$7\pi/4$	0.00000	−0.00290	0.00579	0.00290
5.5	0.00001	−0.00288	0.00578	0.00290
5.6	0.00053	−0.00232	0.00520	0.00287
5.7	0.00095	−0.00184	0.00464	0.00279
5.8	0.00127	−0.00141	0.00409	0.00268
5.9	0.00152	−0.00102	0.00356	0.00254
6.0	0.00169	−0.00069	0.00307	0.00238
6.1	0.00180	−0.00041	0.00261	0.00221

续上表

αx	$A_{\alpha x}$	$B_{\alpha x}$	$C_{\alpha x}$	$D_{\alpha x}$
6.2	0.00185	-0.00017	0.00219	0.00202
$8\pi/4$	0.00187	0.00000	0.00187	0.00187
6.3	0.00187	0.00003	0.00081	0.00184
6.4	0.00184	0.00019	0.00146	0.00165
6.5	0.00179	0.00032	0.00115	0.00147
6.6	0.00172	0.00042	0.00087	0.00129
6.7	0.00162	0.00050	0.00063	0.00113
6.8	0.00152	0.00055	0.00042	0.00097
6.9	0.00141	0.00058	0.00024	0.00082
7.0	0.00129	0.00060	0.00009	0.00069
$9\pi/4$	0.00120	0.00060	0.00000	0.00060

附表2　基床系数k的参考值表

地基分类	地基特征	$k(10^4kN/m^3)$
粘性土	淤泥质土	0.5~1.0
	软塑的一般粘性土	1.0~2.0
	可塑的一般粘性土	2.0~4.0
	硬塑的一般粘性土	4.0~10.0
	密实的老粘土	5.0~15.0
砂土	松散的(不包括新填筑的砂土)	1.0~1.5
	中密的	1.5~2.5
	密实的	2.5~4.0
碎石土	中密的下卧卵石、砾石	2.5~5.0
	紧密的下卧卵石、砾石	5.0~15.0
岩石	强风化岩	5.0~10.0
	中等风化的硬质岩石	10.0~50.0
	软质岩石($R_j<30000kN/m^2$)	5.0~100.0
	硬质岩石($R_j<30000kN/m^2$)	100.0~150.0
道碴	夯实的砂、碎石或卵石	4.0~6.0
	级配道碴	5.0~10.0

注:①本表适用于基底面积大于$10m^2$;

②地基分类名称按《港口工程技术规范》第五篇“地基”(1987)的规定。